·数据科学与商务智能系列·

Foundations of Decision Analysis

决策分析基础

[美] 罗纳德·霍华德（Ronald A. Howard） 著
阿里·阿巴斯（Ali E. Abbas）

毕功兵 宋文 ◎ 译

机械工业出版社
China Machine Press

图书在版编目（CIP）数据

决策分析基础 /（美）罗纳德·霍华德（Ronald A. Howard），（美）阿里·阿巴斯（Ali E. Abbas）著；毕功兵，宋文译 . —北京：机械工业出版社，2019.5
（数据科学与商务智能系列）
书名原文：Foundations of Decision Analysis

ISBN 978-7-111-62696-1

I. 决⋯ II. ①罗⋯ ②阿⋯ ③毕⋯ ④宋⋯ III. 决策学 IV. C934

中国版本图书馆 CIP 数据核字（2019）第 086730 号

本书版权登记号：图字　01-2018-3640

Ronald A. Howard, Ali E. Abbas. Foundations of Decision Analysis.
ISBN 978-0-13-233624-6
Copyright © 2016 by Pearson Education, Inc.
Simplified Chinese Edition Copyright © 2019 by China Machine Press.
Published by arrangement with the original publisher, Pearson Education, Inc. This edition is authorized for sale and distribution in the People's Republic of China exclusively (except Hong Kong, Macao SAR, and Taiwan,).
All rights reserved.

本书中文简体字版由 Pearson Education（培生教育出版集团）授权机械工业出版社在中华人民共和国境内（不包括香港、澳门特别行政区及台湾地区）独家出版发行。未经出版者书面许可，不得以任何方式抄袭、复制或节录本书中的任何部分。

本书封底贴有 Pearson Education（培生教育出版集团）激光防伪标签，无标签者不得销售。

在决策过程中，我们所面临的最具有挑战性的现象就是不确定性。假设我们决策时所面临的每个方案都有一个视频，能够详尽地展示我们未来的生活历程，那么我们就可以很容易地做出决策。不确定性与所有重大决策都密不可分。要想成为决策大师，我们必须具备处理不确定性的能力。我们必须学会在不确定性的海洋中冲浪，而非溺毙其中。我们必须形成"不确定性为决策的一个先导"这一清晰理念，即达成思维的清晰性。

出版发行：机械工业出版社（北京市西城区百万庄大街 22 号　邮政编码：100037）
责任编辑：冯小妹　　　　　　　　　　　　　　　责任校对：李秋荣
印　　刷：中国电影出版社印刷厂　　　　　　　　版　　次：2019 年 6 月第 1 版第 1 次印刷
开　　本：185mm×260mm　1/16　　　　　　　　印　　张：41.5
书　　号：ISBN 978-7-111-62696-1　　　　　　　　定　　价：129.00 元

凡购本书，如有缺页、倒页、脱页，由本社发行部调换
客服热线：（010）88379210　88379833　　　　　投稿热线：（010）88379007
购书热线：（010）68326294　　　　　　　　　　读者信箱：hzjg@hzbook.com

版权所有·侵权必究
封底无防伪标均为盗版
本书法律顾问：北京大成律师事务所　韩光 / 邹晓东

译者序

有人说"翻译是一项不可能完成的任务"。此译稿历时两年半有余，其间四易其稿，终得完成。译者心有感慨，个中滋味，如人饮水。

国内决策科学类教材往往偏重于逻辑推理和数学应用，而较少有集引导性、实用性、趣味性于一体而又不失逻辑严谨和科学范式的作品。而《决策分析基础》一书可以说是决策科学领域入门的上乘之作。

本书的作者为斯坦福大学的霍华德教授和南加州大学的阿巴斯教授，两位均为决策科学领域的权威专家。本书结构清晰，逻辑严谨，妙趣横生。本书以一个"决策凳"来刻画决策所需的六个要素，在此基础上对每个要素按章节展开逐一分析讲解，并不时穿插作者上课的实际探讨内容、决策科学中的经典案例和日常生活中的常见问题，使得读者在较为直观的场景中掌握决策科学的相关概念和分析工具。

值得一提的是，本书作者基于表达的需要，书中有不少自创词和借用词意，这也为我们的翻译工作带来不小的困扰。在尽量保持作者原意的同时，我们均以"直译"的方式进行处理。比如，"delta property"和"rulesperson"分别译为"Δ性质"和"规则遵守者"。同时，为避免不必要的误解，本书中的人名和地名尽可能保留英文名称。

本书的翻译工作离不开整个团队的支持和帮助。参与翻译工作的人员有：费亚磊博士、邵莹莹博士、袁孝勇博士、高纪平博士、王平凡博士和其他相关硕士研究生，在此表示感谢。同时，本书的翻译工作也离不开北京华章图文信息有限公司策划编辑张有利先生及责任编辑冯小妹老师的鼎力支持和帮助，在此也提出感谢。

限于译者的科研能力和翻译水平，书中翻译错误在所难免，恳请广大读者批评指正。

毕功兵　宋　文
于中国科学技术大学兴证楼
2019 年 1 月

前　言

决策是你改变未来生活的唯一手段。我们每天都要进行决策。有些决策属于例行公事，比如选择想看的电视节目。我们偶尔也会做出对自己及身边的人有深远影响的决策。获得决策能力是一项非凡的成就。尽管做出高质量决策的许多原则已广为流传了好几个世纪，但在我们的整个教育生涯中却很少强调这一问题。本书中的重要概念适用于中小学教育。然而，当我们询问研究生是否在以前上过决策课程时，很少有人给出肯定答复。具有职业知识的跨国型大企业职员也有同样的反馈。

本书的目的在于提供一个掌握这种能力的机会，能够使你在做出任何所关注的决策时达成清晰的行动。获得决策能力的最大障碍之一在于我们自以为很擅长决策。然而，很容易证明，即使在相对简单的决策情境中，当人们仔细回顾时，他们也会认为当时所做的决策是不明智的。

让我们预览一下我们即将分享的主要概念课程。在决策过程中，我们所面临的最具有挑战性的现象就是不确定性。假设我们进行决策时所面临的每个方案都有一个视频，能够详尽地展示我们未来的生活历程，那么我们就可以很容易地做出决策。不确定性与所有重大决策都密不可分。要想成为决策大师，我们必须具备处理不确定性的能力。我们必须学会在不确定性的海洋中冲浪，而非溺毙其中。我们必须形成"不确定性为决策的一个先导"这一清晰理念，即达成思维的清晰性。

学习如何处理不确定性并不意味着我们不愿它出现在我们的生活中。 谁会愿意生活在一个完全填好的未来日历中——提前数年知道每天什么时候、在哪里、和谁共进午餐？

决策分析中最重要的区别是决策和随之而来结果之间的区别。这一区别一旦得到彻底理解，将能够有力支持达成行动的清晰性。虽然做出决策并产生不幸结果的人通常认为这不是好的决策，但这不是清晰的思维。好的决策可以产生坏的结果，坏的决策也能够得到好的结果。决策的质量只取决于你在决策时所用的思维和分析的质量。

对一个决策适用的分析量可以从几乎为零到巨量的计算机建模。每个人在做出重要决策时都会进行广泛交谈——有时与他人，有时与自己。掌握决策分析的概念将增加这些谈话的重点和实用性。虽然少有决策能保证使用这些方法进行广泛分析，但仅仅考虑使用本书中的概念就可以改进我们每天所做的许多选择。我们发现，随着学生们对决策分析的熟知，他们与朋友和同事之间的对话也发生了改变。

任何决策的一个重要属性就是其可取消程度。有些决策很容易取消，比如一旦你到了影院就更换要看的电影；其他决策的可取消性有限，比如为了医疗目的而截肢。一个重要决策的不可取消性是调用决策分析能力的标志。

在做出决策之后对结果进行评价是没有意义的。你的余生将从这一结果（或者我们更喜欢称之为前景）开始。一旦你自我承诺做出好的决策，你的生命中就无须后悔或内疚。好的决策绝对不会变坏，坏的决策绝对不会变好。

考虑一下进化是如何使我们适应现代世界的。如果一位飞行员飞入云层而没有导航仪器，他会怎样？很快，他会认为自己是上下颠倒的，其实他并不是；或者他正在转向时，他认为并没有。如果不进行干预，他很可能会死亡。这无关于他作为飞行员的训练和经验，而在于他是人类。人类尚未开发出没有视觉参考时操作飞机的能力。为什么呢？因为在飞机发明之前，这种能力没有进化上的优势。只要你站在地面或者在水中游泳，你就知道哪个方向是向下的。注意，鸟儿飞翔时没有这种问题。猎鸭人看着一群野鸭飞入云层，不会说"丢掉枪吧，我们会在它们跌落时抓住这些鸭子"。此时，许多飞行员在能见度极低的环境中飞行也没有什么困难，这是因为飞机上装备了导航仪器，而飞行员也对使用这些仪器训练有素。即便飞行员感觉自己是上下颠倒的，他的导航仪器也可以纠正他的错觉。

考虑另外一个例子。几千年以来，人类一直能够成功潜入深水中寻找食物或珍珠。他们会深吸一口气，屏住呼吸，直至目标物，然后带着战利品回到水面。水肺（自给式水下呼吸器）的发明在数十年的时间中使得人们能够实现我们祖先中最具有运动能力的人才能完成的任务。假设你正在使用水肺设备，而且潜水深度已达 100 英尺$^{\ominus}$，大约 3 个大气压，然后你发现你的设备失能了。你现在远离水面之下，只剩下肺部的空气，空气对你来说极其珍贵：你无法呼吸。你的本能反应是尽快到达水面，并保存你的空气。不幸的是，遵从这种本能，你很可能会丧生，因为你肺部的空气在你到达水面时会膨胀 3 倍。这种膨胀会破坏你的肺泡，而肺泡能够使你呼吸，并保障空气进入血液。追随本能可能令你丧命。教练员指出，在这种情况下，你必须在缓慢上升的过程中吐出空气，而上升速度不能快于最小的气泡，才能避免这种不幸。你必须放弃本能所认为珍贵的东西来拯救自己的生命（当然，在这种情况下，最好有一个能提供帮助的朋友一起潜水）。这里再一次证明，在水肺发明之前，这种事在我们的自然行为中并没有进化上的优势。

最后，当你坐下来阅读本书时，你的椅子下面可能会有一种高放射性物质，其辐射将会

$\ominus$　1 英尺 = 0.304 8 米。

在明天杀死你。你没有警觉，因为感知辐射的能力对我们的祖先来说没有进化价值。如果在我们的现代世界中，你担忧辐射的存在，那么有许多探测辐射的仪器可用。

现在我们考虑进化对决策的影响。尽管进化提醒我们去判断那些我们数百万年来所遇的人或动物的意图，但没有任何处理不确定性的进化知识存在。如果我们突然听到一只活生生的狮子的吼叫，我们会立即做出反应，尽管日常生活中的噪声并不会引起恐慌。从其他掠食性生命体中察觉到危险是一种进化优势，幸运的是，今天很少有理由频繁使用这一优势。因而，某人可以签署一份对其未来福祉有深远影响的文件而不必惊慌，因为在文件上做出标记并不会激发狮子吼叫所带来的自然恐惧。

正如知识和适当的工具能够帮助我们克服这些领域的进化劣势一样，它们也能帮助我们成为更好的决策者。最基本的承诺在于使用我们的工具，而非相信我们的直觉。

容易表明，在本书中我们在一些情境下也是如此，即我们在不确定性问题上的直觉有严重的缺陷。对于清晰的思考，使用我们的工具必不可少。不论你研究这一课题有多久，直觉地解决概率问题，就像飞行员在恶劣天气中飞行且没有视觉参考及导航仪器的成功率一样。那些对不确定性犯了推理错误的人的名单看起来像是著名科学家的点名。

一旦掌握了不确定性，下一步就是利用我们的工具，在不确定的情况下进行决策以实现清晰的行动。这一决策过程几乎能够适用于你所面临的每一个决策。一次一位做决策分析的学生表示，他能够使用我们所给的方法进行财务决策，但不能用其进行医疗决策。我们回复说，如果我们必须选择在财务决策或家庭成员健康决策之间使用这些方法，我们将聘请一名财务顾问进行理财，并在家庭医疗决策中使用决策分析。原因在于我们想为家庭健康采用最好的决策方法，且我们所知道的最好的方法将在下文介绍。

本书总结了我们在对美国及世界各地的高校和特殊专业教育项目的课堂上数以千计的学生教学决策分析之后所得的知识。

如何使用本书

日常生活中的决策是一项基本技能，其基本原理不应依赖于算术以外的知识。通常，你可以使用容易理解的概念而无需任何计算就能进行决策。因此，我们写出本书的前几章和后面的某些章节，以供广大读者查阅。具有更多数学和计算基础的读者在了解基本原理之后，可以受益于本书的其余部分。

具体而言，第 1 章～第 17 章、第 26 章、第 29 章和第 33 章，以及第 37 章～第 40 章给出了使用推理的决策分析基础知识。这些内容无需数学：决策者可以一步一步地将混乱转化为清晰的思维和行动。

本书的其他章节旨在让读者了解那些需要更高分析层次的问题，比如组织中可能出现的问题。第 18 章～第 25 章、第 27 章、第 28 章，第 30 章～第 32 章和第 34 章～第 36 章均涉及这些问题。尽管这些章节中的分析需要更高的计算水平，但其依赖于第 1 章~第 17 章中提出的基本原则。要正确理解以上任一章节，微积分知识是必不可少的。

本书最后的"决策分析核心概念导图"是帮助你理解书中主要概念的有用工具。你可以有多种方法使用这一导图。首先，它总结了一些重要概念，你可以把它作为所需了解知识的核对表。其次，它告诉你在学习另一个概念之前所需理解概念的时间顺序。从一个概念指向另一个概念的箭头可以帮助你确定在理解一个特定概念之前你需要知道什么。

我们不要求读者使用任何软件运行本书中的分析。我们的目的在于为从基本原则中解决问题提供必要的基础。尽管软件包和电子表格在版本和升级中出现变化，但解决这些问题所需的概念是相同的。分析师应该理解并知道如何从首要原则分析问题。我们已经以表格的形式给出了许多复杂的分析，以使得读者接触到解决这些问题的数值方法。为了更好地理解这些章节，我们建议读者自行重复这些表格分析，而并非仅仅阅读这些章节了事。这些电子表格或其他形式表格的重复工作可以作为学生的家庭作业。

第 37 章提供了一个信息丰富的案例研究（Daylight Alchemy），它在许多决策分析课程中被作为最后的家庭测验。其涵盖了书中提出的多种工具。

如下是在课堂上使用本书的一些建议。

当教学对象对决策基础感兴趣但数学或计算基础不高时，可以重点讲解以下章节。

第 1 章~第 17 章介绍了决策分析的基础知识，而无需过于复杂的数学知识。主题包括决策表征、行动性思维的规则、效用曲线、敏感性分析、概率编码和制定框架。

第 26 章讨论了无不确定性的多特性决策问题。该章节为读者解决存在不确定性的多特性问题做准备。

第 29 章提出了一个关于概率的基本概念：当两个人有不同的信念时，我们可以构建一个对双方都有吸引力的交易，我们也可以通过构建这些交易赚钱。

第 33 章分析了涉及小概率死亡的决策，比如滑雪或开车。

第 37 章~第 39 章解释了在涉及大型群体时如何使用决策分析方法。此外，还讨论了一些影响组织决策质量的障碍。

第 40 章讨论了决策的伦理问题。与任何工具一样，决策分析无关伦理：你可以使用其来确定抢劫银行的最优方式。伦理必须来自于使用者。

当教学对象为想要学习涉及计算的大规模问题的技术受众时，本书的其他章节则较为适用。比如，工程学科本科高年级学生、硕士生或 MBA 学生。对于这些学生来说，教师可能希望在上述章节之外添加如下任何一章：

第 18 章~第 25 章讨论了多信源收集的高级信息、日常生活中构建期权的概念、其他类型刻画风险规避的效用曲线、使用评估交易的近似表达式和概率占优关系的概念，占优关系如果存在，则有助于帮助选择最佳方案。

第 27 章和第 28 章分析了多特性问题，其确定了现金流的一个价值函数，并说明了如何处理具有不确定性的多特性决策问题。

第 30 章展示了在观测一个试验结果之后，如何修正概率。

第 31 章研究了几种拍卖类型，并阐述如何使用决策分析的基本概念以确定最优竞价和投标机会的价值。

第 32 章提出了风险调整和风险共担的概念：决策者如何确定投资的最佳部分，合伙企业如何共享投资，以及如何建立合伙企业的风险容忍度。

第 34 章分析了一个人有较高概率死亡的情况，比如在医疗决策中可能面临的情况。

第 35 章和第 36 章阐述了如何通过仿真和离散化来数值性解决决策问题。

我们希望读者能喜欢阅读本书，并在日常生活中运用这种有力的决策思维方式。

目　录

译者序
前言

第 1 章　高质量决策入门 ... 1
1.1　引言 ... 1
1.2　规范性 vs. 描述性 ... 1
1.3　决策声明 ... 4
1.4　想法 vs. 行动 ... 6
1.5　什么是决策 ... 7
1.6　决策 vs. 结果 ... 9
1.7　行动明确 ... 12
1.8　什么是一个好决策 ... 13
1.9　总结 ... 17
习题 ... 17

第 2 章　决策体验 ... 19
2.1　引言 ... 19
2.2　一个决策分析：图钉和奖章案例 ... 19
2.3　从图钉和奖章案例中学到的教训 ... 27
2.4　总结 ... 31
附录 2-1　图钉演示的结果 ... 31
习题 ... 31

第 3 章　价值阐明 ... 36
3.1　引言 ... 36
3.2　使用价值和交换价值 ... 36
3.3　围绕一个所有权周期的价值 ... 39
3.4　总结 ... 44
习题 ... 45

第 4 章　精确的决策语言 ... 48
4.1　引言 ... 48
4.2　乐高型精确度 ... 48
4.3　精确的决策语言 ... 49
4.4　专家与属性 ... 50
4.5　精通 ... 52
4.6　构建你自己的属性 ... 52
4.7　补充说明 ... 53
4.8　总结 ... 53
习题 ... 53

第 5 章　可能性 ... 54
5.1　概述 ... 54
5.2　构建属性 ... 54
5.3　可能性树图 ... 57
5.4　测度 ... 62

5.5	总结	64
	习题	65

第6章 处理不确定性 … 67

6.1	引言	67
6.2	用概率刻画信念强度	67
6.3	概率树	71
6.4	属性的几个状态	78
6.5	属性的多个状态	79
6.6	使用多种属性的概率树	81
6.7	增加概率树的测度	87
6.8	多个测度	95
6.9	总结	96

附录6-1　属性的链式法则：计算基本
　　　　　概率 … 96
附录6-2　"一锤定音"评论 … 97
习题 … 100

第7章 相关性 … 104

7.1	引言	104
7.2	简单属性的相关性	104
7.3	相关性是相互的吗	105
7.4	关联图	107
7.5	替代性的评估顺序	110
7.6	取决于知识的相关性	113
7.7	独特性 vs. 关联逻辑	116
7.8	第三种因素	118
7.9	多状态相关性	120
7.10	总结	120

附录7-1　关联图和反转箭头的拓展
　　　　　素材 … 121
习题 … 123

第8章 行动性思维规则 … 130

8.1	引言	130

8.2	利用规则做决策	130
8.3	决策情境	132
8.4	行动性思维五规则	133
8.5	总结	138
	习题	139

第9章 聚会问题 … 145

9.1	引言	145
9.2	聚会问题	145
9.3	简化规则：期望值	149
9.4	理解聚会问题的价值	153
9.5	总结	157

附录9-1 … 157
习题 … 158

第10章 使用价值测度 … 160

10.1	引言	160
10.2	货币作为价值测度	160
10.3	效用曲线	163
10.4	估值洞察力	166
10.5	Jane 的聚会问题	170
10.6	面对风险的态度	173
10.7	Mary 的聚会问题	175
10.8	总结	176
	习题	177

第11章 风险态度 … 180

11.1	引言	180
11.2	财富风险态度	180
11.3	所有权周期中的买卖交易	181
11.4	Δ 性质	183
11.5	风险发生比	187
11.6	Δ 性质的简化	190
11.7	指数型效用曲线的其他形式	192
11.8	风险容忍度的直接评估	193

11.9	总结		198
	习题		199

第 12 章　敏感性分析 ... 206

12.1	引言	206
12.2	Kim 对晴天概率的敏感性	206
12.3	确定等价物的敏感性	208
12.4	洞察力价值对晴天概率的敏感性	209
12.5	Jane 对晴天概率的敏感性	209
12.6	Kim 和 Jane 的洞察力价值敏感性比较	211
12.7	风险敏感性曲线	212
12.8	总结	214
	习题	214

第 13 章　基本信息收集 ... 221

13.1	引言	221
13.2	信息价值	221
13.3	Acme 雨天探测器	223
13.4	试验的总体观察	227
13.5	不对称试验	231
13.6	信息收集等价物	234
13.7	总结	236
	习题	236

第 14 章　决策图 ... 243

14.1	引言	243
14.2	决策图中的节点	243
14.3	决策图中的箭头	244
14.4	洞察力价值	246
14.5	不完全信息	246
14.6	决策树顺序	247
14.7	探测器使用决策	247
14.8	总结	250

	习题	250

第 15 章　编码一个测度的概率分布 ... 255

15.1	引言	255
15.2	概率编码	257
15.3	概率分布的分位数	261
15.4	总结	268
	习题	268

第 16 章　从现象到评估 ... 270

16.1	引言	270
16.2	信息传输	271
16.3	感知	271
16.4	认知	272
16.5	动机	275
16.6	总结	276

第 17 章　构建决策框架 ... 277

17.1	引言	277
17.2	制定决策	277
17.3	选择框架	278
17.4	总结	287
	习题	287

第 18 章　多源信息估值 ... 288

18.1	引言	288
18.2	β 雨天探测器	288
18.3	明确两种属性的联合洞察力价值	294
18.4	多种不确定性的信息价值	296
18.5	多个 Acme 雨天探测器以接近洞察力	301
18.6	估值个体非重要的多探测器	308
18.7	总结	310
	习题	311

第 19 章 期权 ………………… 312

- 19.1 引言 ………………… 312
- 19.2 合约期权和非合约期权 ………… 312
- 19.3 期权价格、执行价格和期权价值 ………………… 313
- 19.4 简单期权分析 ……………… 314
- 19.5 识别期权失败的后果 ………… 316
- 19.6 回顾 Jane 的聚会 …………… 318
- 19.7 洞察力作为一种期权的价值 …… 320
- 19.8 序贯信息期权 ……………… 321
- 19.9 序贯探测器期权 …………… 323
- 19.10 构建期权 ………………… 326
- 19.11 总结 …………………… 327
- 习题 ……………………… 327

第 20 章 多指示值的探测器 ……… 329

- 20.1 引言 ………………… 329
- 20.2 100 个指示值的探测器 ……… 329
- 20.3 连续型 β 探测器 …………… 345
- 20.4 总结 …………………… 349
- 习题 ……………………… 350

第 21 章 有影响力的决策 ………… 351

- 21.1 引言 ………………… 351
- 21.2 Shirley 的问题 ……………… 351
- 21.3 总结 …………………… 362
- 习题 ……………………… 363

第 22 章 对数型效用曲线 ………… 364

- 22.1 引言 ………………… 364
- 22.2 对数型效用曲线 …………… 365
- 22.3 Δ 人大额货币前景的交易 …… 368
- 22.4 对数型效用曲线的性质 ……… 371
- 22.5 两笔互不相关交易的确定等价物 ………………… 376
- 22.6 圣彼得堡悖论 ……………… 378
- 22.7 总结 …………………… 381
- 附录 22-1 对数函数及其性质 …… 382
- 附录 22-2 风险规避函数 ………… 382
- 附录 22-3 一位学生对《经济学人》一篇文章的质疑 ……… 383
- 习题 ……………………… 388

第 23 章 线性风险容忍度效用曲线 ………………… 390

- 23.1 引言 ………………… 390
- 23.2 线性风险容忍度 …………… 390
- 23.3 总结 …………………… 397
- 附录 23-1 线性风险容忍度效用曲线的推导 ………………… 398
- 附录 23-2 学生使用线性风险容忍度效用曲线的问题 ……… 398
- 习题 ……………………… 400

第 24 章 确定等价物的近似表达式 ………………… 401

- 24.1 引言 ………………… 401
- 24.2 测度的矩 ………………… 401
- 24.3 测度的中心矩 ……………… 404
- 24.4 使用一阶、二阶中心矩近似计算确定等价物 …………… 405
- 24.5 运用高阶矩近似表达确定等价物 ………………… 408
- 24.6 累积量 …………………… 409
- 24.7 总结 …………………… 409
- 习题 ……………………… 410

第 25 章 确定性占优和概率性占优 ………………… 411

- 25.1 引言 ………………… 411
- 25.2 确定性占优 ………………… 411
- 25.3 一阶概率性占优 …………… 415

25.4 二阶概率性占优 …… 419
25.5 聚会问题中的方案占优 …… 423
25.6 总结 …… 424
习题 …… 425

第 26 章 多特性决策（1）：带有偏好和价值函数的前景排序 …… 426

26.1 引言 …… 426
26.2 第 1 步：直接价值与间接价值 …… 427
26.3 第 2 步：多种“直接价值”特性表征的偏好排序 …… 431
26.4 总结 …… 437
附录 26-1 推导变量为 η 的偏好函数中 x 的增量和 y 的增量之间的关系 …… 437
习题 …… 438

第 27 章 多特性决策（2）：投资现金流的价值函数——时间偏好 …… 439

27.1 引言 …… 439
27.2 评估投资现金流的规则 …… 440
27.3 不同于现值当量的方法 …… 448
27.4 现金流：一种单一的测度 …… 451
27.5 总结 …… 451
习题 …… 452

第 28 章 多特性决策（3）：价值相关的偏好概率 …… 453

28.1 引言 …… 453
28.2 为两种特性前景给出偏好概率 …… 454
28.3 以一个价值函数给出偏好概率 …… 455
28.4 给出价值函数相关的效用曲线 …… 455
28.5 价值的确定等价物 …… 456
28.6 其他效用函数方法 …… 458
28.7 给出价值函数中个体特性相关的效用曲线 …… 459
28.8 估值不确定性现金流 …… 461
28.9 讨论 …… 464
28.10 总结 …… 465
习题 …… 466

第 29 章 基于不同信念的赌约 …… 467

29.1 引言 …… 467
29.2 基于不同概率的赌约 …… 467
29.3 实际应用 …… 471
29.4 总结 …… 471
习题 …… 471

第 30 章 从试验中学习 …… 473

30.1 引言 …… 473
30.2 为图钉“正面”和“反面”出现的概率赋值 …… 474
30.3 在下两次投掷中都出现“正面”的概率 …… 475
30.4 任意数量的“正面”和“反面”出现的概率 …… 476
30.5 从观察中学习 …… 476
30.6 共轭分布 …… 478
30.7 观察到一次“正面”会使得下一次投掷中出现“正面”的概率更大吗 …… 480
30.8 另一个关于图钉的示例 …… 481
30.9 总结 …… 484
习题 …… 484

第31章　拍卖与投标 …… 485

- 31.1　引言 …… 485
- 31.2　另一个图钉示例 …… 485
- 31.3　对一个 Δ 人而言的拍卖 1 和 3 …… 489
- 31.4　非 Δ 人分析 …… 494
- 31.5　拍卖 2 的报价机会估值 …… 496
- 31.6　赢家诅咒 …… 500
- 31.7　总结 …… 511
- 习题 …… 512

第32章　评估、调整、共担不确定性交易 …… 513

- 32.1　引言 …… 513
- 32.2　风险调整与风险共担 …… 513
- 32.3　调整一笔不确定性交易 …… 514
- 32.4　不确定性交易的风险共担 …… 516
- 32.5　一个投资组合中的最优投资 …… 519
- 32.6　总结 …… 526
- 附录 32-1　协方差和相关性 …… 527
- 附录 32-2　向量的数（点）乘 …… 530
- 附录 32-3　2×2 和 3×3 矩阵乘法和矩阵求逆 …… 531
- 习题 …… 532

第33章　进行风险决策 …… 534

- 33.1　引言 …… 534
- 33.2　疼痛困境 …… 534
- 33.3　小概率 …… 536
- 33.4　使用微死亡率价值 …… 537
- 33.5　应用 …… 539
- 33.6　面对更大死亡概率 …… 540
- 33.7　总结 …… 543
- 习题 …… 543

第34章　高死亡概率的决策 …… 545

- 34.1　引言 …… 545
- 34.2　剩余寿命和消费的价值函数 …… 545
- 34.3　为价值函数赋予效用曲线 …… 548
- 34.4　确定微死亡率价值 …… 550
- 34.5　等价完美生活概率（EPLP）…… 555
- 34.6　总结 …… 557
- 附录 34-1　30 岁男性的死亡率表 …… 557
- 附录 34-2　黑色药丸计算示例，$x = 10\,000$ …… 559
- 附录 34-3　白色药丸计算示例，$x = 10\,000$ …… 560
- 习题 …… 562

第35章　连续概率分布的离散化 …… 563

- 35.1　引言 …… 563
- 35.2　等面积法 …… 564
- 35.3　谨慎离散化 …… 567
- 35.4　等面积 10—50—90 近似方法的精确性 …… 569
- 35.5　离散和连续测度的矩 …… 570
- 35.6　矩匹配法 …… 571
- 35.7　总结 …… 572
- 附录 35-1　等面积法原理 …… 572
- 习题 …… 574

第36章　通过仿真解决决策问题 …… 575

- 36.1　引言 …… 575
- 36.2　使用仿真方法解决问题 …… 575
- 36.3　仿真带有一种离散属性的决策 …… 576
- 36.4　带有多种离散属性的决策 …… 578
- 36.5　对连续分布测度的仿真 …… 580

36.6	不相关属性的仿真	583
36.7	仿真信息的价值	585
36.8	多种相关属性的仿真	588
36.9	总结	590
习题		590

第37章 决策分析周期 ... 591

37.1	引言	591
37.2	决策分析周期	591
37.3	模型序列	599
37.4	总结	606
附录37-1	投标决策的开环和闭环敏感性	606

第38章 组织决策中的相关主题 ... 612

38.1	引言	612
38.2	追求最大化价值	613
38.3	使用预算运营时的问题	615
38.4	激励结构问题	615
38.5	一个常见问题：多个指标 vs. 权衡	616
38.6	企业风险容忍度的必要性	617
38.7	组织中常见的动机偏差	620
38.8	总结	622
习题		622

第39章 协调大型群体的决策 ... 623

39.1	引言	623
39.2	导致群体决策不良的问题	623
39.3	将决策问题分类	625
39.4	结构化组织内的决策问题	627
39.5	案例：第五代巡洋舰	632
39.6	总结	634

第40章 决策与伦理 ... 635

40.1	引言	635
40.2	伦理在决策中的作用	636
40.3	伦理属性	637
40.4	伤害、偷盗和说出真相	640
40.5	伦理规范	643
40.6	伦理情境	644
40.7	总结	646
习题		646

决策分析核心概念导图 ... 647

第 1 章

高质量决策入门

本章核心概念

阅读本章之后,读者将能够解释下列概念:

- 规范性追求 vs. 描述性追求
- 反应式决策 vs. 前瞻性决策
- 想法 vs. 行动
- 决策 vs. 结果
- 好的决策由什么构成
- 决策的利益相关者
- 影响决策质量的六要素
- 决策基础

1.1 引言

我们每天都做决策,但很少有人会思考我们是如何做出决策的。心理学研究表明,人们总是做出经事后反思定性为错误的决策。本书的目的在于为高质量的决策提供系统的流程。

1.2 规范性 vs. 描述性

区分描述性追求和规范性追求对我们而言十分重要。意如其名,描述性领域刻画了原本的事实和行为,而规范性领域识别出其状态应该如何。例如,有时候我们用纸笔自下而上加和一列数字会与我们自上而下加和它们得到的结果不同。当这种情况出现时,错误就出现了,因为我们违反了一条计算法则:无论我们加和的顺序如何,其结果不变。如果我们没有相应的处事规范,我们就无法描述出所犯的错误。计算法则为数学计算提供了规范。类似地,决策分析基础为制定决策提供了规范。

考虑高校中的多个研究领域。物理学隶属于描述性领域还是规范性领域?尽管很多物理研究结果以定律形式出现,但事实上这些结果都是旨在描述现实"为什么是这样"的模型。为证实其描述能力,这些定律必须经过实验检验。时至今日,科学家们仍在进行着昂贵、精密的实验来检验爱因斯坦的模型能否刻画宇宙的物理行为。尽管牛顿的模型历经数个世纪并被沿用至今,但是爱因斯坦的模型能更贴切地描述物体接近光速运动时的物理行为。

本书中，我们主要专注于规范性决策：应该如何决策，而非具体实施。同时，基于三个重要原因，我们也需要解决描述性决策问题。首先是激励性：如果我们不从错误的决策实例中汲取教训，我们将无从得知学习规范性流程的重要意义。其次是实用性：人类行为描述性模型能帮助我们预测到受我们决策影响的人的自然反应。就像诸如加和之类的规范性过程的结果不会优于所输入的数字一样，规范性决策过程的结果也不会比其输入更优。要知道，这些输入来自于带着各种偏见和误解的人们，并且我们需要学会控制这些因素。最后，人类如何接收信息的描述性知识使得我们能够以简单易懂的方式介绍我们的结果。

读者可能想知道经过沉思之后做的决策和基于自然状态所做的决策两者之间的区别。换句话说，描述性行为和规范性行为之间为何存在不同？一个可能的解释是在进化的过程中，我们依然保留着穴居人祖先的身体和大脑。因此，即便身处于大都市的商业区，我们仍会因为听到狮吼而惊慌。数百万年以来，这种本能的警觉感对生存而言至关重要，然而时至今日，它却鲜有价值。

我们进化的一个结果是，在很多情况下，我们的自然本能更适合于应对祖先们所面临的挑战而非应对现代生活中的挑战。此类示例比比皆是：

- 我们无法感知高辐射环境，即便它能让我们在数小时内丧命。
- 在恶劣的天气驾驶飞机，在不使用辅助设备的情况下，一旦我们失去视觉参照则意味着坠机。
- 轻便潜水项目中，下潜至一定深度时，如果我们失去了供氧装置，我们屏住呼吸并冲向水面的求生本能可能会使我们最终丧命。

尽管我们没有进化出相应的应对能力，但我们发展出了应对手段：

- 我们使用盖革计数器（Geiger counter）来检测辐射。
- 我们使用辅助设备在恶劣天气中飞行。
- 我们通过相关指导知道缓慢升至水面，同时逐步呼出空气是潜水中缺氧的正确应对方法。

另一个进化结果是某些曾经有助于生存的能力如今甚至可能会对我们造成伤害。

- 数百万年前，如果有食物在你面前，你会在食物腐坏或其他生物抢走之前吃掉它。如今这种本能行为在自助餐餐桌上可能会因为其能够导致糖尿病或者心脏病而最终是有害的。
- 数百万年前如果有人挑衅你，你的攻击行为能够挽救你的生命。而如今的路怒症就可能导致伤亡。

图1-1直观地展示出我们的天性对决策的影响。这里我们绘制出由两个交互的决策系统来确定的行动选择：一个是审慎的或者说理性的系统，另一个是感性的或者说情绪化的系统。感性决策系统为"热情系统"，这一存在于600多万年前的"古"脑，受到性、恐惧还有饥饿等与生存直接相关的刺激因素驱动。该系统专注于此地此刻、直接和立即的刺激。

相反，审慎决策系统或理性领域被称为"冷认知系统"。人脑最后进化发育出前额皮质大约是在150 000年前，随之诞生的，就是审慎决策系统。前额皮质是增大了，但并没有取代我们的"古"脑，因而这两套系统共存，且常常产生相当大的内部冲突。

两种系统在决策行为的较量中分别受到诸如意志力的有意识影响，及诸如压力、认知努力等因素的无意识影响。我们通常认为某些体力活动的繁重工作会让人筋疲力尽。然而，另外一种形式的工作，即思考过程中的认知努力最终能够令理性决策系统疲惫不堪，从而增加了感性决策系统的影响力。

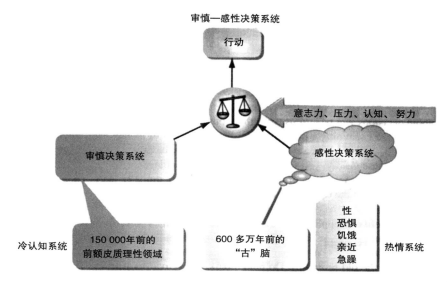

图 1-1　审慎—感性决策系统

你可能会以意志力来克制自己享用高热量甜点的欲望，告诫自己吃了它对你的减肥大计有弊无利。然而历经飞行多个时区造成的时差反应所产生的压力却会使你倾向于"过热"的感性系统，导致你在第二天商务会议中的谈判表现欠佳。

两个系统之间争执不下最简单的例子大概是你看到聚会上的某个人一边一把接一把地吃着花生，一边嘴里说："我知道我明天一定会为此后悔的。"

我们并没有进化出能够解决现代生活所面临决策的各种技能，比方说：

- 在几个有不确定性以及长期后遗症的医疗方案中做抉择。
- 个人或公司进行未来具有长期不确定性结果的财务决策。

凭"直觉"做决策就是将之交付于感性决策系统。在我们深入探讨的过程中，我们将发现许多感性决策出错的例子。本书的目的在于开发我们的理性决策系统并使之在决策过程中发挥更大的作用。学习规范性决策将面临一些特殊的挑战。在日常生活中，我们每个人都做过成千上万的决策，且大多数人都自我感觉良好。如果我们提供一门呼吸训练课程，一个潜在的学生可能会质疑："为何我需要一门训练呼吸的课程呢？我已经呼吸得很好了。我猜你们会告诉我躺在沙发上看电视会比跑上楼梯拥有更低的呼吸速率。"然而很多人确实需要呼吸培训：歌手、游泳竞技选手，甚至冥想者。

尽管一部分人不是歌手或游泳竞技选手，不需要呼吸训练，但是我们任何人都无法避免制定决策。我们自知以前曾经做出错误决策，并可能养成不良决策习惯。因此，提升决策时清晰思考的能力对我们自己及被我们所影响的人们而言，都将终身受益。

基于我们正在检测一种大多数人都自认为很擅长的人类能力，证明我们现行决策行为的不足可能会非常困难。在学习算术或中国历史时，你基本上不需要对自我认知方式进行较大改变。你对课程会有大概的想法，且你将会对之了解更多。然而，该课程的内容会偶尔对你在日常生活中做出或大或小的所有决策的思考方式提出挑战。而在我们的课程里，这种挑战是持续存在的。应对这种挑战的好处是令我们学会一种强有力的决策方式。

我们有时戏称熟练掌握这门课程就会在你的大脑中安装一套新的操作系统。现在，你可以在大脑中运行之前所不能运行的具有强大功能的程序，但同时也不再能够运行以前的程序。不要轻易开始这趟旅程，一如东方谚语所言："勿轻言始，善始则善终。"

正如 Samuel Butler 谈道："一知半解是危险的事情，然而零星的求知欲同样危险。"本书不局限于诸如商业或医疗等特定领域的决策制定。一如随后的例子显示，本书的概念适用于各个领域。

1.3 决策声明

决策并非天然存在。没有人会在走过一片森林后无端说出："我刚刚见证了一个绝妙的决策。"决策是由人类声明的。有时它们产生于当我们面临哲学家们所谓的生存转折之际——环境的某些变化，会促使我们声明相应的决策。我们把这类决策称为对变化的响应。无论我们经历着更糟的变化，如失去工作或生病，还是更好的变化，如继承了一笔遗产，我们都面临着决策声明。

我们还可以在没有任何外部刺激因素的情况下主动声明决策。你可以仅仅因为自己的意愿而决定辞职或跳伞。图 1-2 展示了不同的声明类型。

一些最重要的决定往往是你前瞻性声明的。当沃伦·巴菲特被问及所做出的最糟糕的决策时，他回答说："那些我本可以做但没做的事情，使我们损失了数十亿美元……"他将他最严重的投资失误归结于疏忽而非执行——错误起源于缺少前瞻性。

无论是反应性的决策还是前瞻性的决策，都是你做出的。你想出的备选方案都归属于你。你对最终方案的选择有着完全的控制力，但对该方案所产生的结果却难以把握。这里的"备选方案"是美式的而非欧式的。美国人能理解"我们只有一个备选方案"，但欧洲人却会对此提问："什么方案的备选？"所以当我们说你仅有一个备选方案时，意味着你别无选择。有一幅漫画描述了一位牧师安抚一个即将坐上电椅的犯人，配文是："我的建议是向那位错误地帮助了坏人的圣徒祈祷。"

不做选择永远是一种备选方案。假设你去餐厅吃饭，侍应将菜单递给你并等待你点菜。你说："再给我几分钟。"不久后，侍应又回来了，而你再一次要求更多时间，并如此反复。结果会怎样？你会在最后一次见到他的时候得知厨师已经下班，并且什么食物都没了。你选择了"什么都不做"，并承受了相应的结果。

在决策中真正拥有多个备选方案意味着你对这些方案有着完全的掌控能力。例如，你可能会说你有一个去 ABC 公司工作的备选方案，但你其实并没有。你拥有申请 ABC 公司职位的备选方案。你可能会说你有一个继续读研的备选方案，但你真正的方案是申请读研。谨慎地理解各备选方案是决策中清晰思考的重要一步。

一旦声明了某一决策，那么后续工作就无需太多努力或者广泛分析。大多数日常决策诸如早餐吃什么或者穿什么衣服，都几乎无需分析。而其他决策，比如购买新房或新车则需要进一步分析，但这类决策并不频繁。图1-3展示了我们面临的决策数量以及它们需要的分析努力程度。

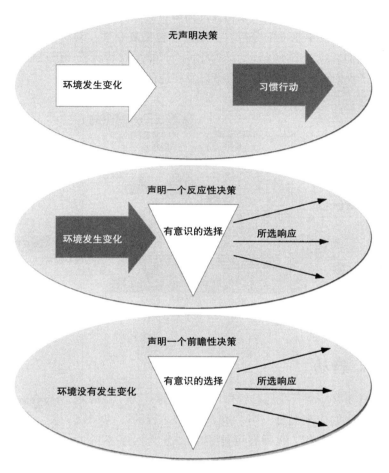

图1-2 决策声明：反应性 vs. 前瞻性决策

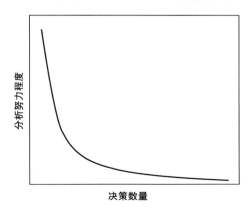

图1-3 决策数量与分析努力程度的关系

决策分析适用于各类决策。但是你可以通过常识或经验法则在几分钟之内完成简单决策。毕竟你无须通过广泛分析来决定早餐吃什么。

而更复杂的决策，诸如去哪里度假或是否买新电视，则值得深入思考。使用一个包含决策所需考虑事项的提示及识别常见决策错误的简单备忘录将会使决策流程更加简单一些。

最重要的决策则需要更精准的分析，考虑因素包括复杂性、动态性以及深远的影响。这类决策值得运用我们后续章节所提到的结构化的、严格的决策流程，但往往未得以运用。

图1-4展示了我们可能面临的各类决策以及相应的解决方法。

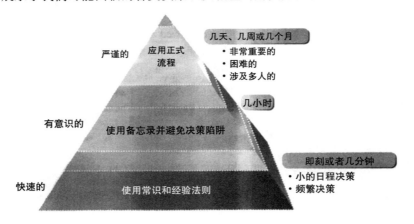

图1-4　决策层级

1.4　想法 vs. 行动

仅仅考虑某件事并不等于我们已经做出相应决策。为了更好地理解什么是决策，我们先来区分一下"想法"和"行动"。图1-5阐述了"想法"与"行动"的所有可能组合，分为四个不同的区域。

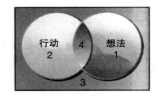

图1-5　想法和行动的区域

区域1：没有行动的空想　想想你的日常行为。你有只是空想而无行动的时刻吗？不需细想我们就能得到肯定的答案。例如，我们会想："这朵云好美！"或"我应该辞职！"或"我好无聊。"这一区域还包括你对某人或某事的感觉。我们大多数的自说自话都是空想，这也许是件好事。

> **思考**
> 想想你只有空想而没行动的其他情形。

区域2：不经思考的行动　存在不经思考的行动吗？答案还是肯定的。对外界刺激的反射反应就是一个简单的例子，就像切洋葱会流泪那样。另一个更引人深思的例子是骑单车。你能想象通过读一本指南来学单车吗？书里可能会描述掌握车把手的转向角度、轮胎的接触区域，还有人—车组合系统的重心问题。我们都是无须思考自动学会骑车的，因此这样的指南用处不大。

走路是另一个关于天生能力或训练技巧的有力证据。任何试图解释肌肉收缩的描述都无助于我们学习走路。

> **思考**
> 即使某项技能已被掌握并可不加思考地执行,相关的训练仍有必要。考虑下面的问题:
> 假设你在快速的骑行过程中,想在前方弯道尽可能迅速地左转,那你会将车把手转到哪个方向?
> 通常的答案是车把手向左拐,然而更有经验的骑手都知道正确的答案是向右拐。如果你观察逆时针环形赛道竞技的摩托车比赛就会知道这一点。他们都把车把手向右拐,远离环道的中心。
> 在这个答案的基础上,我们能对环形设计有什么认识?

即使不依靠直觉或训练,你也能在新环境中凭借既有的知识无须思考而采取正确的行动。佛陀将凭直觉行事称为"正确的行动"。然而,在我们的个人生活和职业生涯中,做出自发的、正确的决策通常十分困难,因为我们会被复杂性、不确定性或各种冲突的价值准则所困扰。

> **思考**
> 想想你不经思考便采取行动的其他情形。

区域 3:没有思考,没有行动 会有这种既不思考也不行动的情况吗?昏迷就是其中一例。通过适度冥想所产生的觉悟可能是另一个例子。

> **思考**
> 想想既不思考也无行动的其他情形。

区域 4:思考并且行动——"有行动力的思考" 最后,我们将那些考虑要做什么事的思考称为"有行动力的思考"。当我们思考某一决策时,就是在实践这种思考方式。但优质的有行动力的思考由何组成?一种答案就是我们当下所努力研究的"决策分析"。

1.5 什么是决策

现在我们需要提出一个基本的问题:"什么是决策?"一个常见的答案是,它是一个选择,或者说是在多个备选方案中选择其一。但我们想要更精准的理解,以下就是我们对决策的定义:

决策是在两个或两个以上对资源不可取消分配的方案之间所做出的选择。

假设有个朋友告诉你他想买一辆新的劳斯莱斯,你如何知道他什么时候做出的这个决策?

是在经销商处看到劳斯莱斯之时，还是他做出将要购买的预约之时？当他按照售价使用银行本票支付给劳斯莱斯经销商，经销商也交付了注册文件及车钥匙的时候，你才会知道他已经购买了劳斯莱斯。如果你的朋友开着新车经过几个街区后发现他其实不喜欢它，那么他能向经销商要回自己的退款吗？经销商大概只会说："我明白，你是想向我们销售一辆状况很好的二手车。这是我们的报价。"这种报价通常都低于当初的售价。这两者的差价在于你朋友在购车决策中所涉及的货币资源分配的不可取消性。

资源因其稀缺而有价值。金钱是一种资源，生命中的时间是一种资源。考虑一个决策需要耗费时间：确定去考虑一个决策的决策即是对时间不可取消性的耗费。当递交银行本票而做出了购买劳斯莱斯的决策时，就意味着资源的不可取消损失，即你初次购买的付款及你拥有后再次售出所得款项之间的差价。因此，从所涉及资源至少会部分损失的角度看，每个决策都是不可取消的。

1.5.1　心理上的承诺或意向并非决策

你可以说你已经决定要节食，但直到你真的不在餐后享用常吃的甜点之前，你都没有真正做出决策。即使你明天又放弃节食计划，但今天的饮食已然有了不同。

"决策"一词的词根与上述解释一致。在拉丁文中，与决策相对应的单词有"去切断"的意思。只要你仅仅是在思考着决策，那么你除了浪费了本可以做其他事情的时间之外，没有决断任何事情。但一旦你签下合约，或选择在驾驶之前不系安全带，又或者参与专家评审的滑雪比赛，你都是在切断一些可能会发生的未来并创造出其他未知的可能性。就像一位广播评论员所说的那样："过去就像一张被取消的支票，我们无权向未来索赔。"

正如我们所见，一个决策所涉及的资源分配是部分或完全不可取消的。比如说，当你仅仅在思考应该去哪里度假时，你尚未做出决策。在当前的科学水平下，对时间的消耗是不可取消的，所以当你思考"度假"时你实际是决定消磨一段时间，而你尚未涉及货币资源。当你购票、预订酒店时，你就做出了决策。你因此也会为这个决策损失某些资源，它们至少是部分不可取消的——取消或改期也会被收取一定的费用。

做出决策的时刻就是那些你若改变主意就会支付一定代价的时刻。如果你在盛怒之下发邮件给老板说要辞职，那你做出决策的时刻就是你按下"发送"之时。在此之前，你都可以几无代价地改变主意。然而，一旦你按下"发送"，那么即便结果尚有转机，你也会面临一连串的困难才能取消。

资源是稀缺的，且我们按照各自的方法去分配资源。爱不是资源，因其无限性。在分配爱时，我们不推荐这套决策分析的方法论。那更像是智慧问题而非工程问题。

> **思考**
> 下列哪一项代表了决策？
> a. 我决定了，我不喜欢香草味雪糕。
> b. 我觉得股市会升。
> c. 我觉得股市会升，所以我会很快投资。这是我购股的支票。

d. 我下决心要在测试中拔得头筹。
　　e. 我决定要节食，并且已经把冰箱里的雪糕扔掉。

1.5.2　什么导致决策变得困难

现在让我们回顾一些我们曾做出的决策并思考为何这些决策很难做出。有时决策很困难是因为它需要我们在多个因素间进行权衡。也有可能因为涉及他人而使决策变得困难。我们称这些人为**利益相关者**，其定义是：能影响决策或将被这个决策所影响的人。在个人决策中，朋友或家人就可能是利益相关者。比如说，你很想买一部摩托车，但你知道这会让妈妈很担心，她就是这一决策的利益相关者。你必须要在她的沮丧和你个人对骑摩托车的享受之中找到平衡。商业决策中的利益相关者可以是股东、雇员和顾客。在医疗决策中的利益相关者有病患、医生、护士，还有患者家属。

对不良后果、后悔甚至责备的恐惧，有时候也会让我们难以做出决策。在所有这些情况里，困难源自于对结果的不确定性。假定你不论选择什么方案，在未来都有确定的结果。设想一下，基于每个潜在的可行性方案，你可以立即神奇地播放一部影片来展示你的未来。在观看完这部影片后，你就会选择最好的方案。这个预知未来的机会让做决策变得简单，远离后顾之忧。通过观看这部影片，你能够更加了解自己的偏好以及你愿意为换得另一种未来的结局而做出替代的权衡类型。有时人们因为时间紧急和各种限制条件而难以决策，但在你看完基于各种选择所导致的未来生活的电影后，这些都能够轻易得到解决。

不幸的是，这种电影并不存在。相应地，我们只能在某一特定时刻选择最佳行动。未来总是充满不确定性，但我们确实拥有个人偏好。我们想要做的是在适当考虑不确定的情况下根据个人偏好做出最优选择，如图1-6所示。构建这样一个规范性过程正是本书的目的。

图1-6　带有不确定性的决策

1.6　决策 vs. 结果

假设你可在如下两笔交易中选择其一（如图1-7所示）。

交易A：投掷硬币，若正面朝上，则给你100美元，否则0。

交易 B：投掷骰子，若点数为 5，则给你 100 美元，否则 0。

你会选择哪笔交易？大多数人选择交易 A。

假设你选择了交易 A 而你的朋友选择了交易 B。硬币反面朝上，骰子点数为 5，则你朋友得到 100 美元而你却没有。你是否做了一个坏的决策？答案是否定的。如果你再次面临同样的选择，你还会选择交易 A 吗？大多数人仍会选择交易 A。

图 1-7　硬币 vs. 骰子

图 1-7 中的例子阐释了决策分析中最基本的特点：决策的质量及其结果的质量之间存在差异。它昭示着由于不确定性，我们有可能在做出优质决策之后还是得到一个较差的结果。凭借结果并不能告诉我们任何关于决策质量的事情——仅仅告知了结果的质量。

利用决策及其结果之间的差异，我们考虑四种可能性：

- 做出好的决策并得到好的结果。
- 做出好的决策并得到坏的结果。
- 做出坏的决策并得到好的结果。
- 做出坏的决策并得到坏的结果。

如图 1-8 所示，想象你身处一个聚会，并喝了一些酒精饮料。到了聚会的尾声，你已经酩酊大醉，必须做出决定是否要开车回家。一个好的决策是不开车，住在朋友家直到第二天早上你能清醒开车为止。而一个坏的决策则是醉驾。

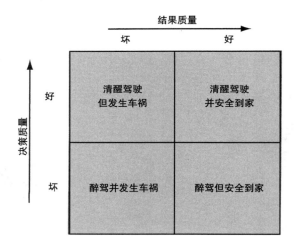

图 1-8　决策 vs. 结果

现在考虑每个决策可能产生的结果。如果你决定留下，第二天早上清醒了再开车，但在回家的路上仍然发生了车祸，则一个好决策带来坏的结果。如果你第二天早上安全开车到家，则是好的决策带来好的结果。此外，如果你醉驾但是安全到家，那么坏的决策得到了好的结果。最后，如果你醉驾并且发生了车祸，则是坏的决策导致了坏的结果。

Ambrose Bierce 用一首诗来讲述这个不要用结果来衡量决策的道理：

"你很不明智，"我哭咽道，"你看这结果就知道……"

他冷静地注视着我,"当我做选择时,我并不能预见结果。"

Ambrose 急着依据所得结果来判断他人不明智的行为是"做出了错误的决策",对方的答复强调了结果和决策之间的区别:人们并不能在做决策时就有现成的结果来指导他们的决策过程。

很多人为他们曾经做过的某事一生懊恼或后悔,殊不知当时他们已然做了正确的决策。我们常常听到这样的说辞:"这样做上次就行不通,这次就不要再试了。"或者,"这个项目是个失败投资,当初的决策就是错误的。"细细思考便知,这些说法都是基于过去的结果来评判一个决策的质量。

此外,人们也会做坏的决策,却得到一个好的结果,并终生自以为做了正确的事。当这种情况发生时,我们可能会听到:"上次这样做就很成功,所以这是个正确的决策,我们照做即可。"

> **思考**
>
> 思考决策与结果的区别。
>
> 你会在自己做决策时混淆两者吗?你有没有试过仅用结果来评判决策的好坏?你有没有曾被别人用事情的结果来评判你做出的决策?

在理解日常事务时,我们也需要有这种觉悟——不用结果来评判决策的对错。下面这篇文章来自 2004 年 4 月 12 日的 CNN 广播。

赌徒:赌轮盘"就是一件疯狂的事"

Ashley Revell 是个 32 岁的伦敦男人。他倾尽财产,甚至卖了自己的衣服,在拉斯维加斯的一个旋转轮盘前赌自己的"幸运周日"。在家人和朋友的注视下,他将 135 300 美元押注到红色上并幸运地搏到了 270 600 美元。英国 Sky One 电视台"翻倍或清空"真人秀节目录制了整个过程。CNN 的记者 Anderson Cooper 问 Revell,当轮盘旋转时他在想什么。

Revell:"我就是……祈祷我既然选择了红色,那就一定要旋转到红色。在我走向轮盘之前,其实我是想选黑色的,但是那个人即将旋转轮盘球的时候,旁边的观众都说要选红色,所以我就临时全部押注了红色。这次我确实很幸运。我真正担心的是如果我输了,我的父母和家人会失望,我所有的朋友会失望。所以,当幸运真的降临时,我真的很高兴。"

Cooper:"你准备押注黑色,但背后的英国观众建议你选红色,然后你就决定这么做了?"

Revell:"是的,就是这样。我的意思是,有这么多人都希望开出红色,我就开始觉得我应该选红色,所以我就这么做了。"

Cooper:"你爸爸从始至终都反对这件事。他在一次采访中说,'我告诉过他,他就是个顽皮的坏男孩,他不应该那么做。他应该像其他孩子那样努力工作。'那你父亲现在怎么看这件事呢?我的意思是他现在改变看法了吗?"

Revell:"是的,我觉得他改变看法了。在这一切开始之前,他只和我握了一下手,而在赢了之后,他拥抱了我并兴高采烈地上蹿下跳。所以,你知道,大多数的父亲只是习惯性担忧，而且他目睹我的朋友们都结婚生子，成家立业了。他就像所有其他父亲一样，只是希望我安定下来，安全健康地活着。"

Cooper："那你为什么还这么做？你真的把所有财产包括内裤都卖了，然后把钱都赌在这上面？为什么呢？就只是为了上电视吗？"

Revell："回想起来，我发现在我打算做之前，我好像从没想过自己可能会输。我就只是抱着积极的态度向前看，然后去赢得胜利。但现在我真的赢了，我才考虑如果我输了会怎么样。说实话，我真的为这个赌注变得疯狂，这几乎是我做过最疯狂的事。我连仅剩的燕尾服都可能会失去，我可能连穿着回去的衣服都没了。但我还有我的朋友，我的家人，他们会一直在我身边。他们是我能够这么做的保障。但是我再也不会这么做了。我的意思是，这样做真的很疯狂。"

思考

谨记轮盘玩家的决策，思考下列问题：
- 参与这个游戏对 Revell 来说是个好的决策吗？
- 他得到了好的结果吗？
- 他得到的结果有没有改变他所做出决策的质量呢？
- 他父亲应该因为较好的结果就此事改变观点吗？
- 如果你是 Revell，你会做出同样的决策吗？
- 你觉得 Revell 还会愿意以他现有的 270 600 美元重复这个赌注吗？

1.7　行动明确

我们已经探讨了决策与结果的不同，并且确定了好的决策未必能保证好的结果。既然如此，决策分析还有什么作用呢？

决策分析的目的在于使得决策者能够在决策中达成明确的行动，甚至更重要的是，形成清晰的思路。此外，知道我们已经做出了最优决策，这能给我们带来内心的平和，因为我们已经力尽所能去影响未来。

我们可以用开飞机对决策进行类比。当天气晴朗时，我们无须依赖任何辅助设备进行飞行。而当天气云雾缭绕时，我们就需要辅助设备的帮助。类似地，对于一个简单的决策，我们可以通过自身判断来完成。当面对更加复杂的决策时，我们的个人判断可能有误，所以我们需要依靠一定的规则来帮我们确定最优的行动步骤。

继续使用这个类比，在可见度不高的天气飞行时，不仅新手飞行员需要使用辅助仪表，对于经验老到的飞行员同样如此。如果有经验的飞行员突然无法通过观测地面得到熟悉的提示，他们也会很快错误地认为自身处于上下完全颠倒的状态，然后向控制台做出错误的纠正调整。在不确定环境下决策者的行为同样如此。除非决策者使用我们所构建的决策分析系统，否则他们也可能会犯严重的错误。

Ron Howard 的故事

许多年前，我得了一种间歇性微怒症，通过持续服药，病情得以控制。但是那些药具有长期且严重的副作用。我的医生建议我做一个大手术。如果手术成功的话，此病将被根治。但手术是有风险的，我也可能死在手术台上。我对此提出了异议，而我的医生则认为我不够果决。

由于这个重要决策具有很大的不确定性且对我的余生有着重要意义，我在班上两位医学博士的帮助下对这一问题进行了长达 6 个月的分析。我们建立了动态概率模型分析未来种种情形。两位博士还把我的 X 光图片发给了一位海外的专家求取建议。我们发现最好的方案就是看我会不会有下一次的爆发。如果有，我就应该进行手术。如果还没，我就应该继续延迟手术。病情复发了，因此我联系了我的医生安排手术。他问我什么时候手术，我回复说"马上"。他对犹豫不决的我突然变得如此果断感到困惑。手术那天，就在麻醉之前，一个善良的护士安慰我说一切都会很顺利的。我对此表示感谢，并告诉她我有 2% 的概率会死在手术台上，并且我已经准备好了。

这个故事有三个意义：第一，面对不确定的结果，我在做手术时就已经明确了行动；第二，这个决策中最不可取消的部分就是让我自己接受麻醉，而不是立马起身离开医院；第三，我得到了好的结果。

1.8 什么是一个好决策

在日常对话中，我们大概常常使用"好决策"这个词语。但到底什么才是好决策呢？我们如何知道我们做出了一个好决策？

1.8.1 什么造就一个好决策的常见误区

对于什么构成了一个好的决策，存在着很多常见的误区。在研究生课程或主管研讨会上，人们通常这样回答：

"能够产生期望结果的决策就是一个好决策。"

然而，正如我们所见，决策与其结果之间有着明显的区别。因此，这样的定义显然是不正确的。

另一个普遍的定义是：

"以最大概率获得最优结果的决策就是好决策。"

这一答案同样也有问题，因为它既没有考虑对于最好结果的绝对意愿，又没有考虑极坏结果发生的可能性。考虑一笔交易，你有 80% 的概率能得到 1 000 000 美元，20% 的概率损失 10 美元；而另一笔交易里你有 90% 的概率得到 100 美元，10% 的概率分文不得。大多数人都会同意说第一笔交易更具吸引力，尽管它的最佳结果的出现概率低于后者，而最坏结果的出现概率高于后者。这个例子也解释了另一个定义所存在的问题：

"以最小概率获得最差结果的决策就是一个好决策。"

诺贝尔奖得主阿诺·彭齐亚斯（Arno Penzias）被问及如何判断一个项目是好项目时，他回答道：

"很简单，你只要想着你要做的事情百分百会成功，判断出它的价值，乘以它成功的概率，再除以它的成本，然后看看得到的品质因数（figure of merit）。"

这个方法听起来像是一个选择项目的合理标准，但经过更详细地检测会发现，其仅仅聚焦于百分之百成功之后的货币收益，而不考虑其他层面。因此在某些情况下，它可能会指向最好的项目，而在另一些情况下，它可能会失效。仅使用一个比率并不能将所涉及的全部实际货币价值考虑在内。

比如，考虑两个非胜即负的项目，各有 90% 的成功概率。第一个项目若成功能赚得 100 美元，否则就要损失 10 美元。它的 Penzias 品质因数是 0.9 乘 100 除以 10，等于 9。第二个项目成功就获得 1 000 000 美元，否则需支付 150 000 美元。它的 Penzias 品质因数是 6。若依据品质因数，我们会选择第一个项目，但大多数公司可能更偏好第二个项目。

看待同一个案例，我们可以有不同的方式。该公司是否只有两个可行项目供选择呢？可否两个项目都做呢？除了货币收益，是否还有其他因素需要考虑，比如法律或道德事宜？

1.8.2　影响决策质量的六要素

要回答一个好决策由什么构成这个问题，我们首先要理解决策的几个主要因素：
- 决策者。
- 框架。
- 备选方案。
- 偏好。
- 信息。
- 决策的逻辑。

首先，每个决策都需要**决策者**，即决策行为的实施者。如同我们前文所探讨的那样，决策并非天然生成的：是人用语言制造了它们。比如某个人说出的"我正在考虑是否投资……将这个操作……把研发预算设定为 2 亿美元……"必须通过决定来实现，而不仅仅依靠空想。否则，决策分析将毫无用处。因此，将想法付诸行动的承诺是好决策的第一个要素。

其次，决策者必须为这个决策提供一种观察视角。我们将这种视角称为**框架**。比如，从一系列汽车品牌中做出购买选择就是某人的一种框架。框架也可以是考虑购车还是租车，或第一时间拥有私家车还是乘坐公共交通工具，甚至是考虑通勤上班还是在家工作。每一个框架都呈现出有待解决决策问题的不同视角。

选择了某一特定的框架将导致适应该框架的**备选方案**的产生。这些备选方案是决策者认为能够导致不同未来结果的行动方案。高质量的决策包括对一些本质不同的备选方案的考察。所谓的备选方案，我们是指实际可行并受决策者控制的方案。你可以选择申请多个不同职位，然而除非真正收到一份职位聘用通知，否则你的备选方案里面就不存在接受职位这一项。假如你没有多个方案，或只有一个备选方案，那么你将没得选择且无须做出决策。

你能拥有过多备选方案吗？虽然新的备选方案有时优于你所认知的所有方案，但你需要时间和努力去发掘。比如说，你已经在地毯店花了两个小时为自己的起居室挑选一块地毯。你挑中了一块价格合理而且非常有吸引力的地毯并打算购买。销售员突然开口道："我刚刚忘了说，店后面就是仓库，里面有 10 000 多条地毯可供您选择。"大部分决策者此时会说，我们已经做出选择，也不愿为此浪费时间了。

决策者通常对不同方案所产生的未来结果有不同的**偏好**。偏好显示出决策者的真实意愿。如果可能的未来结果对决策者而言无关紧要，则没有必要去决策，只需顺其自然就好。东方有句哲言："无欲则刚"。然而事实是，我们大多数喜欢愉悦，讨厌痛苦，喜欢成功，讨厌失败，喜欢健康，讨厌疾病，喜欢财富，讨厌贫穷，喜欢青春，讨厌年老，抑或是比起香草更爱巧克力……我们各有偏好。高质量的决策必须包含明确、特定的偏好。

我们想做的事与我们能做的事之间的连接在于我们的所知，即**信息**。这些信息可能导向未知的未来，因此，我们也必须面对种种不确定性进行决策。我们总在试图获取更多的信息，但信息需要消耗资源。高质量的决策过程保证了信息的获取既不过剩也不匮乏。

最后，我们必须利用一些流程从我们所能、所欲、所知中得到我们所需采取的行动。若我们想使用一个系统化的流程，比如**逻辑推理**，就需要为之使用所知的最佳规则。我们很快就会呈现这样的一系列规则供你参考。

如图 1-9 所示，我们使用一个三脚凳的隐喻来描述关乎决策质量的六个基本要素。这是很实用的隐喻，因为它为任何一个正在决策的人明确指出当前需要考虑的决策层面。三脚凳的三只脚代表了任意决策中的三个基本要素，即你能做的：你的备选方案；你知道的：关于各备选方案可能产生未来结果的知识；你想要的：你对结果的偏好。这三只脚构成了**决策基础**：对你所面临的决策问题的全方位的描述。座位是你为这个决策基础将要采取最佳行动的逻辑，它将三只脚固定为一体。接下来我们会详细阐述这层逻辑。

对于理解三脚凳隐喻重要的一点在于三脚凳少了任何一只脚都会坍塌：只有一个方案、无法看到方案与其结果的因果关联、这些可能的结果对你无关紧要都会导致决策无法完成。

三脚凳的位置代表了决策的框架，它决定了与决策密切相关的备选方案、信息以及偏好。例如，你需要找个地方住，你可以规划你的问题为找一个新的租赁公寓

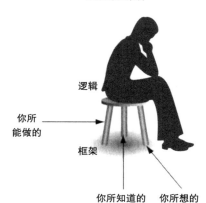

图 1-9　决策质量三脚凳

或是别墅。你也可以使用一个更大的框架，将购买一栋房子作为增加的备选方案。可见，框架的选择决定了决策基础，是决策制定的最基本层面。我们会在本书的后续章节详细讨论框架问题。

最后，决策中最重要的要素是坐在三脚凳上的人。若无人组建三脚凳的其他要素，使用这一决策支持体系，则无决策可言。决策者构建了框架，寻找并确定备选方案，收集相关信息，声明偏好，并使用合适的逻辑来选择最佳方案。因此，决策者必须负责：放置三脚凳、

加工其支脚、组建座板以及最后坐上这个三脚凳——遵循明确的行动方针。

另一个描绘决策六要素的比喻是一条链，如图 1-10 所示。这个概念的特点是，链条的强度与其最弱的一环等同。为了保障决策质量，我们必须保证每一环的质量。

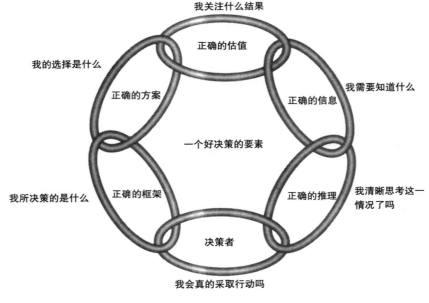

图 1-10　决策质量链

1.8.3　决策质量示意图

图 1-11 中的决策质量蛛网图定性地描绘了决策质量。对需要评价决策流程的集体或个人而言，这个工具十分有效。

内部六边形与外部六边形之间的距离代表了每个要素的完成程度。外部六边形代表了该决策要素之间的适度平衡。如果内部六边形中代表某一要素的一条边逾越了外部六边形，就证明该要素耗费过多精力。图 1-12 描绘了不均衡分析，因为其考虑了过多的备选方案而对性价比高的信息搜集太少。图形结果显示该决策过程的要素要么过量，要么匮乏。

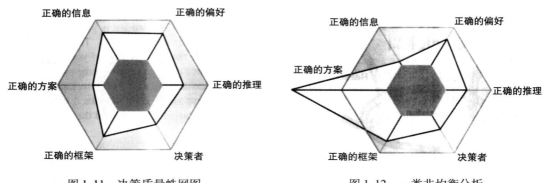

图 1-11　决策质量蛛网图　　　　图 1-12　一类非均衡分析

1.9 总结

如果你决定不再继续阅读本书，那么请记下本章节最主要的内容。

决策制定最基本的特点在于决策质量与决策结果之间没有必然的联系。

只要你明白了这一点，你就能妥善处理两种不必要的情绪：后悔和忧虑。

> 如果你做出好的决策，那么你就不应该再后悔什么。请继续做出好的决策，毕竟结果不是你能控制的，有什么好后悔的呢？
>
> 如果你发现决策之前你很焦虑，请将你的精力转向决策本身以保证做出最好的决策。

Annie Duke，一个非常成功的职业扑克牌选手，曾经描述过她是如何践行这种智慧的。她用尽所能去做一个好的决策并且不去关注决策结果是好还是坏。这种行为常常使她的对手困惑，他们总是觉得她应该就结果的不同改变自己的行为。在随后的章节中，我们会构建一个思维结构，该思维结构对制定一个好决策是必要的。

习题

标注星号（*）的习题更具有挑战性。

1. 阅读了本章之后，请解释决策分析中的如下术语：
   a. 行动性想法。
   b. 明晰的行动。
   c. 决策。
   d. 结果。
   e. 规范性 vs. 描述性。
   f. 决策基础。
2. 以下场景哪个代表决策？
   a. 休息的时候，我想去 Tahoe。
   b. 这是颗漂亮的星星。
   c. 我需要买一把雨伞。
   d. 我决定要成为总统。
   e. 我认为呼吸对我是有益的。
3. 什么是决策？什么导致决策变得困难？我们在决策分析中想达到的目标是什么？决策分析是规范性学科还是描述性学科？
4. 请说出影响决策质量的六个要素。
5. 从报纸上选出一篇描述某人面临决策的报道。决策者是谁？决策是什么？现有的不确定性是什么？决策者喜欢什么，不喜欢什么？如果你是决策者雇用的顾问，你会给他什么样的保证？
6. 简要回答下列问题。
   a. 决策与其结果之间有什么区别？
   b. 给出一个好的决策带来好的结果的例子。
   c. 给出一个好的决策带来坏的结果的例子。
   d. 给出一个坏的决策带来好的结果的例子。
   e. 给出一个坏的决策带来坏的结果的例子。
7. 花时间考虑一下你现在或者将要面临的很重要的决策情境。描述你的决策情境。

a. 什么因素导致该决策变得困难？为你决策中所涉及的问题列出清单。
b. 这些问题中，哪些是你自己可以控制的？
c. 这些问题中，哪些是你自己不能控制的？

8. 写下一个对你人生影响最大的决策。现在回过头来看，你决策的时候，是如何在影响决策质量的六个要素中权衡的？

*9. 简要写下你今天的所为：你是怎么利用自己的时间的，吃了什么，等等。你觉得今天过得充实吗？你有做那些你以前就想做的事吗？对于如何利用自己的时间，你有做出好的选择吗？为什么？如果你在银行有1 000万美元，你会用这段时间做一些什么不同的事？现在什么妨碍你这样做，是钱的问题还是什么其他的问题？

*10. 思考一下甘地对英国侵略的引述："如果我们不把自尊交给他们，他们就夺不走。"解释这个引述的含义，并且解释其与决策分析的关系。

*11. 请给出一些其他领域的关于规范性和描述性的例子。

*12. Mohammad在决策分析中考虑是否去大学读博，并决定应该考虑哪些学校。以下哪些考虑因素应该属于他的决策基础？
a. Mohammad相信决策分析可以给他一个机会让他在毕业后找到一个好工作。
b. Mohammad更加偏好那些史上有成功足球队的学校。
c. 如果美国顶尖的三所学校愿意录取他，Mohammad会选择其一。
d. 以上都应该纳入他的决策基础。

*13. 你考虑购买一家在硅谷创业的公司的股票。在你考虑是否投资这家公司的时候，以下叙述哪一个不应该作为决策的一部分？
a. 你查看了这家公司的资产负债表，被他们对于风险投资的低使用率所激励。
b. 你参加并聆听了这家公司CEO和CTO的一个报告，这家公司令人振奋的远景使你印象深刻。
c. 你宁愿选择投资给每季度发放固定红利的保守的共同基金，也不愿冒着失去所有资金的风险投资给这家公司。
d. 以上都应该作为决策基础的一部分。

第2章

决策体验

本章核心概念

阅读本章之后，读者将能够解释下列概念：
- 简单决策分析
- 概率在决策过程中的作用
- 在我们的例子中为何图钉交易优于奖章交易
- 沉没成本
- 决策 vs. 结果
- 先知和洞察力价值

2.1 引言

在上一章中，我们介绍了决策的定义并探讨了有高质量行动性想法的意义。本章我们提出并分析一个简单决策，这个决策涵盖所有其他较复杂决策拥有的要素，这有助于我们思索在日常生活中形成的决策方式。为了在这一练习过程中受益，请想象一下你自己正面对这一决策并思考所要做出的抉择。正如前文所述，决策是对不可取消的资源分配的一种选择，而且由于存在一定程度的不确定性，所以经常很难做出决策。这两个要素（资源和不确定性）都是下述示例的一部分。

2.2 一个决策分析：图钉和奖章案例

如下情境中，一位教师和他的学生们就决策展开对话。

注："I"代表教师，"C"代表班级中一个或多个学生。

I：为了说明一个决策，我们同时需要资源和不确定性两个要素。说到资源，我这里有100美元。有人想要吗？

C：（齐声回答）想！

I：好的，不出所料你们都想要这张100美元的钞票。这看起来是一个简单的决策，但接下来我们要增加一些不确定性。这是一个可以投掷的道具（教师从口袋中拿出了一个很像硬币的东西）。

C：那是一枚硬币吗？

I：不是，但是很像。这是一枚奖章，它一面有着"Snap-On 60 周年纪念"字样和套筒扳手，另一面有着"大师的选择"的大号字体（他拿起了如图 2-1 所示的物体，奖章在班里传看）。

I：观察一下，但不要投掷。它与一枚大硬币一样重，做工精良，双面浮雕，边缘碾磨，对吗？

C：是的。

I：好的，但我不会试着去花掉它（教师收回了奖章）。我可以通过投掷奖章来介绍不确定性，你们可以试着猜猜哪一面会朝上。我们给奖章的两面起个名字吧，好吗？

C：正面和反面。

I：怎么知道哪一面是正面呢？

C：正面通常会有某人的头像，反面没有。

正面　　　　　　反面

图 2-1　奖章的两面

I：是的，世界上很多国家都这样，但不是全部。你得在下赌注之前检查一下。当前的情况下，这种方法不可取，因为两面都没有头像。（教师选了一位志愿者）你怎么命名奖章的两面？

志愿者：我把有扳手那面看作正面，有大号字体的那面看作反面。

I：好的，现在我们知道奖章投掷中每一面的叫法是什么意思了。现在我提到投掷可能出现的结果就用正反面表示了。明白了吗？

C：明白了。

I：现在我将构建一笔交易。如果这笔交易的所有者猜中了正反面，这个人就会赢得 100 美元；否则，他将一无所获。图 2-2 展示了一张凭证，它给予持证人猜奖章正反面的权利。这张凭证只有在所有者猜对了奖章正反面的情况下才值 100 美元，否则分文不值。这张凭证周边的漩涡纹饰证明了它是一张有价值的纸。谁想要这张凭证？

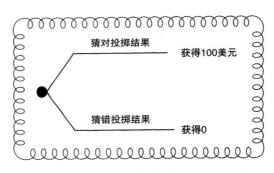

图 2-2　周边带有漩涡纹饰的凭证

C：（齐声回答）**我想要！**

I：当然，谁会不想要呢！但是我们先来考虑另一个"生成不确定性"的装置。我这里有一个罐子（打开了一个不透明的，一公升⊖大小的塑料罐）。我要往这个罐子里装一枚图钉。然后我会拧上盖子，把它倒置过来，使劲上下摇晃，最后，把它放在桌子上，盖子朝下。当我握住盖子，然后小心地拧开罐子，我们将会看到图钉是针朝下还是针朝上（他拿起了如图 2-3 所示的图钉）。

⊖　1 公升 = 0.001 立方米。

为了简化我们的讨论，我们指定针朝下为正面，针朝上为反面（他展示了如图 2-4 所示的情况）。如果你将要坐上去，你会希望针是朝下的。

图 2-3 图钉的两端：针朝上和针朝下　　　　图 2-4 图钉的两端

为了在这次决策中提供不确定性，我们在奖章和图钉中任选其一进行投掷。如果你猜中了图钉的结果，你会得到 100 美元；否则，你得到 0。谁想要这个不确定性装置的凭证？

C：（齐声回答）我要！

I：当然，每个人都想要这张凭证，但是鉴于我们只有一张凭证，所以我们不得不通过报价的过程来拍卖它。我来选择是用奖章还是图钉，你们来猜测结果是正面还是反面。然而，如果你愿意额外支付 3 美元，你可以指定你想使用的装置。托管规则如下，在竞猜结果之前，最高报价者须提前支付报价金额。

2.2.1　报价过程的规则

I：报价过程的规则总结如下。

（1）这是一次密封报价拍卖。凭证每次叫价 1 美元；出价最高者获得凭证。如果你拍到了这张凭证，一旦你提前使用现金支付了报价金额，你便获得了这张凭证，然后就可以猜测结果了。

（2）如果你获得凭证，教师将会决定你来猜奖章还是图钉。然而，在竞拍过程中你可通过同意额外支付 3 美元来指定装置。如果你获得了凭证，根据你的猜测结果，你将会得到 100 美元或者 0。在演示课程结束后，你将会得到你的报酬。

（3）投标报价相同时将通过投掷 25 美分的硬币来解决。为了避免这种情况，你可能想要报价时精确到美分。

（4）不允许互相串通。这意味着你不能与某位同学串通起来以小组为单位报价，然后平分可能获得的奖金。

（5）这张凭证是不可转让的（不可协商），它不能被再售。

（6）在报价最高后，若尚未支付，如果想撤回，必须支付 10 美元的罚金。在那时，出价第二高者将被指定为报价最高者，竞拍过程继续。

I：我们在图 2-5 中总结了所有规则。

2.2.2　开始报价

（这时，教师分发了索引卡。）

I：请在卡片上写下你的名字和你愿为凭证支付的价格。为了减少相同报价的可能，你也许想要报价精确到美分。为了你的利益，你最好不要将你的报价泄露给任何人。如果你愿意为了指定装置而额外支付 3 美元，也要在卡片上明确这一点。谁的卡片上报价金额最高，谁就将获得这张凭证。

凭证的报价规则：
- 密封拍卖。
- 详细说明你愿意支付的报价。
- 装置：奖章或图钉。
- 教师选择装置。
- 额外支付3美元，你可以选择装置。
- 报价最高者获得凭证。
- 投掷硬币解决报价相同问题（建议报价精确到分）。
- 以现金或支票方式付款。
- 报价最高者想要撤回，需交付10美元。
- 不准串通和联合。
- 交易不可转让。
- 在课堂讨论结束后，受让人将获得交易的收益。

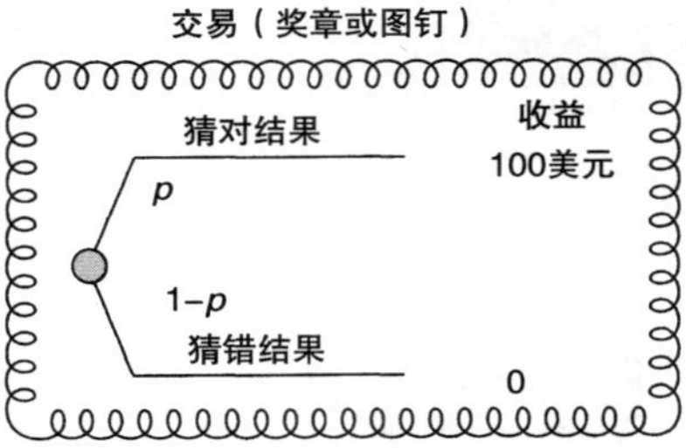

交易（奖章或图钉）

猜对结果 收益
p 100美元

$1-p$
猜错结果 0

在索引卡上：
写下你的姓名、报价。
　　选择：如果愿意为选择装置而支付3美元，写下"如果我是受让人，我将支付3美元选择装置……"

名：Bill
姓：Gates
我的报价：xxx.xx美元
我将支付3美元用于……

图 2-5　报价过程的规制

2.2.3　"公平硬币"游戏的谬误

C：这是"公平硬币"游戏吗？

I：首先，请记住这不是一枚硬币，而是一枚奖章。现在，我来回答你们的问题，"公平"是什么意思呢？我猜你们的意思是说它出现正面和反面的机会是等可能的，是吗？（学生们点头表示同意。）现在我很确信这枚奖章的设计者一点儿都没有考虑这样的问题。拥有凭证的人如果选择了奖章，有多大的机会获得 100 美元呢？

C：50:50。

I：如果事实如此并且这也是你们的信念（belief），那么你们也许可以将这个问题改为"出现正面或反面的概率为 0.5 吗？"你们可以有这样的信念：奖章任一面落地的可能性相等，但这只是你们的个人信念。你们有谁以前投掷过类似的奖章吗？

C：没有。

I：那么，为什么你们指定每一面出现的概率是 0.5 呢？

C：因为只有两种可能的结果。

I：火星上有没有生命存在这个问题也只有两种结果——有或没有。你们难道认为火星上存在生命的概率是 0.5 吗？

C：不是的。

I：那么为什么你们相信概率是 0.5 呢？

C：因为奖章是对称的。

I：实际上，这枚奖章根本不对称。正如你们所见，这枚奖章的两面在三维上是有显著差别的。

C：我相信概率是 0.5，是因为我认为一面不会比另一面更容易出现。

I：就是说如果你们选择奖章，然后猜测出现正面，接着我告诉你们我要在揭晓结果之前交换正反面的定义，你们认为这种变更是无关紧要的，是吗？

C：是的。

I：既然如此，那么，你们为这个概率赋值 0.5，但这个概率不是奖章的属性，而是在我投掷之后，你们对于这枚奖章如何落地的信念。你们对交换正反面定义的不在乎意味着你们相信任一面落地是等可能的。其他人也许有不同的看法。

> **思考**
>
> 花一分钟来考虑这种情形。思考下面三个问题，并做出你的决策：
> 1. 如果有机会，你更倾向于选择哪种装置（奖章或图钉）呢？
> 2. 你会为凭证报价多少？
> 3. 你会为了挑选装置而支付 3 美元吗？

作为比较，我们在本章最后的附录 2-1 中展示相关回答的统计数据。这些数据来自斯坦福大学一个 270 人的研究生班。大约 30% 的学生选择了奖章，70% 的学生选择了图钉。此外，30% 的学生愿意为选择装置支付 3 美元。这其中有 25% 的人更倾向于选择奖章。

2.2.4 揭晓中标者

I：现在我们拿到报价了。中标者是 Sally，她的出价是 42 美元。恭喜 Sally。请给我 42 美元，然后这张凭证就是你的了。谢谢你。我现在在凭证上写下她的名字来证明她的所有权。在我们继续之前，Sally，我看到你选择了支付 3 美元来选择装置。所以，你需要再付我 3 美元。（Sally 递给教师 3 美元。）谢谢。我注意到你选择了奖章，为什么呢？

Sally：奖章和硬币很类似，而且我对投掷硬币有些经验，但是我对于投掷图钉一无所知。选奖章更保险些。

I：你的观点听起来不错，而且这个领域的很多新手也是这样想的，但它是错的。事实上，如果你认为出现正面的概率是二分之一的话，选择奖章交易是你所获得的最差交易。等可能性二态的装置是所有二态装置中最难猜的了。如果你认为图钉更倾向于以某种方式落地，你最好用图钉。我保证这绝对不会比选择奖章更差。

还要说明一下，我们可以无成本地将图钉交易转换为奖章交易。谁知道怎么做吗？

Sally：我知道。我可以投掷我的硬币。如果结果是正面，我就猜图钉的正面。反之亦然。

I：是的。假设已经投掷过图钉了，但是没有人看到结果如何。在猜之前，你从口袋中取一枚硬币并投掷一下。如果出现正面，便猜图钉为正；如果出现反面，则猜图钉为反。因为你相信你的硬币出现正反面的机会均为 0.5，你会有 0.5 的机会赢得 100 美元。不考虑图钉是怎么落地的，你已经构建了奖章的交易。

I：你看，Sally，如果你在一家公司工作，你将很难向你的经理解释为什么你愿意额外支付 3 美元去选择奖章。但是这是你的决策，你现在拥有了这张凭证，而且你将会猜奖章的结果。你知道的，你不能出售这张凭证。但如果可以卖出的话，你能接受的最低价是多少呢？

Sally：45 美元。

I：为什么是 45 美元（问全班）？证书的价值应该依据 Sally 为该交易的支付金额确定吗？

C：当然，她想要获得收益。

I：假设她犯了个错误，报价 95 美元，会怎么样呢？

C：她会以所获得的最高价卖出。

I：为何她不能忽略自己的成本而以可能获得的最高价出售？

C：难道你支付的成本不会影响你的售价吗？

I：不见得。你的出价可能会反映它的市场价值。举个例子，你在国外从工匠那里买了纪念品。然而，如果你为你的买卖价之间的差价交税的话，你起初付出的钱便更为重要。你现在关注买价是因为它会影响你之后的税费。除此之外，你应该以你能得到的最高价出售你拥有的东西。

这被称作**沉没成本原理**：你达成当下境况的成本并不影响你的未来。

I：这里有个例子。假如你继承了你祖母在多年前以 5 000 美元买下的房子。现在的市场价格大约是 100 000 美元。有人找到你，愿以 10 000 美元购买，说："这可是翻了一番呢！你还想要多少？"你会说："大约 100 000 美元。"

I：Sally，让我们回顾一下现在你为这张凭证的投资。你的报价是 42 美元，再加上选择权的 3 美元，总共是 45 美元。你刚说你对以 45 美元卖出不在乎。现在还是这样吗？

Sally：不。起初，我认为对我来说凭证价值大约为 48 美元，如果我能以 45 美元的投资得到它的话，我将小赚一笔。我现在意识到当时想错了。如果我现在可以卖掉这张凭证，以 44 美元卖掉它对我来说也无所谓。

I：Sally，你可以换种方式思考。基于你现有的理解，假设我已经免费把凭证送给你了，而不是你花了 45 美元购买的。然而，在来上课的路上，你的钱包中丢了 45 美元，你刚刚发现这笔损失。你的银行账户上少了 45 美元，但你拥有了凭证。你会对以 44 美元卖掉凭证在意吗？

Sally：是的，我会。在同样的银行账户下，我怎样得到凭证不应该影响我的卖价。我不应该考虑利润。

I：我们继续。Sally，你得到 100 美元的概率是多少？

Sally：50%。

（此时，没经任何提示，教师在没有看的情况下投掷了奖章并在上面覆盖了一张纸。）

I：Sally，你现在赢得 100 美元的概率是多少？

Sally：还是 0.5。

I：好。其他人同意吗？

C：同意。

I：正确。有些人可能会认为一件事在未来发生的概率和过去发生的概率有区别，即使他们还没有得到关于此的新信息，这是挺有趣的。了解既成事实并不改变你拥有的关于猜中结果的信息。

I：（教师往纸下偷窥了一眼。）很有趣。Sally，你现在得到 100 美元的概率是多少？

Sally：还是 0.5。

I：如果我现在猜投掷奖章的结果，猜对的概率是多少？

Sally：100%。

I：正确。对我而言，这枚奖章以某一面或另一面落地的概率是多少？

Sally：对你来说一面是 0，一面是 1。

I：所以，我的概率不是每一面 0.5，而是一面是 1，一面是 0。

Sally：是的。

I：即使我们两个都猜这枚硬币，我的概率和你的概率截然不同。所以，概率是存在于客观世界还是存在于我们的头脑之中呢？

Sally：在我们的头脑之中。它取决于我们所获取的信息。

2.2.5 洞察力价值

I：是的。概率取决于你的信息情况。现在，Sally，假设我提议告诉你纸下的结果，这信息对你有价值吗？

Sally：是的。这保证了我可以猜中。

I：你最多愿意为此支付多少钱？同学们，你们认为她应该付出多少钱？

C：（大家议论纷纷。）

I：这个问题关于逻辑还是关于观点？把我想成一个先知——一个可以告诉你任何关于过去、现在和将来的人，但是我的告知不包含判断。如果 Sally 免费获得我的信息，这张凭证对她价值多少呢？

C：100 美元。

I：如果她没有获得我的信息呢？

C：44 美元，她保持无差别态度的最低卖价。

I：那么她最多愿意为将 44 美元的凭证变为 100 美元的凭证支付多少钱？

C：56 美元。

I：正确。她愿意为得知奖章的落地方式并猜出结果最多支付 56 美元。就投掷奖章结果而言，我们称之为**洞察力价值**。因为你永远不会为不提供预见信息的任何信息源支付比洞察力价值更多的费用，所以这个概念帮助你避免了很多收集信息的活动。

> **思考：先知**
>
> 先知可以告知任何物理学上可确定事物的过去、现在或未来，还可以使用无尽的资源进行计算。然而，先知并不能做出判断。如果你问先知"在房间中的多少人是高兴的"，他会说他无法回答。如果你问他房间里全部人的年龄总和，他会告诉你结果，只要你能详细给出"年龄"的定义。
>
> 洞察力价值在决策分析中是个关键概念，因为它显示了你愿意为了解某件不确定的事而支付的最大额度（如图2-6所示）。

I：如果先知要求的酬金小于 Sally 的洞察力价值，她应该购买该消息。但如果先知要的酬金更多，她就放弃。同时，注意在这种情况下，一旦我们知道了 Sally 无差别出售凭证的价格，洞察力价值就关乎逻辑了。

I：如果没有产生洞察力，我们就说信源所提供的信息是不完全的。比如，假定坐在教室后排的某人持有双筒望远镜并自认为看到了奖章是如何着地的。如果他为他的信息要价高于洞察力价值，那么 Sally 就无须关注他的视力多么优良，因为她绝不会为奖章如何落地的信息搜集行为支付任何超过洞察力价值的部分。许多公司通常耗费高于洞察力价值多倍的成本去搜集实际价值远低于其希望的信息。

图2-6 洞察力价值是决策分析中的一个关键概念

I：我们继续，考虑我提供 Sally 这笔交易的可能性。为了确保我正确执行这项交易，Sally 可以委托一个代理人。我有一个手表，以数字形式读秒。假设我瞥一眼手表，记下显示秒数的数字。如果这个数位于 0 到 49 之间，我会告诉她正确的一面在上。如果这个数位于 50 到 59 之间，我会告诉她正确的一面在下。也就是说，她有 $\frac{5}{6}$ 的概率得到正确信息，有 $\frac{1}{6}$ 的概率得到错误信息。这个不完全信息对她有价值吗？

C：有。

I：比 56 美元要多吗？

C：不，要少。

I：是的，我们有方法帮助她算出她愿意为这样的信息支付多少，我们将在稍后介绍这些方法。人生中的大部分信息收集机会像洞察力，还是像关于手表的交易呢？

C：手表的交易。

I：是的。在决策的任何领域和大部分信息收集活动中（调查、试验工厂、勘探井、医学检验和控制试验），我们都会遇到不完全信息。

2.2.6 预测结果

I：Sally，我们几乎准备好让你猜测掷奖章的结果了。从现在开始，让我们明确一下将要学习的知识。在观察到投掷结果之后，我们将会了解一些关于 Sally 决策能力的事吗？

C：不会。此前，她为了她认为价值 48 美元的东西付了 42 美元加 3 美元。现在，她认为奖章两面朝上的概率是等可能的，我们并没有获得任何新信息。

I：所以，我们实际不会了解任何新消息。我们接下来能够知道的也就是她能否把这 100 美元带回家了。也就是说，我们知道她做的决策，但是不知道她能否得到更令人满意的结果。这个世界更倾向于根据人们的决策还是结果给予回报呢？

C：结果。

I：这是我们应该考虑的问题。现在，Sally，你猜哪一面？

S：正面（或反面）。

I：猜对了，给你 100 美元（或你答错了，谢谢你能输得起）。

2.3 从图钉和奖章案例中学到的教训

前面的演示包含了一个简单决策，并对我们的直觉提出了挑战。我们可以从图钉的例子中学到一些教训，总结如下。

2.3.1 概率是一种信念程度

在概率论课堂上，你可能已经习惯看到这样的术语，像"公平硬币"或者"一副完全洗好的扑克"。这些术语经常错误地引导我们认为概率是硬币的一种属性（因为它是公平的），或者抽出一张牌的概率对一副牌来说是其一种属性。事实上，导师在说"公平硬币"时想要我们假定硬币的正反面等可能落地。

> **思考：如果一位魔术师投掷硬币**
> 我们有一位魔术师朋友，投掷硬币时他总是让硬币以正面朝上的方式落地。如果你知道他将为你投掷硬币，你还会相信正面朝上的概率是 0.5 吗？不会的。因此，概率只不过是我们对某一事件或陈述是真实的所持有的信念程度。

在很多统计学课堂上，有一个关于重复试验的"长期比例"的概念，其代表事件的概率。然而，将概率理解成信念程度更加有用。在现实世界的决策中，我们永远不会遇到无限重复试验。举个例子，考虑明天 Palo Alto 下雨的概率。假设你知道在过去 100 年中本月那一日下雨的次数。你会将下雨次数的频率当作明天下雨的概率吗？

我们反而会推荐你考虑这个数据，但是也要获得当前的天气预报，还要到户外去看看天空。基于这个信息，你会确定一个概率来代表你认为明天下雨的信念。当你的信息状态改变，你的概率赋值可能会随之变化。如果你再次向窗外看，并发现现在正在下雨，你会基于这一新信息修改你的概率。因此，你为概率的每个赋值应该取决于你当前的信息状态。

2.3.2 概率由人而来

概率并非奖章或图钉的性质，而是来自于个人。"奖章正面朝上落地的概率是 0.5"没有任何意义。人们可能对图钉的演示感到不舒服，因为他们尚未习惯为概率赋值。他们习惯分析数据，根据数据计算统计量。然而概率并非来自数据，其代表了一个人关于某一不确定性的信息状态。因此，在我们讨论概率的赋值问题之前，我们需要一个个人。

所谓"正确的概率"并不存在。举例说明，假设两个人正在讨论明天下雨的概率。一个人说下雨的概率是 0.5，另一个人说下雨的概率是 0.7。现在假设明天下雨了。谁对呢？他们都对。如果明天不下雨，他们还是一样正确。不存在下雨的实际概率，每个人关于下雨的机会都有自己的信念。

在上文的演示中，在猜结果时，Sally 认为她有 0.5 的机会猜对，但是教师知道结果。他的概率是 1，而她的是 0.5。这两个概率是不同的，因为它们代表着不同的信息状态。因此，每一个概率赋值都应该指定出赋值者。

2.3.3 图钉和概率

多年来，很多人对他们认为图钉更倾向于以某种方式落地发表自己的见解。一种流行说法是，"硬币—钉子"模型。假设图钉的尖针被切掉，只剩下圆头。它会更像奖章，很多人会给它以每一面朝上落地的概率赋值 0.5。

假设这根尖针很长。那么图钉几乎总会以尖针触地。尖针的实际长度在 0（没有针）和无限长之间。这个推理会使你倾向于赋一个更高的概率值给以尖针触地（如图 2-7 所示）。

图 2-7　带长针的图钉

另一种方法的推理参考了最小势能原理，暗示图钉更可能以圆头触地，因为当圆头触地时重心较低。然而大部分的论点没有考虑实际的罐子、罐子的摇晃机理，甚至我们现有的关于图钉的信息。再一次指出，我们需要有一个人来为概率赋值。

2.3.4 图钉交易比奖章交易只好不差

即使 Sally 相信她有 0.5 的机会猜对奖章哪面落地，她也不该额外支付。上文演示已说明如何通过简单抛掷硬币将奖章交易转换为图钉交易，并以此结果来猜图钉如何落地。因此，为了选择奖章而额外支付 3 美元是个糟糕的决策。我们在第 6 章会回顾这一点。

2.3.5 沉没成本原理

沉没成本原理是我们在决策分析中的另一个基本特征。根据沉没成本原理，决策仅仅考虑它可能造成的结果。局势发展的历史轨迹只与其提供评估这些未来结果可能性的信息的有用程度相关。任何在过去消耗的资源，诸如金钱、时间和努力等，只会通过这一学习效果与所担心的决策相关。

> **思考**
>
> 如果你已经进行了一整天的"DIY"（do-it-yourself）管道安装工作，但是还没有完成，你可能需要决定是投入更多时间还是雇用他人。
>
> 唯一的问题在于，你自己继续做和雇用一个专业人士两者之间哪一个选择能够更好地利用你的资源、时间和金钱。根据已投入的时间，你应该可以知道自己完成这一工作的能力大小。然而，你已经浪费的时间与这一决策并无关联。
>
> 对你自己说"看看我已花费的时间吧，我必须结束它"，就陷入了违反沉没成本原则的诱惑中。

通常，沉没成本原则与人类的天性会产生冲突。也就是说，我们发现在达成当下情况的过程中，难以避免因为资源浪费而自责。举个例子，想象一下你出席一个董事会，帮助决定是否放弃一个失败的项目。在会议结束前，你很可能听到这种话：

"看看我们已经浪费掉的时间和钱吧。"

很少会有人因此发笑，但是此时的笑声是恰当的。对这个项目的未来而言，浪费掉的资源毫无意义。未来的价值存在于从失败的结果中所获得的经验。

因为种种原因，沉没成本原则会令人困惑。首先，人们经常相信从失败的结果中获得的经验绝不应该用于决策。事实上，从经验中学习应该一直都是优质决策的一部分。真正没有意义的是已经浪费掉或者使用过的资源。

当人们考虑做出一个将要限制未来行动的决策时，困惑也会出现。举例来说，一个在减肥的人可能决定清掉家里诱人的食物来增加他们成功的机会。类似地，一个酒鬼可能到一个限制饮酒的康复机构中入住。

> **思考**
>
> 在荷马的《奥德赛》（*Odyssey*）的著名节选中，Ulysses 做出决策以尝试限制未来的行动。
>
> Ulysses 不得不在海妖 Sirens 出现的海岸附近航行，Sirens 因常以美妙歌声引诱水手，令船只触礁沉没而闻名。Ulysses 让船员用蜡封住耳朵，而将他绑在桅杆上，命令他们无论自己怎样哀求都不能放了他。Ulysses 在听到 Sirens 的歌声后拼命挣扎，并乞求船员给他松绑，但是船员们拒绝了他。结果，他们安全地航行通过（当然，Ulysses 也可以把他自己的耳朵用蜡封住，但是被绑在桅杆上会令故事更加引人入胜）。

就像从过去经历中学习一样，小心限制你未来的行动同样可以增加你做出一个好决策的机会。以上的例子全都没有违背沉没成本原则。事实上，限制你的未来行动是明智的。

最后，人们有时不确定过去的购物记录是否对他们未来的开销决策有所帮助。由于市场价格的波动性，这样的记录对现行市场价格是没有任何引导作用的。然而，保留购物记录一个令人信服的理由是：税金。因为你经常为买卖东西时的差价而纳税，所以你为购买股票，或购房的支付，都可能与你未来的现金流有重要关系。

许多俗语告诫我们要遵循沉没成本原则。一条是"别为打翻了的牛奶哭泣"。另一条更加一针见血，"不要花钱填无底洞"。还有一条符合沉没成本原理，但更乐观地看待决策的格言是，"今天是你余下生命的第一天。"

2.3.6 凭证的价值

做决策时，货币价值通常不是唯一的考虑因素。当一位学生参与本章前面描述的演示时，他曾为凭证报价 100 美元。他提到，比起钱而言，得到凭证的机会并成为班级讨论的焦点对他来说更有价值。此外，他解释说，这种经历对他学习这个知识点是一个很好的回忆。因此，相对能得到的金钱而言，他更加珍视凭证的价值。

其他人可能因为宗教信仰而不能拥有此类凭证，而且将它的价值视为 0；即使他们可以免费得到它，他们也会拒绝。但是还是有一些人可能会愿意参与其中，他们甚至对图钉的正反面的概率有着同样的看法，但仍然对凭证的价值有不同的评估。在后续的章节，我们会阐明确定和不确定性交易的价值。但是现在要理解，出于很多原因，不同人对同样的交易可能会有不同的估价。

2.3.7 洞察力价值

正如我们讨论过的，你面临的不确定情况下的洞察力价值在决策分析中是一个关键的概念。如果你知道未来会遵循你的选择，决策就会简化。

任何不确定情况下的洞察力价值是你愿意为获悉该不确定情况的结果而付给先知的最高价。

在实际决策中，购买洞察力的能力是相当珍贵的。然而，有许多以一定成本获得不完全信息的信息收集活动：市场调查、医学检验、实验工厂、地震测量、风洞试验，等等。它们可以用同一原理测定价值：

在任何信息收集活动中，洞察力价值都是该活动结果的洞察力的价值。

计算洞察力价值，先知仅仅是一个概念，而不要求先知真实存在。我们将在后续的章节中更详尽地探讨洞察力的概念。

2.3.8 好的决策 vs. 好的结果

本章节的演示提供了一个关于好的决策和好的结果之间区别的典型案例。一旦做出了决策，我们就不能通过观察它的结果来了解决策好坏了。此外，一旦结果被知悉，判断它的好坏就没有意义了：它仅仅是结果，是未来决策的起点。

2.4 总结

- 图钉交易比奖章交易更好。
- 概率来自于个人。其并非一种物理属性,而是依赖于个人信息状态。

附录2-1 图钉演示的结果

图 2-8 展示了 270 个研究生为了猜奖章或图钉的机会而报价的直方图。总的来说,对于其面临的决策情况,这些报价过低。正如展示的这样,有时学生们误解了这个演示,报价 95 美元或更多。这些学生经常选择支付 10 美元罚金而退出。

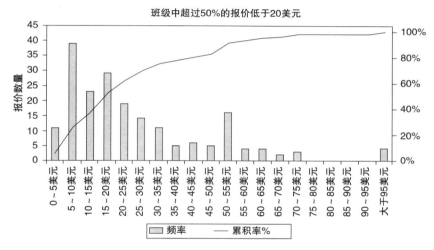

图 2-8 报价的直方图和累积直方图

30% 的学生愿意为了选择装置的权利而支付 3 美元。其中的 25% 更偏向选择奖章。具体如图 2-9 所示。基于我们前文的讨论,接受图钉不会让你的结果更差,所以很难解释你为选择猜奖章而支付 3 美元。

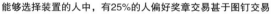

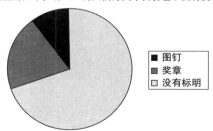

图 2-9 3 美元选择的饼图

习题

标注星号(*)的习题更具有挑战性。
标注剑号(†)的习题需要计算。

*1. 假设你以 45 美元的报价成为本章演示中凭证拍卖的最高竞拍者。赢得凭证之后,

你决定你愿意卖出凭证的最低价是75美元。教师提议在你猜测之前他告诉你图钉落地的真实情况。你愿意为此信息出价多少？

　　a. 25 美元。

　　b. 30 美元。

　　c. 55 美元。

　　d. 你回答这个问题需要更多信息。

*2. 一个高质量决策分析的结果是什么？

　　a. 你的决策所导致即将发生的结果的相关知识。

　　b. 一个好结果的保证。

　　c. 行动明确。

　　d. 以上都不是。

*3. 在本章里，我们描述了一个关于硬币"公平性"的谬误。这个谬误是什么？

　　a. "公平硬币"意味着正反面的机会是50:50，但我们永远不能确定硬币以正面朝上落地的实际概率。

　　b. "公平"的定义不明确，因此不能被利用。

　　c. "公平"不是硬币的属性，而是我们关于硬币的信念。

　　d. 一个被抛的"公平硬币"和一个旋转的"公平硬币"以正面朝上落地的概率是不同的。

*4. 下面哪项是陷入沉没成本陷阱的例子？

　　a. 我需要想想五年前我为这幢房子付了多少钱，因为这影响我出售它时所要交的税。

　　b. 我们投资这家公司之前做一些关于它以前业绩的调查。

　　c. 我以15美元买下这东西，因此我不该接受低于15美元的卖价。

　　d. 以上都是。

*5. Yosem 已经抛了一个新的马萨诸塞州25分硬币3次了，每一次都是正面朝上。他对他的朋友Pablo说，"我跟你打赌1美元下一次会出现反面朝上。"Pablo同意了。Yosem抛了硬币，它以反面朝上，所以他从Pablo那里得到1美元。下面哪个选项描述Yosem的行动更准确？

　　a. 前面3次硬币投掷清楚地显示了马萨诸塞州25分硬币不是一个"公平"硬币。因此，Yosem关于硬币出现反面的打赌是个糟糕的决策。

　　b. 由于任何普通25分硬币都是"公平"的，最终一定会出现反面。Yosem打赌下次硬币出现反面是正确的决策，而且得到了好结果。

　　c. 在看到3次正面之后，Yosem应该就下次硬币出现反面赌得更多。只赌1美元是一个糟糕的决策，因为赢的钱少了。

　　d. 掷硬币连续三次出现正面并不少见。Yosem仅仅是因为幸运才得到好结果。

*6. Nathalie是一个税务专家，她非常爱钱。她花50美元买了张Ariadne auf Naxos的歌剧票，不幸的是，她在表演当天病倒了并决定不去了。剧院不会对此做出补偿，但是可考虑将没用过的票赠与他人。她的朋友Robyn提出以15美元买她的票。

　　Ⅰ. 她拒绝了这个提议。因为她觉得自己付了50美元，Robyn就应该支付不少于50美元的金额。

　　Ⅱ. 她拒绝了这个提议，因为她更愿意把没使用过的票捐还给剧院。她知道50美元的捐赠会给她20美元的税费减免。

　　Nathalie在何种情况下违反了沉没成本原则？

　　a. 只有Ⅰ。

　　b. 只有Ⅱ。

　　c. Ⅰ、Ⅱ都是。

　　d. 都没有。

7. 下面有几项违反了沉没成本原则？

Ⅰ. 我们投资这家公司之前做一些关于它以前业绩的调查。

Ⅱ. 我需要想想我五年前为这幢房子付了多少钱，因为我不想在出售时受损失。

Ⅲ. 在我卖掉房子时，我需要想想我五年前为它付了多少钱，如果这样可以降低我的纳税等级的话。这样我就有了更高的收益。

Ⅳ. 我车的变速器坏了，我决定不要车了。因为修车的成本超出了我买车的钱。

a. 只有一项。
b. 只有两项。
c. 只有三项。
d. 上面全都是。

*8. Jasmine 相信图钉以尖针触地的概率是 80%。Winston 认为该概率接近 40%。然而，当老师投掷图钉时，尖针是朝上的。我们能从这儿总结出什么？

a. Jasmine 关于图钉以针触地概率的想法是错误的，应该更小些。
b. Winston 的想法相比 Jasmine 更接近真实情况。
c. 以尖针触地的概率实际上是 80%，只是 Jasmine 得到了个坏结果。
d. 以上都不是。

9. Mary 认为某个特定骰子下次掷出"5"的概率是 $\frac{1}{7}$。考虑下面两个关于她的概率评估的表述：

Ⅰ. Mary 的概率一定是错误的。骰子以"5"落地的正确概率是 $\frac{1}{6}$。

Ⅱ. Mary 至少看过 7 次掷骰子之后才可以为概率赋值。

哪种说法正确？
a. 只有Ⅰ。
b. 只有Ⅱ。
c. Ⅰ、Ⅱ都是。
d. Ⅰ、Ⅱ都不是。

10. 下列表述哪项一定违反了沉没成本原则？

a. 我车的引擎坏了。我决定不要车了，因为修车的成本超出了我买车的钱。
b. 在看过上周股票的表现之后，我会在下周卖掉所有的 Amerigo 银行股票。
c. 为了使我的网购超过 25 美元，我买了本 1 美元的本来不会要的书。这样我就可以节省本来要付的 5 美元的邮费。
d. 如果都在会场买票，我将支付 30 美元，但知道了 Ticketbuster 以小费形式得到其中的大部分钱之后，我就不会付钱了。

11. "大竞赛"是斯坦福大学和加州大学伯克利分校每年进行的足球比赛。Jack 认为在 20××年大竞赛中，斯坦福打败伯克利的概率是 0.6。Kim 认为概率实际上是 0.4，并与 Jack 打赌。如果伯克利赢了，Jack 付给 Kim 100 美元；而如果斯坦福赢了，Kim 付给 Jack 100 美元。

下面哪一项是有根据的？

a. 如果 Kim 赢得了打赌，我们说她做了一个好决策。
b. 斯坦福赢得比赛的客观概率在 0.4 到 0.6 之间。
c. 先知的关于斯坦福赢得 20××年大竞赛的概率大于 0 小于 1。
d. 上面没有一个是有根据的。

*12. 如下表述有几项违反了沉没成本原则？

Ⅰ. 我在网上以 300 美元购买了网球拍，但我发现对我来说它的头部太重，所以我决定卖掉它。我不会以少于 300 美元的价格出售，因为那会对我造成损失。

Ⅱ. 尽管为了黑色星期五购物日，Mary 已经排了 3 小时的队，但鉴于她再也忍受不了这冷风，她决定在商店开门前回家。

Ⅲ．一位经理在决定是否晋升他的雇员前应看看他之前表现的记录。

a. 0。
b. 1。
c. 2。
d. 3。

*13. 以下哪项表述违反了沉没成本原则？

Ⅰ．我打电话叫了客服，因为我的数码相机坏了，而且我已经等了几分钟了。我想知道我是否应该放弃，过几天再打，还是继续在电话边等着。在我做决策时，我考虑到我已经花费了多少时间等待，因为这样帮我思考在与客服代表通话前，我可能需要等待的时间。

Ⅱ．在出售我的小公司时，我应该想想在五年前我花了多少钱买下这家公司，因为这样可能会改变我的税金等级并影响我的收益。

a. 只有Ⅰ。
b. 只有Ⅱ。
c. Ⅰ、Ⅱ都是。
d. Ⅰ、Ⅱ都不是。

*14. 下列表述哪几项违反了沉没成本原则？

Ⅰ．我想至少看完棒球的第七局，这样就可以听到Cameron唱的《带我去看棒球》。

Ⅱ．我必须喝光这杯啤酒，因为我已经支付了8美元！

Ⅲ．相比为仅剩一张的篮球票付100美元，我更想去酒吧。但是既然我已经开了这么远的车，那就买这挺贵的票吧。

Ⅳ．既然你到这里已经很晚了，你最好去买外场票吧！

a. 0。

b. 1。
c. 2。
d. 3。

†*15. William是位私人股本专家。一年前，一家陷入困境的零售公司的所有者接受了William 15亿美元的收购提议。在那时，William对这家公司的PIBP是3 000万美元。William在去年耗费大量精力重组公司，但不幸的是，公司破产了。以下是破产后William的想法。

哪几项没有违反沉没成本原则？

Ⅰ．我在公司资产清算时，有机会为了赚额外的300万美元而另外投资100万美元。然而，我不该这样做，因为这没有完全偿还我最初的1 500万美元的投资。

Ⅱ．我对破产感到十分难过，但我仍认为收购是一个正确的决策。

Ⅲ．我应该记住这次的结果并从中学习，这样就可以帮助我今后的投资决策。

a. 0。
b. 1。
c. 2。
d. 3。

†*16. 戏票。

你计划一个人去剧院，票价20美元每人。考虑以下两个情境：

a. 你已经买了20美元的票。当你到达剧院时发现票丢了，却在钱包里发现20美元的钞票。你会再买张票然后入场吗？

b. 你到了剧院，在路上发现你钱包里两张20美元的钞票丢了一张。你会用剩下的20美元买票入场吗？

†*17. 项目集资。

你是XYZ的最大子公司的董事长，你桌上有两份项目提案。

注意：所有提到的货币价值都是当下的

美元。

Ⅰ. 去年，我们批准了项目Ⅰ。完成后会产生 1 亿美元的收益，成本为 9 000 万美元。你已经投资了 9 000 万美元。现在这个提案又声明需要追加 2 000 万美元的成本才能完成项目并实现 1 亿美元的收益。如果你不追加投资，则项目不会产生任何收益。

Ⅱ. 项目Ⅱ会产生 8 000 万美元的收益。一位值得信任的顾问告诉你可以以 2 000 万美元的成本确保这笔交易的完成。

现在考虑以下问题：

a. 如果你现在有 1 亿美元可投资，你会投资哪些项目？

b. 如果你现在有 2 000 万美元可投资，你会投资哪些项目？

c. 如果你起初就知道完成项目Ⅰ还需 2 000 万美元，你还会投资吗？

第 3 章

价值阐明

本章核心概念

阅读本章之后，读者将能够解释下列概念：

- 使用价值
- 交换价值
- 个人无差别购买价格（PIBP）
- 个人无差别出售价格（PISP）
- 财富、时间和信息对所有权周期的影响
- 市场购买价和市场销售价
- 围绕所有权周期的各种价值
- 所有权周期

3.1 引言

在上一章中，我们通过对奖章和图钉演示的分析探讨了决策过程。我们请一名叫 Sally 的学生评估她所得凭证的价值。当比较凭证的购买价格和她对凭证实际估值的差异时，我们见证了她的困惑。估值问题会在如此之多的决策中出现，以至于我们现在在确定的、熟知的环境中给出这些基本概念。然后，我们会解决由不确定性所带来的估值中额外的复杂性问题。本章中介绍的观点将会为我们后续研究提供有力支持。

3.2 使用价值和交换价值

为了描述出估值的概念，我们以前文中师生之间的另一场讨论作为开头。

注："I"代表教师，"C"代表班里的一个或多个学生。

I：今天，我们来讨论一下购买价格和出售价格。Frank，你今天穿着一件非常帅气的衬衫。

Frank：谢谢。

I：要多少钱你才愿意卖它？

Frank：500 美元。

C：（大笑。）

I：我知道你会这样回答，但请允许我问一下，你最低要多少钱才愿意出售这件衬衫？我向你保证我们并不会真的买它，所以你就说出真实价格吧。至少多少钱才能让你在拥有衬衫却没钱和有钱却没衬衫之间感觉无差别？

Frank：30 美元。

I：你不会接受 29 美元，但一定会接受 31 美元？

Frank：是的。

I：我们把 Frank 指定的 30 美元称作他对这件衬衫的个人无差别出售价格（PISP），PISP 在决策分析中是一个重要概念。

I：谁喜欢 Frank 的衬衫？

Joe：（举起了他的手。）

I：Joe，如果我将衣服清洗干净，你愿意出多少钱买 Frank 的衬衫？

Joe：5 美元。

I：Joe，我要提醒你，我们并不是真的要卖 Frank 的衬衫。所以，只是想象一下我们在做这笔交易，就我俩之间，请告诉我你最多会出多少钱。

Joe：20 美元。

I：这就是说 19 美元的话你肯定会买，但 21 美元的话你就不买。

Joe：对。

I：我们把这 20 美元称为你对于 Frank 的衬衫的个人无差别购买价格（PIBP）。PIBP 是决策分析中的另一个重要概念。

I：现在，Frank 和 Joe 愿意交易吗？

C：不。

I：确实。对于两个愿意交易的人而言，买方的个人无差别购买价格必须要高于卖方的个人无差别出售价格。

另外，Joe，在买了第一件衬衫之后再买一件同样的衬衫，你愿意花多少钱？

Joe：5 美元。我想要不同款式。

I：我知道了。确实，没有理由第二件同样的产品有着相同的个人无差别购买价格。现在，注意到我们正在讨论的是**使用价值**。Frank 不是在卖衬衫，Joe 也不是在买衬衫。

> **注解：个人无差别出售价格（PISP）**
> 当你出售拥有的某物时，就会产生出售价格。单词 indifferent 表示的是你继续拥有某物和放弃它而得到资金之间感觉无差别的资金额度。单词 personal 指的是它取决于个人：资金额度随个人不同而改变。

> **注解：个人无差别购买价格（PIBP）**
> 当你购买并不拥有的东西的时候，就会产生购买价格。单词 indifferent 指的是你在继续购买和放弃它之间感觉无差别的资金额度。单词 personal 指的是它取决于个人：资金额度随个人不同而改变。

> **注解：使用价值**
> PIBP 和 PISP 反映了衬衫的使用价值。这并没有反映衬衫的实际成本或者可能的出售价格。然而，在现实世界中，确实会有人以购销如衬衫类等物品的商业为生。我们称之为市场。

C：经纪人呢，他们也会有 PIBP 和 PISP 吗？

I：经纪人是整合潜在的购买者和出售者之间交易的人。举个例子，如果 Barbara 是一名经纪人，她知道有人会出 50 美元购买 Frank 的衬衫，她将会乐意地支付给 Frank 他的 PISP 30 美元，或者更多。Barbara 或许会认为这是世界上最丑的衣服，但她知道自己能以 50 美元卖掉它，她在这场交易中只关心利润。

> **注解：市场购买价格和出售价格**
> 市场购买价格是在市场中为了购买某件商品你要付出的价钱。市场出售价格是在市场中为了卖掉某件物品你要接受的价钱。

C：但是为什么我的 PISP 并不取决于市场价格？举例说吧，假设我有一所房子，而且我知道它的市场价格比我当时买的时候要高很多，那么只要能够卖掉它，我不就应该卖掉吗？

I：无论如何，要记住，你的 PISP 是你离开所拥有并居住其中的房子的价值。即便房地产市场价格突然下跌或上涨，只要这房子对你保有同样的效用，房子的价值应该是不变的。当你想要卖掉房子的时候，你应当以能获得的最高价格出售。知道你的 PISP，并不意味着你必须按照你的 PISP 来出售。在那个价位上卖掉它只是让你感觉没有差别。

I：你也应该明白市场价格并不容易确定。例如，如果我问一个房地产经纪人我房屋的市场价格，她或许会回答，"那取决于你愿意等多久去卖它。如果你下周就要钱，我们能给你 x 美元，但是如果你愿意等六个月，它可能会涨到 y 美元。"

> **注解：交换价值**
> 给定一件产品或服务，市场购买价格和市场出售价格反映了市场价值，或者交换价值。市场价值由实际市场购买价格和出售价格决定。

C：逛街购物或者买食品杂货呢？在这种交易中有一个市场，并且你只是为了自用而去买的。对吗？

I：对。当你去购物的时候，你买某样产品是因为你的个人无差别购买价格要高于市场出售价格。要注意到当你买食品杂货的时候，你说了句"谢谢"，然后离开，收银员也会说"谢谢"。你购买低于你 PIBP 的产品，而店主，在这种情况下作为一个经纪人，卖出比他成本更高的价格。双方都很满意这次交易。

I：今天我们学到了很多新的术语，下面让我简要重述一遍。

你的**个人无差别出售价格**，或者 PISP，是你愿意为放弃自有某物的使用权而接受的最低报价。你的 PISP 并不取决于市场购买价格，但取决于它对你而言的使用价值。它也不取决于你购买它的成本。PISP 是你对失去某物感觉无差别时的价格。

你的**个人无差别购买价格**，或者 PIBP，是你愿意为获得不曾拥有的某物的使用权而支付的最高报价。你的 PIBP 并不取决于市场出售价格，而是取决它对你而言的使用价值。PIBP 是你对购买某物感觉无差别时的价格。

你对一件产品或一项服务的估值程度也被称为使用价值。其既与出售或者交换无关，也不取决于市场价格，其只取决于拥有或者获得该物品的受益大小。使用价值由个体的无差别购买价和无差别出售价确定。

市场购买价格是你在市场中为了得到某一商品或服务而必须要支付的价格。**市场出售价格**是你在市场中为了出售自有的某样物品而必须接受的价格。注意到这些价格都不是固定的，因为它们仅仅在波动的市场中才能被观察到。通常，你只有在实际交易的节点，才能够知晓某件特定商品比如一栋房子或一件艺术品的市场购买价格和市场出售价格。

交换价值是一件商品或一项服务的市场价值。在交换过程中，购买价格和出售价格决定了商品的价值。

这些概念为什么重要呢？对于某件物品，你一旦形成了自己的 PIBP，那么以稍低的价格购买将是划算的交易。这并不意味着你不该尝试更低的价格，但由于使用价值高于你的支付金额，所以只要支付金额比 PIBP 少都是划算的。反之，你一旦形成了自己的 PISP，只要能卖出比它更高的价钱，对你而言都是划算的。

原则上，对于生活中我们目前拥有的所有物品，我们都可以考虑 PISP。而对于我们没有却想买的任何东西，我们都可以考虑 PIBP。我们一生中都会以高于我们 PISP 的市场购买价格卖出物品，以低于我们 PIBP 的市场出售价格购买物品。当然，在发生明显影响我们财富的交易后，所有的 PISP 和 PIBP 都需要被重新考虑。

为阐明本演示中 PIBP 和 PISP 的概念，我们以确定性的物品为例。Frank 很了解他的衬衫，Joe 在给出他的 PIBP 之前会先看到衬衫。我们在上一章的图钉交易演示中引入了同样的概念。我们询问 Sally 一旦她可以获得凭证，她愿意出售该凭证的最低价格是多少。她说 45 美元。当该凭证的结果是不确定的时候，凭证对 Sally 而言有一个确定的价值，这就是她的 PISP。我们经常把一个不确定性交易的 PISP，如此例中的凭证，作为这一交易的确定等价物。Sally 相信她做了一笔划算的交易，因为她支付 42 美元购买了至少以 45 美元出售的物品。

相较于实际生活中我们经常面临的复杂决策，图钉交易相对容易评估。基于此，Sally 能够快速地计算出这笔交易的确定等价物。在第 11 章，我们会讨论对于可能产生大量货币结果的交易，怎样计算你的 PIBP 和 PISP。

现在，我们继续课堂讨论，来定义围绕**所有权周期**的各种价值。

3.3 围绕一个所有权周期的价值

I：让我们回到 Frank 和他的衬衫上。假设 Frank 以 30 美元（他的 PISP）卖了他的衬衫。几分钟之后，他改变了想法，想把它买回来。那他的个人无差别购买价格是多少？

C：30 美元。

I：对。为了探究为何如此，我们假设在交易时，购买者决定不再购买这件衬衫。如果

Frank 以他的 PISP 出售这件衬衫，那么他应该卖不卖都无所谓。如下两种情形对他而言都是无差别的———一是他拥有这件衬衫；二是他卖掉衬衫，但得到与他的 PISP 相等的钱。为了保持无差别状态，当他以他的 PISP 卖出衬衫，又把它买回来，他付出的钱必然要与他的 PIBP 相等。我们把这种以 PIBP 和 PISP 即时购买和出售的概念称为所有权周期（a cycle of ownership）。在一个给定的所有权周期内，购买价格和出售价格是一样的。

图 3-1 给出了所有权周期中最重要的两种属性：财富和所有权。灰影条代表当你拥有这件衬衫时你的财富；斜纹条表示在周期中不同节点处的个人 PISP 和 PIBP。在所有权周期内，无论最后你是购买衬衫付了钱（等于 PISP），还是卖了衬衫得到钱（等于 PIBP），个人的无差别购买价格和销售价格必须相同。

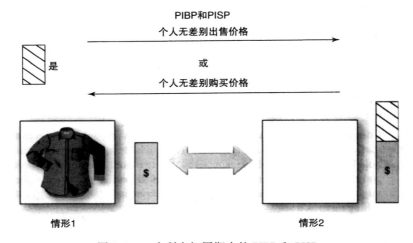

图 3-1　一个所有权周期中的 PIBP 和 PISP

你无须为了了解你的 PISP 和 PIBP 而真正去以无差别价格出售和购买一件物品。

所有权周期的概念只是帮助你确定是否在获得某物和失去等于 PISP 或 PIBP 数量的金钱之间真正感觉无差别。

> **注解：所有权周期**
>
> 以你的 PIBP 和 PISP 即时购买和出售被称为一个所有权周期。
>
> 在一个所有权周期内，PIBP 和 PISP 必须相等。所有权周期要求没有时间流逝，没有信息更新，也不会发生财富状态改变。
>
> 一个所有权周期只发生在为某物付出的价格和其 PIBP 相等的时候。如果我们少付或多付，就会由于新的财富状态而不存在所有权周期。所有权周期也会随着时间或信息的更新而改变，因为它能够改变我们的使用价值。

C：我的 PIBP 和 PISP 会包含一个价格范围吗？

I：不。两个价格必须是固定的。通过定义，我们说 PISP 是你愿意卖出物品的最低价格，同时也让你感觉卖不卖都没有差别。如果你有一个范围，那么 PISP 就是这个范围的最小值。PIBP 同样如此，因为它是你愿意支付的最高价格。如果你有一个范围，那么 PIBP 将是最大值。对于没有价格范围，还有另一个重要的原因。假设 Frank 为他的衬衫设置一个范围为 25 美元到 35 美元的 PISP。如果对着范围内的任何价格都感觉无差别的话，那么他对获得 35 美元和 25 美元的感觉就没有差别。Frank 的银行存款将坚持不了多久，如果他有将 25 美元等同于 35 美元的癖好的话。

I：现在，我想让你们思考相同物品的问题。Joe 说他对 Frank 的衬衫的 PIBP 是 20 美元。他对于第二件同样的衬衫的 PIBP 是多少？如果 Joe 觉得拥有两件相同的衬衫很好，因为他能穿一件洗一件，那么 PIBP 可能更高。如果他更喜欢衬衫的多元化，那么他对第二件衬衫的 PIBP 会更低一些。

C：有道理。

I：还有一个例子，假设我有一枚金币。我能够对它形成我的 PISP。现在假设某人另给我一枚相同的金币。我对新金币的 PIBP 有必要与先前金币的 PIBP 保持相等吗？

C：不必。

I：对。没有理由说这两枚金币的 PIBP 是一样的。可能会降低，因为我的钥匙链上只能戴一个。此外，假设这两枚金币是收藏品，并且双币的价值要远高于任何单币。在这种情况下，一个经纪人为了后期通过将其成套销售而获得高额利润，他可能很乐意为第二枚金币花费更多。

C：因此，作为成套的两个物品的 PIBP 未必等于其各自 PIBP 的加和？

I：对。金币这个例子说明它可能会高，也可能会低。考虑一下鞋子的问题，只要你有两条腿，那你对单一的左脚或者右脚鞋子的 PIBP，可能为零，因为你不可能只穿上其中一只鞋。然而，你对一双鞋的 PIBP 会高许多。

C：PIBP 可能为负吗？

I：想一想，在我们的生活中是否存在我们拥有并且需要花钱去处理的东西。

C：垃圾。

I：对，那是不错的例子。还有别的吗？

C：（沉默。）

I：风险呢？我们在生活中以投保的方式来处理风险。我们以一个负的 PISP 来卖掉这些风险。保险公司可能愿意以保费这种市场购买价格来承担我的一项负债，这种额度低于我的 PISP。

I：还有一个问题，PIBP 和 PISP 这些概念能应用于服务吗，还是仅限于商品？

C：是的，它们同样可以应用于服务。例如，你可以对诸如理发、美甲和洗车之类的服务形成 PIBP。

I：对，你还可以选择购买或出售这些服务。那么，洞察力价值是多少呢？

C：洞察力价值就是这样的一个价位，在这种价位下，你感觉在得到先知的服务和付出金钱之间是没有区别的——你对洞察力的 PIBP。

I：对。

3.3.1 财富对价值和所有权周期的影响

现在，我们来考虑日常生活中可能会影响我们 PIBP，PISP，或者所有权周期的变化。

I：我对一辆新劳斯莱斯的个人无差别购买价格为 30 000 美元。记住，我拥有并且使用这辆劳斯莱斯。这就是我的使用价值，因此我不会想着去再售。由于市场销售价格远远高于我的报价，我并没有真实拥有一辆劳斯莱斯。我的个人无差别购买价格相对较低，是因为我开着劳斯莱斯去机场感到不舒服；这辆车的维护成本高昂；同时，在我开这辆车的时候不会觉得有很大的乐趣。但是假如我确实支付 30 000 美元买了一辆劳斯莱斯，我的个人无差别出售价格在那种情况下，就像我们讨论的那样，也将会是 30 000 美元。

I：图 3-2 以劳斯莱斯而非衬衫为例来说明所有权周期。我当前在图 3-2 中的情形 2。我没有拥有一辆劳斯莱斯，我的银行账户水平由图标的右侧表明。为了在情形 1 下拥有一辆劳斯莱斯，我需要从我的银行账户中取出一些钱来支付这辆劳斯莱斯。为了使这两种情形无差别，这一数额必须是我的 PIBP 即 30 000 美元。由于我在这两种情形下是无差别的，如果我考虑从情形 1 重新回到情形 2，那么，我银行账户需要增加的货币金额就是我的 PISP，同样是 30 000 美元。这和我们对衬衫的分析是一致的。

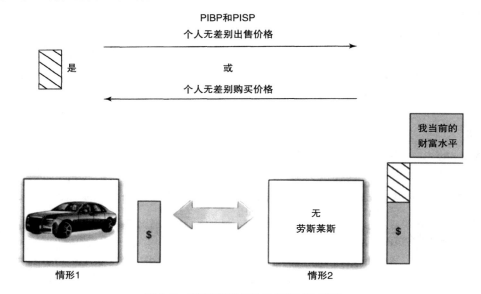

图 3-2 劳斯莱斯交易的 PIBP 和 PISP

I：假设我并没有购买劳斯莱斯，而是收到一辆劳斯莱斯作为礼物。既然我现在拥有了它，那么，这意味着我的个人无差别出售价格仍然是 30 000 美元吗？

C：未必。

I：你说得对，如你在图 3-3 所见，我现在在情形 4 中——我拥有我原本的银行账户，同时还拥有一辆劳斯莱斯。由于这一慷慨的礼物，我变成了一个更富有的人，曾经与此车相关的不便现在也变得易于管理，而且我还有可能最终更加频繁地开这辆车。因此，当我考虑转入情形 3 的时候，我对于这辆劳斯莱斯的个人无差别出售价格现在可能是 40 000 美元了。如果我确实转入情境 3 之中，卖掉了劳斯莱斯，银行账户增值了，那么，我对于劳斯莱斯的个人无差别购买价格将会是 40 000 美元。没有理由认为对于我所没有的商品而言，我的个人无差别购买价格应该等同于在相同的情形下我拥有该商品时的个人无差别出售价格。

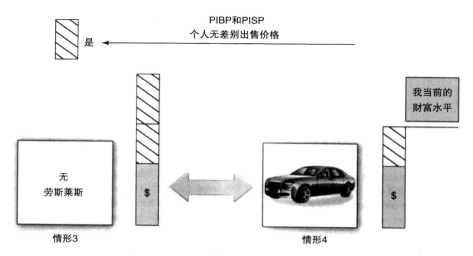

图 3-3　基于免费劳斯莱斯的新所有权周期

I：在一个所有权周期内，购买与出售价格与上述无异，不再累述。无论是在我个人真实的世界还是在免费劳斯莱斯的世界里这都是成立的。当我得到免费的劳斯莱斯时，我可能会产生一个新的 PISP，因为我处在一个新的所有权周期里。在这一周期里，如果我刚售出就立刻回购，我的 PISP 与我的 PIBP 是相等的。

C：财富一定会增加你的 PISP（或者你的 PIBP）吗？

I：未必。价格可能会抬高也可能会降低。比如，你可能拥有一辆自行车并每天骑车去上班。在一个新的财富水平下，你可能会有一辆劳斯莱斯并配有司机，因此你可能不会再那么频繁地骑自行车了。你在新的财富水平下对于这辆自行车的 PISP 可能要比你之前状态下的 PISP 低。

3.3.2　新信息对于价值与所有权周期的影响

I：回到最初我并没有得到免费劳斯莱斯的案例，假定我听说汽油的价格将翻倍增加。基于更高的维护成本，现在我的个人无差别购买价格将会低于 30 000 美元，我的使用价值会更低。如果我以这一新的价格购买劳斯莱斯，我在此刻的个人无差别购买价格会与我的个人无差别出售价格相等，因为它们在现实中必须相等。

3.3.3　时间对于价值与所有权周期的影响

I：我们讲过，所有权周期总是发生在某个特定的瞬间。时间的流逝能够改变我们的资源及偏好。比如，如果我已经厌倦了于驾驶劳斯莱斯，我的 PISP 将会下降。类似地，当我逐渐老去的时候，我对于跳伞运动的 PISP 也会相应改变。但在任何一个所有权周期里，PISP 与 PIBP 总是相等的。

3.3.4　拓展

I：假定我有权去买一辆劳斯莱斯，但在随后的 10 年中必须每天驾驶它，此后可以选择出售它。这种情境下，我所愿意支付的最大值由两部分组成：使用 10 年的 PISP 及我所评估的 10 年车龄的二手劳斯莱斯在当今市场的折现。如果存在一个二手劳斯莱斯车的期货市场，在这种市场里面我可以现在就卖掉 10 年后的所有权，那么我就能对第二部分估值。这个例子说明我们讨论过的简单的概念可以推广阐述多种估值问题。随着我们讨论的进展，我们估值的能力将会持续增强。

C：那我可以对一件东西形成 PIBP 吗，即便我不可能买到它？

I：是的，你能。你可以对某件你买不到的东西做出估值。正是这类思考让企业家们创造出了新的产品和服务。

C：一个公司有无差别的购买价格和出售价格吗？

I：有。假设一家公司正在考虑获得一项排他性专利。他们会考虑专利在提高产品设计上的价值和防范其他公司获得并使用该专利所要支付的代价。此后这家公司将着手评估获得该项专利的无差别购买价格，即**企业无差别购买价格**（CIBP）。如果一家公司拥有一项专利，那它出售专利时也会形成**企业无差别出售价格**（CISP）。另一种情况，一个实体可能会考虑购买一项专利用于转手而非自用，在这种情况下，公司就是一个关心交换价值的经纪人。

3.4　总结

- 使用价值不同于交换价值。使用价值考虑的是某物对我们而言价值多少。交换价值考虑的是通过购买又随后出售所得到的价值。交换价值取决于市场价格。经纪人关心的是交换价值。
- 我的个人无差别购买价格（PIBP）是指我愿意为使用我所不曾拥有的某物而支付的最高价格，在此价格下，我对于交易是无差别的。PIBP 不取决于市场价格。
- 我的个人无差别出售价格（PISP）是指我愿意为放弃使用我拥有的某物而得到的最少报价，在此价格下，我对于交易是无差别的。PISP 不取决于市场价格。
- 我的确定等价物是我对一笔不确定性交易的 PISP。
- PISP 和 PIBP 不可以有范围。
- 所有权周期发生在时间上的一点，并且会随着财富、时间和信息的改变而改变。
- 在一个所有权周期中，PIBP 等于 PISP。
- PIBP 和 PISP 会随着财富、信息和时间而变化。在新的状态和新的所有权周期中，新的 PIBP 和 PISP 还是一样的。
- 如果你的财富状态改变了，你对于某一物品的 PIBP 和 PISP 也会改变。这是因为你对该物品的使用状况可能会改变。例如，如果你继承了一大笔钱，你的生活方式可能会改变，你可能不会使用你在之前财富状态下使用的物品，或者会对新的物品和服务感兴趣。
- 你对于购买第二件物品的 PIBP 并不一定要等于你卖第一件同类物品时的 PISP。第二件物品的用处并不一定和第一件的一样。
- 公司也会有无差别购买价格和出售价格，即企业无差别购买价格（CIBP）和企业无差别出售价格（CISP）。

习题

标注星号（*）的习题更具有挑战性。

*1. 下列哪项描述总是正确的？
   a. PISP 是你交易中的交换价值。
   b. 如果你花费 50 美元采购食品，那么你的 PIBP 就是 50 美元。
   c. PIBP 是你交易中的使用价值。
   d. 你的 PISP 和 PIBP 在一个所有权周期里不会改变。

*2. Ed 在上一章的奖章交易中报价 46 美元。如果 Ed 遵循我们迄今所教的原则，此刻下列哪种表述肯定是正确的？
   a. 他的 PIBP 一定为 46 美元。
   b. 他的 PISP 一定为 46 美元。
   c. 他的 PIBP 必须大于等于 46 美元。
   d. 他的 PIBP 必须少于 46 美元。

*3. Vicki 正在买书。与 *The Chosen* 比起来，她更偏好 *Great Expectations*，但是与 *Jurassic Park* 比起来更偏好于 *The Chosen*。她买了 *Great Expectations* 和 *Jurassic Park*，一共花费 30 美元。下列哪种表述肯定是正确的？
   a. 她对于 *Jurassic Park* 的 PIBP 超过 15 美元。
   b. 她对于 *Great Expectations* 的 PIBP 超过 15 美元。
   c. 她对于 *Jurassic Park* 的 PIBP 少于 15 美元。
   d. 以上都不是。

*4. Mary 想以 5 000 美元的价格出售她的车。Ali 经思考后，对这辆车的 PISP 是 5 000 美元并且买下了这辆车。在这笔交易刚结束时，你怎样思考关于 Ali 对这辆车的 PISP 呢？
   a. 与 Mary 对这辆车的 PISP 相等。
   b. 是这辆车的确切价值。
   c. 既不是 a 也不是 b。
   d. 即是 a 也是 b。

*5. 你对于一辆新的劳斯莱斯的 PIBP 为 135 000 美元。你的朋友 Ronnie 免费送你一辆新的劳斯莱斯。三分钟之后，你接到一通来自于你朋友的电话，想要买你的这辆劳斯莱斯。下列哪种表述肯定为真？
   a. 你的 PISP 一定超过 135 000 美元。
   b. 你的 PISP 一定少于或等于 135 000 美元。
   c. 你对于第二辆劳斯莱斯的 PIBP 为 135 000 美元。
   d. 上述都不对。

*6. 下列哪种表述总是为真？
   a. 你的 PIBP 必须随时间变化。
   b. 你对于一件物品的 PISP 一定会随着财富的变化而变化。
   c. 如果你进行奖章投掷的交易，那么洞察力价值等于你对先知服务的 PISP。
   d. 你的 PISP 超过了市场价值。

*7. 下列关于使用价值的描述哪项为真？
   a. John 花 50 美元采购食品，因此他对于食品的 PISP 是 50 美元。
   b. 我对两个同质产品的 PISP 最多能达到对其中一个产品 PISP 的 2 倍。
   c. 我对于 Big Game 票价的 PISP 直到上映的那一天一直维持不变。
   d. Xi 以 20 美元卖掉他的头盔，因此他对于头盔的 PISP 至多是 20 美元。

*8. 周一，Jeff 花费 40 美元购买了一张 Big Game 的球票。周三，另外一个朋友提供给 Jeff 六张球票，每一张剩余的国内足球票票价为 80 美元，但是 Jeff 能够和他协商将每张票票价降到 60 美元。下列哪项一定是正确的？
   a. 周一，Jeff 对 Big Game 球票的 PIBP 至少是 40 美元。
   b. 周一，Jeff 对所有七张国内足球票票价的 PIBP 至少是 100 美元。

c. 周三，Jeff 对剩下的六张国内足球票票价的 PISB 至多是 60 美元。

d. 周三，Jeff 对剩下的六张国内足球票每张票价的 PIBP 至少是 10 美元。

*9. 两年前，Alexandros 花 500 美元从 TV Town 买了一台电视机。去年，他以 600 美元的价格卖给了朋友 Jason。昨天，Jason 又以 300 美元的价格卖回给 Alexandros。在每种情况下，电视机的购买都是为了满足个人需要。给定这些信息，并且这都服从我们迄今所讲的原则，下列表述哪些一定为真？

Ⅰ. 当 Jason 去年购买这台电视机的时候，对这台电视机的 PIBP 是小于或者等于 600 美元的。

Ⅱ. Alexandros 从 TV Town 购买此电视机的 PIPB 小于昨天从 Jason 手里买回此电视机的 PIBP。

a. 仅有 Ⅰ。
b. 仅有 Ⅱ。
c. Ⅰ 和 Ⅱ。
d. 既不是 Ⅰ 也不是 Ⅱ。

*10. 折扣店有标价 1 000 美元的两件女装。你只买了一件带回家。当晚，你的朋友 Mary 看到了这款女装，愿意花 2 000 美元从你手上买它。在给商店打过电话，让他们为你留着同款女装之后，你决定把你的女装卖给 Mary。给出了这些信息的情况下，当你决定把女装卖给 Mary 时，下列表述哪些一定为真？

a. 你的 PISP 一定小于等于 2 000 美元。
b. 你的 PISP 一定大于 2 000 美元。
c. 你的 PIBP 一定大于 2 000 美元。
d. 上述选项都不对。

*11. John 把他的二手自行车卖了 75 美元，尽管他三年前花了 400 美元购买这辆自行车。假设 John 至今遵循着所教的准则，那么从他的行为里，我们能够推断出什么？

a. John 的 PISP 必然介于 75 美元和 400 美元之间。
b. John 没有违背"沉没成本"原则。
c. 在所有权周期中，一件物品的购买价格不需要一定等于它的出售价格。
d. John 对这辆自行车的 PIBP 在他买这辆车的时候一定低于 400 美元。

*12. Lisa 在市场中挑选低音吉他。她在 Guitar Grotto 看到一把 Ibanez SR300 Model 要 400 美元，而在 Axe Mart 则只需 350 美元。她用积蓄买了 Axe Mart 的吉他。我们把 Lisa 在购买时对这把吉他的 PIBP 记为 b。一年之后一个朋友出价 375 美元要买她的吉他，但是 Lisa 拒绝了。如果 s 是她的朋友提出购买时 Lisa 对这把吉他的 PISP，那么下面哪个选项一定是正确的（单位：美元）？

a. $b \geq 400$
b. $350 \leq b < 400$
c. $b = s$
d. $s \geq 375$

*13. Ben 用 700 美元买了一台惠普电脑。如果他遵循着至今所教的准则，那么下列哪些表述必定为真？

Ⅰ：对于这台电脑，他的 PIBP 一定小于 700 美元。

Ⅱ：如果 Ben 收到通知，说如果买第二台同样的惠普电脑的话，那就可以打八折，Ben 会买的。

Ⅲ：如果 Ben 可以免费得到一台惠普或者戴尔，那他肯定会倾向于戴尔，因为它标价 900 美元。

a. Ⅰ，Ⅱ，Ⅲ 都不对。
b. 只有 Ⅰ 对。
c. 只有 Ⅱ 对。
d. 只有 Ⅲ 对。

*14. Gerry 正在选购一辆新车。他在经销店外看到了一辆华丽的 Porsche 911。"我

非常想要它!"他想,但是在看到标价100 000美元之后,他意识到他不会买这辆车了。幸运的是,他看到那天有一个慈善抽奖活动,因此他决定花100美元买一张抽奖票。幸运的是,Gerry赢得了汽车!下列哪些表述一定为真?

Ⅰ:Gerry对Porsche的PIBP要比100 000美元高。

Ⅱ:Gerry对抽奖票的PIBP要高于或等于100美元。

Ⅲ:现在他拥有了一辆Porsche,他的PISP是标价100 000美元。

a. Ⅰ。
b. Ⅱ。
c. Ⅰ和Ⅱ。
d. Ⅱ和Ⅲ。

*15. 位于Menlo Park的Draeger杂货店会从任何一个供应商那里以2 000美元每100磅⊖的价格购买奶酪。

a. 对于购买100磅的Parmesan Reggiano奶酪,吃掉你想吃的部分,扔掉剩余的部分,说出你的个人无差别购买价格,并简要解释。

b. 你的一个朋友有100磅的Parmesan Reggiano奶酪。他邀请你为此报价。说出你能给出的最高价格,并简要解释。

c. 总结你在a部分和b部分答案的相同和不同处。

*16. 你的一个朋友和你说到他对一件衬衫的PISP介于40美元到50美元之间。你会给他一些什么样的论据以使他明白对PIBP不能给出一个范围。

*17. 举出一些你拥有的物品的例子,这些物品的PISP会随着你潜在财富的增加而增加。再给出另一些例子说明某些物品的PISP会降低。

> **思考素材**
>
> 本问题的目的在于帮助你确立你的PIBP。
>
> 用你的网络浏览器,选一个网上拍卖平台(例如ebay.com,ubid.com,onsale,amazon.com)。选一个你感兴趣的商品。它是哪一个?
>
> - 为该商品给出你的PIBP。它价值多少?
> - 你能确定你的PIBP吗?为什么能或者不能?
> - 你能确定一个值,还是一系列值?
> - 在一个密封拍卖系统里,你会按照你的PIBP来竞拍吗?
>
> 假设你以PIBP来竞拍并且得到了该商品。你觉得你进行了一个好的交易吗?重复这一步骤直到你把它缩窄到某一值,在这一值下你觉得买不买这一商品是无差别的。

⊖ 1磅=0.453 592 4千克。

第 4 章

精确的决策语言

本章核心概念

阅读本章之后，读者将能够解释下列概念：

- 对一门精确决策语言的注意事项
- 简单性表达
- 熟知性表达
- 构建你自己的属性
- 基础性表达
- 专家与属性
- 精通一门学科

4.1 引言

成为某一个学科的专家需要在该领域声名显赫。为了学习决策分析，你必须了解它的基本特征。总体而言，这些特征形成一门精确的决策语言，可以让你清晰地思考你或他人所面对的任何决策。我们将显示以精确的、熟悉的、基础的特定术语来约束决策语言，这有助于清晰地思考和理解。你已经开始学习这门语言，且随着我们的进程而展开。在前文章节中，我们学习了许多有用的术语，包括洞察力价值、沉没成本、个人无差别出售价格（PISP）和个人无差别购买价格（PIBP）。

注意我们所讨论的这些术语的内涵。例如，术语"个人无差别出售价格"是指一个卖方打算将对某物的所有权转换成金钱的"销售价格"。我们用"无差别"一词是因为卖方将不接受一个更低的报价，他并不介意在此价格下能否完成交易。我们用"个人"一词是因为他人可能会有不同的无差别价格，且因为卖方让渡某物的使用权而非考虑作为一位经纪人找寻潜在的销售机会。我们了解 PISP 一词不包括任何市场价格、收益或者其他价格的概念，只包括我们拥有某物或出售该物品都无差别的那个价格。这个例子显示了我们在讨论中构建和使用的属性所要求的一种精确度。

4.2 乐高型精确度

我们将按照乐高积木的设计原则来开发决策的概念和语言。建立一个容易组装和耐用的乐高模型要求精确地制作组件。我们应该精确定义决策成分以确保它们能够容易组合，并形成一种思维结构来应对其所面临的挑战。

Ron Howard 的故事

20 世纪 60 年代，我进行了一次至新西兰的咨询之旅。一天，我在一家玩具店的一个木箱里发现一组彩色塑料积木。它们可以组合起来形成多种玩具。我将这种玩具带回家给我的孩子们，他们成为美国第一批玩"乐高"的孩子。而在我小时候，我只能玩 Erector 系列和 Tinker 玩具。为什么不玩乐高？因为当时还没出现塑料。我考虑了性能需求：积木必须便于孩子组装，同时必须有足够的连接强度，这样"飞机"的机翼就不易脱落。解决之道就是后来发展的"精确塑料模型"，对于性能的需求决定了模块的尺寸必须足够精确，以维系某种结构（如图 4-1 所示）。

图 4-1　精确塑料模型

4.3　精确的决策语言

设计一门精确的决策语言有几方面注意事项。最重要的一点，它是学习和实践决策分析的语言。为了确保精确，决策语言应该具备朴实性、熟知性和基础性。

4.3.1　简单性表达

语言应该是**简单的**，即它们应该直叙其意。一如 Seneca 的箴言，"语言明确则思维清晰"。反之亦然。

我们应该避免的术语是**期望**或**期望值**。概率课上，一笔不确定性交易的期望在不同概率条件下可能产生不同的价值额度，概率乘以在此概率下可能得到的金额，然后加和所有可能的结果。例如，在我们的演示中，Sally 有 0.5 的概率猜对奖章投掷游戏并获得 100 美元。在概率课上一个学生将计算出此项交易的期望或期望值为 $0.5 \times 100 + 0.5 \times 0 = 50$（美元）。然而，Sally 将要么获得 100 美元，要么一无所获。她能确定的一件事就是她不会获得 50 美元。谈论一件不会发生的事情的期望是奇怪的。然而这是一个常用的术语，无助于明确事态而徒增混乱。

因此，"期望价值"这一术语含有一个内在的误解，分析师只有通过自身教育才能避免的一个误解。一句流行的教学格言对此有过解读，"期望值很少被期望"。我们在后续章节中将深入讨论这一话题。

4.3.2　熟知性表达

语言不仅应该简单，而且应该**令人熟知**。无论你是在会议室还是在施工现场，你的讨论所用语言应该能够被人们轻易理解。陌生的或过于技术性的词汇将中断交流，这在精确的决策语境中应该避免。

例如,"随机"一词通常作为"可能性"的替代词出现在技术性对话里,而"可能性"则更为我们大部分人所熟知。为了进一步增加复杂度,词典提供了"随机"的多种定义,首条为"有关的,或者通过猜想的特征;推测的。"我们相信没有人愿意让一个客户使用这种含义。只要有可能,尽量坚持使用最通俗易懂的词语。

4.3.3 基础性表达

为了消除任何潜在的混淆,决策语言也应该是**基础的**,即应该使用有限数量的精确定义词语。该语言应该丰富至足以描述任何决策情况,但同时精简至两个不同的人讨论同一情况时几乎使用相同的描述。例如,偶然听到一位医生告知他的病人"一定概率上存在可能的不良后果"。精确的决策语言翻译是明确且到位的:"存在不良结果的概率"。

当描述不确定性时,没有理由变得模糊或冗长。当我们用精确的决策语言而非过度的语言来进行决策问题的对话时,我们的信息就变得更明了。

4.4 专家与属性

现在我们已经讨论过精确语言的意义,接下来让我们探讨**专家**的定义。专家与非专家的区别是什么?实践中,我们发现专家的一个基本特征:超出非专家知识水平之外的识别和使用某一学科非凡属性的能力。

下面的例子将说明这一观点。假设你的车不能正常行驶,你把它送到汽车修理工处。他打开引擎盖并且说,"这里有许多金属和电线。"你如何评价修理工的专业水平?你可能会对自己说,"这我也知道!这样的人怎么能帮到我?"你很可能会寻找另外一个修理工来解决问题。

另一个例子,假设你面临脑外科手术,你正与外科医生讨论手术程序。你问,"医生,你具体要对我做什么?"医生回答,"你了解你脑袋里灰灰的黏稠的填充物吗?我将要把它取出来。"你会感觉如何?如果有人将要在你的脑袋上动手术,你希望那个人对应该出现在你颅腔里的每样东西都能叫出一长串拉丁文名称,而对于不应该出现在颅腔里的东西也能叫出长串的拉丁文名称。另外,你还希望这个人能够在尽可能不伤害前者的情况下移除后者。

为了说明专家特征的本质,我们从 Thomas Harris 所著的《沉默的羔羊》一书中摘取了一些段落。小说及衍生的电影描述了 Starling 警官,一个尝试破解系列凶杀案的 FBI 特工所获得的成就。在一件凶杀案中,一具受害者尸体的嘴里发现了一只昆虫。为详尽了解这只昆虫,Starling 警官向两位昆虫学专家 Pilcher 和 Rosen 请教。

他们的对话以楷体方式在后文呈现,并穿插我们所探讨的特征的相关评论。

节选自《沉默的羔羊》。

这只昆虫长长的,形状像一具木乃伊。其覆盖着一层半透明的壳,整体轮廓像一个石棺。附属器官紧紧地束缚着身体,好像是刻出的浅浮雕,小脸看起来很聪慧。

我:至此,仅用术语的这段讨论内容几乎为每个人所熟知。

"首先，这昆虫通常不会寄生于户外的尸体上，且除了发生意外，它也不会出现在水中"，Pilcher 说，"我不知道你对昆虫有多熟悉或者想了解到什么程度。"

我：现在昆虫学家在询问 Starling 警官想对该技术层面探讨的深入程度，她告诉他，

"假设我一无所知，我需要你告诉我整个事件。"

"好的，这是一只蛹，一只未发育完全的昆虫，在一个茧里——正是这个茧保护它从幼虫变成成虫。"

我：现在讨论已经达到了高中生物知识的水平。

"被蛹，Pilche？" Roden 皱着鼻子以便托着他的眼镜。

我：欢迎进入专家领域。

"我认为如此，要不要从书架上把朱氏关于未成年昆虫的书拿下来看看？好的，这是一种大型昆虫的蛹阶段，大多数更高级的昆虫都有蛹的阶段，它们中的大部分都以此方式度过冬天。"

"查书还是观察，Pilch？" Roden 问道。

"我要观察。" Pilcher 将标本放到显微镜下并手拿一个牙医探针俯身研究这只昆虫。"我们开始，头背区没有明显的呼吸器官，中胸及腹部几处有气门，我们从这里开始。"

"嗯，" Roden 一边说一边翻着一本小手册，"功能性上颚？"

"不是。"

"腹部正中间下面有一对外颚叶？"

"对，是的。"

"触角在哪里？"

"临近翅缘正中。有两对翅膀，内翅被完全覆盖。只有底下腹部三节可以自由活动。尖小的臀棘——我是说鳞翅目昆虫。"

我：随后，讨论继续。

"上唇侧突如何？"

"没有上唇侧突，" Pilcher 说，"请你把灯关掉好吗，Starling 警官？"

那么，什么是专家的特征？首要的特征就是他们理解关注领域的非凡属性。这个理解不仅仅是该领域本身的知识，同时也是最显著属性的知识以及这些属性之间如何关联。

一位真正的专家通常基于对现有知识认知的局限而非常谦卑。比如，我们有一次在喷气推进实验室遇到一位燃烧专家，他是一位真正的火箭科学家。在我们交流结束的时候，他从口袋里拿出一盒火柴并点燃一根，说："每一次都能点着，但我们不知道原因。"他对于燃烧的知识远远超过房内的任何一个人，或者超过这个城市的任何一个人，但他仍承认所知有限。

真正的专家通常还存在其他特征。其中一项是专业历史知识，并理解其发展至今的历程。专家通常了解该领域此前的错误发展方向，同时也了解时至今日该专业任何的真正进步。

有时候，专家必须具备一定的操作技能，如果该专家是机械师或外科医生的话。然而操作技能并非总是必要。即便一位完全瘫痪的内科医生也可能是一位非常称职的医生。

既然我们已经知道专家的内涵，我们就可以完善什么是决策分析专家的相关知识。相较于外行而言，决策分析专家必须理解决策的非凡属性。我们已经讨论过较多此类问题，诸如决策和结果的区别、洞察力价值等。我们当前的任务是开发出一套非凡的属性以便于在任意的决策问题中都能够实现明确的行动。我们将此过程称为一个决策情景的特征并将于后续章节进一步探讨。首先，我们思考另外一个问题：什么是精通？

4.5 精通

大师是顶尖的专家。注意，精通并不依赖于专业的工具。举例说明，如果你要做一个紧急的阑尾切除手术，只能面对如下选项，你将偏好哪一个？

- 一位熟练的外科医生在你的车子后排用折刀、针线对你进行手术。
- 由你最喜爱的演员在国家最先进的外科专家手术室中对你进行手术。

我们的选择显而易见，所以我们在得知近期的新闻故事时不会感到惊讶：一个似乎遭遇轻微交通事故的妇女搭乘了香港飞往伦敦的直达航班。在飞行几个小时后，她突然呼吸困难。乘客中的一位外科医生立刻知道她的一个肺出现衰竭并有致命危险。附近没有医院，外科医生决定当场进行手术。他用白兰地酒对飞机上应急包中的刀片进行消毒，切入她的胸壁，插入一个由应急氧气面罩和衣架支撑的分流器。当飞机降落到伦敦的时候，同行们称赞这位医生及时而熟练的手术拯救了她的生命，她将很快完全康复。

所以，怎样才算精通一个领域呢？我们提出五个特征。

（1）大师理解该领域的非凡属性，并理解每种属性的重要性。

（2）大师能够识别并欣赏这些属性之间的关系。

（3）如果该领域要求实践行为，大师必须拥有相关技能并能够执行，不管其为外科医生、机械师还是小提琴家。

（4）大师通常具有该领域内深刻而广泛的知识：专业历史，与其他领域的关联及主要先驱者的角色。比如，一位机械师大师将告诉你一个普通机械技工的前途终点及一个维修机械大师的事业起点。

（5）最根本地，大师表现出对于现有知识局限的谦卑认识，并保持终身学习的承诺。

4.6 构建你自己的属性

我们提出了一些属性并且演示其如何在决策中引导清晰的思考。当分析一个已知的决策时，你也将会构建你自己的属性。一旦创建出自我的属性，你需要保证它们是清晰的，并且在此种决策情况下，任何涉事者都理解其准确含义。在下一章节，我们将会详细讨论在一个给定决策情景下构建属性的过程。

4.7 补充说明

我们从 George Spencer Brown 的《形式法则》一书中得知属性的重要性，现在有许多网站讨论这本著作，包括 Randall Whitaker，他写道："在 1979 年出版的《生物自治原则》一书中，Varela 深入讨论（并阐述）了英国逻辑学家 George Spencer Brown 的'指示演算'。Spencer Brown 的《形式法则》（1969）概述了基于'属性'的一个完整和一致的逻辑，被 Maturana 和 Varela 鉴定为'基本认知行为'。"

4.8 总结

一门精确的决策语言是保障决策中思维清晰的有力工具。尽管你遇到的一些术语可能看似微妙和学术化，但这些术语是基于几十年的决策分析教学和实践经验而创造的。随着时间的推移，其在帮助决策者避免常见的决策错误方面证明了自身的价值。在本书的余下章节中，你将有机会看到常见但具有误导性的决策术语带来的困惑，以及一旦掌握一门精确的决策语言后，其如何很快清除此类思维困惑。

习题

标注星号（*）的习题更具有挑战性。

1. 回顾你与你认为相关领域专家的对话。回顾其使用的属性，及令你确信他们为专家的对话类型。

2. 回顾你曾经因为使用非精确性语言而导致的任何误解。

*3. 列出精通的五个特征清单，你能想到其他特征并将其加入这个清单中吗？

第 5 章

可能性

本章核心概念

阅读本章之后，读者将能够解释下列概念：

- 属性
- 命名
- 种类
- 状态
- 清晰度
- 可观测性
- 有用性
- 清晰度测试
- 互斥的
- 完备的
- 基本可能性
- 可能性树图
- 基本可能性的测度

5.1 概述

决策代表着一个关乎不同可能性未来的选择。为清晰考虑我们的决策，我们必须描述出所面临的任一备选方案而产生的后果。我们把这一过程叫作**特征描述**。在本章中，我们将展示如何通过创建描述未来的可能性以表征每个备选方案。

5.2 构建属性

属性是指将现实划分为几种可能性。一个**简单属性**是将现实划分为两种可能。例如，假设我们坐在一个演讲厅里，猜测下一个进入房间的人是否为一个"喝啤酒者"。一旦我们对"喝啤酒者"有了一个明确的定义，那么下一个进入房间的人只有两种可能性，是"喝啤酒者"或者不是"喝啤酒者"。注意，这里只有两种可能性。

对于一个"喝啤酒者"的定义取决于对该人背景的了解。通常，这个属性对于听者而言已经足够清楚而无须具体说明。然而，大多数术语的日常含义都是有歧义的，导致不能够使用它们进行仔细的决策分析。例如，对于"喝啤酒者"，是指这个人只喝过一次啤酒、经常喝啤酒还是爱啤酒超过其他酒水呢？我们越仔细检验这一属性，我们越糊涂。需要几个基本要素来突显和解释属性的内涵：清晰度、可观测性和有用性。

5.2.1　清晰度

鉴别一个好属性的首要标准是**清晰度**。在分析过程中，为了确保在我们的分析中处理的都是清晰的属性，就像上一章中讨论的乐高组件的"精确塑料模型"一样，我们必须让每个属性都通过**清晰度测试**。清晰度测试依赖于前文定义的先知的概念。回顾一下，先知既是胜任的又是可信的。他知道任何物理上可确定的过去、现在或未来的量值。此外，先知可以完成任何量级的计算和单位换算。如果这个属性能够明确到先知不用任何判断的情况下知道其是否已经发生，那么这个属性就通过了清晰度测试。清晰度是我们就好属性进行定义和解释所要求的第一要素。

例如，我们来检验"喝啤酒者"这一属性。我们如何定义"喝啤酒者"？在决策分析课堂上和许多研讨会上，我们经常会花很大一部分时间来把这个问题弄清楚。

大多数人认为他们的表达和思考很清楚。通过日常演讲中的一个例子，清晰度测试展示了实现口语清晰的挑战。第一步，课堂上的一位志愿者往往只要几分钟就为"喝啤酒者"做了一个初步的定义。他们通常运用以下描述来定义：

"如果一个人喝啤酒，那么这个人就是喝啤酒者。"

一段时间后，他们意识到这个定义不够清晰。如果这个人在他的一生中只喝了一次啤酒，或者就在几周之前喝了几次酒，他算"喝啤酒者"吗？接下来，这些志愿者更正了他们的定义：

"如果一个人每周至少喝啤酒两次，且自去年以来的 35 周内一直在喝，那么这个人是喝啤酒者。"

接下来我们询问了他们，这个定义是否通过了清晰度测试，或者定义中的元素是否需要更加明确？

志愿者往往面临许多潜在的解释。那么麦根沙士和姜汁啤酒算啤酒吗？还有不含酒精的啤酒算吗？那烈性啤酒、波特啤酒和麦芽酒呢？日本清酒，一些人称为米制啤酒，算吗？麦芽酒算吗？小抿一口酒算吗，还是需要饮用到一定量？如果啤酒反流还算吗？如果某人按照你的定义喝啤酒，但同时喝了三倍量的葡萄酒，又如何？

啤酒本身的属性都成为讨论的一部分。通常情况下，志愿者往往默认采用第三方组织比如美国政府、加利福尼亚酒品监管局或者课堂上一位啤酒专家对于啤酒的定义。第三方组织确实能够有效地定义术语，但问题的关键在于定义你所谓的"喝啤酒者"并能够把这个定义向其他人表述清楚。这样的话，你就不能像美国政府那样去定义啤酒。

接下来，会有 15 到 30 分钟时间对定义不间断提问和修改，直到志愿者接受符合他对这个属性表达之意的定义，并且整个班级同意这个定义能够通过清晰度测试。

从极端的情况来说，这个过程永远不会停止。在某一时刻，我们需要依赖于我们对共同背景的理解。当我们相信我们已经达到了适当的沟通清晰度时，我们就会停止，即参与决策过程的每个人都理解了该定义所指。当然，你个人可以不同意这一定义，但这并不影响定义的清晰性。你可以自己把"喝啤酒者"定义为一个喝了比志愿者定义还要少的啤酒的人，但你仍然能够理解志愿者所用的这一术语。

如果你独自决策而无须与他人沟通，你仅仅需要保证你的定义与自己的想法一致，就可通过清晰度测试。

所谓"正确的"定义，是指能够清楚地表达出喝啤酒者是指什么。例如，有一年，一个名叫 Melanie 的学生认为她自己是一个"喝啤酒者"，但她当时怀孕了，因而不能饮酒。为了证明其是"喝啤酒者"，她给出如下定义：

"……一个人总共喝了至少 60 盎司⊖的啤酒，这些啤酒是一种由啤酒花、大麦和谷物酿制而成的酒精度在 3.25% 和 12.5% 之间的饮品。过去 20 个月，该人连续 10 个月至少在三个场合喝过啤酒，这些场合间隔超过 24 小时。"

以过去的 20 个月里的连续 10 个月来定义喝酒的频率在 Melanie 的定义中是一个很关键的部分。根据课堂上绝大多数对"喝啤酒者"的定义，Melanie 并不是一个"喝啤酒者"。

当先知能够确定某人是否是"喝啤酒者"的时候，关于"喝啤酒者"的定义就已经足够明确了。日常生活中，我们很庆幸不需要这样去明确定义每个术语。想象一下如果有人问你"最近怎么样"，然后你就尝试应用清晰度测试，"你说'最近怎么样'是什么意思？是指我的身体、财富、精神状态，还是家庭、工作……"别想那么多。当有人问你"你最近怎么样"的时候，其实他们真正的意思是"我知道你的存在"。虽然这样的交流可能会令火星人感到困惑，但对于那些有着共同理解背景的人来说，这已经能够达到很好的效果。

当从专业的角度来讨论属性时，运用清晰度测试达成共识可能需要 45 分钟的时间。例如，25 名肺癌专家的任务是定义怎样才算一个人得了肺癌。作为专家，他们在讨论过程中使用了许多医学、生物学、病理学的属性。最后总共花了 40 分钟的时间来确定一个让所有参与者都满意的定义。

在起草一份合同时，律师的主要顾虑之一通常是确保合同中每个元素的清晰定义。在合同中描述产品"高质量"是无益的，除非"高质量"已经被严格地定义，同时测量的过程必须详细说明，这样"高质量"事件才能在实践中确定。

我们的经验表明，当满足清晰度测试要求时，任何"足够接近"的概念，最终都会导致混乱和浪费时间。最好在前期投入足够的时间来实现真正和持久的清晰度。

5.2.2 可观测性

除了清晰度，有些属性也具有**可观测性**。如果一种属性已经被我们所知或者将要被我们所知，那么它是可观测的。如果未来的决策依赖于它，那么该属性的可观测性是必要的。只有可观测的属性才能够创建定义明确的赌注。在图钉—奖章的练习中，正面或者反面的结果都是可观测的属性。如果能够对未来决策提供信息，那么刻画任何测试或者试验结果的属性都必须是可观测的。

可观测性是属性的一种可取但非必要的品质。例如，你可能永远不知道竞争对手为原材料支付的价格，但你对这一属性的不确定性可能会在你的决策中扮演着重要的角色。

请注意，对"喝啤酒者"的许多明确属性而言，下一个进入房间的人是否为"喝啤酒

⊖ 1 盎司 = 0.000 029 6 立方米。

者"是不可观测的。如果你用 Melanie 的定义来问某人，那个人可能诚实回答："我不知道。"当然，他们也可能会误解、撒谎、拒绝回答或进行反驳。由于这种属性是不可观察的，我们不建议使用它作为赌注的基础。

5.2.3 有用性

我们构建属性的第三个特点是，属性在提高我们行动的清晰度方面是否有用。我们可以定义许多清晰的甚至可观察的属性，但其在实现决策清晰度方面并无益处。例如，如果我们考虑股票市场的投资决策，那么"喝啤酒者"的属性可能对我们的决策没有帮助。然而，它对于在聚会中确定啤酒的订购量可能会有所帮助。

5.3 可能性树图

一旦我们构建了一种属性并保证它通过了清晰度测试，我们可以用所谓的"**可能性树图**"来刻画。图 5-1 显示了喝啤酒者属性的可能性树图。

从图 5-1 中我们可以看到，可能性树图的一个分支表示"喝啤酒者"的可能性，记作 B，另一个分支表示不是"喝啤酒者"的可能性，用 B' 表示。该图表示我们正在考虑下一个进入房间的人的两种可能性：是一个"喝啤酒者"或者不是一个"喝啤酒者"。我们可以说这一属性有两个状态（degree）。

通过构建，一个概率树的状态展现各种可能性。状态代表先知所提供的对于任一可能性的回复，因而其是**完备**（collectively exhaustive）的。此外，一个状态只能对应先知的一个答复，因此状态之间是**互斥**（mutually exclusive）的。

当然，对于下一个进入房间的人来说，"喝啤酒者"并不是我们构建的唯一属性。另一种属性比如说其是否为一个"大学毕业生"，记作 G。我们可以请同一志愿者对"大学毕业生"的定义进行清晰度测试。这个讨论通常比较快，围绕的主要问题是"两年"还是"四年"的大学项目。定义可能会要求该学生必须出现在能提供两年以上的大学教育或者达到对应的国际化水平的认证机构的毕业名单上。如果一家猎头公司使用这一属性，那么在定义中指定认证机构是很重要的。

图 5-2 显示了对应的大学毕业生可能性树图。

图 5-1　喝啤酒者的可能性树图　　　　图 5-2　大学毕业生的可能性树图

5.3.1 多种属性

对大多数备选方案的特性描述需要包含多种属性的可能性。例如，你可能会感兴趣的是，下一个进入房间的人既是"喝啤酒者"又是一个"大学毕业生"，或者是一个"喝啤酒者"

而不是一个"大学毕业生"。代表这种多种属性的可能性树图如图 5-3 所示。注意，引入了 $G—G'$ 的属性使得可能性增加到四种。树图的顺序表示我们首先考虑下一个人是不是"喝啤酒者"，其次，再考虑其是不是一个"大学毕业生"。

5.3.2 基本可能性

基本可能性是指每一属性的一个状态。在图 5-3 的可能性树图中每一条路径表示一个基本可能性，这一树图有四个基本可能性。我们以刻画状态的字母排序在树图末端标识每个基本可能性。因此，图中顶部末端 BG 表示这个人既是"喝啤酒者"又是"大学毕业生"的基本可能性，图中底部末端 $B'G'$ 表示这个人既不是"喝啤酒者"又不是"大学毕业生"的基本可能性。

由于关于"喝啤酒者"和"大学毕业生"的属性是完备且互斥的，所以基本可能性的集合也是完备且互斥的。

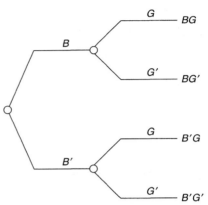

图 5-3 喝啤酒者/大学毕业生的可能性树图

5.3.3 复合可能性

我们可以用基本可能性来构造复合可能性。**复合可能性**是由基本可能性集合而成的一种属性。例如，由属性"要么是一个喝啤酒者，要么是一个大学毕业生，也可能同时两者都是"所表示的复合可能性，可由图 5-3 中的上三个端点表示。我们以加和符号将各基本可能性连接描述复合可能性。因此，这个复合可能性记作 $BG + BG' + B'G$。

另一个"或"　我们可以将此复合可能性与"要么是一个喝啤酒者，要么是一个大学毕业生，但不能同时两者都是"对比。我们讨论的第一个复合可能性称作**逻辑或**（inclusive or），因为它包括两种可能性。另一个称作**异或**（exclusive or），因为它把两者都是的可能性排除在外。因此，这个复合可能性为 $BG' + B'G$，即树图中间的两个基本可能性。可能性树图使我们能够识别并消除日常英语短语所产生的歧义，比如要么是一个"喝啤酒者"，要么是一个"大学毕业生"。

5.3.4 反转属性的排序

图 5-3 显示了一个可能性树图，该图表示我们首先考虑"喝啤酒者"的属性，其次考虑"大学毕业生"的属性。我们首先考虑这个人是否是"大学毕业生"，其次再考虑其是不是"喝啤酒者"也并无不可。这样画出的可能性树图，如图 5-4 所示。

注意到这一树图和图 5-3 有着相同的基本可能性，但在图 5-4 中，中间的两个基本可能性的

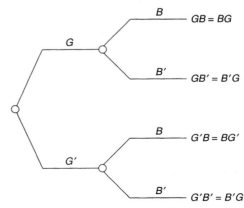

图 5-4 大学毕业生/喝啤酒者的可能性树图

顺序发生了交换。同时注意到每一个末端符号字母的顺序其实并无区别。既是一个"大学毕业生"又是一个"喝啤酒者"和既是一个"喝啤酒者"又是一个"大学毕业生"是相同的。

如果我们从右往左来画图 5-4，那么我们得到了图 5-5 的形式，我们可以看到末端的表达是一样的。

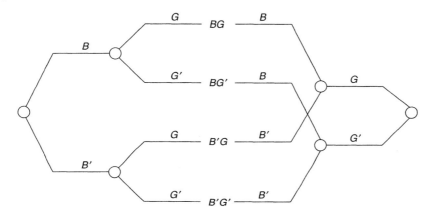

图 5-5　喝啤酒者—大学毕业生树图的可能性

5.3.5　更多种属性

我们可能构建任意多种属性。例如，在下一个进入房间的人是一个"喝啤酒者"还是一个"大学毕业生"的讨论中，我们可以通过使用"男性"或"女性"这一属性来介绍该人的性别。值得高兴的是，这一属性不需要大量的清晰度测试讨论（然而，一个做基因咨询的同事告诉我们，判定一个人的性别可能需要 32 个状态）。我们用 M 来表示男性，用 F 来表示女性。我们经常会以一个状态的名称作为一种属性的名称，就像之前对"喝啤酒者"和"大学毕业生"所做的例子那样。我们命名这种属性为"性别"，对每一状态也分别命名。

这三种属性的可能性树图如图 5-6 所示。

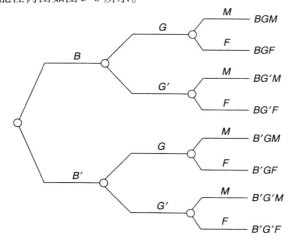

图 5-6　增加性别属性的结果

现在，一共有八个基本可能性，分别由 BGM，BGF，BG'M 等表示出来。例如，基本可能性 B'G'F 表示下一个进入房间的人是一个女性，她既非喝啤酒者又非大学毕业生。在这一可能性树图中，我们可以用两个基本可能性表示出男性喝啤酒者的复合可能性：BGM + BG'M。增加一种属性对没有涉及该属性的复合可能性表达不会有任何影响。

三种属性会有六种树图画法，因为任何一种属性都可以画在最前面，其余两个中也可以挑一个放到第二位。所有的图形本质上是相同的，每一个末端都会有相同的基本可能性。

如果存在 N 种属性，将会有
$$N \times (N-1) \times (N-2) \times \cdots \times 1$$
或 $N!$ 种不同的可能性树图画法。比如，如果有 4 种属性，则有
$$4! = 4 \times 3 \times 2 \times 1 = 24$$
种可能的画法。

5.3.6 属性状态

对于每种属性，我们未必将其局限为简单的二元性。事实上，对于给定的属性，我们可以构建任意多个状态。

"喝啤酒者"属性的多个状态：假设你认为受教育程度越高的人喝啤酒越少，并且你希望改进你对这个问题的思考。你也许希望啤酒的消费水平分为三个级别，如图 5-7 中的 $B1$，$B2$ 和 $B3$ 所示。定义事件 $B1$ 为轻度喝啤酒者，每年啤酒饮用量不超过 50 夸脱[⊖]；事件 $B2$ 为中度喝啤酒者，每年啤酒饮用量介于 50 夸脱和 150 夸脱之间；事件 $B3$ 为重度喝啤酒者，每年啤酒饮用量超过 150 夸脱。因此，每一个进入房间的人都会被划为三种情况中的一种：$B1$，$B2$，$B3$。

教育属性的多个状态：我们同时可能会希望对进入房间的人的教育水平这一属性构建额外的状态。例如，我们把教育水平划分为四个级别：$G1$，$G2$，$G3$ 和 $G4$。事件 $G1$ 表示一个人的学历不超过小学，事件 $G2$ 表示一个人的学历超过小学但不超过高中，事件 $G3$ 表示一个人的学历超过高中但不超过大学，事件 $G4$ 表示一个人的学历超过大学。图 5-8 表示对应的可能性树图。

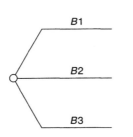

图 5-7 喝啤酒者属性的三个状态

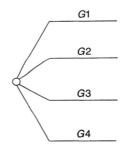

图 5-8 教育属性的四个状态

⊖ 1 夸脱 = 0.946 升。

为了构建"喝啤酒者"和"教育水平"这两种属性的不同状态，我们必须确保所有的状态都能通过清晰度测试。我们必须同时确保所有的可能性是完备且互斥的。例如，如果我们定义了 $G1$ 为不超过小学学历，$G2$ 为超过小学但不超过高中学历，$G3$ 为完成了大学学历，$G4$ 为不超过硕士学历，就会违反互斥和完备原则。违反互斥原则是因为拥有大学学位的人既属于 $G3$ 也属于 $G4$。违反完备原则是因为拿到博士学位的人不属于以上任何一种情况。

含有多个状态的两种属性的可能性树图：考虑图 5-9 中两种属性所生成的所有基本可能性。

这一树图表示可区分的 12 种基本可能性，从 $B1G1$，即没有小学毕业的轻度喝啤酒者，到 $B3G4$，即大学学历及以上的重度喝啤酒者。可能性树图中基本可能性的数量等于各种属性状态数量之积，本例中为 3×4。因此，我们可以考虑所构建属性的**种类**或者**数量**，这可以通过沿着树图水平移动来确定。我们还可以考虑每种属性的**状态数量**，这可以通过沿着树图垂直下移来确定。为了更加直观地进行阐述，参见图 5-10。

5.3.7 属性排序

由于可能性树图由简单属性组成，我们可以用任意顺序来绘制具有多个状态的属性的可能性树图，它们将生成相同的末端。不管树图的排序如何，末端是互斥且完备的。即便属性种类和状态数量过大而难以画出树图，树图的概念在可能性图像化方面仍有帮助。

5.3.8 以简单属性代表几个状态

概括我们讨论过的简单属性或二分类的概念，引入一种属性的几个状态是很有用的，但并非必要的。我们可以用几种简单属性来表示不同的状态。例如，在我们对啤酒

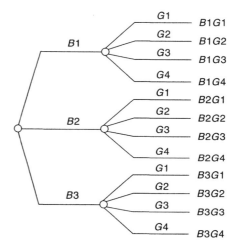

图 5-9　多个状态的属性的可能性树图

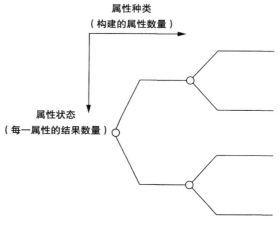

图 5-10　属性的种类和状态

饮用量的讨论中，我们可以定义两种简单属性。第一种属性 L 代表一个轻度喝啤酒者，每年啤酒饮用量不超过 50 夸脱；第二种属性 H 代表一个重度喝啤酒者，每年啤酒饮用量超过 150 夸脱。图 5-11 中的可能性树图表明了由这两种简单属性所产生的四种基本可能性：LH，LH'，$L'H$ 和 $L'H'$。

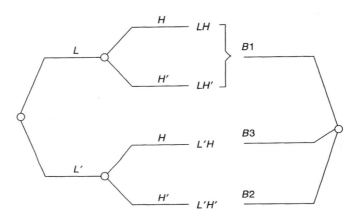

图 5-11 两种属性和四种可能性

该图显示基本可能性 $L'H'$ 是属性 $B2$ 的状态。$L'H$ 是属性 $B3$ 的状态。最后，LH 和 LH' 或者 $LH+LH'$ 代表了属性 $B1$ 的状态。这里我们注意到，LH 是一个不可能发生的基本可能性，因为 L 和 H 被定义为互斥事件。因此 $B1 = LH'$，$B2 = L'H'$，$B3 = L'H$。我们已经用简单二分法这一术语解释了属性的三个状态。我们可以重复这一过程，利用简单属性来表示任何拥有多状态的属性。

构建属性的重要性　复杂的决策会使我们面临各种各样的可能性。构建属性通过把想法分解成更小的部分，从而帮助我们实现清晰度。例如，在投掷硬币和掷骰子时，所有的可能性都会发生。通过对掷硬币和掷骰子构建两种单独的属性，我们可以考虑掷硬币的两个状态（正面或反面）以及掷骰子的六个状态（1，2，3，4，5，6）。通过考虑两种属性和八个状态，我们可以为掷硬币和掷骰子的结果描绘出 12 种基本可能性的特征。

考虑一个学生决定他的周末计划是否包括滑雪或跳伞。为了帮助决策，他可能构建了如下属性：①这些活动是否会影响他的成绩；②旅行的花费；③他是否会享受这次旅行；④他父母得知后的反应；⑤是否会在旅途中遇到新的朋友；⑥是否会发生意外。这些属性的任一状态都必须经过清晰度测试。如果这些状态是互斥且完备的，那么所产生的基本可能性也是互斥和完备的。因此，他可以系统地构建出基本可能性，否则就很难想象。

> 通常，如果我们构建 n 种属性，每种属性有 m 个状态，那么会存在 m^n 种基本可能性。例如，如果我们构建 3 种属性，每种属性对应 4 个状态，那么一共有 $4 \times 4 \times 4 = 64$ 种基本可能性。然而，在本例中，我们认为仅有 12 个状态（3 种属性，每种对应 4 个状态）。

> **思考**
> 考虑一下你将要面临的一个决策。在该决策的情形下，构建你认为最重要的属性。标明每种属性的状态并确保其通过清晰度测试。列出所有基本可能性。

5.4　测度

在一些情况下，把所构建的基本可能性和一个数字联系起来是非常有用的。我们称这个数字为**测度**。在喝啤酒者—大学毕业生例子中，你可以通过对某人的教育程度和喝啤酒状况打赌从而获得奖金。

假如你和一位朋友举办了一个聚会，你们正在对下一位来客的特征进行打赌。不存在可观测性问题，因为这些客人都是你们的朋友，且会很容易说出他们的状态。你认为重度喝啤酒者不太可能会受到过良好的教育，并和一个不同意见者就此打赌。如果下一个进入房间的客人是一个很会喝酒且受教育程度较低，或者很少喝酒却受到过很好教育的人，那么你将赢得赌注。然而，如果下一个进入的客人喝酒适度，接受的教育也一般，那么谁也拿不到钱。

具体的赌注规则如下：如果下一个进入房间的客人是一个重度喝啤酒者，且学历不超过小学，用 $B3G1$ 表示，那么你会赢得 300 美元。如果下一个进入的客人是一个重度喝啤酒者，但学历不超过高中，用 $B3G2$ 表示，那么你会赢得 200 美元。如果下一个进入的客人是一个轻度喝啤酒者，学历超过大学本科，用 $B1G4$ 表示，那么你会赢得 100 美元。

然而，你也可能会输掉这场赌局。如果下一个进入房间的客人是一个重度喝啤酒者，并且他的学历超过大学本科，用 $B3G4$ 表示，你将会输掉 300 美元。如果是一个重度喝啤酒者且只有大学文凭，用 $B3G3$ 表示，那么你将输掉 200 美元。最后，如果这个人是一个轻度啤酒者且学历不超过小学，那么你将输掉 100 美元。如果进来的人不符合以上任意一种情况，那么任何一方都不可能获得收益。

带有你从赌局中所得收益测度值的可能性树图如图 5-12 所示。

我们可以看到六种基本可能性显示平局，其余的是我们所讨论的收益。在大多数的决策情形下，测度是非常有用的。在商业中，最重要的测度通常是利润，即收益和成本之间的差值。在医学方面，一个重要的测度可能是生命质量，可以用不适的天数和不适的严重程度作为变量的函数来表示。

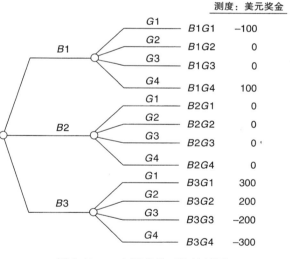

图 5-12　一个测度的可能性树图

运用多个测度

对于每一个基本可能性，你可以附加几个不同的测度。例如，关于"喝啤酒者"和"教育"的赌注可以不仅仅是钱，还可以是帮对方洗几次车等。在这种情况下，我们会在可能性树图中的末端附上第二列关于洗车输赢次数的测度。

例如，假设当你们其中一方赢钱了，另一方也必须洗你的车；否则的话，没有人会洗车。相应的图形如图 5-13 所示。

如果所有的合同都如此清晰地表述，岂不是更好？

在许多情况下，我们面对的属性都包含多个测度。例如，当你决定买一个存储数据的硬盘时，可能会有如下测度：①成本；②存储容量；③物理尺寸；④重量（为了便于携带）；⑤读写时间。

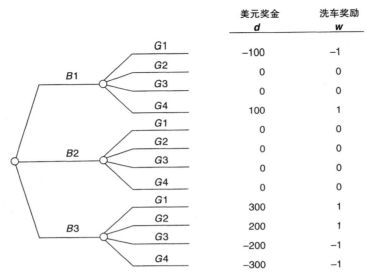

图 5-13 两种测度的可能性树图

> **思考**
>
> 考虑一个你将要面对的决策情况，构建必要的属性，画出可能性树图，思考与树图相关的多个测度。

5.5 总结

- 属性将世界划分为各种可能性。它们帮助我们思考所选方案要面临的可能性。它们同时也帮助我们明确所做决策的结果。在我们面对各种决策时，我们必须要构建我们自己的属性。
- 我们讨论属性的如下几个特征：
  - 清晰度——属性应该表述清楚。
  - 有用性——属性应该能够对思考决策有所帮助。
  - 可观测性——一些属性是可以观测到的，但这并非必要的要求。
- 清晰度测试：一种属性的任一状态都应该通过清晰度测试。如果一位先知在不用自行判断的情况下，能够说出该状态是否发生，则通过清晰度测试。在实践操作过程中，每一个利益相关者应该理解所构建属性每个状态的含义。
- 属性必须满足以下几个方面：
  - 互斥——只有其中一个会发生。
  - 完备——有一个必须发生。

  如果所构建属性都满足上述两个条件（所有状态有且只有一个发生），那么树图末端的每一种可能性都满足互斥且完备。
- 属性经常会被命名为比如年龄、性别、喝啤酒者等。

- 如果有 m 种属性，那么在绘制可能性树图时会存在 $m!$ 种排序。
- 如果有 m 种属性，n 个状态，那么会存在 $m \times n$ 种基本可能性。
- 简单属性可以被用来构建复合属性或者两个状态以上的属性。

习题

标注星号（*）的习题更具有挑战性。

1. 考虑以下两种可能性：

   Ⅰ. 你从未抓到一条鱼。

   Ⅱ. 你抓到过一条超过 12 英尺的鱼。

   下列哪项是正确的？

   a. Ⅰ 和 Ⅱ 互斥且完备。

   b. Ⅰ 和 Ⅱ 互斥，但不完备。

   c. Ⅰ 和 Ⅱ 不互斥，但完备。

   d. Ⅰ 和 Ⅱ 既不互斥也不完备。

2. 你刚刚看到统计数据，"你被闪电击中的概率是一亿分之一。"下面哪种陈述试图让"闪电击中"这一属性更清晰？

   a. "我不同意，我认为被击中的概率是十亿分之一。"

   b. "这个被击中的概率是指整个人生阶段还是指特定的某一天？"

   c. "你怎么知道这是被闪电击中的概率？"

   d. "有什么证据可以证明你的结论？"

3. 下面哪种可能性是互斥但不完备的，室外的温度：

   a. 低于 10 摄氏度，高于 20 摄氏度。

   b. 低于 20 摄氏度，高于 10 摄氏度。

   c. 低于 20 摄氏度，高于 20 摄氏度。

   d. 低于 10 摄氏度，低于 20 摄氏度。

4. "职业运动员工资太高。"

   下面哪一个是在试图构建更多的属性，使得上面的陈述更加清楚？

   a. "包括棒球运动员吗？"

   b. "100 万美元多吗？"

   c. a 和 b 都是。

   d. a 和 b 都不是。

5. 下列哪一种陈述最能说明为什么属性通过清晰度测试是重要的？

   a. 在一个决策问题中，在每种属性不清晰的情况下，无法计算信息的价值。

   b. 通过使用清晰度测试，在讨论决策问题时，一个决策分析师将会确保在交流信息时没有困惑和不确定性。

   c. 没有清晰度测试，先知无法确定一种属性的哪个状态已经发生。

   d. 如果属性没有通过清晰度测试，那么我们将不得不指定概率的范围，而不是单一的数字，这样会妨碍分析的精确性。

6. Brad 不确定今年的 DA 聚会上会有什么甜品。他为其属性构建了三个状态："一种含糖""一种含牛奶""这种甜品既不含牛奶也不含糖"。

   Ⅰ. Brad 属性的状态是互斥的。

   Ⅱ. Brad 属性的状态是完备的。

   上述哪些描述是正确的？

   a. 只有 Ⅰ。

   b. 只有 Ⅱ。

   c. Ⅰ 和 Ⅱ 都是。

   d. Ⅰ 和 Ⅱ 都不是。

7. 下面有几个陈述是正确的？

   a. 可能性集合"我从没有喝过奶牛的牛奶"和"我喝过哺乳动物的牛奶"是互斥的，但不完备。

   b. 可能性集合"我的自行车花费了超过 1 000 美元""我的自行车花费在 500 美元到 900 美元之间"和"我的自行车是免费的"是互斥的，但不完备。

   c. 互斥意味着不超过一种可能性会发生。

d. 完备的可能性集合可能并不互斥。

8. 如下表述哪些为真?

a. 可能性集合"我的净资产超过 100 000 美元"和"我的净资产少于 100 000 美元"是互斥的,但不完备。

b. 可能性集合"我没有去过中国北京"和"我去过中国"是互斥且完备的。

c. 互斥意味着最多一种可能性发生。

d. 互斥的可能性集合可以不完备。

***9.** 考虑以下决策情形,并为每种情形构建属性集。对于每种情形,列出互斥且完备的基本可能性。

a. Tom 正在决定是否辞职并接受另一份工作。

b. Anne 正在决定去哪个研究生院深造。

c. Mark 决定今天是否要逃课。

d. Joe 对买高科技股票很感兴趣。

e. Ali 投掷一枚硬币,同时投掷了一枚骰子。

***10.** 给下面的情况举一个例子:

a. 属性没有通过清晰度测试。

b. 属性通过了清晰度测试但不可观测。

c. 属性是清晰的、可观测的,但对决策没有作用。

***11.** 考虑一个不清晰的属性可能会导致公司决策问题的情境。如果你被要求帮助一个团队实现清晰的行动,你会问哪些问题来通过清晰度测试?

12. 你的朋友告诉你他准备在下次考试中作弊。考虑一下你可能构建的属性,帮助他思考如果他确实实施了这一决策,他可能的结果。你决策的备选方案有哪些?

思考素材

考虑一下你在不久的将来需要做出的一个重要决策。

1. 构建两种有用的属性来帮助你思考决策。
2. 对于每一种属性,判断它是否是可观测的。
3. 对其中一种属性进行清晰度测试。它的状态是什么?

第 6 章

处理不确定性

本章核心概念

阅读本章之后，读者将能够解释下列概念：

- 概率
- 信息的背景状态
- 条件概率
- 基本概率
- 节点概率
- 概率树
- 增加概率树的测度
- 概率分布
- 累积概率分布
- 超限概率分布

6.1 引言

在上一章，我们开发了一个框架用来构建各种属性，以描述我们在决策时面临的各种可能性。然而，仅仅构建这些可能性并没有考虑我们相信其有多大的可能性发生。例如，你可以为火星存在生命的可能性构建一种属性，该属性具有两种状态：火星上存在生命和火星上不存在生命。然而，你也许会相信其中一种状态要比另外一种状态更有可能出现。为了说明这一信念，我们现在为可能性树图增加概率。

6.2 用概率刻画信念强度

本节解释了如何用术语"概率"来表达信念，以及概率赋值的符号使用。本节中，我们将探讨概率赋值时个人经验的重要性，并讨论不确定性的分割、概率轮盘、条件概率的使用、节点概率以及概率树末端的基本概率。

6.2.1 使用所有信息

根据第 5 章的讨论，让我们以上文定义的"喝啤酒者"这一简单属性为例。既然我们已经知道什么是所谓的"喝啤酒者"，那么我们有多大的把握确定下一个进入房间的人是一个

"喝啤酒者"？这个答案依赖于我们的个人经验——我们人生中所积累的全部知识。该经验的一个重要部分就是我们把自己的知识运用到的环境。问题不在于人群中"喝啤酒者"的比例有多少，而是就在这一天，这一次之后，下一个进入这栋建筑中特定房间的人是"喝啤酒者"的可能性有多大。例如，当你进入房间时，你可能看到一个喧闹的啤酒聚会。相反，你也可能发现这个建筑是举办宗教集会的地方。你也可能知道稍后安排在这个房间会见一位爱喝啤酒的朋友。所有的这些信息都包含在你全部的经验中，你当前的知识状态中。我们用符号"&"来表示你进行概率赋值时的知识状态。

6.2.2 划分确定性

你可以通过在"喝啤酒者"B 和"非喝啤酒者"B' 之间划分确定性，来描述下一个进入房间的人是"喝啤酒者"的可能性。如果把所有的情况都考虑在内，你认为 B' 的可能性是 B 的四倍，那么你必须在 B 和 B' 这两种状态之间按照 1:4 的比率划分你的确定性。由于你只有一单位的确定性，这意味着你必须分配 0.2 的部分给"喝啤酒者"状态和 0.8 的部分给"非喝啤酒者"状态，从而保证 1:4 的比率。图 6-1 显示了这一划分。数字 0.2 写在上分支的旁边，而 0.8 写在下分支的旁边。我们称这两个数字为**概率**。当给定以你的全部经验所代表的信息状态时，我们称你对下一个进入房间的人是"喝啤酒者"的概率赋值为 0.2。

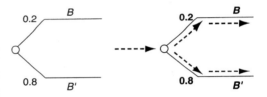

图 6-1 划分确定性类似于水流通过一个管道

我们可以认为这种**确定性划分**就像水流通过管道。这些管道代表概率树的分支，并且在节点处分离。管道末端（相当于概率树的末端）的总流量必须等于进入管道的总流量（相当于概率树起点的确定性）。百分之二十的水流进入"喝啤酒者"，即 B 状态，百分之八十的水流入另一状态。

6.2.3 符号

我们把为"喝啤酒者"概率进行赋值的**符号**记作 $\{B|\&\} = 0.2$。花括号 $\{\ \}$ 表示进行概率赋值。竖杠左边的符号表示概率赋值的对象，在这里是"喝啤酒者"的状态，用 B 表示。竖杠右边的符号表示概率赋值时的知识状态，本例中指的是你所有的经验，我们用 & 表示。类似地，下一个进入房间的人是"非喝啤酒者"的概率记作 $\{B'|\&\} = 0.8$。使用这种符号意味着把概率视为当前信息状态下某种信念强度，如图 6-2 所示。

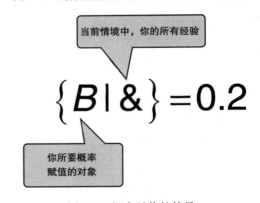

图 6-2 概率赋值的符号

如图 6-3 所示，你可能也想在"大学毕业生"的两种状态 G 和 G' 之间划分确定性，以描述你对于下一个进入房间的人是否是"大学毕业

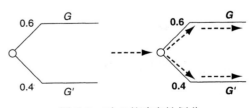

图 6-3 对 G 的确定性划分

生"的信念。

这里,你已经给"大学毕业生"赋予 0.6 的概率:$\{G|\&\} = 0.6$,同时 $\{G'|\&\} = 0.4$。因而你已经在 G 和 G' 之间以 3:2 的比率进行了确定性划分。

6.2.4 概率轮盘

概率轮盘(如图 6-4 所示)是进行概率赋值非常有用的工具。概率轮盘有两个圆环部分。一个是蓝色的,另一个是橙色的。每个部分都有一个径向缝隙,我们可以通过滑动一种颜色覆盖另一种颜色来调整橙色和蓝色的比例。转盘的一面有一个指针,转盘可以旋转,在停止旋转时,指针可能停留在橙色区域,也可能停留在蓝色区域。转盘的另一面带有刻度标识,因此我们可以读出任意给定的橙色和蓝色区域的相应概率。

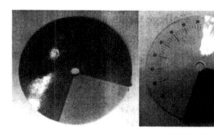

图 6-4　概率轮盘(左:轮盘上的指针/右:轮盘的两面)

> 举个例子,为了评估 X 成为下一任美国总统(通过清晰度测试的定义)的可能性,我们让评估人进行概率赋值,该评估人在总统就职日就如下两笔交易选择自己的偏好。
>
> 交易 1:如果 X 成功就职,支付 100 000 美元,否则支付 0。
>
> 交易 2:如果转动轮盘指针停留在橙色区域,支付 100 000 美元,停留在蓝色区域支付 0。
>
> 如果这个评估人偏好交易 1,我们增加轮盘的橙色区域。通过改变橙色和蓝色区域的比例,我们将得到一个恰当的点,使得评估人对这两笔交易感觉无差别。这一概率值可以在概率转盘带有刻度的一面直接读取。

我们赋予某一属性状态的概率可能随着时间或者收到的信息而改变。例如,我们可能得知候选人 X 退出了总统竞选。这一信息将会导致赋予的概率近乎为 0。为了描述这种变化,我们需要一个与每次概率赋值相关的时间戳。

我们曾经要求一个班级的所有成员对一个特定的总统候选人成为下一届美国总统赋予概率,这个人尚未被官方提名。班级中的一位女性赋予了 0.95 的概率,一个远高于他人赋值的概率。问其原因时,她说她必须给这么高,因为她正在为这个候选人做竞选工作。

她混淆了三脚凳的两条腿:偏好和信息。她对于这个候选人当选的强烈渴望导致她相信这极有可能发生。希望一些事情发生并不能增加这些事情发生的可能性,不希望一些事情发生也不会降低其可能性。

6.2.5 一个简单属性的发生比

我们可以从比率的角度描述一个**简单属性**的不确定性。我们称此为发生比。发生比是获得属性一个状态的概率与获得其他状态的概率比值。对于"喝啤酒者"进行概率赋值，$\{B|\&\}=0.2$，因而 $\{B'|\&\}=0.8$，这样 B 的发生比为：

$$\frac{\{B|\&\}}{\{B'|\&\}}=0.25$$

换言之，B' 的发生比是 4，这可以表达相同的信息。使用概率轮盘，让橙蓝区域比率为 1:4，这时评估人对于选择打赌"喝啤酒者"还是打赌轮盘都感觉无差别。这就表明评估人认为下一个进入房间的人是"非喝啤酒者"的可能性是"喝啤酒者"的 4 倍。

给定某简单属性一种状态的发生比，我们使用以下关系决定每一种状态的概率：

$$\{B|\&\}=\frac{B \text{ 的发生比}}{1+B \text{ 的发生比}}=\frac{0.25}{1+0.25}=0.2 \quad \{B'|\&\}=\frac{1}{1+B \text{ 的发生比}}=\frac{1}{1+0.25}=0.8$$

6.2.6 条件概率

我们已经得出了某个人是"大学毕业生"的概率为 0.6，$\{G|\&\}=0.6$。我们还可以得出，在你知道这个人是"喝啤酒者"（B）或者是"非喝啤酒者"（B'）的情形下，你认为他是"大学毕业生"（G）的概率。我们把这种概率称为**条件概率**，因为它们是以第一种属性的知识为条件的。任何条件概率都是以概率树上在它之前的所有属性为条件的。

采取与之前定义符号相同的规则来定义条件概率的符号，条件事件在竖杠的右边。因而，在已知某人是"喝啤酒者"的条件下此人是"大学毕业生"的概率记为 $\{G|B,\&\}$。如果你对此概率的估值为 0.2，这就意味着如果你知道此人是"喝啤酒者"，那么你相信这个人不是大学毕业生的概率为是大学毕业生概率的 4 倍。图 6-5 表示了这一概率估值。这个概率显然和你在不知道此人是不是"喝啤酒者"的情况下认为他是"大学毕业生"的赋值概率 0.6 完全不同。

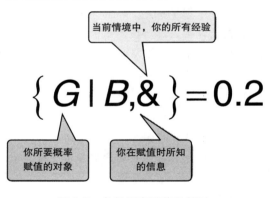

图 6-5　条件概率赋值的符号

在最后的估值中，在已知某人不是"喝啤酒者"的情况下，你认为此人是"大学毕业生"的条件概率为 0.7，记为 $\{G|B',\&\}$。

你也可以使用概率轮盘来对条件概率估值，在这个例子中，问题就变成：

"如果你知道此人是'喝啤酒者'，你倾向于赌他是一个'大学毕业生'还是赌转盘指针在橙色区域？"

通过变换橙蓝区域的比例，使得两种赌局无差别的点就是条件概率的估值。

根据我们的讨论，我们可以在给定信息状态下以发生比来表述某属性的一个状态的条件概率。图 6-5 表明在给定我们知道某人是"喝啤酒者"以及我们当前的信息状态的条件下，此人是"大学毕业生"的发生比是 $\frac{0.2}{0.8} = 0.25$。

6.3 概率树

通过"喝啤酒者"和"大学毕业生"这两种属性，我们可以讨论两者之间的关联。为了呈现你对这些属性之间关系的信念，你需要把你所赋值概率和条件概率添加到图4-3的可能性树图上，形成图6-6。我们称之为**概率树**。

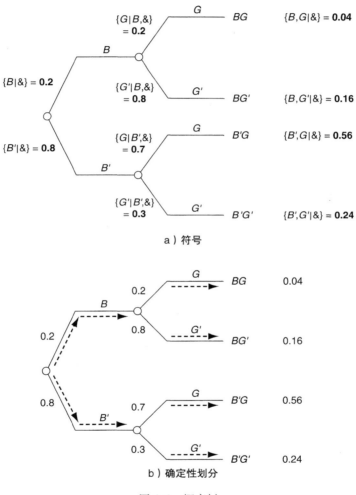

图6-6 概率树

如图6-1所示，在树的起点根据事件 B 和 B' 的发生概率0.2和0.8进行了确定性划分。但是我们现在必须考虑进一步的确定性分割。树的分支 B 代表了一种可能性：你知道这个人是"喝啤酒者"，在这种情况下，你会按照1:4的比例分割确定性，因而你会赋予此人是"大学毕业生"的概率为0.2，不是"大学毕业生"的概率为0.8。

同样地，分支 B' 的分割反映了你的概率估值，如果你知道某人不是"喝啤酒者"，你将会赋予 0.7 的概率给此人是"大学毕业生"以及 0.3 的概率给此人不是"大学毕业生"。

6.3.1 基本概率

图 6-6 表明，确定性已经分割了两次：一次是根据"喝啤酒者"这种属性，另一次是根据"大学毕业生"这种属性。如果你的确定性有 20% 流向分支 B，并且这其中的 20% 又流向分支 G，那么基本可能性 BG 所表示的初始确定性中的那一部分就是 0.04，这就是某人既是"喝啤酒者"又是"大学毕业生"的概率，记为 $\{B, G \mid \&\}$。

简而言之，我们把一种基本可能性发生的概率称为**基本概率**。我们将指向一个末端的所有分支上的概率相乘，就得到了一个基本概率。对每个末端都可以这样计算出一个基本概率。因为我们是从 1 单位的确定性出发，所以所有的基本概率之和一定是 1。例如：

$$\{B, G \mid \&\} = \{B \mid \&\}\{G \mid B\&\} = 0.2 \times 0.2 = 0.04$$
$$\{B, G' \mid \&\} = \{B \mid \&\}\{G' \mid B\&\} = 0.2 \times 0.8 = 0.16$$
$$\{B', G' \mid \&\} = \{B' \mid \&\}\{G \mid B'\&\} = 0.8 \times 0.7 = 0.56$$
$$\{B', G' \mid \&\} = \{B' \mid \&\}\{G' \mid B'\&\} = 0.8 \times 0.3 = 0.24$$

由于 $\{B', G' \mid \&\} = 0.56$ 是四个基本概率中最大的，因此我们认为在这个例子中最可能发生的一种基本可能性是下一个进入房间的人是"大学毕业生"同时不是一个"喝啤酒者"。此外，因为 $B'G$ 的概率大于 0.5，所以 $B'G$ 比其他三种基本可能性的复合更可能发生。需要指出的是，"大学毕业生"这个事件是由 BG 和 BG' 两个基本可能性组成的。把 $B'G$ 的概率 0.56 加上 BG 的概率 0.04，总和为 0.6，这正好就是在图 6-3 中记录的你赋予进入房间的人是"大学毕业生"这一事件的概率。因此，你的概率赋值保持了一致。

6.3.2 反转两种属性的概率树

图 6-6 的概率树表示，你认为"喝啤酒者"和"大学毕业生"之间有着很强的联系。你认为，如果一个人是"喝啤酒者"，那么他有 80% 的可能性不是"大学毕业生"；但是如果他不是"喝啤酒者"，那么他有 70% 的可能性是"大学毕业生"。

假定你知道这个人是"大学毕业生"，那么这个人是"喝啤酒者"的可能性有多大？换句话说，条件概率 $\{B \mid G, \&\}$ 是多少？

第一步：反转属性的排序 我们可以通过反转属性的排序来回答这个问题。这和我们生成图 5-4 的可能性树图的做法一样。请记住反转属性的排序依然可以得到相同的基本可能性，反转的可能性树图的属性排序为"大学毕业生"——"喝啤酒者"，如图 6-7 所示。正如我们在图 5-4 中演示的那样，这需要交换中间两个基本可能性的顺序。

第二步：复制基本概率 由于图 6-7 和图 6-6 的概率树有相同的基本可能性，那么必然也有相同的基本概率。反转你所描述的基本可能性的顺序，如 BG 换为 GB，不会改变你为此赋值的概率。如果你认为 $\{B, G \mid \&\} = 0.04$，那么就不会有任何理由认为 GB 的概率不等于 0.04。不允许出现前后矛盾的情况。

从逻辑上讲，两种概率树上的基本概率一定是相同的。坚持认为它们是不同的就等于认为 $BG \neq GB$。换句话说，这也意味着下一个进入房间的人既是"喝啤酒者"又是"大学毕业生"的概率与下一个进入房间的人既是"大学毕业生"又是"喝啤酒者"的概率不同,这显然是错误的观点。

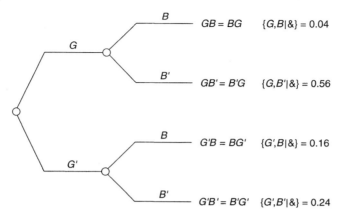

图 6-7　反转属性排序,首先匹配基本概率

因此,我们可以对反转排序的概率树赋予基本概率。$\{B, G | \&\} = \{G, B | \&\} = 0.04$,$\{B, G' | \&\} = \{G', B | \&\} = 0.16$,$\{B', G | \&\} = \{G, B' | \&\} = 0.56$,$\{B', G' | \&\} = \{G', B' | \&\} = 0.24$。这也就意味着我们可以简单地将图 6-6 中基本可能性对应的基本概率直接复制到图 6-7 中各个基本可能性的相应位置。

第三步:对新的概率树重构确定性划分　一旦你知道树的每个末端的概率,那就很容易构造树上的所有概率。如图 6-8 所示,流过分支 G 的确定性无论有多少,都必定在 GB 或者 GB' 终结。通过 G 分支的确定性那就一定是 0.04 与 0.56 之和 0.60。使用水流类比(流经 G 的水流量一定是流过 GB 和 GB' 的水流量之和),我们把 0.6 这个数字作为 G 的概率,而 G 的概率与初始确定性划分相关。

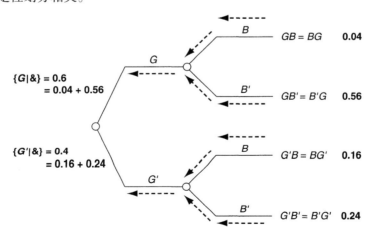

图 6-8　重构确定性划分

回想一下,我们之前在 6.3.1 节曾讨论过,你在认为下一个进入房间的人有 60% 的可能性是"大学毕业生"上保持了一致。类似地,分支 G' 的概率 0.4 也就是基本可能性 $G'B$ 的概率 0.16 与 $G'B'$ 的概率 0.24 之和。

我们接下来讨论给定 G 和 G' 的情况下，B 和 B' 的条件概率。

第四步：在反转排序的树中找到条件概率 让我们先从分支 G 的条件概率开始，我们知道分支 G 上的确定性被划分成两部分，上分支的末端得到 0.04 的概率，下分支得到 0.56，这就意味着它是按照 1:14 的比率被分割的，而且条件概率的和一定为 1。那么，已知下一个进入房间的人是"大学毕业生"的条件下，你必须赋予这个人同时是"喝啤酒者" $\dfrac{1}{15}$（或者 0.067）的条件概率。用我们的符号记法，我们记 $\{B \mid G, \&\} = \dfrac{1}{15} = 0.067$。当然，这也意味着已知是"大学毕业生"的条件下不是"喝啤酒者"的条件概率为 $\{B' \mid G, \&\} = \dfrac{14}{15} = 0.933$。

继续对 G' 的分支进行条件概率赋值。我们知道 G' 的两个分支上的条件概率的比值为 0.16:0.24，这意味着它们必定是 0.4 和 0.6。因而，如果某人不是"大学毕业生"，那么他不是"喝啤酒者"的概率为 $\{B' \mid G', \&\} = 0.6$。

另外一个确定条件概率的方法是考虑它必须等于多少才能在树的末端得到相同的基本概率。因为 $\{G \mid \&\} \cdot \{B \mid G, \&\} = \{G, B \mid \&\} = 0.04$，而且我们已经计算出 $\{G \mid \&\} = 0.6$，那么我们可以得到 $0.6 \cdot \{B \mid G, \&\} = 0.04$，所以 $\{B \mid G, \&\} = \dfrac{0.04}{0.6} = 0.067$。因而，我们可以将基本概率 (0.04) 除以它前面的节点的概率 ($\{G \mid \&\} = 0.6$)，算出条件概率 0.067。同样地，我们可以将所有的基本概率分别除以它们前面的节点的概率，计算出所有的条件概率。图 6-9 表示了一个完整的反序概率树。

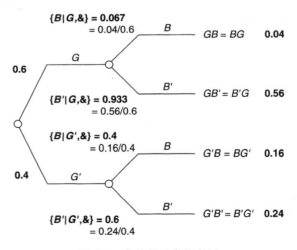

图 6-9 完整的反序概率树

6.3.3 结果解析

这一反转的概率树显示了你在知道"大学毕业生"属性的情形下为"喝啤酒者"属性的概率赋值。例如，如果你知道某人是"大学毕业生"，你认为此人不是"喝啤酒者"的概率为 0.933；如果你知道这个人不是"大学毕业生"，你则认为此人不是"喝啤酒者"的概率为 0.6。图 6-9 与图 6-7 所含信息相同。这一信息仅仅是使用了一个新的方式来更完整地展示你所认为的两个属性之间存在的关系。

如果你不认同反转概率树的条件概率，这意味着你初始的概率分配出现了错误，或者你已经获知新的信息。这会偶然发生并且无须惊慌。对初始概率树或者反转概率树进行调整，重新计算概率，直到全部的概率能准确反映你的信念。

如图 6-10 所示，用另一种方式看待我们所讨论的反转概率树。我们用一些传送确定性（或者看作水）的管道来连接两个方向的树。从左边来的水流被划分了两次（先 B—B'，后 G—G'），然后再聚合两次（先 B—B'，后 G—G'）。0.2 的概率 $\{B|\&\}$ 导致图 6-10 右边 0.6 的概率 $\{G|\&\}$。注意，如果我们想象水从右向左流，也会得到同样的结果。我们看到，具有两种属性的概率树可以很快地转变成反向排序，而与基本可能性对应的基本概率都是完全相同的。

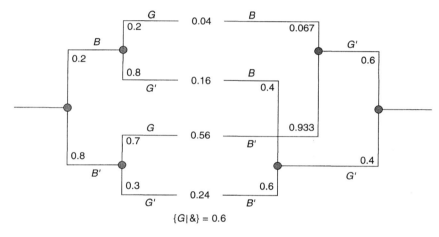

图 6-10　树的反转

我们观察到，到目前为止，所有的概率估值是一致的。初始概率赋值为 $\{B|\&\}=0.2$，$\{G|\&\}=0.6$，而反转左边这棵树得到的右边反转树上的概率 $\{G|\&\}$ 也等于 0.6。我们曾提到如果这些概率不是一致的，我们必须对概率估值进行调整，直到我们的信念在两棵树上实现匹配。举例说明，假定概率 $\{G|\&\}$ 初始赋值为 0.7，由图 6-10 可知，这与左边树的概率估值不一致，因为需要为概率 $\{G|\&\}$ 赋值 0.6。图 6-11 显示了解决不一致的一个方法，就是改变条件概率 $\{G|B,\&\}$ 和 $\{G|B',\&\}$。

如果概率 $\{G|B,\&\}$ 从 0.2 增加到 0.3，并且 $\{G|B',\&\}$ 从 0.7 增加到 0.8，那么概率 $\{G|\&\}$ 将变为 0.7，这些树也将会一致。另外，也可以通过对能够反映我们信念的其他改变来获得一致性。

▶**例 6-1　卡片问题**

你将两张红卡片和两张蓝卡片进行洗牌，然后你把四张卡片面朝下。接着你任意翻开其中两张卡片，两张卡片都是红色的概率是多少？给你一点时间思考这个问题。

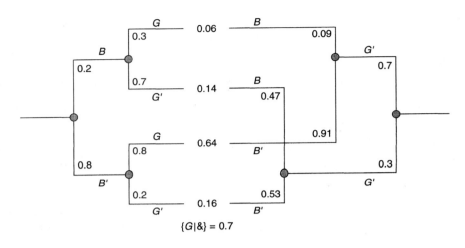

图 6-11 解决不一致性

大多数人会回答两张卡片都是红色的概率是 $\frac{1}{2}$，还有一些人说是 $\frac{1}{4}$。现在我们做出以下特征分析：首先，我们构造一棵概率树，构建两种属性。第一种属性是第一张翻过来的卡片的颜色，第一张卡片可能是红色（$R1$）或蓝色（$B1$）。第二种属性是第二张翻过来的卡片的颜色，第二张卡片也有可能是红色（$R2$）或蓝色（$B2$）。图 6-12 中的所有事件构成了这一情境下的概率树。

这里有四种基本可能性：

$R1R2$——两张卡片都是红色。

$B1B2$——两张卡片都是蓝色。

$B1R2$——第一张卡片是蓝色，第二张卡片是红色。

$R1B2$——第一张卡片是红色，第二张卡片是蓝色。

翻开卡片的每一种可能结果都可以用一个基本可能性来描述。接下来，我们通过对可能性进行概率赋值来把可能性树图转化为概率树。由于每种颜色有两张卡片，第一张翻开的卡片是红色或蓝色的可能性相等，因此我们分配 $\frac{1}{2}$ 的概率给这两种可能。

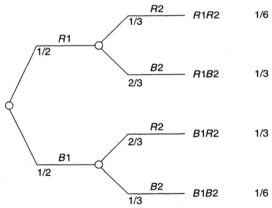

图 6-12 卡片问题的可能性树图

然后，我们在已知第一张牌的结果的条件下，对第二张牌的结果的条件概率进行赋值。如果第一张卡片是红色，那么剩余的卡片是一张红色和两张蓝色，因而红色的概率是 $\frac{1}{3}$。如果第一张卡片是蓝色，则剩下来的卡片是两张红色和一张蓝色，因此第二张是红色的概率变成了 $\frac{2}{3}$。这些概率被记录在树中。现在我们把分支的概率相乘得到 4 个基本概率。我们看到，我们感兴趣的 $R1R2$ 的概率是 $\frac{1}{2} \times \frac{1}{3} = \frac{1}{6}$。

▶ **例 6-2　图钉问题回顾**

让我们重新考虑一下图钉的例子，如果你认为奖章有 0.5 的概率正面朝上落地，那么换成图钉的例子并不会变糟糕。为了证实这一点，假定你认为图钉有概率 p 正面朝上或反面朝上。现在假设你投掷一枚你认为有 0.5 的概率正面朝上或反面朝上落地的硬币。这种情况下的概率树如图 6-13 所示。

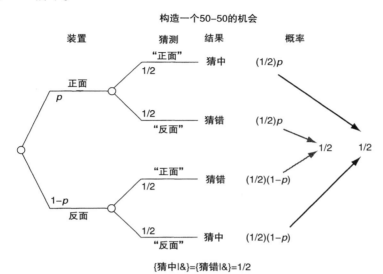

图 6-13　图钉交易的概率

假定你观察到硬币投掷的结果，并以相同的结果来猜图钉，那么猜对图钉投掷结果的概率有多大？从图 6-13 的概率树可知，猜对的概率等于硬币和图钉都以正面朝上落地的概率 $0.5p$ 加上硬币和图钉都反面朝上落地的概率 $0.5(1-p)$。

$$\{猜中 | \&\} = 0.5p + 0.5(1-p) = 0.5$$

无论你认为图钉正面着地的概率有多大，如果你用这种方法，你都有 0.5 的概率猜对图钉的投掷结果。即使图钉总是正面着地或反面朝上落地，也都是 $\frac{1}{2}$ 的正确率。

▶ **例 6-3　一锤定音**

接下来的问题源自一个流行的电视游戏节目"一锤定音"（如图 6-14 所示）。之前也有多位知名学者和业内人士就此问题进行讨论和研究。想象你是该节目的参与者，你的经历会是这样的：

你走上舞台的时候，主持人会让你从三个帘子中选择一个。其中一个帘子的后面是汽车，另外两个是山羊之类的（玩笑礼物）。但是你并不知道哪一个帘子的后面才是汽车。主持人告诉你当你选择好以后就能得到幕后的礼

图 6-14　一锤定音

物。相较于山羊，你更喜欢汽车。当你选择 1 号帘子时，你不知道后面是什么。在打开帘子前，主持人当然是知道所有帘子后面的礼物的，他先拉开 3 号帘子，你看到后面是头山羊。然后他告诉你："如果你愿意，你可以改选 2 号帘子。"

你要把选择从 1 号帘子换到 2 号帘子吗？

许多第一次看到这个问题的人会说，"无论你改不改变你的选择，两个没打开的帘子后面是汽车的可能性都是相等的。"

为了分析这一问题，我们首先知道，在主持人打开另两个帘子中的一个之前，汽车在你最初选的帘子后面的概率为 $\frac{1}{3}$，而且汽车从未移动。

设想你坚持一开始的选择，你将有 $\frac{1}{3}$ 的机会选中后面是汽车的帘子，$\frac{2}{3}$ 的机会选中后面是山羊的帘子。图 6-15a 中展示了这种情况。根据规则你将得到你选中的帘子后面的东西。因此你有 $\frac{1}{3}$ 的概率得到汽车和 $\frac{2}{3}$ 的概率得到山羊。

理解你为什么应当改变选择的关键在于：你要明白，通过改变选择，你会得到与最初选择完全相反的礼物。为了理解为什么会这样，假设你选的 1 号帘子后面是山羊，当主持人揭晓 3 号帘子后面是头山羊后，如果你改选 2 号帘子，你将必然得到一辆汽车。此外，如果你选择的 1 号帘子的后面是汽车，而且主持人打开 3 号帘子后面是山羊，如果你改变选择，你将必然得到一头山羊。因而，如果你第一次选择的是汽车而且改变了选择，你最终会得到一头山羊；如果你第一次选择的是头山羊而且你改变了选择，那么你将得到的是一辆汽车。图 6-15b 说明了这一情况。通过改变选择，你得到与最初选择相反的礼物，实际上使得得到汽车的机会翻倍。

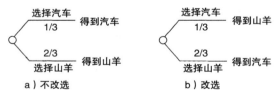

图 6-15

在本章的附录中，我们展示了一个相应的例子，这个例子收录在 Marilyn Vos Savant 的 *The Power of Logical Thinking: Easy Lessons in the Art of Reasoning…and Hard Facts About Its Absence in Our Lives* 一书中。

6.4 属性的几个状态

概率游戏的主要规则是 1 单位的确定性在属性的所有状态间划分。如果我们定义属性"喝啤酒者"有好几个可能的状态，比如图 5-7 所示的三个状态，那么所有分支上的数字之和必须为 1。图 6-16 中显示了在第 5 章定义的属性的三个状态 $B1$、$B2$、$B3$ 上的一种确定性分割。

这里，我们已经对 $B1$、$B2$、$B3$ 分别赋予 0.7、0.2、0.1 的概率。因为 $\{B1|\&\} = 0.7$ 并且 $\{B3|\&\} = 0.1$，所以这种赋值表明你认为下一个进入房间的人每年啤酒饮用量少于 50 夸脱的可能性是每年啤酒饮用量多于 150 夸脱可能性的 7 倍。

如果你希望对我们之前定义的教育水平做出更精确的划分，那么你可以对确定性做出如图 6-17 的划分。

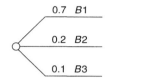

图 6-16　属性三个状态的确定性划分

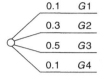

图 6-17　属性四个状态的确定性划分

可能性 $G = G3 + G4$。因此，图 6-17 中相应的两个分支 $G3$ 和 $G4$ 必须总共得到 60% 的确定性，从而与你之前对 G 的概率估值保持一致。因为 $\{G3|\&\} = 0.5$，所以你知道此人至多是大学毕业生，但不会高于此学历。

6.5　属性的多个状态

现在，我们将研究具有多状态属性的概率树。回想图 5-9 中的可能性树图，其中"喝啤酒者"属性有三个状态，"教育"属性有四个状态。我们在图 6-18 中展示了为这个可能性树图进行的概率赋值。

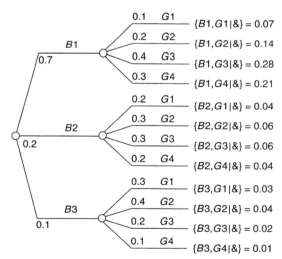

图 6-18　多状态属性的概率树

第一种属性的三个状态 $B1$，$B2$，$B3$ 的概率赋值和图 6-16 相同。你现在需要在给定不同"喝啤酒者"状态的条件下给"教育"属性的每一个状态赋予概率。我们在树的第二层记录这些数据。值得注意的是，随喝啤酒者水平的升高，此人认为教育水平的概率赋值将从高向低转变。图 6-18 中也显示分支概率相乘就得到基本概率。

概率推导

根据图 6-18 的树，我们可以把"教育程度"的每一个状态视为一些基本可能性的集合，从而单独推导出不同教育水平的概率。因此，教育水平为 $G1$（至多小学毕业）的概率是基本可能性 $B1G1$、$B2G1$、$B3G1$ 的基本概率加和，即 $0.07 + 0.04 + 0.03 = 0.14$。当我们计算出"教育水平"的全部四个状态的概率，我们可以得到图 6-19 的概率树。

这棵树蕴含了"大学毕业"这一事件（$G = G3 + G4$）的概率 0.62。这与之前事件 G 所赋的概率稍有不同，这是由于图 6-19 中并没有细致考虑这一问题。这些误差都是意料之中的。然而，一致性要求你必须修改这一估值，同样修改你之前的两个估值之一或全部估值，直到没有误差。

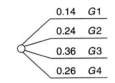

图 6-19　四个状态属性的概率树

▶ **例 6-4　硬币问题**

三枚硬币放在一个包里。其中一枚两面都是正面，一枚两面都是反面，第三枚有正反两面。我们从袋子里随机选取一枚硬币，然后投掷。结果是正面。那么这枚硬币两面都是正面的概率是多少？

我们构建两种属性。第一种属性是从袋子里取出硬币的类型。它可能两面都是正面（$2H$），两面都是反面（$2T$），或者是一枚正常的硬币（HT）。第二种属性是投掷的结果。它可能是正面（H），也可能是反面（T）。图 6-20 左边的概率树展示了六种基本可能性。

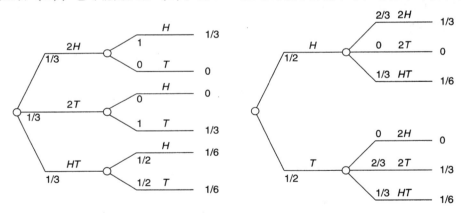

图 6-20　硬币问题的概率树和反转树

我们现在准备概率赋值。根据问题的陈述，我们取到任何一种硬币的可能性都相等，因此我们给第一种属性的每个可能性分配 $\frac{1}{3}$ 的概率。如果你对选取硬币的可能性有不同的信念，你也可以把它们合并。

接下来，我们对投掷出正面的每种类型的硬币进行概率赋值。如果这枚硬币两面都是正面，那么投掷出正面的概率为 1；如果这枚硬币两面都是反面，投掷出正面的概率为 0；如果这枚硬币为正常的硬币，那么投掷出正面的概率是 $\frac{1}{2}$。我们接下来把分支的概率相乘，得到基本概率。例如，取出的硬币两面都是正面并且投掷结果是正面的概率是 $\frac{1}{3}$。

最后，我们想计算在硬币投掷出正面的条件下这枚硬币两面都是正面的概率。这要求我们在反转树中进行属性排序，从而我们可以从反转树中得到这一条件概率。反转树如图 6-20 右边所示。照例，我们首先把基本概率复制到恰当的位置。我们发现每一个分支 H 或者 T 都有 $\frac{1}{2}$ 的概率，并且投掷出正面的硬币为两面都是正面的概率为 $\frac{(\frac{1}{3})}{(\frac{1}{3}+0+\frac{1}{6})} = \frac{2}{3}$。如果已知投掷结果是正面，那么这枚硬币为两面都是反面的概率为 0，是正常硬币的概率为 $\frac{1}{3}$。我们的分析所提供的结果不仅适用于这一问题，对任何其他可能相关的问题同样适用。

6.6 使用多种属性的概率树

我们可以根据需要为多种属性构建概率树。例如，如果我们像图 5-6 的可能性树图那样，在已有的属性中加入下个进入房间的人的性别属性，那么我们可以构建一棵相应的概率树，如图 6-21 所示。

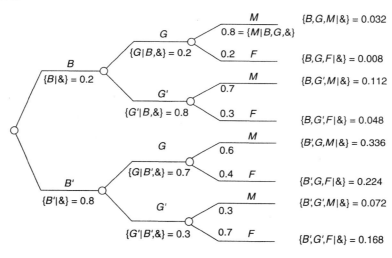

图 6-21　三种属性的概率树

前两种属性"喝啤酒者"和"大学毕业生"的概率分配和图 6-6 展现的完全一样。我们应该能预料到这点，因为它们都是在相同的信息状态下得到的。所有你需要增加的东西就是在已知"喝啤酒者"和"大学毕业生"的属性条件下，此人"性别"的条件概率值。由图 6-21 中的树可知，在给定某人同时是"喝啤酒者"和"大学毕业生"的条件下，你认为此人是男性的概率 $\{M | B, G, \&\} = 0.8$，自然地 $\{F | B, G, \&\} = 0.2$，而且你还认为 $\{M | B, G', \&\} = 0.7$，$\{M | B', G, \&\} = 0.6$，以及 $\{M | B', G', \&\} = 0.3$。这些概率赋值表明你如何根据此人是否是"喝啤酒者"、是否大学毕业以及你在当前情况下的全部经验来评估此人是男性的概率。

不管一个问题在属性的种类或每种属性的状态数量上有多么复杂，构建概率树的原理都是一样的。

树末端的八个基本概率分别是从起点到每个末端节点经过的分支概率的乘积。例如，基本可能性 $BG'M$ 表示某人是喝啤酒者，不是大学毕业生，且是男性，它的基本概率为：$\{B, G', M | \&\} = \{B | \&\} \cdot \{G' | B, \&\} \cdot \{M | B, G', \&\} = 0.112$。

注意这种计算基本概率的模式。基本概率是由第一种属性的一个状态发生的概率乘以给定第一种属性状态下第二种属性的一个状态的概率，再乘以给定前两种属性状态下第三种属性的一个状态发生的概率。在附录 6-1 中，我们将给出这个结论的一般形式。

然而，在一棵概率树上增加属性，将导致概率评估难度急剧增加。比如，假设我们增加另外一种属性"超过 21 岁"。现在我们在已知其是"喝啤酒者""大学毕业生"和"男性"的条件下，评估下一个进入房间者年纪"超过 21 岁"的概率。注意将竖线右侧所有信息都记住的难度有多大。

尽管我们可以根据需要对条件概率做出评估，但是它的绝对数量随着属性种类的增加以指数形式增长。通常来讲，一个仅仅包含十种二元属性的决策问题需要 1 023 次概率赋值。在下一章，我们将讨论不相关的概念，并且展示通过构建不相关属性，我们可以将需要概率赋值的次数最小化。

6.6.1 复合事件的概率

我们可以通过把组成某一复合事件的所有基本可能性的基本概率加和得到这一复合事件的概率。

如果我们希望通过利用图 6-21 的概率树得到下一个进入房间的人是男性的概率，我们记男性这个事件是由四个基本可能性组成的。M 出现在基本可能性 BGM，$BG'M$，$B'GM$，$B'G'M$ 当中。所以，概率 $\{M | \&\}$ 是这些基本可能性相应的基本概率之和。例如，$\{M | \&\} = \{B, G, M | \&\} + \{B, G', M | \&\} + \{B', G, M | \&\} + \{B', G', M | \&\} = 0.032 + 0.112 + 0.336 + 0.072 = 0.552$。

因而，图 6-21 的概率赋值就蕴含着在当前情况下对下一个进入房间的人是男性这一事件赋予 0.552 的概率。

假定你真实的目的自始至终都是赋值这一概率。此外，假定你觉得把此人是否是"喝啤酒者"和此人是否是"大学毕业生"作为条件来进行概率赋值更加容易，那么，你可以准确地构建图 6-22 的概率树，用以帮助"男性"属性的概率赋值。你的这种做法就是把"喝啤酒者"和"大学毕业生"这两种属性引入讨论以帮助思考"性别"属性。

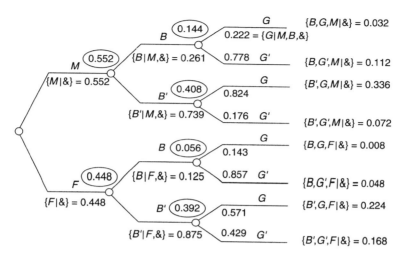

图 6-22 三种属性的再排序概率树

一旦你构建了概率树，你就可以回答有关基本可能性的任何问题。例如，假定我们对下一个进入房间的人是喝啤酒者或者男性或者两者都是的概率感兴趣，我们可以找出包含这一陈述的基本可能性，即 BGM，BGF，$BG'M$，$BG'F$，$B'GM$，$B'G'M$。然后把这些概率简单地相加：

$\{B,G,M|\&\} + \{B,G,F|\&\} + \{B,G',M|\&\} + \{B,G',F|\&\} + \{B',G,M|\&\} + \{B',G',M|\&\}$
$= 0.032 + 0.08 + 0.112 + 0.048 + 0.336 + 0.072 = 0.608$

6.6.2　一个特定评估顺序的概率树

按照性别—喝啤酒者—大学毕业生的评估顺序，由图 6-21 的概率树构建图 6-22 的概率树的步骤如下。

步骤 1：按特定的顺序画出可能性树并复制相应的基本概率。概率赋值的第一步是把图 6-21 中的概率树上的基本概率记录到图 6-22 中的可能性树的适当末端位置。因为图 6-21 中末端节点 $B'GM$ 的概率为 0.336，所以图 6-22 中 $MB'G$ 这条路径对应的概率为 0.336。随着所有的基本概率都被正确地记录，我们可以开始计算树中的条件概率。

步骤 2：计算节点概率。在图 6-22 中，分支 MB 在其后的节点处分为两个分支 G 和 G'，到达这一节点的概率必须是 MBG 和 MBG' 两个基本可能性的概率总和：0.032 + 0.112 = 0.144。换句话说，MB 的概率 $\{M,B|\&\} = 0.144$。因而，0.144 的确定性在 MB 点被分割给 G 和 G' 两个状态。我们把这一概率记录在节点旁边的椭圆里以表示这是到达这一点的概率。

我们称这样的概率为**节点概率**。如果概率树在这个节点后没有根据进一步的属性继续产生分支，这个概率就是基本概率。例如，图 6-9 中节点 G 的概率既是 $\{G|\&\} = 0.6$，也是可能性 GB 与 GB' 的基本概率 0.04 与 0.56 之和。

在图 6-22 中，节点概率 $\{M,B|\&\}$ 是 0.144，但如果没有"大学毕业生"作为第三种属性，它就是个基本概率。然而，由于在它后面还有另一种属性，所以我们称它为节点概率，而非基本概率。

类似地，我们计算节点概率 $\{M, B' | \&\} = 0.408$，$\{F, B | \&\} = 0.056$，$\{F, B' | \&\} = 0.392$，如图 6-22 所示。我们对树的左边部分重复操作一遍，计算出节点 M 的概率为 0.552，即节点 MB 与 MB' 的概率之和 $0.144 + 0.408$。换而言之，M 的概率 $\{M | \&\} = 0.552$。我们类似地计算，得到节点 F 的概率 0.448。所有这些节点概率都标记在图 6-22 的概率树节点旁边的椭圆里。

步骤 3：根据节点概率计算条件概率。一旦我们得到全部节点的概率，就可以用分支末端的概率除以它前面一个节点的概率，得到分支的条件概率。我们可以从树的任意部分开始。

例如，为了得到在已知条件 M 的情况下 B 的条件概率，我们令 $\{B | M, \&\} = \dfrac{\{B, M | \&\}}{\{M | \&\}} = \dfrac{0.144}{0.552} = 0.261$。为了得到已知 F 和 B' 情况下 G 的条件概率，我们令 $\{G | F, B', \&\} = \dfrac{\{G, F, B' | \&\}}{\{F, B', \&\}} = \dfrac{0.224}{0.392} = 0.571$。当然，$M$—$F$ 属性条件概率就是节点概率。通过专业的设置，计算机可以自动执行这些计算。

既然我们已经对图 6-22 中的树完成了概率赋值，让我们更细致地检查一下。例如，$\{G | M, B, \&\} = 0.222$，$\{G | F, B, \&\} = 0.143$。从图 6-6 或图 6-21 中，我们可知 $\{G | B, \&\} = 0.2$。这意味着在只知道是"喝啤酒者"而没有其他信息的情况下，你认为此人是"大学毕业生"的概率为 0.2。然而，如果你另外得知此人是"男性"，你会将这一概率增加到 0.222；如果你得知此人为"女性"，你会将这一概率降低至 0.143。所以，我们可以很容易地判断任一信息的推理价值。

6.6.3 运用链式法则和所选的节点概率

只要所有属性在概率树上都进行了概率赋值，那么就可以计算出某一属性集在给定其他属性状态情况下的概率。为了计算概率树上没有表示出来的条件概率，我们总是可以像前面做的那样，按照一种新次序重构一棵包含我们想求的条件概率的树。例如，如果我们想知道此人是"男性大学毕业生"的概率，那么我们按照大学毕业生—性别—喝啤酒者的顺序重构图 6-21 中的树，读出第二层上的概率 $\{M | G, \&\}$。

如果我们不想再排序概率树，我们依然可以确定条件概率，并且有不同的方法可以选择。例如，假设我们对已知此人是"男性"的情况下是"大学毕业生"的条件概率 $\{G | M, \&\}$ 感兴趣，而这一概率不能在树上直接看出来。首先，我们回想一下链式法则：

$$\{G, M | \&\} = \{M | \&\}\{G | M, \&\}$$

我们想求的概率为：

$$\{G | M, \&\} = \dfrac{\{G, M | \&\}}{\{M | \&\}}$$

根据概率树，我们可以计算出概率 $\{G, M | \&\} = 0.032 + 0.336 = 0.368$，即 $\{M, B, G | \&\}$ 与 $\{M, B', G | \&\}$ 之和，同时由图示可知 M 的概率 $\{M | \&\}$ 为 0.552。因此，$\{G | M, \&\} = \dfrac{0.368}{0.552} = 0.667$，也就是说，如果进入房间的人是"男性"，那么你认为他是"大学毕业生"的概

率约为三分之二。

计算这个概率的另一种方法是考虑图 6-22 中概率树中分支 M 后的那一部分，该部分是一个已经限定此人是"男性"的概率树。在这棵树中，我们可以计算此人也是个"大学毕业生"的概率。这个概率恰好等于通过剩余分支 BG、B'G 的概率之和，$0.261 \times 0.222 + 0.739 \times 0.824 = 0.667$，这与前面的结果相同。

我们或许也想知道在给定进入房间的人是"女性"的情况下她是"大学毕业生"的概率 $\{G|F, \&\}$。用我们刚才讨论的任一种方法都会得到概率约为 0.518，你可以自行检验。因此，你所做的概率赋值意味着下一个进入房间的人如果是"男性"，那么他是"大学毕业生"的概率要高于是女性时的概率。

6.6.4 计算给定属性表示的信息时属性集的概率

有时候我们计算的条件概率所基于的条件信息是由属性的多个状态表示的。在这种情况下，一个可行的办法是构建一种新的属性来表示问题中的信息。举例说明，考虑下面这个发表在 Parade 杂志上的问题。

> 一个女人和一个不相干的男人每人都有两个孩子。这个女人的孩子中至少有一个是男孩，而这个男人的孩子中较大的那个是男孩。假定男孩和女孩出生的可能性相等。你是否相信这位女士有两个男孩的概率和这位男士有两个男孩的概率相等？

解决方案

许多第一次听到这个故事的人会说它们的概率相等，因为机会是均等的。使用我们已经开发的工具，让我们深入探索。我们将使用符号 B 代表男孩，G 代表女孩，分别使用数字 1，2 代表出生的顺序。

女人：我们对这个女人的了解就是她有两个孩子，而且她的孩子中至少有一个是男孩，参见图 6-23 中的概率树。

现在使用 I 来表示至少有一个孩子是男孩的事件。我们可以在树的末端构建两个属性状态 I 和 I'，如图 6-24 所示。通过观察树的开始部分，我们可以很容易确定 I 是否出现。例如，如果第一个孩子的状态是 B1，第二个孩子的状态是 B2，那么至少有一个男孩的条件概率 $\{I|B1, B2, \&\} = 1$，这也意味着 $\{I'|B1, B2, \&\} = 0$。

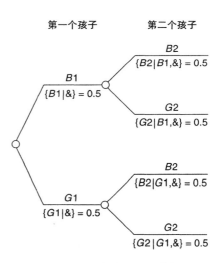

图 6-23 两个孩子的概率树

我们想知道在给定至少有一个男孩的前提下，有两个男孩的条件概率。这可以用我们的符号记作 $\{B1, B2|I, \&\}$。为了确定这一条件概率，我们需要反转图 6-24 中的树的顺序，如图 6-25 所示，从属性 I 开始。如前所述，第一步是复制基本概率以及计算节点概率。第二步是将每个节点的概率除以前一个节点的概率，得到条件概率。

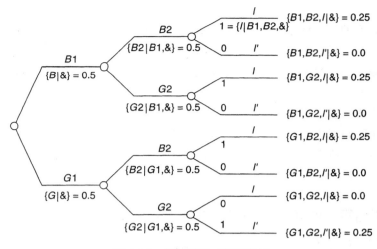

图 6-24 添加属性 I 到概率树

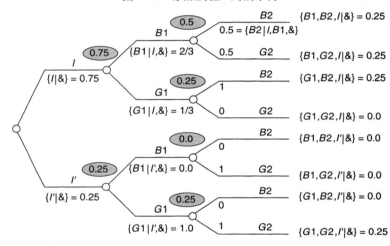

图 6-25 从属性 I 开始的概率树

为了确定概率 $\{B1, B2 \mid I, \&\}$，我们现在将基本概率 $\{B1, B2, I \mid \&\}$ 除以节点概率 $\{I \mid \&\}$，得到 $\dfrac{0.25}{0.75} = \dfrac{1}{3}$。这个女人有两个男孩的概率是 $\dfrac{1}{3}$。

男人：关于这个男人我们所知道的是他有两个孩子，其中较大的孩子是男孩。我们用 J 表示他的大孩子是男孩这一事件，参见图 6-26。

现在我们反转这棵树，如图 6-27 所示。显然，$\{B1, B2 \mid J, \&\} = \dfrac{0.25}{0.5} = 0.5$。也就是说，这个男人有两个男孩的概率是 $\dfrac{1}{2}$。

> **思考**
> 把相同的思路应用到图 6-22 中的树，计算在已知下一个进入房间的人是"男性"或"喝啤

酒者"的情况下，他是"大学毕业生"的概率，分别考虑逻辑或、异或的情况。

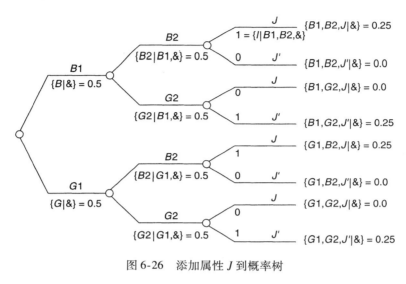

图 6-26　添加属性 J 到概率树

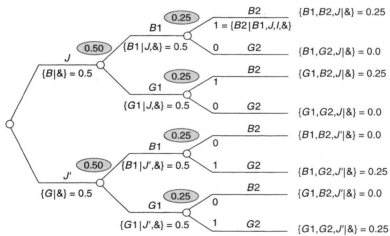

图 6-27　从属性 J 开始的概率树

6.7　增加概率树的测度

我们可以使用图 6-28 中的概率树进一步研究测度。

在图 6-28 中的每一个末端，我们展示了你从打赌中赢得的奖金。根据图 5-9 中最初的定义，对每一个基本可能性，我们现在同时知道基本概率和相关的测度值。例如，损失 100 美元的概率是 0.07，而赢得 100 美元的概率是 0.21。

几个不同的末端可能会有相同的测度值。例如，在 6 个不同的基本可能性中你都会获得 0 美元的收益。因此，收益为 0 的概率是六个基本概率之和，即 0.14 + 0.28 + 0.04 + 0.06 + 0.06 + 0.04 = 0.62。

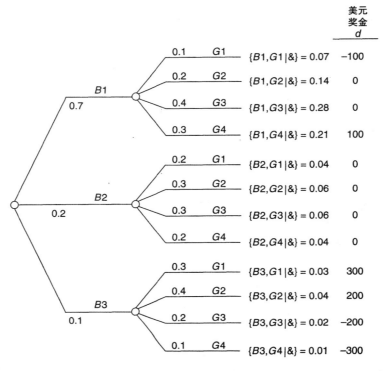

图 6-28　有测度的概率树

概率分布

尽管概率树包含了分配给不同测度值的概率的所有信息，然而还有更方便的描述信息的方法。对于测度的每一个可能值，我们可以创建一张显示取值概率的图，称之为**概率分布**图。对于测度 m 的每一个可能值，我们画一个高度等于取值概率的条柱。我们将这个分布记作 $\{m\,|\,\&\}$，称作已知背景信息 $\&$ 下测度 m 的概率分布。例如，图 6-29 显示了在打赌这个例子中美元奖金 d 的概率分布。

相较于概率树，概率分布更加简洁，更具代表性地表示出 d 的概率赋值。只通过观察图，我们就可以看出，你的确定性更多地位于 0 的右侧。这意味着你赢的可能性比输的可能性大。然而，0 的概率为 0.62，表明最可能的结果是平局。

累积概率分布　另一种表示测度概率赋值的方法是**累积概率分布**，它展现测度取值不大于某个特定数值的概率。对于任意给定的数 c，我们将 m 取值小于或等于 c 的累积概率记为 $\{m \leqslant c\,|\,c,\,\&\}$。

美元奖金 d 的累积概率分布 $\{d \leqslant c\,|\,c,\,\&\}$ 如图 6-30 所示。

为了构建累积分布，我们从左侧开始。对于小于 -300 的数值，由于不存在美元奖金小于或等于这样数值的机会，因此累积分布的高度为 0。而对于 -300 到 -200 之间的数值，美元奖金小于或等于这一数值的概率是 0.01，也就是输掉 300 美元的概率。对于 -200 到 -100 之间的数值，美元奖金小于或等于这一数值的概率为 0.03，即输掉 200 美元的概率和输掉 300 美元的概率之和。

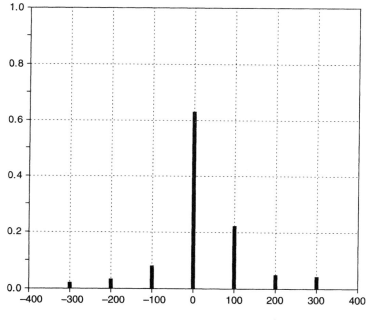

图 6-29 美元奖金 d 的概率分布 $\{d \mid \&\}$

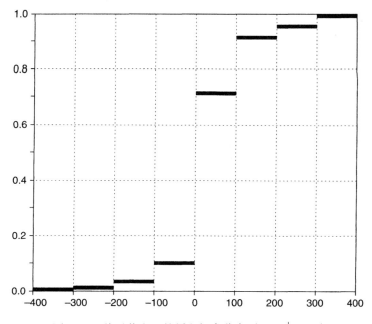

图 6-30 美元奖金 d 的累积概率分布 $\{d \leqslant c \mid c, \&\}$

可以看到我们生成了一个阶梯。概率分布的每个条柱对应一个台阶，每一台阶的高度就是条柱的高度。因为概率分布中所有条柱的高度之和为 1，所以累积分布最后会增长到 1。在本例中，就是在 +300 美元处累积分布增长到 1。美元奖金以概率 1 小于或等于任一超过 300 美元的金额。注意，不输不赢的概率体现在累积概率分布在 0 点从 0.1 到 0.72 的跳跃。

超限概率分布 有些时候讨论测度值超出某个特定值的概率比不大于某个值的概率更加方便。我们把这种方式定义的概率分布称为**超限概率分布**。对于任意数值 c，测度 m 的超限概率分布表示 m 取值大于 c 的概率，记作 $\{m>c \mid c, \&\}$。

图 6-31 展示了美元奖金 d 的超限概率分布 $\{d>c \mid c, \&\}$。

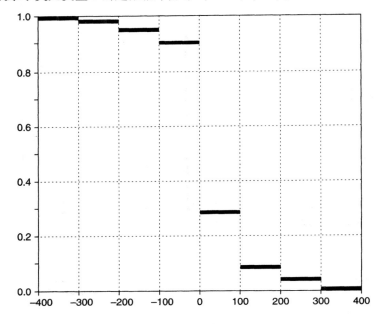

图 6-31　美元奖金 $\{d>c \mid c, \&\}$ 的超限分布

你的美元奖金超过任一小于 -300 美元金额的概率是 1，美元奖金超过 -300 美元的概率是 0.99，超过 -200 美元的概率是 0.97。注意，我们构建了一个相反方向的台阶，超限分布从最左边以 1 开始，然后在概率分布的每个条柱位置下降一个对应条柱的高度。

在某些情境中，超限分布比累积分布更适用。举例来说，利润的累积概率分布可能会给公司高管一种暗示，随着利润水平的增加，达到的可能性逐渐增大，但是超限分布则正确地表明随着利润的增加，超出这一利润的可能越来越小。

累积分布的互补 既然 $d \leq c$ 和 $d>c$ 代表着两个互斥且完备的可能性，它们的概率之和必为 1。这意味着我们在任意一点把累积概率分布值和超限概率分布值加起来，和必定为 1。如果你用一副剪刀裁出超限概率分布图，然后把它反转放置到累积概率分布图的上面，定能完美匹配。

表示测度取值的概率赋值的三种方法中哪种最合适？这个问题取决于具体应用。

▶**例 6-5　双骰子游戏**

双骰子游戏是一个非常普遍的游戏，游戏者通过投掷两个六面分别是 1 到 6 个点的立方体进行游戏。台面一般可容纳 20 个玩家，每个人都有可能成为掷骰子的"庄家"，庄家和其他玩家可根据掷骰子的结果打赌下注。

游戏规则：新一轮游戏开始是由一个新的庄家来掷两只骰子，结果是两只骰子朝上一面的数字之和。如果和是 7 或者 11，庄家赢；如果和是 2，3 或者 12，就是"垃圾点数"，庄家输。最后，如果和是 4，5，6，8，9，10 中任何一个数字，这个数字便成为他的"点"。例如，如果和是 4，我们说他的点为 4，他继续掷骰子，如果在掷到 7 之前他的点又出现了，那么算他赢；如果在掷出他的点之前掷出 7，那么算他输。

现在，让我们用开发的工具来分析双骰子游戏，以发现庄家赢得游戏的概率。如果他赢了，他获得一笔和他押注等额的奖金，否则他将输掉赌注，如图 6-32 所示。

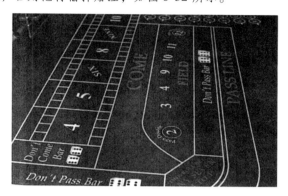

图 6-32　双骰子台面——摇到 7 点

最简单的方法是想象我们有一只红色骰子和一只绿色骰子，红绿骰子上的数字都是从 1 到 6。如果我们考虑按照红骰子—绿骰子的顺序建立概率树，表 6-1 以一种十分方便的方式显示了 36 种基本可能性。每种基本可能性都有一个测度值，它等于两只骰子点数之和，这个数字记录在表格中，范围从 2 到 12。我们相信每只骰子出现每个点数的概率都是 $\frac{1}{6}$，并且两只骰子之间没有关系，那么每种基本可能性的基本概率都为 $\frac{1}{36}$。

表 6-1　双骰子点数之和的概率

		红色骰子结果					
		1	2	3	4	5	6
绿色骰子结果	1	2	3	4	5	6	7
	2	3	4	5	6	7	8
	3	4	5	6	7	8	9
	4	5	6	7	8	9	10
	5	6	7	8	9	10	11
	6	7	8	9	10	11	12

我们现在准备计算在此测度上的概率分布，例如，表格显示有五个基本可能性产生的和都是 6，那么掷出和为 6 的概率就是 5 乘以 $\frac{1}{36}$，即为 $\frac{5}{36}$，掷出 7 的概率是 6 个基本概率 $\frac{1}{36}$ 的和，即 $\frac{1}{6}$。

表 6-2 显示了掷出每种点数和的可能组合方式的数量，以及掷出这种点数和的概率。

表 6-2　投掷出点数之和的方式

点数和	可能方式数量	投掷概率
2	1	$\frac{1}{36}$
3	2	$\frac{1}{18}$
4	3	$\frac{1}{12}$
5	4	$\frac{1}{9}$
6	5	$\frac{5}{36}$
7	6	$\frac{1}{6}$
8	5	$\frac{5}{36}$
9	4	$\frac{1}{9}$
10	3	$\frac{1}{12}$
11	2	$\frac{1}{18}$
12	1	$\frac{1}{36}$
	36	1

图 6-33 显示了两只骰子点数和的概率分布 {Sum | &}。

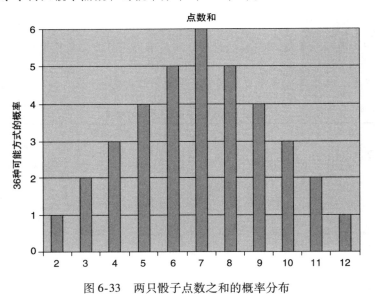

图 6-33　两只骰子点数之和的概率分布

第一次掷就遇到"垃圾点数"的概率是多少？

这是得到和为 2，3，12 的概率，从表 6-2 看出，这个概率值为 $\frac{1}{36}+\frac{1}{18}+\frac{1}{36}=\frac{1}{9}$。所以第一次掷骰子有 $\frac{1}{9}$ 的概率输。

第一次掷就赢的概率是多少？

这是得到和为 7 或者 11 的概率，从表 6-2 可看出，这个概率为 $\frac{1}{18} + \frac{1}{6} = \frac{2}{9}$。

能够掷第二次（即确立庄家的"点"）的概率是多少？

这是第一次掷没有得到"垃圾点数"也没有赢的概率。这个概率为 $1 - \frac{1}{9} - \frac{2}{9} = \frac{2}{3}$。

这也是第一次掷得到和为 4，5，6，8，9，10 的概率，从表 6-2 可以得到此概率为：
$\frac{1}{12} + \frac{1}{9} + \frac{5}{36} + \frac{5}{36} + \frac{1}{9} + \frac{1}{12} = \frac{2}{3}$

现在假设你确立了你的"点"，假设你第一次掷的点数和为 4，那么你最终赢的概率是多少？

这是在第二次掷出数字和 4 之前没有掷出数字和 7 的概率。有很多方法计算这个概率，但是构建正确的属性可以显著地简化问题。任一次投掷，我们或者赢（以 $\frac{1}{12}$ 的概率掷出点数和 4），或者输（以 $\frac{1}{6}$ 的概率掷出点数和 7），掷出任何其他数字都需要继续投掷。

当游戏停止的时候，我们或者是赢了或者是输了，这意味着如果我们知道游戏已经停止，那么我们最后一次掷出的点数和一定要么是 4，要么是 7。当游戏停止的时候，知道游戏已经停了并不会改变我们赢输的概率。图 6-34 展示了"最后一次投掷"和"游戏状态"这两种属性的概率。

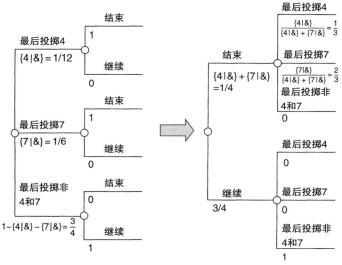

图 6-34 反转树以计算概率

$\{赢|\&\}$ = $\{掷出和 7 之前掷出和 4|\&\}$
= $\{掷出和 7 之前掷出和 4|游戏已经结束了,\&\}$
= $\{最后一次掷出和 4|最后一次掷出和 4 或和 7,\&\}$

所以，如果我们知道游戏已经结束了，我们最后一次投掷出和为 4 的概率是多少？它等于下面这个比率：

$$\frac{\{和=4\,|\,\&\}}{\{和=4\,|\,\&\}+\{和=7\,|\,\&\}}=\frac{\frac{1}{12}}{\frac{1}{12}+\frac{1}{6}}=\frac{1}{3}$$

运用类似的分析，表 6-3 列出了分别在第一次投掷骰子的点数和为 4，5，6，8，9，10 的情况下赢的概率。

我们现在可以画出骰子游戏的概率树，方便起见，我们给每个可能性设定一个表示奖惩的测度，赢了获得一单位金钱奖励，输了则失去一单位，如图 6-35 所示。

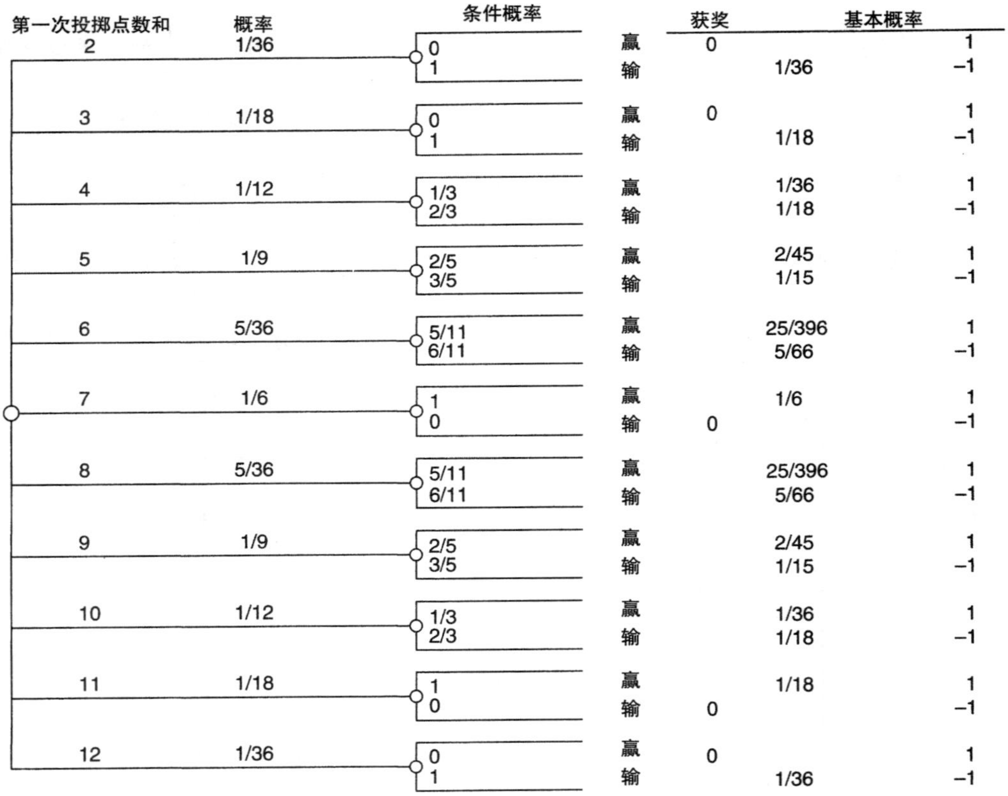

表 6-3 已知点数之和赢的概率

第一次投掷点数和	已知第一次投掷点数和，赢的概率
4	$\frac{1}{3}$
5	$\frac{2}{5}$
6	$\frac{5}{11}$
8	$\frac{5}{11}$
9	$\frac{2}{5}$
10	$\frac{1}{3}$

第一次投掷点数和	概率	条件概率		获奖	基本概率	
2	1/36	0	赢	0		1
		1	输		1/36	−1
3	1/18	0	赢	0		1
		1	输		1/18	−1
4	1/12	1/3	赢		1/36	1
		2/3	输		1/18	−1
5	1/9	2/5	赢		2/45	1
		3/5	输		1/15	−1
6	5/36	5/11	赢		25/396	1
		6/11	输		5/66	−1
7	1/6	1	赢		1/6	1
		0	输	0		−1
8	5/36	5/11	赢		25/396	1
		6/11	输		5/66	−1
9	1/9	2/5	赢		2/45	1
		3/5	输		1/15	−1
10	1/12	1/3	赢		1/36	1
		2/3	输		1/18	−1
11	1/18	1	赢		1/18	1
		0	输	0		−1
12	1/36	0	赢	0		1
		1	输		1/36	−1

图 6-35 双骰子游戏的概率树

我们也可以把所有赢的基本概率加在一起 $\left(\frac{244}{495}\right)$，把所有输的基本概率加在一起 $\left(\frac{251}{495}\right)$，画出简化的概率树，如图 6-36 所示。

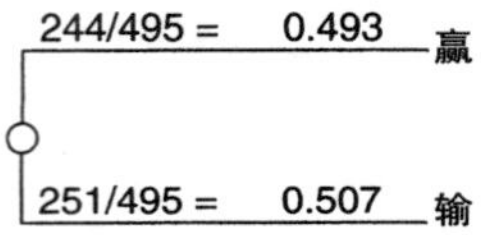

244/495 = 0.493 赢
251/495 = 0.507 输

图 6-36 双骰子游戏的简化概率树

已知输的概率比赢的大,你还会玩这个骰子游戏吗?人们玩它只是图个乐子。

6.8 多个测度

图 6-37 在图 6-30 上增加了第二个测度,叫作洗车奖励,w。

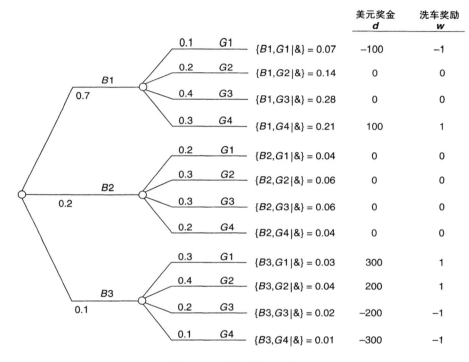

图 6-37 两种测度的概率树

只要你输了钱,你必须给另一个人洗车,当你赢钱的时候,别人给你洗车。这个测度的概率分布如图 6-38 所示。

因为你赢得别人给你洗车的奖励时你都赢钱,所以 $w=1$ 时的概率就是你赢钱的概率 0.28,即图 6-31 中超限概率分布在 0 值的高度。

联合概率分布

我们也可以构建一个美元奖金和洗车奖励的联合概率分布,如图 6-39 的三维图所示。

这里,对于由美元奖金 d 和洗车

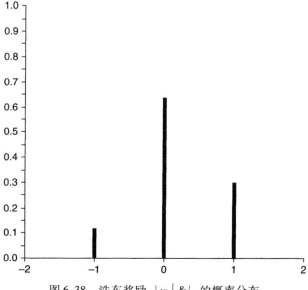

图 6-38 洗车奖励 $\{w\,|\,\&\}$ 的概率分布

奖励 w 构成的平面上的每一个点，我们构建了一个条柱，它的高度是美元奖金 d 和洗车奖励 w 的概率。我们将此联合概率分布记为 $\{d, w | \&\}$，必要时我们可以定义联合累积分布和联合超限分布。

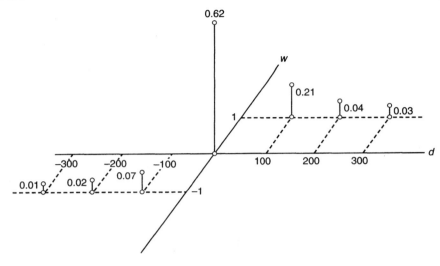

图 6-39　联合概率分布

6.9　总结

概率是信念的测度，取决于人们掌握的信息状态。**注意**：我们使用符号 $\{A | \&\}$ 来表示在已知信息状态 $\&$ 下 A 发生的概率。

我们使用符号 $\{B | A, \&\}$ 来表示已知 A 发生和在给定信息状态 $\&$ 下 B 发生的概率。

当一种属性有两个状态 A 和 A' 的时候，我们定义 A 的发生比为比率 $\dfrac{\{A | \&\}}{\{A' | \&\}}$。

概率树以图形的方式表达多种具有多个状态的属性对确定性的分割。概率树可以被再排序，为了改变树的顺序，我们先确定节点概率和基本概率，随后我们匹配两种顺序的树上的基本概率，通过重构不确定性的划分来计算反转概率树上每个节点的概率。**概率树反转**是改变概率树顺序的过程，以便在知道其他属性确定状态的条件下决定信念如何修正。

测度的概率可以通过概率分布、累积概率分布、超限概率分布和联合概率分布来描述。我们可以将包含一个或者多个测度的概率树转换为这些测度的累积概率分布。

附录6-1　属性的链式法则：计算基本概率

为了总结基本概率的计算方法，假设我们有 A，B，C 三种属性，每种属性有几个状态，从中任取 A_i，B_j 和 C_k。然后，为了与概率树一致，我们将基本可能性 A_i，B_j，C_k 的概率写作：

$$\{A_i, B_j, C_k | \&\} = \{A_i | \&\}\{B_j | A_i, \&\}\{C_k | A_i, B_j, \&\}$$

我们把这一公式称为**属性的链式法则**，它显示了如何通过条件概率的乘积来计算基本可能性的概率 $\{A_i,B_j,C_k|\&\}$。注意，我们有六种顺序画出包含 A，B，C 三种属性的概率树，它们分别是 $A—B—C$，$A—C—B$，$B—A—C$，$B—C—A$，$C—A—B$，$C—B—A$。既然产生基本可能性 $A_iB_jC_k$ 的概率树可以用六种顺序来画出，那么三个事件的链式法则也有六种表示方式。

例如，按照 $C—A—B$ 顺序的概率树，A_i，B_j，C_k 的基本概率还可以写为：
$$\{A_i,B_j,C_k|\&\} = \{C_k|\&\}\{A_i|C_k,\&\}\{B_j|A_i,C_k,\&\}$$

令两个表达式相等，则我们可以把条件概率联系起来。例如，基于
$$\{A_i,B_j,C_k|\&\} = \{A_i|\&\}\{B_j|A_i,\&\}\{C_k|A_i,B_j,\&\} = \{C_k|\&\}\{A_i|C_k,\&\}\{B_j|A_i,C_k,\&\}$$
我们可以推导出：
$$\{B_j|A_i,\&\} = \frac{\{C_k|\&\}\{A_i|C_k,\&\}\{B_j|A_i,C_k,\&\}}{\{A_i|\&\}\{C_k|A_i,B_j,\&\}}$$

知识拓展

假设属性 A 具有一个状态 A_i，我们想得到概率 $\{A_i|\&\}$。假如我们发现通过引入具有状态 B_j 的另一种属性 B 来考虑 A_i 更容易，那么我们可以画出以 $B—A$ 为顺序的概率树，然后把树中组成复合事件 A_i 的基本可能性的概率加起来得到其概率：
$$\{A_i|\&\} = \sum_j\{A_i,B_j|\&\} = \sum_j\{B_j|\&\}\{A_i|B_j,\&\}$$

符号 $\sum_j$ 是求和，表示我们将所有具有 j 的表达式加起来。

例如，如果我们有两种属性 A 和 B，相应的状态分别为 A_1，A_2，B_1，B_2，上式即为：
$$\{A_1|\&\} = \{A_1,B_1|\&\} + \{A_1,B_2|\&\} = \sum_j\{A_1,B_j|\&\}$$

这个结果与在 B 的所有可能状态上应用链式法则计算基本概率然后求和的结果是一致的。如果我们想要进一步引进具有状态 C_k 的属性 C，我们可以写为：
$$\{A_i|\&\} = \sum_k\sum_j\{A_i,B_j,C_k|\&\}$$

这里，我们引入两种属性 B 和 C，应用链式法则计算基本概率，然后对包含在复合可能性 A_i 里的所有基本可能性的概率求和，得到所求概率。例如，如果 B 和 C 是分别具有状态 B_1，B_2 和 C_1，C_2 的简单属性，则有：
$$\{A_1|\&\} = \{A_1,B_1,C_1|\&\} + \{A_1,B_2,C_1|\&\} + \{A_1,B_1,C_2|\&\} + \{A_1,B_2,C_2|\&\}$$

用额外的属性限定我们的信念通常是很有用的，因此，在几乎所有的决策分析应用中，我们都引入新属性到所研究的内容之中。

附录6-2 "一锤定音"[⊖]评论

一篇关于电视节目**"一锤定音"**的文章发表在 *Parade* 杂志第 1990 期上。随着这篇文章的发表，作者 Marilyn Vos Savant 收到了大量（错误的）批评分析的回应。这些回应来自全国著名人士，这里我们展示一些来举例说明，即使对于领域内的卓著人物，概率推理也可能误

[⊖] Copyright (c) 1990，1991.1997 Marilyn von Savant.

入歧途。想要更进一步地阅读，参见如下链接：http://www.marilynvossavant.com/articles/gameshow.html。

Marilyn 的问题陈述

设你在一个游戏节目中，有三道门给你选择。在一道门后面有一辆车，另外两道门后面是山羊。你选择了一道门，说一号，然后知道门后面有什么的主持人打开另外一道门说，三号门后面是山羊，他对你说："你想选择二号门吗？"那么，改变选择对你有利吗？

Marilyn 的答案

是的，有利，你应该换。第一道门有 $\frac{1}{3}$ 赢的概率，但是第二道门有 $\frac{2}{3}$。有一个好办法能够说明发生了什么。假设有 100 万道门，你选择了 1 号。然后，知道门后面有什么并且总是避开奖品的主持人打开了剩下的门，除了 777777 号。你应该快速换成那个门，不是吗？

读者回复

既然你看起来喜欢直线思维，我也同样这样做，你完全搞错了！让我来解释下。如果一道门已经知道猜错了，这个信息已经改变了剩下选择的概率，它们任何一个都没有理由超过 $\frac{1}{2}$。作为一个专业的数学家，我非常关心普罗大众数学技能的缺失。所以请你承认自己的错误，并在以后更加谨慎。

×××，博士
乔治梅森大学

你搞错了，而且犯了个大错误！既然你似乎难以抓住这个问题的基本准则，那就让我来解释一下。在主持人宣布是山羊之后，你现在有 $\frac{1}{2}$ 的概率猜对，无论你是否改变决定，概率都是相同的。这个国家数学盲已经够多了，我们不再需要世界上最高的智商传播更广，丢人！

×××，博士
佛罗里达大学

你对于这个问题的回答是错误的，但是如果说有什么能让你感到安慰的，那就是我的很多大学同事也对这个问题很为难。

×××，博士
加利福尼亚教师联盟

Marilyn 的回应

天啊！这么多反对意见，我打赌下个周一，这个问题会让整个国家的数学课都忙起来。

我最初的那个答案是正确的。但是首先，让我来解释下为什么你的答案是错的。第一次选择赢的概率不会因为主持人打开一道猜错的门就从 $\frac{1}{3}$ 变成 $\frac{1}{2}$。为了解释这个，假设我们来玩一个贝壳游戏。我在这三个贝壳之一放一粒豆子，然后我让你把手指放在一个贝壳上，你点到豆子的概率是 $\frac{1}{3}$，对吧？然后我掀开另外两个贝壳中的一个空贝壳——无论你是否选对，我都可以掀开一个空贝壳。我们没有了解到任何能够改变你选中贝壳的概率的信息。

通过穷尽所有可能性的六轮游戏，我们可以很容易地证明更换选择的好处。对于前三轮游戏，你选择 1 并且每次都换，对于后三轮游戏，你选择 1，并且每次都保持不变，主持人总是打开猜错的一扇门。下面是结果。

	1 号门	2 号门	3 号门	结果
游戏 1	汽车	山羊	山羊	换，输
游戏 2	山羊	汽车	山羊	换，赢
游戏 3	山羊	山羊	汽车	换，赢
游戏 4	汽车	山羊	山羊	不换，赢
游戏 5	山羊	汽车	山羊	不换，输
游戏 6	山羊	山羊	汽车	不换，输

当你更换的时候，你有 $\frac{2}{3}$ 的机会赢，$\frac{1}{3}$ 的机会输，但是当你不换的时候，你有 $\frac{1}{3}$ 的机会赢，$\frac{2}{3}$ 的机会输，你自己试试就知道了。

或者，你可以和另一个扮演主持人的人用三张扑克牌玩这个游戏，两张王代表山羊，一张 A 代表奖品。做几百次可以得到统计意义上有效的结果，这样可能有点无聊，所以你也可以给游戏附加一些额外的荣誉或惩罚（请取走那些山羊）!

针对 Marilyn 的回复的更多回复

你错了，但是爱因斯坦承认错误之后在人们心里赢得了更珍贵的地位。

×××，博士
密歇根大学

我一直是你专栏的忠实读者，直到现在我都没有理由怀疑你。然而，在这个问题上（我的确有这方面的专业知识），你的答案显然与事实不符。

×××，博士
米利金大学

我可以建议你在试图回答这种类型的问题之前，找一本标准的概率书参考一下吗？

×××，博士
佛罗里达大学

我确定你将收到很多来自高中生和大学生关于这个问题的信，可能你得为未来的栏目保持几个地址了。

×××××，博士
佐治亚州立大学

你在这个游戏秀的问题上完全错了，我希望这场公开辩论能唤起公众对整个国家的数学教育危机的关注。如果你承认你的错误，你将对这糟糕的情况做出一些建设性的贡献，需要

激怒多少科学家才能让你改变自己的想法？

××××，博士
乔治城大学

我为你被至少三个数学家更正后仍然看不见自己错误的行为感到震惊。

××××，博士
狄金森大学

习题

标注星号（*）的习题更具有挑战性。
标注剑号（†）的习题需要计算。

1. George 投掷两枚硬币，他认为两枚硬币正面朝上落地的概率分别是 $\frac{1}{2}$、$\frac{1}{2}$，并且根据他已知的信息两枚硬币的投掷结果是相互独立的。如果有人告诉 George 至少一枚硬币正面朝上落地，那么 George 应该认为另一枚硬币也正面朝上落地的概率是多少？

    a. $\frac{1}{4}$。
    b. $\frac{1}{3}$。
    c. $\frac{1}{2}$。
    d. 没有足够的信息解决这个问题。

2. ABC 保险公司估计 80% 的司机平时系安全带，估计 50% 的司机超过 35 岁。一项研究表明平时系安全带的人当中有 40% 超过 35 岁。已知以上概率，一个超过 35 岁的司机平时系安全带的概率是多少？

    a. 0.40。
    b. 0.64。
    c. 0.96。
    d. 以上都不是。

3. 你的朋友有两个孩子，你知道其中至少一个是男孩，那么两个孩子都是男孩的概率是多少（你认为不论之前有多少孩子，性别如何，下一个孩子是男是女的机会均等）？

    a. $\frac{1}{4}$。
    b. $\frac{1}{3}$。
    c. $\frac{1}{2}$。
    d. 以上都不是。

†4. Jack 认为斯坦福发生地震并且他的车被完全毁坏的概率是 10%。如果他的车完全毁了，发生了地震的概率是 80%；如果他的车没有完全毁坏，他认为发生了地震的概率是 15%。假设已知发生了地震，他的车完全被毁坏的概率包含在下面哪个区间内（概率记作 p）？

    a. $0 \leq p < 0.25$。
    b. $0.25 \leq p < 0.5$。
    c. $0.5 \leq p < 0.75$。
    d. $0.75 \leq p < 1$。

5. Fortune 上最近有一篇文章宣称 70% 的美国亿万富翁是从学校退学的，住在美国的 Caroline 想成为一个亿万富翁，从这些信息中你可以推断出下面哪一项？

    a. 相比待在学校，她从学校退学会更容易成为亿万富翁。
    b. 相比退学，她待在学校更容易成为亿万富翁。
    c. 是否从学校退学并不影响她成为亿万富翁的概率。
    d. 没有足够的信息解决这个问题。

†6. Sara 有三枚可认为是公平的硬币，编号 1，2，3。假设 Sara 投掷三枚硬币，然后告诉你至少两枚正面朝上落地。假设你认为每枚硬币正面朝上落地的概率与其他硬币的落地结果没有关系，那么 1 号硬币正面朝上落地的概率是多少？

   a. $\frac{1}{2}$。
   b. $\frac{2}{3}$。
   c. $\frac{3}{4}$。
   d. $\frac{4}{5}$。

7. Aykut 在一组学生面前投掷一枚硬币，看到结果后，迅速在任何学生看清结果前盖住它。对其他学生来说，这枚硬币的投掷结果还是不确定的吗？

   a. 是的，因为除了 Aykut 之外，没有学生知道结果。
   b. 不是，因为硬币已经落地了，学生只是不知道结果。
   c. 不是，因为 Aykut 知道了结果，它不再是不确定的了。
   d. 是的，因为它可能是一个两面都是正面的硬币。

†8. 在 Olympus 山上，Zeus 将要宣布希腊神话中"最伟大英雄"的获胜者。最后的候选者是 Theseus，Jason 和 Herakles。Theseus 认为他有 25% 的概率赢，Herakles 赢的概率是 Jason 的两倍。为了制造悬念，Zeus 将会先宣布没获胜的两个人，然后再宣布获胜者，例如，季军是 X，亚军是 Y，获胜者是 Z。Theseus 认为，如果他是获奖者的话，宣布者将等可能地先宣布 Jason 和 Herakles 的名字。然后 Theseus 碰巧听到了 Zeus 和 Aphrodite 的对话，并且得知 Zeus 将会在宣布 Herakles 的名字之前宣布 Jason 的名字（"Jason，Theseus，Herakles"）。我们将用 p 表示 Theseus 认为自己成为获胜者的概率，在听到这个新信息之后，p 的范围是什么？

   提示：当你画概率树的时候，使用"胜者"和"Jason 的名字在 Herakles 之前宣布"这两种属性。

   a. $0 \leqslant p < 0.1$。
   b. $0.1 \leqslant p < 0.2$。
   c. $0.2 \leqslant p < 0.3$。
   d. $0.3 \leqslant p$。

†9. Jennifer 决定烧烤，她邀请 John 过来并且提供给他一片野猪肉。不幸的是，猪肉并没有完全被烤熟，John 担心他可能会因为食用了生肉而感染疾病。和一个传染病专家交流之后，John 认为他有 2% 的概率感染疾病。John 有点担心，他去找医生做了一个能达到 90% 正确率的检查。在医生的办公室里，John 发现检测结果呈阳性。在其他信念既定的情况下，John 相信这个阳性的检测结果是正确的概率有多大？

†10. "一锤定音"的改进版：假设你认为在门 1 后面有车的概率是 0.1，门 2 后有车的概率是 0.3，门 3 后有车的概率是 0.6，你最初会选哪个门？当主持人给你展示山羊的时候，你会换吗？

†11. Doug 像这样定义"下雨"事件：今天，或者下雨，或者不下，两者不能同时发生。他打电话给气象台，他们说今天下雨的概率是 0.6，此刻 Doug 接受了。Doug 知道 Cathy 对于天气的预测极度不准确，他知道如果某一天不会下雨，Cathy 认为不下雨的概率只有 0.1，类似地，如果某天会下雨，Cathy 认为下雨的概率为 0.2。

   a. 假设今天要么下雨，要么不下雨（不会同时发生），基于 Doug 的信念建立概率树。

b. Cathy 自信地宣称"今天不会下雨"，基于 Cathy 的说法，Doug 认为今天会下雨的概率是多少？

*†12. 三个犯人 A、B 和 C 在一所监狱里。他们都知道其中一人将会被判刑，而其他两个人将会无罪释放。然而，监狱长并没有说谁将被判刑。出于好奇，犯人 A 问那个诚实的监狱长，另两个犯人中的哪一个将被释放。她已经知道另两个人中至少一个将会被无罪释放。

a. 假设犯人 A 相信任何人被判刑的概率都是等可能的。她还认为如果 B 和 C 都被释放，监狱长也等可能地告诉她 B 或 C 会被释放。监狱长偷偷告诉她 B 将会被释放，并且她承诺不将这个消息告诉另外两个人。根据监狱长的话，A 认为她自己被判刑的概率有多大？这个概率对你来说有意义吗（Frederick Mosteller, Fifty Challenging Problems in Probability, Dover, New York, 1965）？

b. 犯人 C 认为他被判刑的概率是 B 的两倍，还认为 B 和 A 被判刑的概率相等。他问了监狱长 A 问过的同样问题，他认为如果 B 和 A 都被释放了，监狱长宣布 A 名字的概率是 B 的两倍。如果监狱长告诉他 B 被释放了，C 认为 A 被判刑的概率是多少？

c. 一个新的犯人 D，进了监狱。然后 A 告诉他，不是 A（她自己）就是 C 会被判刑。D 相信监狱长对 A、C 两人不会有任何倾向，那么 D 认为 A 会被判刑的概率为多少？和 a 的答案比较，并且解释。

*†13. 几年之后，又有另外三个也叫 A，B，C 的犯人，他们都知道其中两个将会被无罪释放，但其中一个却会被关在监狱里。犯人 A 在他的牢房里，考虑谁将被关在牢里。因为他们犯的罪是不同的，所以他相信这也将被考虑进去。他设定了每个人将会被关在牢里的概率，对于 C，一个内幕交易者，A 认为他被关的概率为 $\frac{1}{2}$，对于 B，一个支票伪造者，概率为 $\frac{3}{8}$，他自己的概率为 $\frac{1}{8}$。

出于好奇，A 问监狱长哪两个犯人将被释放，监狱长同意告诉他实话。

a. 假设 A 认为在 B 和 C 都将被释放的情况下监狱长说 B 被释放的概率为 P，那么当 P 等于多少，监狱长的回答是 B 还是 C 不影响 A 关于自己是否会待在监狱里的信念？

b. 现在假设，A 相信在 B 和 C 都将被释放的情况下，监狱长有 $\frac{1}{3}$ 的概率说 B 被释放，$\frac{2}{3}$ 的概率说 C 被释放。

1. A 认为监狱长说 B 自由的概率是多少？说 C 自由的概率呢？
2. 假设监狱长告诉 A，B 将会被释放。那么根据监狱长的陈述，A 认为他自己会待在监狱的概率是多少？
3. 假设监狱长说 C 将会被释放，A 认为他将待在监狱的概率是多少？

*†14. 今年 No-Bull 奖的获得者将被公布，最后入围者为 Danny，George 和 Sam。Danny 认为他们之中一个将会获奖，此外，Danny 相信他有 10% 的机会获奖，而 Sam 获奖的概率是 George 的两倍。为了制造悬念，宣布者将会在宣布获奖者之前宣布未获奖的人，例如，"季军是 X，亚军是 Y，最终获奖者是 Z。"

Danny 相信如果是他获奖，宣布者将会等可能地首先宣布 George 和 Sam。

然后 Danny 恰好听到宣布者和往年获奖者 Maggie 的谈话，了解到获奖者将会在宣布 Sam 之前宣布 George。那么

Danny 认为自己获奖的概率是多少?

†**15.** 假设给你一个六面骰子,标号从 1 到 6。

 a. 掷一次骰子,列出你能想到的所有可能结果,并且给每个结果赋予一定的概率,画出概率树。

 b. 画出所有可能结果的概率分布、累积概率分布以及超限概率分布。

*†**16.** 你的朋友从兜里拿出一枚硬币,并且投掷三次,你知道他有一枚两个面都是正面的硬币和一枚正常的硬币,你相信他等概率地拿出其中任意一枚。投掷的结果分别是正面、正面、正面。那么,你朋友拿的是两面都是正面的硬币的概率是多少?

17. 将图 6-40 中的概率树反转。

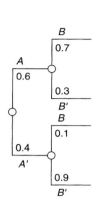
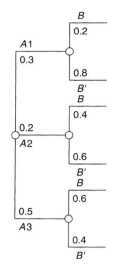

图 6-40

第7章

相关性

本章核心概念

阅读本章之后，读者将能够解释下列概念：

- 相关性
- 相互相关
- 相关性 vs. 因果性
- 第三种因素
- 在关联图中的反转箭头
- 关联逻辑错误
- 关联图

7.1 引言

我们发现当知道另一事件发生时，我们对某一事件的概率赋值会发生变化。例如，当我们知道一个人"至少有一个男孩"时，我们会修正我们认为第二个孩子是男孩的信念。在观察到某一属性的结果后，会导致关于另一属性发生的信念随之改变，我们则说这两种属性是相关的。本章将讨论相关性关系的性质以及其在修正信念中的作用，并将介绍表示相关性关系和便于概率赋值的新图表。

7.2 简单属性的相关性

在上一章，我们讨论了对两种属性即"喝啤酒者"和"大学毕业生"进行概率赋值。我们看到，当我们获得进入房间的人是一个"大学毕业生"这一新的信息时，这个信息就会改变我们认为这个人也是"喝啤酒者"的概率。在那个例子中，知道一个人是一个"喝啤酒者"会降低我们认为他也是个"大学毕业生"的概率，从 $\{G\,|\,\&\} = 0.6$（仅依据信息状态）下降到 $\{G\,|\,B,\,\&\} = 0.2$（知道信息状态，同时知道这个人是喝啤酒者）。此外，知道这个人不是一个"喝啤酒者"将使"大学毕业生"的概率增加到 $\{G\,|\,B',\,\&\} = 0.7$。

图 7-1 显示了两棵概率树。左边的树图表明了两种有相关性的属性 $E\&F$，右边的树图表明了两种属性 E 和 F 是不相关的。

> 当已知 E 时 F 的概率不等于已知 E' 时 F 的概率时，我们说一种有两个结果 E、E' 的简单（二元）属性与另一种有两个结果 F、F' 的简单属性是相关的，即：
> $$\{F \mid E, \&\} \neq \{F \mid E', \&\}$$
> 我们说两种属性是相关的：当已知信息 &，知道一种属性的结果时将会改变你对另一种属性的概率赋值。

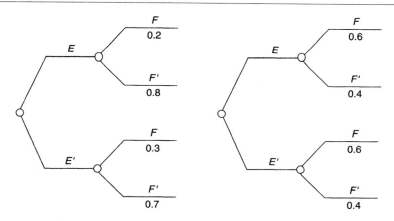

图7-1 左图 E 与 F 是相关的，右图 E 与 F 是不相关的

思考一下，我们可以看出这个定义符合我们对相关性的基本理解。例如，我们说教育和收入相关，因为当我们知道一个人受过良好的教育时，我们都认为他获得高收入的可能性较大。我们认为掷硬币和天气无关，因为无论硬币正面朝上还是朝下，我们对不同天气状态赋值的概率不变。

7.3 相关性是相互的吗

现在我们已经对相关性下了定义，思考下面这个问题。

> "如果属性 E 和属性 F 是相关的，那么 F 与 E 是否相关？"

思考上述问题后，请看图7-2。左图是属性 E 和 F 的概率树。基本概率由正数 a，b，c 和 d 表示，四者之和为1。

如果简单属性 E 和 F 是相关的，那么已知 E 的条件下 F 的概率，一定和已知 E' 条件下 F 的概率不同，$\{F \mid E, \&\} \neq \{F \mid E', \&\}$。因为 $\{F \mid E, \&\} = \dfrac{a}{a+b}$ 和 $\{F \mid E', \&\} = \dfrac{c}{c+d}$，这意味着 $\dfrac{a}{a+b} \neq \dfrac{c}{c+d}$。两边同时乘上 $(a+b)(c+d)$，有 $ac + ad \neq ac + bc$。那么当 $ad \neq bc$ 时，两种简单属性是相关的。接下来，查看右图的反转概率树。唯一的区别是中间的两个基本概率是相反的，置于相应的位置上。如果 F 和 E 相关，那么 $\dfrac{a}{a+c} \neq \dfrac{b}{b+d}$。这意味着［两边同时乘以 $(a+c)(b+d)$］$ad \neq bc$。这与左图所要求的相关性的条件一致。

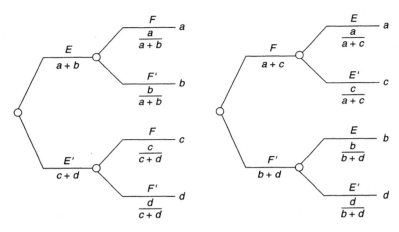

图 7-2 两种简单属性的基本概率

> 我们证明了如果一种简单属性和另一种是相关的，那么第二种简单属性和第一种也是相关的。这同样适用于多状态的属性。因此，相关性是相互的。

在一棵概率树上确定属性 E 是否与属性 F 相关的唯一方法是通过检查树上的数值来观察在条件 E 和 E' 下 F 的概率是否相同。概率树并不是相关性图示的最便捷方法，特别是当每一属性的状态较多时。

7.3.1 不相关性对概率推导的益处

当在已知信息状态下两种属性不相关时，概率树的构建和反转将被明显简化。当两种属性 E 和 F 是不相关的，那么

$$\{E|F,\&\} = \{E|\&\}$$

因此，我们可以在无条件情况下评估每种属性的概率（例如，$\{E|\&\} = 0.6$ 和 $\{F|\&\} = 0.3$）。我们也可以通过这些评估画出全概率树，而不用考虑任一属性的条件，如图 7-3 所示。

基于不相关性是相互的，我们也可以用同样的概率画出反转概率树（如图 7-4 所示）。我们把这个问题留给读者做练习。可以发现，这一概率树事实上与我们上一章中讨论的通过反转步骤获得的结果相同。

在图 7-3 或者图 7-4 的树中，我们仅需要评估两个概率来构建整棵树（例如，$\{E|\&\}$ 和 $\{F|\&\}$）。如果属性间是相关的，那么我们需要三种评估（例如 $\{F|\&\}$、$\{E|F,\&\}$ 和 $\{E|F',\&\}$）。概括而言，如果我们可以构建所有互不相关的简单属性，那么对于 n 种简单属性我们只需要评估 n 个概率，而不是在它们相关时的 $2^n - 1$ 个。此外，除了信息状态 & 外，我们不需要进行条件

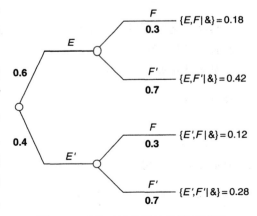

图 7-3 两种不相关属性的概率树图

概率评估。

一旦我们意识到属性是不相关的，概率树的反转分析将会被显著简化。而且，我们不再需要通过对前一属性不同状态的条件概率评估来构建概率树。

7.3.2 相关性，不是因果性

我们使用**相关性**一词是因为它意味着信息上的关联，而不是因果的关联。在概率描述中，没有因果性这个概念。在多数的概率课程中，依赖性和相关性是可以互相替换的。这是错误的。和相关性不同，依赖性这个词包含了因果性的概念。例如，如果我们问人们带伞是不是取决于是否下雨，大多数人都会马上回答"是"。然而，如果我们问下雨是不是取决于人们是否带伞，大多数人会立马回答"否"。

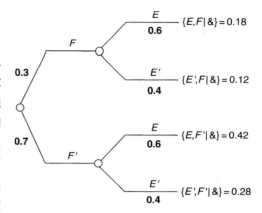

图 7-4　反转顺序的概率树（$\{E|F, \&\} = \{E|\&\}$ 和 $\{F|E, \&\} = \{F|\&\}$）

在图 6-6 中，当我们在已知下一个进入者是"喝啤酒者"的情况下评估他是"大学毕业生"这一条件概率时，我们并没有暗示因果性。我们仅仅考虑是否存在信息上的关联，而不考虑任何因果性的概念。我们想要同样容易地去考虑相反的情况。人们带伞的属性和下雨相关，而且下雨和人们带伞相关。

7.4　关联图

随着决策情况中不确定性数量的增加，概率树在呈现不确定性之间的相关性与不相关性关系方面越来越无效，如图 7-5 所示。

关联图为展现不确定性之间的不相关关系提供了一个更加简洁有效的方式。正如我们所见，关联图相对于概率树包含更少的信息，因为其并不表示各属性的状态数量，也不包含任何数字性概率。然而，它们确实有效强调了不相关关系。

关联图反映了作者基于现有信息状态 & 所获得的知识。绘图作者应该对基于信息状态 & 判断属性间相关性的任何声明和对图表所要求的任何概率赋值负有责任。关联图包括两个部分，如图 7-6 所示。

- **不确定性**由圆或者椭圆描述。它们代表了属性，但是它们不包含属性的状态数量或概率赋值之类的信息。
- **箭头**画在属性之间，代表它们之间是否有相关性。没有箭头表示作者认为两者不相关。

关联图的规则是，指向属性的箭头代表了位于这一属性上方的该属性的概率赋值是条件概率。如果一种属性没有输入箭头，那么它仅仅受到信息状态 & 制约。作者认为互不相关的两种属性 E 和 F（如图 7-3 和图 7-4 所示），可以用没有箭头连接的属性图形表示，如图 7-7 所示。

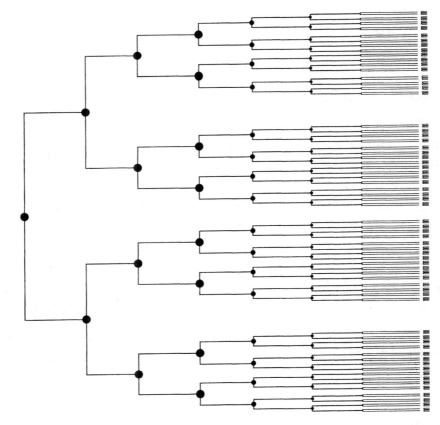

图 7-5　树随不确定性呈指数型增长

图 7-6　关联图的箭头和不确定性　　　图 7-7　关联图显示互不相关的属性

图 7-7 中的属性代表 $\{E\mid\&\}$ 和 $\{F\mid\&\}$ 的概率估值。这幅图代表了两者的联合分布等于各自估值的乘积，即：

$$\{E,F\mid\&\} = \{E\mid\&\}\{F\mid\&\}$$

此外，如果两种属性是相关的，那么树图由 E—F 这个顺序画出，应该有一根 E 到 F 的箭头。图 7-8 的左边代表了相应的关联图，其代表了如下联合概率：

$$\{E,F\mid\&\} = \{E\mid\&\}\{F\mid E,\&\}$$

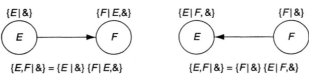

图 7-8　关联图对

图 7-8 的右边代表了评估顺序 F—E 的树图和如下联合分布：
$$\{E, F \mid \&\} = \{F \mid \&\} \{E \mid F, \&\}$$
同样，这种联合分布是每一属性所代表分布的简单乘积。

注意，从一幅给定的关联图移除一根箭头代表了一种不相关关系，这一判定仅能由作者给出。例如，如果我们将图 7-8 中由 E 到 F 的箭头移除，那么就可以得到图 7-7，而这表明两种属性是不相关的。

只有作者可以从关联图中移除箭头。在没有得到作者许可的情况下，分析者不能移除箭头。然而，分析者可以给图表增加箭头，但是这可能给概率评估过程增加不必要的复杂度。

例如，如果我们在图 7-7 中的 E 和 F 之间增加箭头，这意味着在两种属性之间可能存在相关性。这也意味着我们需要评估 $\{E \mid \&\}$ 和条件概率 $\{F \mid E, \&\}$，而不仅仅是 $\{E \mid \&\}$ 和 $\{F \mid \&\}$。但在概率评估的过程中，我们会发现对 $\{F \mid E, \&\}$ 条件概率的评估，并不会随着 E 的状态而发生变化，所以我们可以移除箭头，并根据作者的概率赋值来断定不相关性。

7.4.1 两种属性关联图的箭头反转

与我们所讨论的树的反转相一致，如果我们有一幅如图 7-8 左边所示的关联图，我们总是可以将其转变为右边的形式。这意味着在概率树的第一种属性是 F，第二种是 E。如同图 6-8 中概率树构建所展示的结果一般，概率计算在这两种表示之间有一致性要求。

关联图在概率赋值中表示不相关性是非常有用的工具。在后续讨论中，我们会使用更大更详细的图作为说明不确定性和决策问题的有效工具。然而，对于"喝啤酒者"和"大学毕业生"这两种属性，关联图有图 7-9 所示的任一简单形式。

图 7-9 "喝啤酒者"/"大学毕业生"关联图

在前例中，如果分析员决定将箭头添加到关联图中，可能增加复杂度。在图 7-9 中，每幅关联图代表对概率树的一个可能评估顺序。然而，在左图中增加一根从 G 到 B 的箭头，或者在右图中增加从 B 到 G 的箭头，会形成一幅不符合概率树的关联图。在我们的概率描述中，没有因果性的概念。就像真正的树一样，概率树也是从树干开始，到最后成为越来越小的树枝。它们不会形成闭环。在绘制一幅关联图时，我们不能增加可能造成循环的条件箭头，否则同一属性可能会陷入从起点引出的箭头最后又回到它自身的循环。

7.4.2 两种以上属性的关联图

如果有两种以上的属性需要考虑，那么我们需要在图表中增加属性。例如，我们用图 7-10 中的关联图来解释图 6-18 中的概率树。这幅图用三种属性来说明如下关系：$\{B, G, S \mid \&\} = \{B \mid \&\} \{G \mid B, \&\} \{S \mid B, G, \&\}$。

在图 7-10 中，我们可以看到"喝啤酒者"这一属性没有输入，因此它的概率赋值除 & 之外没有其他条件。"大学毕业生"这一属性有"喝啤酒者"和 & 这两个条件。除了 &，"性别"属性依赖于"喝啤酒者"和"大学毕业生"这两种属性。这个条件正好和图 6-19 中概率树所使用的概率赋值情况相一致。在我们评估这些概率的时候，图中所表现的联合分布仅仅是它们的乘积，即：

$$\{B,G,S \mid \&\} = \{B \mid \&\}\{G \mid B,\&\}\{S \mid B,G,\&\}$$

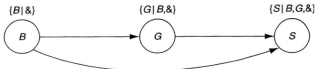

图 7-10　表示 $\{B,G,S \mid \&\} = \{B \mid \&\}\{G \mid B,\&\}\{S \mid B,G,\&\}$ 的关联图

在一幅关联图中出现两种及以上的属性时，反转箭头的规则将会稍微变化。例如，在一个有 E 和 F 两种属性的例子中：

> 只有在 E 和 F 两种属性被同一信息状态约束时，我们才可以在两种属性之间反转箭头。

（如果属性 E 有来自图表中任何属性的条件箭头，那么 F 也必须要有来自于同一属性的条件箭头。）

图 7-11 给出属性 E 和 F 同时被属性 Z 所约束的示例。因此，我们可以反转 E 和 F 之间的箭头方向。下面这个等式表明了该反转的正确性：

$$\{E \mid \underline{Z},\&\}\{F \mid E,\underline{Z},\&\} = \{E,F \mid \underline{Z},\&\} = \{F \mid \underline{Z},\&\}\{E \mid F,\underline{Z},\&\}$$

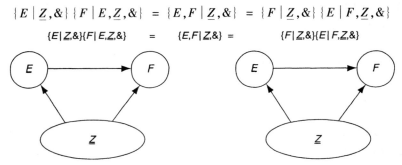

图 7-11　两种属性的箭头反转

因为这和图 7-8 等价，位置和 & 是共同的信息状态，而不仅仅是 &。

7.5　替代性的评估顺序

> 对 N 种属性绘制概率树存在 $N!$ 种顺序。同样，对 N 种属性绘制关联图也有 $N!$ 种可能的画法。

因此，属性 B，G，S 之间有六种排列方法。图 7-12 显示了六种关联图的可能性。

在左上方的关联图对应着图 6-18 中的概率树。一旦我们对图中的任一属性进行概率赋值，我们就可以推导出其他属性的概率值。我们可以将图 7-12 中右侧第二行的关联图进行转换。该图表的评估顺序首先是"性别"，然后是"喝啤酒者"—"性别"，最后是"大学毕业生"—"喝啤酒者"—"性别"。

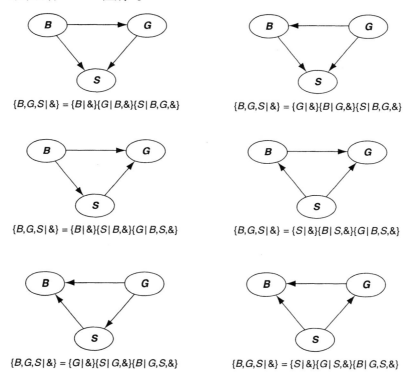

图 7-12 三种属性的关联图

为了将第一幅图转换为第二幅，我们首先反转从 S 到 G 的箭头。我们可以这样做是因为 S 和 G 都在同一个信息状态中（都有一个来自属性 B 的箭头）。现在我们就得到第二行左侧的图。接下来，我们反转从 B 到 S 的箭头。再一次，我们可以这样做是因为 B 和 S 都处在同一信息状态中（它们都没有来自该表格中其他元素的箭头）。现在我们有评估顺序为 S—B—G 的关联图。这幅图意味着所有属性间可能存在的相关性。例如，得知一个人是"喝啤酒者"可以修正我们对他同时也是"大学毕业生"和"男性"的概率。对应的概率树如图 6-19 所示。

▶ 例 7-1

当关联图有缺失箭头时，我们可以很容易地确定不相关关系。举例说明，如图 7-13 所示。

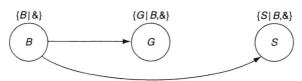

图 7-13 关联图表示在已知"喝啤酒者"的条件下，"大学毕业生"与"性别"不相关

这幅图说明在我们知道一个人是"喝啤酒者"的情况下，"大学毕业生"和"性别"之

间不相关。也就是说，在知道对方为"男性"的情况下，我们对于 $\{G|B,\&\}$ 的条件概率赋值并不会改变，因此：

$$\{G|B,\&\} = \{G|B,M,\&\}$$

同样地，在我们知道对方是"大学毕业生"的情况下，我们对于 $\{M|B,\&\}$ 的条件概率赋值也不会改变：

$$\{M|B,\&\} = \{M|G,B,\&\}$$

这幅图代表了评估顺序，表达了 B, G, S 之间的关系，即：

$$\{B,G,S|\&\} = \{B|\&\}\{G|B,\&\}\{S|B,\&\}$$

或者等价于：

$$\{B,G,S|\&\} = \{B|\&\}\{S|B,\&\}\{G|B,\&\}$$

在图有缺失箭头的情况下，表示该图的概率树排序可以有多种。例如，图 7-13 表示评估顺序为"喝啤酒者"—"大学毕业生"—"性别"或者"喝啤酒者"—"性别"—"大学毕业生"。图 7-14 表明了和图 7-13 相一致的概率树。如图，条件概率评估 $\{M|G, B, \&\} = \{M|G', B, \&\}$ 和 $\{M|G, B', \&\} = \{M|G', B', \&\}$ 表明在已知"喝啤酒者"的前提下，"性别"和"大学毕业生"之间不相关。

我们将以"喝啤酒者"—"性别"—"大学毕业生"这一顺序反转图 7-14 和确认 $\{G|M, B, \&\} = \{G|M', \&\}$ 和 $\{G|M, B', \&\} = \{G|M', B', \&\}$ 之间关系的任务留给读者。

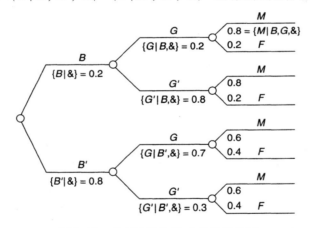

图 7-14　对应于图 7-13 中关联图的树

思考素材

标记图 7-15 中各关联图的属性，并写下联合概率分布。 记录存在的任何不相关关系。 最后，回答下列问题：

1. 在第一幅图中，在 & 的条件下，我们能否确认 G 和 S 是不相关的？

2. 在第二幅图中，在 & 的条件下，我们能否确认 B 和 S 是不相关的？

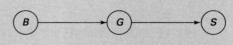

图 7-15　B 到 G 到 S 的关联图

7.6 取决于知识的相关性

相关性不是一个逻辑关系,而是信息关系。对某些人相关的两种属性,对于其他人可能未必如此。一些人可能认为大学毕业和喝啤酒是相关的,然而另外一些人可能认为不相关。你可以不同意其他人关于概率赋值的观点,但你绝不能说其他人的概率是"错误的"。概率推导的目的是准确地表明一个人的信念,无论这些信念是什么样子。

我们怎么强调以下观点都不为过:相关性取决于你在特定时间的**信息状态**,而不是你对**事情的定义**。众所周知,人们的信念和以此所产生的概率赋值可以并经常会发生改变。即便在属性的定义不改变的情况下,我们的信念也能够改变。根据经验,在处理不确定性时的大部分错误都是误解或者误用相关性概念所致。

7.6.1 例子:相关性是一个信息问题

假如一枚硬币有正反两面,并且你相信掷硬币得到任何一面朝上的概率都是二分之一。你投掷硬币两次,并且每次投掷的结果都是不相关的:知道一次投掷的结果并不会告诉我们任何另一次投掷结果有关的信息。如图 7-16 所示,在当前信息状态下,这两种属性并不相关:它们之间没有箭头。

现在,假设我们知道两次投掷中至少出现一次正面朝上。我们将这一新的属性添加到关联图中。我们从原来两种属性开始分别画箭头到这一新属性中,因为知道原来的属性将决定是否会至少出现一次正面。图 7-17 是这些属性的关联图。

图 7-16 两次投掷硬币出现正面朝上互不相关

为了检验该信息如何影响我们对两次投掷中任一结果的信念,我们需要按照"至少 1 次正面朝上"—"第 1 次投掷正面朝上"—"第 2 次投掷正面朝上"这个顺序来画关联图。我们首先反转"至少 1 次正面朝上"和"第 2 次投掷正面朝上"的箭头。然而这两者的信息状态并不相同。我们可以通过增加一根从"第 1 次投掷正面朝上"到"第 2 次投掷正面朝上"的箭头来将它们限制在同一信息状态上,如图 7-18 所示。记住,只要结果是一个可行的评估顺序,增加一根箭头并不会对图表增加任何限制性信息。增加的箭头只代表相关性的一种可能。

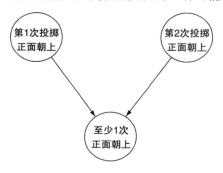

图 7-17 三种属性关联图

图 7-18 为进行箭头反转在关联图中增加箭头

接下来，我们反转"至少 1 次正面朝上"和"第 2 次投掷正面朝上"的箭头，如图 7-19 所示。

最后，我们需要反转"至少 1 次正面朝上"和"第 1 次投掷正面朝上"的箭头。我们可以直接进行操作，因为这两种属性有共同的信息状态，如图 7-20 所示。

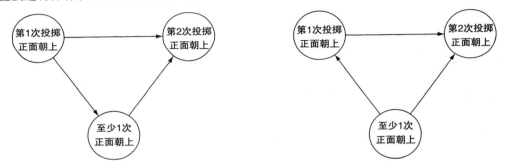

图 7-19　反转箭头并改变顺序　　　　图 7-20　从"至少 1 次正面朝上"开始的关联图

现在得到了所求顺序的关联图，可知"第 1 次投掷正面朝上"和"第 2 次投掷正面朝上"之间可能有相关关系，因为我们知道至少有 1 次投掷正面朝上。

所以，根据现有的信息状态，我们说投掷硬币的结果是不相关的，但是根据"至少 1 次正面朝上"这一信息，我们知道结果可能是相关的。我们没有通过任何数字性的计算，而是仅仅依靠箭头反转的规则得出了这一结果。

读者可以使用概率树验证相同的结论。构建一个事件的属性 I ＝"至少 1 次正面朝上"，然后反转树的顺序使之从 I 开始，接着是"第 1 次投掷正面朝上"和"第 2 次投掷正面朝上"，如上一章节所述并参见图 7-21。

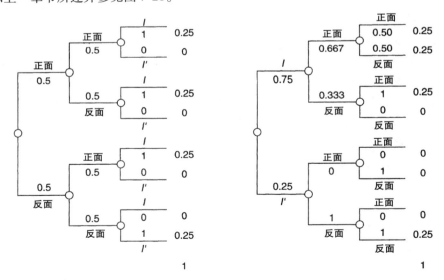

图 7-21　投掷硬币例子的概率树

图 7-21 的左侧表示在 & 条件下，两次投掷的结果是不相关的。右侧表示在 I 和 & 的条件下，两次投掷的结果确实相关。如果你知道"至少 1 次正面朝上"，那么你可以对"第 1 次

投掷正面朝上"的概率赋值 $\frac{2}{3}$；在你知道"第 1 次投掷正面朝上"的情况下，对"第 2 次投掷正面朝上"的概率赋值 $\frac{1}{2}$。这一点非常重要，因为它表明了概率不依赖于硬币本身，而依赖于我们的知识。相关性依赖于信息，而不是逻辑。

7.6.2　例子：吸食大麻和吸食海洛因之间的相关性

相关性这一问题在我们日常生活中也有着重要的意义。很多年之前，法官对一名宣判贩卖大麻罪的被告进行判决。这位法官说："我已经在审判席上观察了很多年，大部分的海洛因成瘾者都是从使用大麻开始的。由于你所销售的毒品将导致海洛因上瘾，我将要以海洛因毒贩的罪名判你入狱。"

然后，法官给犯人判了一个长期刑期。

用相关性关系检验推理　现在，我们将更加详细地来检验法官的推理。我们将美国对成年人的定义作为信息状态 & 的一部分，成年人指的是年龄超过 18 周岁的人。我们将事件 M 定义为一个"重度大麻吸食者"，其标准为他一生中必须使用过超过 100 节大麻。我们将事件 H 定义为一个"重度海洛因吸食者"，也就是他一生至少食用过 20 剂海洛因。

概率赋值　接着我们以 M—H 顺序来构建概率树，如图 7-22 左侧所示。

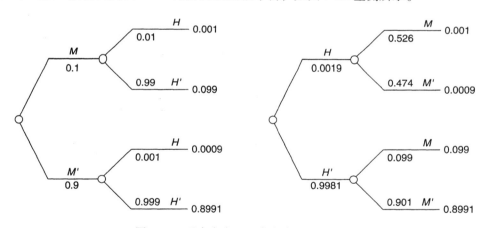

图 7-22　吸食大麻—吸食海洛因的相关性

图中所示的概率赋值正是我们所讨论情形的典型群体。以我们的标准，我们可以发现一个美国成年人将是或者已经是"重度大麻吸食者"的概率为 0.1，并且当一个人是"重度大麻吸食者"时将会有百分之一的概率成为"重度海洛因吸食者"。然而，以我们的标准，如果这个人不是"重度大麻吸食者"，他是"重度海洛因吸食者"的概率将会是千分之一。和往常一样，概率树所表明的四个基本概率画在树枝的末端。例如，我们可以看出 MH 的基本概率为千分之一。

条件概率可视化　人们可以通过转换形式来减少在处理条件概率时所遇到的困难。为了解释大麻—海洛因这个例子，让我们回顾图 7-22。假设该树表示了表 7-1 中对 10 000 个人的调查结果。

表 7-1　大麻—海洛因案例调查结果

	H	H'	加和
M	10	990	1 000
M'	9	8 991	9 000
加和	19	9 981	10 000

在这 10 000 个人中，10 人是 MH，990 人是 MH'，9 人是 M'H，8 991 人是 M'H'。表 7-1 中的记录与图 7-22 中左右两侧的树是一样的，因为它们是根据末端概率来构建的，两种形式相同。行之和是 1 000 和 9 000，除以 10 000 后分别是 $\{M \mid \&\}$ 和 $\{M' \mid \&\}$ 的概率。列之和是 19 和 9 981，除以 10 000 后分别是 $\{H \mid \&\}$ 和 $\{H' \mid \&\}$ 的概率。所有的条件概率都可以求得。如 $\{M \mid H', \&\}$，由 990 除以 H' 这一列的 9 981，得到 0.099。

使用表格所得的树图可视化将使结果更加直观。你可能想要为吸烟—肺癌例子创建一个相似的表格。

概率树反转　接下来，我们将反转概率树，如图 7-22 的右侧所示。通过记录在相应位置的基本概率，我们可以计算该树上的概率赋值，使之与最初的概率树保持一致。事件 H 的概率是基本元素 HM 和 HM' 的概率和，即 0.001 9；事件 H' 的概率为 0.998 1。我们根据基本概率的比例以及它们之和等于 1 的约束来求得条件概率。因此，在 H 条件下 M 的概率为 $\{M \mid H, \&\} = \dfrac{0.001\ 0}{(0.001\ 0 + 0.000\ 9)}$，即 0.526；条件概率 $\{M' \mid H, \&\} = 0.474$。同样，我们可以得到 $\{M \mid H', \&\} = 0.099$ 和 $\{M' \mid H', \&\} = 0.901$。

解释说明　我们现在解释计算的结果。首先，根据我们的定义，我们知道一个美国成年人是"重度海洛因吸食者"的概率为 0.001 9，或者约千分之二。如果一个人是"重度海洛因吸食者"，那么他同时也是一个"重度大麻吸食者"的概率是 0.526。这和法官的判断是一致的，也就是当他调查海洛因吸食者时，他发现大部分人都是或者曾是大麻吸食者。在已知吸食海洛因的情况下，吸食大麻的概率就相当大了。

然而，通过这个调查，法官推断吸食大麻会导致吸食海洛因。在我们的例子中，很明显不是这种情况，因为 $\{H \mid M, \&\}$ 的概率表明"重度大麻吸食者"成为"重度海洛因吸食者"的概率仅为百分之一。事实是，在 H 的条件下 M 的概率也很大并不意味着在 M 的条件下 H 的概率很大。法官正确地观察到大部分的海洛因吸食者是或者曾是大麻吸食者，但推断吸食大麻导致吸食海洛因是不正确的。

7.7　独特性 vs. 关联逻辑

因为混淆条件概率的顺序而出现错误的推理是非常普遍和容易的。没有这些逻辑基础，人们很难认识和理解为何犯了逻辑错误。简单的一个相关的、非直接的逻辑可能导致一些人以为吸食海洛因"伴随着"吸食大麻，并且认为两者的条件概率——H 条件下的 M 和 M 条件下的 H 都很大。通过刻画如下更加精确、独特的逻辑可以帮助我们来理解和鉴别上述观点的错误。

7.7.1 男性和血友病

要深入理解条件概率及其反转的事实可能比较困难，我们现在来考虑定义两个不同的事件 M 和 H。我们将 M 这个事件定义为男性，将 H 这个事件定义为血友病患者。在 M 的条件下 H 的概率指的是在一个人是男性的条件下患血友病的概率，它是非常小的，小于千分之一。然而，在 H 的条件下 M 的概率接近1，因为好像只有男性才会患血友病。

7.7.2 吸烟和肺癌

我们曾将大麻/海洛因和男性/血友病这两个例子呈现给一群业内著名的医学博士。一位博士认为，尽管这是一个非常重要的逻辑试验，但这种错误不会发生在像他们这样受过严格诊断和治疗训练的人身上。

为了检查是否如此，我们对这群人做了吸烟和罹患肺癌之间关系的测验。我们将事件 S 定义为"重度吸烟者"，他一生中至少有十年每天吸烟两包以上。我们将事件 L 定义为"罹患肺癌"，根据通常的医学定义，这群人很容易理解。其中一个并不是肺癌治疗专家的博士，对概率的赋值如图 7-23 的左侧所示，试验对象和前面一样是美国成年人。他认为一个人是"重度吸烟者"的概率为四分之一，并且当他是一个"重度吸烟者"的时候，他罹患肺癌的概率为 0.1。如果一个人不是"重度吸烟者"S'，他罹患肺癌的概率是百分之一。我们将每个分支上的条件概率相乘得到基本概率，如图 7-23 左侧所示。当用相反的顺序来反转树时，如图 7-23 右侧所示，在已知一个人确实"罹患肺癌"时，他们给出"罹患肺癌"的概率约为百分之三，且其为"重度吸烟者"的概率为 0.769。

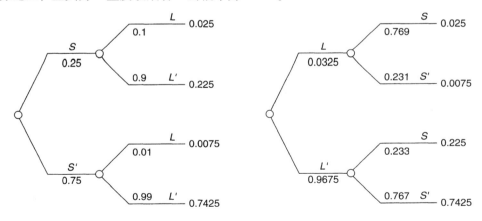

图 7-23 吸烟—肺癌的相关性

解释说明 这群人接着讨论该博士的赋值。一位肺癌专家说，他认为在 S 的条件下 L 的概率赋值为 0.1 太小了。当问他原因时，他回答说，"当我去我的肺癌病房时，它里面都是烟。"这个观察当然仅仅反映了第一位博士所说的内容。在 L 的条件下 S 的概率事实上是 0.769，所以他也认为病房中的大部分肺癌患者是"重度吸烟者"。事实上，一个"重度吸烟者"患肺癌的概率是绝没有一个肺癌患者是"重度吸烟者"的概率大的。

当得知即使是专业人士也会犯这些逻辑推导错误时，我们必须对此高度谨慎。

同样错误的推理可以解释为什么修理工认为大部分人都不爱惜自己的汽车，以及为什么律师认为大部分人都不对法律问题予以足够重视。和医生一样，在他们的生活中，他们看到的大多都是有这些倾向的人。

7.8 第三种因素

相关性和关联图的概念不仅适用于我们分析概率赋值，而且可以理清我们的思维。这个作用的一个特别的例子就是理解称作"第三种因素"的问题。其中的一个典型例子就是哥本哈根的鹳窝和人口出生率之间的关系。

7.8.1 鹳窝和人口出生率之间的相关性

这个故事说的是鹳窝越普遍的时候，人口出生率会越高。在关联图中，这表示我们应该在鹳窝到人口出生率之间画一根箭头，如图 7-24 所示。

事实上，当你不得不打赌任意时刻人口出生率这一数字时，你将发现得知鹳窝数量这个信息是有用的。鹳鸟可以带来宝宝的故事有几分真实性？其实如果我们考虑将时间信息作为条件，例如每年的月份，我们就可以破解这一谜题。

如图 7-25 中的关联图所示，一年中的时间和鹳窝的数量以及人口出生的数量都有关系。在每年的特定时间，鹳鸟在哥本哈根的烟筒中筑巢的概率增大，且孩子出生的可能性更大。然而，如果我们知道每年的这个时间，鹳窝和人口出生率之间就不存在相关性。

图 7-24　鹳窝和人口出生率的相关性　　图 7-25　解释鹳窝和人口出生率相关性的第三种因素

在图 7-25 中，我们注意到箭头从一年中的时间连接到鹳窝和人口出生率，但是并没有见到鹳窝和人口出生率之间的箭头。如果你不知道一年中的时间，鹳窝和人口出生率之间是相关的。如果你知道了，鹳窝和人口出生率之间就完全不相关。这是很多本来两种属性是相关的，但在得知第三种属性时就不再相关的例子之一。这也是另一个说明相关性的概念取决于你信息状态的例子。

7.8.2 吸烟和肺癌之间的相关性

我们已经讨论过重度吸烟—肺癌的相关性。我们现在用关联图来展示这一相关性，如图 7-26 所示。

然而，很多制烟者通常都说这种相关性不是一种因果关系。他们宁愿认为存在第三种因素 X 可以解释这种相关性，这种因素同时导致人吸烟和患肺癌的可能性增加。换句话说，他们假定了一幅如图 7-27 所示的关联图。当然，现在还没有人知道 X 因素是否存在，或者制烟者是否掌握这一因素。因而，对我们大部分人来说，不吸烟是明智的。

图 7-26　吸烟和肺癌之间的相关性　　图 7-27　第三种因素解释重度吸烟和肺癌之间的相关性

此外，或许 X 因素是存在的。下文来自 *The Economist*，讨论了吸烟和肺癌之间可能存在第三种因素。

在周二，NCI 发表了一篇由以色列 Weizmann 研究院的科学家发表的文章，确认了一种由人体产生的物质，可以解释为什么一些人更容易患肺癌——在重度吸烟者中只有十分之一的概率患病。这种物质称为 OGG1，能够修复由吸烟或者别的肺癌因素造成的基因损伤。该研究发现罹患肺癌的人比正常人合成这种物质的水平要低。该研究的一项可能的结果是开发出一个可以确认肺癌高发人群的血液测试方法。

"The Battles to Come," *The Economist*：9/5/2003

Reprinted by permission from The battles to come, ⓒ The Economist Newspaper Limited, London September 05, 2003

7.8.3　大学教育和终身收入之间的相关性

作为第三个例子，思考属性"高等教育"和"终身收入"之间的关系。它们两者之间貌似存在相关性。相比没有受过教育的人，你可能会对一个受过高等教育的人获得更高的终身收入这一概率赋值更大。对应的关联图如图 7-28 所示。

教授倾向于认为这种相关性是他们为学生提供卓越的教育经历的结果。

然而，可能存在另一个因素 X，能够在高等教育是无用的条件下也可以解释这种相关性，如图 7-29 所示。事实上，很多因素的存在都可能单独或者联合构成因素 X。可能的因素包括天赋、勤奋和学生自身的动机以及社会地位和家庭财富情况。当然，教授们可能认为即便一部分相关性是因为 X 元素，也会有另一部分相关性来自于高等教育本身的影响。

图 7-28　高等教育与终身收入的相关性　　图 7-29　第三种因素解释高等教育与终身收入之间的相关性

下次你读到一个推测两种属性之间因果关系的消息时，考虑一下如何通过一个或多个 X 因素更好地解释这种关系。

> **思考**
> 一个最新的医学研究报道了重度饮用啤酒和痛风之间的关系。可能存在什么样的 X 因素来解释这种关系？

7.9 多状态相关性

多状态属性的存在可以让我们对用于简单属性的相关性定义重新进行优化。考虑一种拥有三个状态 A_1，A_2，A_3 的属性 A 和另一种拥有三个状态 B_1，B_2，B_3 的属性 B，如图 7-30 所示。

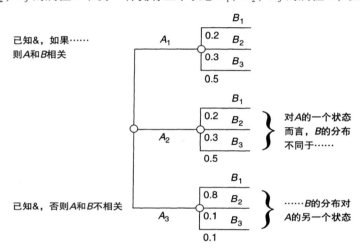

图 7-30 三个状态的相关性

A 和 B 是相关的，如果至少存在 A 的一种状态，例如 A_3，使得条件概率 $\{B \mid A_3, \&\}$ 并不等于 A 的其他状态中 B 的条件概率。

在图 7-30 中，$\{B \mid A_3, \&\} \neq \{B \mid A_2, \&\}$，$A$ 和 B 是互相相关的，即便 $\{B \mid A_2, \&\} = \{B \mid A_1, \&\}$。只要找到一个状态上的 A 使得 B 的条件概率不同就足够了。

相关性的另一个定义是说，A 和 B 是相关的，如果存在至少一个 A_i 和至少一个 B_j 使得：

$$\{B_j \mid A_i, \&\} \neq \{B_j \mid \&\}$$

为了说明对于多状态而言，相关性依然是相互的（如果 A 和 B 相关，那么 B 也和 A 相关），考虑任意一组 A_i 和 B_j。令 A_i 为之前讨论的简单属性 E，E' 表示 A 的其他状态。同样地，B_j 为之前的简单属性 F，B 的其他状态用 F' 表示。接下来，通过我们之前的证明，因为 $\{F \mid E, \&\} \neq \{F \mid \&\}$，所以 $\{E \mid F, \&\} \neq \{E \mid \&\}$。因此，$\{A_i \mid B_j, \&\} \neq \{A_i \mid \&\}$，而且我们知道对于多状态属性而言，如果某一属性和另一属性相关，那么第二种属性同样和第一种属性相关。

7.10 总结

相关性是一个信息问题，而不是逻辑问题。我们已经知道，第二次抛投硬币的结果在我们知道"至少 1 次正面朝上"的情况下和第一次投掷的结果相关。但是，在我们不知道此信息的情况下，两次投掷的结果是不相关的。相关性并不意味着因果性。如果你知道人们带伞，你可能会为下雨的概率赋值较大，但是很显然人们带伞这个事实并不会导致下雨。

- 当不相关关系确定后，概率推导可以被简化（因为只需要更少的估值），反转树所需要的计算工作也被简化。
  - 特别地，如果 E 和 F 是两种简单属性，如果 E 和 F 是不相关的，那么
    - $\{E \mid F, \&\} = \{E \mid F, \&\}$。
    - $\{E \mid F, \&\} = \{E \mid \&\}$。
    - F 与 E 也是不相关的。
    - 即便属性拥有多个状态，相关性也是一个相互的关系。
- 当 $\{B \mid A, \&\}$ 的概率高时，人们认为 $\{A \mid B, \&\}$ 或者 $\{A \mid \&\}$ 的概率也很高，这就产生了关联逻辑错误。
- 第三种因素的存在，可以解释许多相关关系未必存在。
- 关联图可以确认不相关关系，但是不能确认相关关系。

附录 7-1 关联图和反转箭头的拓展素材

关联图展示了一个由对每个节点或属性分布赋值的乘积构成的联合概率分布。关联图中的每种属性代表了一个概率分布，这个赋值是作者基于现有的信息状态 &，以及指向该属性的箭头所代表的其他属性的相关知识作为约束条件所给出的。

例如，图 7-31 中的属性 A 代表了概率分布 $\{A \mid C, D, \&\}$，因为它有两根从 C 和 D 指向 A 的箭头；而属性 E 的概率是简单的 $\{E \mid \&\}$，因为没有指向 E 的箭头。

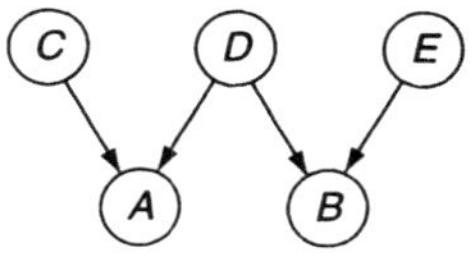

关联图 7-31 所表示的联合分布是：

$$\{A,B,C,D,E \mid \&\} = \{C \mid \&\}\{D \mid \&\}\{E \mid \&\}[A \mid C,D,\&]\{B \mid D,E,\&\}$$

图 7-31　五种属性的关联图

可知，关联图通过运用某些箭头操作，成为判断属性间不相关关系的有力工具。这些操作和反转树是等价的。为了从图形上减少这些不相关关系，并使其与反转树一致，我们来讨论箭头反转的准则。

准则一：在不形成循环的情况下，你可以在关联图上增加箭头。

当你从任一属性出发，画出箭头指向另一属性，沿着这个顺序又回到最初的属性，那么关联图中就存在循环，如图 7-32 所示。循环是不允许的，因为它和任何评估顺序都不相符。

我们回顾一下一根箭头代表两个不确定性之间相关的可能性，并不是断定相关。例如，如果我们在关联图 7-31 中增加一根从属性 C 到属性 D 的箭头，我们得到 D 的一个新表达式 $\{D \mid C, \&\}$。如果在 & 条件下，C 和 D 事实上是不相关的，那么

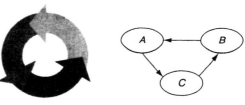

图 7-32　增加箭头不能形成闭环

这个表达式是正确的，因为这种情况下 $\{D\mid C,\&\} = \{D\mid\&\}$。然而，我们在修订的关联图中丢失了这一信息。因此，新的关联图将需要更多的评估，但产生的结果将与图 7-31 一样。

准则二：处在同一信息状态的两个不确定性因素，可以反转它们之间的箭头。

如果你决定这样做，你最好画一个虚拟的长方形在将要反转的箭头旁边，长方形中包含每个末端的不确定性。接着我们确保任何来自一种属性的箭头指向长方形中两个不确定性之一的，会有来自同一种属性的另一根箭头指向第二个不确定性。如果是这种情况，那么我们可以反转箭头。如果不是这种情况，那么我们回到准则一，看看我们是否可以增加箭头，以使长方形中的两个不确定性处在同一信息状态。记住，在不会导致循环的情况下，我们可以任意增加箭头。

关联图提供了关于不确定性之间不相关关系本质的很多观点。这种表达形式提供了一个便捷的图表说明，而用概率树可能不会这么清晰。

▶ **例 7-2 链图**

观察下面的关联图，里面有三种不确定性 A，B 和 C。在图 7-33a 中，反转 A 到 B 的箭头可产生图 7-33b，这时可以看到在 B 和我们的信息状态 $\&$ 的条件下，C 与 A 无关。

从图 7-33b，我们也反转 B 到 C 的箭头，得到图 7-33c。比较图 7-33a 和图 7-33c，我们可以得到一个和 7-33a 反向的链条。例如，如果作者表明图 7-33a 的不相关关系（缺失箭头），那么同样图 7-33c 也能得到这些。我们没有运用数字，从图表上就得到这个结果。

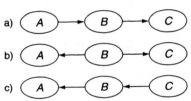

图 7-33　链条中的箭头反转

下面是关联图中箭头反转的另一个例子。

▶ **例 7-3 关联图**

让我们重新思考关联图 7-31 所代表的概率树。一个可能的顺序是 C—D—E—A—B。

在 $\&$ 的条件下，我们是否可以推断出 A 和 B 是不相关的？为了使用决策树来回答这一问题，我们把树的顺序调换为 A—B—C—D—E，接着检查前两层。使用关联图来回答同样的问题，我们需要反转所有指向 A 或 B 的箭头。我们使用上文所述的箭头反转规则和如下反转顺序，在必要的地方增加箭头。在图 7-34 中，反转的箭头都用点线表示以方便识别。

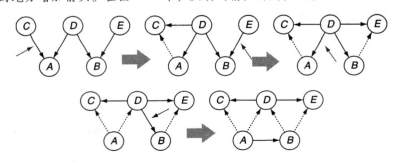

图 7-34　箭头反转

因为在最后一幅图中 A 和 B 之间存在箭头，当 A 和 B 都处在同一个信息状态 & 时，我们不能说在 & 的条件下，A 和 B 不相关。最后一幅关联图中的概率赋值的顺序是 A—B—D—C—E 或者 A—B—D—E—C。

习题

标注星号（*）的习题更具有挑战性。
使用以下关联图求解习题 1 到习题 3。

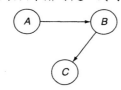

1. 以下哪个分布符合上面没有进行箭头反转的关联图？
   a. $\{B \mid \&\}$。
   b. $\{B \mid A, \&\}$。
   c. $\{B \mid C, \&\}$。
   d. $\{B \mid A, C, \&\}$。

2. 从上图可以得到如下哪些表述？
   Ⅰ. 条件 & 下，A 和 B 是相关的。
   Ⅱ. 条件 & 下，A 和 B 是不相关的。
   a. 只有Ⅰ。
   b. 只有Ⅱ。
   c. Ⅰ和Ⅱ。
   d. 既不是Ⅰ也不是Ⅱ。

*3. 从上图可以得到如下哪些表述？
   Ⅰ. 条件 & 下 A 和 C 是不相关的。
   Ⅱ. 条件 B 和 & 下 A 和 C 是不相关的。
   a. 只有Ⅰ。
   b. 只有Ⅱ。
   c. Ⅰ和Ⅱ。
   d. 既不是Ⅰ也不是Ⅱ。

*4. 有三种属性 A，B 和 C，请考虑以下表述：
   Ⅰ. $\{A \mid B, C, \&\} = \{A \mid \&\}$。
   Ⅱ. 条件 & 下，B 和 C 是不相关的。
   Ⅲ. 条件 & 下，B 和 A 是不相关的。
   Ⅳ. 条件 & 下，C 和 A 是相关的。
   以下哪种表述为真？
   a. 已知Ⅰ，Ⅱ和Ⅲ，Ⅳ不可能是正确的。
   b. 已知Ⅰ，Ⅱ和Ⅲ，Ⅳ有时候是正确的。
   c. 已知Ⅰ，Ⅱ和Ⅲ，Ⅳ总是正确的。
   d. Ⅰ，Ⅱ和Ⅲ不可能都是正确的。

*5. 已知三种属性：A（状态 a_1 和 a_2），B（状态 b_1 和 b_2）和 C（状态 c_1 和 c_2），以及条件 & 下复合属性的概率如下表所示。以下哪些表述为真？
   Ⅰ. 条件 & 下，A 和 B 是相关的。
   Ⅱ. 条件 C 和 & 下，A 和 B 是相关的。
   a. 只有Ⅰ。
   b. 只有Ⅱ。
   c. Ⅰ和Ⅱ。
   d. 既不是Ⅰ也不是Ⅱ。

$a_1b_1c_1$	$a_1b_1c_2$	$a_1b_2c_1$	$a_1b_2c_2$	$a_2b_1c_1$	$a_2b_1c_2$	$a_2b_2c_1$	$a_2b_2c_2$
0.030	0.180	0.120	0.120	0.090	0.060	0.360	0.04

*6. 以下哪种表述最符合如下关联图？

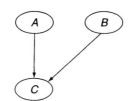

   a. $\{A, B, C \mid \&\} = \{A \mid \&\}\{B \mid \&\}\{C \mid \&\}$。
   b. $\{A, B, C \mid \&\} = \{B \mid C, \&\}\{A \mid B, \&\}\{C \mid A, \&\}$。
   c. $\{A, B, C \mid \&\} = \{C \mid A, \&\}\{C \mid B,$

&}{A|&}{B|&}。
d. {A, B, C|&} = {A|&}{B|&}.
{C|A, B, &}。

7. 如下有几种表述是正确的？
   Ⅰ. 关联图比概率树包含的信息多。
   Ⅱ. 通过关联图，一个人可以快速知道在给定的信息状态下，两种属性是否相关。然而，通过概率树则不是那么显而易见。
   Ⅲ. 关联图展示了不同属性之间的因果关系，而概率树不直接显示这种关系。
   a. 0。
   b. 1。
   c. 2。
   d. 3。

8. 根据如下关联图思考问题。
   以下几个表述必定为真（通过任何必要的箭头操作后）？

   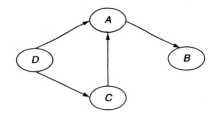

   Ⅰ. 条件 A, D 和 & 下，B 与 C 不相关。
   Ⅱ. 可以增加一根从 B 到 D 的箭头。
   Ⅲ. 条件 & 下，B 和 C 不相关。
   a. 0。
   b. 1。
   c. 2。
   d. 3。

9. 如下哪一等式与关联图最相符？

   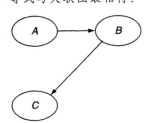

   Ⅰ. {A, B, C|&} = {C|A, &}{C|B, &}{A|&}{B|&}。
   Ⅱ. {A, B, C|&} = {A|&}{B|&}{C|B, &}。
   Ⅲ. {A, B, C|&} = {A|&}{B|A, &}{C|B, &}。
   Ⅳ. {A, B, C|&} = {A|&}{B|&}{C|A, B, &}。

10. 根据如下三种属性思考。
    - 课程难度（X），两个状态：容易，困难。
    - 学生努力（Y），两个状态：懒惰，勤奋。
    - 学生成绩（Z），两个状态：A, B 或更低。

    下表给出了这些属性的联合分布：

课程难度—学生努力—学生成绩	概率
困难—懒惰—B 或更低	0.19
困难—懒惰—A	0.01
困难—勤奋—B 或更低	0.15
困难—勤奋—A	0.15
简单—懒惰—B 或更低	0.10
简单—懒惰—A	0.10
简单—勤奋—B 或更低	0.05
简单—勤奋—A	0.25

    以下几个表述为真？
    Ⅰ. 仅在条件 & 下，学生更可能懒惰而不是勤奋。
    Ⅱ. 条件 & 下，X 和 Y 不相关。
    Ⅲ. 学习困难课程的勤奋学生比学习容易课程的懒惰学生更可能得 A。
    Ⅳ. 条件 Z 和 & 下，X 和 Y 相关。
    a. 0。
    b. 1。
    c. 2。
    d. 3。

11. 以下哪幅关联图最能描述习题10所述的属性 X, Y 和 Z 之间的关系?

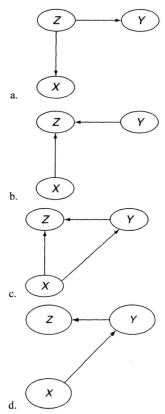

12. 以下哪些表述为真?

Ⅰ. 增加一根箭头（不会形成循环）仍会保持关联图所展示的不相关状态。

Ⅱ. 关联图表明了其所描绘的不确定性状态。

a. 只有Ⅰ。
b. 只有Ⅱ。
c. Ⅰ和Ⅱ。
d. 既不是Ⅰ也不是Ⅱ。

13. Rohit 在做关于创业者的研究。他现在考虑的属性包括：创始人是否有斯坦福学位，公司是否成功 IPO，公司融资高还是低。他对此目标的信念见如下概率树。

已知这些信息，如下表述几个为真?

Ⅰ. 条件 & 下，创始人和融资不相关。

Ⅱ. 条件融资和 & 下，创始人和 IPO 不相关。

Ⅲ. 条件 IPO 和 & 下，创始人和融资不相关。

a. 0。
b. 1。
c. 2。
d. 3。

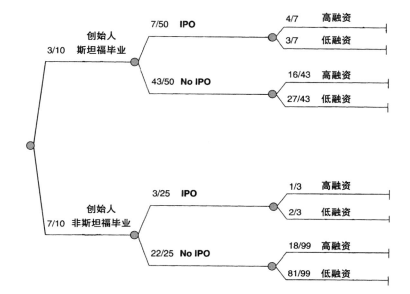

14. 以下哪幅关联图与习题 13 概率树所展示的不相关关系相一致，又捕捉了所有的不相关关系？

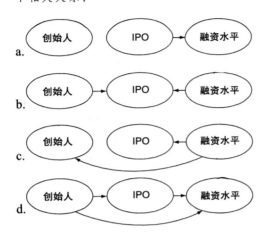

15. 根据如下关联图思考问题。

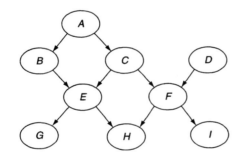

在不需要进一步操作的情况下，你可以在这一关联图上进行多少有效的操作？

Ⅰ. 反转 A 和 B 的箭头。
Ⅱ. 反转 D 和 F 的箭头。
Ⅲ. 增加从 G 到 A 的箭头。
Ⅳ. 增加从 B 到 C 的箭头。

a. 0。
b. 1。
c. 2。
d. 3。

16. 根据习题 15 的关联图，在经过必要的有效操作后，可以推断出几个如下表述？

Ⅰ. 条件 & 下，E 和 F 不相关。
Ⅱ. 条件 & 下，B 和 C 不相关。
Ⅲ. 条件 B，C 和 & 下，G 和 H 不相关。
Ⅳ. 条件 E 和 & 下，B 和 D 不相关。

a. 0 或 4。
b. 1。
c. 2。
d. 3。

17. Casey 明天乘坐飞机旅行，他关心航班是否会准点到达。这里有两种其他属性可以帮助他思考所乘航班的准点率：机场的天气和风向。他对这些属性的信念见下表。

航班状态	天气	风向	联合概率
准点	晴	顺风	0.432
准点	晴	逆风	0.304
准点	雨	顺风	0.09
准点	雨	逆风	0.064
晚点	晴	顺风	0.048
晚点	晴	逆风	0.016
晚点	雨	顺风	0.03
晚点	雨	逆风	0.016

已知这些信息，如下几个表述为真？

Ⅰ. 条件 & 下，航班状态和风向是相关的。
Ⅱ. 条件天气和 & 下，风向和航班状态是相关的。
Ⅲ. 条件 & 下，天气和航班状态是不相关的。
Ⅳ. {晴 | 顺风，延误，&} = {雨 | 顺风，延误，&}。

a. 0 或 4。
b. 1。
c. 2。
d. 3。

18. 以下哪一关联图最能表征习题 17 中航班状态（FS）、天气（We）和风向这些属性之间的概率关系？

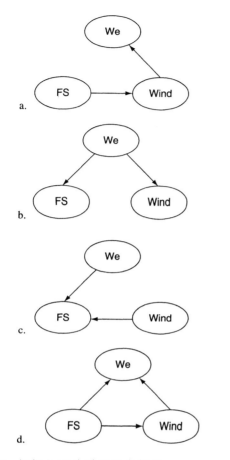

19. 根据如下关联图思考问题。

如下表述有几个可以通过关联图推断出来？

Ⅰ. 条件 & 下，营销成本和营销质量是相关的。

Ⅱ. 条件管理团队质量和 & 下，营销成本和购买数量是不相关的。

Ⅲ. 条件 & 下，营销成本和研发成本是不相关的。

Ⅳ. 条件管理团队质量、产品研发和 & 下，研发成本和购买数量是不相关的。

a. 0 或 4。
b. 1。
c. 2。
d. 3。

20. 考虑如下关于属性 A，B 和 C 的表述：

Ⅰ. $\{A \mid B, C, \&\} = \{A \mid \&\}$。

Ⅱ. 条件 & 下，C 和 A 是不相关的。

以下哪个表述为真？

a. 已知 Ⅰ，Ⅱ 不可能为真。
b. 已知 Ⅰ，Ⅱ 有时候为真。
c. 已知 Ⅰ，Ⅱ 总是为真。
d. 我们需要知道条件 & 下，B 和 C 是否不相关才能回答这一问题。

21. 画出与下图概率树相符的关联图。然后再重新排序使得元素的顺序是 C，A，B，并画出相应的关联图。条件 & 下，事件 A 和 B 互为相关吗？C 和 A 呢？

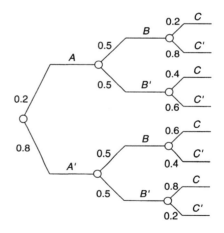

22. 在 Bedford 市有两个出租车公司：蓝公司和绿公司。假设蓝公司的车是蓝色的，绿公司的车是绿色的。蓝公司运营了全市 90% 的出租车，剩余的是绿公司运营。一天深夜，一辆出租车撞死行人后肇事逃逸。

该事故有一个目击者。在法庭上，目击者在黑暗中识别车辆颜色的能力被质疑，因此在与事故相似的环境下对他进行测试。如果给他看绿色的车，他有 80% 的时间说是绿色，20% 的时间说是蓝色。如果给他看蓝色的车，他有 80% 的时间说是蓝色，20% 的时间说是绿色。

法官认为这个测试准确反映了目击者在事故发生时的表现，因此他对事故的概率赋值与测试反馈的频率一致。

a. 根据法官的信息状态构建关联图。
b. 构建反映法官信息状态的概率树。标记所有的端点，提供所有分支概率，并且计算和标记所有端点的概率。
c. 翻转概率树。标记所有端点，提供所有分支概率，并且计算和标记所有端点的概率。
d. 画出一个与 c 相符的关联图。
e. 如果目击者说"肇事车辆是绿色的"，法官应该给肇事车辆是绿色的概率赋值多少？
f. e 得出的答案与目击者测试准确度相比怎么样？这个结果是否出乎意料？为什么？

23. 思考明年 10 月 20 日的天气如何。如果我们计划在这一天举办户外生日聚会，我们认为关于天气的两种属性很重要：是否会下雨，温度是多少。我们甚至会认为两者是相关的。

a. 令 R 代表事件下雨。构造 R 和 R'（R' 即非 R），使得两者互斥且完备。将这些属性进行清晰度测试。令 W 代表温暖，W' 代表不温暖。清晰地构造这种属性。在不涉及数字的情况下，画出树图，标记出这两种属性产生的所有可能性。
b. 令 & 代表背景信息状态。用文字定义：$\{R\,|\,\&\}$，$\{W\,|\,R,\&\}$，$\{R\,|\,W,\&\}$，$\{R,W\,|\,\&\}$。
c. 讨论 R 和 W 的相关性。它们是否都由同样的天气系统导致？是温暖导致了下雨吗？是下雨使得温度下降吗？
d. 在第一个分支集为 R 和 R'、第二个分支集为 W 和 W' 的概率树上填写概率。反转树并注意因此而评估出的 W 和 W' 的概率。调整条件概率直到你对整体评估满意为止。注意反转树可以检查初始评估。重复几次后通常能产生一个合适的评估。

24. 假设你相信第一次投掷硬币出现正反面的可能性是一样的，并且认为第一次投掷硬币和第二次投掷硬币的结果是互相相关的：根据第一次投掷硬币的结果，你对第二次投掷硬币的结果会有不同的概率。

a. 画出代表这种情况的关联图。
b. 假设你认为如果第一次投掷硬币正面朝上，第二次掷硬币正面朝上的概率是 $\frac{3}{4}$，反面朝上的概率是 $\frac{1}{4}$。如果第一次投掷反面朝上，那么第二次投掷正面朝上的概率是 $\frac{1}{4}$，反面朝上的概率是 $\frac{3}{4}$。
c. 画出代表这一信息的概率树，并填写概率。
d. 从树图中确定以下概率：两次正面朝上，先正面朝上再反面朝上，两次中恰好出现一次正面朝上。

25. Xi，Ahren 和 Witi 一起在 DA 公司工作，三人都经常出差。以下三个概率代表了 Xi 认为他的同事某个工作日在办公室的概率。

$\{$Ahren 在办公室 $|\,\&\} = 0.5$
$\{$Witi 在办公室 $|\,\&\} = 0.5$
$\{$Ahren 和 Witi 都在办公室 $|\,\&\} = 0.3$

根据这些信息，以下哪些表述为真？

Ⅰ. Ahren 是否在办公室与 Witi 是否在办公室不相关。

Ⅱ. 在某一给定工作日，Ahren 和 Witi 都在办公室的可能性比他们都不在办公室的可能性低。

a. 只有 Ⅰ。
b. 只有 Ⅱ。
c. Ⅰ 和 Ⅱ 都正确。
d. Ⅰ 和 Ⅱ 都不正确。

26. （接上一个问题）Ahren 和 Witi 都爱喝咖啡。当 Ahren 在办公室时，他喝一杯咖啡的概率是 0.6，不喝咖啡的概率是 0.4。当 Witi 在办公室时，他喝两杯咖啡的概率是 0.5，喝一杯咖啡的概率是 0.5。Ahren 和 Witi 通常将空的咖啡杯扔到办公室的废纸篓，而且公司里只有他们会这样做。

Xi 以此做出如下推断：

- Witi 在办公室喝咖啡的杯数与 Ahren 是否在办公室不相关。
- Ahren 在办公室喝咖啡的杯数与 Witi 是否在办公室不相关。
- Ahren 在办公室喝咖啡的杯数与 Witi 在办公室喝咖啡的杯数不相关。

Xi 在拜访一位客户后，很晚才回来，发现办公室空无一人。他并不知道 Ahren，Witi 是否来过办公室或者两人都来过或者两人都没来，但他回想起早晨在所有员工来之前废纸篓是空的。

根据这些信息，以下哪些表述为真？

Ⅰ. 如果 Xi 在废纸篓看到一个杯子，那么他认为这一天 Ahren 和 Witi 都在办公室的概率大于 0.1。

Ⅱ. 如果 Xi 在废纸篓看到两个杯子，那么他认为这一天只有 Witi 来办公室的概率是 0.4。

a. 只有 Ⅰ。
b. 只有 Ⅱ。
c. Ⅰ 和 Ⅱ 都正确。
d. Ⅰ 和 Ⅱ 都不正确。

第 8 章

行动性思维规则

本章核心概念

阅读本章之后，读者将能够解释下列概念：

- 行动性思维五规则
  - 概率规则
  - 排序规则
  - 等价规则
  - 替代规则
  - 选择规则
- 决策前景和不确定性结果之间的差异
- 给出偏好概率
- 钱泵争议

8.1 引言

此前的章节中，我们讨论了通过构建有用的属性来表征决策情况的方法。在本章中，我们提出实际决策的基础，并最终回答第 1 章提出的问题：

什么是好的决策？

为了回答这一问题，我们提出了能够帮助我们清晰思考任何所面对决策的思维规则，称为行动性思维五规则。我们可以将这些规则看作图 1-19 中"三脚凳"的逻辑底座，或者图 1-10 决策链中"合理推理"的元素。

8.2 利用规则做决策

绝大多数人终其一生都无法定义何种因素成就一个好的决策。正如"一锤定音"或者关联逻辑错误等众多前例所示，仅仅依靠直觉是不够的，而且经常具有误导性。一组清晰的规则可以帮助我们在不确定的世界里做出可靠的决策。近两个世纪，我们方才认识到采用标准逻辑去解决不确定性的不足之处：

"他们说，在正确的推理规则下理解可以生效。这些规则是，或应该是，包含在逻辑中的，但是现实的逻辑科学是针对确定的、不可能的，或者完全可疑的，没有什么（幸运地）需要我们去推理。因此，这个世界的真实逻辑是概率的计算，一个理性人的思维中要考虑或者应该考虑概率的重要性。"

James Clerk Maxwell（1831—1879）

Maxwell，电子工程学中麦克斯韦方程的创始者，并没有提出此处这般的规则，但他确实意识到一种新的思考方式的必要性：你不必浪费时间去思考那些已经确定的或者完全不可能的事情。相反，理解世界和做出决策的挑战在于所面临的不确定性当中。当你在阅读本章后续讲述的行动性思维规则时，思考你是否希望通过遵照这些规则来塑造自己的想法。这些规则可能看起来是直截了当的，但我们会看到它们的含义是深刻的。

8.2.1 注意事项

选择任一系列规则去指导面临不确定性时的逻辑思维和行动，最普遍的规则是：
（1）在简单情境中应用时，这些规则是有效的。
（2）在拓展至更大的情境中应用时，这些规则不能崩溃。

例如，我们通过 3 加 4 等于 7 来测试算术规则。当我们将算术应用拓展至越来越大的问题时，我们发现该拓展是顺畅的，没有明显的节点表明在解决更大的或更多的数字时会导致过程崩溃。

这些相同的思考适用于行动性思维规则的选择。我们的目标在于令这些目标透明化：它们应该在所应用的简单情境中刻画你真正需要的行动。事实上，它们应该足够透明至显而易见。

然而，随着我们将这些简单规则进行组合，你可以从中获得处理复杂决策的能力，就像算术的简单规则赋予你处理数字的能力一样。当你处于有多种备选方案、几种不确定性来源和复杂偏好的不透明决策环境时，你将能够通过组合这些透明规则将不透明决策转化成透明决策。因此，你可以达到自己明晰行动的目标。

8.2.2 规则，而非公理

在决策理论课程，我们可能会选择使用"公理"而非"规则"一词。但在决策分析中，我们关心决策理论的实际应用。为了这一目的，"规则"是比"公理"更有力的描述，因为其更容易被大多数人接受，并同样清晰。

对大多数人来说，公理是一个导致焦虑的词。工科毕业的学生能掌握公理，但多数人厌恶数学。他们厌恶集中于像"公理"这类在高中就没有愉快关系的词。对多数人来说，"公理"一词在理解上产生了不必要的问题。

相反，大家对规则这个词很熟悉。有足球的规则，有桥牌的规则，所有游戏都有规则。事实上，没有规则，就没有游戏。

例如，假设你和某人正在玩西洋棋。他不但从黑色方格开始，还会走红色方格。你说，"你不可以这样！"他说，"不可以是什么意思？红色空格还有很多空间。看我的。"你一旦放弃了规则，游戏也就被摧毁了。如果你按照自己的方式击球，就不是在打棒球了。规则造就游戏。

行动性思维规则既是个人的，也是主动的。遵照这些规则需要你从事诸如为可能的未来将个人偏好排序的工作。对于个体决策而言，没有外界力量强制规则。规则的恰当运用取决于你个人的判断。

8.3 决策情境

思维规则要在某一瞬间及时地应用于某一特定的决策情境。在一个决策情境中，你会面临基于不同资源分配方案的选择问题。每个备选方案产生一笔交易。交易是由各种未来前景所构成的，而这些前景的实现可能是不确定的。因此，我们将决策视为在不确定未来之间的选择，即对不确定前景交易的某一选择。

8.3.1 从可能性到前景

可能性有时候也指事件或结果。如果我们教授一门概率课程，我们只需要考虑可能性。关于纸牌、骰子和罐中球的问题，是处理会发生的可能性问题。但除了因而产生的可能性、这些可能性的大小，以及这些可能性对你未来生活的环境意味着什么之外，决策也关乎你对备选方案所做出的选择。

前景表征了未来，这一未来是由对某一特定决策备选方案的选择及该选择下任一可能性所创造的。前景和可能性之间的根本性差异在于：一个前景取决于对决策备选方案的选择，同时也取决于对不确定性的解决。前景刻画了你的行动和行动的结果。

例如，思考某公司下一年度经营中利润增长的不确定性。这个不确定性的一种可能性是 2 500 万美元，这一可能性会产生不同的决策备选方案。一个备选方案是决定裁员，从而降低经营成本，提高利润。另一种备选方案是降低价格，从而扩大销售，增加收入，增加利润。两个备选方案可能都会增加 2 500 万美元，但前景是不一样的，因为可能性与不同的决策备选方案相关。

一个前景并不能简单看作是伴随一个备选方案而产生的一种未来可能性，它代表了与这种可能性相关的未来生活。例如，假设你有一个通过投掷硬币获得 1 000 000 美元的机会。赢得 1 000 000 美元对你意味着什么？在一个层面上，这会使你银行账户额外增加 1 000 000 美元。在另一层面上，这会改变你的生活方式、你的工作、你的态度甚至你的社会关系。如果如此，仅仅衡量你的银行账户便不能充分描述赢得 1 000 000 美元的前景。

前景描述的完善程度仅取决于你的决策所需。仅通过你的银行账户也许可以充分描述投掷硬币赢得 100 美元的前景。但是，想象一下，你突然要面对一个医疗决策，其中的一个选择是做手术。如果你做手术，一个可能的副作用是手臂运动受限。"手臂运动受限"的前景是什么？"手臂运动受限"这种可能性也许很好描述。这意味着你抬高手臂超过肩膀就会疼痛难忍。"手术之后会限制手臂运动"这一前景可能会更难描述，特别是在你的相关经历很少的情况下。为了描述这一前景，你必须能够想象手臂运动受限对你未来的生活意味着什么。可能这意味着你再也不能打网球和攀岩了，但你还可以从事园艺和弹钢琴。

8.3.2 瞬间时刻

关于一个决策的所有想法都发生在某个特定的瞬间。所有一致的观念在这一瞬间应用到你的想法中——而未必应用于你过去的偏好。你今天更偏爱巧克力口味冰淇淋而不是香草口味，不代表你明天还会偏爱巧克力口味冰淇淋。正如 Emerson 说的，"愚蠢的一致性是头脑简单者的心魔。"我们寻找的一致性是思维规则的一致性，不是愚蠢的持续不变偏好的一致性。

然而，并没有规则阻止你偏好的一致性。事实上，绝大多数人倾向随着时间的推移保持偏好的相对一致性，这样我们明天不会去买我们今天所丢弃之物。

8.4 行动性思维五规则

若你采用如下五条规则，即使在最困难的决策情境中，你仍可以达成高质量的行动性思维。

8.4.1 概率规则

概率规则有两个部分和以下要求。

（1）构建前景：将每个备选方案及其可能性作为前景进行表征。

（2）概率赋值：对每个备选方案相应的前景进行概率赋值。本质上，概率规则要求你使用前文章节中的概念和步骤对交易进行表征。我们可以将每一决策备选方案看作一笔被概率树所刻画的交易，树的末端可能带有某些特定的测度。

我们将该规则的要求与你在概率课上的所学做个比较。首先，教授构建了属性，比如投掷硬币、从桌上挑出一张牌，或者从罐子中抓个球。接下来教授详细描述每种属性的状态以构建可能性：硬币正面朝上、牌是桃心、球是红色。为这些可能性进行概率赋值的工作由教授本人或者通过简单规则比如"所有状态等可能出现"来完成。

举个例子，当教授说硬币是"公平的"，你会预期掷硬币正面或反面朝上的概率赋值均等；如果教授说 52 张牌已被洗好，你会预期拿到某一张牌的概率为 $\frac{1}{52}$；如果从罐子里取球，教授说出每种颜色球的比例，你会预期取到每种颜色的球的概率。比如，从一个包含 50 个红球和 50 个蓝球的罐子中取一个红球，你预期的概率赋值是 0.5。

与概率规则的要求相比，如果你看着罐子并发现绝大部分的红色球在罐子的顶部，绝大部分蓝色球在底部，即使是蒙着眼睛挑出一个红球，你也会赋值远大于 0.5 的概率。我们不认为你的概率赋值会只有 0.5。

决策分析需要更加基础和现实的视角。绝大部分的挑战在于起初构建正确的属性。正如我们对"喝啤酒者"定义所展示的那样，构建清晰的属性是一项艰巨的任务。构建有用的属性则更有挑战性。清晰而有用的属性在决策分析中提供了大量的价值。它们创造了可能性，基于此你可以在个人的知识基础上细心地概率赋值。

概率规则要求表征能够充分刻画出在所处决策情境中你可能拥有的所有重要的想法。谁决定其是否充分？你自己。这条规则要求你构建属性并进行概率赋值，直到你对表征的决策情境满意为止。为了接受这条规则，你需要回答的问题是："当面对一个很严重的决策问题时，我准备好了执行这样的表征吗？"

应用概率规则时，你选择什么来表征不确定性是一个重点。一定层面上，万物都是不确定的。比如，你真的知道自己的亲生父母是谁吗？孩子在医院抱错，母亲在后期向丈夫坦白等都很常见。你选择什么是确定的和不确定的，取决于决策本身。做出选择是决策分析艺术中的一部分。

8.4.2 排序规则

排序规则要求你根据个人的偏好，从最好到最差对一个备选方案及其相关的任何可能性组成的前景进行列表排序。如果比起 B，你更喜欢前景 A（记作 $A > B$），那么 A 比 B 优先出现在列表上。如果你认为两个前景无差别，那么在一个列表中同一行写出，比如以 $A = B$ 的方式刻画。

假设你面对三个前景：收到钻石"Hope"，一吨送到门口的帕尔马奶酪，得了肺炎需要去住院（如图 8-1 所示）。大多数人对于这些前景的偏好是按这种顺序。但是，如果你像一些人一样，相信钻石"Hope"是被诅咒的，你可能会把它列为最差偏好前景。

图 8-1　三个前景（钻石，奶酪，病人）

注意，对前景排序只要构建属性以及每个备选方案相应的可能性。这个排序描述了你在无不确定性世界中对前景的偏好。你可以在不进行概率赋值的情况下进行这个排序，而赋值是对交易的完整表征。

如果你在对前景排序列表时遇到问题，这可能是因为你没有构建足够的属性。比如，如果你很难抉择是选一个新的立体音响还是选一条狗做礼物，可能是因为你不知道养一条狗需要耗费多少精力。如果每个星期需要花 10 个小时照顾狗，你会选择音响；但如果每个星期只需要 1 个小时，你会选择狗。通过引入额外的属性（照顾狗的时间），有足够的状态来刻画可能性，你已构建额外的前景。

然后你可以按偏好顺序来安排前景的扩展清单。排序规则允许引入尽可能多种属性及其状态以使你能够对前景排序。通过认可排序规则，你确认了关于构建必要的属性以显示偏好的信念。

排序的一致性　满足排序规则一致性防止了一个前景出现在列表中两个不同层级。一致性在两个前景中很清晰：如果 A 优于 B，就会在列表中靠前，B 不可能比 A 靠前。这个规则也要求如果 A 高于 B，$A > B$；如果 B 高于 C，$B > C$；如果 A 高于 C，$A > C$。如果 A 优于 B，B 优于 C，则 A 优于 C。如果你试图违背这种要求，通常是因为你在比较前景时考虑了不同的特性。

假设你要在三辆汽车中做出选择：Ajax，Rex 和 Luxo。经过考虑，你觉得加速方面 Ajax 优于 Rex，可靠性方面 Rex 优于 Luxo，奢华方面 Luxo 优于 Ajax。看起来你在给出偏好排序列表方面出现困难。但问题是，在考虑所有的属性之后，如果这其中有一辆车作为免费的礼物停在停车场，你怎么选？这会在列表中占第一位。如果不能得到这辆车，剩下两辆车你怎么选？这辆车在列表中紧随第一之后；最后，剩下的车会在其他两辆车之后。记住，我们是在由基本可能性及其关联测度所刻画的完整生活中对你的前景进行排序。

钱泵争议 违背排序规则会产生一个主要缺点。假设你有关于这三辆车最初的混乱偏好，并且你刚刚得到了一辆 Luxo。有一个人过来跟你说，"我知道，在可靠性方面，你更喜欢 Rex。如果你给我一些钱，我会帮你换成一辆 Rex。"你同意并进行了交换。过了一会儿，这个人再次出现，说："我还知道，在加速方面，你更喜欢 Ajax。如果你再多给我一点钱，我会帮你换一辆 Ajax。"再一次，你同意了，并给出了更多的钱。但并没完，他又回来了，说："我知道，在奢华方面，你更喜欢 Luxo。再多给我一点钱，我可以帮你换成一辆 Luxo。"你再次同意了，又给了更多的钱。现在你重新回到起点，并支付三次金钱。没有什么可以阻止这人回来，并带你再次循环。有时这一现象被称为制造一个"**钱泵**"。任何违背了排序规则的人都容易陷入钱泵中。

在绝大多数情况，满足排序规则没什么问题。如果一个人问你更喜欢 100 美元、50 美元还是一无所有，你会毫不犹豫地分配偏好。即使对前景的描述更加复杂，选择还是很简单的。比如，假设你当地的日报赞助了一个绘图比赛来增加销量。绘图比赛的三个奖励是：

（1）Tahiti 两周双人游。
（2）城镇最大商店的 500 美元礼券。
（3）一年报纸的免费订阅。

大多数人会毫无疑问地建立偏好顺序 $A > B > C$，具体来说，在我们的前景偏好排序清单中，A 大于 B 且 B 大于 C。但是任何排序都是允许的：一些不喜欢飞机旅行的人，可能更偏好礼券。

8.4.3 等价规则

假设你喜欢前景 A 多于 B，B 多于 C：$A > B > C$。这表明在偏好列表里 A 在 B 之上，B 在 C 之上。**等价规则**要求你可以给出一个数字 p，以使你对于得到确定的前景 B 与得到一个概率为 p 的前景 A 和概率为 $1-p$ 的前景 C 的交易之间无差别。图 8-2 反映了等价规则的要求。

你对图中概率树右边的概率 p 进行调整，直到你对得到用树描述的交易和得到概率为 1 的前景 B 之间无差别。你是设置 p 来实现无差别的唯一仲裁者。数字 p 可以是 0~1 之间的任意数字，但并不能等于 0 或 1。如果你把 p 设为 1，你可能会说 A 和 B 之间无差别，实际并非如此。如果你把 p 设为 0，你可能会说 B 和 C 之间无差别，实际情况也不是这样。

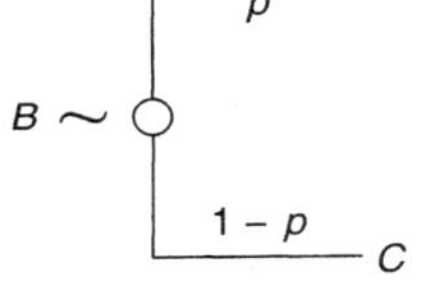

图 8-2 等价规则

假设当你为一个报纸绘图比赛的 Tahiti 旅游、礼券或一年的报纸订阅进行上述操作，你会遇到一个问题。你说："我知道相比其他两个前景我更喜欢 Tahiti 旅游。但在我给出 p 之前，我必须知道更多的细节。这是一趟免费的、有头等舱和酒店的豪华旅游，还是经济舱、青年旅舍，且自费的'穷游'？"如果你有这种困难，概率规则要求你引入旅行种类的属性，重做排序规则形成前景的扩展列表，然后带着更清晰定义的前景回到等价规则。

偏好概率　当你确定了无差别的 p，我们称之为该情境下的**偏好概率**。我们称它为偏好概率而非简单地称为概率，因为它不是对任何属性的概率赋值，而属性能否发生可以由一位先知来预见。我们在等价规则中使用术语"给出偏好概率"，在概率规则中使用术语"概率赋值"。

用概率轮盘来给出偏好概率　等价规则要求你构建一个包含前景 A 和 C 的假设性交易，其与前景 B 有同样的吸引力。思考这笔交易的一种方法就是想象用图 8-3 的概率轮盘来描述这一交易。一种颜色对应于获得前景 A，另一种颜色对应于获得前景 C。如果概率轮盘放在你面前，相比于前景 B 你更偏好轮盘交易，那你必须减少 A 相对应的颜色；如果你更偏好前景 B，那么你必须增加 A 相对应的轮盘部分。当你觉得无差别时，A 相对应的轮盘部分正是你在等价规则中给出的偏好概率 p。

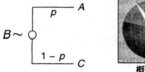

图 8-3　偏好概率和概率轮盘

通过接受等价规则，你确认你可以为给定排序规则的不同偏好水平的任何三个前景给出偏好概率。有些前景包含了生和死、外科手术的后果（比如眼盲和麻痹）、其他的前景（比如活着但是要经历化疗或放疗）。

正如排序规则描述了确定性世界的偏好一样，等价规则描述了不确定世界的偏好。

确定等价物　对于等价规则中给出的 p，B 被称为 A—C 交易的**确定等价物**，p 是三个排序前景的偏好概率。为了说明这些概念，我们回到报纸绘图比赛。假设在经过思考和使用轮盘之后，你认为如下两者之间无差别：一方为 500 美元的商店礼券，另一方为 15% 的机会去 Tahiti 的奢华游和 85% 的机会一年期的报纸订阅的交易。你也会说 0.15 是你为报纸绘图比赛的三个排序前景给出的偏好概率。

8.4.4　替代规则

替代规则要求，无论何时面对你使用等价规则给出偏好概率的一个前景（或多个前景），你认为在面对这些前景的决策和使用等价规则更换了带有等价二元交易的任何期望数字的等价决策之间是无差别的。替代规则的逆向也是有效的：你认为包含给出了得到最好和最差前景概率的二元交易的决策和用等价前景更换这个二元交易的决策之间是无差别的，这个等价前景的偏好概率等同于二元交易中获得最好前景的概率。

让我们用一个例子来解释替代规则　在报纸绘图比赛的例子中，假设你接到报社的电话说你赢得了 500 美元礼券。通知者说如果你愿意，你可以放弃礼券并继续参加两周 Tahiti 豪华游的绘画比赛。比赛的安慰奖为 1 年的免费报纸订阅。当你询问了比赛规则之后，你为赢得 Tahiti 豪华游的概率赋值 0.15，你一定会在礼券和继续参加绘画比赛之间感觉无差别。

这意味着当面对 A 和 C 这种实际的不确定性交易时，你为赢得 A 的概率赋值等于你给定的偏好概率，你认为得到这笔交易和得到 B 之间没有差别。换句话说，当偏好概率与概率赋值相等时，你的偏好概率将会描述你的行动。简而言之，这意味着你会将给出的偏好概率作为分析决策情境时所用的概率。

应用　图 8-5 给出了替代规则的应用。假设如图 8-4 所示的等价规则，你设定 500 美元礼券是由 0.15 的机会获得 Tahiti 豪华游和 0.85 的机会获得一年免费报纸订阅组成交易的确定等价物。进一步假设，你事实上面临一笔交易，这笔交易中，你对 500 美元礼券的概率赋值为 0.80，对一年的当地报纸免费订阅的概率赋值为 0.20。接受替代规则，你必须准备好通过用在等价规则中得到的确定等价物交易替换 500 美元的前景来评估这笔交易。这个替换揭示了你事实上面对的交易是等价于 0.12 ~ 0.88 的概率去 Tahiti 旅行和一年的免费报纸订阅。

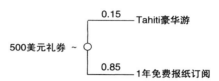

图 8-4　确定等价物交易

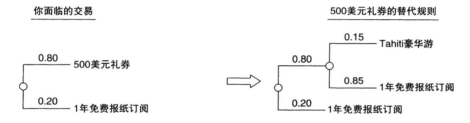

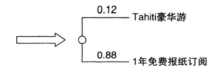

图 8-5　替代规则的应用

8.4.5　选择规则

选择规则要求如下。假设你面临着两笔交易的选择，这两笔交易有相同的前景。你更偏好其中一个前景，而且你为每笔交易中得到的前景进行了概率赋值。**选择规则**要求你选择偏好前景概率更高的那笔交易。

图 8-6 阐明你面对交易 1 和交易 2 的选择。交易有相同的两个前景 D 和 E，但可能有不同的概率。假设相对于前景 E 你更偏好前景 D，也就是 $D > E$，意味着在偏好列表中 D 在 E 之上。假设你在各笔交易中对赢得 D 的概率赋值为 p 和 q。选择规则要求，如果 $p > q$，你必须选择交易 1。

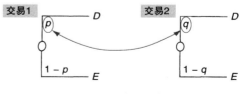

图 8-6　选择规则

这是最后一条规则，而且这是唯一指定你必须采取行动的规则。这条规则要求你必须选择那笔偏好前景概率更高的交易。

这条规则如此简单，如果你说违反了这条规则，人们会认为你在开玩笑。假设你偏好 100 美元甚于一无所有，你面临一个在投掷硬币赢 100 美元和抽到桌面上的心形纸牌赢 100 美元之间的选择，前者被你赋予了 $\frac{1}{2}$ 赢的概率，后者被你赋予了 $\frac{1}{4}$ 赢的概率。如果你告诉朋友你选择了纸牌游戏，他会认为他误解了你。注意有一些赌徒或者一些喜欢冒险的人同样更喜欢硬币交易，因为他们相信胜算概率更大。

在报纸绘画比赛的例子中，选择规则要求如果你面对参加不同比赛且只有两种可能奖项的选择，Tahiti 旅行或一年免费报纸订阅，那么你肯定偏好有最大机会赢得 Tahiti 旅行的比赛，也就是参赛者最少的比赛。

选择规则不谈你的偏好，只提及你必须遵从偏好。即使受虐狂也可以遵守选择规则。如果相较于在酒吧没被殴打，你更喜欢在酒吧被殴打，选择规则要求你偏好有更高机会被殴打的酒吧。

8.5 总结

我们决策分析的任务是构建有代表性的事物，并使用规则来削减这些事物的数量直到只剩有相同前景的两个备选方案之间的选择，方案中你对一个前景的概率赋值高于另一个。有时候我们说我们的任务处于一个不透明的决策情境，我们不知道做什么，只有通过一系列透明的步骤减少这种不透明，使之变得像选择规则一样简单。

我们在本章构建了新的属性：
- 前景 vs. 结果。
- 行动性思维五规则。
    - 概率规则。
    - 排序规则。
    - 等价规则。
    - 替代规则。
    - 选择规则。
- 钱泵。
- 给出偏好概率。

为了使用这些规则进行决策，你需要对自己做出如下保证。

概率规则：我会将备选方案表征为由个人前景及对此进行赋值的关联概率组成的交易。

排序规则：我能从最好到最坏对个人完整的前景列表进行排序，两个或更多的前景可以处于同一水平。

等价规则：给出不同水平下的三个前景，我可以设定获得最好的和最坏的前景的偏好概率，使得我对获得中间的前景无差别。中间的前景是其他两个前景交易的确定等价物，其中，较好前景的概率为 p，较坏前景的概率为 $1-p$。

替代规则：如果我的决策包含了一个前景（或多个前景），是通过在等价规则中设定偏好概率 p 所得一个较好前景和一个较坏前景的确定等价物，我对获得这个前景和以 p 赋值较好前景、以 $1-p$ 赋值较坏前景构成的交易之间仍然保持无差别。

选择规则：在面对包含排序法则中不同水平的两个相同前景的两笔交易之间做一个选择，我会选择较好前景概率更高的交易。

> 如果当下没有不确定性，我们只需要概率规则（描述问题的特征）、排序规则（对前景排序）、选择规则（做出一个选择）。我们不需要等价规则或者替代规则。

在此后的章节中，我们将演示通过重复应用这五条规则，我们事实上可以做任何决策。为了方便，我们使用"**规则遵守者**"去称呼同意遵守这些规则的人。

> 现在我们指出这种决策范式的一些常规性质。例如，我们发现在两个备选方案中的选择只取决于这些方案的前景，而不取决于其他方案的前景。你的偏好是关于你实际获得的未来前景，而不是你可能已经获得的。在这个瞬间时刻，移除（或增加）一个你没有选择的方案不会改变你对剩余方案的偏好排序，只要其没有丢失与剩余方案有关的任何信息。这些观察所得可能在理论上看起来有些奇怪，但它们不过是成形的常识。
>
> 例如，思考如下故事，一个男人进了冰淇淋商店，并询问都有什么口味。服务员答道："香草、巧克力和草莓。"顾客会说："我要香草。"片刻之后，服务员又说道："对不起，我们没有草莓。"顾客说到，"这样的话，我要巧克力。"这个看起来像笑话的故事展示了我们的思维规则内化到什么程度。

习题

标注剑号（†）的习题需要计算。

1. 下面哪一个描述违反了行动性思维五规则中的排序规则？

Ⅰ. Joy 在拥有额外的 10 美元或拥有 U2 最新的 CD 之间感觉无差别。有人以 5 美元的价格向 Joy 出售最新的 U2 CD，但她还是决定不买。

Ⅱ. 相对于 Alaska 航空，Aaron 更喜欢坐 Qantas 航空，因为他们有更好的安全纪录。相对于 Qantas，他更喜欢 Jet Blue，因为他们航班上有电视。然而，相对于 Jet Blue，他更喜欢 Alaska，因为他们有更好的顾客满意度排名。

a. 只有Ⅰ。
b. 只有Ⅱ。
c. Ⅰ和Ⅱ。
d. Ⅰ和Ⅱ都不是。

2. 你毕业后被一家管理咨询公司雇用。在你的第一个项目中，决策者说："我不能为这个不确定性的结果进行概率赋值，但我一位可靠的朋友可以。同时，我可以对前景进行偏好排序，但我不能给出它们中的任何一个偏好概率。"

思考下面这些可能的解决方法：

Ⅰ. 向他解释五条规则，并且试图让他给出这些概率。

Ⅱ. 告诉他如果分享朋友的信念，他可以使用朋友对不确定性结果的概率评估和前景的偏好概率。

Ⅲ. 告诉他如果分享朋友的信念，他可以使用朋友对不确定性结果的概率评估，但如果想用朋友的偏好概率，他必须也分享朋友的偏好。

你会选择做下面哪件事？

a. Ⅰ和Ⅱ。
b. Ⅰ和Ⅲ。
c. Ⅱ和Ⅲ。
d. 以上都不是。

3. Chantal 准备去她朋友 Gregory 家参加晚餐聚会。Gregory 让她带一瓶葡萄酒去配餐。当 Chantal 去到商场并拿到一瓶时，她不记得 Gregory 说他准备了牛肉、鸡肉还是鱼肉。她现在需要决定是白葡萄酒还是红葡萄酒。她对各种结果的偏好列在下表。

葡萄酒	食物	偏好概率
红	牛肉	1.0
白	鱼肉	0.8
白	鸡肉	0.7
红	鸡肉	0.5
红	鱼肉	0.3
白	牛肉	0.0

正当思考这个决策时，她碰到了她的朋友 Shelli，她也需要带一些东西去同一个晚餐聚会。Shelli 也不记得晚餐吃什么，但她告诉 Chantal 不会是牛肉，因为 Gregory 的女朋友不吃红肉。所以，Chantal 决定重新校对上面表格并且把牛肉这个选项去掉（如此，白葡萄酒和鱼是最好的结果，红葡萄酒和鱼是最差的结果）。Chantal 对"白葡萄酒和鸡肉"这一结果的新偏好概率是多少？

a. 0.7。

b. 0.8。
c. 0.9。
d. 没有充分的信息做决策。

4. （继续上一个问题）Shelli 提到她认为 Gregory 也可能会做蔬菜卤面，因为这是他最喜欢的菜。Chantal 对这个信息产生的两个新结果的偏好如下。

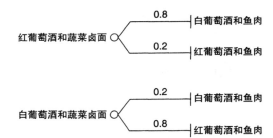

基于 Shelli 告诉 Chantal 的信息，我们怎样描述 Chantal 对"白葡萄酒和鸡肉"和"红葡萄酒和卤面"的偏好？

a. 她更喜欢"白葡萄酒和鸡肉"。
b. 她更喜欢"红葡萄酒和卤面"。
c. 她觉得两者无差别。
d. 没有足够的信息做决策。

5. 下面几个表述必定违反了行动性思维五规则？

Ⅰ. Onder 对一些货币交易表现为风险厌恶，对另一些表现为风险中性。

Ⅱ. 相对于卡普奇诺，Jeremy 更喜欢拿铁；但相对于配有意式脆饼的拿铁，他更喜欢配有意式脆饼的卡普奇诺。

Ⅲ. 昨天，David 对图钉正面朝上落地的概率赋值为 0.5。今天，他对图钉正面朝上落地的概率赋值为 0.6。

a. 0。
b. 1。
c. 2。
d. 3。

6. Hannah 遵循行动性思维五规则，喜欢更多的钱，并且为下面的交易设定了三个确定等价物。

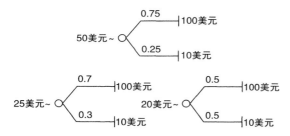

针对下面这笔交易，我们可以怎样说 Hannah 的确定等价物（CE）？

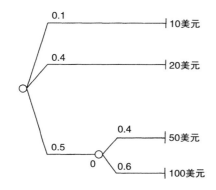

A. $CE < 20$ 美元。
B. 20 美元 $< CE < 25$ 美元。
C. 25 美元 $< CE < 50$ 美元。
D. $CE > 50$ 美元。

7. Fiona 在 60 美元的确定性交易与 0.5 概率获得 100 美元和 0.5 概率获得 50 美元的不确定性交易之间无差别。Fiona 遵循行动性思维五规则，并且喜欢更多的钱。Fiona 对于交易 X，Y 和 Z 的偏好顺序是什么？

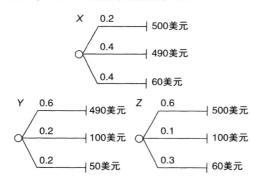

a. $X < Y < Z$。
b. $X < Z < Y$。
c. $Y < Z < X$。
d. $Y < X < Z$。

8. Leland 遵循行动性思维五规则，并且计划从 Sacramento 到 Reno 去旅行。在规划旅行时，他会考虑不同的交通方式。相对于大轮自行车，他更喜欢通过蒸汽火车去旅行。他也给出了如下偏好。

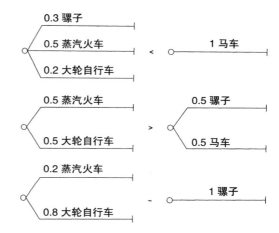

已知这些信息，下面哪个关于 Leland 的说法是正确的？

Ⅰ.

Ⅱ. 大轮自行车 < 骡子 < 马车 < 蒸汽火车。

a. 只有Ⅰ。
b. 只有Ⅱ。
c. Ⅰ和Ⅱ。
d. Ⅰ和Ⅱ都不是。

9. Ibrahim 面对如下三笔交易。

Ibrahim 在确定的 -100 美元与 0.2 概率的 1 000 美元和 0.8 概率的 -500 美元构成的不确定性交易之间感觉无差别。他遵循行动性思维五规则，并且喜欢更多的钱。他对 X，Y，Z 的偏好顺序是什么？

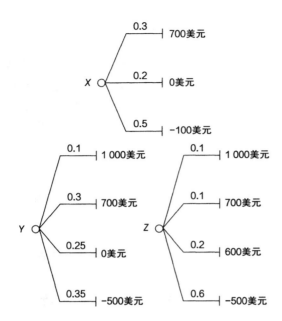

a. $X > Y > Z$。
b. $Y > X > Z$。
c. $X > Z > Y$。
d. $Z > X > Y$。

10. Rashmi 遵循行动性思维五规则，且喜欢更多的钱，她通过下列无差别关系给出一些偏好。

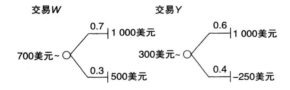

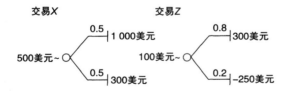

对于下面的交易，我们如何确定 Rashmi 的确定等价物（CE）？

a. 100 美元 < CE < 500 美元。
b. 300 美元 < CE < 500 美元。
c. 500 美元 < CE < 700 美元。
d. CE < −250 美元或 CE > 700 美元。

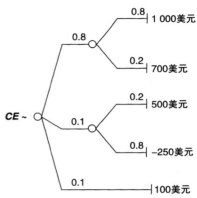

11. Lionel 喜欢极限运动且遵循行动性思维五规则。他在洞穴探险与由 $\frac{5}{6}$ 概率的独木舟漂流和 $\frac{1}{6}$ 概率的回力球游戏构成的交易之间无差别。他也在回力球游戏与由 $\frac{4}{9}$ 概率的洞穴探险和 $\frac{5}{9}$ 概率的外出观鸟构成的交易之间无差别。最后，他在悬崖跳水与由 $\frac{2}{9}$ 概率的洞穴探险和 $\frac{7}{9}$ 概率的外出观鸟活动构成的交易之间无差别。

给出这些信息，以下三个关系有几个与 Lionel 的偏好一致？

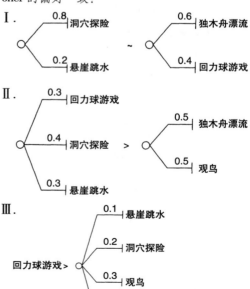

a. 0。
b. 1。
c. 2。
d. 3。

12. Amit 面对以下三笔交易。

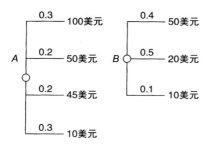

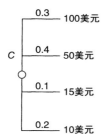

Amit 在 20 美元的确定性交易与由 0.6 概率的 100 美元和 0.4 概率的 15 美元构成的交易之间无差别。Amit 遵循行动性思维五规则。Amit 对 A, B, C 的偏好顺序是什么？

a. $A > B > C$。
b. $B > A > C$。
c. $C > B > A$。
d. $B > C > A$。

13. Salvador 对下图中的交易给出了确定等价物。

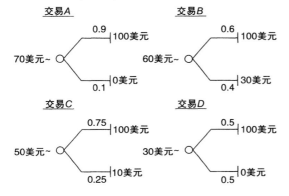

假设他遵循行动性思维五规则，我们如何确定如下交易的确定等价物？

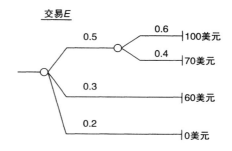

a. 30 美元 $< CE <$ 50 美元。
b. 50 美元 $< CE <$ 60 美元。
c. 60 美元 $< CE$。
d. 没有足够的信息做决策。

†14. 概率规则中的概率赋值和等价规则给出的偏好概率之间有什么区别？先知在两者中扮演的角色是什么？

†15. 相对于口琴，Chris 更喜欢雪橇，并给出如下详细等价关系。

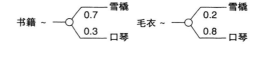

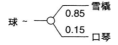

a. Chris 在口琴、雪橇、书籍、毛衣、球之间的偏好排序是什么？

b. 与如下交易等价的 Chris 的偏好概率（在一笔假设性交易中雪橇 vs. 口琴的概率）是什么？

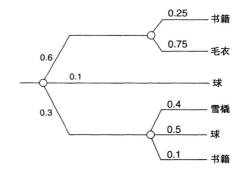

c. Chris 更喜欢书籍还是下面的交易（提示：首先，将这笔交易表述为雪橇 vs. 口琴的概率）？

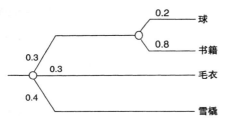

d. 根据他在这个问题中给出的无差别表述，我们可以得出关于 Chris 对 4 件毛衣 vs. 1 本书的偏好的哪些推断？

†16. Ben Adam 医生，一名杰出的脑科医生，遵循行动性思维五规则。一天，他有一个失去意识的病人 Smith。在考虑对 Smith 使用的医疗程序时，他构建了如下关于最先进医疗技术及其对病人的影响的树图。

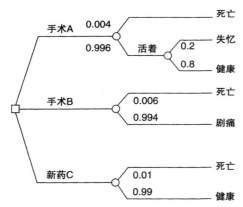

因为 Smith 先生没有意识，Adam 医生无法判断他对这些可能结果的偏好。一个护士建议 Adam 医生根据他的经验使用一个他认为合适的典型病人的偏好。Adam 医生把这些偏好按最喜欢到最不喜好进行排序：健康、剧烈疼痛、丧失记忆、死亡。

他拿出了最近一个与 Smith 很接近的病人的医疗记录文件，他打算使用这个病人的偏好初步分析 Smith 的病例。

a. 根据这些信息，Adam 医生最好的决策是什么？

b. 正当 Adam 医生在思考怎么去改进决策时，Smith 先生醒了过来。他也同样遵循行动性思维五规则作为他决策的标准，并开始回顾 Adam 医生的决策过程。他同意医生的排序和评估，除了他觉得记忆没有博士假设的那么珍贵。下面是 Smith 先生修改的偏好评估。

剧痛~ 0.999 健康 / 0.001 死亡   失忆~ 0.98 健康 / 0.02 死亡

Smith 先生最好的决策是什么？

c. 假设 Smith 先生给出下面的偏好概率来替代上图。

剧痛~ $1-p$ 健康 / p 失忆   失忆~ q 剧痛 / $1-q$ 死亡

这里 $p=0.05$ 和 $q=0.981$。上面的信息是否足够让你来推荐一个决策？如果可以，给出你的建议，如果不可以，给出解释。

第9章

聚会问题

本章核心概念

阅读本章之后，读者将能够解释下列概念：
- 决策树
- 期望运算和期望值
- 备选方案的偏好概率
- 最优决策方案
- 巫师
- 决策框架下的 Hamlet 困境

9.1 引言

在上一章中，我们介绍了行动性思维的五条规则并讨论了其在决策过程中的重要性。理解这五条规则的最好方式就是观察它们在决策过程中的应用。本章中，我们将介绍五条规则在聚会问题中的一种应用。我们将聚会问题作为典型的例子来验证这些规则如何被运用。此外，我们将研究如何将许多其他的决策分析原则整合到这一问题中。

9.2 聚会问题

假设 Kim 已经邀请她的青少年朋友参加一个家庭聚会。然而，她看起来有些不安。她解释道："我对聚会的举办场地感到很困惑。"我们回答道："当你对一个决策感到疑惑不解时，或许我们可以给你提供帮助。但是在我们帮助你之前，你必须阅读并且同意遵守行动性思维规则。"她看完规则后欣然答应，我们告诉她，她现在是一位规则遵守者。

概率规则（第一部分） 在概率规则的第一部分中，我们从识别备选方案及可能性，然后表征 Kim 所面临的前景开始。我们询问在她考虑的举办场地中有哪几个备选方案，她说："现在有三种可能的场地——室外的草坪上，在家里，或者是在门廊上。场地就这三个，但是问题是场地取决于当时的天气状况。如果下雨，举办室外聚会是很糟糕的。但是，如果当天晴空万里，我们在室内举办，我又会后悔没有在室外聚会。"

9.2.1 决策树

此时，我们会说："让我们来帮你决策。"我们绘出草图 9-1。

Kim 的**决策树**从一个正方形的决策节点开始，从这个节点发散出的三个备选方案被标记为 O（室外），P（门廊），I（室内）。然后，对于每一个备选方案，我们给出天气状况的两种可能性：晴天（S）和雨天（R）。

9.2.2 清晰度测试

她说："我明白为何你们提供两种天气状况的可能性，但晴天和雨天具体指什么？"我们解释道："作为一位决策者，你需要定义一些术语来满足清晰度测试的标准，这对于你前景的排序也是有用的。"我们交谈了 20 分钟，对晴天和雨天做出了最好的定义，在此不再赘述（在"喝啤酒者"的清晰度测试的定义中，我们已经展示了如何开展这种讨论）。甚至为了达成这种简单的二元属性，我们必须解决多个问题，例如多云、降水、间接降水等。

最后，Kim 对清楚了解这种属性并以最有效的方式达到目的表示满意。现在我们已经运用了概率规则中的第一部分，并已经表征了 Kim 的前景。接下来，我们考虑行动性思维五规则中剩下的部分，并明确运用它们来帮助 Kim 做出一个好决策。

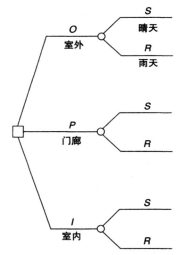

图 9-1　聚会问题决策树

9.2.3 在聚会问题上运用规则

排序规则　我们现在提及排序规则，指出 Kim 的决策树有六个前景：每个前景都由她的行动和这些行动引起的可能性组合而成。

(1) 晴天时在室外的聚会，O—S。
(2) 雨天时在室外的聚会，O—R。
(3) 晴天时在门廊的聚会，P—S。
(4) 雨天时在门廊的聚会，P—R。
(5) 晴天时在室内的聚会，I—S。
(6) 雨天时在室内的聚会，I—R。

然后我们要求她从中选出一个最优前景，她选出 O—S。她将 O—R 作为最差前景。

接下来，我们要求她做出六个前景的列表，最上端是最优的前景（O—S），最底端是最差的前景（O—R）。她构建了如图 9-2 所示的排序。

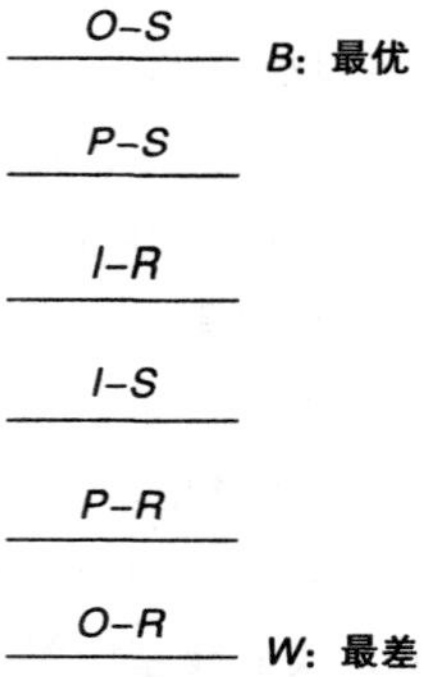

图的最顶端是 O—S，记作 B 表示最优前景；图的最底端是 O—R，记作 W 表示最差前景。其余的四个前景偏

图 9-2　Kim 偏好排序的前景列表

好排序为 P—S、I—R、I—S 和 P—R。回顾这个列表，我们发现她对雨天在室内举办聚会 I—R 优于晴天在室内举办聚会 I—S。我们询问她这是否真实反映她的偏好。她说："是的。雨天在室内聚会仍然挺不错的，但是晴天在室内的聚会就很可能使人们想到室外去了。" 为了确认，我们问她列表中是否有任意两个前景令她感到无差别。她回答道："没有，越在上面的前景我越喜欢。" 我们告诉她，她现在通过了排序规则。

排序规则刻画了在一个没有不确定性世界里 Kim 的偏好。如果 Kim 对于哪个前景更好感到困惑，最有可能的原因是这些前景仍有一些未被表征的性质。例如，在有风的情况下她可能不确定有多喜欢在门廊举办聚会，我们需要返回概率规则，然后添加属性"有风"。然而，对于 Kim 而言，每一个前景都被充分表征以使得她能够轻易地对所有的前景进行排序。

等价规则 现在我们向 Kim 介绍一下等价规则。我们说："你说晴天在室外聚会 O—S 是最优前景；雨天在室外聚会 O—R 是最差前景；晴天在门廊上聚会 P—S，在你的偏好中居于两者之间。" 她说："对。" 接着我们说："依据等价规则，我们可能向你提供一些获得最优前景和最差前景的机会，以使你对晴天在门廊上举办聚会的前景无差别。"

为了完成这个任务，我们介绍另一种角色，就是**巫师**，如图 9-3 所示。与能预见未来的先知不同，巫师通过挥舞魔杖能够使任何前景当下就可以发生。记住，这里假设以排序规则列表的所有前景都是确定的。巫师能够确保你对前景偏好的关注，而非关注其发生的机会有多大。

图 9-3　巫师能让任何事情发生

谈及至此，我们设置了概率轮盘，告诉她如果出现某种颜色，巫师就会给她一个晴天在室外举办的聚会，如果出现另一种颜色，巫师就会给她一个雨天在室外举办的聚会。我们询问她在旋转轮盘或参加一个由巫师提供的晴天在门廊举办的聚会之间，她是否感到无差别。她说事实上，在门廊举办的聚会可能会更好，所以在她感到无差别之前，她对获得最优聚会前景的概率相比于 0 而言更接近 1。

在调整颜色以后，她构建出：如果她有 95% 的机会举办室外—晴天的聚会和 5% 的机会举办室外—雨天的聚会，她对此交易和确定的门廊—天晴的聚会之间感到无差别。我们提醒她 0.95 是对应于前景 P—S 的最优和最差之间的**偏好概率**，且 P—S 是她对以 0.95 的机会得到最优前景和 0.05 的机会得到最差前景这一交易的确定等价物。

我们要求她对所有前景重复这一过程并得到图 9-4。

以示完整性，我们展示了晴天在室外举办聚会等价于以概率 1 得到最优前景，雨天在室外举办聚会等价于以概率 1 得到最差前景。依据她的前景偏好列表顺次朝下，从最优到最差的偏好概率平稳地减少：P—S 为 95%，I—R 为 67%，I—S 为 57%，P—R 为 32%。若偏好概率没有减少，则意味着偏好没有正确排序并且她将重复排序过程。你可能会注意到这种偏好概率并没有告诉我们 Kim 对于晴天或者雨天可能性的信念；相反，它们反映了她对于这些确定性前景的偏好强度。

概率规则（第二部分） 此时，我们通过使用概率规则重新回到信息这个问题上。特别地，我们发现尽管已完成了决策树的结构（如图 9-1 所示），但我们尚没有给出在晴天这一事件上 Kim 的概率赋值。然后我们就概率赋值开始讨论，我们要求 Kim 收集关于明天天气情况的信息。她看了电视上的天气预报，阅读了报纸，看看天，最后坐下来使用我们原来讨论的过程形成了自己的概率编码。她分配一个 0.4 的概率给晴天，自然而然，一个 0.6 的概率给雨天。概率赋值的决策树如图 9-5 所示。

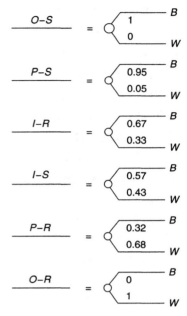

图 9-4 构建最优和最差交易

为了向 Kim 展示正确的决策，我们将图 9-4 中的偏好信息与备选方案及其信息整合至图 9-5。我们确保从此以后，只要她遵从思维规则，发现最优备选方案仅仅是计算问题。

替代规则 接下来，我们向 Kim 介绍替代规则。该规则说明对于每一前景，我们能以一个确定等价物替换一个包括最好和最坏前景的交易。我们在图 9-6 中展示上述操作。

在图 9-6 中，对于决策树中每一前景，我们都以图 9-4 中的等价交易替代。例如，如果 Kim 选择门廊方案且天气是晴天，她会将之等价于以 95% 的概率得到最优前景和以 5% 的概率得到最差前景。

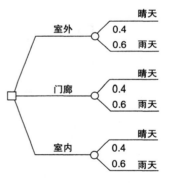

图 9-5 有概率的决策树

当我们检验图 9-6 时，我们发现对于每一个备选方案：O，P 和 I，在树的末端仅仅只有两种可能的前景——最优前景 B 和最差前景 W。由于替代规则所述的对于决策目标而言，概率和偏好概率之间是没有区别的，我们可以通过将指向最优前景路径上的各分支的条件概率相乘，然后加和所有路径，得到达成每个备选方案最优前景的偏好概率。

在图 9-6 中，室外方案的偏好概率为：

$$0.4 \times 1 + 0.6 \times 0 = 0.4$$

门廊方案的偏好概率为：

$$0.4 \times 0.95 + 0.6 \times 0.32 = 0.57$$

室内方案的偏好概率为：

$$0.4 \times 0.57 + 0.6 \times 0.67 = 0.63$$

结果如图 9-7 所示的简化树。

注意室外、门廊和室内方案最优前景的偏好概率分别为 0.4、0.57 和 0.63。

选择规则　接下来，Kim 必须考虑的是选择规则，因为她偏好最优前景甚于最差前景，她必须选择达成最优前景偏好概率最高的那个方案，即室内方案。我们发现其等价于以 63% 的概率获得最佳前景和以 37% 的概率获得最差前景。

为了向 Kim 解释这个结果，我们指出尽管她选择了最佳方案即室内聚会，等价于以 63% 的概率获得最佳前景和以 37% 的概率获得最差前景，但事实上，按照这个方案将不会使她有获得最优或最差前景的可能。在这个问题上，现实世界不存在有着 0.63 概率的事件。我们所要计算的是她对每个备选方案的偏好概率，而非先知所能预见的任何属性的概率。她所构建的是室内举办聚会等价于 63% 的机会获得最优前景和 37% 的机会获得最差前景，而相比于其他方案，这是最好的选择。此时，如果巫师已准备好要么产生一个天晴在室外的聚会（B），要么产生一个雨天在室外的聚会（W），那么她对通过旋转轮盘以 0.63 概率得到 B，和以 0.37 概率得到 W 之间无差别。

应用规则　通过上述五条规则的运用，你可以制定任何决策。思考所有你可能会面对的决策。例如，假设你是一位盲人正在考虑一个可能会使你康复或者死亡的手术。你的三个前景是活着看得见、活着看不见和死亡，通常人们更偏好这种顺序。为了帮助你制定决策，你可能像我们在前面那些例子中一样（帮助 Kim 制定聚会的决策）使用这些规则。

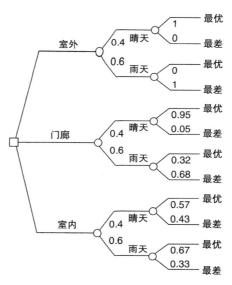

图 9-6　任一前景的替代性等价交易

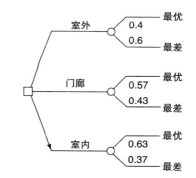

图 9-7　基于最优和最差前景的各备选方案的偏好概率

当遇到更加复杂的问题时，严格遵守上述规则可能看起来是不可完成的挑战。考虑排序规则下的前景列表中不同水平的三个前景的所有选择方式，并实现它。从原则上讲，你必须为任一情形进行偏好概率赋值。比如，聚会问题有 6 个前景，因此有 $6!/(3!\ 3!)=20$ 种不同潜在的等价规则问题。我们仅仅讨论了 4 种。

幸运的是，我们发现存在一些进行此类分析的简便方法。

9.3　简化规则：期望值

通过定义一种新的操作，我们可以在推导最优前景的过程中节省替代规则所要求的步骤。

一种方案是构建如图 9-8 所示的决策树，每个前景的偏好概率作为一种测度置于树的末端。偏好概率可从图 9-4 中获得。

9.3.1 计算一个方案的偏好概率

考虑一棵带有**测度**的概率树。对于每一备选方案和任一基本概率而言，如果我们将方案的基本概率与关联的测度值相乘，再将所有的基本可能性加和，我们就得到了备选方案的偏好概率，如图 9-8 所示。例如，门廊方案的偏好概率是：

$$0.4 \times 0.95 + 0.6 \times 0.32 = 0.57$$

我们将图 9-8 中的计算数值称为测度的**期望值**。在这种期望运算的定义下，我们现在可以说：

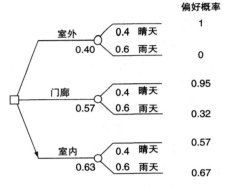

图 9-8　各备选方案的偏好概率

> 任一备选方案的偏好概率是其前景偏好概率的期望值。

随着我们深入学习，我们将发现期望运算的其他用途。

9.3.2 规则的含义

正如我们所学的，任一备选方案的偏好概率是其前景偏好概率的期望值。这一发现有多重含义。首先，使用这一操作意味着对于每一决策树，我们不需要考虑所有的替代，正如我们在图 9-6 中所做的。相反，我们仅需画出带有偏好概率作为测度的决策树，然后计算出每一个方案偏好概率的期望值。拥有偏好概率最高期望值的备选方案就是与五条规则相一致的方案。更重要的含义在于，如果你希望遵从行动性思维五规则，我们刚刚所描述的方法就是你决策的唯一方法：

> 选择偏好概率最高期望值的备选方案。

任意其他的方法，比如最大化最好结果的概率、最小化最坏结果的概率，或者采取有利的支付比率，都违背了行动性思维五规则。如果你试图制定一个与使用五规则所得结果不一致的选择，那么你必须自问打算违背五条规则中的哪一条及原因。记住，你能控制框架和凳子所有的三条腿。你声明决策，细化备选方案，赋值你的概率，给出你的偏好。这些规则刻画了暗示行动流程的"底座"逻辑。

正如我们所讨论的，如果没有不确定性，我们仅仅需要概率规则（去表征问题）、排序规则（为前景排序）和选择规则去做一个选择。我们不需要等价规则或者替代规则。

▶**例 9-1　Kim 失去室外方案**

假设，在进行所有分析以后，Kim 失去了室外方案。她的爸爸告诉她在同一时间家庭需要室外的场地举办另一场家庭聚会。我们必须得返回重新评估的她的偏好概率吗？幸运的是，答案是不需要。因为 Kim 已经给出了她对前景的偏好概率。

在这种新的情况下,Kim 只剩下四个前景:P—S,P—R,I—S 和 I—R。她已经给出了她的排序规则偏好是:P—S,I—R,I—S,P—R。因此,在新的情况下,她的最优前景是 P—S(偏好概率为 1),她的最差前景是 P—R(偏好概率为 0)。

在这种新的情况下,我们可以使用我们以前的评估方法去推导出 I—R 和 I—S 的偏好概率。例如,从图 9-4 中我们已经知道了 Kim 对于 I—R 的偏好概率,以 O—S 和 O—R 表示,为 0.67。基于她不再有 O—S 或 O—R 前景,现在我们感兴趣的是她晴天在门廊(P—S)或雨天在门廊(P—R)上举办聚会的偏好概率。图 9-9 的右侧为概率偏好 p。

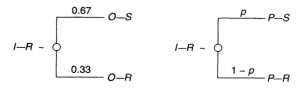

图 9-9 室内—雨天与有室外方案(左)、无室外方案(右)的偏好概率

为了推算出图 9-9 中的偏好概率 p,我们必须将此图转换为包括 O—S 和 O—R 在内的前景,然后比较相应的值,如图 9-10 所示。为了完成这些,我们回顾图 9-4,使用替代规则和 P—S 与 P—R 的初始偏好概率 0.95、0.32。

通过将图 9-10 中右手侧 I—R 的偏好概率等同于图 9-4 中对应的概率,我们得到如下方程式:

$$0.95p + 0.32(1 - p) = 0.67$$

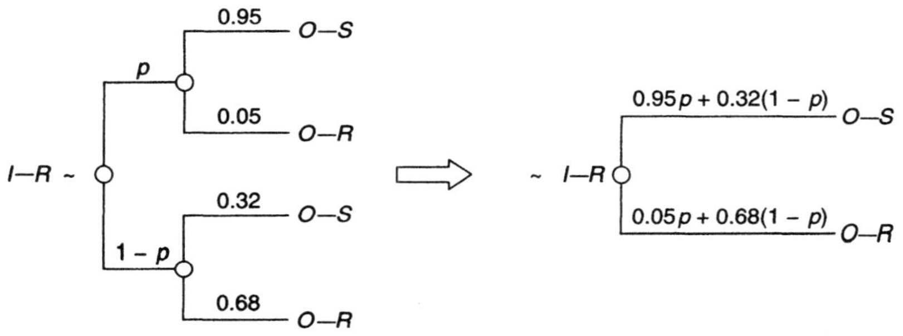

图 9-10 在移除 O 方案后推导 I—R 的偏好概率

从中我们得到移除室外方案后 I—R 的偏好概率 $p = 0.56$。相同的方法,我们可以推导出在移除室外方案后 I—S 的偏好概率,方程为:

$$0.95q + 0.32(1 - q) = 0.57$$

从而得到 $q = 0.4$。

为了计算出 Kim 移除室外方案后的室内方案的偏好概率,我们在新的偏好概率上展开了期望运算:$0.4 \times 0.4 + 0.6 \times 0.56 = 0.5$。现在她计算的门廊方案偏好概率为 $0.4 \times 1 + 0.6 \times 0 = 0.4$。因此,Kim 仍然偏好室内方案甚于门廊方案。

这是一个重要的发现:移除一个决策方案并不改变剩下方案的偏好排序。

如果 Kim 失去了室内方案,我们无需任何重新计算就可以得知她将偏好门廊方案。

注意到即使 Kim 没有失去室外方案，我们也可以进行先前的分析。已知所评估的最优前景和最差前景的偏好概率，我们可以确定任意所要前景组合的偏好概率。我们也能够利用任何前景来代表最优和最差前景以进行偏好概率评估，即使这些前景并不会出现在实际的决策问题中。

▶ **例 9-2　Kim 得到了一个夜游的备选方案**

Kim 有一个朋友 Allison，他的爸爸从事夜游业务。在聚会上，不管天气如何，他都免费提供 Kim 和朋友在小镇周围一次夜游活动。Kim 认为如果天气晴朗，夜游的前景（H—S）要优于原来天气晴朗在室外聚会的前景（O—S）。但是如果下雨，夜游的前景（H—R）将会是最差前景，因为在旅行结束以前，她和她的朋友们必须淋雨几英里⊖。对于这种新的方案，我们是否需要重新评估 Kim 对于所有前景的偏好概率？我们的答案是否定的。

Kim 现在面临八种偏好前景，从上到下的排序为：H—S，O—S，P—S，I—R，I—S，P—R，O—R，H—R。在这种新的情况下，H—S 的偏好概率为 1，H—R 的偏好概率为 0。我们现在要做的就是基于 H—S 和 H—R 的两种前景去评估她对 O—S 和 O—R 的偏好概率，这样我们就能够推导出剩余的偏好概率。

例如，假设 Kim 给出对于 O—S 和 O—R 的偏好概率分别为 0.9 和 0.05，如图 9-11 所示。

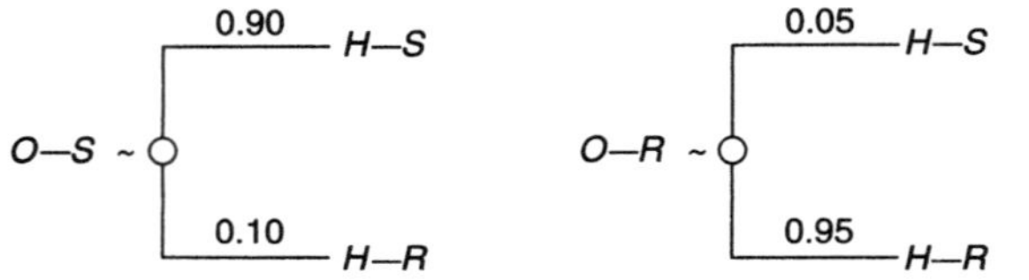

图 9-11　对两个前景的偏好概率评估

Kim 对于任意前景的偏好概率可以使用替代规则由 H—S 和 H—R 来表述。例如，对于 I—R 前景的偏好概率可以通过使用图 9-4 和图 9-12 中的估值计算得出为 0.62，如图 9-12 所示。

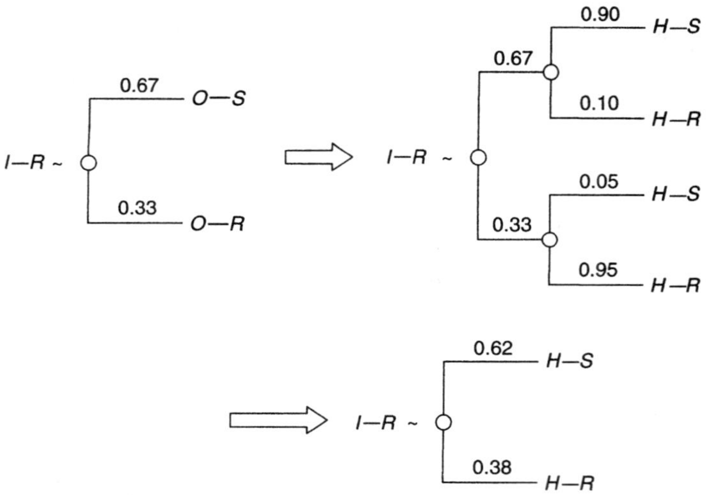

图 9-12　利用 H—S 和 H—R 推导 I—R 的偏好概率

⊖　1 英里 = 1.609 344 千米。

重复这一流程得到其他前景的偏好概率，如图 9-13 所示。

通过计算偏好概率的期望值，我们得到每一个方案的偏好概率：夜游 = 0.4，室外 = 0.39，门廊 = 0.54，室内 = 0.58。Kim 的最优方案仍然是室内方案，但是她偏好夜游方案甚于室外方案。注意到增加一个新的备选方案和构建一个新的偏好概率并没有改变 Kim 最初已经计算出来的室内—门廊—室外方案的偏好排序。

H—S	1
O—S	0.9
P—S	0.86
I—R	0.62
I—S	0.53
P—R	0.32
O—R	0.05
H—R	0

图 9-13　推导出的偏好概率

9.4　理解聚会问题的价值

基于多种原因，聚会问题是一个有用的教学范式。首先，这显然是人为的，所以学生们只需花很少的精力去确定它是否反映了一个真实的决策。如果我们使用一个热门领域中的实际问题，例如投资、卫星设计或者研发，有人可能会质疑我们的准确性，我们必须花费时间去解释与我们想阐明的原则之间非相关的细节。

其次，聚会问题的模型可以代表很多普通决策。例如，我们曾经使用聚会问题向一群建设核电厂的工程师阐述决策分析的原则。他们回答说这很有趣，但是"我们不会面临这种决策"。所以，我们在接下来展示的部分修改了聚会问题中的一些专业术语以观察它如何去适应他们最重要的决策之一：需要对核电厂改进多少以应对地震大灾难？"雨天"变成了"在电厂的运营期间发生的重大地震灾难"，而"晴天"则表示没发生。尽管存在许多其他的不确定性，但目前为止最重要的事件依然为地震灾难。"室外"变成了"对此风险没有进行结构性改进"方案，"室内"变为"大量、昂贵、有效的改进"方案，"门廊"变为"有限和非有效的改进"方案。如果他们花费大量资金进行改进（室内方案），他们并非真正关注是否会发生地震（雨天），因为他们对此做了预防。如果他们没有花钱改进（室外方案），他们希望不会发生大型地震（雨天），因为那将陷入灾难。核工程师立即回答说这正是他们在常规基地所面临的决策问题。通过对属性、概率和估值进行适当改变，分析的必要过程将变得大致相同。

例如，聚会问题的结构也适用于医疗保险的购买。"晴天"对应着"这一年内没有严重的医疗开支"，而"雨天"正好相反。"室外"变为"无须购买医疗保险"，"门廊"意味着"购买一个高的免赔额政策"，"室内"意味着"对于一个低的免赔额政策支付一个更高的保费"。同样的推理可以被运用到其他类型意外保险的购买中。

该结构同样适用于医疗领域。例如，一个患有癌症的病人可能面临三种治疗方案：手术、化疗，或者什么都不做。关键的不确定性可以表征为痊愈（癌症消失）或者没有。当然，还存在许多潜在的问题需要考虑，包括生命质量、费用和治疗中的不适等因素。在后续章节的学习中，我们会发现一旦基础概念被理解，拓展这些额外的特征将很简单。我们同时发现，尽管聚会问题的结构比较简单，但许多性质仍然挑战了我们的直觉。

人文科学中的决策分析：Hamlet 困境　本节展示行动性思维五规则能够被用于解释许多决策，甚至在一些著名小说里困惑主角的决策。作为例证，我们考虑莎士比亚著名戏剧中的 Hamlet 困境。

Hamlet 的剧情简介

故事开始于丹麦国王 Hamlet 杀死了挪威的国王 Fortinbars，并掠夺了他的领地。国王 Hamlet 已死，但是他的儿子 Hamlet 王子生活在他父亲的城堡里。Fortinbras 王子是挪威已故国王的儿子，发誓攻击丹麦并收复失地。Halmet 要求侍卫去侦查，在侦查的过程中，侍卫看到了幽灵。Hamlet 王子的朋友 Horatio，看到并认出那是 Halmet 国王的幽灵。他急忙去告诉 Hamlet 王子，他曾经看到过 Halmet 国王的鬼魂。

同时，Hamlet 王子父亲的兄弟 Claudius 继任，成为丹麦新的国王。Claudius 娶了前任国王的妻子，也就是 Hamlet 王子的母亲 Gertrude。Hamlet 王子对于自己的母亲在父亲死后迅速嫁给叔叔的行为感到很怀疑。

随后，在城堡的外面，Hamlet 国王的鬼魂与 Hamlet 王子的对话证实了他的怀疑：Claudius 谋害了他的父亲。Hamlet 王子陷入了困惑。在其著名的独白中，他假装疯狂并打算自杀。

生存还是毁灭：这是一个值得考虑的问题。

默默忍受命运的暴虐和毒箭，
或是挺身反抗人世无涯的苦难，
在奋斗中结束一切？

这就是 Hamlet 要解决的一个决策，同时也是其担忧的原因："生存还是毁灭"，自杀还是无所作为。他应该忍受当下生命中的"暴虐和毒箭"，还是"挺身反抗人世无涯的苦难"并杀死自己？

死了：睡着了；
什么都完了；在这一种睡眠之中，
我们心头的创伤以及其他无数血肉之躯所不能避免的打击，
都可以从此消失，那正是我们求之不得的结局。
死了：睡着了；睡着了，也许还是会做梦，嗯，阻碍就在这儿。

Hamlet 可能想去赴死，或者仅仅想睡着或者只想平静地休息片刻，"这是一个完美而虔诚的希望"。但是他意识到这里存在着不确定性，这会影响到他是否选择去自杀，即在来世"做梦"的可能性。

当我们摆脱了这一具腐朽的皮囊以后，
在那死的睡眠里究竟将要做些什么梦？
那不能不使我们踌躇。
这使我们必须在漫长的人生中保持冷静。

Halmet 不确定他的来世是什么样子的。因此他在困境中踌躇。

谁愿意忍受人世的鞭挞和嘲讽，

压迫者的凌辱，傲慢者的冷眼，
被轻蔑爱情的惨痛，法律的迁延，
官吏的傲慢，和微贱者费尽辛苦换来的鄙视。
要是他只要用一把小小的刀子，
就可以清算他自己的一生，
谁愿意负着这样的重担，
在烦劳的生命的压迫下呻吟流汗？
还不是因为惧怕不可知的死后，
那从来不曾有一个旅人回来的神秘之国。
是它迷惑了我们的意志，
使我们宁愿忍受目前的折磨，
不敢向我们所未知的痛苦飞去。

尽管当下生命中有很多不开心的经历，但对死后发生之事的恐惧使我们忍受生命的疼痛而不是用一把匕首结束生命。

这样，理智使我们变成了懦夫；
决心的炽热的光彩，被审慎的思维盖一层灰色，
伟大的事业在这一种考虑之下，也会弥留而退，
失去了行动的意义。

——Shakespeare，*Hamlet*，Act Ⅲ，Scene 1，56

Hamlet 困境的决策树如图 9-14 所示。

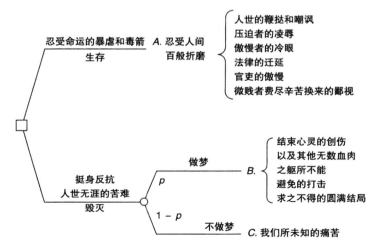

图 9-14　Hamlet 困境的决策树

假设 Hamlet 要求你帮助他通过使用行动性思维五规则来解决他的困境。第一步就是表征

决策情境。首先，我们注意到在他的独白中 Hamlet 正在决定是否要自杀。他有两个方案：生存或者毁灭。

我们应用行动性思维五规则来帮助 Hamlet，具体步骤如下。

1. 概率规则

Hamlet 必须构建属性以表征决策情境。此外，需要为每一前景进行概率赋值。观察图 9-14，我们会发现他有两个方案：生存，毁灭。而毁灭方案有一个属性：做梦—不做梦，或者来生—没有来生。

Hamlet 面临着三个前景。

A：生存——不自杀，忍受苦难。

B：毁灭且不做梦——这个前景"结束了心头的创伤以及其他无数血肉之躯所不能避免的打击"。他同时将之作为"求之不得的结局"。

C：毁灭且做梦——这是一个 Hamlet 所害怕的前景。他已经看到他父亲永不安宁的灵魂。他知道基督教义认为自杀是罪。

为了完成概率规则，Hamlet 为自杀且不做梦赋值概率 p，即死后没有来生的概率。如果必要的话，我们可以通过概率轮盘来帮助他。Hamlet 赋值了一个非零概率，是因为他已经看到他父亲被困的鬼魂并与之对话。

2. 排序规则

现在，Hamlet 将所有的前景从最优到最差进行排序。我们发现如果他更偏好 A 而不是 B 和 C，则他不会陷入困境；他可能简单地"生存"。相反，如果他偏好 B 和 C 而不是 A，那么他对困境的解决之道将是"毁灭"。从文章中，我们了解到 Hamlet 喜欢 B 甚于 A，喜欢 A 甚于 C：$B > A > C$。这是他进退两难的根源。

3. 等价规则

接下来，Hamlet 给出了前景 B 和 C 的偏好概率 q，使得他对于确定的 A 无差别。我们可能要求他使用一个概率轮盘给出一个概率，使得在得到确定的 A 与以概率 q 得到 B，以概率 $1-q$ 得到 C 的交易之间无差别。注意，如果 Hamlet 确实遵循了行动性思维五规则，他应该能够给出这种偏好概率。图 9-15 显示了等价规则所需的评估。

4. 替代与选择规则

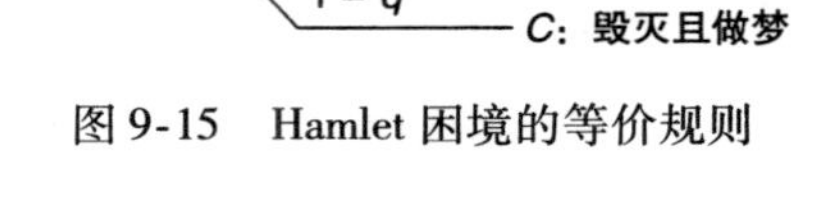

替代规则允许我们直接转移到选择原则：因为以给出偏好概率 q 的等价物替代前景 A，我们对于"生存"和"毁灭"两个方案有着相同的两个前景，如图 9-16 所示。Hamlet 必须选择偏好前景具有更高概率的方案。

图 9-15 Hamlet 困境的等价规则

如果 $p > q$，他应该选择"毁灭"；如果 $p < q$，他应该选择"生存"。

如果在排序规则中 Hamlet 偏好 A 甚于 B 甚于 C，他将没必要去评估概率 p 或者 q，因为他总是选择"生存"方案。情况类似，如果他偏好 B 甚于 C 甚于 A，他总是选择"毁灭"。在这两种情况下，并不存在真的困境。

正如我们所看到的，使用行动性思维五规则分析时，Hamlet 的困境很明确。然而，我们在头脑中尝试解决简单决策问题过于频繁，我们变得困惑、有压力，为我们的思维所束缚。一个英国的文学教授曾经看到 Hamlet 困境分析，并说在其 30 年解释 Hamlet 的时光中，从来没有见过如此清晰的解释。

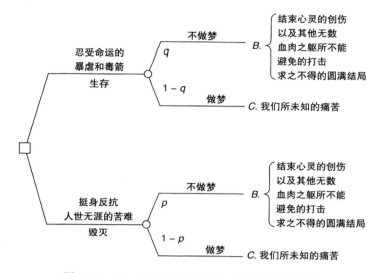

图 9-16　Hamlet 困境削减至每一方案有相同前景

9.5　总结

你可以应用行动性思维五规则来做出任何决策。
- 决策的前景和不确定性结果之间存在差异。
- **前景的偏好概率**是使用等价规则，依照最优和最差前景给出的偏好概率获得的。
- 我们能通过其他任意两个前景（一个偏好更多，一个偏好更少）的偏好概率计算出某一前景的偏好概率。
- **一个备选方案的偏好概率**是其前景偏好概率的期望值。
- 最优决策方案是拥有最高偏好概率的方案。
- 添加或者去除一个无信息的备选方案或者前景并不改变剩余方案的偏好排序。
- 对偏好概率乘以任意正数或者加上一个常数并不改变决策方案的排序。

附录 9-1

让我们用一些符号来进一步明确期望值和期望运算的定义。

期望运算

考虑一棵有测度的概率树。我们将对该测度的**期望运算**定义为：简单地将每一前景的测度值乘以达成该前景的基本概率。该测度可以为现金值、偏好概率等。

期望值

我们称期望运算的结果为该测度的期望值。例如，在图 9-17 中，将期望运算应用于测度 x。产生该测度的期望值等于：

$$期望值 = 0.25 \times 100 + 0.25 \times 50 + 0.125 \times 35 + 0.375 \times 0$$
$$= 41.875（美元）$$

在这里，我们将测度 x 的期望值记作符号 $<x \mid \& >$。简而言之，我们经常将期望运算表达为公式 $\sum_{i=1}^{n} p_i x_i$。例如，已知交易有前景 x_1, x_2, x_3，对应的概率为 p_1, p_2, p_3，我们有：

$$x \text{ 的期望值} = <x \mid \&> = \sum_{i=1}^{3} p_i x_i = p_1 x_1 + p_2 x_2 + p_3 x_3$$

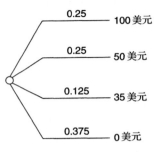

图 9-17 货币测度树图的例子

备选方案的偏好概率

备选方案的偏好概率是其前景偏好概率的期望值。

最优决策方案

最优决策方案是具有最高偏好概率的方案。

习题

标注星号（*）的习题更具有挑战性。

1. 如下几个表述为真？
   Ⅰ. 行动性思维五规则仅仅适用于资金或者商业决策的制定，不适用于医疗决策。
   Ⅱ. 行动性思维五规则是规范的，它们描述你应该怎样制定一个决策而不是人们实际上怎么样去制定决策。所以，它们不应该被用于真实世界的决策制定。
   Ⅲ. 包含额外的前景需要再次引导决策者所有的偏好概率。
   a. 0。
   b. 1。
   c. 2。
   d. 3。

2. 如下几个表述为真？
   Ⅰ. 对一个备选方案的偏好概率进行期望运算产生的期望值等于对该方案的前景使用替代规则并基于最优和最差前景对该方案的前景进行削减所得的期望值。
   Ⅱ. 最好的决策方案是拥有最高偏好概率的方案。
   Ⅲ. 最好的决策方案是拥有最高收益成本比率的方案。
   a. 0。
   c. 2。
   b. 1。
   d. 3。

***3.** 如下表述哪一项代表了 Hamlet 的排序规则偏好？
   a. 生存 > 毁灭。
   b. 毁灭 > 生存。
   c. 生存 > 毁灭且不做梦 > 毁灭且做梦。
   d. 毁灭且不梦想 > 生存 > 毁灭且做梦。

*4. 下面哪一选项能够最好地解释为什么最好的决策方案是拥有最高偏好概率的方案?
   a. 这对应了以最高概率获得好结果的方案。
   b. 这是运用行动性思维五规则的结果。
   c. 这对应了以最低概率获得好结果的方案。
   d. 这能导致最小后悔值。

*5. 如果我们在一组前景中移除两个前景,有多少偏好概率需要我们重新评估?
   a. 0。
   b. 1。
   c. 2。
   d. 剩余前景的数量。

*6. 如果我们在一组前景中增加两个前景,有多少偏好概率需要我们重新评估?
   a. 0。
   b. 1。
   c. 2。
   d. 新的剩余前景的数量。

第 10 章

使用价值测度

本章核心概念

阅读本章之后，读者将能够解释下列概念：
- 使用货币作为价值测度的优势
- 评估货币的效用曲线
- 重要属性
- 洞察力价值
- 确定等价物

10.1 引言

上一章提供了许多关于行动性思维五规则应用于实际决策的或简单或复杂的案例。我们在上一章中所描绘的流程可用于分析任何决策问题，即便它的前景并非用价值测度来刻画，我们仅使用偏好概率作为价值测度并计算偏好概率的期望值以确定最优方案。使用货币作为合意前景的测度通常比较有效。我们将解释在决策分析中使用货币的重要性，同时将展示在上一章聚会问题中货币在备选方案赋值中的有用性。同时，我们也会讨论利用货币来决定信息价值。

10.2 货币作为价值测度

在决策分析中使用货币作为价值测度有几个重要原因。首先，货币是**常见的**。我们终生都在使用货币测度进行估价。我们已经形成一个内在尺度以允许我们在一个共同的基础上评估价值。比如，当你看到一支钢笔时，你可以分辨它是一美元的，还是 100 美元的。当你说它价值 100 美元时，很多人都会知道，这支笔肯定有特别之处以使它值得如此高价。因此，在评估过程中使用货币概念会令我们更具有自信。

其次，另一个同样重要的原因在于它是**可替代的**（在同一测度下，此单位和彼单位之间无偏好性）和**可分割的**（在特定情况下可以分割成更小单位）。除了货币外，还有其他价值测度吗？有人可能建议时间或某一方案节省下来的时间。使用时间作为价值测度的问题在于时间的单位是不可替代的，如果有人说一种方案可以节省你一小时时间，你可能想知道是哪一小时——你商务时间的一小时还是休闲时间的一小时。

再次，货币是**可转让的**，这意味着我们可以转让货币以和他人换取货物或服务。事实上，我们在第 3 章中有关个人无差别购买价格（PIBP）和个人无差别出售价格（PISP）的整个讨论都基于这种可替代、可分割、可转让的价值测度概念。因为洞察力价值是信息的 PIPB，只有在引入价值测度时，我们才能在某一决策情境中计算信息价值。在我们目前构建出来的聚会问题中，还没有方法识别出 Kim 关于天气的信息价值。

最后一个原因是**简单性**，你通常可以大幅简化对规则的应用。正如你将看到的，使用货币可使你评估一根用于计算所有偏好概率的曲线，节省了所有个体评估的工作。

在一些非货币相关的决策情境中引入货币时，有些人会感觉不舒服，好像在这里讨论货币有失身份。你可能听说过，"金钱乃万恶之源"，但实际所表达的是"贪财是万恶之源"。货币就是货币，世界性资源的一种测度。实际上，即使特蕾莎修女可能也会偏好更多的金钱，因为她可以用这些钱来帮助更多的人。

引入巫师

我们引入货币的一种方式是询问决策者为从一种前景换为另一种前景的支付意愿。为了打消决策者对这种交换可能性的质疑，我们请来巫师实现这些交换并只问他对于巫师服务的支付意愿。我们通过确定聚会问题中 Kim 对每一前景以美元计价的价值来展示这一流程。

Kim 的聚会前景价值　Kim 有自己的备选方案和前景（如第 1 章讨论的，每个决策者都有自己的方案）。因此我们询问她对任一潜在前景的 PISP 是多少。比如，假定当我们问她雨天在室外举办聚会时，她说她免费赠送这个前景同时也不会花钱来处理这一前景：她对是否在室外举办聚会无差别。因此，她对于此前景的 PISP 为 0。她解释说，如果终结雨天的室外聚会，他们可能取消聚会并去看电影，聚会的概念将简化为聚在一起的一种方式。

然后，我们询问她关于晴天室外聚会的前景，我们需要支付多少才能让她放弃？思考一阵后，她回答"100 美元"。换句话说，她对 O—S 聚会的 PISP 是 100 美元。通过这个陈述，她的意思是晴天参加室外聚会同时银行存款不变与不参加聚会同时银行存款增加 100 美元是无差别的。继续相同的问题，我们发现她对如下前景的 PISP 分别为：门廊—晴天（P—S）90 美元，室内—雨天（I—R）50 美元，室内—晴天（I—S）40 美元，门廊—雨天（P—R）20 美元。

前景货币价值　图 10-1 显示了 Kim 对聚会前景的 PISP。Kim 对从一种前景变为另外一种前景意愿支付的金额为两种前景价值之差。图 10-2 展示了含有偏好概率和美元价值的前景偏好排序列表。

注意：前景的价值越高，它在图 10-2 中的位置就越高，它的偏好概率也越高。

对于这 6 个前景，我们可以画出偏好概率与美元价值的曲线，如图 10-3 所示，我们可以把该图看作从美元到偏好概率的转换。如果我们已经有 Kim 为各前景赋予的美元价值曲线图，我们可以用其来为图 9-4 获得偏好概率，并为各种方案寻找偏好概率。

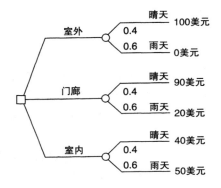

图 10-1 Kim 对任一前景的美元价值

前景	偏好概率	美元价值（美元）
室外，晴天	1	100
门廊，晴天	0.95	90
室内，雨天	0.67	50
室内，晴天	0.57	40
门廊，雨天	0.32	20
室外，雨天	0	0

图 10-2 前景偏好概率和美元价值测度

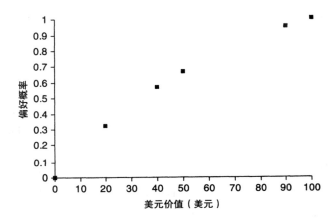

图 10-3 偏好概率 vs. 美元价值的曲线图

假设在图 10-3 中我们能获得更多的代表美元价值与偏好概率的点，我们所需做的就是向 Kim 建议介于最优聚会与最差聚会合意性之间的其他前景。然后询问她对每种前景的 PISP 和偏好概率。

例如，假设 Kim 得到一张可以允许她在她最喜欢的网站上观看电影的月度会员卡，她可能对此卡的 PISP 为 30 美元，并且在最优和最差聚会之间的偏好概率为 0.45。这个答案使得我们可以在图 10-3 中画出相应的点。因为 30 美元介于 50 美元和 40 美元之间，它们又对应在图 10-2 中 $I—R$ 和 $I—S$ 的情况，一致性要求将会使 Kim 对这张会员卡的偏好概率介于 0.57 和 0.67 之间。例如，如果 Kim 给出了 30 美元的 PISP，而且此卡介于最优和最差聚会的偏好概率为 0.75，我们可以提醒她这将导致不一致，并重新评估这个偏好概率或者美元价值。

为了画出完整的曲线，我们需要重复好几次这个过程，直到这个曲线完成。我们可以通过考虑最优和最差聚会前景将美元轴的范围从 0 延展至 100 美元，就像上一章讨论的夜游方案一样。

如果你担忧这个过程是耗费心神的，你将在本章和后续章节发现我们在实践中并不这样做。

10.3 效用曲线

通过偏好概率与货币数量画出的曲线被称为**效用曲线**。如果你可以把你决策的前景转化为纯货币价值的等价物（即为每个前景构建 PISP），**效用曲线**总结你决策所需的所有偏好信息。换句话说，一条效用曲线为你提供了偏好概率，而这正是等价规则的内容。

"如果任何两个前景有相同的货币价值，它们必然有相同的偏好概率。为了达到一致性，你必须对两者感觉无差别。因此，效用曲线必须要适应于它画出的任何货币前景。"

为了达到决策的目的，图 10-3 的垂直刻度是不相关的。如果我们将所有偏好概率乘以 10，然后对图 9-8 进行期望运算，各方案的偏好概率也仅仅是扩大了 10 倍。相乘之前的最大者在相乘之后仍然是最大的。在曲线图中对所有偏好概率加和或减去任一数字，结果仍然如此。各方案的偏好概率也仅仅是加和或减去同一数字，最大偏好概率的方案并没有改变。此外，在任何原因下，如果你用一个负数乘以所有的偏好概率，然后进行期望运算，每一方案的偏好概率也会被相同的负数所乘，最优方案将会有最小的偏好概率。

尽管如此的转换将不再允许将结果作为偏好概率进行解释，但它们仍然会指向正确方案的选择。有时在数字上比较方便从事这种转换并放弃偏好概率的说法。如果在任何时间，欲将数字结果理解为偏好概率，那也仅仅是一个定义和重新调节最优和最差前景的问题。因此，我们把效用曲线上的点称为**效用值**，而非偏好概率。时刻记住，通过将效用曲线标准化成从 0 到 1 的范围就可以立即得到偏好概率的解释。将如图 10-3 中的曲线图看作气温交易的温度计。温度计的温度测度无所谓是摄氏度或者华氏度，又或者是其他形式比例刻度，只要气温越高，度数越高。只要你使用相同的参数，你就有自信找到最热（最优）交易。

10.3.1 Kim 的效用曲线

考虑过很多前景之后，图 10-3 中 Kim 的偏好概率点图变成了完整的曲线，如图 10-4 所示。

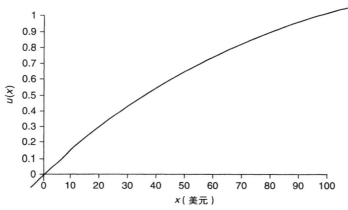

图 10-4　Kim 的效用曲线：偏好概率 vs. 美元价值

注意到这个图的效用值最大超过 1，最小低于 0，我们放弃了对偏好概率从 0 到 100 美元范围之外的解释。

所绘的效用曲线足够如下讨论。然而，如果你想要证实我们的计算，你应该知道 Kim 特殊的效用曲线奇迹般有如下形式：

$$u(x) = \frac{4}{3}\left[1 - \left(\frac{1}{2}\right)^{\frac{x}{50}}\right]$$

这意味着为了寻找对应于任一美元测度 x 的效用值，我们把 $\frac{1}{2}$ 提升到其 $\frac{x}{50}$ 次方，用 1 减去此结果，然后乘以 $\frac{4}{3}$。一旦我们有了 Kim 的效用曲线和她对前景的美元估价，我们就能使用效用曲线来获得每个前景的效用值，然后通过找到效用值中带有最高期望值的方案就可以帮她找出最优方案。很明显，在聚会问题中，这一流程的结果就是室内方案。

> 你的效用曲线适用于所有以价值测度刻画前景的决策。

正如我们所说，你的效用曲线可以在其范围内被用来获得任何货币交易的确定等价物。此外，效用曲线不会经常改变，其改变通常基于你财富的剧变。举个例子，假设 Kim 面对一笔交易，她有 50—50 的机会赢得 100 美元或者 0。这种情况下，她的确定等价物值多少美元？一旦我们自图 10-4 中得到她的效用曲线，我们就可以不咨询她而直接回答这个问题。

我们知道她的确定等价物是她将确定要收到的货币金额，在此金额下她对该前景和以 50% 概率获得 100 美元，以 50% 概率获得 0 的交易之间感到无差别。我们知道如果她感觉无差别，那么确定等价物与这个交易一定有相同的偏好概率或**效用值**。该**交易的效用值**是其前景效用值的期望值。相关计算如图 10-5 所示。

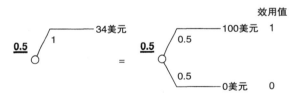

图 10-5　Kim 以 50—50 机会获得 100 美元的确定等价物

如图 10-5 所示，图 10-4 的效用曲线展示了 100 美元前景的效用值是 1，0 美元前景的效用值是 0。这些效用值的期望值是 $0.5 \times 1 + 0.5 \times 0 = 0.5$，这就是我们所说的交易的效用值。如果她对该交易及其确定等价物是无差别的，那么确定等价物的效用值一定也是 0.5。通过参考图 10-4 中的效用曲线，我们发现 0.5 的效用值对应的美元金额大约是 34 美元。因此，货币金额 34 美元和不确定性交易都有相同的效用值 0.5。这意味着 34 美元是 Kim 在 50—50 机会下获得 100 美元的确定等价物。

即便你将她的效用曲线以负数相乘，如果她的效用曲线与其对称曲线是一致的，你仍然可以得到正确的确定等价物。在极端情况下，假设我们测度了 Kim 的效用曲线，但是纵轴被雨水冲毁，没问题：我们可以划分成任何相等刻度的纵轴范围，然后计算出每个方案的确定等价物。拥有最高确定等价物的方案就是与五条规则相一致的方案。

10.3.2 图表阐析

当一笔交易只有两种可能的货币收益时,我们可以通过简单构建组合计算从效用曲线中得到其确定等价物。首先我们在效用曲线的两点之间画出一条直线,这两点对应于收益的效用值。接下来,我们找到在这条线上的某一点,从而较低效用值的点到该点的距离除以总线长得到较大收益的概率。最后,从该点向左水平移动直至效用曲线,然后向下做垂线,读取确定等价物。图 10-6 展示了以 50—50 机会获得 100 美元的步骤。

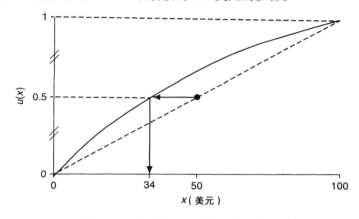

图 10-6　图形构建以寻找确定等价物

被虚线所连的效用曲线上的两点对应 0 和 100 美元。由于获得更高的 100 美元的概率是从较低点到较高点直线的 $\frac{1}{2}$,我们沿线取 $\frac{1}{2}$,以一个大圆点标记位置。这个点的高度是该交易的效用值。我们左移这个点直到与效用曲线相交,然后读取美元轴上相应的确定等价物 34 美元。

效用曲线也解答了其他关于 Kim 偏好的问题,例如她给出一笔交易的偏好概率,该交易支付两种不同的美元金额而指定确定等价物居于两者之间。假设 Kim 有一个选择,要么确定收到 50 美元;要么以概率 p 获得 100 美元,以 $1-p$ 的概率获得 0。什么样的概率 p 使得 Kim 感到无差别?我们从她的效用曲线计算它,因为 50 美元的效用值必须等于交易的效用值,也就是 p 乘以 100 美元的效用值(1)加上 $(1-p)$ 乘以 0 的效用值(0),或者简单表示成 p。她的偏好概率是曲线上 50 美元的效用值或者 $\frac{2}{3}$。Kim 会要求 2∶1 的获胜概率才能感到无差别。

效用曲线也使得我们可以在任何前景数量下计算交易的确定等价物。例如,假设 Kim 在考虑一笔交易,会以 0.2 的概率获得 100 美元,以 0.3 的概率获得 50 美元,以 0.5 的概率获得 0。

100 美元、50 美元、0 美元的效用值分别是 1、2/3、0。所以交易的效用值是:

$$\text{效用值} = 1 \times 0.2 + \frac{2}{3} \times 0.3 + 0 \times 0.5 = 0.4$$

这笔交易的确定等价物是在图 10-4 中对应 0.4 效用值的美元价值,即 25.73 美元。

10.3.3 在聚会问题中使用 Kim 的效用曲线

假设 Kim 在面对聚会问题伊始就有了她的效用曲线。她的分析会如何改变？最可能的是，首先她会构建图 10-1 中的决策树来代表她的方案、天气概率和前景值。接下来，她将会使用她的效用曲线来得到每个前景的效用值，如图 10-7 所示。室外、门廊和室内方案的效用值的期望值分别对应 0.40、0.57、0.63 的效用值。参考图 10-4 中的效用曲线，我们发现对应这些效用值的美元确定等价物的货币值分别为 26 美元、40 美元和 46 美元（取整）。这些确定等价物被记录在靠近每个前景的方框里。

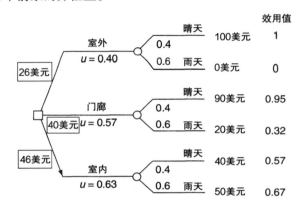

图 10-7　Kim 聚会问题方案的确定等价物

Kim 会在选择室外方案和收到 26 美元之间感觉无差别，在门廊方案和收到 40 美元之间感觉无差别，在室内方案和收到 46 美元之间感觉无差别。这些确定等价物给了我们她对三个方案偏好强度的感受。

相对于少的钱，Kim 一直偏好更多的钱（她可以随时放弃这种偏好）。Kim 的效用曲线必须随着美元增加而提升。这意味着对某一方案的效用值越高，她对这个方案的确定等价物就越高。因此，通过选择具有最高的偏好概率（效用值）的方案或者选择具有最高确定等价物的方案，她可以得到最优方案。

10.4　估值洞察力

假设在 Kim 故事的这个关键时刻，先知出现并可以提供帮助。回想我们在第 2 章关于先知的介绍，他是有能力的和可信任的——他知道未来的天气状况。如果我们雇用他的话，他将告诉我们未来天气的真相。

然而，不像巫师，他不能改变任何事。先知可以告诉我们天气是晴天（S）还是雨天（R）。注意，他没有概括地描述举办聚会时的天气状况，只是在满足清晰度测试的属性方面加以描述。

好消息是先知来了，坏消息是他想要一定的报酬。他服务的收费是 15 美元。Kim 应该雇用他吗？问题变成了她是否在没有先知的帮助下尽自己最大的努力达到良好的状况，或者花费 15 美元雇用先知，然后在得知天气是晴 S 还是雨 R 这一信息时确定聚会场地。我们通过图 10-8 中的决策树画出 Kim 以 15 美元的价格购买洞察力的决策情况。

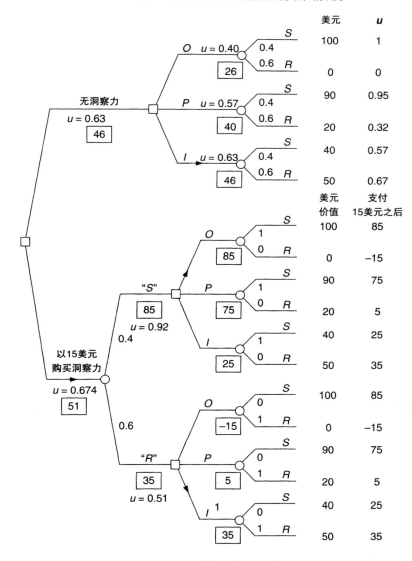

图 10-8　确定洞察力价值

决策树的上半部分代表了 Kim 没有购买洞察力的情况。她面临着和图 10-7 一样的结果，去选择聚会举办的场地。她的最优方案是以 0.63 的效用值举办室内聚会和 46 美元的确定等价物。

图 10-8 中决策树的下部分代表了以 15 美元购买洞察力的情况。如果她进行了这笔交易，在她说服自己支付 15 美元之后，会发生的第一件事就是收到先知关于未来天气状况的报告。我们用"S"表示先知的报告称将发生 S，用"R"表示报告称将不会发生 S 的情况。我们不确定他的报告内容，因为我们对未来天气状况并不确定。由于当且仅当 S 将会发生时，他才报告"S"，"S"和 S 代表相同属性，因此必须被赋予相同的概率。在本例中，"S"赋值 0.4，"R"的概率赋值 0.6。一旦得知先知的报告，Kim 将可以在室外、门廊或者室内选择她

举办聚会的场地，未来的天气状况也会明确是晴天（S）还是雨天（R）。同时在决策树的末端，我们表示出了她赋予各前景的测度。每个前景的美元测度都在原来的基础上减去了必须支付给先知的 15 美元。举例来说，如果她在晴天举办室外聚会，她得到的价值不是之前的 100 美元，由于支付给先知的报酬，现在她得到的价值是 85 美元。所有在决策树末端的美元价值都被减去 15 美元来反映这种承诺。

现在我们完成了决策树的结构及其所需的赋值，除了没有标明当先知说"S"时，天气状况肯定是以 1 的概率出现 S，说"R"时，天气状况肯定是以 1 的概率出现 R。因此，当先知报告 S 时，Kim 会期待晴天，她肯定要从能为她分别带来 85 美元、75 美元和 25 美元的室外、门廊和室内方案中选择举办聚会的场地。很明显，在本案例中，她将会在室外举办聚会并且获得 85 美元的收益，这由遵循"S"报告的场地决策中室外方案分支的箭头表示。

如果先知报告"R"，她将会面临雨天天气，必须在三个场地进行选择，然后得到 -15 美元、5 美元和 35 美元的收益。同样，她会选择给她最高收益的方案，即在室内举办聚会。

因此我们看到，以 15 美元的价格购买洞察力的方案归纳为选择一个以 0.4 的概率得到 85 美元收益和以 0.6 的概率得到 35 美元收益的交易。按照图 10-4 的效用曲线，85 美元和 35 美元的效用值分别是 0.92 和 0.51，如临近"S"和"R"的分支所示。购买洞察力的效用值就变成了 $0.4 \times 0.92 + 0.6 \times 0.51$，即 0.674。从效用曲线看，我们发现这个方案的确定等价物是 51 美元。

我们确信对 Kim 来说，相比不购买洞察力的原始交易，以这个价格购买洞察力是比较划算的。因为 0.674 的期望值大于 0.63 的期望值，等价地说，洞察力交易的确定等价物是 51 美元，而无洞察力交易的确定等价物为 46 美元。Kim 将会被建议以 15 美元购买洞察力。

10.4.1 重要信息

我们把有可能改变你决策的信息定义为**重要信息**。例如，Kim 有可能基于先知的报告而最终改变她的行动流程。如果他的报告说天气将是雨天，那么她就会举办一个室内聚会，正如她从没有咨询过他一样。此外，如果他的报告说天气将是晴天，那么她将会从室内聚会转变成举办室外聚会。

先知的信息就是重要信息，因为存在信息将会改变决策的可能。在这种情况下，由于雇用先知，她将会有 40% 的概率改变行动流程。如果报告中的信息没有可能改变你的决策，那么对决策环境就没有价值，这个信息就是**非重要信息**。任何非重要属性的洞察力价值都是零。

10.4.2 Kim 的洞察力价值

我们已经发现 Kim 应该以 15 美元的价格购买洞察力，但是什么是洞察力价值？是在买与不买之间感觉无差别时所要支付的购买洞察力费用的金额吗？洞察力价值是一个购买洞察力价格的临界值：她对先知服务的 PIPB。

为了计算洞察力价值，我们必须增加购买洞察力的成本直到 Kim 恰好在买与不买之间感觉无差别。因此，在图 10-8 的决策树中，我们要持续考虑洞察力成本的递增值，如 16 美元、17 美元或 18 美元，然后确定购买洞察力是否仍为一个好主意。当我们增大价格到某一点，此时购买洞察力方案的确定等价物等于不购买时的确定等价物,我们就确定了她对洞察力的 PIBP。你也许想验证一下在 20 美元的价格下,Kim 会不在乎是否购买洞察力,因为无论她是否购买洞察力,她都将会面对着相同的 46 美元的确定等价物。

我们观察到在价格从 15 美元增加到 20 美元的过程中找到的洞察力价值正好等于如图 10-8 中有洞察力方案和无洞察力方案的确定等价物之差,即 51 美元 – 46 美元。虽然在我们的例子中这个结果是正确的,但是对每人实际的效用曲线未必适用。计算洞察力价值唯一通用的方法是迭代地增加它的价格直到形成一个购买与不购买之间无差别的点。我们稍后会讨论效用曲线所需满足的特殊条件。在此条件下,我们可以简单地通过计算包含免费洞察力交易的确定等价物减去没有洞察力交易的确定等价物来确定洞察力价值。

10.4.3 图示过程

我们可以用画图的方式对洞察力进行评估,如图 10-9 所示。如果 Kim 为洞察力支付 15 美元,她将面临一笔以 40% 机会获得 85 美元的收益和 60% 机会获得 35 美元收益的交易。为了计算这笔交易的确定等价物,我们用虚线连接效用曲线上对应 35 美元和 85 美元的两个点。接下来,我们定位一个点,这个点在虚线的 40% 处,左移到 C 点。点 C 代表着在此价格下洞察力的效用值,等于 0.674,洞察力的确定等价物在美元刻度下是 51 美元。标记为 I 的室内方案是她的最优方案,该点的效用值是 0.63,确定等价物为 46 美元,洞察力交易明显占优。这仅仅是确认我们在图 10-8 中所发现的事实。

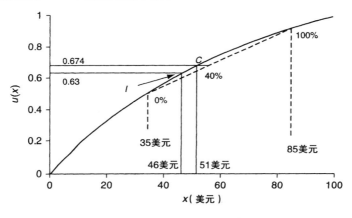

图 10-9 图示洞察力价值

为了从图 10-9 中将洞察力价值的计算可视化,我们想象将虚线的两个端点以相等的美元金额左移,然后观察点 C 的移动。我们发现,随着虚线沿着效用曲线向下移动,点 C 将会向下滑动直到支付给先知报酬的效用值恰好和室内方案的效用值重合。通过小心构建,将会发现当支付给洞察力的价格达到 20 美元时,会达到这样一个重合。

10.4.4 解释

计算洞察力价值的重要性不在于一个先知这样实体的存在形式,其价值来源于在决策问题时能够迅速给出你应将注意力聚焦于何处的指导。其可以帮助你界定你想要进行的信息收集活动，更重要的是，帮助你识别出那些浪费你时间和金钱的信息收集活动。

洞察力价值代表着一个决策者应该为不确定属性的任何信息所支付价格的最大值。没有任何设备、人员、调查或者其他可能的信息收集程序比洞察力价值更值钱。知道了洞察力价值，决策者就有了比较任何信息收集规划的一个基准。如果规划的成本超过了洞察力价值，那就没有必要去执行此规划。因此，在 Kim 的案例中，在聚会问题中任何关于天气属性 $\frac{S}{R}$ 的信息来源都不能超过 20 美元。

10.4.5 洞察力价值可以是负的吗

洞察力价值可能是零，但在任何决策中它绝不可能为负。不论先知报告什么，你都可以选择在没有先知帮助下的那个方案，那么洞察力价值就为零。然而，如果至少有一份可能的报告会使你通过选择一个不同的方案来改善你的交易，这个报告就是重要的，而且洞察力就会有一个正值。

注意，我们给出这些陈述的前提是"在任何决策中"。在其他的环境下，你或许不想听到先知说些什么。例如，如果你正在阅读一本精彩的悬疑小说，先知（或者一位朋友）想告诉你凶手是谁，你或许会想拒绝这个帮助，因为提前的剧透会破坏掉你阅读小说的享受。Agatha Christie 所写的 *The Mousetrap* 是伦敦演出时间最长的推理舞台剧之一。据说如果你不给载你去剧院看演出的计程车司机小费的话，他就会说："注意某个演员，他在剧中扮演一个特别的角色。"

对于任何你想通过自己找到答案并获得快感的活动，有关这个活动的剧透具有负值。举例来说，如果你喜欢填字游戏，你在一本航空杂志上发现了一个已经完成了结果，你不会说"我真好运"。相反，你会觉得失望，因为你没有机会自己来解决这个游戏。

一对想要小孩的夫妇也许想要从猜测婴儿的性别中得到惊喜。然而，如果他们更关注在出生之前就装饰好婴儿房的话，他们就会为得知婴儿性别这一信息赋予一个正值。

10.5　Jane 的聚会问题

为了阐明他人在聚会中会如何处理决策问题，我们基于 Kim 的朋友 Jane 的角度来考虑这一问题。我们假定 Jane 在很多方面和 Kim 是相似的，她面临着相同的聚会问题，有同样的关于天气状况的信息使得她对晴天的概率估计为 0.4。但是，Jane 对聚会前景的偏好可能与 Kim 不同。

Jane 也同意遵守我们行动性思维五规则。我们通过让她对聚会的六种前景进行排序来检查她的偏好。她提供了一个相同的排序，正如 Kim 一样，把在晴天时室外聚会 O—S 作为最好的前景，把在雨天时室外聚会 O—R 当成最差的前景。之后，在她同意遵守等价规则的条件下，我们让她确定对四种中间前景在最优最差前景之间的偏好概率，正如我们在图 9-4 中给出的 Kim 的情况一样。Jane 的结果表示在图 10-10 中。

我们观测到 Jane 的偏好概率与 Kim 不同。例如，对于晴天时在门廊举办聚会，相对于最优聚会，Kim 的偏好概率是 95%，而 Jane 的偏好概率是 90%。通过对比，我们发现对于相同的前景，Jane 的偏好概率总是偏小于 Kim 的偏好概率。当然，除了最佳和最差的两种情况之外。

我们可以确定 Jane 的不同偏好概率对聚会场地选择的影响。我们构造如图 10-11 所示的决策树，在树的末端记录 Jane 的偏好概率。

前景	Jane 的偏好概率
室外，晴天	1
门廊，晴天	0.90
室内，雨天	0.50
室内，晴天	0.40
门廊，雨天	0.20
室外，雨天	0

图 10-10　Jane 的偏好概率

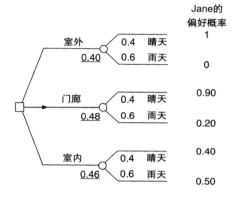

图 10-11　Jane 的决策树

之后，基于常规流程，我们通过计算每个方案的测度期望值，获得任一场地方案的偏好概率。对于室外方案，我们记作 $0.4 \times 1 + 0.6 \times 0 = 0.40$；对门廊和室内方案，我们分别记作 0.48 和 0.46。注意到最高的偏好概率是门廊方案的 0.48，因此，基于选择规则，Jane 将会在门廊上举办聚会。回想 Kim 的最佳决策是在室内举办聚会，因此，Jane 和 Kim 对各种前景的偏好概率的差异效用导致 Jane 选择一个不同于 Kim 的聚会场地。

正如 Kim 一样，Jane 也想使用货币测度的优势。因此，我们确定 Jane 在各种聚会前景下的 PISP。我们发现 Jane 的 PISP 在各种情况下都和 Kim 是一样的，所以她分配给各个前景的美元测度和 Kim 完全相同。正如图 10-2 中 Kim 的情况一样，在图 10-12 中，我们记录了 Jane 在各种前景下的偏好概率和对应的美元价值。

前景	Jane 的偏好概率	Jane 的美元价值
室外，晴天	1	100
门廊，晴天	0.90	90
室内，雨天	0.50	50
室内，晴天	0.40	40
门廊，雨天	0.20	20
室外，雨天	0	0

图 10-12　Jane 的偏好概率和美元价值

我们注意到 Jane 的美元价值和她的偏好概率是成比例的；实际上，它们就是偏好概率乘以 100 之后所得。这意味着如果我们为 Jane 画出一个偏好概率与美元价值的图，所有的点将会在一条直线上。如果我们假设这个关系适用于任何点，那我们就可以画出 Jane 的效用曲线，如图 10-13 中的直线所示。

为了方便和比较，Kim 的效用曲线也同时给出。我们可以使用 Jane 的这个效用曲线来回答与 Kim 的效用曲线相同类型的问题。例如，为了找出以 50—50 的机会获得 100 美元和 0 美元的交易中 Jane 的确定等价物，我们以图 10-14 进行示意。

我们知道，要使 Jane 在交易和确定等价物之间无差别，它们必须要有相同的效用值。在图 10-14 的右侧，我们首先根据 Jane 的效用曲线找到前景 100 美元和 0 的效用值为 1 和 0 美元，然后计算这些效用值的期望值来求出交易的效用值，$0.5 \times 1 + 0.5 \times 0 = 0.5$。因此，确定等价物的效用值一定为 0.5。通过检验 Jane 的效用曲线，我们发现 50 美元的效用值为 0.5。因此，50 美元是她以 50—50 的机会获得 100 美元的确定等价物。实际上，我们观察到 Jane 对于这个交易的确定等价物等价于货币价值的期望值，即 $0.5 \times 100 + 0.5 \times 0$。

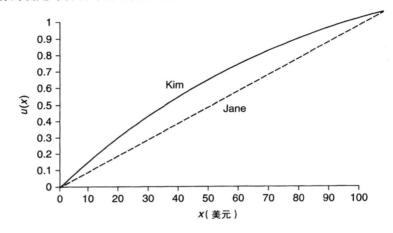

图 10-13　Kim 和 Jane 的效用曲线

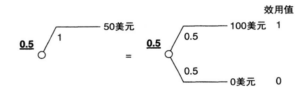

图 10-14　Jane 对于以 50—50 机会获得 100 美元的确定等价物

为了找出 Jane 对于聚会问题方案的确定等价物，我们进行如图 10-7 一样的过程。解决方法如图 10-15 所示。

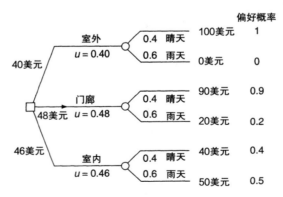

图 10-15　Jane 对于聚会问题方案的确定等价物

对聚会问题的各个前景，我们都记录了它们的美元价值和对应的效用值。当然，每个方案的效用值都被精确计算出来，如图 10-11 所示。当我们基于对应效用值找出美元金额来为每个方案计算确定等价物时，我们发现室外、门廊和室内方案分别对应着 40 美元、48 美元和 46 美元。我们发现这些确定等价物正是每个方案美元测度的期望值。因此，门廊方案的确定等价物 48 美元就等于 $0.4 \times 90 + 0.6 \times 20$。我们可以发现这些确定等价物直接来自于货币测度而不必引入特定的效用值。

10.6 面对风险的态度

一个有着直线型效用曲线的人对任何货币交易的确定等价物都是货币测度的期望值，且其被认为是**风险中性的**。Jane 是风险中性的。

当一个人对任何货币交易都有一个小于货币测度期望值的确定等价物时，我们称其为**风险规避**。Kim 是风险规避的。如图 10-7 所示，Kim 对于三个聚会举办场地室外、门廊和室内的确定等价物分别为 26 美元、40 美元和 46 美元，这总是比 Jane 的要少一点。实际上，如果我们在计算室内方案确定等价物的时候增加精确度，我们就会看到 Kim 的室内方案确定等价物是 45.83 美元，这稍微低于 Jane 的 46 美元。在这种情况下，我们知道对于同样的交易，Kim 的确定等价物总是少于 Jane 的，我们可以说 Kim 是风险规避的。如图 10-4 所示，她的效用曲线一直是下凹的，只要存在不确定性，Kim 的确定等价物将会一直较低。

如果一个人的效用曲线一直是上凹的，该人的确定等价物就会一直比货币测度的期望值大。我们称之为**风险偏好**。

每一个规则遵守者都应该可以用自己的效用曲线为不确定的货币交易刻画风险偏好。唯一的要求是效用值随着测度值增加而增加。图 10-16 显示出一条遵循这些规则的可能的效用曲线，曲线随着测度值的增加而连续递增。注意到当曲线弯曲时，它表明在某些区域是风险规避的，在另一些区域又是风险偏好的。通过赋予我们的效用曲线其他性质以至于其不存在风险偏好，我们可以尝试着消除一些反常的行为。

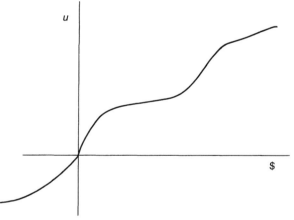

图 10-16　符合规则的一条效用曲线

风险中性的计算优势

一个对货币交易持风险中性态度的人在进行确定等价物作为货币期望值计算时，会得出相当实用的优势。注意到在图 10-14 中如果我们把不确定性交易的收益增加 10 美元，即范围 110 美元和 10 美元之间，相应的效用值范围为 1.1 和 0.1 之间，从而得到一个 $0.5 \times 1.1 + 0.5 \times 0.1$ 或 0.6 效用值的期望值的交易。相对应的确定等价物为 60 美元，其为收益的期望值，并比最初增加 10 美元。将所有的收益以相同金额增加或减少，导致确定等价物产生相同的调整。

这一性质尤其适用于计算风险中性者的洞察力价值。回顾一下，通常为了计算洞察力价值，我们需要在所有的前景测度下不断减去越来越高的洞察力成本，直到在某一价格下，这个人在购买或者不购买洞察力之间无差别。在风险中性的情况下，我们知道任一交易的确定等价物等于其货币测度期望值。因此，任何对于测度的增加或减少性调整都会导致确定等价物的调整。其现实意义在于，我们可以通过计算以免费价格得到洞察力交易的期望值减去没有洞察力情况下最优交易的期望值，从而为风险中性者找到洞察力价值。图 10-17 表示为风险中性者 Jane 在聚会问题中计算洞察力价值的步骤。

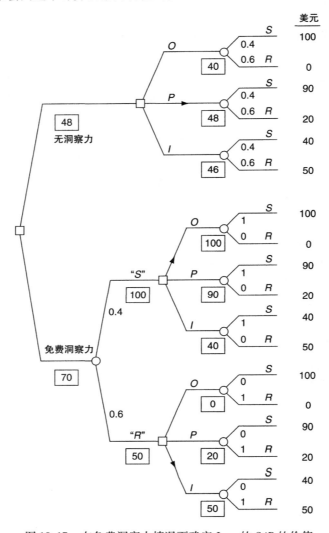

图 10-17　在免费洞察力情况下确定 Jane 的 S/R 的价值

图 10-17 中上半部分是没有洞察力情况下 Jane 的处境，正如在图 10-15 中所示一样。没有了洞察力的优势，她将会选择在门廊举办聚会，并且获得 48 美元的确定等价物。如果她以免费的方式获得了洞察力，决策树的结构就像在图 10-8 中 Kim 的一样。概率和价值都一样，只是没有如同前例一样减去 15 美元的成本。我们看到，如果 Jane 从先知处收到"S"的报告，她将会选择在室外举办聚会，并且确定等价物为 100 美元。如果先知报告"R"，那么她就会选择在室内举办聚会，确定等价物为 50 美元。由于先知会以 0.4 的概率递交"S"报告，以 0.6 的概率递交"R"报告，在免费洞察力的情况下她的确定等价物为 $0.4 \times 100 + 0.6 \times$

50 = 70 美元。由此我们知道如果她必为洞察力支付 70 - 48 = 22（美元），不管她是否购买洞察力，她的确定等价物都是 48 美元。因此，Jane 在聚会问题的属性 S/R 上的洞察力价值是 22 美元。

注意到先知的任一条声明都会改变 Jane 在门廊举办聚会的最初决策，因而两份报告都是重要的。一如所见，不使用迭代的方法计算洞察力价值会简便得多。我们不禁自问，这种简便方法是否只适用于风险中性者？答案是否定的，我们将会随后介绍。

10.7　Mary 的聚会问题

现在我们考虑下 Mary，她是 Kim 和 Jane 的另一位朋友。关于聚会，她和两位朋友表现出相同的偏好，并对天气给出相同的概率赋值。Mary 对聚会前景与 Kim 有着相同的偏好概率，如图 9-4 所示。然而，关于金钱，她有着和 Jane 一样的风险中性的效用曲线，如图 10-13 所示。这意味着她的美元价值会和她的偏好概率成比例关系，正如图 10-12 中 Jane 的情况一样，但是美元价值则与 Kim 和 Jane 的不同。

Mary 的偏好概率和 PISP 的美元价值如图 10-18 所示。尽管 Mary 对待金钱的风险态度不同于 Kim，但在此情况下她做出了和 Kim 完全一样的决策，因为她们有着相同的偏好概率。实际上，在图 9-6 和图 9-7 中对 Kim 的操作和对 Mary 的操作是相同的：她们都会选择在室内举办聚会。从这些图中可见，只要认可对 S 的概率，在任一概率下 Kim 和

前景	Mary 的偏好概率	Mary 的美元价值
室外，晴天	1	100
门廊，晴天	0.95	90
室内，雨天	0.67	50
室内，晴天	0.57	40
门廊，雨天	0.32	20
室外，雨天	0	0

图 10-18　Mary 的偏好概率和美元价值

Mary 都会为聚会场地做出相同的决策。因此，我们可以看出，在前景没有被价值测度刻画的任何情况下，我们不能通过其所做的决策来判断一个人是风险中性的还是风险规避的。

什么时候 Mary 的行动会不同于 Kim 呢？当先知出现之后她们将会不同。我们通过图 10-19 所示的决策树计算 Mary 在 S 情况下的洞察力价值，正如我们在图 10-16 中为 Jane 做的一样。Mary 是风险中性的，我们可以使用相同的简化范式：先算出没有洞察力情况下交易的期望值，然后将之从免费洞察力情况下交易的期望值中减去即可。

在决策树的上半部分，我们回顾了她没有洞察力情况下的决策。由于她是像 Jane 一样的风险中性者，她对每个聚会前景输入了美元价值，之后计算了每个方案的期望值作为确定等价物。室内方案有最高的确定等价物，为 63 美元，我们预计她会采取这个方案。

在决策树的下半部分，我们计算了 Mary 拥有免费洞察力下的价值。正如 Jane 和 Kim 一样，她将会在先知报告"S"时在室外举办聚会，在先知报告"R"时在室内举办聚会。如同 Kim 和 Jane 一样，Mary 给"S"报告赋予 100 美元的价值；然而不同于 Kim 和 Jane 的是，Mary 给"R"报告赋予 67 美元的价值。在免费洞察力情况下，她的确定等价物就变成了 $0.4 \times 100 + 0.6 \times 67$，即 80 美元。由于 Mary 是风险中性的，可以计算 S 的洞察力价值：在免费洞察力情况下的确定等价物减去没有洞察力情况下的确定等价物，即 80 - 63 = 17（美元）。

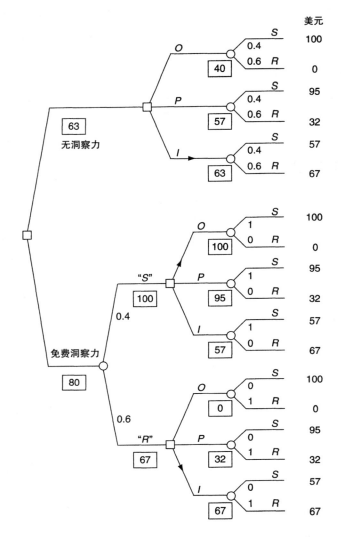

图 10-19　在免费洞察力情况下确定 Mary 的天气价值

因此我们发现，Kim，Jane 和 Mary 会为洞察力支付不同额度的价格，分别为 20 美元、22 美元和 17 美元。这些差异仅仅来自于偏好的不同，而不是来自于方案或者信息的不同。

10.8　总结

你无须使用货币去衡量最优决策方案。但是，在一个决策分析中使用货币作为价值测度有很多优势：

（1）你可以为每个方案计算出它们的确定等价物。
（2）你可以为两个方案之间的转换计算无差别货币金额。
（3）你可以为一个或多个不确定性条件计算信息的价值。

效用值和效用曲线的概念经常用来在不确定性条件下的决策中对偏好信息进行编制。
- 使用效用曲线计算交易的确定等价物。
- 效用曲线进行加法或乘法转换的含义。
- 基于他们特定的效用曲线,不同的人在面对相同的决策时也许会对相同的信息有不同的估值。
- 使用确定等价物(用美元表示)来选择最优决策方案。
- 洞察力价值可以是零,但是在决策过程中不能为负值。

习题

标注剑号(†)的习题需要计算。

1. 下面关于 Kim 室内方案的表述哪些为真?
   Ⅰ. 如果她决定在室内举办聚会,她能得到最佳前景的概率是 0.63。
   Ⅱ. 0.63 是货币前景期望值的偏好概率。
   Ⅲ. 0.63 是 Kim 室内交易的偏好概率。
   Ⅳ. 0.63 是室内前景偏好概率的期望值。
      a. Ⅰ 和 Ⅲ。
      b. Ⅱ 和 Ⅲ。
      c. Ⅰ 和 Ⅳ。
      d. Ⅲ 和 Ⅳ。

2. 通常来说,洞察力价值被定义为:
   Ⅰ. 免费洞察力情况下交易的确定等价物与没有洞察力情况下交易确定等价物之间的差值。
   Ⅱ. 该信息的最小市场售价。
   Ⅲ. 决策制定者对该信息的个人无差别购买价格(PIBP)。
   Ⅳ. 决策制定者对该信息的个人无差别出售价格(PISP)。
   以上哪些表述为真?
      a. 只有 Ⅰ。
      b. 只有 Ⅰ 和 Ⅱ。
      c. 只有 Ⅲ。
      d. 只有 Ⅰ 和 Ⅲ。

3. Samantha 拥有一次决策机会,她对该交易的偏好概率如下,该交易最好的结果是 200 美元,最差的结果是 0。

价值(美元)	偏好概率
0	0.00
10	0.17
20	0.32
40	0.57
50	0.67
80	0.89
90	0.95
200	1.00

在如下决策机会中,Samantha 的确定等价物是多少?

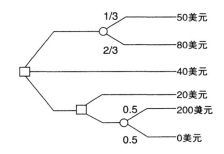

a. 20 美元到 50 美元之间。
b. 50 美元到 90 美元之间。
c. 90 美元到 200 美元之间。
d. 没有足够的信息解决此题。

4. 考虑下面四个表述:
   Ⅰ. 对于任何不确定属性的信息收集进程,你的支付不应该高于洞察力价值。
   Ⅱ. 行动性思维五规则证明,计算与前景等值的货币期望值总会为我们提供最优方案。

Ⅲ. 一个人对于已知结果的偏好概率会一直大于其在给定洞察力情况下对结果的评估概率。

Ⅳ. "决策质量三脚凳"的三条腿为偏好、信息和方案。

以上表述哪些为真?

a. 只有Ⅰ和Ⅲ。
b. 只有Ⅰ和Ⅳ。
c. 只有Ⅱ和Ⅳ。
d. 只有Ⅰ、Ⅱ和Ⅳ。

5. Sam 刚刚为一张凭证支付 215 美元以获得竞猜"不公平"硬币正反面的资格。如果他猜对了,他将赢得 500 美元;如果他猜错了,他将获得 0。他对该凭证的 PISP 为 315 美元。先知可以告诉他即将发生的结果。Sam 对先知提供信息的 PIBP 是多少?你对 Sam 的风险态度一无所知。

a. 185 美元。
b. 需要 Sam 的效用曲线来确定他对信息的 PIBP。
c. 285 美元。
d. 需要 Sam 的效用曲线和他对"不公平"硬币"正面"(或"反面")朝上落地的概率赋值来确定他对信息的 PIBP。

对于习题 6、7 和 8,考虑以下决策树所确定的决策情境,其中美元价值是奖金,概率为交易所有者 Stuart 自行评估。假定他是风险中性的。

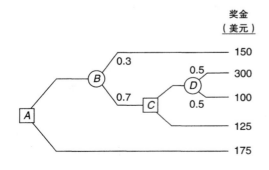

6. 在本次交易中,Stuart 的确定等价物是多少?
a. 175。
b. 200。
c. 215。
d. 185。

7. 在制定决策 A 之前,Stuart 为不确定性 D 的洞察力最多可支付多少?
a. 215。
b. 50。
c. 30。
d. 185

8. 在制定决策 A 之前,Stuart 为不确定性 B 的洞察力最多可支付多少?
a. 25.5。
b. 7.5。
c. 192.5。
d. 185。

9. 考虑以下几个表述。

Ⅰ. 对任何交易而言,洞察力价值都是一个有免费洞察力交易的确定等价物与没有洞察力交易的确定等价物之差。

Ⅱ. 对任何交易而言,洞察力价值都等于该交易洞察力的 PISP。

Ⅲ. 行动性思维五规则证明了风险偏好是不合理的。

Ⅳ. 假设他们同意概率和前景价值的话,一个风险规避的人设置的交易价值绝不会低于一个风险中性的人设置的交易价值。

以上表述有几个是错误的?

a. 1。
b. 2。
c. 3。
d. 4。

†10. Ellen 是一个风险中性的测试者,她为了决策分析的期中考试而学习。期中考试有 15 个问题,每个问题有 4 个可能的选

项。期中考试不同于她以往参加的考试。不是仅仅选出她认为正确的答案（a，b，c 或者 d），她必须对每个答案的正确率进行赋值。对每个问题赋值的概率之和为 1。下面的公式被用来计算每个题的分值（试卷满分标准化为 100 分）：

$$分值 = \frac{100}{15} + \frac{100 \times \ln p}{15 \times \ln 4}$$

其中 p 是她对正确答案的赋值概率。

假设她相信 {a 正确|&} = 0.7 和 {b 正确|&} = {c 正确|&} = {d 正确|&} = 0.1。这可用右图表示：

为了简化，我们假设在选项 b，c 和 d 之间是等概率分布的。

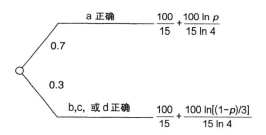

如果 Ellen 想要最大化她的期望分数，那她应该对 a 选项赋值概率为多少（说明你的原因）？

注意：这个问题需要微积分的知识背景，它的目的在于引导你去赋值自己的真实信念。它倾向于介绍在概率选择性考试中常见的题目类型。

第 11 章

风险态度

本章核心概念

阅读本章之后,读者将能够解释下列概念:
- 不确定性交易在一个所有权周期内个人无差别买卖价格的相等性
- Δ 性质
  - 效益曲线满足 Δ 性质
- 洞察力价值的含义
- Δ 人的风险发生比评估
- Δ 人的风险容忍度和风险厌恶系数

11.1 引言

我们首先回顾第 10 章,图 10-4 中的效用曲线显示了基于美元价值的偏好概率。绘制如图 10-4 所示的效用曲线,显示美元值域从 0 到 100 美元可能具有误导性。这些美元金额本该代表**前景**,即我们目前的财富状况是起点,任何额外金额都是后期增加的。这就意味着,如图 11-1 所示的 0 实际上不是零值。相反,w_0 指我们当下财富所将发生任何变化的初始。任何由不确定性交易产生额外的金额 x,都应该加至 w_0。我们将 w 指代为总财富值,将 w_0 指代为个人当前财富。图 11-1 代表了总财富的效用曲线。

11.2 财富风险态度

到目前为止,我们研究的所有问题都和基于总财富值的效用曲线的解释相一致。例如,回顾一下第 10 章的聚会问题:初始时,Kim 的总财富是 13 000 美元。我们一直在用总财富效用曲线介于 13 000 美元到 13 100 美元之间的部分来进行计算。

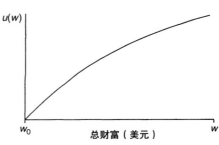

图 11-1 总财富的效用曲线

如果某人有一笔无成本的货币交易,我们就能够利用总财富的效用曲线来计算总财富的确定等价物 $\widetilde{w}$,即该人即将拥有的财富值,亦即他对该交易的确定等价物 $\widetilde{x}$。目前的财富 w_0,

总财富值的确定等价物$\widetilde{w}$以及对应交易的确定等价物$\widetilde{x}$关系如下：

$$\widetilde{w} = \widetilde{x} + w_0$$

为了说明确定等价物$\widetilde{x}$的计算，我们用对应概率为p_i的不同数额x_i收益的可能性来代表不确定性交易x。因为此人对不确定性交易和交易的确定等价物之间无差别，所以他总财富的确定等价物的效用值$u(\widetilde{w})$一定等于该交易所得总财富效用值的期望值。所以有：

$$u(\widetilde{w}) = \sum_i p_i u(w_0 + x_i)$$

交易$\widetilde{x}$的确定等价物是：

$$\widetilde{x} = \widetilde{w} - w_0$$

数额$\widetilde{x}$是个人愿意放弃他目前所拥有的不确定性交易的最低收益值。这也是该不确定性交易的个人无差别出售价格（PISP）。

11.3　所有权周期中的买卖交易

在第3章中，我们讨论了确定性交易（无不确定性交易）下的"个人无差别购买价格"（PIBP）和"个人无差别出售价格"（PISP）。我们知道，如果以你的 PIBP 获得该交易，则你对不曾拥有交易的 PIBP 和你对该交易的 PISP 相等。如果你以 PIBP 购买了不曾拥有的交易并同时以 PISP 卖出，那么这一业务就形成一个**所有权周期**。

类似地，在你以 PISP 卖出所拥有的交易后考虑买回该交易时，你对该交易的 PISP 等于 PIBP。这一业务也构成了所有权周期。接下来，我们给出下列例子表明即使在不确定性交易中，所有权周期的概念仍然适用。

案例1：先卖出，后买进，拥有所有权的交易

除了拥有财富w_0外，假设某人也拥有一项不确定性交易，然后卖出。本案例中，将不确定性交易的 PISP 记作s^*。这种情况如图11-2所示。图11-2的左侧显示出如果他不卖出的话，他可能从该不确定性交易中获得的结果，并将他的财富值w_0加入到每个结果中。右侧显示了他的财富值和确定性的金额s^*。如果他对这两种状态无差别，那么s^*就是他对于该不确定性交易的 PISP。注意到对于所拥有交易的 PISP 与前文定义的该交易的确定等价物$\widetilde{x}$相同。和确定性交易相似，PISP 可能会随着财富水平变化而变化。

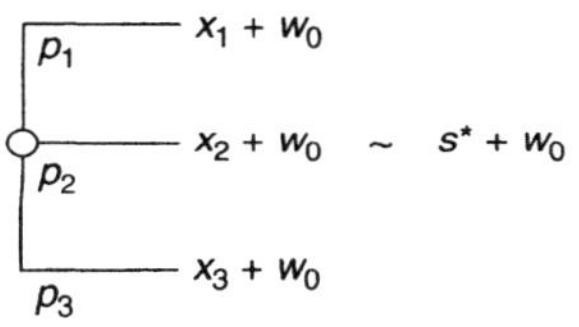

图11-2　对于所拥有不确定性交易的 PISP

由于该人对这两种情形无差别，两种情形下他的效用值必定相同。令图11-2两边的效用值相等，即：

$$\sum_i p_i u(x_i + w_0) = u(s^* + w_0)$$

在以s^*卖出该交易后，未来要买回的 PIBP 值b^*随即被定义，关系如图11-3所示。图的左侧表明确定性数额$w_0 + s^*$的状态，即以 PISP 卖出交易后的状态。图的右侧显示，他以b^*的数额买回交易可能出现的结果。如果他对两种

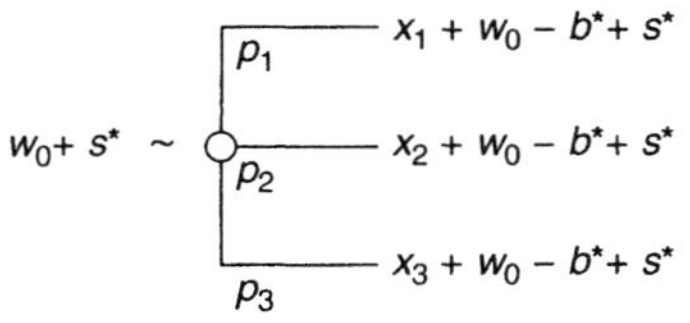

图11-3　购回该交易

状态无差别，那么 b^* 就是在财富水平 $w_0 + s^*$ 上他对该交易的 PISP。

令图 11-3 两边的效用值相等，则有：

$$u(w_0 + s^*) = \sum_i p_i u(w_0 + s^* - b^* + x_i)$$

该方程的唯一解是 $s^* = b^*$，PISP 和后续的 PIBP 相等。

> "如果某人拥有一笔不确定性交易，在其卖出该交易之后打算买回时，个人无差别出售价格（PISP）必须和个人无差别购买价格（PIBP）相等。"

注意：该结果并不取决于该交易相关者的效用曲线。

该结果和我们在第 3 章中展示的确定性交易所有权周期的概念相同。现在我们已经说明了它同样适用于不确定性交易和任意效用曲线。接下来，我们可以发现，如果交易者首先买进他不曾拥有的交易然后卖出，它也同样适用这种反方向的行为。

案例 2：先买进，后卖出，无所有权的交易

假设另一个拥有财富值 w_0 但不拥有交易 x 的交易者，他考虑买进该交易。那么，他为此的 PIBP 即 b 是多少？支付 b 时，他在该价格下买与不买该交易无差别，这种情况如图 11-4 所示。

如果该人对于图 11-4 左右两侧感觉无差别，那么两种情形下，他的效用值一定相等。令图中两侧的效用值相等，得到结果：

$$u(w_0) = \sum_i p_i u(w_0 + x_i - b)$$

因而，方程的解将决定 b 值，即该交易的 PIBP。注意 b 并不需要等于前例的 b^* 值，因为在他买进时财富状况不同（在前案例下，财富值是 $w_0 + s^*$，而在此案例中，财富值是 w_0）。

假设现在已经以 PIBP 买进了交易，交易者想求出该交易的 PISP。因为以 PISP 卖出将会使交易者恢复到不拥有该交易时财富值为 w_0 的初始状态，我们得到一个所有权周期。然而，现在不存在不确定性，因为他将一直拥有 $w_0 + s - b$。这就是图 11-5 中树左侧的前景都相同的原因。

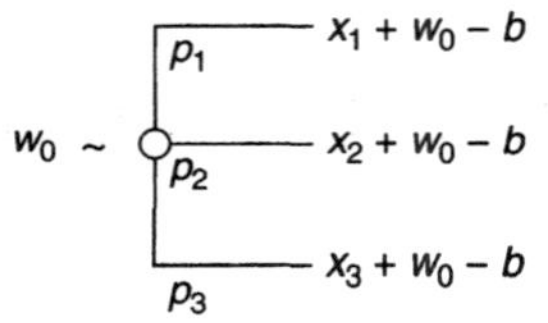

图 11-4　不曾拥有某交易的 PIBP 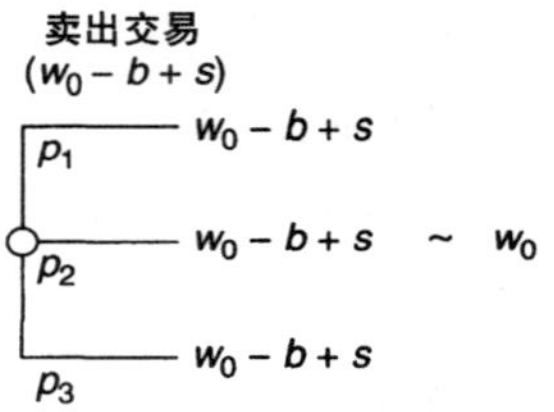　　图 11-5　买入某交易之后的 PISP

基于他在此价格下卖出和继续持有无差别，s 被定义为：

$$\sum_i p_i u(w_0 + s - b) = u(w_0)$$

该方程的解为 $s = b$，PIBP 和 PISP 相等。

> 交易者愿意卖出某笔他刚买进的不确定性交易的金额（他的 PISP）必须和他瞬间时刻的无差别购买价格（他的 PIBP）金额相同。这是一个符合逻辑的恒真命题，因为他在支付后恢复到未拥有该交易，然后获得等额货币的状态。

再重申一次，所有权周期下的 $b = s$，也适用于任意效用曲线。

识别两种不同的状态 以上我们刚刚谈论的两种所有权周期，发生于不同的时空。在第一种时空中，交易者拥有财富值 w_0，同时拥有一笔交易。PIBP 和 PISP 分别为 b^* 和 s^*，并且 $b^* = s^*$。在第二种时空中，交易者拥有财富值 w_0，但是并不拥有该交易。在这种状态下 PIBP 和 PISP 的结果分别是 b，s，并且 $b = s$。

现在，我们提出如下问题：

> "对于任意财富水平 w_0 和任意不确定性交易，$s^* = s$ 和 $b^* = b$ 是必要的吗？"

答案和我们预测的一样，是否定的。尽管在每个所有权周期中，PIBP 和 PISP 必须相同，但是这不意味着在不同财富水平的两种时空中，买价或卖价必须相同。很可能 $s \neq s^*$，$b \neq b^*$。如果交易者拥有一笔相似的交易，他愿意买进的价格不一定等于如果他未曾拥有相似交易的买进价格。所以，除了初始财富值 w_0 之外，你对不曾拥有交易的 PISP（当你拥有初始财富值 w_0 时）不一定等于拥有一笔相同交易的 PISP。该结果和第 3 章中劳斯莱斯的案例讨论相符合，即你对一辆劳斯莱斯的 PIBP 未必等于你免费拥有一辆时对劳斯莱斯的 PISP，因为财富值可能改变你的所有权周期。

如果某人对于所有不确定性交易和所有财富水平都有 $s = s^*$，并且 $b = b^*$，那么对其偏好而言，哪些必定为真？在随后的章节中，我们将探索该问题。

11.4 Δ 性质

假设你拥有一笔交易 x，而另一人主动增加相同的金额 Δ 到每份收益 x_i 上。那么对于此交易，你的确定等价物（PISP）会发生什么变化？

例如，在第 10 章中，我们发现 Kim 以 50—50 概率获得 0 vs. 100 美元交易中的确定等价物为 34 美元。想象一下现在某人改善此交易使得她最差能获得 20 美元，最高能获得 120 美元。换言之，比起前例，她确保能多获得 20 美元。对于该修正的交易，Kim 的确定等价物应该为多少？

许多人会认为她的确定等价物应该相应增加相同的金额，即 20 美元，达到新的确定等价物即 54 美元。该观点认为此 20 美元是"银行的存款"，不存在任何不确定性。如果是这种情况，我们说 Kim 在此 20 美元的范围内遵循了"Δ 性质"，如图 11-6 所示。

在图 11-6 的左侧，该人表达了对于三个分支交易的确定等价物 $\tilde{x}$。在图 11-6 的右侧，收益变化了 Δ（正值或负值），并且该确定等价物也变化了相同的金额。如果这描述了对于某一收益范围内，某人对于任意货币交易的意愿，我们就说该人在此范围内满足 **Δ 性质**。在该有效的范围内，我们称此人为 Δ 人。

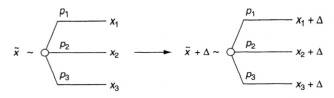

图 11-6　Δ 性质

Δ 性质使得个人对任意交易的确定等价物独立于其初始财富：对他拥有的任意交易的收益增加某一金额等同于对其财富确定等价物增加相同金额。这是你在评估不确定性交易时需要考虑的一个重要性质。

Δ 性质允许我们从 Δ 人买卖价格的计算中移除初始财富值 w_0，因为 w_0 的实际值并不重要，所以我们可以把它视为 0。

> 如果一个人在某一收益范围内遵循 Δ 性质，那么对于任意财富水平 w_0 和任意他所面临的该范围内的不确定性交易，我们应当认为 $s = s^*$ 并且 $b = b^*$。我们将在下一章节深入说明这一点。

对于某些收益范围而言，Δ 性质几乎对所有人都非常具有吸引力。然而，当 Δ 为较大的正值时，一些人认为拥有该交易改变了他们面对风险的态度，以至于现在他们愿意评估与收益的期望值非常接近的确定等价物。当 Δ 为较大的负值时，其他人同样担心他们不再充分地进行风险规避。

你可能会发现，在充分小的收益范围内，将 Δ 性质看作任意效用曲线的简便近似是非常有用的。对于一些人而言，实际上该范围可能会很大。此外，一个风险中性者自行符合 Δ 性质。

11.4.1　买卖价格相等

接受 Δ 性质对货币交易的决策有着深远影响。举例说明，考虑图 11-7 所示的三分支交易，代表了未拥有交易的买价和已拥有交易的卖价。对于一个 Δ 人而言，我们知道交易的估值独立于初始财富值。所以，我们从图的两边移除初始财富值 w_0。

在图 11-7 的左侧，一位女士拥有一笔交易并且利用她对于获得确定拥有 s^* 和获得交易收益之间无差别的想法而建立了一个 PISP，即 $\tilde{x} = s^*$。在图 11-7 的右侧，她未拥有该笔交易，通过找寻她在是否拥有该交易而无差别之前所愿意支付的金额而建立一个 PIBP，即 b。如果她满足 Δ 性质，那么我们知道如果我们把 b 值加到右上方所有的收益上，右下方的交易结果一定有确定等价物 b，因为该确定等价物一定随着收益呈相同金额变化。

然而，我们已经从图像左上方了解到该交易有确定等价物 s^*，因此 $s^* = b$。我们发现如果一个人满足 Δ 性质，其对于拥有交易的卖价将与她对于未拥有交易的买价相同。我们现在了解到，个人偏好真实的部分会使得 $s^* = b$。我们现在知道该人需要满足 Δ 性质，但是我们仍然不知道其效用曲线。

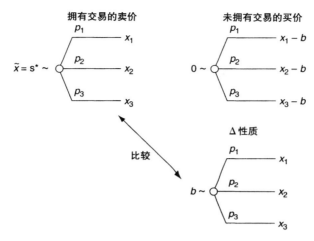

图 11-7 Δ 性质构建买卖价格相等

> 现在让我们总结一下我们目前所学。我们知道，在所有权周期上的某个特定时刻，无论我们讨论衬衫交易还是不确定性交易，PIBP 和 PISP 必须相等（$s = b$ 且 $s^* = b^*$）。对于任意效用曲线，所有权周期中一笔交易的买卖价格相同都是正确的。
>
> 但是一般而言，你未拥有的不确定性交易的买价并不等于你拥有的相同交易的卖价。这一点仅在你满足 Δ 性质时才成立。

11.4.2 洞察力价值的含义

那些满足 Δ 性质的人在计算其洞察力价值时将会大大简化。Δ 人对一笔交易的确定等价物将发生与该交易所有收益相同的变化。这意味着，Δ 人能够通过找寻免费洞察力决策的确定等价物减去无洞察力决策的确定等价物以得到无差别的洞察力价格，即洞察力价值。

> Δ 人的洞察力价值 = 免费洞察力决策价值 − 无洞察力决策价值

这也意味着，Δ 人将无须利用迭代或图表技术来评估我们之前讨论的洞察力价值。

该简化具有重大的现实意义。在许多情况下，当其恰恰临近被接受时，假设 Δ 性质成立是明智的。

此时，我们知道满足 Δ 性质的人必须：

- 不管是否拥有所有权，对于一笔不确定性货币交易拥有相同的买卖价格。
- 对于任意不确定性的洞察力价值，等于他的免费洞察力决策价值减去无洞察力决策价值。

然而，我们仍然不知道他的效用曲线的形式。

11.4.3 Δ 性质所要求的效用曲线形式

Δ 性质对于效用曲线的形式提出了严格的要求。如果某人拥有财富值 w_0，则图 11-5 的含义对于任意交易和任意 Δ 都成立。因此，

$$u(w_0 + \widetilde{x} + \Delta) = \sum_i p_i u(w_0 + x_i + \Delta)$$

我们现在讨论满足这个方程仅有的两种效用函数。

1. 直线

假设对于任意的货币金额 y，效用曲线均有直线形式：

$$u(y) = a + by$$

这里 a 和 b 都是常数且 b 为正，所以增加 y 就导致 u 值的增加。接着，

$$a + b(w_0 + \widetilde{x} + \Delta) = \sum_i p_i [a + b(w_0 + x_i + \Delta)]$$

且因为 $\sum_i p_i = 1$，我们发现，

$$\widetilde{x} = \sum_i p_i x_i = <x\,|\,\&> = \text{美元价值的期望值}$$

因此，一个风险中性的人将满足 Δ 性质，并且他对任意不确定性交易的确定等价物等于美元价值测度的期望值，而与个人财富值 w_0 无关。回顾第 10 章中 Jane 和 Mary，两人都是风险中性的，均满足 Δ 性质。

存在其他形式的效用曲线满足 Δ 性质吗？是的。通过本领域外的方法，可以证明仅有一种其他形式的效用曲线满足 Δ 性质，正如我们接下来所讨论的。

2. 指数型

效用曲线的指数型形式是除了线性形式曲线之外，唯一满足 Δ 性质的其他效用曲线。指数型效用曲线有如下形式：

$$u(y) = a - br^y$$

这里 a，b 和 r 是常数，而 y 是财富值。如果效用曲线随着财富值 y 递增，那么参数值就受到特定条件约束：如果 $r<1$，b 必须是负的；如果 $r>1$，b 必须是正的；$r=1$ 的情况下，我们将形式转化为前文所讨论的线性情形。我们会发现风险规避型的 Δ 人有 $r>1$。

注意到整个指数型效用曲线是由单一数字 r 简便描述的。我们为 Kim 所用到的效用曲线是指数型的，所以：

$$u(x) = \frac{4}{3}\left[1 - \left(\frac{1}{2}\right)^{\frac{x}{50}}\right] = a - b\,r^{-x}$$

在这里，$a = b = \frac{4}{3}$ 并且 $r = \left(\frac{1}{2}\right)^{-\frac{1}{50}} = 2^{\frac{1}{50}} = 1.014$。所以，Kim 满足 Δ 性质。

在上一章中，我们的计算并不包括 Kim 的、Jane 的或者 Mary 的初始财富值，但是现在我们知道因为他们是 Δ 人，我们所有的计算都是有效的。这也是他们洞察力价值等于免费洞察力的交易价值减去无洞察力交易价值的原因。考虑到我们现在知道 Kim 是一个 Δ 人，未来涉及她的计算将会简单许多。

11.5 风险发生比

为先前章节讨论的指数形式中的常数 r 提供一个直观的解释是有用的。这种做法将有利于评估它的数值从而直接决定效用曲线，同时也将提供一种对于其幅值更好的理解。

> 假设满足 Δ 性质且因此有这种效用曲线形式的某人，面临着以 p 的概率赢得一单位货币，以 $1-p$ 的概率失去一单位货币的交易，如图 11-8 所示。

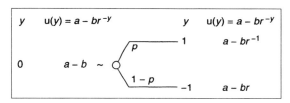

图 11-8　涉及一货币单位得失交易的无差别示意

货币单位可以是任意规格的，比如 1 000 美元。问题是，对于给定的 r，能造成接受和拒绝该交易之间无差别的概率 p 是多少？**等价规则**要求任意规则遵守者必须能够给出一个偏好概率 p。图 11-8 的右侧显示出货币价值和接受该笔交易相关的效用值，左侧显示货币价值和拒绝该交易相关的效用值（交易收益为 0）。无差别情况下，一个人对于接受或者拒绝该交易效用值的期望值必定相同。左侧的效用值是 $u(0) = a - b$，而右侧的效用值是效用值的期望值。我们得到：

$$a - b = p(a - br^{-1}) + (1-p)(a - br) = a - b[pr^{-1} + (1-p)r]$$

现在，我们在等式两边减去 a 并除以 b，得到：

$$1 = pr^{-1} + (1-p)r$$
$$(1-p)r^2 - r + p = 0$$

解出 r：

$$r = \frac{1 \pm \sqrt{1 - 4p(1-p)}}{2(1-p)} = \frac{1 \pm \sqrt{1 - 4p + 4p^2}}{2(1-p)} = \frac{1 \pm (1-2p)}{2(1-p)}$$

或者 r 可以取两个值：

$$r = 1, \frac{p}{1-p}$$

解 $r = 1$ 是与我们此前讨论的风险中性效用曲线：$u(y) = a - by$ 相对应的极限状态。

解 $r = \dfrac{p}{(1-p)}$ 意味着，当 r 等于输赢 1 货币单位发生比时，该人在接受和拒绝该交易之间无差别。

这是一个重要的结果：

> "如果某人在一定货币区间上满足 Δ 性质，那么我们就能够仅利用该区间的一个参数 r 来表征他的整条效用曲线。"

我们现在对参数 r 有了解释。我们把 r 叫作**风险发生比**，用以表征一个满足 Δ 性质的人的风险态度。我们在图 11-8 中对 1 货币单位下如何用无差别概率评估 r 进行了解释。现在我们展示如何对任意货币单位评估 r。

11.5.1 利用风险发生比

常数 r 可以随时使用。如图 11-9 所示，假设某人面临一笔输赢 m 货币单位的交易。

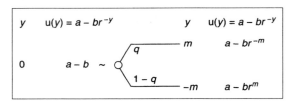

图 11-9 输赢 m 货币单位交易的无差别示意

赢得的概率 q 是多少时能够恰好造成无差别？与此前一样，我们从令两边效用值相等开始。因此，

$$a - b = q(a - b r^{-m}) + (1-q)(a - b r^m) = a - b[qr^{-m} + (1-q)r^{-m}]$$

那么有：

$$1 = q r^{-m} + (1-q) r^m$$
$$(1-p) r^{2m} - r^m + q = 0$$

通过对比该方程和我们之前的成果，我们发现 r^m 的解必须是 $r = 1$ 或者 $r^m = \dfrac{q}{1-q}$ 或者基于 $r = \dfrac{p}{1-p}$，

$$\frac{q}{1-q} = \left(\frac{p}{1-p}\right)^m$$

赌注 m 无差别所要求的发生比和单位赌注达到 m 次方无差别所要求的发生比相同。对于一个指数型 Δ 人而言，这对于任意 m 值都是正确的。例如，如果赌注是 $\dfrac{1}{2}$ 个货币单位，那么赢得无差别的发生比就是该单位货币所求风险发生比的平方根。

我们现在对于不同货币金额 x 和 y 的风险发生比进行关联。让我们将你输赢 x 美元的风险发生比记作 $r(x)$，将你输赢 y 美元的风险发生比记作 $r(y)$。如果你是在该货币价值范围内的 Δ 人，那么，

$$r(x) = [r(y)]^{\frac{x}{y}}$$

我们通过下面这个例子进一步阐述这种关系。

▶**例 11-1 使用风险发生比**

某人满足 Δ 性质并且对 100 美元的风险发生比是 $r(100) = 1.5$。正如我们所讨论的，这就意味着他在得到 0 与以 0.6 的概率获得 100 美元而以 0.4 的概率亏损 100 美元的二元交易之间无差别。

注：正如我们之前在第 6 章中对发生比的讨论，100 美元的风险发生比是 $\frac{0.6}{0.4} = 1.5$。

关于一笔获得 1 000 美元和亏损 1 000 美元的二元交易，我们所得的风险发生比 $r(1\,000)$ 是什么？

解：我们有：

$$r(1\,000) = [r(100)]^{\frac{1\,000}{100}} = (1.5)^{10} = 57.665$$

这意味着该人在获得 0 美元和一笔以 $\frac{57.665}{1+57.665} = 0.983$ 的概率获得 1 000 美元而以 $1 - 0.983 = 0.127$ 的概率亏损 1 000 美元的二元交易之间无差别。

注：回顾第 6 章，我们利用 $p = \frac{r}{1+r}$ 的关系可以通过该发生比获得相对应的概率。

11.5.2　Kim 的风险发生比

让我们利用 Kim 的例子来检验这些观点，该例最先见于第 10 章。我们已知 Kim 对于 1 美元货币单位的风险发生比是：

$$r(1) = \left(\frac{1}{2}\right)^{-\frac{1}{50}} = 2^{\frac{1}{50}} = 1.014$$

这意味着 Kim 在她实现无差别之前输赢 1 美元的风险发生比必须为 1.014。

然而，更加有趣的是恰好使得她无差别地输赢 100 美元的风险发生比为 $r(100)$。

$$r(100) = (2^{\frac{1}{50}})^{100} = 2^2 = 4$$

为了实现输赢 100 美元的无差别，Kim 要求 4∶1 的发生比。这意味着她必须以 0.8 的机会获胜，以 0.2 的机会亏损。

11.5.3　评估风险发生比

我们现在发现一种评估 Kim 效用曲线的方式。首先，我们可以询问问题以确定她想要在 100 美元范围内的得失以满足 Δ 性质。接着，我们向其提问怎样的盈亏 100 美元的概率可以使她实现无差别。

当她回复 0.8 或者 4∶1 的发生比时，我们就可以利用此答案来构建她的效用曲线，并且回答她在特定范围内可能面临的风险选择相关的任何问题。

从我们的讨论中发现，Kim 对于盈亏 50 美元的发生比 2∶1 恰好可以实现无差别，所以 $r(50) = 2$。注意到，利用此方法的相关简化构建了 Kim 的效用曲线，而非如第 9 章所讨论的不得不确定偏好概率与美元金额的等价物。

我们可以利用相同的方法来对任意接受 Δ 性质的人评估其效用曲线。最好的方式是选择一个足够大的货币单位以吸引个体的兴趣。取决于不同个体，该货币单位可以像 Kim 的 100 美元一样相对较小，也可以相对较大。接着，你可以确定构建无差别时盈亏的发生比。你可以通过加倍和减半货币单位的规格接着重复该问题以验证一致性。

如果某人总是在图 11-9 中赋值概率 $q = 0.5$，那么他的风险发生比总是为 1，因为 $r(1) =$

$\frac{0.5}{0.5} = 1$。在这种情况下，我们也关注到风险中性，并且我们使用 $u(y) = a - by$ 的效用曲线形式。该人以货币前景的期望值来评估该交易，因为 $0.5(1) + 0.5(-1) = 0$。

此外，如果该人在图 11-9 中赋值概率 $p < 0.5$，那么他的风险发生比必定小于 1。例如，如果 $p = 0.4$，那么 $r = \frac{0.4}{0.6} = \frac{2}{3}$。该人对该交易的估值必定高于货币前景的期望值，因为他对该交易的估值为 0，但是期望值是 $0.4(1) + 0.6(-1) = -0.2$。因此，对于 $p < 0.5$，我们观察到风险偏好行为。

总之，我们可以通过风险发生比来确定决策者是风险偏好的、风险厌恶的还是风险中性的。

> **风险态度关系**
> $r = 1$ 风险中性
> $r > 1$ 风险规避
> $r < 1$ 风险偏好

风险发生比中的效用曲线方程 一旦我们知道了风险发生比，那么效用曲线的表达式就是：

$$u(x) = a - b[r(1)]^{-x}$$

这里 x 以美元为计量单位。

正如我们先前讨论的，参数 a 和 b 是任意的，因为基于效用值的线性变换不会改变最优决策方案。然而，为了得到 $r < 1$ 情况下随 x 递增的效用曲线，b 应该是正的；而在 $r > 1$ 的情况下得到随 x 递增的效用曲线，b 应该是负的。

r 和 x 的值必须采用相同的货币单位。例如，如果 x 以千美元为单位，那么我们利用 $r(1\,000)$ 表示。因此，我们为效用曲线写出一个更一般的公式：

$$u(x) = a - b[r(m)]^{-x}$$

这里的 x 以 m 美元为计量单位。

11.6 Δ 性质的简化

现在我们来看一些利用 Δ 性质简化风险评估的具体例子。对于这些例子，我们需要你回顾第 10 章中的聚会问题。

11.6.1 Kim 失去了一些聚会选择

回想聚会问题，想象一下 Kim 的父母告知她不再能够举办室外聚会。这不会给她造成任何问题，因为她的最优方案被证明是室内方案。此外，如果她父母因为可能有太多噪声而不让她举办室内聚会，Kim 将会选择在门廊上举办聚会。因为她对于门廊聚会的确定等价物（46 美元）比她对于室内聚会的确定等价物少 6 美元，Kim 将在室内聚会和门廊聚会并接受父亲给的 6 美元货币补偿之间无差别。

我们知道这是正确的，因为 Kim 是一个 Δ 人。如果她不是，我们将不得不画出树图，对门廊方案每个前景的价值测度 s 增加特定数值，并且迭代 s 值直到她对于门廊交易的确定等价物加上收益 s 等于她对于室内交易的确定等价物。

11.6.2 天气保险估值

假设 Kim 被提供一份天气保险。如果雨天，保险公司将支付 50 美元，晴天则不支付。Kim 应该购买这份保险吗？如果购买，她应该支付的最大金额 b 是多少？为了计算 Kim 的保险价值 b，我们画了如图 11-10 所示的树图。

对于每个 b 值，我们计算带有保险交易的确定等价物。使得她确定等价物等于其无保险交易的估值即 46 美元的 b 值，就是她应该支付的最大值。通过反复迭代，我们发现其值是图 11-11 所示的 31.35 美元，同时考虑到保险政策，最优的聚会就是门廊聚会。

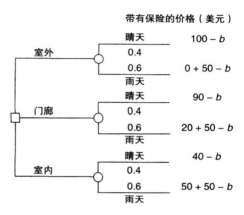

图 11-10　Kim 的聚会保险估值

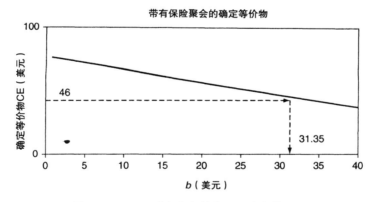

图 11-11　Kim 对聚会交易中 b 的确定等价物

我们也能够通过计算免费保险聚会交易的价值减去无保险聚会交易的价值来计算对于 Kim、Mary 和 Jane 的特定效用曲线的保险价值。Kim 免费保险的价值树图如图 11-12 所示。

在图 11-12 中，我们发现门廊方案拥有最高的确定等价物 77.35 美元。所以，对于 Kim 的保险政策价值为 77.35 - 46 = 31.35（美元）。

从保险公司的角度而言，如果他们是风险中性的并且也相信雨天的概率是 0.6，那么他们将基于自身的视角提供一笔有着期望值为 -50×0.6 + 0×0.4 = -30（美元）的交易。

此外，保险公司将可能拥有管理成本，这将使得他们针对保险凭证收取超过 31.35 美元的费用。因此，他们可能不会以低于 Kim 的 PIBP 的价格提供保险服务。

利用迭代来找到洞察力价值或者保险价值的方法适用于任何类型的效用曲线。

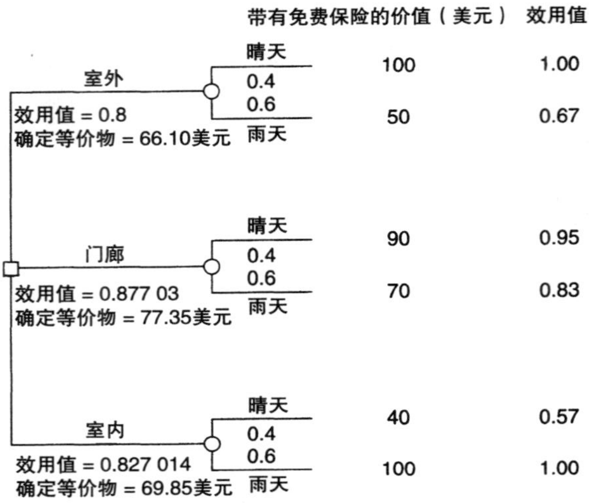

	带有免费保险的价值（美元）	效用值

室外
效用值 = 0.8
确定等价物 = 66.10 美元

- 晴天 0.4 → 100 / 1.00
- 雨天 0.6 → 50 / 0.67

门廊
效用值 = 0.877 03
确定等价物 = 77.35 美元

- 晴天 0.4 → 90 / 0.95
- 雨天 0.6 → 70 / 0.83

室内
效用值 = 0.827 014
确定等价物 = 69.85 美元

- 晴天 0.4 → 40 / 0.57
- 雨天 0.6 → 100 / 1.00

图 11-12　Kim 的免费保险聚会交易

11.7　指数型效用曲线的其他形式

在决策分析中，与满足 Δ 性质和作为 Δ 人相关的指数型风险态度具有巨大作用。事实上，其作用如此重大，以至于在本节中，我们将更详细地探索这类效用曲线族的特征。

有时候我们更倾向于把指数形式写成不同于我们在此处使用的其他形式。

例如，如果我们令 $r(1) = e^{\gamma}$，我们可以将其代入效用曲线形式中：

$$u(x) = a - b[r(1)]^{-x} = a - b(e^{\gamma})^{-x} = a - b e^{-\gamma x}$$

数值

$$\gamma = \ln[r(1)]$$

被称为**风险规避系数**，它的单位是价值测度单位的倒数，它的倒数 ρ 被称为**风险容忍度**，公式为：

$$\rho = \frac{1}{\gamma} = \frac{1}{\ln r(1)}$$

同样，风险容忍度与风险发生比采用同一货币单位计量。如果 x 是以千美元为单位，我们用 $r(1\,000)$ 表示，然后 ρ 也是以千美元来表示。

通过此前的讨论，我们现在可以根据图 11-13 中的风险发生比、风险规避系数以及风险容忍度来总结对待风险的不同态度。

Kim 的风险规避系数

现在我们可以使用她的风险发生比 $r(1)$ 来计算 Kim 的风险容忍度和风险规避系数，即：

$$\rho = \frac{1}{\ln[r(1)]} = \frac{1}{\ln(2^{\frac{1}{50}})} = 72.13(\text{美元})$$

	风险偏好	风险中性	风险规避
风险发生比，r	$r < 1$	$r = 1$	$r > 1$
风险规避系数，γ	$\gamma < 0$	$\gamma = 0$	$\gamma > 0$
风险容忍度，ρ	$\rho < 0$	$\rho = \infty$	$\rho > 0$

图 11-13　风险关系

$\gamma = \ln(2^{\frac{1}{50}}) = 0.01386$。我们将会看到 γ 和 ρ 在风险态度的实践和理论的讨论中都是有用的。

如果我们定义效用曲线 $u(x) = a - b\,\mathrm{e}^{-\gamma x}$，使其标准化为：
$$u(0) = 0 \text{ 和 } u(1) = 1$$
我们可以得到：
$$u(0) = 0 = a - b$$
和
$$u(1) = 1 = a - b\,\mathrm{e}^{-\gamma}$$
解这两个方程得：
$$a = b = \frac{1}{1 - \mathrm{e}^{-\gamma}}$$
所以：
$$u(x) = \frac{1 - \mathrm{e}^{-\gamma x}}{1 - \mathrm{e}^{-\gamma}}$$

使用该等式，我们可以在区域 [0，1] 为不同风险规避系数的 Δ 人绘制指数型效用曲线，如图 11-14 所示。Kim 的效用曲线将由 100 美元为单位的 $\gamma = 1.386$ 来描述。它比如图 11-14 所示的 $\gamma = 1$ 更加风险规避。

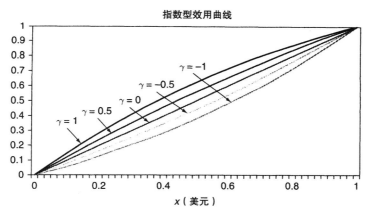

图 11-14　不同风险规避水平的指数型效用曲线

风险规避系数、风险容忍度和风险发生比每个都表征了 Δ 人的风险态度。然而，我们不推荐个人的风险偏好估值，因为他的交易确定等价物将大于其均值。

11.8　风险容忍度的直接评估

我们可以直接从决策者处评估风险容忍度 ρ，而不必首先评估风险发生比。当然，Δ 人可以对任何交易提供包含一个未知数的确定等价物方程，在这种情况下就是风险容忍度的值。

方法 1：风险容忍度评估　当我们希望评估一个 Δ 人的风险容忍度时，我们以提问开始，例如"你愿意接受这样一种以相同概率获得 100 美元和失去 50 美元的交易吗？"概率是相同的，损失金额一直被选为获得金额的一半。如果回答"是"，接下来赌注会提高。下一个问题可能会变成，"得到300美元或者失去150美元怎么样呢？"如果答案不变，我们可能尝试"得到1 000美元或者失去500美元呢？"

在某一时刻，每个人都会变得不安，虽然问题可能是"得到100万美元或者失去50万美元怎么样"，或者对公司而言"盈利10亿美元或者损失5亿美元又怎么样"。

目的是找出该人感觉无差别的某个点——不乐意承担风险的点。因此，如果该人说"那笔交易就刚刚好"，这会变得有点更加极端，直到该人不关心他是否接受了该交易。

> 在均衡点，该人对投资 w 以等概率获得双倍资金与失去一半资金感觉无差别。

假定 Δ 人有指数型效用函数，方便起见，我们选择常数 $a = 0$ 和 $b = 1$。接下来，我们有

$$u(x) = -e^{-\gamma x}$$

为了确定风险容忍度，我们首先评估在图 11-15 中决策者表达无差别的 w。

无差别意味着我们令图 11-15 两边的效用值相等，我们得到：

$$U(0) = \frac{1}{2}u(w) + \frac{1}{2}u\left(-\frac{w}{2}\right)$$

取代得：

$$-1 = 0.5(-e^{-\gamma w}) + 0.5(-e^{\gamma \frac{w}{2}})$$

$$2 = e^{-\gamma w} + e^{\frac{\gamma w}{2}}$$

解得 $\gamma w = 0.96$，因此，

$$\gamma = \frac{0.96}{w}$$

和

$$\rho = \frac{1}{\gamma} = \frac{w}{0.962} = 1.04w$$

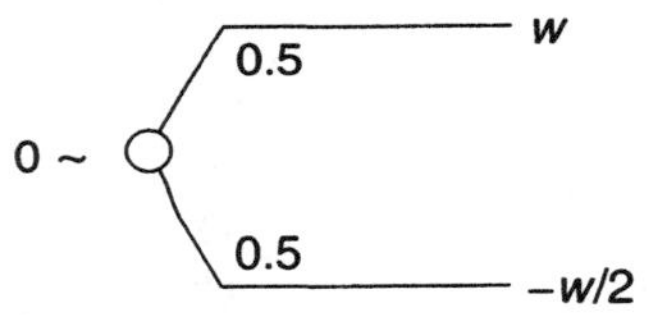

图 11-15 风险容忍度评估

近似地，$\rho = w$。更精确地，$\rho = 1.04w$（你可以在评估交易中对 w 的值增加 4%，尽管这种情况很少是必要的）。

方法 2：风险容忍度评估 偶尔，人们反对这一评估程序。因为他们会说，在他们的业务中，他们从来没有面临过成败机会相等且他们不喜欢考虑成败机会相等的交易。如果他们仍然是 Δ 人，我们可以用另一种评估问题的形式来合理地解决他们的问题，即询问他们对盈亏 w 的概率是 3:1 的交易和无任何得失之间是否无差别。

> 假定我们有交易如图 11-16 所示。同样，我们找到使决策者无差异的 w 值。注意这一次，决策者获得正回报的概率更高，但与此同时，他可能失去 w 而不是如图 11-15 所示的 $\frac{w}{2}$。

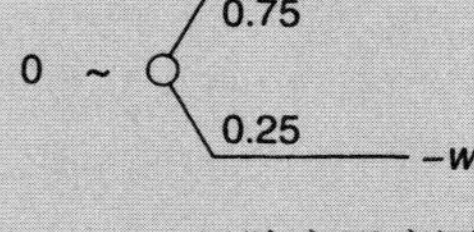

图 11-16 风险容忍度评估

我们使图 11-16 两侧的效用值相等，得到：

$$u(0) = 0.75u(w) + 0.25u(-w)$$

$$-1 = -0.75\,\mathrm{e}^{-\frac{w}{\rho}} - 0.25\,\mathrm{e}^{\frac{w}{\rho}}$$

$$4 = 3\,\mathrm{e}^{-\frac{w}{\rho}} + \mathrm{e}^{\frac{w}{\rho}}$$

如果我们令 $\alpha = \dfrac{w}{\rho}$，可得：

$$4 = 3\,\mathrm{e}^{-\alpha} + \mathrm{e}^{\alpha}$$

解得：

$$\alpha = \frac{w}{\rho} = 1.098\,61$$

$$\rho = \frac{w}{1.098\,61} = 0.910\,24w$$

$$\rho \approx 0.91w \approx w$$

11.8.1 风险发生比或风险容忍度

我们现在讨论获得描述指数型效用曲线所需参数的两种不同的基本方法。风险发生比方法要求对具体的货币收益进行偏好概率赋值。风险容忍度方法在实现交易规模的差异方面指定概率和要求，即对风险中性者而言，递增其确定等价物，但同时亏损的概率越来越大。有人认为越来越大的亏损似乎会引发对"我能够承担的亏损是多少"这一想法的关注，特别是当结果是以货币衡量的被称为"风险容忍度"的数值时。有时人们错误地将风险容忍度看作是他们"承受得起损失"的额度。

评估的目的是获得一个初始的效用曲线，人们可以用其来测试对于货币风险的态度是否得到充分体现。你可以认为这种练习如同试穿一套合适自己的衣服，然后进行一些调整以满足你的品位。在接下来的讨论中，我们将会有机会考虑效用曲线的其他形式。然而，就学习确定等价物的妙处而言，指数型效用曲线是绝佳且便捷的不二之选。

▶例 11-2　比较风险发生比与风险容忍度

满足 Δ 性质的某人对一笔收益为 250 美元且亏损为 −250 美元的二元交易的风险发生比为 2。

1. 计算他的风险容忍度。
2. 计算他的风险规避系数。
3. 计算他对于 0 的偏好概率，以 250 美元和 −250 美元表示。
4. 计算他对于 500 美元和 −500 美元的二元交易的风险发生比。
5. 通过观察，你能大致讲出使他在如图 11-17 的交易中保持无差别的 w 值吗？

该决策者现在面临的是如图 11-18 中的交易。

6. 计算图 11-18 中交易的期望值。
7. 如果他拥有图 11-18 的交易且初始财富是 500 美元，找出他对于该交易的确定等价物。
8. 如果他未拥有该交易且初始财富为 300 美元，找出他对于该交易的 PIBP。

9. 重做 1 到 3 的部分，决策者遵循 Δ 性质，收益为 250 美元和 −250 美元的二元交易的风险发生比为 0.8。

图 11-17　无差别 w 值　　　　　图 11-18　不确定性交易

解：

1. 我们知道 $r(250)=2$ 是 250 美元的风险发生比。这意味着一货币单位的风险发生比为 $r(1)=[r(250)]^{\frac{1}{250}}=(2)^{\frac{1}{250}}=1.00276$。与 r_1 相关且以美元计量的风险容忍度即

$$\rho=\frac{1}{\ln[r(1)]}=\frac{1}{\ln(1.00276)}=360.67（美元）$$

2. 风险规避系数是风险容忍度的倒数，因此：

$$\gamma=\frac{1}{\rho}=\frac{1}{360.67}=0.002773$$

3. 他对于 0 的偏好概率以 250 美元和 −250 美元来表示，该概率使他对于得到该二元交易或者获得 0 无差别。基于该风险发生比定义的计算，这也是对应于他 250 美元的风险发生比的概率。他的偏好概率是：

$$\rho=\frac{r(250)}{1+r(250)}=\frac{2}{3}$$

4. 令 500 美元的风险发生比为 $r(500)$，我们得到 $r(500)=[r(250)]^{\frac{500}{250}}=2^2=4$。

5. 本题对应于风险容忍度的评估，我们知道使他无差别的 w 值近似等于他的风险容忍度。因此，$w\approx 360.67$（美元）。w 的精确值可以通过方程 $u(0)=0.5u(w)+0.5u\left(-\frac{w}{2}\right)$ 确定，由风险发生比 $r(1)=1.00276$，得 $w=348$（美元）。

6. 期望值是货币前景的期望运算，即 $e=0.5\times 200+0.3\times 50+0.2\times(-100)=95$（美元）。

7. 为了计算确定等价物，我们首先需要计算效用值。因为该人满足 Δ 性质，（i）他有一个指数型或者线性的效用曲线，（ii）他的确定等价物独立于他的财富水平，因此，我们可以在计算中去除初始的财富。我们选择一个效用曲线的表达式为 $u(x)=a-be^{-\gamma x}=-e^{-0.002773x}$。这里，我们令 $a=0$，$b=1$。上文已经讨论过，实际的 a 和 b 的值并不影响确定等价物的计算。我们有 $u(200)=-e^{-0.002773(200)}=-0.5743$，$u(50)=-0.87053$，$u(100)=-1.31956$。现在我们计算效用值的期望值，即 $0.5(-0.5743)+0.3(-0.87053)+0.2(-1.31956)=-0.8122$。为了计算该确定等价物，我们求解 $u(\tilde{x})=-e^{-0.002773\tilde{x}}=-0.8122$ 的反函数，可得确定等价物为 $\tilde{x}=75$ 美元。注意到对于该决策者，不确定性交易的确定等价物低于不确定性交易的期望值。这适用于所有风险规避型决策者。

8. 如果他未拥有该交易，那么他的 PIBP 与他对此交易先买进再考虑卖出的确定等价物是相等的。此外，因为他是 Δ 人，初始财富在确定等价物的计算中无关紧要。因此，不管他的初始财富是否为 300 美元，他的 PIBP 始终等于 75 美元。

9. 如果 250 美元的风险发生比是 0.8，则 $r(250) = 0.8$，$r(1) = (0.8)^{\frac{1}{20}} = 0.9991$。注意到风险发生比都小于 1，所以他是风险偏好型。①他的风险容忍度是 $\rho = \dfrac{1}{\ln r(1)} = \dfrac{1}{\ln(0.9991)} = -1120.36$。风险容忍度是负的，正如我们讨论的，因为这个决策者是风险偏好型。②风险规避系数是 $\gamma = \dfrac{1}{\rho} = \dfrac{1}{-1120.36} = -0.00089$。③他对于 0 的偏好概率，以 250 美元和 -250 美元表示为 $p = \dfrac{r(250)}{1 + r(250)} = 0.444$。④他对于 500 美元和 -500 美元的二元交易的风险发生比是 $r(500) = [r(250)]^2 = 0.64$。⑤$w$ 的近似值是 -1120.36，即风险容忍度。⑥该交易的期望值并没有改变，还是 95 美元。⑦我们现在使用另一种表达式 $u(x) = -r(1)^{-x} = -(0.8)^{-\frac{x}{250}}$（我们同样也可以用带有 e 的指数形式，注意风险规避系数为负值，我们在本部分利用风险发生比进行算例演示）。效用值分别是 $u(200) = -r(1)^{-200} = -(0.9991)^{-200} = -1.19544$，$u(50) = -1.0456$，$u(100) = -0.9146$。计算效用值的期望值为 -1.09433。为了计算确定等价物，我们有 $u(\tilde{x}) - (0.8)^{\frac{\tilde{x}}{250}} = -1.90433$，得到 $\tilde{x} = 100.99$ 美元。注意到此时的不确定性交易的确定等价物大于其期望值，这适用于所有风险偏好型决策者。

总结本例中的所学，风险规避者对交易的估值低于其期望值，然而风险偏好者对交易的估值高于其期望值。你可以在作为风险偏好者、风险规避者，或者甚至是风险中性者的同时满足 Δ 性质。

11.8.2 评论：风险规避的意义

理解前景 既然我们已经讨论了对于风险的态度，我们回归到**前景**这一属性，因为它对实现思维清晰是非常重要的。

> 假定 Lenny 是风险规避者，面临着欠高利贷 1 000 美元，但是现在只有 800 美元的情况。高利贷者说如果 Lenny 没有在几分钟之内及时还 1 000 美元，就会杀了他。Lenny 一点也不怀疑该威胁。一位目击者说他将给 Lenny 猜投掷硬币来赢得 1 000 美元的一次机会，如果 Lenny 支付给他现有的 800 美元的话。侥幸猜对是他在绝境中的最后一丝希望，Lenny 同意了。面对极端的情况，他是否会突然变成风险偏好者？

回顾效用曲线仅仅适用于完全以价值测度描述的前景。在这个案例中，Lenny 面对三种前景。第一种，高利贷者拿走 Lenny 口袋里的 800 美元，并干掉他；第二种，他用 800 美元参加了硬币交易然后输了，被高利贷者干掉；第三种，他用 800 美元参加了硬币交易，并且猜对了，虽然身无分文但保住性命。

在所有这些前景中，对 Lenny 来说，生死的可能性远远比任何数量的金钱都重要。在这个案例中，前景不能完全以价值测度描述。对于一项纯粹的货币交易，Lenny 可能一如既往作为风险规避者，通常他不会花费 800 美元来获得猜硬币赌 1 000 美元的机会。

前景和赌博　前景的概念可能会帮助我们理解赌博为何会盛行。我们知道向公众提供一系列负值货币均值的机会交易在经济上是有利可图的。一个风险规避者为什么会沉迷？

如果你考虑拉斯维加斯的赌博体验，它涉及的不仅仅是金融成本和报酬，也有其他特性，比如免费饮品、刺激的场所、新社交邂逅的可能性。这些前景仅有部分以价值测度描述。或许这解释了所谓电脑赌博的潜在商业注定失败的原因。

假设一个想要赌博的人告诉我们他完整的赌博策略，包括他将要玩的游戏以及他视输赢而定的赌注大小。换言之，他将详细展示如何做出赌博选择的决策树。接下来，在短短一段时间之后，电脑赌博公司将会在电脑上用他在玩游戏的实际概率模拟该策略，然后简单地告诉该顾客他赢了还是输了，以及输赢多少。那时，他将会支付账单或者得到回报。他旅行去拉斯维加斯甚至花费时间在实际的赌博上都是没有必要的。还有什么比这更有效率？如果赌博的前景仅仅是货币结果，电脑赌博可能是一个非常成功的业务。

为什么我们发现投资手段非常有限的人会买政府彩票，尽管这些投资收益不佳？原因之一在于，票价便宜，虽机会渺茫，却有改变一生的希望。政府的电视广告展示了成功者的美好经验，却没有提及损失的可能性。反之，如果该广告花费同样的 30 秒展示成千上万的每一个买了彩票且亏了的人，该活动对于新的购买者将无疑大大减少吸引力。

评价其他人的风险行为　有时，在日常交流中，你会听到某个人将另一个人描述为风险规避者或者是风险偏好者。这些描述与我们目前对于风险态度的讨论相一致吗？答案是不。效用曲线仅仅在以价值测度完整描述的不确定前景下指定个体的偏好。当我们观察某个人的决策时，我们不知道该人所考虑关于非货币的优劣。此外，我们不知道该人对前景的概率赋值。

考虑图 11-19 中的著名摩托车特技表演者 Evel Knievel。一些人叫他冒失鬼，但是我们都知道的，他比其他人在成功地表演特技上赋予更高的概率，他在货币交易上很可能是极端的风险规避者。在遵循本章的原则下，你所给出的风险态度是你可以成为权威的唯一方式。

图 11-19　Evel Knievel

注：Evel Knievel 于 2007 年自然死亡。

11.9　总结

一般而言，当我们计算货币前景的效用值时，我们考虑了交易的收益和初始的财富。如果一个人是 Δ 人，我们不需要在计算中考虑初始的财富。

对于任意的效用曲线，一笔交易的买价和卖价在一个所有权周期中是相等的。一般而言，一个你未拥有的不确定性交易的买价不必等于你拥有的同样交易的卖价。只有当你满足 Δ 性质时才会是正确的。

这里我们来总结一下 Δ 人的一些性质。

- 一笔你未曾拥有交易的 PIBP 等于你拥有该交易的 PISP。当我们想计算一笔不确定性交易的 PIBP 时，这个性质是有用的，因为我们以计算 PISP 进行替代，这个更加容易。
- 洞察力价值等于免费洞察力交易价值减去没有洞察力的交易价值。这个性质也是非常有用的，它会大大简化 Δ 人信息价值的计算。
- 你有一个指数型或者线性的效用曲线。
- 我们可以通过单一参数来表征你的效用曲线——不论是风险发生比、风险容忍度还是风险规避系数。
- 一笔交易的确定等价物不依赖于初始财富或者决策者拥有的其他任何不相干的交易。这个性质也很有用，因为考虑你初始财富的精确额度是困难的。
- 一个人可以是风险偏好者、风险规避者或者是风险中性者，且同时满足 Δ 性质。
- 通过观察风险发生比，我们可以判定决策者是风险偏好者、风险中性者还是风险规避者。

风险态度关系

$r = 1$　　风险中性
$r > 1$　　风险规避
$r < 1$　　风险偏好

- 我们可以在一个货币单位下直接评估风险发生比，并且将其关联到另一货币单位的风险发生比，$r_m = (r_n)^{\frac{m}{n}}$。
- 我们可以将风险发生比与无差别概率关联，$p = \dfrac{1}{1+r}$，$r = \dfrac{p}{1-p}$。
- 我们也可以将风险发生比与风险厌恶系数和风险承受能力关联，$\gamma = \ln r(1)$，$\rho = \dfrac{1}{\gamma} = \dfrac{1}{\ln r(1)}$。
- 风险规避者对交易的估值低于交易的期望值，然而风险偏好者对交易的估值高于交易的期望值。这对 Δ 人和非 Δ 人都是适用的。

习题

标注剑号（†）的习题需要计算。

1. RonCO Rain Detectors 的 Ron 正在考虑将其雨检设备线推向全国。现考虑两种推广方案：全国性和区域性。Ron 不确定雨天探测器的市场有多大。在和很多专家商量之后，Ron 相信不论他选择哪个方案，大市场的概率是 0.7，小市场的概率是 0.3。Ron 评估了以下四种前景。

前景	价值（1 000 美元）
全国性，大市场	450
全国性，小市场	-300
区域性，大市场	300
区域性，小市场	-100

Mark's Market Testing 的 Mark 提供给 Ron 一个市场检测器。如果市场是大的，探测器将指示"大"的概率是 60%；如果市场是小的，探测器将指示"小"的概率是 95%。在市场探测器的指示上，Ron 的洞察力价值（$V\alpha$）是多少（你可以假定 RonCo 在本题的前景范围内是风险中性的。数值以千美元计量取整）？

a. 15。
b. Ron 不会买该洞察力，因为他是风险中性的。
c. 25。
d. 0。

2. Kim 用行动性思维前四条规则之后聚会问题的决策树如下所示。

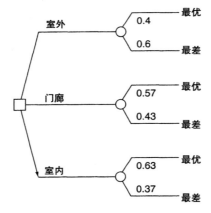

如下哪些关于 Kim 室内方案的表述为真？

Ⅰ. 0.63 是 Kim 得到最优前景的概率，如果她在室内举办聚会。
Ⅱ. 0.63 是货币前景期望的偏好概率。
Ⅲ. 0.63 是她室内交易的偏好概率。
Ⅳ. 0.63 是室内前景偏好概率的期望值。

a. Ⅰ 和 Ⅲ。
b. Ⅰ 和 Ⅳ。
c. Ⅱ 和 Ⅲ。
d. Ⅲ 和 Ⅳ。

3. Samantha 拥有一个决策机会，其对最优结果为 200 美元而最差结果为 0 的交易有如下偏好概率。

价值（美元）	偏好概率
0	0.00
10	0.17
20	0.32
40	0.57
50	0.67
80	0.89
90	0.95
200	1.00

如下决策机会中，Samantha 的确定等价物是多少？

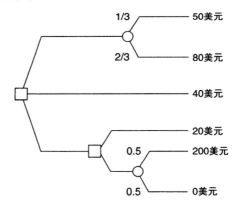

a. 20 美元和 50 美元之间。
b. 50 美元和 90 美元之间。
c. 90 美元和 200 美元之间。
d. 没有足够的信息以解决该问题。

4. Sam 已经支付 215 美元以获得猜掷"不公平"硬币游戏的凭证。如果他猜对了，他将赢得 500 美元。如果他猜错了，他会赢得 0。他对于该凭证的 PISP 是 315 美元。先知可以告诉他即将投掷硬币的结果。那 Sam 对于先知信息的 PIBP 是多少？

你不知道关于 Sam 风险态度的任何信息。

a. 185 美元。

b. 需要 Sam 的效用曲线来确定他对于该信息的 PIBP。

c. 285 美元。

d. 需要知道 Sam 的效用和他赋予"不公平"硬币正面（或者反面）朝上的概率，来确定他对于该信息的 PIBP。

如下信息用于习题 5~7。

对于习题 5~7，考虑如下决策情境：美元值是奖金而概率为交易所有者的估值。假定 Stuart 是风险中性的，拥有如下一项交易。

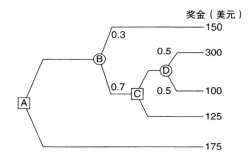

5. Stuart 对该交易的确定等价物是多少？

a. 175。

b. 200。

c. 215。

d. 185。

6. 在决策 A 之前，Stuart 在不确定的 D 上应该为洞察力最多支付多少？

a. 215。

b. 50。

c. 30。

d. 185。

7. 在决策 A 之前，Stuart 在不确定的 B 上应该为洞察力最多支付多少？

a. 25.5。

b. 7.5。

c. 192.5。

d. 185。

如下信息用于习题 8~10。

Shantanu 是棒球的狂热粉丝；红袜队在 2007 年度系列赛获胜时他非常激动，所以他决定旅行至拉斯维加斯赌下一年度系列赛。

他从一个赌场以 100 美元买了凭证，允许他用 100 美元下注红袜队在 2008 年系列赛中能否取得胜利。赌场对红袜队不会连续赢得第二次胜利开出的赔率为 4:1。换句话说，如果 Shantanu 宣布红袜队将获胜并猜对了，他会收到 500 美元。如果 Shantanu 宣布红袜队不会获胜并猜对了，他会收到 125 美元。在任何一种情形下，如果他猜错了，他都不会得到回报。

假设对于 Shantanu 而言，一年后的任一美元与现在都是等值的。

8. 假定 Shantanu 认为红袜队有 40% 的概率赢得 2008 年系列赛，先知找到 Shantanu 并有偿告知他比赛结果。假定 Shantanu 是风险中性的，他面临该交易的洞察力费用的值处于什么范围内？

a. 大于等于 0，但是严格小于 50 美元。

b. 大于等于 50 美元，但是严格小于 100 美元。

c. 大于等于 100 美元，但是严格小于 150 美元。

d. 大于等于 150 美元。

9. 现在假设 Shantanu 认为红袜队有 4:1 的比率输掉 2008 年的名次。换句话说，他同意赌场的比率评估，并且相信红袜队在 2008 年有 0.8 的概率输掉。不幸的是，你不知道 Shantanu 是否遵循 Δ 性质，你甚至不知道他的初始财富是多少，仅仅知道他遵循行动性思维五规则，他偏好更多的钱，Shantanu 应该怎么下注？

a. 没有足够的信息以回答这个问题。

b. 如果他是一个风险规避者，应该下注

红袜队胜利；如果他是一个风险偏好者，应该下注红袜队失败。

c. 如果他是一个风险规避者，应该下注红袜队失败；如果他是一个风险偏好者，应该下注红袜队胜利。

d. 不论他的风险态度如何，他对两种方案无差别。

10. Shantanu 遵循 Δ 性质，下面哪项或哪几项可能改变他最优方案的选择（Shantanu 必须下注）？

Ⅰ. 他所有前景效用值除以 2。

Ⅱ. 他从报纸中得知，2008 年世界系列赛中的队伍比 2007 年多。

Ⅲ. 在他决定下注哪个之前，他已经在轮盘赌桌上输了 100 美元。

Ⅳ. 他了解到不论他下注什么，他都将因为他的下注支付 2 美元手续费。

a. Ⅰ 或者 Ⅲ。
b. Ⅰ。
c. Ⅱ。
d. Ⅲ。

11. Minying 已经买了每股 50 美元的 DA 公司的单股股票，她在考虑购买股票的看跌期权，这将额外花费她 10 美元。看跌期权将会允许她一年以后以现在的价格 50 美元卖出这只股票。如果她没有买这个看跌期权，她一年以后将会以当时的市场价格卖这只股票。Minying 相信这只股票的价格上升到 100 美元的概率是 0.6，下跌到 30 美元的概率是 0.4。Minying 遵循行动性思维五规则以及偏好更多的钱。她在前景值高于 200 美元之前遵循 Δ 性质，她对确定收到 30 美元和一个交易有 0.6 的机会获得 50 美元而以 0.4 的机会获得 10 美元是无差别的。

Minying 应该做什么（不必担心时间贴现）？

a. 不买期权，这意味着她将在一年后以市场价卖股票。

b. 买期权，仅当市场价格上升到 100 美元时用期权。

c. 买期权，仅当市场价格下降到 30 美元时用期权。

d. 买期权，在任意一种情况下使用它。

12. 本题使用 11 题给出的信息。在 Minying 决定买期权之前，关于她对于未来股票价格的洞察力价值（VOC），下面哪项陈述一定是正确的？

a. $VOC = 0$。
b. $0 < VOC \leq 5$ 美元。
c. 5 美元 $< VOC \leq 15$ 美元。
d. 15 美元 $< VOC$。

如下信息用于习题 13~16。

Ibrahim 在考虑是否购买一家陷入困境银行出售的抵押票据。那个抵押品看起来良好。它由一块有价值的商业房地产背书，借钱人 MallCo 有良好的付款历史。和 Ibrahim 抵押票据价值相关的两个属性是 MallCo 在接下来一年的销售（强或者弱）以及在接下来一年的任何时间点他们是否违约（是或者否）。Ibrahim 不购买债权前景的估值为 0。如果 Ibrahim 决定购买债权，他面临如下列出的前景。这些前景的美元价值包括抵押票据的购买价格和适当的时间贴现。

销售	违约	价值（百万美元）
强	否	10
强	是	−30
弱	否	7
弱	是	−35

Ibrahim 的概率是 {销量强劲 | &} = 0.9，{违约 | 销量强劲, &} = 0.05，以及 {违约 | 销量惨淡, &} = 0.35。Ibrahim 对该决策的美元价值前景风险中性，他遵循行动性思维五规则。

13. Ibrahim 抵押票据的确定等价物（CE）位于什么范围？

a. $-2\,500\,000$ 美元 $< CE \leqslant 0$。
b. $0 < CE \leqslant 2\,500\,000$ 美元。
c. $2\,500\,000$ 美元 $< CE \leqslant 5\,000\,000$ 美元。
d. $5\,000\,000$ 美元 $< CE$。

14. Sara 也在考虑购买该抵押票据，她的概率和前景美元价值和 Ibrahim 一样。Sara 在美元价值前景上遵循 Δ 性质，同时也遵循行动性思维五规则。和 Ibrahim 不同的是，Sara 有 $50\,000\,000$ 美元的风险容忍度（ρ）。通过这些信息，Sara 关于销售属性的洞察力价值（VOC）位于什么范围？
    a. $0 < VOC \leqslant 2\,000\,000$ 美元。
    b. $2\,000\,000$ 美元 $< VOC \leqslant 4\,000\,000$ 美元。
    c. $4\,000\,000$ 美元 $< VOC \leqslant 6\,000\,000$ 美元。
    d. $6\,000\,000$ 美元 $< VOC$。

15. Sara 关于违约属性的洞察力价值位于什么范围？
    a. $0 < VOC \leqslant 2\,000\,000$ 美元。
    b. $2\,000\,000$ 美元 $< VOC \leqslant 4\,000\,000$ 美元。
    c. $4\,000\,000$ 美元 $< VOC \leqslant 6\,000\,000$ 美元。
    d. $6\,000\,000$ 美元 $< VOC$。

16. 下面关于购买抵押票据决策的陈述有几个为真？
    Ⅰ. Ibrahim 对销售的 VOC 低于 Sara。
    Ⅱ. Ibrahim 对违约的 VOC 低于 Sara。
    Ⅲ. Sara 对违约的 VOC 等于其对销售和违约的 VOC。
    a. 0。
    b. 1。
    c. 2。
    d. 3。

17. 思考 Mart 面临的如下两笔交易，Mart 遵循行动性思维五规则，并偏好更多钱，对于所有美元价值测度的前景具有一致的风险态度（风险规避、风险中性或者风险偏好）。

Ⅰ. 如果 $c = 200$ 美元，以及 Mart 对交易 Y 的确定等价物等于 500 美元，他一定是风险偏好者。
Ⅱ. 如果 $c = 300$ 美元，以及 Mart 是风险中性者，他一定偏好交易 X 甚于交易 Y。
Ⅲ. 如果相对交易 X，Mart 偏好确定的 700 美元，他一定是风险规避者。
以上表述有几个为真？
    a. 0。
    b. 1。
    c. 2。
    d. 3。

18. Louis 在前景 $-3\,000$ 美元和 $3\,000$ 美元之间的交易遵循 Δ 性质，他偏好更多钱。对于一个有 0.8 的概率获得 $2\,000$ 美元而以 0.2 的概率失去 $1\,000$ 美元的交易，他的确定等价物为 500 美元。现在思考如下效用曲线：
    Ⅰ. $u(x) = 4 - 4^{-\frac{x}{1\,500}}$
    Ⅱ. $u(x) = 4^{-\frac{x}{1\,500}}$
    Ⅲ. $u(x) = -(1/4)^{\frac{x}{1\,500}}$
    Ⅳ. $u(x) = 8 - 8^{-\frac{x}{1\,500}}$

如果 x 以美元衡量，上述效用曲线有多少和 Louis 的偏好一致？
    a. 0 或者 4。
    b. 1。
    c. 4。
    d. 3。

19. Yongkyun 遵循行动性思维五规则，他面对如下交易。
    现在思考如下表述：
    "Yongkyun 偏好交易 1 甚于交易 3，他偏好交易 2 甚于交易 4。"

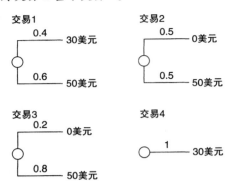

下面哪一项最好地描述了这一表述？
a. 恒假。
b. 仅当 Yongkyun 是风险偏好者时才为真。
c. 仅当 Yongkyun 不是 Δ 人时才为真。
d. 恒真。

20. James 在考虑赌下一任总统竞选的结果。一个线上投注服务提供给他一笔交易，他可以下注 1 000 美元于民主党、共和党或者第三方。若他下注民主党获胜且民主党候选人竞选成功，他将赢得 1 500 美元。如果他下注共和党获胜且共和党候选人竞选成功，他将赢得 2 000 美元。如果他下注第三方获胜且第三方候选人竞选成功，他将赢得 20 000 美元。在任何情况下，获胜者如果不是 James 所下注的候选人，他将收到 0。

    James 相信民主党、共和党和第三方获胜的概率分别是 70%、25% 和 5%。

    James 对当前一美元的估值与选举后相同，所以货币的时间价值不是问题。你不知道 James 的风险态度或者效用曲线，然而你知道他遵循行动性思维五规则以及偏好更多钱。

    下列哪些表述必定为真？
    a. 如果他是风险规避者，James 应该下注在民主党胜利，否则应该下注第三方胜利。
    b. 不管他的效用曲线，James 不应该下注第三方胜利。
    c. 不管他的效用曲线，James 不应该下注共和党胜利。
    d. 上述无一条必定为真。

†21. 风险发生比：Wendy 符合 Δ 性质，对于一笔盈亏 100 美元的交易有风险发生比 2∶1。
    a. 对于一笔盈亏 50 美元的交易，她的风险发生比是多少？
    b. 当最优和最差的前景是盈亏 1 000 美元时，对于 0，她的偏好概率是多少？

†22. Joe 遵循行动思想法则、Δ 性质，以及对于 ±1 000 美元的风险发生比是 3∶1。构建一个可以描述 Joe 效用曲线的方程。

†23. 思考下面的决策情况。

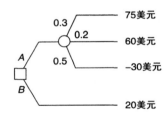

a. 根据效用曲线 $u(x) = 0.2x + 5$，该决策偏好方案的效用值是多少？
b. 将本题中的美元金额转换为效用值，使得最高美元数额的效用值为 1，最低美元数额的效用值为 0（提示：首先进行加法运算以得到最低美元数额下的效用值 0）。

24. 假定 Alejandro 遵循行动性思维五规则，偏好更多的钱。假定 $0 < p < 1$，$0 < q < 1$ 和 $0 < r < 1$。思考下面的交易 W、X、Y 和 Z。
    思考如下三种表述：
    Ⅰ. 如果 $p > q$，则 Alejandro 偏好交易 W 甚于交易 X。
    Ⅱ. 如果 Alejandro 是 Δ 人，他对于交易 Y 的确定等价物为 10 美元，高于他对交易 W 的确定等价物。

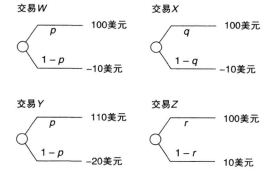

Ⅲ. 如果 $p > r$，则 Alejandro 偏好交易 W 甚于交易 Z。

上述表述几个为真？

a. 0。

b. 1。

c. 2。

d. 3。

第 12 章

敏感性分析

本章核心概念

阅读本章之后，读者将能够解释下列概念：
- 敏感性分析
- 风险敏感性曲线
- 洞察力敏感性的价值

12.1 引言

敏感性分析使得我们能够研究如果我们改变决策基础中的某些数值，决策将如何随之变化。通过敏感性分析，我们可以决定是否应该付出额外努力以增加所用数据的精确度。**敏感性分析**是专业决策分析的重要特征，在专业决策分析中我们必须持续完善并且把注意力集中于问题的重要方面。我们将在后续篇章中讨论敏感性分析对象。当前，让我们先来阐述它在聚会问题中的应用。

12.2 Kim 对晴天概率的敏感性

假设 Kim 比较在意她的决策对所赋值的晴天概率的敏感性，她现在赋值 0.4。她想知道这个概率的微小变化是否会改变最优方案并且/或者多大程度上改变她的聚会估值。她同样也对这个概率的敏感性分析感兴趣，因为她期待得到其他信息并且想知道面对新的晴天概率时她应该如何调整她的聚会策略。知道决策对晴天概率的敏感程度也帮助 Kim 决定她需要付出多大努力去进行概率赋值，从而准确地表达她的信念。

为了探索这一问题，我们令 p 为她对晴天的概率赋值，并考虑对问题的分析程度将取决于 p。在图 12-1 中，我们画出了 Kim 对晴天概率 p 的决策树，图中用 p 替代了图 9-5 中所用的 0.4。

三个方案的效用值很容易计算。室外方案的效用值就是简单的 p。

而在门廊举办聚会的效用值为：

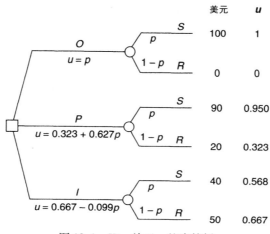

图 12-1 Kim 关于 p 的决策树

$$0.950p + 0.323(1-p) = 0.323 + 0.627p$$

在室内举办聚会的效用值是:

$$0.568p + 0.667(1-p) = 0.667 - 0.099p$$

每种方案的效用值在图中由该方案对应的分支表示。图 12-2 由效用值和 p 构成,其中晴天概率 p 的范围从 0 到 1。

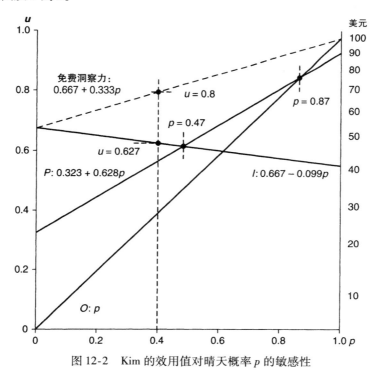

图 12-2 Kim 的效用值对晴天概率 p 的敏感性

每一方案的图形都是一条连接了 $p=0$ 时该方案的效用值和 $p=1$ 时该方案效用值的直线。其中最优方案应该是对特定的 p 有最大效用值的方案。因此,我们看到 $p=0$ 时的最优方案是室内方案,室内直线保持最高直到它在 $p=0.47$ 时与门廊直线相交。然后门廊直线保持最高

直到它在 $p=0.87$ 时与室外直线相交。所以，对于晴天概率低于 0.47 的情况，室内方案最优；对于晴天概率高于 0.87 的情况，室外方案最优；否则，门廊方案最优。考虑到 Kim 起初对晴天的概率赋值为 0.4，这导致 Kim 选择室内方案，正如图 10-7 中所示。你可以看到，Kim 只有在非常确定天气会是晴朗的情况下，才会选择室外方案。

绘制图 12-2 的一个简单的方法是在图的右侧构建一个美元刻度，并对照图 10-4 中 Kim 的效用曲线进行变形。举个例子，我们通过观察图 10-4 可以得出 50 美元相当于 0.667 的效用值，从而在图 12-2 右侧画出相当于 50 美元的点。只要我们构建了这个变形的美元刻度，我们就可以通过简单连接相当于美元价值的终点来画出相当于每个方案的直线。举个例子，门廊直线连接了当 $p=0$ 时相当于 20 美元的点和当 $p=1$ 时相当于 90 美元的点。

我们也可以利用此图来展示免费洞察力的效用值。回想如果 Kim 在天气问题上获得免费洞察力并且发现天气会晴朗，然后她会举办价值 100 美元的室外聚会。如果她发现会下雨，那么她会举办价值 50 美元的室内聚会。所以，如果晴天概率是 p，那么免费洞察力的效用值是：

$$pu(100) + (1-p)u(50)$$

这是连接当 $p=0$ 时对应着 50 美元的点和当 $p=1$ 时对应着 100 美元的点的直线。在图 12-2 中，如虚线所示。注意到它连接了 $p=0$ 轴上的最高点和 $p=1$ 轴上的最高点。很明显，在拥有免费洞察力后而做出的方案选择要优于其他任何没有洞察力的方案选择，除非 $p=0$ 或 $p=1$。

12.3 确定等价物的敏感性

从图 12-2 中，我们可以确定任何给定方案的任意晴天概率的效用值。通过读取变形的美元刻度，我们可以得到相对应的**确定等价物**。

然而，在整幅图上进行这种操作会更加方便。因此，我们得到 Kim 的确定等价物对晴天概率 p 的敏感图，如图 12-3 所示。

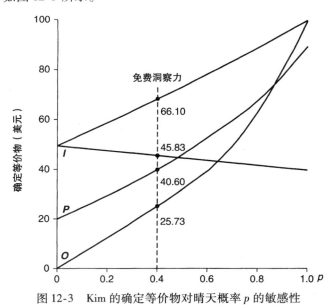

图 12-3　Kim 的确定等价物对晴天概率 p 的敏感性

注意，这些展示了每个方案确定等价物如何依赖晴天概率的图并非直线，因为图 12-2 中的美元刻度是变形的。举个例子，按照图 10-7，我们看到对于 Kim 起初的晴天概率 $p = 0.4$ 而言，室内、门廊、室外方案各自所对应的确定等价物分别是 45.83 美元、40.60 美元、25.73 美元。

图 12-3 也显示，当晴天概率在 0.2 到 0.6 之间变动时，Kim 如果选择室内方案，它的确定等价物对这个变化的敏感性远低于选择门廊方案的确定等价物。对于室内方案而言，确定等价物在此范围内只有 4 美元的变化，而对于门廊方案，则有 24 美元的变化。

此时，我们也可以看到，她对免费洞察力的确定等价物为 60.10 美元。由于 Kim 满足 Δ 性质，这意味着对于她而言洞察力价值是 66.10 − 45.83，即 20.27 美元，这与前文结果一致。

12.4 洞察力价值对晴天概率的敏感性

因为 Kim 希望接受 Δ 性质，我们可以通过图 12-3 来定义她在任何晴天概率 p 下的洞察力价值（VOC）。特别地，我们需要计算免费洞察力确定等价物和最优方案的确定等价物之差。计算结果如图 12-4 所示。

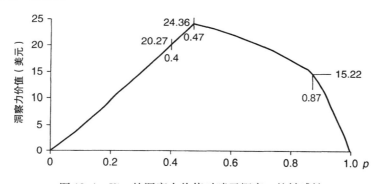

图 12-4 Kim 的洞察力价值对晴天概率 p 的敏感性

我们观察到在 p 是 0 或 1 时，没有洞察力价值，因为在这些点，Kim 会拥有洞察力。否则，在本问题中，对天气的免费知识会有正的价值。

随着 p 从 0 开始增加，洞察力价值也开始增加，在 $p = 0.47$ 达到峰值，大概 24.36 美元。注意到 $p = 0.4$ 时的值是 20.27 美元。当 p 超过 0.47 时，洞察力价值下降，当 p 超过 0.87 时，洞察力价值下降得更快。在晴天概率在 0.3 到 0.85 之间波动的时候，我们可以看出洞察力至少值 15 美元。

12.5 Jane 对晴天概率的敏感性

对于风险中性的 Jane，我们可以更简单地分析。图 12-5 展示了 Jane 的一般晴天概率 p 的决策树，该图与图 10-11 一致。

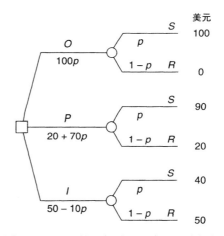

图 12-5 Jane 的一般晴天概率 p 的决策树

由于 Jane 的确定等价物就是其货币价值的期望值，因此她室外方案的确定等价物就是 $100p$。

对于门廊方案，她的确定等价物为：

$$90p + 20(1-p) = 20 + 70p$$

对于室内方案，这个值为：

$$40p + 50(1-p) = 50 - 10p$$

我们将这些确定等价物画在图 12-6 中。

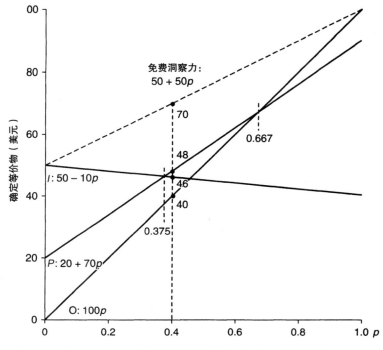

图 12-6　Jane 的确定等价物对晴天概率 p 的敏感性

每个方案的确定等价物是一条连接了 $p=0$ 和 $p=1$ 的美元价值的直线。同样地，随着 p 从 0 增加至 1，最优方案会从室内变为门廊再变为室外；然而，发生变化的点和 Kim 的不同。当 p 达到 0.375 时，Jane 的最优方案从室内变为门廊，当 p 达到 0.667 时，Jane 的选择会从门廊变为室外。

因此，对于较低晴天概率，她比 Kim 更愿意选择在室外举办聚会。我们看到，对于 Jane 而言，$p=0.4$ 的值对应门廊方案范围。她在 $p=0.4$ 对于室内、门廊、室外方案的确定等价物分别为 48 美元、46 美元和 40 美元。

如果 Jane 获得免费洞察力，她的确定等价物在图 12-6 中通过虚线表现出来，这一虚线连接了当 $p=1$ 时通过在室外举办聚会她会得到的 100 美元，和当 $p=0$ 时通过在室内举办聚会她会得到的 50 美元。当 $p=0.4$ 时，这条线显示 Jane 的免费洞察力的确定等价物会是 70 美元。因为 Jane 是风险中性的，她满足 Δ 性质。因此，我们可以通过从拥有免费洞察力的确定等价物的 70 美元中，减去她的其他最优方案即在门廊举办聚会的确定等价物 48 美元，得到她的洞察力价值。结果 22 美元就是 Jane 的洞察力价值，我们起初在图 10-16 中 $p=0.4$ 时就已经计算过。

为了得到 Jane 的洞察力价值对 p 的敏感性，如图 12-7 所示，我们可以进行相同的计算。特别地，在同样的 p 下，我们从拥有免费洞察力的确定等价物中减去最优方案的确定等价物。

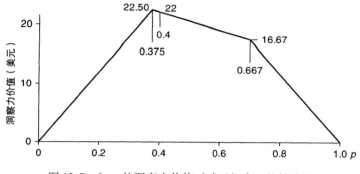

图 12-7　Jane 的洞察力价值对晴天概率 p 的敏感性

和 Kim 一样，当 $p=0$ 或 1 时，Jane 不会有洞察力价值，因为她在这些点已经具有洞察力了。否则，洞察力对 Jane 会有正值。从图 12-7 可见，Jane 的洞察力价值敏感性曲线的每个部分都是直线。洞察力价值的最高值出现在交叉点 $p=0.375$，对应于 22.5 美元。对于 0.4 的晴天概率而言，正如我们所见，洞察力价值是 22 美元。

12.6　Kim 和 Jane 的洞察力价值敏感性比较

现在我们可以比较 Kim 和 Jane 的洞察力价值的敏感性。注意到，图 12-4 中当晴天概率为 0.4 时，Kim 的洞察力价值为 20.27 美元，然而如图 12-7 所示，Jane 的洞察力价值是 22 美元。在这个例子中，Jane 作为一个风险中性者，会比 Kim 愿意为洞察力付出更多的钱。但这总会是对的吗？

虽然许多人这样认为，但是答案却是否定的。比较当 $p=0.5$ 时的两幅图。在此点，Kim 的洞察力价值大约是 24 美元，而 Jane 的是 20 美元。对这一不同的晴天概率，他们的估值排序相反。

当 $p=0.5$ 时，Kim 和 Jane 都会采用门廊方案，并且受天气的影响更大。作为风险规避者的 Kim 会更关心天气，因而最终愿意为关于天气的洞察力支付更多。然而，当 $p=0.4$ 时，Kim 已经改为室内方案，而 Jane 仍然采用门廊方案。正如我们在敏感性分析中发现的那样，Kim 现在较少受到天气的影响，所以她的洞察力价值低于 Jane。我们注意到当 $p=0.3$ 时，Kim 和 Jane 都采用室内方案（受天气影响程度最小），然而 Jane 愿意为洞察力支付额度（18 美元）高于 Kim（14.87 美元）。即使像这样简单的问题，直觉也经常具有误导性。

通过将 Kim 和 Jane 洞察力价值的敏感性叠加，如图 12-8 所示，我们观察到两者除风险态度外，所有因素都相同。事实上，风险态度关于洞察力价值对晴天概率 p 的依赖度差别较大。

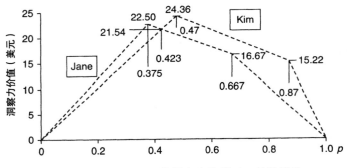

图 12-8 Kim 和 Jane 的洞察力价值对 p 的敏感性

注意：在图 12-8 中，我们看到 Jane 在 p 值低于 0.423 时会愿意为洞察力支付更多，而 Kim 会在 p 值高于 0.423 时愿意为洞察力支付更多。很明显，即使在这种有三种方案的最简单的决策问题中，你也不能做出风险规避的提高会使洞察力值增加还是减少的结论。

12.7 风险敏感性曲线

到目前为止，我们仅仅对聚会问题的晴天概率进行了敏感性分析。原则上说，我们可以改变决策情境中的任何参数。**风险敏感性曲线**是交易的确定等价物作为风险规避系数函数的绘图。然而该图仅严格适用于 Δ 人的偏好，通常在获得风险态度对确定等价物作用的感觉上仍然有用。

▶ **例 12-1　风险敏感性曲线**

为了检验这一概念，我们考虑如图 12-9 所示的两笔交易。

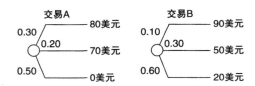

图 12-9　检验风险敏感性曲线

交易 A 有 30% 的机会获得 80 美元，20% 的机会获得 70 美元，否则将得到 0。交易 B 有 10% 的机会获得 90 美元，30% 的机会得到 50 美元和 60% 的机会得到 20 美元。如果给某人在这两笔交易中选择的机会，我们可以想象可能出现一种想法。"在交易 A 中，我有 50% 的可能什么也得不到，但在交易 B 中，我至少会得到 20 美元且最多能赢得 90 美元。"当我们从风险中性者视角检验交易时，我们发现交易 A 有 38 美元的确定等价物（美元的期望值），然而交易 B 有 36 美元的确定等价物。因此，随着风险规避系数增加，观察交易 B 是否及何时会更受偏好将非常有趣。

图 12-10 中的风险敏感性曲线揭示了这个答案。

在图 12-10 中，我们基于风险规避系数的正负值绘制出交易的确定等价物。我们回顾风险规避系数为 0 对应于风险中性，并且我们观察到当 $\gamma = 0$ 时表示每笔交易的曲线与交易的期

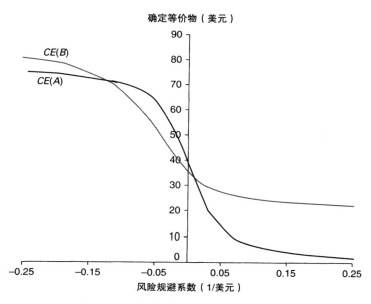

图 12-10 交易 A 与 B 的风险敏感性曲线

望值相等。随着 γ 在 0 值以上递增,交易确定等价物下降。我们发现当 $\gamma = 0.00415$ 或 ρ 等于 241 美元时,曲线相交且交易具有相同的确定等价值 35.00 美元;对于大于 241 美元的 ρ 的正值,交易 A 更受偏好。

注意,当风险规避系数 γ 为负时,随着交易的确定等价物递增,γ 值递减。

特别有趣的是,当 γ 变得正值越大和负值越小时,每笔交易的风险敏感性曲线的界限变化情况。

> 随着 γ 在正值方向上变得越来越大,确定等价物接近交易的最小收益,不管它的概率是多少。

极端的风险规避者表现得就像他们肯定会得到最坏的结果。因此,在这种情况下,随着 γ 为正且越来越大,交易 A 的风险敏感性曲线接近 0,然而对于交易 B,曲线接近 20 美元。

> 类似地,当 γ 在负值方向上绝对值变越大,不管概率是多少,交易的确定等价物接近最大收益。

极端的风险偏好者表现得就像他们确定会获得最好的收益一样。绝对值大并且为负数的 γ 的风险敏感性曲线表明了交易 A 的确定等价物接近 80 美元,而交易 B 接近 90 美元。

聚会问题中的风险敏感性

说到 Kim,我们可以对聚会问题中场地选择的交易构造一条如图 12-11 所示的风险敏感性曲线。该图仅仅展示了代表风险规避的曲线部分，因为这是有实用价值的区域。当 $\gamma = 0$ 时，对于风险中性的 Jane 而言，门廊、室内和室外方案确定等价物对应的美元期望值为 48 美元、46 美元和 40 美元。在 $\gamma = 0.01386$ 或者 $\gamma = 72.13$ 美元的垂直线表示描述 Kim 偏好的曲线部分。这里，方案的排序为室内、门廊和室外，相应的确定等价物为 45.83 美元、40 美元和 25 美元。从该曲线中我们发现，只要认可美元价值和概率，风险规避的 Δ 人就不会偏好室外方案甚于其他任一方案。

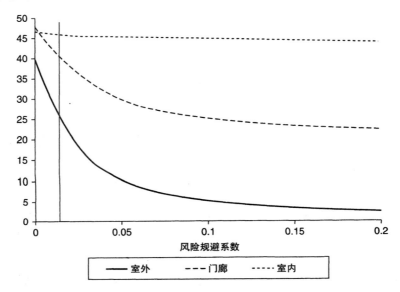

图 12-11　Kim 在聚会问题中的风险敏感性曲线

风险敏感性曲线是探索构建使两个及以上的人都满意交易的可能性的一种方法。因此，我们从曲线中看到，尽管 Jane 和 Kim 对聚会举办场地观念不一致，但是如果 Kim 愿意支付 2 美元给 Jane 的话，Jane 就会同意 Kim 在室内而不是在门廊举办聚会，这样的一项支出仍然会使 Kim 有约 44 美元的确定等价物，比她妥协于在门廊举办聚会多 3 美元。当然，这样的计算仅仅只是对可能性的指导。其依赖于双方信息和偏好的完全坦白，然而实际谈判中这两者往往都比较稀缺。

12.8　总结

敏感性分析是用来确定我们改变问题的特定数值时决策将如何改变的一项有用的工具。

习题

标注剑号（†）的习题需要计算。

1. Josephine 因为工作需要一辆新车去给老年人送餐。她现在就需要买车，但是她知道在一个月后她就会被雇主分配到一个新的配送路线，新路线可能在农村，也可能在城市里。她目前不知道会被分配到哪条路线上。她在考虑三种类型的车辆：

Ⅰ．一种大型四驱 SUV。

Ⅱ．一种中型轿车。

Ⅲ．一种小型经济型轿车。

她对该决策相关的不同前景的偏好概率如下。

买 SUV，乡村路线	0.8
买 SUV，城市路线	0.2
买中型车，乡村路线	0.4
买中型车，城市路线	0.8
买经济型轿车，乡村路线	0
买经济型轿车，城市路线	1

Josephine 为她将被分配到城市路线赋值概率 p。下图表示她关于三种方案的偏好概率对 p 的敏感性。

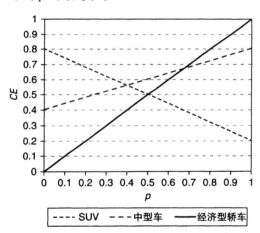

下面哪个 p 值最接近于使得 Josephine 被分配路线的结果在免费洞察力下达到最大值的那个概率？

a. 0。

b. 0.4。

c. 0.55。

d. 0.7。

2. Mary 是我们在聚会问题中介绍过的 Kim 的朋友，她有如图 10-18 所示的偏好概率和美元价值，画出洞察力价值对晴天概率 p 的敏感性。如下表述几个为真？

Ⅰ．对任意的 p 值，Mary 愿意为洞察力的支付额至少应该和 Kim 一样。

Ⅱ．当 p 值接近 0.87 时，免费洞察力的交易价值和没有洞察力的交易价值之差最大。

Ⅲ．Mary VOC 的敏感性曲线有着和 Jane 一样的转折点（转折点就是决策改变时的 p 值）。

a. 0。

b. 1。

c. 2。

d. 3。

3. Sarah 是一个决策制定者，遵照行动性思维五规则，在决策分析期间她画出了下面的敏感性图。通过目测，你可以假定对方案 A、B 和 C 曲线端点的效用值分别表示如下：(0, 0)，(1, 20)；(0, 6)，(1, 14)；(0, 8)，(1, 0)。请不要再做任何关于图的其他猜想。

将 Sarah 的效用曲线定义为函数 $u(.)$，其反函数记为 $u^{-1}(.)$。Sarah 将属性 X 分为两个状态 $X1$ 和 $X2$，她当前的信念是 $\{X1 \mid \&\} = 0.75$。在她的决策中，X 是唯一的属性。

Ⅰ．"曲线"在本图中为直线。

Ⅱ．在图中，Sarah 的三个方案 CE vs. $\{X1 \mid \&\}$ 为三条直线。

Ⅲ．如果 Sarah 拥有 B 方案，她将会付出 $u^{-1}(3)$ 来接受 A 方案。

以上表述有几个必定为真？

a. 0。

b. 1。

c. 2。

d. 3。

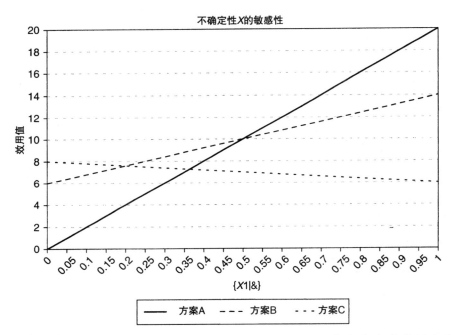

如下信息用于习题 4~6。

Davood 是一家大型硅谷公司 Joojle 的 CEO。他的公司已经决定进入移动广告市场。为了实现公司的扩张政策，他面临两个战略选择。第一个是收购 MobAd 公司，这是一家已经开发出所需技术而且积累了大量客户基础的公司；第二个选择是内部逐步开发相应的技术。收购战略因为会确保 Joojle 公司更快地进入该市场而对 Davood 有很大的吸引力。然而，该收购需要得到联邦贸易委员会（FTC）的批准。Davood 对 FTC 的决策很不确定。下面的决策树表明了 Davood 的决策情境。

4. Joojle 的决策分析团队还不清楚在决策树 Davood 赋值 FTC 批准的概率 p，但是他们知道 Davood 在这笔交易范围内是风险中性的。记 p_i 为 Davood 在收购 MobAd 和内部开发技术之间无差别时 FTC 批准的概率。则 p_i 的范围应该是多少？

   a. $p_i \leq 0.5$。
   b. $0.55 < p_i \leq 0.65$。
   c. $0.65 < p_i \leq 0.75$。
   d. $p_i > 0.75$。

5. 决策分析团队现在评估出 Davood 赋值 FTC 批准的概率是 $p = 0.5$。现在，MobAd 要价 20 亿美元，Joojle 拒绝了这个价格。但是 Davood 想知道 Joojle 最多愿意支付多少钱给 MobAd？

   a. 15 亿美元。
   b. 10 亿美元。

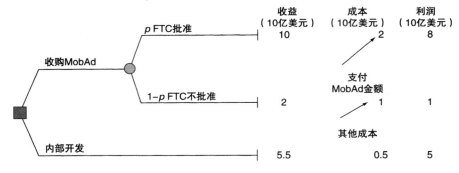

c. 7.5 亿美元。
d. 5 亿美元。

6. Davood 想知道信息的价值是如何随着他关于 FTC 批准的信念而变化的。如果 MobAd 仍然要价 20 亿美元，那他的 VOC 达到最高时，批准的概率 p 应该是多少？
   a. $0 \leqslant p \leqslant 0.1$。
   b. $0.4 \leqslant p < 0.6$。
   c. $0.6 \leqslant p < 0.8$。
   d. $0.8 \leqslant p < 1$。

如下信息用于习题 7~9。

这是关于 Kelton 的一个情境，他是一家制药公司 Pistell-FeiersSquib（PFS）的 CEO。他面临最新和最有前景的候选药物 Smartiva 的一项决策。新药已经完成了临床试验，在其能够上市之前团队正在等待来自美国药物和食品管理委员会（FDA）的批准决策。Kelton 准备销售 Smartiva，但是他收到了另一家制药公司 EliWilly 的 Smartiva 销售许可申请。Kelton 的决策情境如下面的决策树所描述。

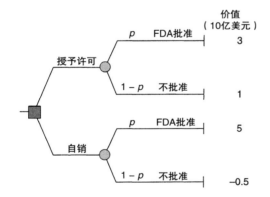

PFS 的决策分析团队还不清楚在决策树中 Kelton 赋予 FDA 批准的概率 p。然而，他们知道 Kelton 在 ±100 亿美元的前景范围内遵循 Δ 性质。同时，他们最近打听到 Kelton 如下的交易。

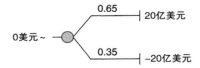

7. 记 p_i 为 Kelton 在授予许可和自销 Smartiva 之间无差别的概率，它的范围应该是多少？
   a. $p_i \leqslant 0.5$。
   b. $0.55 < p_i \leqslant 0.65$。
   c. $0.65 < p_i \leqslant 0.75$。
   d. $p_i > 0.75$。

8. 在 Kelton 决策之前，AstroZene 公司申请支 15 亿美元购买 Smartiva 的专利，他的决策情境现在变成了如下所示。

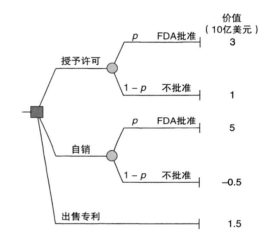

考虑有关 Kelton 新的决策情境的如下表述。

Ⅰ. 如果 $p = 0.26$，他应该选择出售 Smartiva 专利。

Ⅱ. 他出售 Smartiva 专利的决策对概率 p 的值不敏感。

Ⅲ. Kelton 对自销和出售专利无差别的概率位于 0.55 到 0.75 之间。

Ⅳ. 当他在自销和出售专利之间无差别时，他的最优方案是授予 Smartiva 许可证。

Ⅴ. 当他在授予许可证和自销之间无差别时，他的最优方案是出售 Smartiva 专利。

Ⅵ. 当 $p > 0.8$ 时，他应该一直选择自销。

Ⅶ. 若 $p = 0.65$，则 FDA 批准的 VOC 比 p

= 0.8 时更高。

以上表述有几个为真？

a. 0 或 4。
b. 1 或 5。
c. 2 或 6。
d. 3 或 7。

9. PFS 的决策分析团队从 Kelton 处得到了 FDA 批准的概率。然而，由于最近的集体诉讼案件，PFS 的股票价值跌了 30%。在这种情况下，决策分析团队将会考虑之前同样的决策，但是认为重新评估 Kelton 的风险规避系数 γ 是明智的。在如此之前，他们构造了下图。

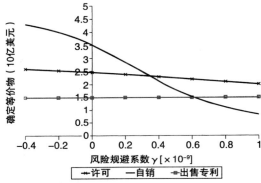

考虑如下关于 Kelton 决策问题的表述：

Ⅰ. 如果他是风险偏好的，他将会选择自销。

Ⅱ. 存在某个风险偏好程度，他的最优方案是出售 Smartiva 专利。

Ⅲ. 他对 FDA 批准 Smartiva 概率的评估超过 0.7。

以上表述有几个为真？

a. 0。
b. 1。
c. 2。
d. 3。

10. Aishwarya 遵守行动性思维五规则，且偏好更多钱。她面临着一个有 A、B、C 三种方案的决策和状态为 $i0$ 和 $i1$ 的不确定性。换句话说，她的前景是由所选方案和之后观测到不确定性状态共同描述的。

下图描绘了 $i1$ 状态发生时三种方案作为其概率的函数的效用值。

Ⅰ. 如果 Aishwarya 相信 $i1$ 发生的概率为 0.7，她应该选择方案 B。

Ⅱ. 假设给 Aishwarya 提供一个新的方案 D，相应的前景有 $[D, i0]$ 和 $[D, i1]$，其中 $u([D, i0]) = 2$，$u([D, i1]) = 9$。那么，如果 $\{i1 \mid \&\} = \frac{2}{3}$，她应该在 A、B、D 方案之间无

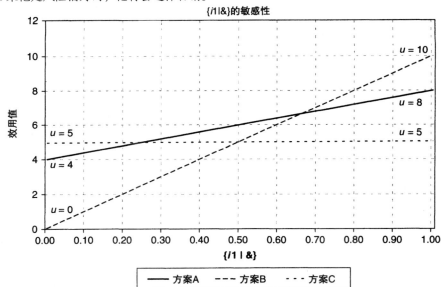

差别。对于她信念的其他任何值，她都不应该选择 D。

Ⅲ. 如果 Aishwarya 是风险中性的，那么使得她在Ⅰ部分里的洞察力价值最高的 $\{i1 \mid \&\}$ 值等于 $\frac{2}{3}$。

以上表述有几个必定为真？

a. 0。
b. 1。
c. 2。
d. 3。

11. Xena 不遵循 Δ 性质，她支付 100 美元获得参加猜投掷硬币的凭证。如果她猜对了，她将赢得 400 美元，否则得到 0。她对该凭证的 PISP 是 250 美元。
    一个先知为 Xena 提供即将投掷的结果，她对先知信息的 PIBP 是多少？

a. 150 美元。
b. 300 美元。
c. 我们需要 Xena 的效用曲线来判断她对先知信息的 PIBP。
d. 我们需要 Xena 的效用曲线和她赋予"正面"朝上的概率来回答这个问题。

†12. 下图展示了在聚会问题中 Kim 和 Jane 的信息价值对晴天概率 p 的敏感性分析。
在该图上画出 Mary 的洞察力价值对 p 的敏感性。
在一个咨询项目里，你听到了这样一句话："风险规避者经常比风险中性者为洞察力支付更多的钱。"根据 Kim, Jane 和 Mary 的曲线，你会如何回复？

†13. 如果货币前景和概率对风险规避和风险中性的决策者是一样的，你对 12 题中的表述又有什么看法？

使用下述信息回答关于概率敏感性的 14 ~ 17 题。之后使用该信息，回答关于洞察力价值敏感性的 18 ~ 22 题。

Eduardo 是一个有困惑的研究生，他刚获得了每周的 Bingo 奖，现在需要在三个方案中做出抉择。尽管他遵循行动性思维五规则，但他在选择时仍有困惑，因此需要你的帮助。在第一个方案中，他被给予一瓶球，一些是红球，其余是白球。如果 Eduardo 抓出红球，他可以获得 2 500 美元；如果抓出白球，获得 1 000 美元。第二个方案是类似的情况，不同的是如果从第二瓶中抓出红球，他获得 3 000 美元，如果不是红球，他什么也得不到。第三个方案是他确定得到 1 500 美元。假设 Eduardo 是风险中性者。

†14. 假设在两个瓶子中，红色的球都有相应相同的比例，那么红球的比例必须是多少才能使 Eduardo 在方案一和方案二之间无差别？

†15. 第一个瓶子中红球的比例必须是多少才能使 Eduardo 在方案一和方案三之间无差别？

†16. 第二个瓶子中红球的比例必须是多少才能使 Eduardo 在方案二和方案三之间无差别？

†17. 画出概率的敏感性图，并解释值、坐标轴和线段分别代表什么。指明 Eduardo

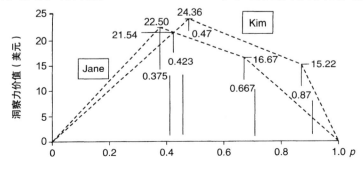

的最优方案在图中的位置，它是如何随着瓶中红球数量的变化而变化的。同时，指出你找到的两个方案间无差别的点。

†**18.** 在一个类似的图中，展示你如何表示免费洞察力。

†**19.** 当瓶中红球的比例分别是 $\frac{1}{6}$ 和 $\frac{5}{6}$ 时，计算对每个方案的确定等价物，并在图中标识出来。

†**20.** 各种情况下，确定 Eduardo 的最优方案并解释方案间为何不同。

†**21.** Eduardo 在那两个点的洞察力价值是多少？

†**22.** 为 Eduardo 决策问题构造他洞察力价值对概率的敏感图，正如第 9 章为聚会问题做的图一样。注意，要对坐标轴进行标识，也要包括 Eduardo 制定决策时的重要值。

如下信息用于习题 23~27。

Ellen 是一个风险中性的测试对象，刚完成了她的决策分析期中考试。她从家庭作业 #5 了解到了打分规则，但是当她在考试中收到一个 $-\infty$ 时她困惑了。习题之一她完全确定答案是 "b"，所以她以 $p = s = 1$ 的信念选择了 "b"。不幸的是，她标错了选项，无意间选择了 "c"，其他的也都变成了 0，结果 $p = 0$。现在，Ellen 需要你来帮助她确定如何着手来年的期中考试。

假设在考试期间，她确信 $\{b\text{ 正确}\mid\&\} = s$

和 $\{a\text{ 正确}\mid\&\} = \{c\text{ 正确}\mid\&\} = \{d\text{ 正确}\mid\&\} = \frac{(1-s)}{3}$。她想要添加一个叫"我犯了一个错误"的属性，有两种状态 "哎哟，好心痛"和"唷，最终还好"，分别记为 M 和 M'。记 $\{M\mid b\text{ 正确},\&\} = q$。

这些可以如下图所示。

为了简化，假设她赋值给其他选项（a，c 和 d）的概率权重是相等的。

†**23.** 如果 $s = 1$ 且 $p = 1$，计算 Ellen 对概率 q 的敏感性。当 $q = 1$ 时，她的期望值是多少？当 $q = 0.00001$ 时呢？

†**24.** 假设 $s = 0.7$ 且 $p = 0.7$，计算 Ellen 对概率 q 的敏感性。当 $q = 1$ 时，她的期望值是多少？当 $q = 0.00001$ 时呢？

†**25.** 现在，考虑一个关于 p 值的决策，p 有三个可能的取值 $\{0.25, 0.7, 1\}$。假设 $s = 1$，计算 Ellen 对概率 q 的敏感性，并在图中表示你的结果。当 $s = 0.7$ 时，重复上述操作。

†**26.** 假设 Ellen 是一个真正的 Δ 人，其风险发生比 $\gamma = 2$。重做 25 题。你的结果是如何变化的？已知她这一新的风险态度，结果有意义吗？

†**27.** 假设 Ellen 是一个真正的 Δ 人，其风险发生比 $\gamma = \frac{1}{2}$。重做 25 题。你的结果是如何变化的？已知这种风险态度，这些结果有意义吗？

第 13 章

基本信息收集

本章核心概念

阅读本章之后，读者将能够解释下列概念：
- 关联图的评估和推理形式
- 先验，似然性，预后验，后验
- 实验的重要原则
  - 关联性
  - 重要性
  - 经济性
- 探测器的敏感性和一致性
- 信息的价值
- 洞察力的等价可能性

13.1 引言

决策分析最有用的特性之一是能够区分建设性信息和浪费性信息的收集，此外，它还能对信息进行评估。我们已经讨论过了决策中洞察力价值和计算 Δ 人洞察力价值的简易性。但如果在给定的决策中无法获得洞察力又会怎样？相反，假设在决策中能够获得一定精确性指示的不完全信息。这类信息有用吗？这种情况下我们能计算出信息的价值吗？本章展示如何在关注属性（distinction of interest）上计算这类（不完全）信息的价值。在第 18 章，我们将把这类分析拓展到多信源的价值上；在第 20 章，我们将讨论单信源但提供多种指示的信息价值。

13.2 信息价值

为了理解信息收集的概念，我们先看一对**关联图**，如图 13-1 所示。其为信息收集和实验进程的典型应用。

每幅关联图有两种属性：一种是关注属性，另一种是相关的观测属性（observed distinction），其由实验进程

图 13-1 信息收集的关联图

的结果决定。事实上，观测属性的价值来自于其与关注属性之间的相关性，而相关性由关联箭头表示。

图 13-1 中的关联图适用于多种类型真实情报的收集活动。例如，关注属性可以是某种特定地下结构的含油量，观测属性可以是地震波的测试结果。关注属性也可以是公司未来的销售量，而观测属性是市场调查的结果。我们甚至可以解决医学问题，例如，疾病的存在（关注属性）和医疗诊断结果（观测属性）。而另一个例子是正式运营工厂的制造成本和实验工厂的制造成本。正如你所看到的，信息收集活动是许多重大决策分析的一部分。

注意到我们将哪一种属性作为关注属性，哪一种属性作为观测属性在某种程度上是武断的。因为相关性是对称的，了解其中一种属性的状态将修正我们对另一种属性的信念。

例如，如果我们回顾早先"喝啤酒者"和"大学毕业生"的例子，我们可以认为受教育程度会影响饮酒量测试的结果，或者饮酒量会影响受教育程度的测试结果。决策问题的内容通常可以告诉我们哪种不确定性应该被视作关注属性，哪种应该被视作观测属性。发现关注属性的一个好方法是想象如果你有机会去咨询先知，你会问什么问题。

> **思考**
>
> 思考其他信息收集的活动，并用如下两种相关属性对该活动进行表征：关注属性和观测属性。

13.2.1 评估形式

图 13-1 上半部分的关联图被称为**评估形式**。通常以该方法来评估信息的概率分布。关注属性指向观测属性的箭头代表已知关注属性情况下观测属性的条件概率。通常我们就称为**似然性**。我们将会发现，似然概率评估刻画信息收集的精确性。

评估形式中另一种概率评估是关注属性的概率分布。因为在实验过程之前结果就是已知的，所以称为**先验概率**。

13.2.2 推理形式

如果我们能从实验过程最有用的形式中获得信息，那么关联图中包含的信息必须以**推理形式**体现，如关联图 13-1 的下半部分所示。因此，从观测属性指向关注属性的箭头就是在已知观测属性时，我们将要为关注属性赋值的概率分布。修正的概率通常被称为**后验分布**，因为我们对于关注属性的信念是在实验结果之后得到的。

推理形式中所隐含的另一个概率分布是在实验中所观察到的概率分布，即观测属性的概率分布。这是**预后验分布**。注意，如果在观察中一切都是确定的，那么做实验就是没有意义的。

我们在图 13-2 中总结了实验中的概念和术语。

现在我们的问题是，"在决策中，实验提供的信息价值需要多大才能物有所值？"当我们把实验过程应用到第 9 章所介绍的聚会问题中时，它的价值和性质会更加明显。

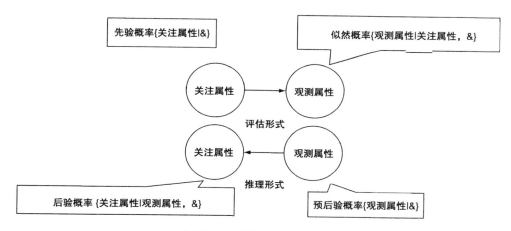

图 13-2　不同分布的关联图

13.3　Acme 雨天探测器

假定当 Kim 在确定聚会场地时遇到一个人，这个人提供 Acme 雨天探测器服务。这个探测器能够指示晴天 S 或者雨天 R。经过广泛测试证明，探测器有 80% 的精确性预测晴天或者雨天。因此，探测器在天气预测中是有用的，但不是绝对可靠的。在这个试验中，已知天气情况时，探测器预测的条件概率是似然概率。

Acme 雨天探测器的关联图如图 13-3 所示。

Kim 早已评估了晴天 S 还是雨天 R 的可能性：这组成她的先验概率。正如在评估形式中所示，天气与探测器的指示相关。当似然概率被评估出来时（在这个案例中，正确指示的概率是 80%），我们可以把图改为推理形式，如图 13-3 下半部分所示。因此，我们可以发现，已知探测器指示结果的情况下天气的后验概率，以及探测器产生任一可能指示时的预后验概率。

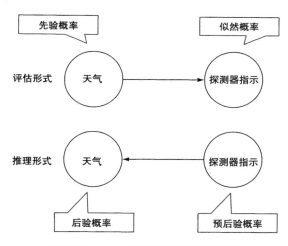

图 13-3　Acme 雨天探测器的关联图

然而，提供雨天探测服务的人不是利他主义者。他为雨天预测服务收取 10 美元。因此，Kim 的决策现在被拓展到是否应该支付 10 美元去使用这个探测器。在我们继续讨论之前，Kim 应该回顾她有关天气的洞察力价值（VOC）的含义。我们发现她愿意支付 20.27 美元去预测天气。如果 Acme 服务所需金额高于这一数字，她会直接拒绝。然而，现在报价大约为她 VOC 的一半，那么至少有一点可能性使用这一服务。

13.3.1　评估形式

当然，Kim 必须进行更深入的分析。她把预测的可能性用决策树表示出来，如图 13-4

所示。

注意到在图 13-4 中，天气和雨天探测器两种属性的确存在相关性。我们看到，当下雨时，探测器只有 80% 的可能性预测会下雨。在某些情景中，如医学实验，我们可以将探测器指示的条件概率来作为探测器的**敏感性**。即已知不好的结果（下雨或疾病）发生时，探测器指示出不好结果的可能性。

相反，如果天晴，会有 80% 的可能性预测晴天。**一致性**是探测器指示的另一个条件概率。这是指已知好的结果（晴天或身体健康）发生时，探测器也指示出好结果的概率。在这个简单的例子中，Acme 雨天预测器的敏感性和一致性完整地说明了它的工作原理。为了简化，我们使得这个设施拥有相同的敏感性和一致性。在医学和其他大多数情况下，这种例子其实非常少见。

Kim 必须基于其对天气的先验概率来完善这些似然概率（0.4 的晴天概率，0.6 的雨天概率），以完整刻画如图 13-5 中的这一试验。

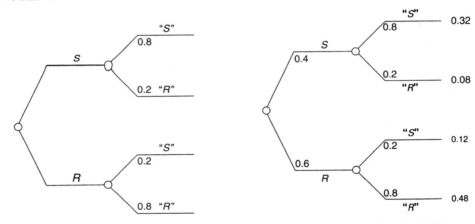

图 13-4　探测器性能的评估　　　图 13-5　试验情境的完整评估

在使用决策树的信息时，我们必须反转排序。首先，我们应该把指向每个基本可能性的每条路径上的概率相乘，以计算树图中隐含的四种基本可能性的概率。

> **思考**
>
> 如果在图 13-5 中探测器的敏感性和一致性都是 100%，那对于每一个可能的显示结果而言，晴天的后验概率将是多少？探测器的价值是多少？

13.3.2　推理形式

在图 13-6 中，我们使用常规步骤来反转树图排序。

我们把每个基本可能性的概率复制至反转树末端的正确位置，然后根据标准规则分配分支的概率。例如，在打开之前探测器有 0.44 的概率显示晴天 S，结果来自于 0.32 和 0.12 的加和。这就是 S 的预后验概率，因为这是在试验进行之前所得试验结果的概率。

已知试验结果的情况下，关于天气的后验概率见决策树的第二层。当探测器显示晴天

"S"时,晴天的发生比为32∶12,则依据这一指示晴天的概率为8/11 = 0.727。当探测器显示雨天"R"时,晴天的发生比为8∶48,即晴天概率为1/7 = 0.143。

注意到当 Kim 打开探测器之后,她能确定的一件事就是她的晴天概率不再是 0.4。如果探测器指示晴天,则为 0.727;如果探测器指示雨天,则为 0.143。因此在给定探测器显示 S 和 R 的情况下,她对晴天的后验概率分别为 0.727 和 0.143。而探测器指示 S 或者 R 的概率分别为 0.44 和 0.56(该信息收集活动的预后验概率)。

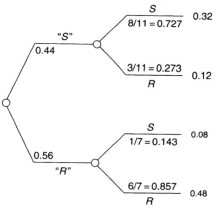

13.3.3 Kim 的探测器使用分析

图 13-6 实验推理

现在我们研究 Kim 是否应该支付 10 美元来使用 Acme 雨天探测器。首先,我们构建一棵类似于图 10-8 的决策树;事实上,基于该图的上半部分与图 10-8 一样,在此我们仅用一个简要形式来表示。回顾一下,在这种情况下,她会在室内举办聚会且确定等价物为 46 美元(更确切地说是 45.83 美元)。然而,如果她以 10 美元购买这个雨天探测器,她将面临图 13-7 中下半部分的决策树。

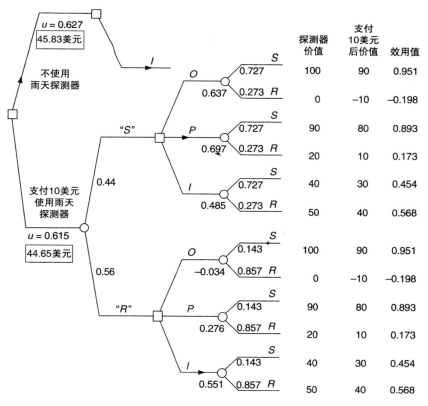

图 13-7 Kim 的探测器使用分析

为了观测一个一般性的分析，我们分析问题的时候将不会用到 Kim 满足 Δ 性质的知识。注意到该问题的结构和洞察力问题完全相同，唯一的区别在于我们将要赋值的概率。

树顶端处的值是常用的美元价值。首先，我们给每个值减去试验中 10 美元的成本，然后计算每个值的效用值，如图 13-7 中最右侧的列所示。接着，我们将适合的概率赋值复制到图中。例如，探测器会指示晴天和雨天的预后验概率分别为 0.44 和 0.56。依据每一指示，我们将晴天和雨天合适的条件概率记录，如图 13-6 中的计算。因此，在指示晴天的情况下，会有 0.727 的概率出现晴天；在指示雨天的情况下，只有 0.143 的概率会是晴天。现在，我们将这棵树倒推来观察购买雨天探测器服务的效用值是否高于不做试验的效用值 0.63。或者相反地，判断以 10 美元购买雨天探测器的确定等价物是否大于不做试验的确定等价物 45.83 美元。

随着我们的进展，我们发现沿着晴天指示 S 的分支，在室外举办聚会的决策会以 0.727 的概率产生 0.951 的效用值，以 0.273 的概率产生 –0.198 的效用值，所以该方案的效用值为 0.637。这种情形下，门廊方案会产生 0.687 的效用值，室内方案会产生 0.485 的效用值。

相应地，门廊方案是最优的，并且如果探测器指示晴天，Kim 会决定在门廊举办聚会。注意，她对于原本选择在室内举办聚会的决策发生了改变，探测器的指示对她的决策是重要的。

在得到雨天指示时，各方案的效用值分别是 –0.034、0.276 和 0.551。显然，当探测器指示雨天时，室内方案最优。这也是当 Kim 不用探测器时的选择，所以只有当探测器指示晴天时才有可能改变 Kim 的决策。总的来说，她有 0.44 的概率获得效用值 0.697，有 0.56 的概率获得效用值 0.551，所以雨天探测器方案会产生 0.615 的效用值且有相应的确定等价物 44.62 美元。

我们发现使用雨天探测器至少会使 Kim 遭受 1 美元的损失。因此，即使探测器正确预测的概率为 80% 且其洞察力价值（VOC）至少为 20 美元，但对 Kim 而言，使用雨天探测器也是不明智的。

13.3.4　利用 Δ 性质分析

正如我们所提到的，我们已经忽视了 Kim 满足 Δ 性质这一事实，并且相当详细地展开分析来说明处理试验的一般步骤。我们也采用了一些不必要的精准度来进行细节计算。然而，现在让我们利用 Kim 接受 Δ 性质这一优势。注意，我们已经在对概率的敏感性分析中，解决了在 Kim 面临任何晴天概率的情况下她所采取方案的问题，如图 12-2 所示。从该图我们可以看到，如果 Kim 面对 0.727 的晴天概率，她会选择门廊方案；如果面对 0.143 的晴天概率，她会选择室内方案。因此，假设她同意免费使用雨天探测器，她免费使用探测器的效用值就是其指示晴天的概率，在晴天概率为 0.727 时门廊方案效用值的 0.44 倍，即 0.323 + 0.628 × 0.727 = 0.780，加上探测器指示雨天的可能性，当雨天概率是 0.143 时室内方案效用值的 0.56 倍，即 0.667 – 0.009 × 0.143 = 0.653。

结果是 0.709 的效用值，或者 54.65 美元的确定等价物。这意味着如果 Kim 可以免费得到探测器的话，她将会有大约 54.65 美元的确定等价物。因为她不做试验时的确定等价物大概是 45.83 美元，作为一名 Δ 性质的信徒，她应该为试验支付的费用不超过 8.82 美元。而 10

美元的成本比此费用超出一美元还多。根据直觉，我们最初可能会倾向于认为80%精确度的探测器的价值是80%的VOC。然而，正如我们所见，事实并非如此。

> **注解**
> 我们面对的最糟糕的探测器只有50%的精确度，因为它与关注属性是不相关的。

13.3.5　Jane的探测器使用分析

我们可以采用相同的方法来快速确定探测器对Jane来说是否是个明智选择。回忆前面Jane的洞察力价值为22.00美元。我们用图12-6来计算Jane对探测器的每个可能指示的确定等价物。如果探测器指示"S"，晴天概率会是0.727，她会选择在室外举办聚会且确定等价物是$100p = 72.70$（美元）。如果探测器指示"R"，晴天概率会是0.143，她会选择在室内举办聚会且确定等价物是$50 - 10p$ 或 $50 - 10 \times 0.143 = 48.57$（美元）。运用这些指示所得概率，对于风险中性的Jane而言，我们获得了其对免费探测器的确定等价物是$0.44 \times 72.70 + 0.56 \times 48.57 = 59.19$（美元）。由于Jane没有探测器时，聚会的确定等价物为门廊方案的48.00美元，因此探测器对她的价值是11.19美元。如果探测器的成本为10.00美元，Jane将会通过使用它得到超过一美元的利润。

注意对Jane和Kim而言，探测器重要性的差别。Jane的决策会从当前的门廊举办聚会改为要么预测晴天时在室外举办，要么预测雨天时在室内举办，因此，Jane能够从探测器的两个预测中都获益。而Kim只能从其中一个获益。这也是为什么以10美元的成本使用Acme雨天探测器，对Jane来说是件好事，但是对Kim来说是坏事。

13.4　试验的总体观察

不管有多复杂，试验决策都能用前文聚会问题中介绍的完全相同的原则和工具来处理。

13.4.1　重要的试验原则

指导试验或信息收集有三条重要的原则：首先是结果对关注属性的关联性，其次是结果会改变决策的可能性，最后是它的经济性——物有所值。

关联性　首先，一个信息收集过程只有当它的结果与决策问题中的关注属性相关联时才值得考虑。例如，如果我们在一家石油公司考虑投资决策，花费时间或者金钱来决定一个投掷硬币试验的结果显然是不明智的，因为我们知道投掷硬币和我们的关注属性没有任何关系。

可能性　其次，一个信息收集过程只有在它产生的观测结果有可能改变所做的决策时才值得考虑。我们称这一过程对于决策是重要的。

例如，假设在图13-4中，我们对探测器的敏感性和一致性的值进行敏感性分析，但保持两者的值相等：

$$敏感性 = \{"S" | S, \&\} = \{"R" | R, \&\} = 一致性 = p$$

此前的分析集中于 $p=0.8$ 时的情形。图 13-8 对这个值进行了敏感性分析，并且显示了对不同 p 值的晴天后验概率 $\{\text{"}S\text{"}\mid S,\&\}$ 和 $\{S\mid\text{"}R\text{"},\&\}$，而将晴天的先验概率 $\{S\mid\&\}$ 保持为 0.4。

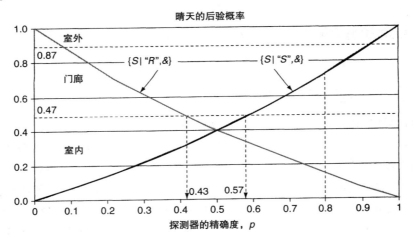

图 13-8　探测器精确度的敏感性

我们从图 13-8 中观察到了几个要点。当探测器的精确度是 0.5 时（敏感性 = 一致性 = 0.5），不论探测器指示结果如何，Kim 或者 Jane 对晴天的后验概率都等于她们的先验概率 0.4。当然，在这种情况下，这一基本原理基于探测器与天气不相关，所以她们在得到指示时并不会修正她们关于天气的信念。

我们同样注意到，探测器的精确度越高，当探测器预测 "S" 时晴天的后验概率越高，当探测器预测 "R" 时晴天的后验概率越低。这一结果很符合直觉，因为探测器越精确，她们肯定就会越愿意相信。

注意到，当精确度 $p=1$ 时，探测器的指示就是洞察力，她们的后验概率非 1 即 0，取决于探测器的指示。此外，当探测器的精确度为 0（$p=0$）时，Kim 的后验概率也同样非 0 即 1。显然，当你知道一个探测器的预测总是错误的时候，它的价值和一个总是能正确指示的探测器相同，因为你只会相信指示的相反结果。

回顾图 12-2，当 Kim 的晴天概率小于 0.47 时，她会在室内举办聚会；当概率在 0.47 与 0.87 之间时，她会选择在门廊举办聚会；当概率大于 0.87 时，她会选择在室外举办聚会。0.47 和 0.87 的后验概率体现在图 13-8 中的虚线。因为如果没有探测器预测的话，Kim 会选择在室内举办聚会，那么什么样的 p 值可以在探测器某些指示结果下改变她的决策，又有哪些值无法改变她的决策呢？

从图 13-8 中，我们看到如果探测器的精确度 p 是 0.43 和 0.57 之间的任意值，不论探测器指示什么，Kim 都会选择在室内举办聚会。因为在这种情况下，她的晴天后验概率永远小于 0.47。我们称其为这一决策的为**非重要探测器**。当然，基于涉及的概率和偏好，它对其他决策而言可能是重要的。

图 13-8 同样显示了 Acme 雨天探测器在 $p=0.8$ 时的后验概率，$\{\text{"}S\text{"}\mid S,\&\}=0.727$ 和 $\{S\mid\text{"}R\text{"},\&\}=0.143$。这与我们前文的分析一致，支持已知晴天的先验概率下这个探测器

是一个重要探测器的论断。

经济性 最后，只有当一个信息收集过程在整个决策中具有经济性的时候，它才是值得考虑的。Acme 雨天探测器对 Kim 和 Jane 来说都是关联的、重要的，但是只对 Jane 是经济的。

13.4.2 试验和洞察力价值（VOC）

试验的价值这一观点已经体现在洞察力价值（VOC）之中。为了解释这一关系，注意到一个试验的价值仅仅为试验观察结果的洞察力价值。因此，为了确定一个 Acme 雨天探测器的价值，我们考虑把探测器指示本身作为图中的一种属性，然后计算对这一观测属性的洞察力价值。"探测器指示"属性的洞察力价值就等于探测器的价值。

不管其形式如何，每一信息收集活动在逻辑上都需要我们在 13.2.1 节中描述的步骤。也就是，我们必须先以似然性来描述试验，接下来我们必须以先验概率来描述我们最初的知识。然后我们必须处理这些信息以提供后验分布和预后验分布，前者展示了我们能从试验的不同结果中所学的知识，后者显示了我们获得这些结果的相应概率。

需要我们注意的是，单纯的探测器精确度（敏感性和一致性）并不足以确定测试的质量。我们还需要考虑到先验概率。我们通过下例来解释这一观点。

▶**例 13-1 病毒检测**

假设你在检测一种病毒，并且你相信有 1/400 的人口被感染了。现在可以进行一项医疗检测。如果用来检测已感染者，结果有 99% 的可能会显示"阳性"，说明这个人的确被感染了。如果被检测者没有被感染，结果有 99% 的可能显示"阴性"，说明这个人未被感染。

假设你接受了检测，检测结果显示"阳性"，那么你感染了病毒的概率是多少？如果检测结果显示为"阴性"，那么你感染了病毒的概率是多少？

为了回答这些问题，我们首先在图 13-9 中考虑该问题的评估形式。在医疗领域，条件概率 {"Pos"|Virus, &} 经常作为检测的敏感性，正如我们前面讨论过的，{"Neg"|NoVirus, &} 指的是它的一致性。这些条件概率是在给定一个人是否感染了病毒的情况下，检测显示结果的可能性。

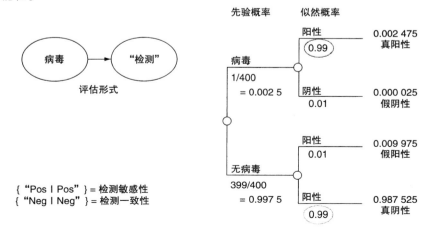

图 13-9 药物检测的评估形式

现在我们反转决策树，画出图 13-10 所示的推理形式的关联图。

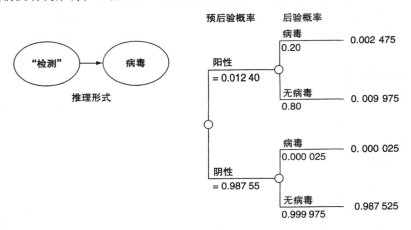

图 13-10　药物检测的推理形式

图 13-10 显示，如果检验结果显示"阳性"，这个人感染病毒的条件概率仅仅为 {Virus | "Pos", &} = 0.2，而如果检测结果显示"阴性"，那这个人未感染病毒的概率为 {NoVirus | "Neg", &} = 0.999 975。

当这个检测给出阴性结果时，这是一个好的检测，但是当它给出阳性结果时，就不是一个好的检测。这是因为不把它和检测的实际先验概率 {Virus | &} = 1/400 相比较的话，不足以说明该检测具有 99% 的精确度。

为了进一步说明，图 13-11 和图 13-12 显示了修正条件概率 {Virus | "Pos", &} 和 {NoVirus | "Neg", &} 与检测精确度的关系。每条曲线代表了 {Virus | &} 的不同先验概率水平。如果 {Virus | &} = 0.1，则 99% 精确的检测会得到 {Virus | "Pos", &} = 0.916 和 {NoVirus | "Neg", &} = 0.998。这在基于阳性显示的情况下，对检测的利用是一个巨大的提升。注意到 {Virus | &} = 0.5，基于问题的对称性，图 13-12 和图 13-11 中的曲线相同，并且两图中围绕该值的曲线互为镜像。

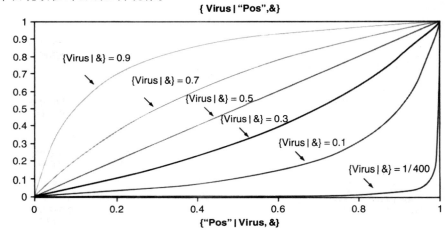

图 13-11　带有敏感性和先验概率的 {Virus | "Pos", &} 曲线

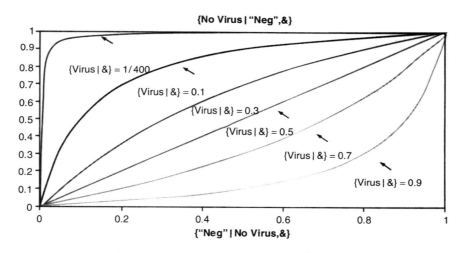

图 13-12　带有一致性和先验概率的 {No Virus｜"Neg"，&} 曲线

13.5　不对称试验

Acme 雨天探测器精确预测晴天的概率和精确预测雨天的概率相同，都是 0.8。一个试验中关注属性的两个状态没有理由拥有相同的精确度。事实上，从这层意义来说，不对称的试验更具一般性。我们可以像分析对称试验那样简单地处理不对称试验（我们同样可以处理多个试验指示而不仅仅是两个）。

13.5.1　评估形式

我们可以用图 13-13 显示的简单的二分法来分析一个双指示的不对称试验。在图的上半部分，我们将试验以评估的形式展现出来。关注事件 E 会以概率 p 发生。如果发生，试验就会以 t 的概率报告发生 "E"。我们可以认为 t 代表了如实报道事件的发生概率。如果事件没有发生 E'，那么试验会以概率 f 如实报道 "E'"，我们认为 f 代表了对事件没有发生如实报道的概率。

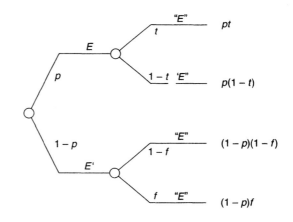

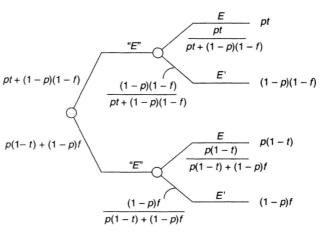

图 13-13　一个不对称试验的决策树分析

因此，试验的特征可以用两个参数 t 和 f 描述。对 Acme 雨天探测器来说，它们都是 0.8。这些数字有些时候在特定情况下会被赋予特殊的名称。例如，在医疗领域，事件 E 经常被认为是一种疾病在试验中可能会被检测出来。在这种情况下，数字 t 叫作检测的敏感性，数字 f 叫作检测的一致性。所有二分简单事件的这种双指示的试验都可以用我们呈现的结构来分析。

13.5.2 推理形式

图 13-12 的下半部分展示了代表试验推理形式的反转概率树，这棵树是通过我们常规的步骤反转的。

我们看到试验会报告 "E" 的预后验概率为：

$$\{"E"\,|\,\&\} = pt + (1-p)(1-f)$$

已知这种报告时 E 确实发生的后验概率为：

$$\{E\,|\,"E",\&\} = \frac{pt}{pt + (1-p)(1-f)}$$

此外，如果报告 "E'"，那么 E 发生的概率为：

$$\{E\,|\,"E'",\&\} = \frac{p(1-t)}{p(1-t) + (1-p)(1-f)}$$

对于任意指定了试验评估形式和先验信息的 p，t 和 f，我们可以运用图 13-12 下半部分的推理形式来计算与试验或者信息收集过程有关的预后验概率和后验概率。

13.5.3 不对称 Acme 雨天探测器

图 13-14 用图 13-13 的结果来复制和推广对 Kim 的 Acme 雨天探测器的分析。为了进行分析，我们将事件 E 记为 S，事件 E' 记为 R。此外，对 Acme 雨天探测器来说，晴天的概率是 $p = 0.4$。

1	2	3	4	5	6
敏感性 t	一致性 f	已知"S"的后验概率	已知"S"的最优聚会场地	已知"S"聚会场地的效用值	预后验概率
0.8	0.8	0.727	门廊	0.780	0.44
0.9	0.7	0.667	门廊	0.742	0.54
0.7	0.9	0.824	门廊	0.840	0.34
0.6	1.0	1.0	室外	1.0	0.24
7	8	9	10	11	12
已知"R"的后验概率	已知"R"的最优聚会场地	已知"R"聚会场地的效用值	预后验概率	试验的效用值	免费试验的确定等价物（美元）
0.143	室内	0.653	0.56	0.709	54.70
0.087	室内	0.658	0.46	0.703	54.00
0.182	室内	0.649	0.66	0.714	55.30
0.211	室内	0.646	0.76	0.731	57.30

图 13-14 不对称雨天探测器的敏感性分析

列 1、2 显示了从探测器得到的真实发生和真实未发生报告的概率 t, f，它们也分别是测试的敏感性和一致性。列 3 展示了已知探测器指示晴天 S 的情况下，晴天的后验概率。列 4 展示了在已知指示 S 时 Kim 的最优决策。列 5 是在已知探测器指示的情况下，该方案的效用值，同样来自于图 12-2。列 6 显示了探测器指示晴天的预后验概率。

接下来的四列和前四列相似，只不过它们显示的是探测器指示雨天 R 时的数值。列 11 是试验的效用值，由列 5 在晴天指示报告的效用值与列 6 该报告的概率相乘，再加上列 9 雨天指示报告的效用值乘以列 10 中雨天预测的概率。最后，列 12 展示了列 11 中效用值相关的确定等价物。

图 13-14 中的第一行复制了我们前面将 t 和 f 都设置为 0.8 时对 Acme 雨天探测器的分析。我们看到，如果探测器指示晴天，Kim 会在门廊举办聚会；如果指示雨天，则会在室内举办聚会。她的效用值是 0.709，对一个免费探测器的确定等价物为 54.7 美元。回顾没有探测器时，Kim 的确定等价物大约是 46 美元。相应地，Kim 作为一个接受 Δ 性质的人，不会支付 10 美元来使用探测器。

图中的第二行分析了一个在晴天更精确，在雨天更不精确的探测器，它有 0.9 的概率正确指示晴天，但是只有 0.7 的概率正确指示雨天。我们可以看到，探测器的报告导致的行为和原先的 Acme 雨天探测器相同，然而它的效用值变为 0.703。因此，对 Kim 来说，在某种程度上它没有原先的探测器有价值。

图中的第三行从相反的方向证明了探测器是不对称的。它能正确指示晴天的概率是 0.7，然而它能正确指示雨天的概率 0.9。基于这个探测器的报告所引起的决策还是一样的，但是效用值为 0.714，相应的确定等价物为 55.3 美元。

我们可以认为刚刚分析的这两个探测器是其不对称行为的敏感性分析的元素。从 Kim 的角度观察问题，她更想要一个能更好地预测雨天的探测器，即使是以牺牲对晴天预测的精确度为代价。

最后一行展示了一个更加不对称的探测器的结果。此时它能完全正确地指示雨天：$f = 1$。但是它能正确指示晴天的概率变得只有 0.6。注意，这种行为的影响在于，当探测器指示晴天时，晴天的后验概率是 1。如果探测器指示晴天，那么你一定可以见到阳光。注意到面对这样的报告，Kim 会改变她的决策从而到室外举办聚会。这个探测器的效用值是 0.731，确定等价物是 57.3 美元。这个探测器比第一行的探测器价值不止多出 2 美元。事实上，Kim 会很乐意支付 10 美元来使用它。

正如我们说过的，任何类型的信息收集过程都可以用我们介绍的方法来进行分析。正如图 13-14 中对特征的敏感性分析，提供了这个过程特征的重要提示，这能够最大程度上有效地帮助决策者。

我们也可以依据探测器不同的敏感性值和一致性值，分析 Kim 的探测器价值的敏感性，如图 13-15 所示。

注意到如果敏感性和一致性都是 0.5 的话，探测器的价值为 0。这是一个理所当然的结果，因为正如前面所讨论的，图 13-4 中的探测器的指示将不再和天气相关。同样可以注意到当敏感性和一致性都为 1 的时候，探测器的价值等于洞察力价值。

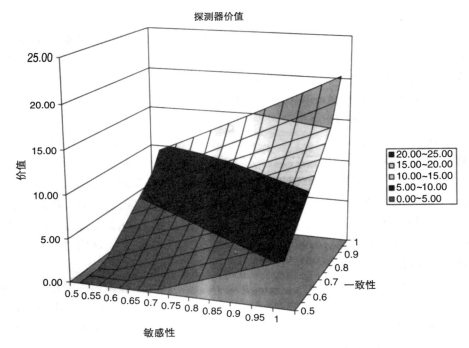

图 13-15　Kim 基于不同敏感性值和一致性值的探测器价值

13.6　信息收集等价物

我们有时会发现，和标准的信息收集方案相比较是深入了解信息收集过程功效的有用方法。一种方法是意识到任何信息收集方案的值不能为负，也不能大于洞察力价值，我们可以将其表征为以某个概率获得洞察力。我们可以把任意的信息收集方案表示为：以 p 概率能够得到洞察力，以 $1-p$ 的概率我们被告知无法获得洞察力，从而我们将无法得到任何预测或者帮助。

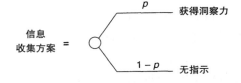

图 13-16　信息收集作为等价概率的洞察力

图 13-16 将这种表示方法图像化。我们忽略掉所有的成本，仅仅简单地思考："获得洞察力的概率为多少时，对我们来说等同于考虑中的信息收集方案？"

Kim 对 Acme 雨天探测器的等价概率的洞察力

我们通过分析 Kim 面对是否要使用雨天探测器时聚会问题的应用，来说明如何构建这个等价概率的洞察力。什么样的免费洞察力概率可以使她感觉无差别于一个免费的雨天探测器？

图 13-17 显示了计算过程。正如我们在图 10-6 的讨论中发现的一样，一个免费的 Acme 雨天探测器有 0.708 的效用值和 54.62 美元的确定等价物。图 12-2 显示，对于 0.4 的晴天概率，Kim 有洞察力时的效用值为 0.8，没有洞察力时的效用值为 0.627。不确定能否获得洞察

力的效用值是 $0.8p + (1-p)0.627 = 0.627 - 0.173p$。当我们使这个效用值等于免费 Acme 雨天探测器的 0.708 时，我们发现 p 必须为 0.47。这意味着一个免费的 Acme 雨天探测器等同于以 0.47 的概率获得洞察力或者 0.47 的等价概率的洞察力。因为更高效用值的免费信息收集过程会有更高的认知概率，他们可以通过认知指数概率来方便排序。

为了使这个计算和我们先前的结果一致，回顾第 10 章我们发现 Kim 的免费洞察力价值为 20.26 美元，她能从探测器上获得洞察力的概率就是她的认知概率 0.47。因此她有 0.47 的概率获得价值为 20.26 美元的一些东西，有 0.53 的概率什

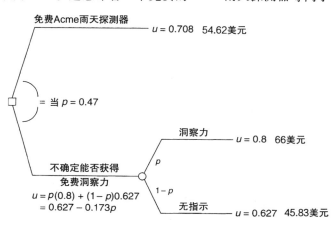

图 13-17　Kim 计算"等价概率的洞察力"

么也得不到。对某个有着 Kim 的风险偏好的人来说（指数型，风险容忍度 72.13 美元），这笔交易的确定等价物为 8.82 美元，恰是我们先前所发现的一个免费探测器的价值。

总体来说，p 的**等价概率的洞察力**（EPC）可以通过用免费探测器、无探测器以及免费洞察力来计算：

$$EPC = \frac{u(免费探测器) - u(无探测器)}{u(免费洞察力) - u(无探测器)}$$

注意，如果我们把所有的效用值乘以一个常数 a 或者加上一个常数 b，等价概率的洞察力不变。此外，一个有更高精确率的探测器也有更高的等价概率的洞察力。

例如，图 13-18 画出了图 13-17 中对于不同探测器精确度（敏感性和一致性相同）的等价概率的洞察力（EPC）敏感性分析。注意，当 p 等于 0.43 到 0.57 时，探测器的精确度才使得探测器是非重要的，此时 EPC 的值为 0。这个结果并不出人意料，因为 Kim 无论如何都会选择在室内举办聚会，那么有没有这个探测器她所做的决策都是一样的。

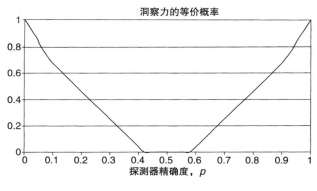

图 13-18　敏感性分析

我们也可以计算不对称探测器的 EPC 值。例如，图 13-19 展示了 Kim 对于图 13-14 中不对称探测器的 EPC 值。

注意，EPC 并不需要钱。在第 10 章的聚会问题中，我们可以用 Kim 的偏好概率来直接决定 EPC。然而，EPC 并没有告诉你要为探测器的指示付多少钱。如果包含了信息收集的成本，认知指数的概率仍然是有用的：任何试验的结果排序必须与其 EPC 一致，相对一个有着更高 EPC 的试验，我们不会去选另外一个更贵的。

1	2	3	4
敏感性 t	一致性 f	试验的效用值	EPC
0.8	0.8	0.709	0.47
0.9	0.7	0.703	0.44
0.7	0.9	0.714	0.50
0.6	1.0	0.731	0.60

图 13-19 等价概率的洞察力

13.7 总结

- 为了确定一个信息收集活动（或者试验）是如何被用来修正信念的，我们首先想到评估形式并且考虑试验对每个关注属性值的试验结果的条件概率。接着，我们反转决策树的排序并且研究推导形式：已知试验结果时，我们的信念如何改变。
- **先验概率**是我们对关注属性赋值的概率。似然性是在已知关注属性时得到试验结果的条件概率。预后验概率是我们得到试验结果的概率，**后验概率**是已知试验结果时关注属性的修正概率。
- 两个术语被广泛应用，尤其在医疗检测领域。
  - 一个检测的敏感性指已知关注属性的阳性状态时观察到阳性结果的似然性。
  - 一个检测的一致性指已知关注属性的阴性状态时观察到阴性结果的似然性。
- 一个测试的精确度是通过它的似然性（敏感性和一致性）确定的，但是我们也要把先验概率考虑进去。单纯的似然性并不足以显示我们对这个测试的估值。
- 一个对关注属性提供不完全信息的探测器的价值，简单等同于探测器结果的完全信息价值。
- 一个信息收集过程对决策是重要的，是指其至少有一个指示在给定情况下能够改变我们的方案。一个活动能物超所值时就是经济的。
- 一个信息收集活动的价值也可以被一个等价概率的洞察力（EPC）指数所表示。
- 对于一个用于决策的探测器（或者任何信息收集过程）来说，它需要满足：
  - 与关注属性关联。
  - 对决策情境重要。
  - 经济性——物有所值。

习题

标注星号（*）的习题更具有挑战性。

如下信息用于习题 1 和 2。

Eudaemonic Pie, Inc 出售一种能够预测旋转轮盘结果的电脑。如果某人输入在瞬间时刻球的位置和轮盘的大概速度，电脑就会告诉你应该在"红""黑"还是"绿"上下注。正常情况下，红、黑和绿作为轮盘旋转结果出现的概率是 18/38、18/38 和 2/38。公司精密地测试了这个电脑系统，然后发现已知结果的情况下，不同电脑预测的概率如下：

电脑指示 实际结果	"红"	"黑"	"绿"
红	0.6	0.2	0.2
黑	0.2	0.6	0.2
绿	0.2	0.2	0.6

在你所坐的轮盘处，每次旋转需要下注

10 美元，你可以赌结果是红、黑或者绿。支付矩阵如下：

（单位：元）

下注结果	"红"	"黑"	"绿"
红	20	0	0
黑	0	20	0
绿	0	0	180

你总是拥有选择不赌的权利。

1. 假设你是风险中性的，公司想要向你提供使用电脑的机会，但是每次下注要收取 5 美元的费用，你会对公司说什么？
   a. "谢谢，我接受你提供的服务并下注。"
   b. "不用，你的收费太高了，我将继续不依靠电脑下注。"
   c. "不用，虽然以你要求的成本使用电脑对我下注有利，但是我仍然选择不参与下注。"
   d. "不用，以你要求的成本使用电脑对我下注是不利的，我选择不参与下注。"

2. 假设你是一个 Δ 人，在你可盈亏 10 美元的交易中风险发生比为 3。公司想要向你提供电脑使用的机会，但是每次下注要收取 5 美元的服务费，你会对公司说什么？
   a. "谢谢，我接受你提供的服务并下注。"
   b. "不用，你的收费太高了，我将继续不依靠电脑下注。"
   c. "不用，虽然以你要求的成本使用电脑对我下注有利，但是我仍然选择不参与下注。"
   d. "不用，以你要求的成本使用电脑对我下注是不利的，我选择不参与下注。"

如下信息用于习题 3 ~ 5。

Eudaemonic Pie, Inc 刚好研发出轮盘预测电脑的第二代模型，他们现在可以调整他们的机器使得它达到人们想要的预测精确度。二代模型的精确度是通过设置一个在区间 [0, 1] 上的参数 p 来控制的。作为 p 的函数，精确率如下表所示。

显示结果	"红"	"黑"	"绿"
红	$(3+2p)/5$	$(1-p)/5$	$(1-p)/5$
黑	$(1-p)/5$	$(3+2p)/5$	$(1-p)/5$
绿	$(1-p)/5$	$(1-p)/5$	$(3+2p)/5$

3. 假设你是风险中性的，公司提供给你使用他们二代电脑的机会，费用是每次 $5 + 10p$ 美元，你可以选择任意 $p \in [0, 1]$。你会如何回答公司？
   a. "谢谢，我会选择 $p = 1$ 并购买，然后下注。"
   b. "谢谢，我会选择 $p = 0$ 并购买，然后下注。"
   c. "不用，虽然以你要求的成本使用电脑在选择某些 p 的情况下对我的下注有利，但我仍然选择不下注。"
   d. "不用，以你要求的成本使用电脑在任意 p 的情况下都不会对我的下注有利，我不会下注。"

4. 假定 Justin 是一个 Δ 人，其对于盈亏 10 美元交易的风险发生比为 3。假设 Justin 已经购买了下次轮盘赌局在某一 p 值下使用二代电脑的权利。现在公司给予 Justin 一个将 p 升级为 $p + 0.1$ 的机会。如下表述哪些为真？
   a. 如果 $p = 0.1$，Justin 对于升级的 PIBP 会比 $p = 0.9$ 时低。
   b. 如果 $p = 0.1$，Justin 对于升级的 PIBP 会比 $p = 0.9$ 时高。
   c. 不论 p 值是多少，Justin 对于升级的 PIBP 都是一样的。
   d. 要计算 Justin 对于升级的 PIBP，你必须先知道为了得到使用电脑权利的成本是多少。

5. 假定你是一个 Δ 人，且在盈亏 10 美元交易的风险发生比为 3，公司提供给你使用他们二代电脑的机会，费用是 $5+10p$ 美元，你可以选择任意 $p \in [0, 1]$。你会如何回答公司？

a. "谢谢，我会选择 $p=1$ 并购买，然后下注。"

b. "谢谢，我会选择 $p=0$ 并购买，然后下注。"

c. "不用，虽然以你要求的成本使用电脑在选择某些 p 的情况下对我的下注有利，但我仍然选择不下注。"

d. "不用，以你要求的成本使用电脑在任意 p 的情况下都不会对我的下注有利，我不会下注。"

6. 回顾 Kim 的聚会决策。要使得 Kim 愿意花费 10 美元来使用雨天探测器帮助决策，雨天探测器的精确度至少是多少？这里的精确度指的是当晴天的时候，探测器会指示晴天的概率，也等于当雨天的时候探测器指示雨天的概率。

   a. 90%。 b. 83%。
   c. 57%。 d. 都不对。

7. 假设提供给 Kim 的探测器不是"天气探测器"，而是"晴天探测器"以帮助她进行聚会问题的决策。如果未来是晴天，探测器有 99% 的概率指示晴天，但是如果将要下雨的话，探测器则等可能指示晴天和雨天。下面哪个答案最接近 Kim 为了得到这个探测器愿意支付的最大费用？

   a. 0。   b. 3 美元。
   c. 5 美元。 d. 10 美元。

8. 下面哪些表述必定为真？

   Ⅰ. 在聚会问题上 Mary 和 Kim 对于不同前景的偏好概率相同，如果我们为 Mary 和 Kim 将洞察力价值作为晴天概率的函数画出曲线，这两个曲线的转折点相同。

   Ⅱ. 如果你对于先知回答一个概率问题的 PIBP 严格大于 0，那么这意味着你并不是百分百确定哪个是正确答案。

   a. 都不对。
   b. 只有 Ⅰ 对。
   c. 只有 Ⅱ 对。
   d. 都对。

9. 考虑如下关于检测以及结果的表述：

   Ⅰ. 一个检测必须被观察为有用的。
   Ⅱ. 一个检测可能是重要但不相关的。
   Ⅲ. 一个检测可能是相关但不划算的。

   哪个表述为真？

   a. 只有 Ⅱ。   b. 只有 Ⅰ 和 Ⅲ。
   c. 只有 Ⅱ 和 Ⅲ。 d. 都对。

10. RegionBank 是一家商业房地产贷款公司，目前陷入财务困境，有可能会被政府接管。Pierre 是 CashDollarCo 的 CEO，是 RegionBank 的小型债权人之一，正在研究一项策略来重建它在 RegionBank 负债中的比例。Pierre 给董事会展示了四个方案，如下图所示。CashDollarCo 在 -2 亿美元至 4 亿美元之间是风险中性的。如下几项表述为真？

    Ⅰ. Pierre 是否采用方案 4，对他赋予的 x 值是不敏感的。

    Ⅱ. 如果 $x=0.2$，并且 RegionBank 主要债权人之一愿意提供给 Pierre 5 000 万美元来采用方案 3，他应该拒绝。

    Ⅲ. 如果 Pierre 获得了完全的内部信息，得知政府确实在计划接管，他会采用方案 2。

    Ⅳ. 当 $x=0.5$ 时，政府接管的 VOC 最大。

    Ⅴ. 如果 $x=0.4$，政府接管的 VOC 低于 5 000 万美元。

    Ⅵ. 如果 $x=0.4$，现有一个价格为 1 000 万美元的对称探测器能以 0.75 的精确度指示政府接管，如果这是他为新信息的最高报价，Pierre 应该购买该探测器。

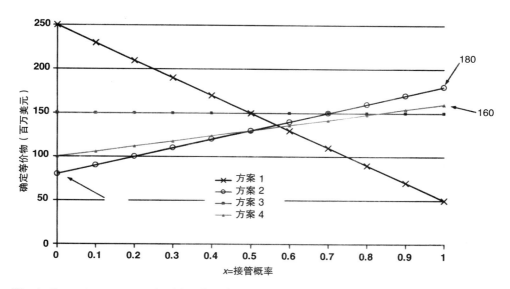

Ⅶ. 如果 $x = 0.4$，Pierre 知道探测器的一致性为 0.75，如果探测器的敏感性低于 0.45，他不应该为其支付任何费用。

a. 0 或者 4。
b. 1 或者 5。
c. 2 或者 6。
d. 3 或者 7。

如下信息用于习题 11 和 12。

Vasanth 是一个热情的企业家，刚刚发起了一个叫作 DATown.com 的网络社交网站。为了筹资，Vasanth 接触了 Somik，一个有抱负的风投家。Somik 认为 Vasanth 的网站需要 1 200 万美元的投资才能完全启动。

如果 DATown 成功了，Somik 在公司的股份价值 1 亿美元，但是如果失败，他什么都得不到。Somik 认为 DATown 有四分之一的成功率，Somik 希望你对他的决策给出建议。你评估了他的风险态度并发现他遵循 Δ 性质，风险容忍度是 2 亿美元。

11. Chris 是一个市场研究员，向 Somik 提供服务的收费为 100 万美元。Somik 认为 Chris 的信息有 60% 的精确度并且是对称的。他应该雇用 Chris 吗？

a. 是的，因为 Chris 的信息是经济的。
b. 不，但是如果收费只有 50 万美元的话，他应该雇用。
c. 不，因为 Chris 的信息对他的决策不重要。
d. 需要更多信息才能回答这个问题。

12. 你从某人那里得知 Somik 已经雇用另一个市场研究员 Doug，费用是 200 万美元。用 c 表示 Somik 对于 Doug 信息准确性的信念。假设 Doug 的信息同对称探测器一样，并且精确率大于等于 0.5。哪个范围包含了使得雇用 Doug 是个好决策的最小的 c 值？

a. $c < 0.8$。
b. $0.8 \leq c < 0.9$。
c. $c \geq 0.9$。
d. 需要更多问题才能回答这个问题。

如下信息用于习题 13~16。

Broeing 是一家航空公司，将会在下个月发射一颗卫星，其中包含了对于构建下一代 5G 无线网络很重要的一种新仪器。载荷对太阳辐射非常敏感，所以工程团队在努力给它装备上最优的设计。不幸的是，2014 年被预测为太阳耀斑的活跃年，团队如今评估发生"直接耀斑"事件的概率是20%。而一个耀斑将会影响太空系统的整体。

Broeing 的效用曲线评估为 $u(x) = 1 - \exp(-x/\rho)$。

团队画出了如下决策树，其前景为用在 Broeing 效用曲线中的价值测量 x：

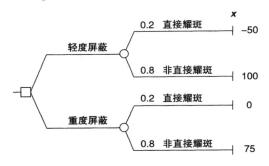

13. 哪个范围包含了使得对 Broeing 来说轻度屏蔽和重度屏蔽无差别的风险容忍度 ρ？
   a. $0 \leq \rho < 50$。
   b. $50 \leq \rho < 100$。
   c. $100 \leq \rho < 150$。
   d. $\rho \geq 150$。

*14. Broeing 可以选择雇用研究生来实施太阳黑子研究，来更好地理解明年太阳系统的时间性和方向性。在咨询过学生们后，Broeing 评估了研究项目的如下概率：

   {警报|直接耀斑,&} = 0.8(敏感性)
   {无警报|无直接耀斑,&} = 0.7(一致性)

   x 是 Broeing 对于这项研究的 PIBP，假设 $\rho = 100$。

   下面哪个范围正确地包含了代表 Broeing 对研究生研究的 PIBP 的 b？
   a. $b = 0$。
   b. $0 < b \leq 5$。
   c. $5 < b \leq 10$。
   d. $b > 10$。

请假设 Broeing 是风险中性的来完成习题 15 和 16。

（提示：你可以通过将 ρ 设置为合适的水平，以便在模型中进行"近似"。）

*15. 在咨询过学生们后，Broeing 协商想要支付额外一笔钱来多雇用一个学生负责研究工作的一部分。根据学生的研究内容，Broeing 可以转换为逐步增加敏感性或是一致性。Broeing 必须在开始研究之前就决定要增加哪一项。

下面哪一表述应该是 Broeing 对研究负责人的回应？
   a. 我们想要增加测试的一致性。
   b. 我们想要增加测试的敏感性。
   c. 我们想要雇用这个学生，但对其研究内容无差别。
   d. 雇用这个额外的学生对 Broeing 没有价值。

*16. 用 V_1 表示在没有实施任何研究之前 Broeing 对耀斑事件的 VOC，在实施研究后，研究生向 Broeing 汇报了"警报"。用 V_2 表示在知道这个新的相关信息后，Broeing 对于耀斑事件的 VOC。

下面哪项是正确的？
   a. $V_1 < V_2$。
   b. $V_1 = V_2$。
   c. $V_1 > V_2$。
   d. 利用已有信息无法做出决定。

*17. Schellburger 先生是 Schellburger 石油公司的 CEO，现在正面临一个困境——他是否应该开采一个油井。他的决策情景通过如下决策树展现出来（所有的前景都用百万美元来表示）。

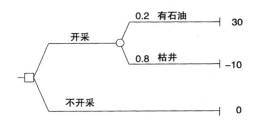

幸运的是，Schellburger 先生有办法得到一个探测器，这个探测器可以给他关于这个地方是否有石油的一些额外信息，这个探测器是对称的，并且精确度为 0.6。

Schellburger 先生的工程团队告诉他，他可以直接用这个机器，也可以让团队在使用前将机器升级，升级方式有下面三种。

Ⅰ. 他们可以把 {有石油|有石油, &} 的概率提升为 1，成本 300 万美元。

Ⅱ. 他们可以把 {枯井|枯井, &} 的概率提升为 1，成本 300 万美元。

Ⅲ. 他们可以把两者概率都提升为 1，成本 600 万美元。

Schellburger 先生遵循 Δ 性质，风险容忍度为 2 亿美元，他应该怎么做？

a. 以当前状态直接使用机器，不实施任何提升。

b. 在使用前提升 {有石油|有石油, &}。

c. 在使用前提升 {枯井|枯井, &}。

d. 在使用前把两个概率都提升。

*18. Katie 遵从行动性思维五规则，并偏好钱更多。她面临着一个有三种方案 A、B、C 的决策，不确定性状态是 i_0 和 i_1。换句话说，她选择的方案和随后观察到的不确定性状态可以完全刻画她的前景。

点线图详细表示了 i_1 发生时，三种方案作为她概率函数效用值。

Katie 可以进行一个测试从而获得更多关于 I 的信息，她的信念是 {"i_1"|i_1, &} = p 和 {"i_0"|i_0, &} = q。

如下表述有多少为真？

Ⅰ. 如果 p = 0.5，q = 0.9，这个测试是相关且重要的。

Ⅱ. 如果 p = 0.5，q = 0.9，测试显示 "i_1" 时，Katie 应该选择方案 B；测试显示 "i_0" 时，Katie 应该选择方案 C。

Ⅲ. 如果测试是对称的并且 p ≥ 0.5，会使得测试对 Katie 是重要的，最小的精确度 p 大约为 79%。

a. 0。 b. 1。
c. 2。 d. 3。

19. Kate 想知道她是否患有一种叫作 SDLA 的疾病，她最开始相信有这种疾病的概率是 1/1 000。她去了一家医院做 SDLA 的医疗检测，她认为错误检测为阳性的概率是 5%（{"+"|"−", &} = 5%）。检测过后，她收到了一个阳性的结果。她可以推断出她患有 SDLA 的概率 p 是多少？

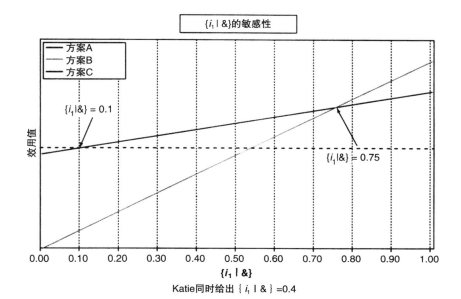

Katie 同时给出 {i_1 | &} =0.4

a. $p \leq \dfrac{1}{50}$。

b. $\dfrac{1}{20} \leq p < \dfrac{1}{10}$。

c. $\dfrac{1}{10} \leq p < \dfrac{1}{2}$。

d. 信息不足，不能回答这个问题。

习题 20～23 处理相同情境。

20. Tom 相信有 99.99% 的概率他未感染 HIV 病毒，他进行了一个 HIV 检测，他认为检测的精确度是 99% 并且是对称的（当检测对象感染 HIV 时，检测显示 HIV 的概率是 99%，当检测对象未感染 HIV 时，检测结果显示未感染的概率也是 99%）。这个检测反馈结果为阳性，显示他被感染了。已知他的信念，Tom 赋值感染 HIV 的概率 p 属于哪个区间？

    a. $98\% \leq p < 100\%$。

    b. $0\% \leq p < 2\%$。

    c. $8\% \leq p < 10\%$。

    d. 现有信息不足以确定。

21. Tom 进行了第二次 HIV 检测，Tom 认为这个检测有 99% 的精确度并且对称（和前面的定义相同），并且和前一个判定他被感染的测试不相关。已知其信念和上题中的信息，Tom 赋值的检测会反馈为阳性的概率 p 在哪个区间内？

    a. $1\% \leq p < 3\%$。

    b. $4\% \leq p < 6\%$。

    c. $98\% \leq p < 100\%$。

    d. 现有信息不足以确定。

22. 不幸的是，第二次检测的结果同样是阳性。给定前两个问题的信息以及 Tom 的信念，Tom 赋值他感染 HIV 病毒的概率 p 在哪个区间内？

    a. $98\% \leq p < 100\%$。

    b. $49\% \leq p < 51\%$。

    c. $0\% \leq p < 2\%$。

    d. 现有信息不足以确定。

23. Tom 又进行了两个他认为 99% 精确、对称的（和前面定义相同）测试，也是互不相关的，并且这两个测试显示结果为阴性。已知 Tom 的信念，他赋值感染的概率 p 在哪个区间内？

    a. $49\% \leq p < 51\%$。

    b. $0\% \leq p < 2\%$。

    c. $10\% \leq p < 12\%$。

    d. 现有信息不足以确定。

第 14 章

决策图

本章核心概念

阅读本章之后，读者将能够解释下列概念：
- 决策图
- 决策图中的节点
- 决策图中的箭头
- 探测器使用决策的决策图

14.1 引言

我们从第 7 章的学习可知，关联图提供了一个决策情境中不确定性及其之间关联可能性的简洁表示。本章将关联图的概念拓展至决策图，决策图不仅可以表示当前的不确定性，而且可以表示整个决策情境。

决策图不仅有助于提高决策分析中思考的清晰度，还可以提供比决策树更简洁的表示法。就如我们可能期望的那样，因为决策图着眼于整个决策情境，所以决策图较之关联图包含更多种类的节点。当我们把决策图中额外的节点合并时，图中箭头将基于所连不同类型节点而产生不同含义。我们讨论这些新的箭头和节点的含义，以及怎样用决策图来描述决策情境。

14.2 决策图中的节点

我们现在讨论决策图中附加类型的节点：决策节点、不确定性节点、确定性节点和价值节点。

14.2.1 决策节点

决策节点以长方形描述，如图 14-1 所示，表示决策者面对的决策。决策节点可以看作是包含附加嵌入信息的高级视图。每个

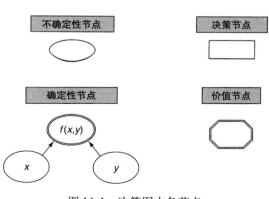

图 14-1 决策图中各节点

决策节点的完整指标要求一个名称、一个大致的定义、构建该决策节点为何重要的说明、纳入考虑的方案列表、每个方案的明确定义、节点的构建者以及构建时间。至少要有该节点的名称。

14.2.2 不确定性节点

不确定性节点与关联图表中的形式相类似。它以椭圆形代表不确定性。与每个不确定性节点关联的是我们构建属性的名称、属性大致的定义、清晰度测试定义、属性的重要性、属性的状态、每种状态的名称、做出的可能性评估以及该信息作者的时间戳。每个节点的分布表示该属性的条件分布，该分布基于我们得到信息状态和所有箭头指向该节点的其他节点为条件。一如决策节点，对不确定性节点最少的描述也要包含简单的名称和大致的定义。

14.2.3 确定性节点

确定性节点以同心的两个椭圆表示，作为其输入的确定函数。例如，如果确定性节点是利润且其输入为收益和成本，那么确定性节点就是收益减去成本。如果我们知道确定性节点的输入，此后其就不存在不确定性了。例如，也许利润可能是不确定的，但如果我们知道收益和成本，那么它就确定了。因此，与不确定性节点不同，一旦指定其输入，确定性节点就没有不确定性了。

14.2.4 价值节点

价值节点也是完全由输入确定的确定性节点。但是，其特殊之处在于它代表决策者追求的最大化价值。例如，价值节点可以是利润或安全性。为了将之与一般的确定性节点区分，我们用六边形或八边形来表示价值节点。

14.3 决策图中的箭头

现在我们讨论在决策图中用到的箭头：关联性箭头、信息箭头、影响箭头、函数箭头和直接价值箭头。决策图中各箭头如图 14-2 所示。

14.3.1 关联箭头

关联箭头存在于两个不确定性之间，与关联图中的箭头意思相同。同样，箭头的缺失表示这两个不确定性之间不相关，箭头的存在意味着基于其信息状态条件下两个不确定性之间可能的关联。

14.3.2 信息箭头

信息箭头可以从其他决策节点、确定性节点或者不确定性节点进入决策节点。信息箭头代表在其进入决策制定之前知晓箭头另一端的信息。从不确定性节点进入决策节点的箭头意味着在决策之前我们知道不确定性的结果。这意味着关于不确定性的完全信息。从一个决策节点进入另一个决策节点的箭头是"勿忘"箭头，它意味着我们在制定当前决策时记得之前的决策。

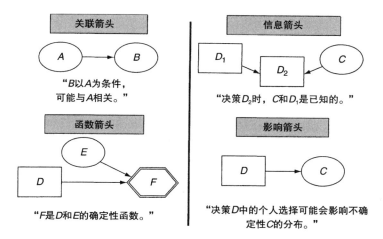

图 14-2　决策图中各箭头

14.3.3　影响箭头

影响箭头存在于从决策节点进入一个不确定性节点。其表示我们正在进行的决策影响不确定性的概率分布。

例如，一个预算主管需要决定是把钱花在市场营销上还是花在技术功能增强方面。预算分配决策可能会改变产品营销成功或技术成功的概率分布。因此，我们在从预算分配节点到营销成功和技术成功节点之间放置一个箭头。

14.3.4　函数箭头

函数箭头要么进入确定性节点，要么进入价值节点，因为确定性节点是其输入的函数。

14.3.5　直接价值箭头

直接价值箭头是进入价值节点的函数箭头。

▶ **例 14-1　决策图**

最简单的决策图由决策节点和单一的价值节点构成，如图 14-3 所示。这幅图表示选择最高价值方案的决策情境。注意该图中没有不确定性。该图可表示"我应该选择接受 5 美元还是 10 美元"这种决策情境。

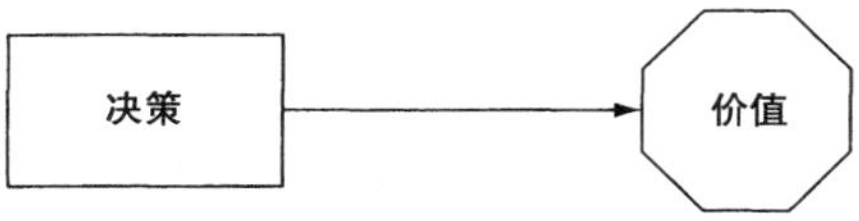

图 14-3　最简单的决策图

大多数有意思的决策问题至少包含一个不确定性节点以及可能多于一个决策节点。例如，第 9 章中介绍的聚会问题，Kim 在对天气不确定的情况下，必须对聚会场地做出决策。她对于聚会的价值取决于场地（室外、门廊、室内）和天气（晴天或雨天）。关于 Kim 问题相应的决策图如图 14-4 所示。

图 14-4　聚会问题的决策图

注意到我们有两个函数（直接价值）箭头进入"价值"节点，这意味着聚会的价值直接取决于天气和场地。没有箭头从"决策"节点指向"天气"节点，否则会暗含着场地的决策会影响天气的概率分布。此外，也没有箭头从"天气"节点指向"场地"节点，因为这会意味着进行场地决策时获知天气的完全信息。就如我们所了解的，Kim 在做决策前不知道天气状况。这在实践中通常是微妙的。我们在分析中考虑天气的事实并不意味着我们知道其结果。

同时也注意，我们本可以在评价 Kim 的选址方案数目、天气属性状态的数量或其清晰度测试定义之前为其画出聚会问题的决策图。我们在画图时无需天气的概率赋值或者场地和天气组合相关的特定值。事实上，画出决策图（即图 14-4）是我们与 Kim 讨论聚会问题最方便的出发点。我们一旦同意它基本的结构，便可以进行更详细的分析。同时注意，该图同样也可以帮助 Jane 和 Mary。

14.4　洞察力价值

就像我们所讲过的，箭头进入决策节点意味着决策时已经知道箭头另一端的信息。例如，如果我们打算考虑天气的洞察力价值（VOC），我们需要做的就是在决策图中把天气和场地用箭头连接起来。具体如图 14-5 所示。

注：方便起见，天气节点的位置有所改变。

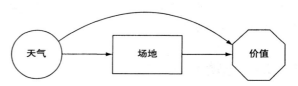

图 14-5　对天气有免费洞察力的决策图

在这一决策图中，最优方案的确定等价物将代表对天气有免费洞察力交易的确定等价物。若 Kim 在这一量级满足 Δ 特性（她确实满足），我们仅需减去没有天气洞察力交易的最优方案的确定等价物，如图 14-4 中进行的计算，来找出 Kim 的关于天气的免费洞察力价值。

14.5　不完全信息

如果 Kim 没有收到关于天气的免费洞察力，而是收到了免费 Acme 雨天探测器服务，她的决策图将变成图 14-6。这里，我们没有从"天气"节点到"场地"节点的箭头，因为 Kim 在进行场地决策之前不确定天气的情况。但是，有一个新的"探测器指示"节点与天气有关，且存在从

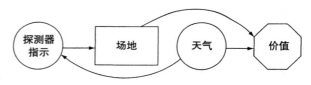

图 14-6　评估形式中有免费探测器的决策图

"探测器指示"节点指向"场地"节点的信息箭头。原因在于 Kim 在进行场地决策前会观察一个属性（探测器指示）。

14.6　决策树顺序

为了在树型中运用探测器信息，我们需要反转"天气"节点和"探测器指示"节点之间的箭头，如图 14-6 的尾部。这种改变在图 14-7 中反映出来。注意反转可以直接进行，因为天气和探测器信息基于同一信息状态 & 为条件。因此，不确定性之间的关联箭头的反转，也适用于决策图。但是，反转其他箭头方向可能不能维持同样的决策问题。例如，如果我们反转"探测器指示"节点和"场地"节点之间的箭头，我们会有新的决策图，该图意味着聚会地址的选择将会影响探测器指示的概率。

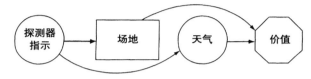

图 14-7　决策树形式中有免费探测器的决策图

回想在决策树中，约定在做决策时，决策节点之前的所有属性都是已知的。注意这同样适用于图 14-7，但是不适用于图 14-6。如果我们尝试从图 14-6 中画出决策树，我们必须从"天气"节点画起，然后是"探测器指示"节点，再者"场地"节点，最后是"价值"节点。但是，这是错误的，因为树图意味着在场地选择之前已知天气状况，这与图 14-6 不符。但是，在图 14-7 中，顺序为"探测器指示"节点、"场地"节点、"天气"节点和"价值"节点。树图可以按照这个顺序画，它的确定等价物是 Kim 的免费使用探测器的确定等价物。

我们可以通过将图中的箭头作为传统宗谱术语中父辈到子辈的关系，来简洁表述依据决策树顺序放置决策图的必要组分。例如，图 14-6 中，我们可以说"场地"节点有两个先辈："探测器指示"节点和"天气"节点。但是，它只有一个父辈即"探测器指示"节点。为了把决策图用决策树顺序表达，我们必须反转关联箭头直至每个决策节点的先辈都是它的父辈。注意，这正是如图 14-7 所示的情形。

14.7　探测器使用决策

在大多数情况下，信息都不是免费的。如果我们想得到"探测器指示"的结果，我们可能需要付费购买。在这种情况下，我们需要考虑是否想要购买探测器指示。这是一个新的决策。为了帮助 Kim 决定是否应该以某一特定成本使用探测器，我们可以画出如图 14-8 所示的决策图。

我们现在需要加上一个决策节点来帮她确定是否购买探测器，"探测器"决策发散出三根箭头。一根箭头指向"价值"节点来表示对使用探测器的使用成本价值的影响。第二根箭头指向"场地"节点来表示在 Kim 进行场地决策时，她将会知道是否要决定购买探测器。一如所有的决策图中，我们假定在进行未来决策时都会记得此前的所有决策。最后，第三根箭头从"探测器"节点指向"指示"节点，表示所观测的指示取决于她是否使用探测器。

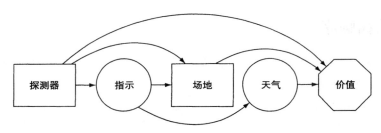

图 14-8　使用探测器聚会问题的决策图

当使用该图时需要小心，它可能会产生一些困惑，因为在"探测器"节点和"指示"节点之间的箭头看起来像探测器的实际指示可能会受到是否利用探测器的影响，但这并不是我们的本意。回顾从决策节点到不确定性节点的箭头为影响箭头，其可以基于所选的方案而改变不确定性的概率分布。

描绘购买探测器使用可能性的更精确的决策图如图 14-9 所示。

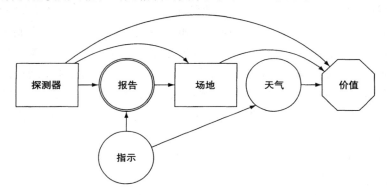

图 14-9　使用探测器聚会问题的精确决策图

在图 14-9 中，我们增加了一个称为"报告"的确定性节点，那么"探测器"节点就是"报告"节点的一个输入。"报告"节点是以同心圆的边界来表示它是确定性节点，即一旦知道输入，就知道了其输出。

这意味着在场地决策制定时，探测器报告可用取决于两个因素：探测器采购决策和是否使用已得的探测器指示。决定不购买探测器服务的结果之一就是探测器的报告为"没有指示"。该决策图看起来很像图 10-6 中的决策树，图 10-6 用来确定 Kim 是否应该支付比如 10 美元来购买雨天探测器。

一如所见，大部分的决策图可由一幅或多幅关联图构成。我们所学的处理关联图的一切知识同样适用于出现在决策图中的关联图。

两用运动型摩托设计决策图

为了展示决策图如何帮助规划和理解一个更实际的问题，考虑图 14-10 中的决策图。该图表示一个两用运动型摩托的设计，这种摩托可在平铺的路上合法行驶，也可以穿越开阔的乡野。设计元素包括引擎规格、框架结构以及摩托是否有电子启动系统的决策。图中展示的唯一其他决策就是这种摩托车的定价。

我们可以从任何节点开始检验图表。引擎规格影响动力和车重，框架设计影响车重、离地间隙和是否可搭载两人。动力和车重既影响路面性能也影响越野性能，因为重机车非常不适于越野。离地间隙同样影响路面性能和越野性能，高的离地间隙有利于越野但不利于路面驾驶；离地间隙要抬升座椅高度，这可能不适于身材矮小者。一个完整的摩托车设计包含路面和越野性能、座位高度、双人搭乘以及是否有电子启动系统。电子启动在路面驾驶很有必要；但在越野中发生脚踏启动困难时，电子启动更有必要。然而，电子启动确实会增加摩托车的整体车重。

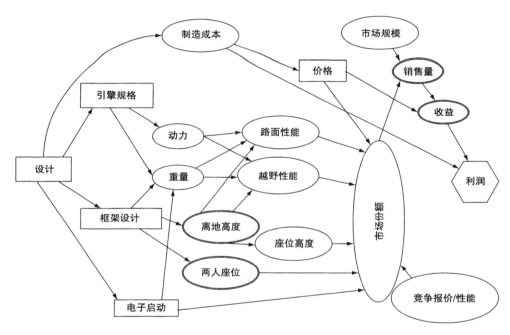

图 14-10　两用运动型摩托设计

在进行售价决策时会发现设计将影响制造成本。潜在的消费者会知道摩托的报价和性能组合，同时也知道竞争者的这些数据，这由"竞争报价/性能"节点表示。结果为公司的"市场份额"。与"市场规模"结合后，"市场份额"产生公司"销售量"。"销售量"和"价格"得到"收益"，"收益"与"制造成本"一起得到"利润"。最终，该图可以帮助公司认识到其最大的可能利润。

这幅图是刻画整个决策流程所需的简单版本。但是，它用于说明正确画出决策图的两个互补性要求。

（1）任何决策相关的想法都必须用图中的元素表示。
（2）图中的任一元素都必须对应着决策中必要的想法。

如果有人在看了该图后认为某个节点或箭头缺失或者不必要，那么这幅图可以被用来帮助讨论是否需要做一些改变。例如，在图 14-10 中，有人可能会质疑"制造成本"结点是否是充分的，或者说制造的"固定成本"和"变动成本"是否有必要区分开来。其他人可能对可靠性、服务、质保期或未来政府规定的影响等方面提出问题。画图将是一个选择与决策最有关联元素的不间断过程。

14.8 总结

- 决策图是为决策情境提供简约图示的一个有价值的沟通工具。
- 关于决策图中的节点：
  - 决策节点以长方形表示。
  - 不确定性节点以椭圆表示。
  - 确定性节点以两个同心椭圆表示。
  - 价值节点以六边形或八边形表示。
- 关于决策图中的箭头：
  - 关联箭头从一个不确定性节点指向另一个不确定性节点。
  - 信息箭头指向一个决策节点。
  - 函数箭头指向确定性节点。
  - 影响箭头从一个决策节点指向一个不确定性节点。

习题

标注星号（＊）的习题更具有挑战性。
标注剑号（†）的习题需要计算。

1. 如下哪些表述可用于总结以下决策图所示的决策情境？

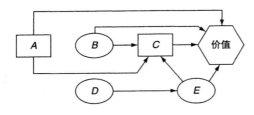

   Ⅰ. 决策者在做决策 A 前观测到不确定性 E。
   Ⅱ. 决策者在做决策 C 前观测到不确定性 E，但是在做决策 A 以后观测到 E。
   Ⅲ. 已知 $\&$ 时，不确定性 B 与不确定性 D 无关。
      a. 只有Ⅰ。 b. 只有Ⅲ。
      c. Ⅰ和Ⅱ。 d. Ⅱ和Ⅲ。

参考如下决策图回答习题 2 和 3。

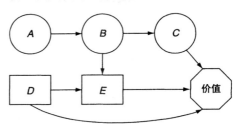

2. 如下表述几个必定为真？
   Ⅰ. 在做决策 D 时已知不确定性 B。
   Ⅱ. 在做决策 E 时已知不确定性 B。
   Ⅲ. 在做决策 E 时已知不确定性 A。
   Ⅳ. 在做决策 E 时已知不确定性 C。
      a. 0 或 4。 b. 1。
      c. 2。   d. 3。

3. 如下表述哪些必定为真（VOC 是洞察力的价值）？
   Ⅰ. 在做决策 E 时不确定性 A 的 VOC 为 0。

Ⅱ. 在做决策 D 时不确定性 B 的 VOC 为 0。
  a. 只有Ⅰ。　　　b. 只有Ⅱ。
  c. Ⅰ和Ⅱ。　　　d. Ⅰ和Ⅱ都不是。

参考如下决策图回答习题 4 和 5。

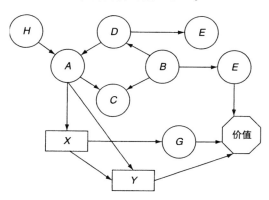

4. 如下表述几个必定为真？
   Ⅰ. 已知不确定性 D 和 &，不确定性 E 与不确定性 A 不相关。
   Ⅱ. 已知 &，不确定性 F 与不确定性 A 不相关。
   Ⅲ. 已知不确定性 D 和 &，不确定性 F 与不确定性 A 不相关。
   a. 0。　　　b. 1。
   c. 2。　　　d. 3。

5. 如下表述几个必定为真？
   Ⅰ. 在图中有 3 根功能箭头。
   Ⅱ. 在图中有 3 根信息箭头。
   Ⅲ. 在决策 Y 时不确定性 H 的 VOC 为 0。
   a. 0。　　　b. 1。
   c. 2。　　　d. 3。

参考如下决策图回答习题 6~8。

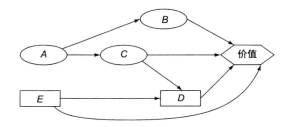

6. 如下哪些表述为真？
   Ⅰ. 已知 C 和 &，A 和 B 不相关。
   Ⅱ. 已知 &，B 和 C 不相关。
   Ⅲ. 一旦 B 和 C 都被观测到了，且决策 D 已完成，那么决策者的价值就完全确定了。
   a. 只有Ⅰ。　　　b. Ⅰ和Ⅱ。
   c. Ⅱ和Ⅲ。　　　d. 只有Ⅲ。

7. 如下表述几个为真？
   Ⅰ. 在完成决策 D 时，不确定 A 性和 C 都被观察到了。
   Ⅱ. 在做决策 D 之前，决策 E 已知。
   Ⅲ. 在做决策 D 时，不确定性 A 的 VOC 小于或等于不确定性 B 的 VOC。
   a. 0。　　　b. 1。
   c. 2。　　　d. 3。

8. 如下哪些表述为真？
   Ⅰ. 在节点 C 和 D 之间的箭头是影响箭头。
   Ⅱ. 关联箭头和信息箭头的数量是相等的。
   Ⅲ. 在 B 和 V 之间的箭头与 D 和 V 之间的箭头是同一类型。
   a. Ⅰ和Ⅱ。　　　b. Ⅰ和Ⅲ。
   c. Ⅱ和Ⅲ。　　　d. Ⅰ，Ⅱ和Ⅲ。

9. 考虑如下决策图。
   如下表述有几个必定为真？

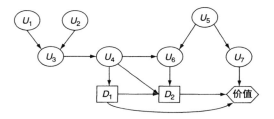

   Ⅰ. 在图中有两根影响箭头。
   Ⅱ. 做决策 D_1 之前，U_3 已知。
   Ⅲ. 做决策 D_2 之前，U_4 已知。
   Ⅳ. 给定 U_3，U_1 和 U_2 相关。
   Ⅴ. 给定 U_4，U_3 和 U_6 不相关。
   Ⅵ. 给定 U_5，U_6 和 U_7 不相关。

Ⅶ. U_7 的 VOC 是 0。

    a. 0 或 4。   b. 1 或 5。

    c. 2 或 6。   d. 3 或 7。

10. 下列哪些表述可用来总结如下决策图所描述的决策情境？

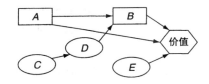

Ⅰ. 在做决策 A 前观察到了不确定性 E。

Ⅱ. 在做决策 B 前但在决策 A 之后，观察到了不确定性 D。

Ⅲ. 已知 $\&$，不确定性 C 与决策 E 不相关。

    a. 只有 Ⅰ。   b. 只有 Ⅲ。

    c. Ⅰ 和 Ⅱ。   d. Ⅱ 和 Ⅲ。

11. 考虑如下决策图。

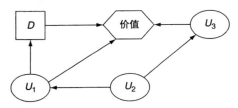

基于上图，如下表述几个必定为真？

Ⅰ. 已知 U_2 和 $\&$，不确定性 U_3 和 U_1 不相关。

Ⅱ. 在决策 D 之前，已观察到不确定性 U_1。

Ⅲ. 在决策 D 之前，没有观察到不确定性 U_2。

Ⅳ. U_3 的 VOC 为 0。

    a. 0 或 4。   b. 1。

    c. 2。   d. 3。

12. 思考如下决策图。

如下表述有几个必定为真？

Ⅰ. 在决策图中，有相同数量的信息箭头和影响箭头。

Ⅱ. 在做决策 D 时，观察到了不确定性 C。

Ⅲ. 在做决策 E 时，C 的 VOC 小于或等于 B 的 VOC。

    a. 0。   b. 1。

    c. 2。   d. 3。

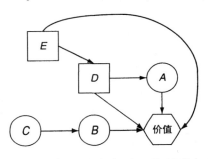

*† 13. 指出下图中箭头的类型，并解释每幅图的意义。

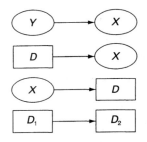

† 14. 思考一个你正在或近期已经经历的决策情境。指出决策、不确定性和价值，并画出此决策情境的决策图。

一家飞机公司：使用该场景回答习题 15~18。

一家飞机公司在思考使用一种新型的被称为"超轻"的轻质扣件，把铆钉等金属部件扣在一起。这些特定部件对安全性影响不大，所以这个决策完全是经济上的决策。使用"超轻"替代基本的扣件，飞机制造商可以节省 10 万美元。

这种"超轻"扣件此前从未应用于飞机产品，工程师对它的耐用性较为谨慎。他们对它的设计和最初的实验室检测知之甚少，他们不确定在常规的检修中这种"超轻"扣件需要替换的数量。他们把这种成本转化为 0.3 的概率花费 30 万美元，0.5 的概率花费

12万美元和0.2的概率花费7.5万美元（把它们分别标记为高、适中、低的维修费用，以便引用）。这些费用包括材料和劳动力成本。

"超轻"的替代品是基本扣件，基本扣件虽然比它重些，但是在过去的飞机中广泛使用。压力组的工程师感觉原本的扣件有"屡试不爽"的性能纪录：他们从过去数据总结出原本扣件故障的维修成本是12.5万美元。

在这些费用范围内，我们假定飞机公司是风险中性的。

†15. 最优方案的确定等价物是什么？

†16. "超轻"的维修成本的VOC是多少？

†17. 高维修成本的概率为多少时，航空公司对这两种扣件无差别？改变这一概率时，保持其他两个概率的比例为常数。

†18. 高维修成本的概率是多少时导致维修成本的VOC最高？同上，改变这一概率时，保持其他两个概率的比例为常数。

测试组可以在模拟飞行环境的情况使用一批"超轻"检测其力量和持久性等特点。已知压力组给出"超轻"的信息，测试组经理声称其检测程序用处不大。此外，他说如果"超轻"的维修成本为高，测试组件通过测验的似然度为30%；如果维修成本为适中，那么有80%的概率通过；如果维修成本为低，有90%的概率通过。经理同时提醒实施这个测试需要很多时间和硬件设施。

†19. 测试工程小组的测试项目价值是什么？

†20. 画出飞机公司的决策图。

†21. 画出飞机公司购买洞察力决策的决策图。

†22. 画出飞机公司使用测试工程小组测试项目决策的决策图。

Konstantin的决策：利用以下场景回答习题23~28。

Konstantin计划年底毕业找份工作。他最近评估了一些工作的前景，他的选择只剩下二选一：不是去 Clairvoyant Consultants Inc.（CCI），就是去 Wizard of Wall Street and Company（WWS&Co.）。

如果去CCI，他将为他们著名的 Field Action Minivan 做司机，起步年薪为25 000美元。CCI有一项公司规定，就是每个人在得到永久分配之前都必须在 Bay Area 做三周的司机。

众所周知司机的职位在CCI有很高的声誉，Konstantin计算出从司机做起，他有90%的机会可以在三周之后晋升到一些更好的岗位。不幸的是，他必须在得知自己是否可以晋升之前跟CCI签署一年的合同。因为CCI急需司机，他仍然有10%的机会在剩余的时间继续做司机。

除此之外，Konstantin猜测有30%的机会可以晋升到副先知。假设他得到晋升，他预测有50—50的机会被分配到CCI的旧金山办公室或圣何塞办公室。旧金山办公室给副先知的年薪为42 000美元，而圣何塞办公室给副先知很奇怪的薪酬规划。如果他们带来一个新员工，圣何塞的副先知会得到年薪53 000美元，但是如果没有带来新员工，年薪只有32 000美元。Konstantin计算出他有40%的机会，作为一个副先知可以带进一个新员工。

听了很多小道消息，Konstantin发现CCI很需要人去日本大阪开新的办公室。由于他日语流利，有60%的机会CCI会派他去日本而不是让他在 Bay Area 一直当司机。但是，一旦他去了，他不知道他是副先知还是资深先知。在咨询 Blair 的概率轮盘后，Konstantin发现如果他被派到大阪，有85%的概率他可以为资深先知，只有15%的概率为副先知。在日本，资深先知的年薪为95 000美元，然而副先知的年薪为35 000美元。

WWS&Co.公司给 Konstantin 年薪60 000美元，在纽约工作，但是没有任何晋升机会。

Konstantin 确定他在上述任一个城市工作都会同样开心。他唯一关注的是第一年年终的工资水平。他不在乎工作一年后的工资，因为他计划加入修道院，那时候会放弃自己所有的财产。

在沉思他的困境几个小时后，Konstantin 给出了下列信息。他希望对问题中的所有前景都遵循 Δ 性质。他认为一笔等可能盈亏 100 000 美元的交易等价于 38 000 美元。他认为以 75% 的概率获得 100 000 美元的交易等价于 64 000 美元。

†**23.** 画出 Konstantin 的决策图。

†**24.** 找出 Konstantin 的最优决策。

†**25.** WWS&Co. 要付给 Konstantin 多少年薪，才能使其在这两份工作上无差别？

†**26.** Konstantin 不确定自己的风险偏好，什么样的风险容忍度能使他视这两份工作无差别？

†**27.** 如果 Konstantin 与他的先知朋友偷偷会面，朋友会告知他选择的所有不确定性的结果。画出 Konstantin 新的决策图。他应该为朋友的信息支付多少钱？

†**28.** Konstantin 的朋友改变了主意，她不让 Konstantin 选择她会透露哪些不确定性。Konstantin 不知道他的朋友会透露哪些不确定性，所以为他的四个不确定性赋值相同的概率（司机/Bay Area/日本，圣何塞/旧金山，在旧金山找到新员工，在日本晋升为资深先知）。画出他新的决策图，确定他朋友服务的 PIBP。

†**29.** 描述如下决策图表示的决策情境。

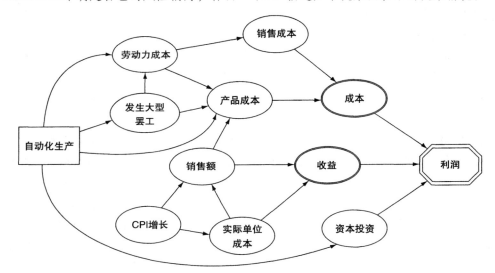

第 15 章

编码一个测度的概率分布

本章核心概念

阅读本章之后，读者将能够解释下列概念：
- 使用英语词汇表达不确定性的限制
- 概率编码演示
- 20 个问题练习
- 概率分布的分位数

15.1 引言

在第 6 章中，我们展示了如何为"喝啤酒者"属性的状态进行概率赋值。这种概率赋值反映了我们对于下一个进入房间的人是"喝啤酒者"的信念，以及在给定他是一个"喝啤酒者"时其为"大学毕业生"的条件概率。概率是一种信念程度的思想及其在决策中的应用，可以追溯至 Laplace 的 *Philosophical Essay on Probabilities* 的第 18 章：

> 根据这一理论，我们学会了通过某种直觉精确赏析完美思想的感受，而通常没有意识到这一点。这一理论在选择意见或者决策过程没有随意成分，且在这一理论的帮助下我们总是可以做出对自己最为有利的选择。这是对于人类思维无知和软弱的一种耳目一新的补充。
>
> 如果我们考虑该理论所衍生的分析方法、其基本原则的真实性、解决问题所需的完美和微妙的逻辑、基于该理论构建的公共效用，以及将其应用于自然哲学和道德科学最重要问题所产生的过去和将来的拓展，并且如果我们观察到即使所处理事项并不从属于微积分学，该理论也可以给出指导我们判断的可靠洞察力，教会我们远离那些经常误导我们的假象，我们将会意识到没有其他的科学比我们的思想更有价值。
>
> ——Laplace，1812

一如所示，使用概率描述我们的信念对思维和行动的清晰度至关重要。既然我们不能单独依靠语言去表达信念，我们就需要概率。为了展示语言的非充分性，我们通常要求一些学生去填写表 15-1 中他们对相应词语所指的最低和最高概率值。

表 15-1　英语词汇表示信念

填写当你说出如下词语时最能表达你意思的最低值和最高值		
	最低	最高
probably	_____	_____
likely	_____	_____
unlikely	_____	_____
almost certainly	_____	_____

思考

当你说出 probably、likely、unlikely 和 almost certainly 时，填写最能表达你意思的最低和最高数值。

下例基于表 15-1，阐述了一个班级比较他们结果时可能产生的讨论。"I"是教师，"C"代表班级，不同班级成员以名字指代。

I：Tom，当你使用 probably 一词时，你所赋予的最低值是多少？

Tom：我给出的概率是 0.6。当我说这件事将可能会发生时，我所指的最低值是 0.6。

I：是否有人说 probably 一词时所指最低的发生概率高于 0.6？

Mary：我给出 0.7 的概率。

I：有任何人比 0.7 还高吗？没有。好的，我将记下 Mary 的数字为 0.7。Mary，当你使用 probably 一词时给出的最高值是多少？

Mary：0.9。

I：有任何人比 0.9 低吗？

John：有。当我使用 probably 一词时，我所指的最高概率是 0.6。

I：有人比 0.6 还低吗？没有。好的，John，我会记下你的数字。

教师记录下班级中最低概率赋值的最高值和最高概率赋值的最低值。表 15-2 列出了关于词语 probably、likely、unlikely 和 almost certainly 练习的一些典型值。

表 15-2　所获最低概率最高值和最高概率最低值的班级结果

	最低概率最高值	最高概率最低值
probably	0.7	0.6
likely	0.85	0.6
unlikely	0.4	0.2
almost certainly	0.75	0.99

不出所料，对类似于 probably、likely、unlikely 和 almost certainly 这类术语的理解因人而异。比如，假设 Mary 和 John 在关于某事的一次谈话中使用了 probably 一词。Mary 可能会认为这件事发生的概率至少有 0.7，然而 John 将会对概率的赋值不高于 0.6。这种差异可能会导致误解、失望甚至丧失信任。

例如，一个像 John 这样的经理对一个像 Mary 这样的雇员说"你将有可能（probably）被提升”，可能会使雇员感觉这件事至少有 0.7 的概率发生，但是对于经理来说发生的可能性最多为 0.6。

这种结果也表明班级里的两个人可能会产生沟通困难。例如，John 问他的朋友，“今晚回家我能搭乘你的车吗?”朋友回答说“很可能（likely）”，朋友觉得这种可能性只有 0.6。然而，John 可能会认为至少有 0.85 的概率获得搭乘机会。这些例子展示仅仅使用词汇不足以充分代表不确定性。

15.2 概率编码

我们现在进行**概率编码**的学习，并展示在引导过程中需要遵守的一些实用技巧。

凭证

当某一决策必须基于不确定性时，通过赋值数字来表达概率变得尤为重要。为了说明，假设一位慈善家提供了 10 000 美元用于班级活动。你的教师决定以如下方式使用它：准备一份凭证。该凭证列出：对所有学生以平面图形式展示的教师讲台的重量如果符合某一特定**要求**，持票人将获得 10 000 美元，如图 15-1 所示。注意凭证中尚未填写该要求。

如果讲台的重量满足 （　　） 要求， 将支付持票人 10 000 美元

图 15-1 凭证

接下来，假设教师要求你在班级选择某个人作为你凭证决策的代理人。然后你的代理人会进入一个房间，并且此时关于讲台重量的要求会写在凭证上。你的代理人可能会被要求支付你的部分资金以获取凭证，或者取代你得到该凭证，或者为你获取一定金额资金。代理人将拥有你的签名支票，能够支付你可能有兴趣购买的任何事物的款项，并且可以代表你收取任何款项。

在代理人为你做出决策后，讲台将在秤上称重，从而确定你是获得 10 000 美元，还是一无所获并需要额外支付代理人的其他收据和付款。

接下来，如果你在场，你必须决定给予什么样的指示以确保你的代理人做出关于凭证的与你相同的决策。你应该假设你的代理人能够掌握我们在课堂上讨论的所有概念和方法，且能够得到任何所需的计算帮助，但是不会得到除了你的指令之外其他的任何信息。

I：对指令的建议是什么?

C：（各种喊声）你能够承受什么损失……你认为桌子的重量是多少……

回顾第 1 章中首次介绍的三脚决策凳。只有填写凭证的要求，才能确定备选方案的“凳子腿”。凳子的另外两条腿是信息和偏好。你描述偏好时需要什么？正如我们所探讨的，既然前景以货币刻画，你的偏好将由你的效用曲线来设定，因此你需要把这些告诉你的代理人。

既然你想要代理人使用你的信息，你必须告诉代理人你关于桌子重量的概率分布。不管凭证的要求如何填写，你的概率分布和效用曲线将使代理人做出与你在场相同的决策。

凭证的例子要求你委托你的决策并且只提供你的信息和偏好。这并非罕见。例如，你雇用某个人去处理你的投资，很自然地，你会希望只提供你的效用曲线以确保该人能够做出财务决策。现在，我们开始对讲台重量的概率分布进行编码。

概率编码演示 如下演示是一个连续测度的概率编码研讨会的案例。我们以教师和名为 Mary 的学生之间对话的方式来演示。教师对学生关于讲台重量的概率分布进行编码。

I：Mary，我希望你能够帮我对你关于教室前面讲台重量的认知进行编码。我们都同意讲台里面和上面的任何东西都被清空，并且它将会被放在一个精准秤上进行称重。你可以在你所在位置观察这个讲台，但是不能够碰它。我的助理 John 将会记录你所告诉我的内容，不过你不会看到他，因此你不用担心与此前答复的一致性问题。我们开始吧。Mary，你认为这是一张轻的还是重的讲台呢？

Mary：我觉得它看起来很重。

I："重"到什么程度？

Mary：100 到 200 磅[①]。

I：Mary，我手上有一个轮盘，我称之为概率轮盘（概率轮盘的外观，参见图 6-4）。你更愿意如果讲台重量超过 150 磅时获得 10 000 美元，还是概率轮盘转到橙色获得 10 000 美元？

Mary：我选概率轮盘。

I：在这种情况下，我将稍微减少橙色区域的面积。现在怎么选择？

Mary：我仍然选择概率轮盘。

I：好的，你将拥有更少的橙色区域（教师重复这一过程几次）。

Mary：现在感觉无差别。

I：好的。我将仅仅展示轮盘的背面给 John，指示橙色区域的比例（然后教师再次改变概率轮盘橙色区域比例）。

I：现在，你是愿意选择概率轮盘到达橙色还是讲台重量小于 70 磅？

Mary：我更愿意选择概率轮盘（连续的调整直到 Mary 对某一较小比例的橙色区域感觉无差别。然后，教师再次将轮盘的背面显示给 John。教师再次改变橙色区域比例）。

I：现在，你更愿意选择轮盘出现橙色区域还是讲台重量超过 100 磅呢（再一次持续展示至 Mary 感觉无差别）？

教师对如下所有讲台的可能重量进行重复练习：少于 220 磅，多于 130 磅，少于 180 磅，多于 250 磅，少于 100 磅，多于 50 磅。

达到每一个无差别点之后，教师停止练习并将结果显示给助理 John。

I：Mary，我想练习结束了。非常感谢你的帮助。现在让我们看看 John 在图 15-2 中记录的点。

I：我们看到在 100 磅时有一点不一致。注意 John 已经按照时间的顺序正确记录了你回答的数字。你认为之前还是之后的回答更可靠？

I：John，将你刚才的记录展现给我们（John 举起如图 15-3 所示带有注释的数字清单）。

[①] 1 磅 = 453.592 克。

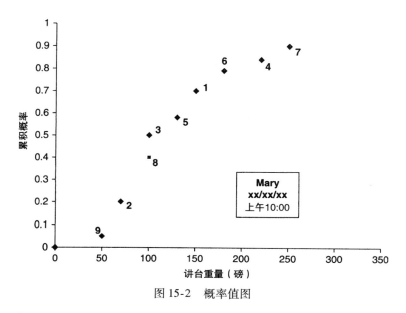

图 15-2 概率值图

I：Mary，你对于这一过程感觉如何？

Mary：我感觉过了一会儿之后我才完全了解。我觉得我后面的回答更好。

I：实际上，John 通过你的回答描绘了一个平滑的累积概率分布（他举起图 15-4）。

他所画的草图更接近于你后来的 100 磅的回答。Mary，现在关于这条曲线你有任何想要更改的地方吗？

Mary：没有，这是我基于当前信息条件所能做出的最好的判断。我可以稍微举一下讲台吗？我想知道我对其重量的印象是否准确。

1) $\{weight \geq 150 | \&\} = 0.7$
2) $\{weight \leq 70 | \&\} = 0.2$
3) $\{weight \geq 100 | \&\} = 0.5$
4) $\{weight \leq 220 | \&\} = 0.84$
5) $\{weight \geq 130 | \&\} = 0.58$
6) $\{weight \leq 180 | \&\} = 0.79$
7) $\{weight \geq 250 | \&\} = 0.9$
8) $\{weight \leq 100 | \&\} = 0.4$
9) $\{weight \geq 50 | \&\} = 0.05$

图 15-3 John 的概率编码清单

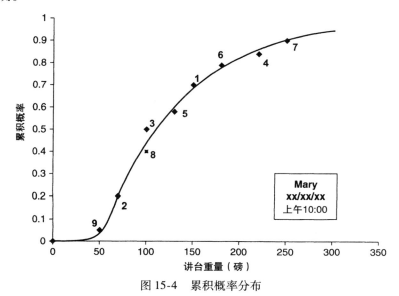

图 15-4 累积概率分布

I：如果你不介意，现在还不行。John 已经以评估的测度标记这些点，以及讲台重量、你的姓名、日期和时间。你认为为何这些时间戳如此重要？

Mary：如果我举一下讲台，我的曲线可能会改变。

I：对的，在你通过举起它进行修正或者班中某人大声喊出类似"讲台比你想的重（轻）"这样的评论之前，我们对你的知识或无知拍了"快照"。现在让我们探究评估流程。关于讲台重量，我问 Mary 的第一个问题是什么？

C：讲台是重还是轻？

I：为什么我会问这个问题？

C：在脑海中尚未根植任何先见之时，给出关于讲台的重量范围。

I：还有其他的吗？

C：她说 100 到 200 磅，这表明她以磅计量。

I：正确。如果她来自欧洲呢？

C：她可以用千克计量，除非她认为你想要用磅计量。

I：在评估的时候你想要用什么单位计量？

C：她自然而然想到的计量单位。

I：正确。这就是我们不要求石油专家用公升编码石油储存的原因。我们想要用专家熟悉和习惯的计量单位。我们想要展示任何有必要的交流，而不是专家按照我们的要求而尝试去做某事。

所问的第一个问题可以让我们建立测度的规模和计量单位。John 可以在水平坐标轴添加合适的计量单位。

I：我之前是否使用过"概率"一词？

C：没有。

I：为什么没有？

C：假设你正在交谈的某个人不知道"概率"一词或者对"概率"这一概念感到困惑。

I：正确。如果你询问概率事宜，而对话者可能是一个组织的 CEO，他回答说"7"。这将是漫长的一天。我们只需询问"你更偏爱哪一个"，即使是文盲，这个方法也是有效的。

I：注意我跳过询问这些问题……"多于 250 磅。""少于 100 磅。"为什么呢？

C：你不想要 Mary 集中注意力在保持一致性上面。

I：我交替使用"多于"和"少于"这样的问题是为了让她不要陷入固定思维。你承担一些困惑的风险，但是我宁愿你面对这种风险而不是进入一种"为了一致性而一致性"的陷阱。我有一些同事喜欢改变轮盘的支付颜色，仅仅为了防止偏好某种颜色的可能。我发现这令专家和我都很困惑。

I：最后的测试是专家是否相信他已经告诉我们的结果。如果专家必须基于当前的信息去表现，该曲线是描述他们关于测度的知识的那条吗？Mary 说是。如果她想要调整，我们将调整它。

Mary：现在我能尝试举一下讲台吗？

I：稍等。同学们，如果你认为这张讲台比 Mary 的评估更重的话，请举手；现在请认为更轻的举手（许多人为这两个答案举手）。Mary，现在在你评估的范围之外两侧都出现不同的观点。好的,现在举起它。

Mary:讲台比我想的要重。

I:John,你可以放弃这种分布。现在这条曲线如注销支票一样没有价值,并且不再代表Mary的信息状态。这就是在每次概率评估时都要有时间戳的原因。

回到凭证问题 既然我们知道如何获得关于讲台重量的概率分布,你的代理人将如何结合你的效用曲线为你做出正确的决策呢?

第一步是使用写在凭证上面的特定要求去计算你获得 10 000 美元的概率 {获奖|要求,&}。这个概率将会产生如图 15-5 所示的凭证交易。该概率树表示以概率 {获奖|要求,&} 获得 10 000 美元,以概率 1 - {获奖|要求,&} 获得 0。

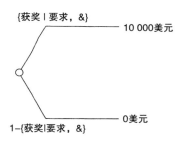

图 15-5　已知要求时获奖的概率

你的效用曲线将使你的代理人能够计算这笔交易以美元计量的确定等价物,即 PISP。如果你的代理人被要求为你选择接受一笔钱或者该交易,代理人将会选择这笔交易,直到所给货币金额达到你的 PISP。

相反,如果你的代理人获得购买该交易的机会,代理人将会通过从两笔支付中减去一个数字 b 并求出使该笔交易确定等价物为 0 的 b 值,以获得你对该笔交易的 PIBP。代理人将会支付任何少于你 PIBP 的金额去获得这笔交易,支付得越少越好。

现在,让我们回到如何计算多种要求的 {获奖|要求,&} 这个问题。假设要求是重量大于 150 磅,获得 10 000 美元的概率将是:

{获奖|要求,&$_{Mary}$} = {重量 ≥ 150|&$_{Mary}$} = 1 - {重量 < 150|&$_{Mary}$} = 1 - 0.69 = 0.31

这个点在累积概率分布上。如果要求的重量低于 200 磅,则获奖概率是:

{获奖|要求,&$_{Mary}$} = {重量 < 200|&$_{Mary}$} = 0.82

这个点在超限概率分布上。如果要求是至少 150 磅,但是少于 200 磅,那么获奖的概率为:

{获奖|要求,&$_{Mary}$} = {重量 < 200|&$_{Mary}$} - {重量 < 150|&$_{Mary}$} = 0.82 - 0.69 = 0.13

最后,仅为阐述这种表示方法的通用性,假设讲台重量与 100 磅之间相差少于 30 磅。这就意味着如果讲台重量超过 70 磅但是不超过 130 磅,Mary 就会获奖,概率为:

{获奖|要求,&$_{Mary}$} = {重量 > 70|&$_{Mary}$} - {重量 > 130|&$_{Mary}$}

或者等价地,

{获奖|要求,&$_{Mary}$} = {重量 ≤ 130|&$_{Mary}$} - {重量 ≤ 70|&$_{Mary}$}

图 15-4 显示了 Mary 的累积分布,其差近似为 0.43 - 0.23 = 0.2。图 15-5 中,Mary 的代理人将会知道她赢得 10 000 美元的概率为 0.2。代理人可以通过使用她的效用曲线和她关于讲台重量的概率分布评估出任何关于凭证的交易。

15.3　概率分布的分位数

无须对整个分布进行编码,我们可以使用一部分的概率评估去构建一个简洁的表示方法,该方法通常能够提供充分的全分布近似表达。当我们回顾教师的演示时,我们将详细讨论这种方法。

现在，正如所见，概率编码是一个耗时的过程。有时，仅仅得出分布的某些分位数会很有用。**分位数**对应于概率分布中位于某一百分位数处的测度值。例如，一些常见的分位数是 1%、25%、50%、75% 和 99%（如图 15-6 所示）。

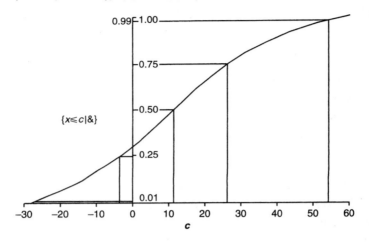

图 15-6 累积分布和五个分位数

分位数提供了一个关于概率分布的简洁描述。如果给定一个累积分布，我们可以直接从图上知道分位数。例如，图 15-6 中分布的五个分位数 1%、25%、50%、75% 和 99% 如表 15-3 所示。

中档值为处于 25% 分位和 75% 分位之间的测度间距值。在表 15-3 中，中档值就是测度从 −4 到 27 的间距值。中档值有两个有趣的性质：

表 15-3 图 15-6 中分布的五个分位数

f	$\leq x(f)$
0.01	−26
0.25	−4
0.50	11
0.75	27
0.99	54

（1）高于或者低于中档值的测度值是等可能的（因为高于和低于中档值的测度概率均为 0.25）。

（2）位于中档值之内和之外的测度值是等可能的（因为中档之间的测度值发生的概率为 0.5）。

中位数就是我们所说的对应于 50% 分位的测度值。注意，高于或者低于中位数的测度值都是等可能的。最后，低于 1% 分位和高于 99% 分位的测度值被称为**异常值**，异常值域的总概率等于 0.02。

因此，这五个分位数呈现了概率分布的一个简洁表达形式。这些数值可以从直接决策者处得出。当分布中引出分位数时，实用技巧是从异常值开始，然后是中档值，最后是中位数。

为了评估异常值，我们自问，"我们认为一个什么样的测度值将会使测度只有 1% 的机会低于此值？" 接下来，"我们认为一个什么样的测度值将会使测度只有 1% 的机会超过此值？" 这两个值分别代表异常值的上下界。

然后，我们评估分布的中档值。我们会问，"什么样的测度值使我们认为测度有 25% 的可能低于此值？""什么样的测度值使我们认为测度有 25% 的可能高于此值？"这两个问题分别决定了 25% 和 75% 分位数。这两个分位数组成中档。

关于连续性检验，我们使用中档的性质自问，"我们认为该测度处于中档之内或之外是等可能的吗？"同样地，"我们认为该测度处于中档之上或之下是等可能的吗？"如果我们对这些问题的回答是"否"，那么我们需要重新评估中档值。如果我们对两个问题的回答都是"是"，那么接下来我们需要评估中位数的测度值。

最后，为了评估中位数，我们自问"什么测度值使得超过和低于中位数的可能性是一样的？"

评估者的一个常规的偏见就是过度窄化中档值赋值，因而对其评估显示出过度自信。有时，人们没有他们想象中知道那么多。这种情况的发生，通常是因为过度依赖于最初评估的比如中位数这样的中心值。为了避免这种趋势，尝试首先得出异常值，然后是中档值，最后才是中位数。

在评估期间也会经常听到这样的评论："我对这个分布没有想法"，或者"我们无法给出分位数"。稍微沉思一下，就可以知道人们实际知道的比他们想象中的多。

例如，面对年鉴报告，假设我们对 2003 年美国商业狗粮产品磅数的概率分布的分位数很感兴趣。然而我们可能认为我们对该主题所知甚少，这里有一些属性可以帮助我们思考这些分位数。

- 美国养狗家庭数。
- 每天每只狗的狗粮消费均值。
- 食品杂货店放置狗粮的展架空间。
- 狗粮的电视广告数量。
- 没有被狗吃的商业狗粮占比。
- 除狗粮之外还吃其他食物（如残羹剩饭）的狗的占比。

回顾上述清单，我们发现我们比之前所认为的更加了解商业狗粮产品。我们有许多关于属性的先验知识来帮助我们评估分位数。相反，如果我们真的对于这种测度知之甚少，那么我们可以给出较宽的中档值以表现我们对此知识匮乏。

图 15-7 展示了一个关联图的例子，以帮助我们思考狗粮产品。

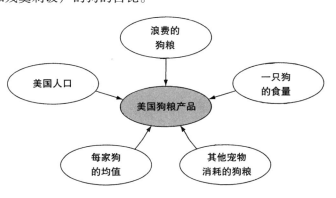

图 15-7　美国狗粮产品的思考

20 个问题练习

下面的练习介绍了一些关于做出有效概率赋值的方法。首先，学生填完图 15-8 的问卷，每个问题仅回答"是"或"否"，而不必进一步解释。

当收集到所有问卷，我们记录每个问题回答"是"与"否"的比例。该记录消息尚未向学生公布。

接下来，我们要求学生对表 15-4 中的 20 个问题赋予分位数。其中有 5 个问题指的是图 15-8 中的调查。我们称剩下的 15 个问题为"年鉴"问题，因为这些答案看起来像在年鉴里或者类似书目中的事实。

	是	否
你赞成废除有关"无受害者"犯罪的法律吗？		
你认为自己是一名宗教成员吗？		
你在任何国家的武装部队服役过吗？		
你曾经（独自）骑过摩托车吗？		
你会接受等可能输掉 50 美元或赢得 100 美元的赌博吗？		

图 15-8　五问题调查

表 15-4　20 个问题

	1	1%	2	25%	3	50%	4	75%	5	99%	6
1965 年古巴人口数											
1965 年美国进口额（百万元）											
从旧金山到莫斯科的航线距离的法定英里⊖数											
赞成废除"无受害者"犯罪的群体比例											
1969 年 5 月 26 日，道琼斯工业平均指数的收盘价											
1969 年 5 月 27 日，《华尔街日报》当天的页数											
阿诺德·帕尔默的生日（月/日/年）											
自认为是宗教成员的群体比例											
美国独立战争中的阵亡人数											
第二次世界大战期间美国工人罢工次数（珍珠港事件—对日作战胜利纪念日）											
胡佛大坝高度（英尺）											
在武装部队服役过的群体比例											
百老汇演出"Oklahoma"的天数											
"美利坚号"客轮总吨位											
1965 年美国威士忌（合法）总产量（千加仑⊖）											
曾（独自）骑摩托车的群体比例											
Danube 河的长度（英里）											
1956 年 Eisenhower 公投的人数（百万）											
1960 年世界范围内既定航班空难人数											
愿意接受（−50 美元，100 美元）赌博的群体比例											

注：在未完成分位数赋值之前请勿翻页。

当然，这项练习的目的不是让学生在网上或者图书馆里面查找正确答案，而是基于对这些数字的信念进行分位数赋值。我们已经提示他们之前关于引导一个分布分位数的讨论：从异常值开始，然后是中档值，最后是中位数。

⊖　1 英里 = 1.609 千米。
⊖　1 加仑 = 3.785 升。

> **思考**
> 使用我们之前讨论的分位数赋值问题，为表 15-4 中的 20 个问题赋值你自己的分位数。注意问题 4、8、12、16 和 20 是"内部"问题，并指代发放问卷中五个问题的分位数。这一信息此刻只有教师知道，并且在其他任何地方都没有办法找到。当你回答这些问题时，考虑这些分位数代表研究生一年级学生的决策分析班级。注意表 15-4 中除了分位数之外还有其他的 6 列。暂时让这 1 到 6 列保持空白。

回答这 20 个问题，包括回答如表 15-5 所示的从一个决策分析班级得到的内部问题。

表 15-5　20 个问题的答案

问题	答案
1965 年古巴人口数	7 631 000
1965 年美国进口额（百万元）	21 366
从旧金山到莫斯科的航线距离的法定英里数	5 855
赞成废除"无受害者"犯罪的群体比例	**26.83%**
1969 年 5 月 26 日，道琼斯工业平均指数的收盘价	946.9
1969 年 5 月 27 日，《华尔街日报》当天的页数	36
阿诺德·帕尔默的生日（月/日/年）	SEPT 10. 1929
自认为是宗教成员的群体比例	**54.88%**
美国独立战争中的阵亡人数	4 435
第二次世界大战期间美国工人罢工次数（珍珠港事件—对日作战胜利纪念日）	14 371
胡佛大坝高度（英尺）	726
在武装部队服役过的群体比例	**12.20%**
百老汇演出"Oklahoma"的天数	2 246
"美利坚号"客轮总吨位	52 072
1965 年美国威士忌（合法）总产量（千加仑）	117 930
曾（独自）骑摩托车的群体比例	**32.93%**
Danube 河的长度（英里）	1 770
1956 年 Eisenhower 公投的人数（百万）	35.6
1960 年世界范围内既定航班空难人数	307
愿意接受（-50 美元, 100 美元）赌博的群体比例	**75.61%**

观察这 20 个问题的答案可以让我们分析这个班级的回复。为了分析你的结果，根据表 15-4 中所得到的实际答案与赋值的分位数的对比程度，在列 1 到 6 其中的一个用标号标记。例如，如果你关于第一个问题的分位数如表 15-6 所示，基于实际的答案（7 631 000）位于你 25% 分位数和 50% 分位数之间，你将在 3 列对第一个问题做出标记。此外，你应该对问题 2 在第 6 列标记，这是因为正确答案（21 366）位于高于你 99% 的分位数的异常值域。由于正确回答（5 855）在 1% 分位数和 25% 分位数之间，你也可以对问题 3 在第 2 列标记。尽管该问题很难出现，但回顾分位数代表累计概率分布的一个点——测度小于或者等于分位数的概率。例如，如果你的回答大于 50% 分位数且小于或者等于 75% 分位数，你将在第 4 列标记。

表 15-6　回复样本、分位数和赋值数

	1	1%	2	25%	3	50%	4	75%	5	99%	6
1.		2 200 000		6 000 000	x	9 000 000		14 000 000		27 000 000	
2.		100		300		700		900		3 000	x
3.		4 000	x	7 000		9 000		9 500		9 700	

现在基于你赋值的分位数，完成对 20 个问题的数字检查。如果你在列 1 或者 6 标记，你获得异常值；如果你在列 3 或者 4 标记，正确的答案将位于你的中档值域。记录你异常值和中档值答案的数字。你注意到什么？如果你的信念能够准确代表你的知识，那么你在 20 个问题中将只会有 1 到 2 个异常值，并且你应该有 8 到 12 个答案位于中档值域。如果你有太多的异常值和太多位于中档值域以外的答案，你就已经展现出对概率赋值能力的过度自信，即你的概率分布过于狭窄。

表 15-7 表示在一个决策分析研究生班 82 个受访者的回复样本。其中展示了 20 个问题中每个问题在每一列中获得的回复数字。注意异常值的百分比是 44%（=11% + 33%），显示出一个狭窄的概率分布。同样，69%（=100% - 16% - 15%）的回复位于中档值域之外。

表 15-7　82 个受访研究生的回复样本

	答案	1	2	3	4	5	6
1965 年古巴人口数	7 631 000	8	11	24	17	10	12
1965 年美国进口额（百万元）	21 366	6	7	10	4	7	48
从旧金山到莫斯科的航线距离的法定英里数	5 855	26	23	12	13	4	4
赞成废除"无受害者"犯罪的群体比例	**26.83%**	7	19	32	14	4	15
1969 年 5 月 26 日，道琼斯工业平均指数的收盘价	946.9	23	12	15	12	15	5
1969 年 5 月 27 日，《华尔街日报》当天的页数	36	2	8	18	14	13	27
阿诺德·帕尔默的生日（月/日/年）	SEPT. 10. 1929	14	8	3	7	30	20
自认为是宗教成员的群体比例	**54.88%**	6	8	22	37	3	6
美国独立战争中的阵亡人数	4 435	48	20	7	4	2	1
第二次世界大战期间美国工人罢工次数（珍珠港事件—对日作战胜利纪念日）	14 371	0	1	0	0	1	80
胡佛大坝高度（英尺）	726	6	14	15	11	13	23
在武装部队服役过的群体比例	**12.20%**	8	20	20	18	8	8
百老汇演出"Oklahoma"的天数	2 246	0	2	6	9	7	58
"美利坚号"客轮总吨位	52 072	10	2	8	2	6	54
1965 年美国威士忌（合法）总产量（千加仑）	117 930	0	1	0	5	4	72
曾（独自）骑摩托车的群体比例	**32.93%**	4	4	18	17	19	20
Danube 河的长度（英里）	1 770	0	7	6	9	20	40
1956 年 Eisenhower 公投的人数（百万）	35.6	8	16	18	16	12	12
1960 年世界范围内既定航班空难人数	307	9	12	25	15	6	15
愿意接受（-50 美元，100 美元）赌博的群体比例	**75.621%**	3	2	10	29	26	12
平均		9.4	9.9	13.5	12.7	10.5	26.2
百分比		11%	12%	16%	15%	13%	32%

结果讨论　在对这 20 个问题练习的结果进行评论之前，我们需要注意我们观察的结果基

于该群体的整体表现。即便当整个群体的表现不佳时，也有某些人可能会在评估分位数的工作中表现卓越。

当布置20个问题练习给学生时，我们告诉学生当我们审阅他们的整体表现之后我们将能够证明两件事。第一，他们并不比自认为知道的多；第二，他们知道的比他们自认为的要多。

为了确定他们并不比自认为知道的多，我们简单参考一下他们的回复，通常如表15-7所示。我们可以看到31%的答案而非所期望的50%处于中档值域。类似地，我们看到43%的答案而非期望的2%处于异常值域。这些结果不仅在学生群体中而是在所有群体中，包括有经验的教授群体都是很典型的。这些结果显示分布的赋值过于狭窄，即人们并不比自认为知道的多。

为了展现他们知道的比他们自认为的要多，我们将关注年鉴问题。我们以询问什么是年鉴开始。人们知道年鉴是一本能够吸引一般读者的包含许多专题的纪实书。他们很快断言年鉴的编辑无需大量的研究，并且他们通过他人的报告（包括许多政府报告）收集信息。

从问题1"古巴人口数"开始，我们可以看到这一数据可以从官方文件的人口普查报道中得到。问题2关于美国进口量也是同样如此。对于问题3，我们可以看到从旧金山到莫斯科的航线距离可以用"法定英里"来计量。为何本题使用法定英里而在问题17中却使用英里？一些人可能知道航线距离以海里⊖计量，海里是一种测量地球距离的有用单位。这一点反过来引发人们思考在地球上两点之间的最大距离，并且可能提供评估分位数一种新的信息。

继续我们关于年鉴的讨论，我们注意到年鉴通常由自然界中许多极端事实组成的列表构成。这一观察与如下问题相关：胡佛大坝的高度，百老汇演出"Oklahoma"的天数，客轮"美利坚号"的总吨位和Danube河流的长度。在每种情况下，我们可以想象表中最先可能出现的信息。学生们很快想到表中的标题如"世界上最高的大坝""演出时间最长的百老汇戏剧""史上建成的最大的客轮"和"世界上最长的河"。当然，可以进行多种变化：表中Danube河可以用标题"欧洲最长的河"来表示。

要点在于出现在一本年鉴中的信息是自然界中典型的极端事件，并且在你进行评估时，这些知识是可获得的。因为大部分人都已经听过音乐剧"Oklahoma"，在表中几乎不可能出现"演出时间最短的百老汇戏剧"的标题。在你看到这些问题的异常值个数时，考虑这些可以获得的信息。总之，大部分学生同意他们未能使用所有可得的信息。

问题9和10值得特别讨论。对于大多数人而言，年鉴中记录的革命战争中的死亡人数惊人地低。我们应该记得年鉴中的数字来自于一份政府报道，可能涉及官方的坟墓数量。然而，在当时，一些重伤的战士归乡后不久就死亡了，但是没有任何官方报告，这种现象并不奇怪。此外，美国历史上这场战争的重要性可能会引导我们相信牺牲的代价要远高于实际情况。

许多人对于问题10中第二次世界大战期间工人罢工次数如此之高同样感到惊讶。这一数字来自于政府报告。在那个时候，任何地方经济上的工人罢工都可能对战争结果产生较大影响。雇主被要求进行罢工报告，以便于采取正确措施。鉴于人类天性不情愿去准备报告，除

⊖ 1海里＝1.852千米。

非该报告是绝对必要的，许多可以被归类为罢工的工作中断也许没有被报告。因此，年鉴中官方的数字可能太低而不是太高。这种惊讶可能来源于我们已经看到关于第二次世界大战中美国大后方的文件。我们都看过热情推进战争成果的"铆工露斯"的图片。此外，很难发现讨论战争期间可能发生的黑市和暴利的文件。

在班级的调查中，学生对内部问题的分位数评估表现更好。这可能是因为他们已经从彼此那里获知一些信息，但是更可能因为这些问题所有的分位数都被限制在 0 到 100% 这个范围。

年鉴游戏 为了帮助你提升对于不确定测度赋值分位数的能力，我们推荐一种非常有用的练习称作年鉴游戏。为了开始这个游戏，我们需要三个玩家。玩家 A 打开一本年鉴（报告"事实"的一本书）或者它的网络等同体并指定需要评估的测度。玩家 B 为选择的测度赋予一个中档值，然后玩家 C 打赌测度是位于 B 的中档值域之内还是之外。

注意：玩家 B 应该对这种赌约无差别。

如果玩家 C 选择在中档之内，然后报告确实位于中档内部，那么玩家 C 赢了。否则，玩家 C 输了。有时候，输家必须支付一轮酒水。然后玩家角色轮换并重复游戏。这个游戏会在一个班级或者有职业高管教育背景的人群中进行，许多情况下人们倾向于选择设置一个非常窄的中档值域，一次又一次显示他们对赋值的过度自信。如果玩家 C 总是打赌在 B 的中档值之外并且总是获胜，那么玩家 B 就应该学习扩展其中档值域的赋值。

15.4 总结

- 概率分布可被决策者编码。
- 一个概率分布的分位数为该分布提供了一种简洁表达。
- 20 个问题练习显示出：（作为一个群体）人们倾向于对中档值使用较窄的间隔。在回复中也存在太多的异常值。
- 年鉴游戏可以帮助训练你去提供更好分位数的能力。

习题

1. 为如下属性赋值你的五个分位数：
- 2008 年 7 月土耳其的人口数。
- 施瓦辛格的生日。
- 2008 年 7 月美国的人口数。
- 埃菲尔铁塔的高度。
- 帝国大厦的高度。
- 2008 年 10 月 30 日道琼斯工业平均指数收盘价。
- 一辆空的空客 A330-200 无燃料时的重量。
- 一辆空客 A330-200 的长度。

2. 在选择一个给定的方案后，下面的概率树表征了可能会发生的前景。
  a. 绘制利润的概率分布函数。
  b. 绘制利润的累积概率。
  c. 绘制利润的超限累积概率。
  d. 确定：
    $\{利润 \leq 80 \mid \&\}$
    $\{20 \leq 利润 \leq 70 \mid \&\}$
    $\{利润 \geq 30 \mid \&\}$

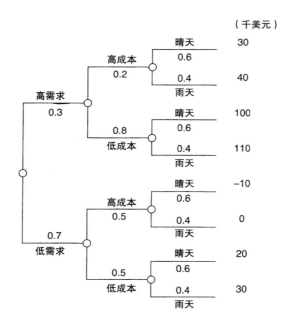

第 16 章

从现象到评估

本章核心概念

阅读本章之后，读者将能够解释下列概念：

- 信息传输
- 感知
- 认知与认知偏差
  - 可得性偏差
  - 动机性偏差
- 表征性偏差
- 锚定与调整
- 隐含条件
- 心理账户

16.1 引言

世界上存在的现象与我们对此现象的个人评估之间的路径非常复杂。这一复杂性不仅存在于我们自身的思维中，也存在于任何为了评估现象而设计的评估过程中。图 16-1 显示了评估过程，这有助于理解我们的思维和评估的本质。

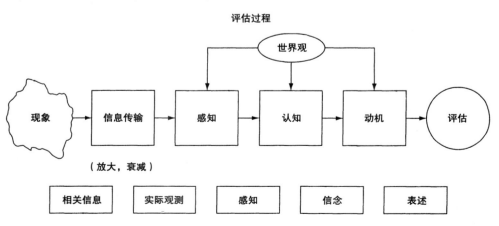

图 16-1　评估过程

我们应该看到在现象和评估之间存在着许多干涉的阶段。我们将会依次讨论这些阶段，了解它们扭曲评估的影响，并研究抵消这些影响的方法。

16.2 信息传输

信息传输 是指放大或衰减的过程，以将与现象相关的信息转换成我们能够实际观测到的形式。一些信息传输过程的特征是容易理解的。比如，考虑纸质的、收音机的、电视的或者网上的信息本质。唯一的不同之处在于新闻价值。有句谚语说，"狗咬人不是新闻，人咬狗才是新闻。"如果一个四口之家在吃了鲑鱼罐头之后中毒，这个事件很有可能出现在新闻上。然而，四个老人因为肺气肿死在当地的退伍军人管理医院，就不太可能被放在头条。

新闻报道不寻常的事情使得人们相信罕见的事件比实际更可能发生。如果报纸上的故事反映现实，那么将会有成千上万的类似于"Joen 今早起床，刷牙，喝了一杯速溶咖啡，在阻塞的交通中开车上班，一整天伏案工作，开车回家，吃了顿微波晚餐，看电视，然后睡觉"的故事。你可能不喜欢在除了周末生活版之外的任何地方看到这种类型的故事。

同时，你可能也不喜欢看到违反已被公众接受的行为常识的新闻故事。比如，你可以想象在主流报纸上有这样的标题吗？"尝试娱乐毒品——4 000 万的美国人不可能是错误的！"相反，你更可能看到关于如何发动"毒品之战"的故事。

有时，信息传输的机构并不仅仅关注新闻价值。比如，我们都知道在第二次世界大战时，美国作为支持战争的大后方的场景：铆工露丝、胜利花园、废金属驱动。你极少能看到关于战时定量供应的货物，比如汽油、肉、罐头等大量黑市交易的讨论。典型教材选择委员会为公立高中选择历史课本时，可能认为书中出现不符合爱国精神的内容是不妥的。

在公司或者学校的时事通讯中，有意忽略也是可行的。比如，你公司的时事通讯多久会以竞争对手的新产品作为故事报道一次，并强调他们比你们公司当前产品的诸多改进？要多久你才会在大学的报纸上看到赞美竞争对手主要成就的故事？

如果我们注意到这些曲解和忽略，我们可能通过扩大我们的信息源来抵消这些。

16.3 感知

感知过程将我们的实际所见转换为我们个人的观念。不幸的是，我们的感觉可能是错误的。我们都看到过类似于图 16-2 中的视觉错觉。

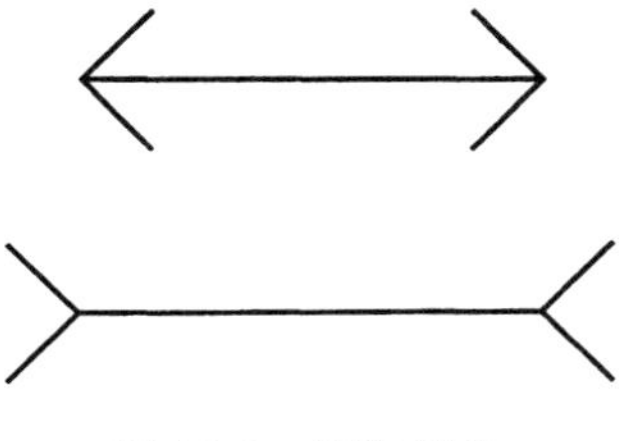

这里，即使两根水平线的确是等长的，下面的那根却看起来更长。其他的影响更加微妙。比如，由于我们习惯将清晰度作为距离的线索，被严重蚀刻的物体就显得距离比实际上要近。我们在沙漠中驾驶时就会受到这种影响，那些远处的山看起来"就在不远处"，但是在又开了半个小时之后，那些山仍然在"不远处"。

图 16-2　视觉错觉

我们的世界观也会影响我们的感知。面对相同数量的支持毒品合法化和反对毒品合法化的报纸故事时，人们倾向于认可与他们观点相一致的观点。

我们在课上提问有多少人看过 the Man in the Moon：大约有一半的人说看过，另一半并不知道我在说什么。许多人在天空中看到过北斗星或者大熊星座。这些仅仅能解释，我们将所见之物强加于感知的构建之中。正如许多魔术师告诉你的"眼见为实"，这可能会误导你。

16.4 认知

认知是将感知转变为信念的过程。**认知偏差**是思维过程的错误，导致一个人的信念不正确地反映他的认知。引起这种错误的原因之一是**不切实际的想法**：基于事物应该如何而形成信念，而不是基于证据或者真实体验。我们的世界观以这种方式影响了我们的思维过程。

比如，当问到某一特定的总统候选人可能当选的概率时，班里的一个年轻的女士估计的**概率为 90%**，这一数字远高于班上其他人的估计。当被问及她为何会提供这么高的概率时，她说，"这必须要很高，因为我为他的竞选团队工作。"在这种情况下，她将希望某一事件发生的意愿与这一事件实际发生的概率混淆了。

认知问题的另一个原因是**认知启发**的不当使用。在许多情境中，启发教学是很有用的，但是它们也会经常将我们引入歧途。这些启发教学的使用是无意识且无法控制的，但是一旦我们意识到它们的存在，仍然可以被校正。我们现在要详细地讨论这些启发教学，解释它们的功能，以及怎样做才能弥补其缺陷。

16.4.1 可得性

简单而言，**可得性启发**宣称"越容易想到一件事情会发生，这件事情发生的可能性就越大。"更加有序的、引人注目的、时效的或者可想象的信息被作为突显事物的基础。

比如，当人们被问及他们是否可以在 10 多人的团体中组建出 2 人团体或者 8 人团体的时候，他们基本上回答他们可以组建更多的 2 人团体。然而，每一个被选的 2 人团体和没被选的 8 人团体是对应的；在任一情况下，可能的团体数量是一致的。

在汽车中溺亡的剧本远胜于慢性 2 型糖尿病，这使得很多人更加关注第一种情境，即使第二种情境发生的可能性远大于第一种。相似地，在电影中所见的恐怖的核设施事故的视觉冲击比环境污染造成的普遍性和永久性的影响更能够吸引注意力。

我们可以帮助自己以及所评估的事物，来避免滥用可得性启发。首先，我们可以增加补充信息的可用性。比如，如果一个人看起来受最近事件过度影响，比如一个新的竞争产品的介绍，我们可以问这个产品是否在过去就可能已经存在，以及它最终的任何影响。有时，让人们试着从未来所见的情境中回顾，也是有用的。

16.4.2 表征性

表征性是基于丢弃先前经验的思维错误（即使面临无价值的证据），以及基于通常是错误的、曲解对不确定性影响的相似判断而做出的概率评估。

接下来的练习阐述了对于先前经验的不敏感性。受试者被告知一个群体包含了70位律师和30位工程师。接下来，他们得到如下概述："Dick是一名30岁的男性。他结婚无孩。他是一个能力很强且上进的男人，在自己的领域相当成功。他被同事们所喜爱。"在听过之后，这些受试者确定Dick是工程师的概率为0.5。换句话说，在进行评估时，他们无视这个群体的构成，70位律师和30位工程师。他们并没有充分重视前提：这个群体的构成。

另外，人们经常对可能性持有误解。他们认为在六次投掷两面出现概率相同的硬币试验中，HTHTTH模式比HHHTTT模式更可能出现，因为后者是"不随机"的。他们也认为HTHTTH模式比HHHHTH模式更加可能，因为后者是"不公平"的。然而事实上，所有的模式都是等可能的。

在任何时候，极端高值或极端低值的改变过程都可能遵循返回均值原则。这是**回归**原理，一个我们经常观察到的，但是经常忘记的进程。一个回归的例子是关于一个飞行教练的，他相信在训练新飞行员时，惩罚比奖励更有效。被问及原因时，他说他观察到，一旦他表扬一个飞行员表现较佳，第二天这个飞行员会表现更差。然而，当他责骂一个表现不佳的飞行员，第二天这个飞行员将会做得更好。

我们的学术部门也陷于类似的圈套。部门依据申请人的考试分数而接收一定数量的研究员。在某一年，分数异常地高，我们接收一大批研究员。自然地，我们为自己部门的吸引力上升而祝贺。第二年，分数会回到正常的范围，我们寻找在何处误入歧途。回归再次发威。

许多人容易曲解**不确定性**的影响。比如著名的案例就是**背包问题**。两个无法区分的背包装满了红色球和蓝色球。红色的背包装有70%的红色球，蓝色的背包装有70%的蓝色球。随机挑选一个背包，从中顺序拿出球，然后放回。拿出的顺序是红、蓝、红、红。这是一个红书包的可能性有多大？通常，人们认为概率是60%或者70%，然而实际的答案是49/58，或者是84%。

另一个例子，受试者被要求考虑两家医院。平均上，大的医院每天有45个新生儿，小的医院是15个。受试者被提问哪家医院每年内，男性新生儿比例超过60%的天数更多？通常，人们会选择大医院。但是正确答案是小医院。医院越大，每一天的男性新生儿的数量越接近50%。小医院在给定的任何一天有多于60%的男孩的概率高于15%，而大医院有少于7%的概率出现这种结果。

为了避免表征性错误，我们必须首先将以前的信息和新的证据分隔，接着用概率理论来处理我们的信息。

16.4.3 锚定和调整

另一个认知偏差是由我们过早地形成我们的信念所导致的。当我们最初的观点在决定我们最终的评估中起太大作用时，我们就会产生认知偏差，因为我们过早固化于最初的评估而没有进行充足的调整。这被定义为**锚定**。

下面的例子阐述了这一现象。一组 MBA 的学生被要求写下他们家庭电话的最后三位数字，比如 XYZ。教师告诉他们要在该数字上加 400，成为 $XYZ+400$。然后，他让每一个学生一起写下他们认为匈奴王 Attila 是在 A. D. $XYZ+400$ 之前还是之后在欧洲被打败的。最后，他让每一个人写下他们关于匈奴王 Attila 实际战败年份的最佳猜测。事实上，年份应该是 A. D. 451。学生评估的结果如表 16-1 所示。

表 16-1 对匈奴王 Attila 战败的评估

最初锚定范围（电话号码后三位 +400）	Attlia 战败年份的平均估值
400 ~ 599	629
600 ~ 799	680
800 ~ 999	789
1 000 ~ 1 199	885
1 200 ~ 1 399	988

注意到他们最初锚定得越高，关于 Attila 战败年份的平均猜想就越高。尽管小组中的每一个人都知道锚定原型与问题无关，但这一小组仍然受限于锚定。

回顾一下，在 20 个问题的练习中，总体趋势是赋值过窄的分布。这可能是因为锚定了一个最初的数字，比如中位数，然后没有进行足够的调整。为了最小化该趋势，我们建议学生最先赋值异常值，然后是中档值，最后是中位数。然而，大多数人仍然对他们的估计过度自信。

锚定的另一个后果发生于需要多个步骤产生事件的概率评估中。比如，如果人们被告知去火星可能需要连续的 20 个步骤，每一步骤成功的概率是 0.95，他们会对火星计划成功的概率赋值相当高，可能因为他们锚定了数字 0.95。但是如果告知他们每一步骤的失败率为 0.05，他们对成功概率的评估相当低，可能因为锚定了数字 0.05。如果这看起来奇怪，想想匈奴王 Atilla 的例子。实际上，火星计划成功的概率在两种描述中都是 $0.95^{20}=0.358$。

锚定的补救措施在于在一个不影响受试者的形式中获得最初评估。决策分析必须不惜代价以避免锚定。

16.4.4　隐含条件

当评估的概率隐含地以不确定事件的发生为条件时，就会出现**隐含条件**。没有意识到这点时，受试者可能以 "不发生战争、罢工、火灾、洪水、价格操纵、革命、新的竞争对手、设计方法失败" 等事件为条件。一旦意识到这些条件，受试者可以依据每种条件的可能性进行评估，然后为这些可能性进行概率赋值。将隐含条件明确化，可以避免非常不适当的评估。

发现隐含条件的一种方法是对受试者提出一个极端的结果并要求其解释。比如，如果你编码了下一年的销售分布，而且你怀疑这一分布过于狭窄，你可以询问受试者 "假定我告诉你销售额会达到 $\times$（一个非常低的数字），你会怎么解释？" 假定受试者告诉你这意味着出现了罢工。你接着问道，"你在最初的评估中考虑了罢工的可能性了吗？"如果这个受试者说"没有"，那你就可以接着要求受试者重新描述他相应的评估。或者，你可以在罢工和不罢工的条件下要求一个销售的分布，询问罢工的概率，然后计算相应的无条件分布。

16.4.5 心理账户

心理账户导致最后一种认知错误类型。一种心理账户的类型是标签效用，我们给所属财产附加对他人并非明显的特殊特征。比如，一些人认为赌博赢得钱财比其薪水的价值要小，因此可以更加放任消费。试想一个扒手盗窃了赌博中所赢的 100 美元，该情形下这一行为可以被认为是重盗窃罪，这个小偷的律师会声明盗窃的钱财少于 100 美元，因为这只不过是赌博所得吗？

我曾经有一个在纽约一家大型银行工作的客户，谈论到"George 的画像"，他的意思是 1 美元。起决定作用的是你拥有的财富，而不是你讲的故事。

这一观点一直伴随我至回家，我妻子的阿姨留给她一些股票，她咨询我们的理财师能否将这些股票配置到我们的股票组合中。他说，"当然可以，如果它们只是股份，而不是 Con 阿姨的股份。"换句话说，他不知道怎么去处理带着"标签"的股份。

另一种类型的心理账户发生在我们处理百分比而不是"George 的画像"的时候。关于这一问题的演示中，两个相似的群体被询问了两个不同的问题。

我们告诉第一群体中的成员："你们打算买一个价值 15 美元的计算器，售货员告知这种计算器在城镇另一端的分店打折销售，只卖 10 美元。"然后我们逐一问各成员："你会去分店买计算器吗？"

在第二群体中的成员被告知："你们打算买一件价值 115 美元的夹克，售货员告知这种夹克在城镇另一端的分店打折销售，只卖 110 美元。"然后我们逐一问各成员："你会去分店买夹克吗？"

绝大多数人更愿意为了节省 5 美元而驾车穿过城镇去买计算器而非夹克。

我发现，当我向那些学过决策分析的人提出这些问题时，他们首先想到的是我驾车穿过城镇需要多少钱。

16.5 动机

从现象到评估链条的最后一环是**动机**。人们的表述可能与他们关于动机原因的信念不同。一些人可能因为个人利益而歪曲他们的信念，包括对于奖励的承诺或者对惩罚的畏惧。

通常，在评估中，相对于直接的误导尝试，我们更关注动机的隐性影响。比如，一位同事刚刚完成了一家公司先进销售人员下一年度销售量的评估。当他打算离开时，他看到墙上有一块匾，宣称这个销售人员是 400% 俱乐部的成员。当这个同事问及这块匾的时候，销售人员回答说它是用来奖励业绩超过年度评估量四倍的销售人员的,而且他已经获得这种奖项好多次了。这位同事意识到他刚才做出的评估实际上没有任何价值。

16.6 总结

- 认知是将感知转换为信念的过程。
- 存在许多认知偏差。识别它们可以帮助我们更善于给出我们的信念,以用于决策分析。
- 动机性偏差可能导致人们的表述与其信念不同。当进行概率编码练习时,识别这些偏见是非常重要的。

第 17 章

构建决策框架

本章核心概念

阅读本章之后，读者将能够解释下列概念：
- 选择框架
- 决策的放大和缩小
- 决策等级

- 既定前提是什么
- 当前决策什么
- 此后决策什么

17.1　引言

在第 1 章中，我们提到决策不是被发现的而是被声明的。至此，我们的讨论关注于一旦我们声明一个决策，就要去制定决策。但我们如何去声明一个决策？回顾第 1 章中决策凳的隐喻，凳子的位置就是框架。**框架**决定了你当前声明决策所处的边界范围。本章的目的是为框架的选择提供指导并强调了其在决策制定中的重要性。

17.2　制定决策

决策一词来源于拉丁语中的词根"scissors"。**决策**的实质就是排除其他行动方案，只保留你决定遵守的那个方案。你能够分析一个声明的决策并不意味着这是你应该声明的那个决策。

重新考虑 Kim 的聚会问题，该问题在第 9 章首次提出并贯穿本书。Kim 识别出了三个聚会场地并声明了最终决策。现在让我们问一些基本的问题。为什么 Kim 应该在第一个地方举办聚会？为什么现在举办？为什么不选择其他的休闲方式？为什么不选择其他消磨时间的方式，如完成家庭作业或者探望生病的亲戚？在聚会问题中，我们已知一个框架，那就是 Kim 决定举办一个聚会，她有三个可供选择的备选方案。这就是上述问题在早些时候没有出现的原因。然而，在决策制定时，Kim 就要回答这些问题来决定她是否需要考虑在第一个场地举办聚会或者是打发时间的最优方式。通过为决策选择一个合适的框架，这些问题将迎刃而解。

17.3 选择框架

用于帮助我们决策的框架功能与我们用于照片的框架相同。在决定记录任何风景时,摄影者必须决定图片中要包含哪些内容,排除哪些内容(如图 17-1 所示)。正如摄影的质量很大程度上取决于它的框架一样,决策的质量也是如此。

图 17-1　使用框架的局限

花点时间来考虑图 17-1。只关注图片的一小部分肯定会更聚焦,过滤掉一些外部的细节。然而,你也没有得到整体的图片。在某一时刻,一些丢掉的细节也可能很重要。

有时候你的决策框架是有意识的,但是通常它不是。选择一个框架是制定一个好决策最重要的方面,因为正确地解决了不当的问题会将我们引导向错误。选择了错误的框架有时会被描述为"犯了第三类错误"。这是一种经常容易犯而且难以纠正的错误。

17.3.1　六个盲人和大象

鉴于我们对形式的狭隘观点(视角),我们经常以看起来合理的框架开始。随后,我们会明显发现这是一个错误的框架,而且存在其他更好的框架。

六个盲人和大象的故事告诉我们视野局限的影响(如图 17-2 所示)。其中一个人摸到大象的侧面说,

"大象如同一堵墙。"

第二个人摸到象牙说,

"大象像长矛。"

第三个人摸到象鼻说,

"大象像一条蛇。"

图 17-2 六个盲人和大象

第四个人用胳膊抱住大象的腿说,

"大象像一棵树。"

第五个人摸着大象的耳朵说,

"大象像扇子。"

第六个人拿着大象的尾巴说,

"大象像一根绳子。"

这些人在个体上都是正确的,但没有人表征出大象的真实样子。任何一个观点都提供了对该视角而言合适的框架,但考虑到整体现象,它可能就变得不合适了。

我们可能说这些盲人对大象的本质产生不同的信念是因为他们将视角局限于对大象单一特性的感知。当一个人根据他在发展专业能力中所学的概念和工具来观察形势时,他也会出现同样的视野局限。例如,如果你是一位锤子方面的专家,每个问题在起初看起来都像一颗钉子。

学习如何有效地构建一个决策问题的框架与我们在前面章节讨论的各种分析有着本质区别。一旦我们有了决策的基础,我们就开始学习如何使用行动性思维五规则和其他工具,比如决策树或图来进行正确的分析。

学习如何有效地为决策构建框架更像上绘画课。美术用品的性质对创造出高水平画作而言是必不可少的,但仅仅知道这一点还不够。最终,要由决策者判断,选择的框架是创造出了杰作还是一幅琐碎的"色彩堆积"。我们就像在上一堂艺术课,本章的讨论更多的是指导而非介绍。然而在决策过程中对框架的掌握是最有价值的技能。

17.3.2 框架隐喻:缩放和聚焦

就像我们通过取景器看风景,我们可以分辨取景的两个方面。一方面是**缩放**,即取景范围有多大。另一个方面是**聚焦**,即当下吸引我们注意力的景色特征。

举个缩放的例子,想象一套幻灯片展示了一系列相同风景的图片,每一张都比前一张的取景扩大十倍。第一张幻灯片是一幅郊区房屋后院的鸟瞰图。接下来的图片展示了以这个后院为中心的多个房屋。后续的图片展示了邻里、郊区、城市，然后是整个区域。在某一时刻，我们可以看到大陆，接下来是地球。再往后，我们可以看到太阳系、银河系，甚至是邻近的星系，而图片的中心一直是最初的后院。

当我们聚焦于不同的特征时，每幅图都可能会引发一些思考。比如，看到后院时我们可能会问它是否有足够的空间建造一个游泳池或者建立洒水系统来改善景观的条件。看到城市的画面时可能让我们考虑到通勤的时间。郊区的画面可能激发我们思考去划船或者爬山的可能性。地球的画面可能引发关于全球环境或冲突的思考。附近行星的画面可能使我们产生一些星际旅行的想法，而有关我们星系的图片会让我们猜测人类能否访问其他星系。最大范围的那张图片可能让我们想到我们只是这广袤宇宙中的一粒尘埃。

这些想法可能是导致我们声明决策的刺激因素。后院框架对决定何处种一棵果树是有用且合适的，但绝对不适合用来寻找合适的划船地点。

17.3.3 抛出框架

一旦我们想到一个框架，自然就会将第一个冒出的框架亦即所谓的**抛出框架**，作为"正确"的那个。从那时起，我们很难考虑使用另一个不同的框架，尽管那个框架可能更好地满足我们的需要。

警察与劫匪 报纸上一个有关抛出框架的例子如图 17-3a 所示。

随后，我们从同一篇文章中读到如图 17-3b 所示的内容。

无名英雄
伦敦：昨天一名男子在Trafalgar广场附近的一条繁华街道上看到三名狂奔的男人，其后紧跟着警察，当时他手里拿着手杖。他知道当警察追逐劫匪时，他的义务所在。

他举起手杖，砸向一名男子的头，并从现场离开。他唯一的愿望是成为一位无名英雄。

无名英雄
……
受伤的人被送往医院进行头部伤口缝合。

昨晚，在护理受伤的头部时，30岁的演员Michael McStay抱怨了电影情节过于真实。"我假定这是一种职业危害"，他说，"但我确实认为他应该请我喝一杯。"

a) 抛出框架，第 1 部分　　　　　　b) 抛出框架，第 2 部分

图　17-3

想一下电影导演看待这一场景的框架。导演起初可能会说，"这个白痴从哪里来的？"然后，他可能会改变腔调说，"在损失一位演员的情况下，还有什么措施能够挽救今天的电影？"

饼干故事 这是一个发人深省的关于框架重要性的故事。故事中的男人从旧金山途经芝加哥飞往纽约。在登机之前，他习惯性地买了一包最爱的巧克力饼干，因为它们可以让他的长途飞行舒服一点。登上飞机后，他坐在了他期望的靠窗座位上，把他的饼干和外套放在了三座排的中间位置。不久，一位女士坐在靠通道的座位上，并把东西放在

他们中间的座位上，两人都知道这个座位暂时不会有人坐。

起飞后不久，这个男人在读书的时候从包里拿出一块饼干。几分钟后，他发现坐在过道边的女人也从他的包里拿了一块饼干。他感到吃惊，对她的无意识行为有点恼怒，但是没有过多注意。半小时后，他拿出另一块饼干，不久以后他震惊地发现这个女人又一次拿了他的饼干。现在，他觉得这个女人特别粗鲁，肯定是故意为之。相同的事情又发生了第三次，而这一次，饼干袋子空了。尽管他很愤怒，但是他觉得过度关注此事会让自己看起来很小气。

当飞机在芝加哥着陆，这位女士起身，收拾东西，没做任何解释就离开了。他坐了一会儿，思索着当代社会对他人缺少关心。这时他看到在中间座位上那个女人拿走她的东西之后，他买的饼干才暴露出来，且并没有开封。那位女士并没有吃他的饼干，而是他吃了别人的饼干。

在这里，我们可以看到毫无思考地构建和接受决策框架，经常会导致我们做出对我们的生活经历或者所遇人和事的错误判断。

17.3.4 缩放：决策等级

之前的例子显示了我们通常如何通过在脑海里构建的一幅想象图景来匆匆形成框架，而这幅图景和当前实际情况可能大相径庭。但是即使全面考虑了既定的情况，我们还是会仅仅基于我们偶然关注的方式来选择不同的行动方案。考虑下面的例子（如图17-4所示）。

爆胎 一位年轻人在结束一天的工作后下班时发现他的车胎爆了一个。他意识到他需要做出决策并在心里自问，"我是要自己修理还是打电话叫维修服务？"他在脑海里权衡两种方法可能带来的结果，如果自己修理可能会弄脏衣服，如果打电话叫维修服务他可能要等很长时间。基于处理这一问题所带来的烦恼，他产生如下一系列想法：

图17-4 爆胎例子

- 比起开车，我应该乘坐公共汽车去上班。
- 不管我如何来到这里，我都不喜欢在这家公司上班。
- 事实上，不管在什么地方，我都不喜欢现在的工作类型。
- 我应该换个谋生方式。
- 我一生之中都梦想成为一名演员。这才是我现在应该做的——开始演艺事业。
- 为了追求演艺生涯，我应该搬去纽约或者洛杉矶。
- 当我到家后，我要决定我应该到何处去追求我的人生理想。
- 现在我应该自己修理车胎，还是打电话叫维修服务？

这些心理活动反映了此人如何确实意识到需要为爆胎进行决策，但他的想法从如何修补轮胎漫游到是否乘坐公共交通，再到是否换公司，再到是否转行，再到如何追求他梦想的行业。每一个想法都会导致不同的行动方案，事实上，它们都十分重要，但是关于最初的如何修理轮胎的决策还是没有制定。

为了帮助专注于实际所需的决策及合适框架的选择，考虑**决策等级**是很有用的（如图 17-5 所示）。

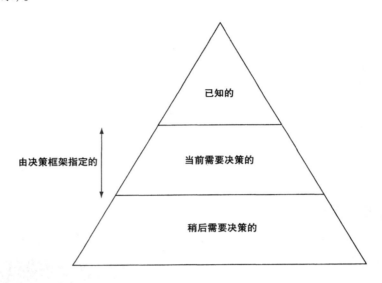

图 17-5　决策等级

图 17-5 说明了框架在聚焦当前考虑的决策方面的作用。该图代表了一个以框架为中心的决策等级（或者金字塔）。框架指定了在给定情境下需要被制定的决策集。框架的上层是已知的，无须本次考虑。这些经常是一些政策问题。框架的底层是需要稍后制定的决策，它们还包括已有框架的决策如何被实施的决策。

房屋改造　达成合适框架的过程用一位业内同事的经验演示。他与夫人多年来一直住在同一所房子里，现在孩子都事业有成了。之前迟迟没有进行的房屋改造工作，现在也是时候进行了。他们打算改造厨房，建一个带盖的浴桶，重新粉刷室内——所有的工程他们都计划了好久。

正当他们要决定承包商和颜色方案的时候，我们的同事开始思考是否对于房屋选择有了足够充分的考虑。既然孩子已经离开家了，他们所需房子的功能可能会有所不同。可能现在是考虑卖了旧房子而买一所新房子的时候了。购买新房的想法导致这位朋友思考他们会在这个地区居住多久，这又反过来导致他考虑退休以及搬到偏远的新住所的可能性。这一系列的想法扩大了他房屋决策框架的规模。

经过进一步反思，他意识到退休和居住地的改变还是很遥远的事情。因此，在目前阶段，他将继续在这一区域工作生活。当前规模变小的框架，包括购买新房或是改造现有房屋的可能。他们意识到装修和家具决策可以稍后再考虑。

经过对当前市场房源的筛选，他们找到一所他们很喜欢的房子并打算买下来。然而，在搬家之前，他们需要售卖现有房屋。为了加速这一进程，房产中介建议他们大规模改造。和他们最初个性化的装修想法不同，这些改变的目的在于增加房屋的市场价值。他们的个人偏好不再与改造决策密切相关（如图17-6所示）。

图 17-7a 和图 17-7b 显示了改造决策最初和最终的决策等级。

这个例子论证了有效构建框架的两个重要概念。首先，如下所示，你可以延伸你的框架直至过大，然后将其压缩直至适中。其次，你应该理解改变框架能够完全变更决策基础。一旦我的同事及夫人决定改造现有房屋的唯一目的是最大化它的销售利润，这就需要全新的备选方案、信息和偏好，以前的那些已不再相关。

图 17-6 房屋改造案例

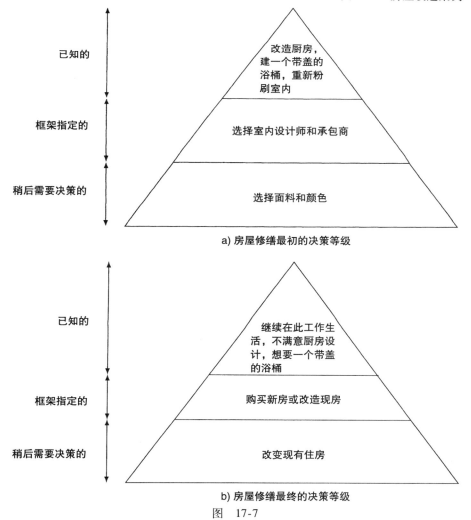

图 17-7

马车鞭制造商 选择了错误的框架可能是灾难性的。考虑20世纪早期，一个马车鞭制造商发现销量和利润都在持续下降（如图17-8所示）。他认为原因在于：成本太高导致售价过高，因此他决定聘请顾问来提高运作效率。

图17-8 马车夫使用马车鞭

顾问找到许多方法来缩减原材料成本以更好地管理车间，减少制造过程中的浪费，发现更廉价的分销渠道。在"再造"方面他们做出很好的成绩。然而，他们解决了错误的问题。图17-9展示了他们为框架所采取的决策等级。

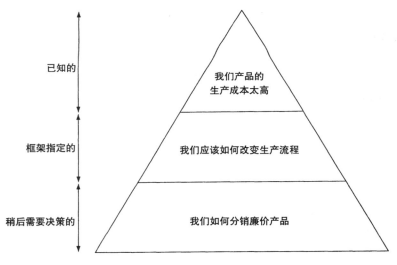

图17-9 马车鞭不合适的决策等级

由于汽车代替了马车，马车鞭的销量一直在下降，而不管其有多便宜。更好的框架应该是：你打算如何使用公司在设计、产品、分销方面的技术，以在蓬勃发展的汽车市场所提供的机会中获得优势（如图17-10所示）。

Freud的"表面问题" Freud曾经区分了一个病人的**表面问题**和**潜在问题**。比如，表面问题"失眠的症状"，可能是一个更深层问题的产物，如未被解决而又令人不安的关系。找到合适的框架是一个决策分析师的必要练习。

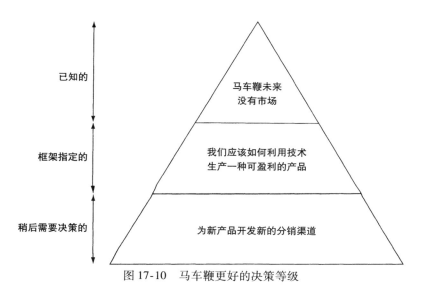

图 17-10　马车鞭更好的决策等级

17.3.5　专注于已选框架：改变视角

决策等级提供了在特定框架内所考虑决策的范围。但是一旦框架被指定，从不同的视角来观察这个特定的框架也是很重要的。考虑如下故事。

电梯延误　一个改变关注焦点的例子是住店旅客抱怨他们要等很久电梯才能到大厅。工程师被召集起来解决这一问题。他们调查了增加新的电梯、通过更换部件来加速电梯运行、改变调度电梯的规则来提高服务等这些替代方案。这些解决方案无一例外都很昂贵。具体如图 17-11 所示。

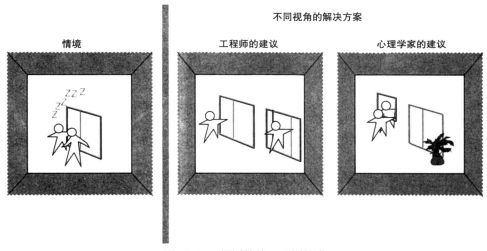

图 17-11　相同情境，不同视角

一位心理学家以另一种方式看待这个问题。心理学家相信问题的源头不在于电梯本身，而在于花费在等电梯到达的时间上。他建议在电梯旁安装足够长的镜子，以便等待的乘客能在电梯到达之前照镜子检查自己的外貌。镜子安好以后，很少有人再抱怨电梯延时。从一个新的视角解决决策：一个新的框架可能产生一个全新的解决方式。

在解决电梯延时这个问题上，工程师将该问题需要从工程角度进行解决作为前提，他们将决策的框架界定为决定哪个工程解决方案是最优的。心理学家了解旅客被电梯的延时困扰，更多的是感知上的问题而不是时间问题，因此他找出一个能减少这种困扰的替代方案。

17.3.6 利益相关者

为决策构建框架时，一个有用的概念是识别决策中的**利益相关者**。我们定义一个**有影响力的利益相关者**为可以影响决策的人，对电梯延时问题来说，其为旅店老板。**被影响的利益相关者**是受决策影响的人，在上例中，为住店旅客。

对企业决策而言，有影响力的利益相关者为典型的管理人员，可能是公司董事会，也可能是政府监管人员。被影响的利益相关者可能是当前员工、潜在的和已退休的员工、供应商和客户。在一些案例中，竞争者可能被划为上述其中一类或者两者都是。在个人决策中，家庭成员可能两者都是。

连接英法两国的海峡隧道可以说明识别利益相关者的重要性。它的建成是一项伟大的工程成就，但并没有取得财务上的成功。一个原因是，最初决策框架的构建并没有充分考虑到其他跨海峡服务对企业盈利竞争性反应的影响。

17.3.7 质问框架

你可能希望通过自问如下问题来检测一个框架：

- 什么可以作为已知条件？
- 我是否过于狭隘或宽泛？
- 我是否既考虑了当前结果又考虑了长远结果？
- 是否所有的利益相关者都包括其中？

17.3.8 重新检测框架

决策情境的改变可能需要框架的改变。框架调整可能需要依据外部因素或者决策基础的修正：备选方案的改变、信息的改变或偏好的改变。人员和组织可能会因为框架的成熟程度及所涉及的周边环境而放慢对框架变更的速度。我们可以看到许多大公司由于难以适应而没落，而其他的公司利用竞争者所错失的机会而蓬勃发展。

17.3.9 构建框架研讨组

课堂上，我们经常通过要求每个学生思考并讨论曾经做出的个人或职业的决策从而来讨论如何构建框架。然后我们继续询问有关决策框架的问题。使用决策等级的概念，我们首先问：

"你把什么作为已知条件？"

我们经常发现一些无须过于考虑的事情被作为已知条件并成为决策的一部分。进一步的讨论经常揭示一些下意识考虑进去的因素。

我们可能接着问，

"谁是利益相关者？"

结果可能很有趣。一个学生说他是家里决定买汽车的那位，而他的妻子是开车的那位。

构建框架的讨论有时会带来新的解决方案。例如，在某个场合，一个学生说出如何以最小的阻力开除运动俱乐部问题成员的决策。他将他和俱乐部的其他成员必须弄清楚如何解决这个问题作为已知条件。在下一次课堂上，他报告了框架的改变。他现在将前成员组成的校友顾问团作为已知条件。该顾问团独立于组织，对关注问题负有决策责任。

当人们考虑他们人生中的重大决策以及结果时，讨论有时会变得非常个人化。例如，一个女人意识到她将入学提供最具吸引力资金支持的研究生院作为前提，但没有考虑所受教育的实际质量如何。

另一个例子中，一个纠结于回国还是留在美国继续攻读博士学位的男人意识到他的主要焦虑来源于和女朋友分手以后的孤独。他时而烦恼，时而欢乐，这是制定框架讨论所反映出来的结果。

还有另一个例子关于一个已经获得了英国大学硕士学位的女人试图决定是在英国大学攻读博士学位，还是回美国继续深造。她将在英国继续在当前教授名下从事工作作为已知条件。尽管她很喜欢在英国居住，但是她再也不想与当前的教授合作，她决定回美国。这一讨论看起来实事求是，直到她突然变得情绪化。当被问及原因时，她回答说，直到我们讨论之时，她才想到她可以在其他教授名下继续在英国学习。

17.4　总结

- 一个框架区分出什么是合适的行动，什么是不合适的行动。
- 决策等级通过特定的三个类别建立决策框架：什么作为已知条件，基于当前分析需要决策什么，什么可以稍后决策。
- 放大和缩小框架能够帮助我们找出合适的框架。
- 错误的框架将导致错误问题的正确行动。
- 从不同视角观察特定的框架很重要。
- 利益相关者是需要在框架中考虑的重要元素。
- 框架会随着时间改变，并需要周期性地重新检测。

习题

1. 考虑一个你当前面临的决策。为这个决策构建框架。你需要将什么作为已知条件？你考虑的决策是什么？哪些决策可以稍后制定？画出决策等级。
2. 假如你遇到如下情境：两个人在不同的场景中。
   a. 相同情境的不同抛出框架。
   b. 对该决策的不同视角。
3. 从一篇新文章中选择一个决策。为这个决策构建框架，画出决策等级。

第 18 章

多源信息估值

本章核心概念

阅读本章之后，读者将能够解释下列概念：

- 多源信息的价值
- 使用多探测器以接近洞察力

18.1 引言

在许多决策情境中，我们可能有关于所构建属性的多源信息。例如，我们可能会有不同来源的多种天气预报。在油井的勘探中，我们可能会有探测是否有油的多种方法。在医药领域，我们可能会有对某一疾病的多种诊断测试以提供信息。

这些方法中的大多数都不能对关注属性具有未卜先知功能。因此，它们可以被视作不完全的信息源。本章中，我们将讨论如何将多源的信息整合到我们的决策分析中。同时，我们也将讨论从多信源所得信息的价值。同样，我们以第 9 章中的聚会问题开始本章的讨论。

18.2 β 雨天探测器

回顾聚会问题中 Kim 将决定在哪里举办聚会。她有三个备选方案：室内、室外以及门廊。同时，她也考虑了一个不确定性因素：天气，即是晴天还是雨天。关于天气，Kim 正在考虑天气的信息收集方案。在第 13 章中，我们讨论了 Acme 雨天探测器，以及其在 Kim 的聚会决策中的价值。假设 Kim 和推销员正在讨论在聚会上使用 Acme 雨天探测器的可能性时，另一个推销员出现了，向 Kim 推销 β 雨天探测器。他声称他的 β 雨天探测器比 Acme 雨天探测器更精确。事实上，相比于 Acme 雨天探测器只有 80% 的精确率来说，β 雨天探测器在晴雨天的预测上有 90% 的正确率。Kim 现在可以在任何时候以 10 美元购买 Acme 雨天探测器或是以 13 美元购买 β 雨天探测器。

这两个销售员聚在一起商量了一下，甚至提出了一个包含两种探测器结果的套餐服务，这一服务只需要花费 16 美元。如果 Kim 选择了这一方案，她现在能够得到如下可能的预测结果之一，即：

"Acme 预测是晴天，β 预测是晴天。"
"Acme 预测是晴天，β 预测是雨天。"
"Acme 预测是雨天，β 预测是晴天。"
"Acme 预测是雨天，β 预测是雨天。"

Kim 现在面临几种信息收集方案：
- 只购买 Acme 雨天探测器，花费 10 美元。
- 只购买 β 雨天探测器，花费 13 美元。
- 购买 Acme 雨天探测器和 β 雨天探测器套餐，花费 16 美元。
- 两个都不购买。

Kim 应该考虑这些交易吗？涉及该信息收集活动的最高成本（两个探测器套餐为 16 美元）低于天气的洞察力价值（20.27 美元）时，至少有可能这些方案之一物有所值。我们已经知道她不会接受以 10 美元只购买 Acme 雨天探测器这一方案，但是她会不会接受只购买 β 雨天探测器这一方案，或者是两种探测器结合在一块的套餐方案呢？

源自两个探测器组合信息的价值 在 Kim 开始考虑这两个探测器价值多少这一问题之前，她必须首先考虑它们是如何运作的。这两个探测器基于相同的还是不同的物理原理进行操作？β 雨天探测器仅仅是 Acme 雨天探测器的更精确版本吗，还是其拥有不同的操作原理？在有着相同操作原理的条件下，Kim 是否应该对这两个探测器有个人偏好呢？Kim 对于不同的探测器指示和天气之间相关性的考虑，可以用如下的关联图来说明。

注意，像以前一样，Kim 仍然需要去评估晴天或雨天的概率，以及 Acme 雨天探测器的不同指示在给定天气状况下的条件概率。但现在她不得不去做一个额外的评估，即在给定前提条件时，对 β 雨天探测器不同指示的概率评估。如果 β 的评估同时基于天气和 Acme 的指示为前提，那么该图示类似于图 18-1。

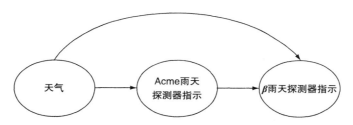

图 18-1 两个雨天探测器的评估关联图

然而，如果 β 雨天探测器操作的原理与 Acme 雨天探测器完全不同，那么这两个探测器在给定天气时的指示是完全不相关的，即在 Acme 雨天探测器和 β 雨天探测器中间没有箭头（如图 18-2 所示）。后者将简化她需要做的概率评估，因为她只需在给定天气条件下评估 β 雨天探测器的指示。

作为另外一种极端情况，如果 β 雨天探测器的指示像广告说的那样，和 Acme 雨天探测器的指示一样有 80% 的精确率，而且两者操作原理完全相同，那么，实际上，可以认为 β 雨天探测器与 Acme 雨天探测器没有区别，只是用了不同的名字罢了。在这种情况下，自天气至 β 雨天探测器将没有箭头，箭头仅仅存在于 Acme 雨天探测器和 β 雨天探测器之间，对相同的指示赋值概率为 1。换言之，β 雨天探测器可以用确定节点来取代，这个节点的价值完全由 Acme 雨天探测器的指示决定（如图 18-3 所示）。此外，Acme 雨天探测器和 β 雨天探测器的角色可以互换。

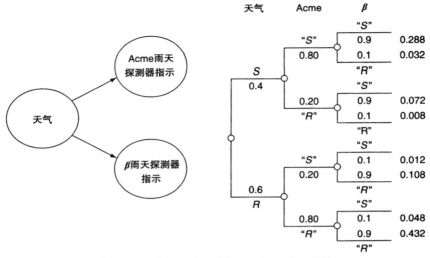

图 18-2　已知天气条件的两种不相关探测器

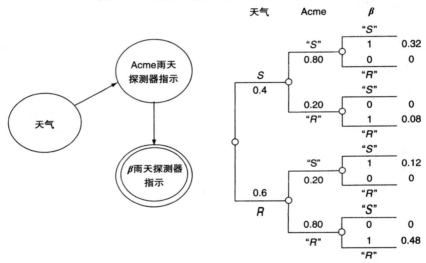

图 18-3　β 雨天探测器的指示由 Acme 雨天探测器的指示确定

然而，在我们的案例中，这种情况并不可能发生，因为这两个探测器预测的精确性是不一样的。

Kim 关于这两个探测器选择问题的本质在于她基于对两个探测器的机制和表现所具有的知识进行考虑后，对图 18-1 进行概率赋值。一旦完成这些，她就可以使用我们的标准流程，通过反转属性排序将图表改变为推理形式，如图 18-4 所示。

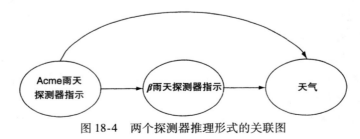

图 18-4　两个探测器推理形式的关联图

图 18-4 可以让 Kim 去根据任意探测器指示来计算天气的后验概率以及这些指示的预后验概率。这是她在购买决策中所需的全部概率性信息。

图 18-5 给出了当探测器使用完全不同的操作原理时，所进行评估和推理的不同顺序。

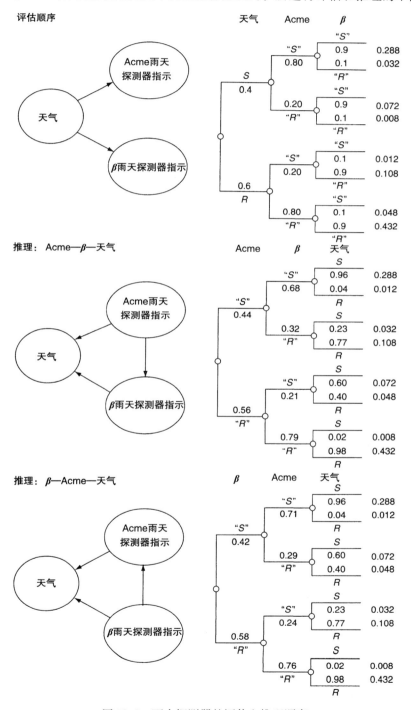

图 18-5　两个探测器的评估和推理顺序

图 18-6 是 Kim 使用两个探测器可能性的决策图。这幅图包含了图 18-4 的关联图。Kim 将获得不同的探测器报告作为基础去进行选址决策。同时，使用探测器决策的相关成本也反映在价值节点中。决策树将按照如下顺序构建：探测器使用决策、Acme 雨天探测器指示（如可用）、β 雨天探测器指示（如可用）、场地、天气和价值。

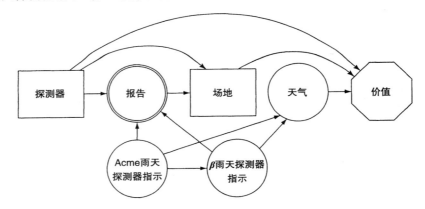

图 18-6　使用两个探测器可能性的决策图

你可以看到，无论多少相关的测试都服从于这一分析类型。图 18-7 展示了 Kim 决定同时购买两个探测器时的决策树。为了展示这个分析的一般性，我们使用适用于任意效用曲线的方法，即在树的最末端的价值减去探测器成本。我们使用 Kim 的效用曲线来获得效用值。

由于我们知道 Kim 是一个 Δ 人，我们能够采用更简单的方法来解决这一问题，即通过计算免费获取探测信息时聚会交易价值减去无信息时聚会的价值，以得到探测器的价值。

以 16 美元同时购买两个探测器导致 Kim 的确定等价物为 44.21 美元，这低于两种探测器都不买时的确定等价物 45.83 美元。因此，她不应该以这个价格同时购买两个探测器。为了确定她能够为同时购买两个探测器最多愿意支付的金额，我们把成本减少到一个低于 16 美元的数值，直到她对是否购买它们感觉无差别。这个成本就是她对购买这两个探测器的个人无差别购买价格（PIBP）。

正如我们所讨论的，因为 Kim 是一个 Δ 人，我们同时能够通过找到她的免费利用两个探测器的确定等价物减去没有使用探测器的确定等价物来计算这个价值。通过将两个探测器的价格设为零的决策树，我们发现该交易的确定等价物为 60.21 美元。如果没有它们，价值为 45.83 美元。因此，她对于两种探测器的 PIBP 为 14.38 美元。

类似于第 13 章中对单独使用 Acme 雨天探测器的分析，我们同样也能计算出 Kim 以 13 美元，单独使用 β 雨天探测器时的交易价值。使用 β 雨天探测器时她的聚会确定等价物为 45.92 美元，比她不使用任何信息时的价值高了 0.09 美元。因此，对于当前 13 美元的价格，单独购买 β 雨天探测器并不划算。

表 18-1 总结了在被提供多种信源信息情况下，Kim 聚会交易价值的确定等价物。表 18-2 总结了每种概率预测对于 Kim 的价值。

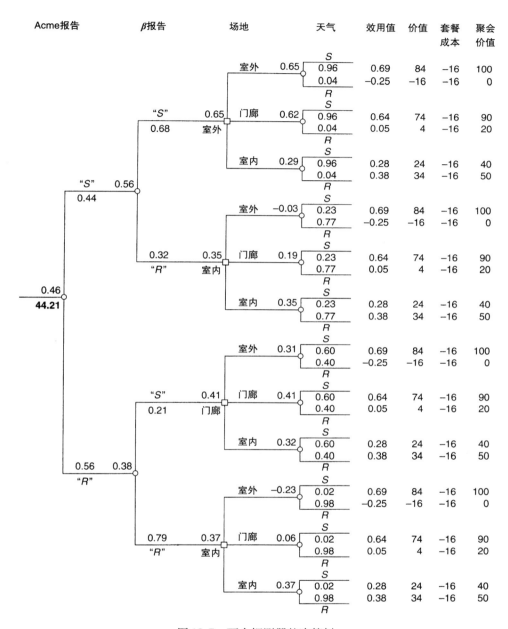

图 18-7　两个探测器的决策树

表 18-1　使用不同信息方案时聚会的确定等价物

多信源聚会交易	确定等价物（美元）
聚会不使用探测器	45.83
聚会花费 10 美元使用 Acme 雨天探测器	44.65
聚会花费 13 美元使用 β 雨天探测器	45.92
聚会花费 16 美元同时使用 Acme 和 β 雨天探测器	44.21

表 18-2　不同信息方案的价值

多信源的价值	指示的价值（美元）
没有探测器	0
免费的 Acme 雨天探测器	8.82
免费的 β 雨天探测器	13.09
免费的 Acme 和 β 雨天探测器	14.38

> **注意**
> 这两个探测器的联合价值（14.38 美元）不等于单个探测器的价值累加之和（8.82 + 13.09 = 21.91 美元）。

18.3　明确两种属性的联合洞察力价值

到目前为止，我们已经看到在这个聚会问题中，Acme 和 β 雨天探测器组合的价值并不是单个探测器价值的加和。有人可能会说本案例中有三种属性。尽管在已知天气的情况下，探测器的指示是相互独立的，然而在不知道天气的情况下，它们则是相关的。

但是假设在决策时我们只想知道两种属性，此外，这两种属性之间互不相关。这两种不相关属性的联合洞察力价值是否必须等于单一属性的洞察力价值加和呢？

为了进一步检验这一问题，可以假设你在考虑玩三个游戏，游戏基于连续两次投掷一枚硬币。你认为每次投掷正面朝上的概率为 0.5，每次投掷的结果互不相关。假设在游戏中的货币前景区间中，你是风险中性的。在每次游戏中，我们都会首先计算单次硬币投掷的洞察力价值，然后计算两次投掷的联合洞察力价值。

游戏 I　在这个游戏中，如果投掷硬币两次且都是正面朝上或都是正面朝下，你可以获得 200 美元。参与游戏需要支付 100 美元。图 18-8 中的概率树描述了收益和概率。

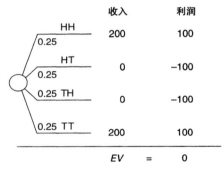

图 18-8　游戏 I 的概率树

现在，我们再来单独计算首次投掷、第二次投掷的洞察力价值（VOC），并计算两次投掷的联合洞察力价值。

获得第一次投掷的洞察力仍然导致你在第二次投掷中有 50% 的机会赢得 200 美元或者 0。尽管期望值为 100 美元，但由于你支付 100 美元参与游戏，你在该游戏的确定等价物依然为 0。同理，我们得出第二次单独投掷的 VOC 为 0。

> **注意**
> 若参与游戏，则其利润的确定等价物为：
> $$CE = 0.25 \times 100 + 0.25 \times (-100) + 0.25 \times (-100) + 0.25 \times 100 = 0$$
> 因此，你对参与游戏和不参与游戏是无差别的。

然而，如果先知告诉你两次投掷要么都是正面朝上，要么都是反面朝上，即你可以获得两次投掷结果的洞察力，你将收到 200 美元（减去参与游戏所支付的 100 美元），因此你在游戏中仍可以赢得 100 美元。但如果先知说两次投掷的结果不同，你将选择不参与这个游戏。先知说出两次投掷结果相同的概率同样为 0.5，因此，该游戏带有洞察力时的确定等价物为 50 美元。这就是两次投掷的 VOC。

总而言之，两次单独投掷的 VOC 为 0，但联合投掷的 VOC 为 50 美元。

游戏 Ⅱ 在这个游戏中，你同样投掷两次硬币，但这一次只要出现一次正面朝上，你就可以获得 100 美元。此外，你现在有选择是否参与每次投掷的权利，投掷一次的成本为 50 美元。图 18-9 中的概率树描述了你参与两次投掷的情形。

假定你可以得到第一次投掷的洞察力。如果先知告诉你第一次投掷为反面朝上，你将不会参与投掷，因为参与将会损失 50 美元。若先知告诉你第一次投掷为正面朝上，你将选择参与投掷，支付 50 美元并得到 100 美元，这样净收益为 50 美元。先知有 0.5 的机会说出首次投掷为正面朝上，因而带有洞察力的游戏中，你第一次投掷的确定等价物为 25 美元（如图 18-10 所示）。

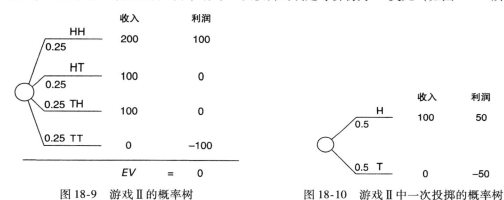

图 18-9　游戏 Ⅱ 的概率树　　　图 18-10　游戏 Ⅱ 中一次投掷的概率树

第二次投掷同理可得。对两次投掷都购买洞察力将等同于单独投掷的计算，你对该游戏的个人价值为 50 美元。

因此，本游戏中两种属性的 VOC 是单一属性 VOC 之和。

游戏 Ⅲ 在这个游戏中，每次正面朝上你将获得 100 美元，但参与游戏的成本为 100 美元。图 18-11 展示了这一游戏的概率树。

你的利润将为 100 美元（若两次投掷均正面朝上）或 –100 美元（若两次投掷均背面朝上），每种前景的概率为 0.25。还有 0.5 的概率，你什么都得不到。同样，你对该游戏的确定等价物为 0。假定你在第一次投掷中得到洞察力。如果正面朝上，你参与游戏，且在第二次投掷中的利润要么为 100 美元，要么为 0，确定等价物为 50 美元。如果第一次投掷为反面朝上，若你参与游戏，则该游戏的利润等可能地为 0 或 –100 美元，因此你将不会参与游戏且收益为 0。因此，第一次投掷的

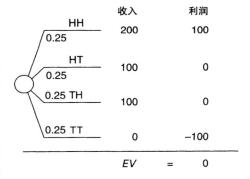

图 18-11　游戏 Ⅲ 的概率树

VOC 有 0.5 的概率为 50 美元，0.5 的概率为 0，确定等价物为 25 美元。同理，第二次投掷的

VOC 为 25 美元。

现在假设你考虑为两次投掷购买洞察力。图 18-11 中的概率树显示只有先知预测出两次投掷均为正面朝上时，你才会在游戏中获得正的利润 100 美元。而先知说出两次投掷均正面朝上的概率为 0.25，因此带有洞察力游戏的确定等价物为 25 美元。

> 我们发现两次投掷的 VOC 小于每次投掷的 VOC 之和。

表 18-3 显示了我们的调查结果。我们已经发现两种互不相关属性的联合洞察力价值可能大于、等于或小于各单一洞察力价值之和。这是关于联合洞察力价值的重要发现：联合洞察力价值未必等于单一属性洞察力价值之和。

表 18-3　联合 VOC 与个体 VOC 的关系

	游戏 I	游戏 II	游戏 III
S_1 = 第一次投掷的洞察力价值	0	25	25
S_2 = 第二次投掷的洞察力价值	0	25	25
J = 两次投掷的洞察力价值	50	50	25
结果	$J > S_1 + S_2$	$J = S_1 + S_2$	$J < S_1 + S_2$

18.4　多种不确定性的信息价值

到目前为止，我们已经讨论了只含有一种属性的聚会问题，即"天气"。原则上说，Kim 可以构建许多属性。例如，在"天气"属性"晴/雨"的基础上，她还可以再构建出两种其他属性："风速"（高或低）和"父母"（在家或不在家）。任一新的属性都要通过清晰度测试。Kim 认为如果风速很高，聚会安排在室外或者门廊就不如在低风速的情况下做这样的安排受欢迎。此外，如果可以在室内举行聚会，父母不在家会更好，因为她会受限于父母所能容忍的喧闹程度。然而，如果聚会安排在室外或者门廊，父母在家就不成问题，因为其无须受到噪声的干扰。

同时，Kim 认为这三种属性"天气""风速""父母"是潜在相关的，因为相较于晴天，父母雨天在家的可能性更大，而雨天的风速也可能会比晴天要高。Kim 画出了改进后聚会问题的决策树，如图 18-12 所示。

假设 Kim 可以单独得到对"风速"的洞察力。这个信息对她有用吗？当然这个信息会修正她对未来天气晴雨的信念，但是该信息如何修正她对于父母在家还是不在家的信念？为了确定这一信息，Kim 需要评估这三种属性的联合分布。

Kim 知道，在已知"天气"的情况下，得知"风速"并不能修正她对聚会举行期间"父母"是否在家的信息。这种评估详见图 18-13 中的左侧部分。但是请注意，如果她并不了解"天气"情况，那么"风速"这一信息仍可以修正她对聚会期间"父母"是否在家的信念。对此我们可以用关联图中箭头反转的方法来验证。首先我们把"风速"至"天气"之间的箭头反转。我们可以立即这样做是因为两个节点基于同一信息状态为条件，如图 18-13 的中间部分所示。接着，我们将"风速"至"父母在家"的箭头反转。为了实现这种反转，我们需要添加一个从"风速"至"父母在家"的箭头,以得到图 18-13 右侧部分。

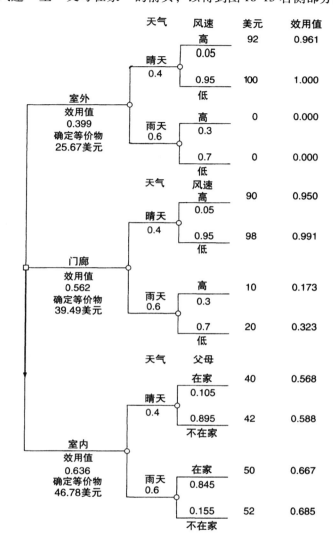

图 18-12　改进聚会问题的决策树

图 18-13　确定风速—父母在家—天气关联图的箭头处理

做进一步的思考,Kim 意识到即使在已知"天气"情况的条件下,了解"风速"依然能修正她关于"父母"是否在家的信念,这是因为当"风速"高时他们在家的可能性更大。增加这一额外信念的关联图如图 18-14 所示。

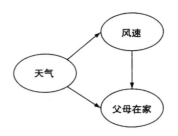

图 18-14　改进的关联图

Kim 决定通过分析该图中隐含的概率分布来描述聚会的不确定性，其结果如图 18-15 所示。当然，如前文讨论，以其他顺序绘制概率树也很简单。例如，对应"风速"—"天气"—"父母在家"这一排序的概率树见图中右侧部分。

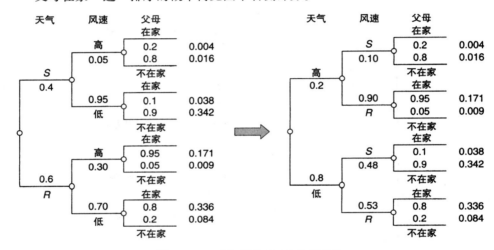

图 18-15　对应于图 18-14 的概率树

图 18-16 展示了包含新属性的改进后的聚会问题的决策图。

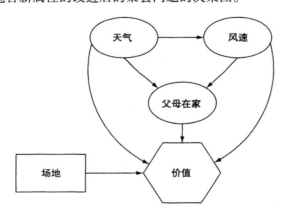

图 18-16　含有新属性聚会问题的决策图

表 18-17a 说明了 Kim 对改进后的聚会问题的前景偏好。Kim 最优的聚会是"室外"—"晴天"—"低风速"。如果在室外举办聚会，对她来说父母是否在家无差别，因为他们不会

第 18 章 多源信息估值 | 299

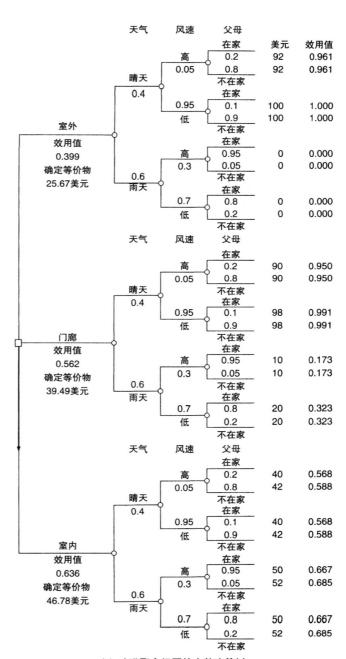

场地	天气	风速	父母	美元
室外	晴	低	不在家	100
室外	晴	低	在家	100
门廊	晴	低	不在家	98
门廊	晴	低	在家	98
室外	晴	高	不在家	92
室外	晴	高	在家	92
门廊	晴	高	不在家	90
门廊	晴	高	在家	90
室内	雨	低	不在家	52
室内	雨	高	不在家	52
室内	雨	低	在家	50
室内	雨	高	在家	50
室内	晴	低	不在家	42
室内	晴	高	不在家	42
室内	晴	低	在家	40
室内	晴	高	在家	40
门廊	雨	低	不在家	20
门廊	雨	低	在家	20
门廊	雨	低	不在家	10
门廊	雨	低	在家	10
室外	雨	低	不在家	0
室外	雨	低	在家	0
室外	雨	低	不在家	0
室外	雨	低	在家	0

a) Kim 对修正聚会前景的偏好排序和货币价值

b) 改进聚会问题的完整决策树

图 18-17

受到噪音影响。她的第二最优聚会是"门廊"—"晴天"—"低风速",此时她对于父母在家与否同样无差别。第三最优聚会是"室外"—"晴天"—"高风速",然后是"门廊"—"晴天"—"高风速"。接下来的偏好为"室内"—"雨天"—"父母不在家"和"室内"—"雨天"—"父母在家"。当聚会在室内举办时,她会希望父母不在家,而此时风速高低无差别。类似地,相对于"室内"—"雨天"—"父母在家"而言,Kim更偏好"室内"—"晴天"—"父母不在家"。接下来的选择为"门廊"—"雨天"—"低风速"和"室外"—"雨天"—"低风速"。最后为"门廊"—"雨天"—"高风速",而她最不喜欢的情况是"室外"—"雨天"—"高风速"。对应相关偏好的各种聚会的货币价值如图18-17b中的树图所示。

正如在初始的聚会问题中所做的一样,Kim将选择在室内举办聚会,她对这次聚会交易的确定等价物由45.83美元增加到了46.78美元。

Kim可以用决策树来确定所有属性的洞察力价值,或者某一给定选择的洞察力价值。如果她在所有属性都能获得免费洞察力,那么交易价值将是66.19美元,如图18-18所示。注意,当天气晴朗且风速较高时,Kim将举办门廊聚会;而当天气晴朗且风速较低时,举办室外聚会;只要出现雨天,聚会将在室内举办。父母是否在家并不影响这一决策。

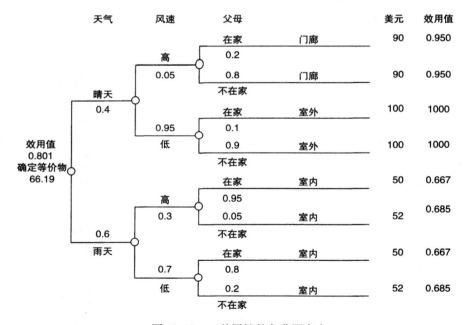

图 18-18 三种属性的免费洞察力

因为她是一个 Δ 人,Kim对于三种属性的联合洞察力价值为 66.19 – 46.78 = 19.41(美元),小于最初聚会问题中仅考虑天气的洞察力价值 20.27 美元。额外不确定性的净效应将略微降低选址方案的价值。

为了发现仅考虑"风速"的洞察力价值,Kim画出图18-19。如果"风速"高,Kim的最优选择是室内。如果"风速"低,Kim将会在门廊举办聚会。仅考虑"风速"的洞察力价值并不高,为 47.58 – 46.78 = 0.8(美元)。

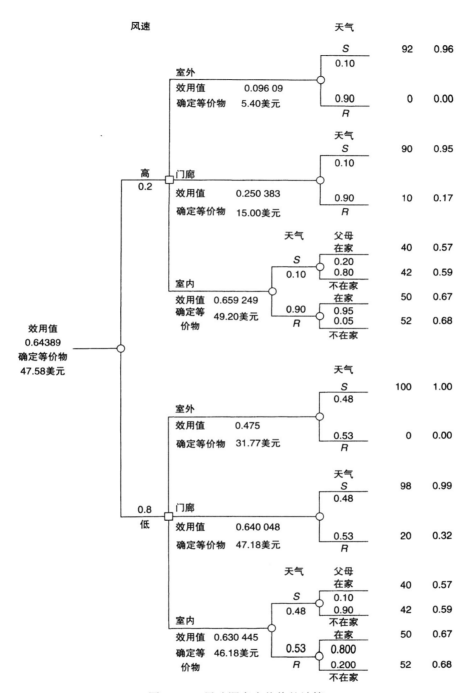

图 18-19　风速洞察力价值的计算

18.5　多个 Acme 雨天探测器以接近洞察力

在探测器的例子中，我们知道一个不完全探测器的价值要低于关注属性的 VOC。现在，我们将展示，已知关注属性时，如果我们拥有足够数量的互不相关的探测器，我们可以基于观测结果接近该属性的洞察力。即使单个探测器对于观测属性并不重要，这一结果仍然适用。你可将之看作"大规模群体的智慧"。

为了演示，假定我们有两个 Acme 雨天探测器。这两个探测器可能具有不同的操作原理，因此在给定天气状况的情况下，两者互不相关（见图 18-20 的顶部图示），但它们仍然有相同的精确度。如果你知道天气情况，同时你观测其中一个探测器的指示，你将不会在另一个探测器上获得更多信息，你仍然会对另一个探测器"晴天指示出晴，雨天指示出雨"的概率赋值 0.8。然而，如果你不知道关于天气的相关信息，那么知晓一个探测器的指示将使你获得另一探测器指示的一些信息（见图 18-20 的底部图示）。

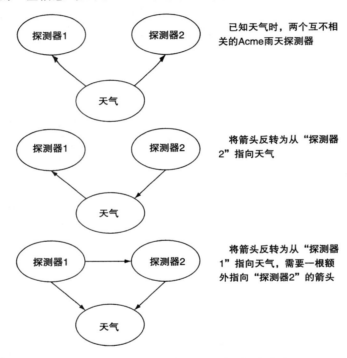

图 18-20　两个 Acme 雨天探测器的关联图

图 18-21 为两个 Acme 雨天探测器概率树的展示（已知天气时，两者互不相关）。

是否 Kim 应该认为从两个探测器得到的信息价值要高于通过单个探测器得到的信息价值呢？运用类似于 Acme 和 β 雨天探测器的分析方法，我们可以发现 Kim 的两个探测器所得信息的价值。直接计算得到的值为 10.38 美元，高于只用一个 Acme 雨天探测器的信息价值 8.82 美元，但仍低于她的 VOC，20.27 美元。

18.5.1　三个 Acme 雨天探测器

现在，我们进一步扩展这一分析。给定天气的情况下，假如 Kim 的信息来源于三个互不相关的 Acme 雨天探测器，她的信息价值是多少？

我们知道，这个值不可能超过她的 VOC，因为这是她为收集天气信息的活动所愿意支付的最高价格。

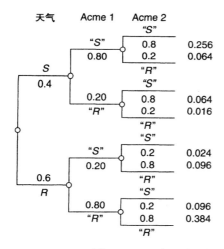
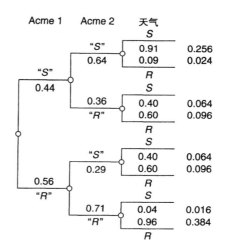

图 18-21 已知天气时，互不相关的 Acme 雨天探测器

如果每种探测器仅给出两种可能的指示：晴或雨，那么通过 n 个 Acme 雨天探测器，Kim 可以获得多少种可能的指示？

通过绘制可能性树图，我们发现她得到 2^n 种可能的指示。例如，如果 Kim 有三个探测器，她可以收到以下 $2^3 = 8$ 种指示，我们记为：

"SSS" "SSR" "SRS" "SRR" "RSS" "RSR" "RRS" "RRR"

> **思考**
>
> Kim 接收信息的顺序会改变她对天气的后验概率吗？

换句话说，如果 Kim 接收到来自相同精度探测器的含有相同数量晴/雨的指示，比如 SSR、SRS 或者 RSS 这样的信息，她应该对天气有不同的信念吗？绘制概率树证实，任意模式报告的概率只取决于该模式下晴天报告和雨天报告的数量。因为所有探测器都拥有相同的精确度，哪一个探测器给出已知的指示并不重要。这被称为**可交换性**，即你无须在乎哪个探测器给出你的报告，你所关心的是每种类型指示的数量。因此，我们可以仅考虑她从 n 个探测器中得到的关于晴天和雨天的指示数量来简化分析。

如果天气是晴天，Kim 从三个探测器中有三种可能的方式得到两个晴天指示和一个雨天指示：SSR、SRS 或 RSS。这些可能性的概率等于：

$$\{2S, 1R \text{ 指示} | S, \&\} = \{\text{"SSS"} | S, \&\} + \{\text{"SRS"} | S, \&\} + \{\text{"RSS"} | S, \&\}$$
$$= 3p^2(1-p) = 0.384$$

其中 p 表示当天气是晴天时探测器指示晴天的概率，对于 Acme 而言是 0.8。

类似地，如果天气是晴天，Kim 以如下三种可能得到一个晴天指示和两个雨天指示：SRR、RSR 或 RRS。这些可能性的概率等于：

$$\{1S, 2R \text{ 指示} | S, \&\} = \{\text{"SRR"} | S, \&\} + \{\text{"RSR"} | S, \&\} + \{\text{"RRS"} | S, \&\}$$
$$= 3p(1-p)^2 = 0.096$$

此外，如果天气是晴天，Kim 还将可能以 RRR 的可能性接收没有晴天的指示，概率为

$\{\text{"RRR"} \mid S, \&\} = (1-p)^3 = 0.008$。同时,还有可能接收到 SSS 的情形,概率为 $\{\text{"SSS"} \mid S, \&\} = p^3 = 0.512$。因此我们可以采用评估形式为 Kim 绘制出简化的概率树,如图 18-22 所示。

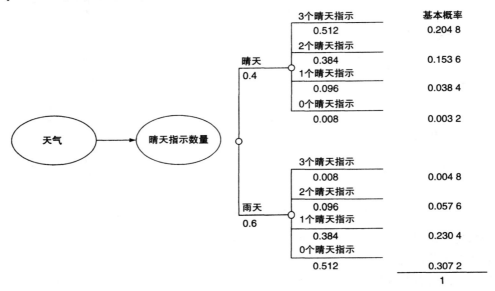

图 18-22　简化的概率树/关联图(评估形式)

图 18-22 中基本概率计算如下:

$\{0\text{ 晴天指示}, S \mid \&\} = 0.4 \times 0.512 = 0.2048$

$\{1\text{ 晴天指示}, S \mid \&\} = 0.4 \times 0.384 = 0.1536$

$\{2\text{ 晴天指示}, S \mid \&\} = 0.4 \times 0.096 = 0.0384$

$\{3\text{ 晴天指示}, S \mid \&\} = 0.4 \times 0.008 = 0.0032$

树的下半部分:

$\{0\text{ 晴天指示}, R \mid \&\} = 0.6 \times 0.008 = 0.0048$

$\{1\text{ 晴天指示}, R \mid \&\} = 0.6 \times 0.096 = 0.0576$

$\{2\text{ 晴天指示}, R \mid \&\} = 0.6 \times 0.384 = 0.2304$

$\{3\text{ 晴天指示}, R \mid \&\} = 0.6 \times 0.512 = 0.3072$

注意,这 8 个概率之和必须为 1,因为其为互斥和完备可能性的基本概率。

为了反转概率树,现在我们计算 $\{r\text{ 晴天指示} \mid \&\}$ 的预后验概率。跟我们前面讨论的一样,其将基本概率加和即可获得:

$\{0\text{ 晴天指示} \mid \&\} = 0.4 \times 0.512 = 0.2048 + 0.6 \times 0.008 = 0.3104$

$\{1\text{ 晴天指示} \mid \&\} = 0.4 \times 0.384 = 0.1536 + 0.6 \times 0.096 = 0.2688$

$\{2\text{ 晴天指示} \mid \&\} = 0.4 \times 0.096 = 0.0384 + 0.6 \times 0.384 = 0.2112$

$\{3\text{ 晴天指示} \mid \&\} = 0.4 \times 0.008 = 0.0032 + 0.6 \times 0.512 = 0.2096$

后验概率可以通过用预后验概率除以对应的基本概率得到,如图 18-23 所示。

计算信息的价值　对于每一个 r 值,Kim 现在需要决策举办聚会的场地。她通过最大化其效用值的期望值来选择方案。为了计算出三个探测器的实际价值,我们需要为晴天指示的

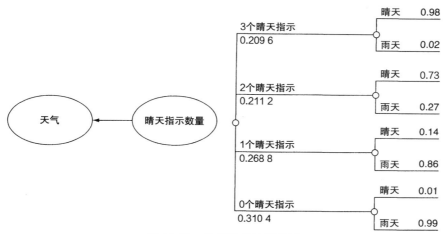

图 18-23 推理形式的概率树

每一个可能的数量 r 确定最优聚会场地（例如，从 n 个探测器得到 r 个晴天指示后，给出她晴天的后验概率）。回顾第 12 章中的敏感性分析，我们可以使用图 12-2 中的结果帮助这一决策。我们将其重现于图 18-24。

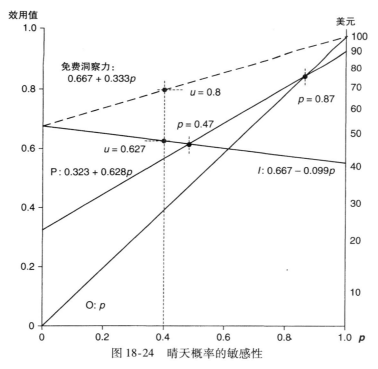

图 18-24 晴天概率的敏感性

我们知道，在 Kim 的信念中，当晴天出现的概率在 0 到 0.47 之间时，她将在室内举办聚会。因此，如果她关于晴天的后验概率在这个范围内，那么她将会选择在室内。对于图 18-23 中三个探测器的案例，如果 Kim 从三个探测器中只获得一个晴天指示或没有晴天指示，她将在室内举办聚会，因为她对晴天的后验概率分别为 0.14 和 0.1。如果她获得两个晴天指示，则后验概率为 0.73，她将在门廊举办聚会。如果三个探测器给出的都是晴天指示，她的后验概率为 0.98，她将在室外举办聚会。

Kim 效用值的期望值在三个免费探测器时为：

$0.2096 \times [0.98 \times u(O,S) + 0.02 \times u(O,R)] + 0.2112 \times [0.73 \times u(P,S) + 0.27 \times u(P,R)]$
$+ 0.2688 \times [0.14 \times u(I,S) + 0.86 \times u(I,R)] + 0.3104 \times [0.01 \times u(I,S) + 0.99 \times u(I,R)]$

Kim 使用三个免费探测器时，该交易的确定等价物为 59.8 美元。

因为 Kim 遵循 Δ 性质，所以我们可以通过计算她使用三个免费探测器的价值减去无探测器时的价值之差以得到三个探测器的价值，即 59.8 – 45.83 = 13.97（美元）。当然，在已知天气的条件下，这个值高于之前计算的两个不相关探测器的值 10.38 美元。

18.5.2 多个（n 个）探测器

我们可以进一步拓展这一分析。假设在天气已知的情况下，Kim 从 n（$n>2$）个互不相关的 Acme 雨天探测器获得信息。图 18-25 给出了 8 个探测器的关联图。她的这一信息价值是多少？

由于每个探测器只能给出"晴天"或"雨天"两种可能的指示之一，Kim 可以从 n 个 Acme 雨天探测器中得到 2^n 个指示。同样，

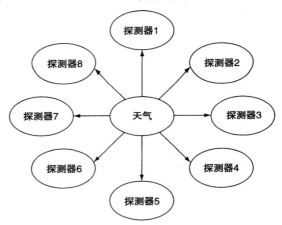

图 18-25 已知天气和 & 时，8 个不相关 Acme 雨天探测器

不同探测器给出的信息顺序无关紧要，晴天、雨天指示的数量才与 Kim 对天气的信念相关。

接下来，我们需要确定从 n 个探测器得到 r 个晴天指示有多少可能的方式。

从 n 个探测器得到 r 个晴天指示的数目 = $\begin{bmatrix} n \\ r \end{bmatrix}$，即：

$$\begin{bmatrix} n \\ r \end{bmatrix} = \frac{n(n-1)(n-2)\cdots(n-r+1)}{r!}$$

例如，如果 Kim 有 10 个探测器，那么她能得到 $2^{10} = 1024$ 个可能的指示。如果她收到 8 个晴天指示，那么有 $\begin{bmatrix} 10 \\ 8 \end{bmatrix} = \frac{10 \times 9 \times 8 \times 7 \times 6 \times 5 \times 4 \times 3}{8 \times 7 \times 6 \times 5 \times 4 \times 3 \times 2 \times 1} = 45$ 种可能方式。

每一个获得 r 个正确指示的可能方式的概率等于 $p^r(1-p)^{n-r}$。如果天气是晴天，Kim 从 n 个探测器收到 r 个晴天指示的概率等于这些概率之和，即 $\{r\text{ 晴天指示} | S, n, \&\} = \begin{bmatrix} n \\ r \end{bmatrix} p^r (1-p)^{n-r}$。

例如，如同 Acme 一样，如果每个探测器的敏感性和一致性为 0.8，那么获得 8 个晴天指示的概率等于：

$$\begin{bmatrix} 10 \\ 8 \end{bmatrix}(0.8)^8(0.2)^2 = 0.30199$$

类似地，已知天气下雨时从 n 个探测器中得到 r 个晴天指示的概率可以用在已知雨天时得到 r 个错误指示和 $(n-r)$ 个正确指示的概率所表示，其概率为：

$$\{r\text{ 晴天指示}|R,n,\&\} = \begin{bmatrix} n \\ n-r \end{bmatrix}p^{n-r}(1-p)^r$$

为了计算决策树末端的基本概率，我们需要用边缘概率乘以这些条件概率得到：

$$\{r\text{ 晴天指示},S|n,\&\} = 0.4\begin{bmatrix} n \\ r \end{bmatrix}p^r(1-p)^{n-r}$$

$$\{r\text{ 晴天指示},R|n,\&\} = 0.6\begin{bmatrix} n \\ n-r \end{bmatrix}p^{n-r}(1-p)^r$$

给定 n 个探测器和 &，将相应的基本概率相加即可得到收到 r 个晴天指示的预后验概率：

$$\{r\text{ 晴天指示}|n\text{ 探测器},\&\} = 0.4\begin{bmatrix} n \\ r \end{bmatrix}p^r(1-p)^{n-r} + 0.6\begin{bmatrix} n \\ n-r \end{bmatrix}(1-p)^r p^{n-r}$$

为了反转概率树，我们现在计算 $\{r\text{ 晴天指示}|n,\&\}$ 的预后验概率。如前文讨论，可由所有基本概率加和所得。

在有 n 个探测器的案例中，已知 Kim 收到 r 个晴天指示的晴天条件概率为：

$$\{S|r\text{ 晴天指示},n,\&\} = \frac{0.4\begin{bmatrix} n \\ r \end{bmatrix}p^r(1-p)^{n-r}}{0.4\begin{bmatrix} n \\ r \end{bmatrix}p^r(1-p)^{n-r} + 0.6\begin{bmatrix} n \\ n-r \end{bmatrix}p^{n-r}(1-p)^r}$$

比如，表 18-4 显示了天气为晴天，Kim 从 $n=10$ 个探测器接收到 r 个晴天指示时，天气为晴天的后验概率。

图 18-26 为图示线条。

请注意，在 10 个探测器中，从 4 个晴天指示到 6 个晴天指示时的巨大飞跃。同时注意当接收到 5 个晴天指示和 5 个雨天指示 ($r=5$) 时，Kim 对晴天的后验概率为 0.4，这退化为 Kim 最初对晴天的先验概率。对于任意数量的探测器而言，这适用于当她接收晴天雨天指示数目相同的情况。

计算信息价值 同样，对于每一个 r 值，Kim 都需要做出举办聚会场地的决策。她通过最大化效用值的期望值的方法对方案进行选择。为了计算出 n 个探测器的真实价值，我们现在需要为任一可能的晴天指示 r 值确定最优聚

表 18-4 已知 r 个晴天指示时，晴天的后验概率 $\{S|r, 10, \&\}$

r	$\{S|r, 10, \&\}$
0	6.35782E-07
1	1.01724E-05
2	0.000162734
3	0.002597403
4	0.04
5	0.4
6	0.914285714
7	0.994174757
8	0.999633923
9	0.999977112
10	0.999998569

会场地（即从 n 个探测器接收 r 个晴天指示后，给出她关于晴天的后验概率）。

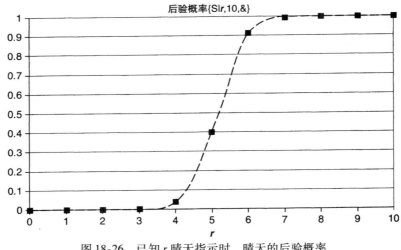

图 18-26　已知 r 晴天指示时，晴天的后验概率

图 18-27 画出了至多 10 个探测器情形下，Kim 所获得的信息价值。对于 10 个探测器，其信息价值为 19.16 美元。注意到该值接近但绝不会超过 Kim 的 VOC——22 美元。

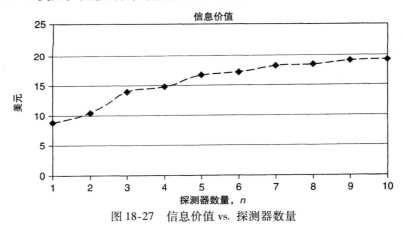

图 18-27　信息价值 vs. 探测器数量

18.6　估值个体非重要的多探测器

假设 Kim 面临一个精度为 0.55 的探测器。通过图 18-28 中的概率树，我们可以发现如果探测器指示"S"，那么晴天的后验概率为 0.45，如果探测器指示"R"，那么晴天的后验概率为 0.35。

通过图 18-24 中的敏感性分析曲线，我们可以知道，Kim 得到上述两种指示时将会选择室内聚会。因此，该探测器指示对其决策而言是非重要的，该探测器价值为 0。

现在假设 Kim 有两个精度为 0.55 的探测器，每个探测器都和天气相关，但在已知天气时，两者互不相关（如图 18-29 所示）。

她的后验概率 $\{S|$ "S"，"S"，$\&\}$ = 0.5。通过图 18-26 可知，Kim 将选择门廊聚会。

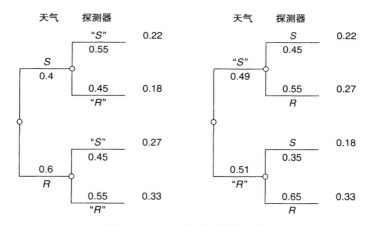

图 18-28　0.55 精确度的探测器

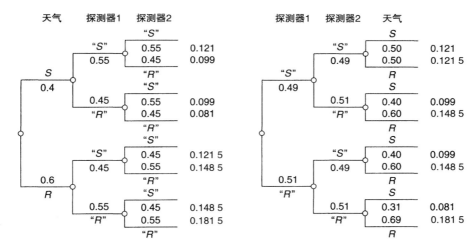

图 18-29　两个精确度均为 0.55 的探测器

对于所有其他指示，其后验概率小于 0.47，因此 Kim 将会选择在室内举办聚会。对于 Kim 来说，两个探测器提供的指示对其决策变得重要。如同 Acme 和 β 雨天探测器的分析方法一样，我们可以得到两个探测器的价值为 0.46 美元。因此，尽管个体探测器为非重要的，但是两个探测器对其决策则是联合重要的。图 18-30 显示出 Kim 的后验概率 vs. 从 10 个 0.55 的探测器所得的晴天指示。

图 18-31 给出了已知天气的情况下，多个互不相关的精确度为 0.55 的探测器所提供的信息对于 Kim 的价值。注意到尽管一个探测器的价值为 0（即该探测器是非重要的），但多探测器的价值为正。

在这部分中，我们假设所有探测器均相同，在给定天气和信息状态的情况下，每个探测器都是互不相关的。但未必一定要这样。运用相同的流程，我们可以计算任意数量探测器的价值，无论其是否相同，无论其是否相关。我们首先利用我们对于探测器指示条件概率的信念来构建决策树的评估形式。接着反转决策树，并在已知探测器指示的情况下计算天气的后验概率。

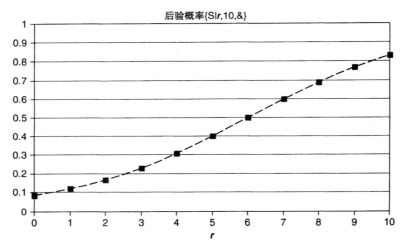

图 18-30　后验概率 vs. 10 个晴天指示

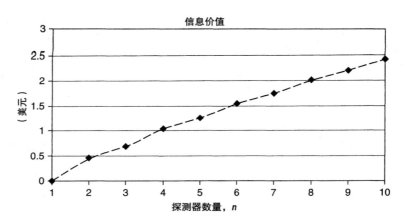

图 18-31　从精确度 0.55 的多探测器所得信息价值

18.7　总结

当有多信源信息时，我们需要评估其相关关系并绘制出决策树的评估形式，然后对决策树进行反转，并基于探测器的指示修正我们的信念。

联合信息的价值可以大于、小于或等于单个信息源信息价值的总和。

如果不同属性与不同方案关联（比如改进后的聚会问题），

- 我们可以计算出最高确定等价物的方案。
- 如果我们想要计算任一属性的信息价值，我们需要评估不同属性间的相关关系。

为计算 n 个探测器的价值：

- 以评估形式评估决策图（树）。
- 反转箭头顺序（反转树）以得到基于多个探测器的关注属性。
- 为多探测器的每个可能的指示计算最优方案。

- 计算多信源的信息价值。

n 个探测器的价值不会大于洞察力价值。

对于多个 Acme 雨天探测器，我们接收信息的顺序不会改变我们的后验概率。

在已知属性的情况下，与关注属性相关但各自互不相关的多探测器的价值接近 VOC，尽管单个探测器对决策是非重要的。

习题

标注星号（*）的习题更具有挑战性。

1. 一家石油公司的 CEO De Cat 先生打算钻一口井。他认为钻井的结果如下：

枯井	0
少油	2 500 万美元
多油	6 000 万美元

   钻井成本为 1 000 万美元。De Cat 先生的效用曲线为：

   $$u(x) = 56.37x - 324.5$$

   De Cat 先生要求公司的地质勘探人员评估每种可能性的概率。地质人员回答说该评估取决于是否有穹丘存在，而穹丘出现的概率为 0.7，并提供如下信息：

   {枯井 | 穹丘存在, &} = 0.5
   {少油 | 穹丘存在, &} = 0.3
   {枯井 | 穹丘不存在, &} = 0.7
   {少油 | 穹丘不存在, &} = 0.25

   a. De Cat 先生选址该油井的确定等价物是多少？
   b. 穹顶存在的信息价值是多少？
   c. 油量大小的信息价值是多少？

2. 根据所学知识，计算如下洞察力价值。
   a. 表 18-2。
   b. 表 18-3。
   c. 图 18-12 中 Kim 的改进聚会问题。
   d. 表 18-4。
   e. 图 18-31。

*3. Kim 认为，在给定天气和信息状态的情况下，两个探测器的指示是相关的。她仍然认为 Acme 雨天探测器的精确度为 0.8，而 β 雨天探测器的精确度为 0.9，但她无法评估两者的相关性。假设 {β 显示 "S" | α 显示 "S", 晴天, &} = {β 显示 "R" | α 显示 "R", 雨天, &}。

   当两个探测器的信息相关时，判断 Kim 的最优选择如何变化。

   参考图 18-2，然后按照如下顺序反转决策树。

   a. β 雨天探测器—天气—Acme 雨天探测器。
   b. Acme 雨天探测器—天气—β 雨天探测器。

*4. 根据两个信源的信息构建一个决策，满足：
   a. 联合洞察力的价值等于各单个洞察力价值之和。
   b. 联合洞察力的价值小于各单个洞察力价值之和。
   c. 联合洞察力的价值大于各单个洞察力价值之和。

第 19 章

期　　权

本章核心概念

阅读本章之后，读者将能够解释下列概念：

- 合约期权和非合约期权
- 期权价值
- 期权价格和执行价格
- 作为期权的信息价值
- 序贯探测器期权

19.1　引言

通常，个体只专注于在两个或两个以上的备选方案中进行选择，而不会花费足够的时间来考虑可以增加他们决策价值的额外的决策方案。我们已经了解到，收集信息是一个可以增加决策价值的额外方案。可以根据信息源结果的启示进行不同的选择。保险是另一个依据不确定性结果提供价值的方案的例子。本章中，我们的目的在于提高对于这类增加决策价值方案的意识，这些决策方案可以依据不确定性的启示在未来构建出新的方案。我们称这样的方案为**期权**并讨论其在决策中的价值。

19.2　合约期权和非合约期权

所谓期权，我们并非简单指任意的决策方案，而是意指依据一些信息的披露许可或者可能许可未来一个决策的方案。这意味着不仅包含财务方面的普通期权，也可以扩展到许多其他个人和专业的决策领域。广义的期权概念既是决策分析的最基本概念之一，又是综合决策的重要辅助工具。图 19-1 是期权购买决策的决策图。

期权的关键点在于未来决策中执行决策者的意愿。例如，从事研发的人希望找到一个赚钱的产品是一个期权，因为如同信息的披露，决策者的意愿在整个开发和商业过程中被执行。买彩票是一种期权，因为我们也可以执行自己的意愿并且选择不去买。其他常见的期权包括携带一个小刀、安装将来可能使用的多余配线，及高速路桥宽于当前所需。

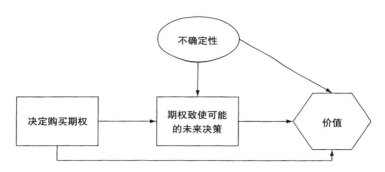

图 19-1　期权分析的决策图

然而，一生频繁吸烟后得肺癌不是一个期权，但是选择吸烟是一个期权，因为这可能影响后期关于癌症治疗的决策。通常，我们忽略识别和构建期权的特权。如此，我们将无法意识到许多决策的序贯性本质。

期权可以是合约的或非合约的。**合约**期权是与其他各方达成的一致意见，以提供未来的决策方案，你也可以不用该方案。例如，一类合约期权是在特定时间内以特定价格买卖资产的独有权利。这种期权通常需要以一定费用获得，称为期权价格。买房时，你可以提交一个购买价，同时放一些钱在第三方作为保证金。如果买家不能（或不想）履行承诺并取消房屋交易，卖家得到保证金。因而第三方的构建是双方的合约期权，如果一方不履行承诺，它允许另一方从协议中轻松退出。

非合约期权存在于基于相同或者改进的方案集的信息披露之后，当我们意识或者构建决策可能性之时。非合约期权可能涉及新信息披露之后合约期权的获得。例如，想象你正在购买一个期权以购买采油权，在购买之前你需要支付一个试钻项目，然后基于试钻结果确定是否购买采油权。这是包含一个合约期权的非合约期权，能够使你获得一些信息（否则将无法使用这些信息）。

19.3　期权价格、执行价格和期权价值

我们曾经定义决策为一种不可取消的资源分配。购买或者构建一个期权的决策通常需要支付以某种价值测度表示的资源价格。我们称这种定价为**期权价格**，它由图 19-1 中从第一个决策到"价值"节点的箭头表示。信息披露之后，选择一个期权提供的方案可能需要额外的资源支付。我们称这种支付为第二次决策中方案的**执行价格**。给定每一种方案的执行价格，期权的价值是决策者感觉无差别购买该期权的价格，即该期权的 PIBP。一般来说，期权的价值随着不确定性和方案数目的增加而增加。

日常生活中有许多期权的例子。例如，在汽车方面你有许多期权。你可以随身携带备用轮胎或迷你备用轮胎。迷你备用轮胎有一个更低的期权价格，包括初始采购价格和节省存储空间。如果你在爆胎时更换轮胎，它也有一个更低的执行价格，因为它更容易安装。然而，当你选择使用它时，它也有一个更低的执行价值，因为它的设计限制了汽车的速度和行程。

其他与你的汽车有关的期权包括携带工具、订购拖车服务或者购买灭火器。购买带有安全气囊的汽车或者自动制动系统只是方案，不是期权，因为使用它们并非执行决策者意愿。

此类系统在事故中自动运行。相反，买一个带有安全带或巡航控制的汽车是期权，因为它们允许你去做一个选择。

另一个常见的期权是在你的钱包里随身携带一张空白支票。它的期权价格很低，因为它只占据很小的空间。执行价格也是低的：如果你需要用它，填写支票并签名即可。然而，在紧急情况或者当信用卡不可用时，随身携带一个空白支票的价值可能会非常高。

购买保险也是一种非常常见的期权。它的期权价格常叫作保险费，它是你必须预先支付给保险公司以获得保单的成本。执行价格可以是固定的（例如，每次拜访医生的固定费用），也可以是一个损失函数（例如，共同支付超过保额之外的医疗服务费用）。注意到在这种特殊情况下，期权不会被执行（不会有索赔申请），除非可抵扣的付款累积到满足一个最大的年度抵减额。

不仅买保险是一种期权，也存在"购买保险"的期权。为新车或者家电购买延保也是一种保险。通常，卖家将拓展初次购买后一定时间期限的保险购买机会，而且其通常是无成本的。因此，买家在观察到产品的初期表现之后拥有是否购买保险的选择：一种期权的期权。同样地，寿险或者健康险的保单可在无额外可保险证明的条件下，提供扩大保险范围的期权。

> **思考**
>
> 想想其他在日常生活中你可获得的期权。对于每一种期权，期权价格是多少？你决定执行期权之前什么信息是已知的？执行价格是多少？

19.4　简单期权分析

一个期权至少提供了依据个人经验调整我们决策的可能性。期权的价值来自于这种调整的可能性和好处。考虑图 19-2 中的简化期权决策，它与图 19-1 的决策图相对应。

没有期权，假设你面临一笔交易，以概率 q 发生的条件 E 产生的货币收益为 b，以概率 $1-q$ 发生的其他条件 E' 产生的收益为 a。例如，E 可能表示一个交通事故，b 表示基于该事故产生的损失，E' 可能是无事故的条件，a 为你当前无事故情况下的收益。

现在，假设你可以以价格 p_o 购买一个期权。如此，执行条件 E 仍会以 q 的概率发生，$1-q$ 的概率不会发生（没有理由相信购买一个期权会增加或减少 E 发生的概率）。

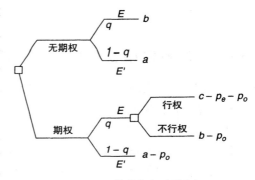

图 19-2　简单期权决策图

在购买期权后，如果条件 E 不发生，收益是 $a-p_o$，即你不购买期权时的所得减去期权价格。然而，如果条件 E 确实发生了，现在你可以进行第二种决策：是否行权。

如果你不行权，收益变为 $b-p_o$，即条件 E 发生的情况下你的所得减去购买期权的价格。如果你行权，需要考虑额外的执行价格 p_e 并获得收益 c（利用期权所得）。例如，c 可能是 b 加上一定量的货币金额，或者购买期权时约定的其他支付。

何时是执行一个已有期权的恰当时机? 答案是,如果在该决策制定时(当条件 E 发生),执行它时的确定等价物高于不执行它时的确定等价物,你就执行期权。更具体而言,我们将执行期权,当

$$c - p_e - p_o > b - p_o$$
$$\Rightarrow c - b > p_e$$

注意到,如果执行价格为零,且 $c > b$,你将总会行权。

如果它是免费的,期权的价值是多少? 作为一个 Δ 人,一位风险中性决策者可以简单地从免费期权的交易价值减去收费期权的交易价值。

没有期权的交易价值是简单的 $[qb + (1-q)a]$。

如果期权是免费的,$p_o = 0$ 而且 E 发生,如果 $c - b > p_e$,则执行期权,期望值为:

$$[q(c - p_e) + (1-q)a]$$

因此,对于一个风险中性的决策者而言,免费期权的价值是:

$$[q(c - p_e) + (1-q)a] - [qb + (1-q)a]$$
$$= q(c - b - p_e)$$

由于免费期权的价值是 $q(c - b - p_e)$,如果价值超过它的价格 p_o,就值得买。因此,

$$q(c - b - p_e) > p_o$$

我们也可以计算更一般的效用函数的期权价值。这种情况下,我们需要改变期权价格 p_o 直到带有期权的交易的确定等价物等于不带期权的交易的确定等价物。如果计算出的带有免费期权的交易的效用值高于计算出的不带期权的交易的效用值,期权价格为正。因此,

$$qu(c - p_e - p_o) + (1-q)u(a - p_o) > qu(b) + (1-q)u(a)$$

这意味着一个正的期权价格。

数例 考虑一个人面临1%的概率损失1 000美元,99%的概率不损失。他得到一个期权,即用不同的执行价格赔偿其损失(如图19-3所示)。

对于一位风险中性的决策者而言,左侧不确定性交易有一个负的确定等价物,$0.01 \times (-1\,000) + 0.99 \times 0 = -10$ 美元。

对于一位风险容忍度为1 000美元的风险规避型决策者而言,其指数型效用曲线为 $u(x) = 1 - e^{-\frac{x}{1\,000}}$,我们有 $u(0) = 0$,所以 $u(-1\,000) = -1.71$,得出该交易的效用值为 $0.5 \times 0 + 0.5 \times (-1.71) = -0.855$,相应的负的确定等价物为 -17.03 美元。

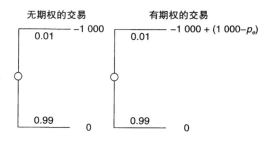

图 19-3 左侧为非确定交易,右侧为期权

在执行价格 $p_e = 0$ 时,期权的价值就是她对于这一不可取交易的PISP,因为它可以消除损失的可能性。因此,对于一位风险中性的决策者而言,期权价值是10美元;对于风险容忍度为1 000美元的 Δ 人而言,期权的价值是17.03美元。正如我们所预期的,当执行价格低时,对于风险规避者而言的期权更有价值,因为如果没有期权,其对该交易将有一个更大的负的确定等价物。

随着执行价格递增，期权价值减少。对于一个 Δ 人，当执行价格为 p_e 时，我们可以用具有期权时的确定等价物减去没有期权时的确定等价物为其计算出期权价值。

如果决策者为风险中性和风险容忍度为 1 000 美元的 Δ 人，图 19-4 显示了期权价值随着执行价格变化的关系。

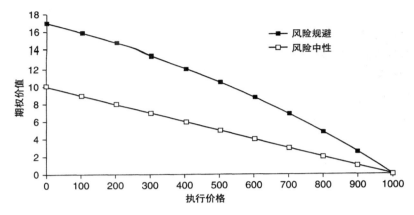

图 19-4　执行价格对期权价值的影响

在执行价格起初增加时，对于两种人而言，期权价值大约减少相同的数量。

> **注解**
> 当执行价格 p_e 等于 1 000 美元时，决策者对于是否行权无差别，因此期权的价值为零。任意更高的执行价格均会导致不行权，所以它的价值仍为零。

19.5　识别期权失败的后果

如果一个序贯决策被错误地当作一个简单决策，可能导致严重的决策错误。我们用一个简单的例子展示。假设一位风险中性者有机会参加一项投资，该投资由三个"成功 S—失败 F"试验来确定。观察到"成功"使后期"成功"的可能性增加，观察到"失败"使后期"成功"的可能性减小。第一次试验"成功"的概率为 1/2。连续试验中观察到，下一次试验"成功"的概率比例是（1 + 所观测到"成功"的数量）：（2 + 所观测"试验"的数量）。例如，如果第一次试验为"成功"，那么第二次试验"成功"的概率是 2/3。然而，如果第一次试验"失败"，那么第二次试验"成功"的概率是 1/3。该模式继续下去：如果前两次试验"成功"，第三次试验"成功"的概率是 $\frac{3}{4}$。

三次试验的概率树如图 19-5 所示。注意，如果你不知道第一次试验的结果，则第二次试验"成功"的概率是 $\frac{1}{2} \times \frac{2}{3} + \frac{1}{2} \times \frac{1}{3} = \frac{1}{2}$。同样地，如果你不知道前两次试验的结果，第三次试验"成功"的概率也是 1/2。

这项投资成功的话收益为 100 美元，失败的话损失为 80 美元。因为在未观测到其他试验结果的情况下，三次试验中的每一个"成功"的概率是 0.5，每次试验对该交易的期望值贡献 10 美元，总价值为 30 美元。

现在，假设提供给投资者一个"停止进一步参与试验"的期权，该期权的价值是多少？分析如图 19-6 所示。

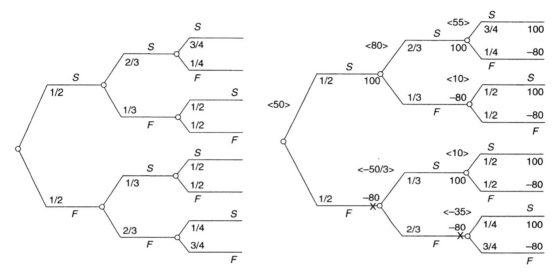

图 19-5　三次试验的概率树　　　　图 19-6　评估投资期权的决策树

我们从预测第三次试验开始。对于四种在第三次试验之前的可能前景的预期，即 SS，SF，FS，FF，第三次试验的价值分别是 55，10，10 和 -35。

这意味着如果投资者在观察两次试验失败后，来到第三次试验，他会选择行权以停止，因为参加第三次试验的确定等价物为 -35 美元。否则，他会继续。图 19-6 中的 × 表示行权并停止的决策。

如果他只观察一次试验并且该试验是"成功"的，他将有 $\frac{2}{3}$ 的机会收到 100 + 55（第二次试验成功时，第三次试验的确定等价物），有 $\frac{1}{3}$ 的机会收到 -80 + 10（第二次试验失败时，第三次试验的确定等价物），期望值为 80。

然而，如果第一次试验是"失败"的，他有 $\frac{1}{3}$ 的机会收到 100 + 10，$\frac{2}{3}$ 的机会收到 -80 + 0（由于他将停止，不参与 $EV = -35$ 的第三次试验）。此时，估值是 $-\frac{50}{3}$，他将再次行权，停止试验。

该进程开始时，总价值为 $\frac{1}{2} \times (100 + 80) + \frac{1}{2} \times (-80) = 50$。因此，期权价值为 50 - 30，即 20 美元。换言之，停止继续参与试验的期权，将投资价值从 30 美元增加到 50 美元。

如果期权允许投资者过掉（pass on）任意试验，而非停止参与，期权会略微变得更有价值。如果第一次试验"失败"，投资者会过掉第二次试验，但是如果第二次试验"成功"，则会参与第三次试验。这会增加进程的价值，而期权的价值将增加 $\frac{1}{2} \times \frac{1}{3} \times 10$，即

1.67 美元。

现在，我们考虑相同的投资，其成败的收益均减少 10 美元，变为 90 美元和 -90 美元。没有期权时，对于风险中性的人而言，该投资不会有价值。拥有"可在任意时刻停止"的期权时，分析过程如前所述，结果如图 19-7 所示。

如果第一次试验"失败"，"停止"期权将会被行权。因此，期权价值和投资价值是 30 美元。注意，该投资的"停止"期权价值高于原始投资的期权（20 美元）。对于该投资，任一试验的"过掉"期权不会比"停止"期权产生额外的价值。

期权允许某人根据不利信息的披露来阻止他们继续损失，是非常有价值的。在一个决策问题中错失这种期权会导致严重的错误。

正如我们所见，使用序贯决策的五条规则，我们常常会遇到制定的初始决策产生一个未来决策的情况。例如，当 Kim 正在考虑买 Acme 雨天探测器时，如果她以具有吸引力的价格购买，她仍会面临在哪里

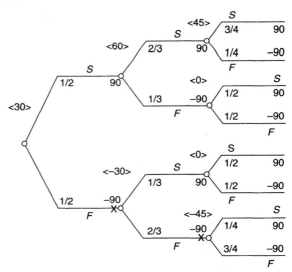

图 19-7 评估改进投资期权的决策树

举办聚会的决策。这是一个序贯决策的例子，即一个决策跟随另一个决策。正如我们所见，初始交易的任一前景由随后交易的效用值（或确定等价物）来评估。这一评估使用相同的行动性思维五规则。这些规则随后将再次被用来做初始决策。如果我们有许多序贯决策，首先评估最后一个决策，然后评估倒数第二个，等等。无须任何额外的规则指导这一进程。因此我们甚至可以评估包含许多序贯决策在内的非常大的决策树。

意识到当我们所考虑的情境出现时，这些包含许多所谓"下游"决策的大的决策树并非所做事项的承诺，这一点是非常重要的。整棵树是当下关于未来可能的行动和对不确定性解决方法的思考，以指导初始的决策。例如，假设 Kim 购买雨天探测器之后，我（作为她的爸爸）提供给 Kim 一个方案，她认为这一方案的结果最好。Kim 将接受这一新的更好的方案，而将雨天探测器的投入作为沉没资源。在给定探测器结果的情况下，她并没有得到在特定场地举办聚会的承诺，即使该想法体现在其决策树上。决策树是可能会立刻变得无用的关于未来的想法。它们只是有助于思考，不保证未来实施。

不理解这个道理的人会再次绘制未来行动的概率树。他将未来决策的方案转换为不确定性，因此将决策树转换为概率树。这种树并不能提供明晰的行动。决策树并不是未来真实行为的描述。一旦你意识到决策树代表你此时关于未来行动最好的想法，你就不会犯这个错误。

19.6 回顾 Jane 的聚会

我们再次回到第 9 章中介绍的聚会问题。回顾 Jane 的聚会决策，为了方便，重新绘制

图 19-8 中她的决策树。

回忆 Jane 的三种方案的风险中性的确定等价物分别是 40 美元、48 美元、46 美元，因此她选择门廊聚会。如果她知道会是晴天，她会举办一个室外聚会，价值 100；如果她知道会下雨，她会举办一个室内聚会，价值 50。由于晴天和雨天的概率分别为 0.4 和 0.6，免费洞察力将为其提供 70 的估值，增加了 22。这意味着天气洞察力所代表的期权价值为 22。

回到聚会问题，注意到 Jane 通过同时设置室内和室外聚会来构建洞察力期权。设置后，如果是晴天，她会举办一个室外聚会，如果是雨天，她会举办一个室内聚会。如果这种设置的期权价格低于 22，她会比当前交易更盈利。

她也可以通过提高执行价格来降低期权价格。她可以将聚会举办的部分设施放在户外，剩下的放在室内以至于一旦得知天气状况就可以搬到聚会场地。由于雨天是更有可能的，她可

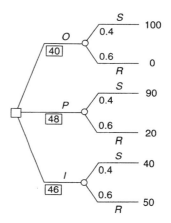

图 19-8 Jane 的聚会问题的决策树

以在室内设置可移动物品，必要时再将它们移到室外。如果她能够以 10 美元的期权价格进行部分设置，且晴天时的执行价格为 5 美元，那么期权的估值为 22 – 10 – 0.4 × 5 = 10。对于 Jane，构建这个期权会将聚会的价值从 48 美元提升到 58 美元。考虑构建期权，然后改进它们以构建不同的期权和执行价格，在方案构建方面会非常有帮助。

Jane 的多日聚会问题：序贯决策

通过构建其他期权，Jane 可以进一步增加她的聚会交易。例如，假设 Jane 在观察了每天早上的天气之后，有一个在接下来"两天中的任意一天举办聚会"的期权。不管前一天的天气如何，她对任一天为晴天的概率均赋值 0.4。如果第一天是晴天的概率是 0.4，她将在室外举办聚会，确定等价物为 100 美元。如果第一天是雨天，她可以等第二天。如果第二天是晴天，她将在室外举办聚会（第一天是雨天，而第二天是晴天的概率为 0.6 × 0.4 = 0.24）。第二天的室外晴天聚会的确定等价物仍是 100 美元。如果第二天是雨天，她将在室内举办聚会，确定等价物是 50 美元，概率为 0.6 × 0.6。Jane 的新的聚会交易现在可以用图 19-9 中的树图表示。

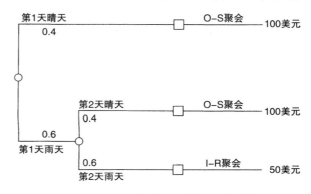

图 19-9 Jane 的任意两日期权的决策树

对于改进后的聚会交易，Jane 的确定等价物是：

$$0.4 \times 100 + 0.6 \times 0.4 \times 100 + 0.6 \times 0.6 \times 50 = 82(美元)$$

选择两天中的任意一天举办聚会的期权增加了其确定等价物，即期权价值为 82 – 48 = 34（美元）。

如果 Jane 在接下来的 $n > 2$ 天的任意一天举办聚会，且她对雨天互不相关的概率赋值相同，她的期权价值将进一步增加。在这些条件下，她将在第一个晴天举办室外聚会，价值为 100 美元。如果她等到最后一天 $n = 1$，她会在最匹配当天天气的场地举办聚会，即拥有洞察力。因此，当 $n = 1$ 时，期权的价值是 22，这正如我们先前计算的一样。具有一个允许 n 天持续期的期权，如果 n 天中至少有一天是晴天，则 Jane 能够享受一个晴天的室外聚会。只要并非每天都下雨，则这一定会发生，其概率为 $1 - 0.6^n$。

如图 19-10 所示，当 n 大于 9 时，期权价值大约是 52 美元，这是最好的聚会价值 100 美元和门廊聚会价值 48 美元之差。换言之，如果有 10 天及以上可以选择举办聚会，她将几乎确定会举办一个晴天聚会。

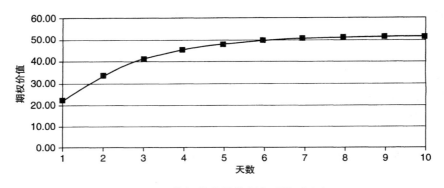

图 19-10　期权价值随着剩余天数而改变

19.7　洞察力作为一种期权的价值

洞察力是一种期权，它允许在特定属性的结果披露之后再做决策。由于任意的试验或者信息收集活动都可以被视作为该试验或者活动的结果提供洞察力，任意的试验或其他信息收集活动也可以被视作为一种期权。有限柔性的洞察力也是一种期权，是一种接收特定属性的信息，该信息在披露之后用于限制可制定的方案集。这种情境的案例包括破坏性测试，你不可以再使用已测试的项目，但你已经获得了可用于类似项目的信息。

因此，我们可以将洞察力价值表达为执行价格为 0 的洞察力期权的价值。稍后我们将检验这种情况和执行价格非零时的情况。一个试验的常规值就是该试验结果在零执行价格时的洞察力期权价值。现在我们知道期权的概念允许我们扩展洞察力价值的概念。每一个执行价格会有一个与之相关的期权价值。

在洞察力的最初讨论中，我们假设不论是否得到先知的提示，我们都拥有相同的备选方案。我们称这种情况为**完全弹性**。我们观察到洞察力价值绝不可能为负值正是基于这个假设以及基于先知的表述后不会产生额外支付。遵从先知的预测，如果新的决策情境排除初始决策中的一个或多个方案，且不增加任何新的方案，那么即使执行价格为零，给定有限弹性洞察力的价值也可能为负。一个执行价值为零且不改变方案，即完全弹性的期权价值，不可能为负。

19.8 序贯信息期权

在上一章中,我们分别单独讨论了 Kim 关于 Acme 和 β 雨天探测器的信息价值,也讨论了同时从两个探测器接收的信息价值。我们也证明了联合洞察力的价值未必一定要等于单个不确定性洞察力价值的加和。

现在我们可以讨论 Kim 能够接收信息的其他方式。例如,假设提供给 Kim Acme 雨天探测器,同时也提供她在观察 Acme 雨天探测器的指示后接收 β 指示的期权。Kim 对于 β 雨天探测器的估值现在会有所不同吗?或者相反地,Kim 被提供 β 雨天探测器,同时也提供她在观察 β 雨天探测器的指示后接收 Acme 雨天探测器指示的期权。某些情况下,如破坏性测试情况中,序贯测试的观点未必可取,因为一个项目在第一次试验之后会被毁坏。然而,在其他情况中,该期权也许可用,并且我们在了解探测器的指示后,可能会有兴趣计算洞察力期权的价值。

为了进一步阐明序贯信息,我们现在回顾 Kim 的 Acme 雨天探测器决策。图 19-11 显示免费使用雨天探测器时的决策树,箭头表示最优方案。注意到,如果探测器指示"晴天",Kim 会在门廊举办聚会,但是如果探测器指示"雨天",她会待在室内。回顾探测器期权对她的价值,54.65 – 45.83,即 8.82 美元,她的洞察力价值是 20 美元。

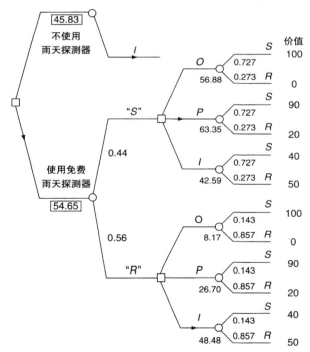

图 19-11 Kim 的雨天探测器决策树

现在假设允许 Kim 免费使用雨天探测器,但是她还未观察到指示结果。如果此时先知出现并愿意提供服务,她的洞察力价值是多少?由于 Kim 是一个 Δ 人,她的新的洞察力价值为免费洞察力交易的价值减去没有洞察力但有免费探测器的交易价值。洞察力价值现在减少至

66.10 – 54.65，即 11.45 美元。换言之，她不会接受要价高达 12 美元的先知服务。

现在我们考虑洞察力期权的另一个变种，并且阐明先知如何为其服务要价更高。假设先知问 Kim，"如果我提供一个执行价格为 12 美元且可以随时使用我服务的期权，你愿意支付多少？"也就是说，Kim 可以先观察免费探测器指示，再决定她是否使用先知的服务。让我们仔细检验 Kim 对这个问题的分析。

Kim 这样推理，"如果 Acme 指示晴天，其概率是 0.44，我会在门廊举办聚会，确定等价物为 63.35 美元，晴天的概率为 0.727（如图 19-11 所示）。如果我获得洞察力，将有 0.727 的概率先知会说晴天，给我一个价值 100 美元、概率为 0.727 的室外晴天聚会；0.273 的概率先知会说雨天，给我一个价值 50 美元、概率为 0.273 的室内聚会。这样的交易对我来说价值是 82.59 美元，比我面临其他交易的价值 63.35 美元增加了 19.24 美元。因此，19.24 美元是这些情况下我的洞察力价值。当探测器说是晴天时我会为洞察力支付 12 美元，并获得 7.24 美元的净收益。"

"此外，如果 Acme 指示雨天，概率为 0.56，我会在室内举办聚会，确定等价物为 48.48 美元，晴天的概率是 0.143。如果我获得洞察力，我会有 0.143 的概率举办一个价值 100 美元的室外聚会，0.857 的概率举办一个价值 50 美元的室内聚会。这样的一个交易对我来说价值 55.35 美元，比我面临其他交易的价值 48.48 美元增加了 6.78 美元。因此，6.78 美元是这些情况下我的洞察力价值，当探测器显示雨天时我不会为洞察力支付 12 美元。"

在观测到探测器一个"晴天"指示之后，Kim 对于洞察力的估值要高于"雨天"的指示。然而，在观测指示之前她的洞察力价值依然是 11.45 美元。

Kim 关于免费探测器和执行价格为 12 美元时的洞察力期权的决策树如图 19-12 所示。如果探测器显示"晴天"，她会执行洞察力期权；如果探测器显示"雨天"，她则不会执行洞察力期权。因此，执行价格为 12 美元的洞察力期权会构建一笔以 0.44 概率获得 70.59 美元，以 0.56 概率获得 48.48 美元的交易。这笔交易的确定等价物是 57.39 美元。没有期权时，免费探测器交易的确定等价物是 54.65 美元。因此，假定 Kim 可免费使用 Acme 雨天探测器，但是不知道它的指示，对于一个执行价格为 12 美元的洞察力期权，她至多支付 2.74 美元。

现在让我们回到期权价值如何依赖于执行价格这一问题的研究。如果执行价格为零，Kim 会一直使用先知的服务，期权对她的价值将会是以 0.44 的概率收益 82.59 美元和 0.56 的概率收益 55.35 美元的交易，即 66.10 美元，减去没有期权时的价值 54.65 美元，洞察力价值为 11.45 美元。如果执行价格为 19.24（= 82.59 – 63.35）美元或者更大，她将绝不会行权，期权将没有价值。图 19-13 绘制了期权价值和执行价格之间的关系。

执行价格低于 6.87 美元时，期权将被行权而不管探测器指示的结果；在此价格之上时，仅当探测器显示"晴天"时，才会行权。当执行价格超过 19.24 美元时，期权没有价值，因为在观测到探测器指示后，她绝不会使用洞察力。

当决策者风险敏感但不是 Δ 人时，计算期权价值将更加复杂。我们再也不能根据具有免费期权的交易的确定等价物减去没有期权的交易的确定等价物来发现期权的价值。然而，如果你输入不同的期权和执行价格，并能够发现某种组合将使得决策者对此期权感觉无差别，则图 19-12 的计算方法就会有效。这种方法允许绘制一个如图 19-13 所示的图，而不用假设 Δ 性质。

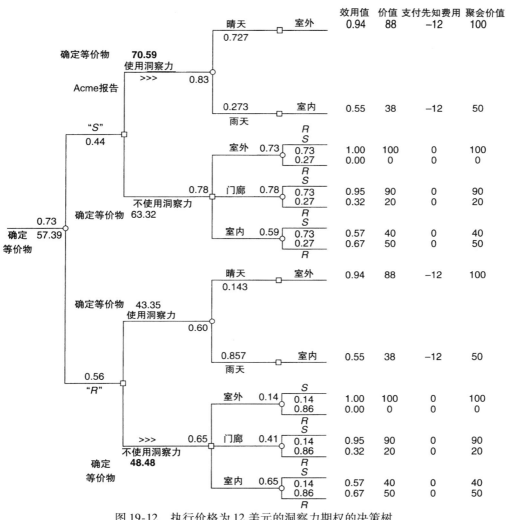

图 19-12 执行价格为 12 美元的洞察力期权的决策树

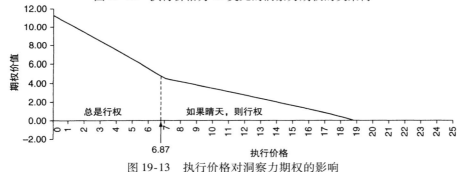

图 19-13 执行价格对洞察力期权的影响

19.9 序贯探测器期权

我们已经了解到，对于具有免费 Acme 雨天探测器的聚会，Kim 的确定等价物是 54.65 美元。假设 Kim 已经免费获得 Acme 雨天探测器，而此时 β 雨天探测器的推销员出现并提供任意时间使用 β 雨天探测器的期权（甚至在观察 Acme 的指示之后）。期权价格是 2 美元，执行价格是 4 美元，即 Kim 会为这个期权预先支付 2 美元，如果她之后决定使用 β 雨天探测器再支付 4 美元。这个期权的决策树如图 19-14 所示。她对于该交易的确定等价物为 55.4 美元，高于她只有免费 Acme 雨天探测器时的价值。因此 Kim 应该同意 β 期权。

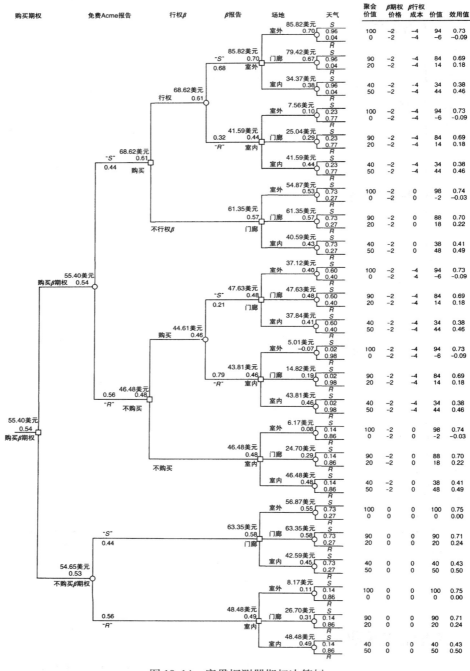

图 19-14　序贯探测器期权决策树

我们也可以对具有 β 期权的确定等价物进行敏感性分析，并且改变执行价格和期权价格（如表 19-1 所示）。

表 19-1 敏感性分析

		期权价格（美元）														
		0	1	2	3	4	5	6	7	8	9	10	11	12	13	14	15
执行价格（美元）	0	60.21	59.21	58.21	57.21	56.21	55.21	54.65	54.65	54.65	54.65	54.65	54.65	54.65	54.65	54.65	54.65
	1	59.21	58.21	57.21	56.21	55.21	54.65	54.65	54.65	54.65	54.65	54.65	54.65	54.65	54.65	54.65	54.65
	2	58.21	57.21	56.21	55.21	54.65	54.65	54.65	54.65	54.65	54.65	54.65	54.65	54.65	54.65	54.65	54.65
	3	57.77	56.77	55.77	54.77	54.65	54.65	54.65	54.65	54.65	54.65	54.65	54.65	54.65	54.65	54.65	54.65
	4	57.40	56.40	55.40	54.65	54.65	54.65	54.65	54.65	54.65	54.65	54.65	54.65	54.65	54.65	54.65	54.65
	5	57.03	56.03	55.03	54.65	54.65	54.65	54.65	54.65	54.65	54.65	54.65	54.65	54.65	54.65	54.65	54.65
	6	56.66	55.66	54.66	54.65	54.65	54.65	54.65	54.65	54.65	54.65	54.65	54.65	54.65	54.65	54.65	54.65
	7	56.29	55.29	54.65	54.65	54.65	54.65	54.65	54.65	54.65	54.65	54.65	54.65	54.65	54.65	54.65	54.65
	8	55.91	54.91	54.65	54.65	54.65	54.65	54.65	54.65	54.65	54.65	54.65	54.65	54.65	54.65	54.65	54.65
	9	55.53	54.65	54.65	54.65	54.65	54.65	54.65	54.65	54.65	54.65	54.65	54.65	54.65	54.65	54.65	54.65
	10	55.14	54.65	54.65	54.65	54.65	54.65	54.65	54.65	54.65	54.65	54.65	54.65	54.65	54.65	54.65	54.65
	11	54.76	54.65	54.65	54.65	54.65	54.65	54.65	54.65	54.65	54.65	54.65	54.65	54.65	54.65	54.65	54.65
	12	54.65	54.65	54.65	54.65	54.65	54.65	54.65	54.65	54.65	54.65	54.65	54.65	54.65	54.65	54.65	54.65
	13	54.65	54.65	54.65	54.65	54.65	54.65	54.65	54.65	54.65	54.65	54.65	54.65	54.65	54.65	54.65	54.65
	14	54.65	54.65	54.65	54.65	54.65	54.65	54.65	54.65	54.65	54.65	54.65	54.65	54.65	54.65	54.65	54.65
	15	54.65	54.65	54.65	54.65	54.65	54.65	54.65	54.65	54.65	54.65	54.65	54.65	54.65	54.65	54.65	54.65

如果确定等价物高于 54.65 美元，她不会购买期权。表 19-2 表明在给定期权价格和执行价格时的最优购买决策。

表 19-2 最优购买决策

		期权价格（美元）														
		0	1	2	3	4	5	6	7	8	9	10	11	12	13	14	15
执行价格（美元）	0	购买	购买	购买	购买	购买	购买	不买	不买	不买	不买	不买	不买	不买	不买	不买	不买
	1	购买	购买	购买	购买	购买	不买	不买	不买	不买	不买	不买	不买	不买	不买	不买	不买
	2	购买	购买	购买	购买	不买	不买	不买	不买	不买	不买	不买	不买	不买	不买	不买	不买
	3	购买	购买	购买	购买	不买	不买	不买	不买	不买	不买	不买	不买	不买	不买	不买	不买
	4	购买	购买	购买	不买	不买	不买	不买	不买	不买	不买	不买	不买	不买	不买	不买	不买
	5	购买	购买	购买	不买	不买	不买	不买	不买	不买	不买	不买	不买	不买	不买	不买	不买
	6	购买	购买	购买	不买	不买	不买	不买	不买	不买	不买	不买	不买	不买	不买	不买	不买
	7	购买	购买	不买	不买	不买	不买	不买	不买	不买	不买	不买	不买	不买	不买	不买	不买
	8	购买	购买	不买	不买	不买	不买	不买	不买	不买	不买	不买	不买	不买	不买	不买	不买
	9	购买	不买	不买	不买	不买	不买	不买	不买	不买	不买	不买	不买	不买	不买	不买	不买
	10	购买	不买	不买	不买	不买	不买	不买	不买	不买	不买	不买	不买	不买	不买	不买	不买
	11	购买	不买	不买	不买	不买	不买	不买	不买	不买	不买	不买	不买	不买	不买	不买	不买
	12	购买	不买	不买	不买	不买	不买	不买	不买	不买	不买	不买	不买	不买	不买	不买	不买
	13	购买	不买	不买	不买	不买	不买	不买	不买	不买	不买	不买	不买	不买	不买	不买	不买
	14	购买	不买	不买	不买	不买	不买	不买	不买	不买	不买	不买	不买	不买	不买	不买	不买
	15	购买	不买	不买	不买	不买	不买	不买	不买	不买	不买	不买	不买	不买	不买	不买	不买

图 19-15 绘制了不同期权价格下的期权价值和执行价格之间的关系。

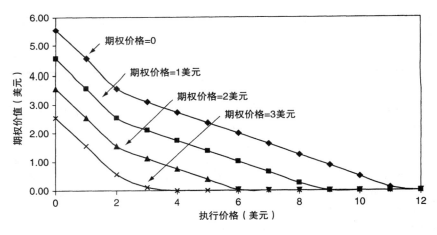

图 19-15　期权价值 vs. 执行价格

图 19-16 绘制了期权价值对期权价格、期权价值对执行价格的双敏感性分析。

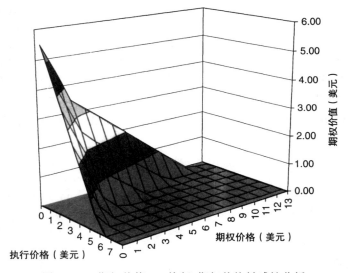

图 19-16　期权价值 vs. 执行/期权价格敏感性分析

19.10　构建期权

在为一个决策提出方案时,你总是需要考虑你可以且应该构建哪些期权。期权源于在整个或部分不确定性的解决预期上识别或创造新的决策机会。

假设你在自驾游,你担心在到达目的地之后能否找到一间汽车旅馆,尽管你在给定高速公路糟糕的交通环境下,仅仅赋值了 50% 的到达概率。你提前打电话,发现如果你立即用信用卡支付,你可以预订到一个房间。你需要决定是否确认预订。

假设你提出保证预付旅馆老板房间成本的一半价格(期权价格),如果你到达酒店入住,支付房间成本额外的 $\frac{3}{4}$(执行价格)。如果你是风险中性的,你对期权的成本评估为 $\frac{1}{2}$ +

$\frac{1}{2} \times \frac{3}{4}$,即房间成本的$\frac{7}{8}$,这少于确认预订的花费。如果旅店老板也是风险中性的,认为你到店入住的概率为50%,旅店老板的估值也是$\frac{7}{8}$。这个期权对于旅店老板会是一个好的交易,他将以少于$\frac{7}{8}$的概率赋值将房间租给其他人。

你可以调整该期权去适应其他情况。例如,如果执行价格是房间成本的一半,期权成本是$\frac{3}{4}$;对旅店老板来说,如果他有75%的机会租出这间房的话,卖这个期权是值得的。

在发展战略中使用

期权在帮助人们选择商业战略中扮演着重要的角色。当定义可能的战略时,第一步通常是识别出定义该战略所需的每一个决策,然后指明每一个决策的方案。战略是指与这些决策一一对应的方案所组成的一个集合。

例如,你在一家化妆品公司,为一款新的香水考虑可能的战略。市场决策的方案可能有:大众市场、中等价位市场和高价位市场。分销渠道决策的方案可能有:折扣连锁店、商场百货和独家精品店。战略就是从这些决策的每一个中选出一个方案。高定价产品和折扣连锁店相匹配的战略不是一个一致的或有用的方法。

如同战略构建的概念一样有用,为每一决策的选择构建框架以作为方案可能导致对包含期权的战略的不充分考虑,并因此可能阻碍序贯决策的发展。

做决策之前,一种发现新期权的方法是扪心自问:如果你可以首先阐明一个或多个不确定性属性,你是否可以做一个更好的决策,如果可以,你自问可以构建什么期权以创造出所找寻的决策机会。然后,你会用我们已经阐明的分析方法来评估那些期权是否有分析意义。在香水例子中,这可能意味着在看到市场调查结果之前,购买一个制造商设施期权而非直接进行生产。

19.11 总结

期权是根据信息披露,允许或可能允许未来决策的一个方案。先知和任意的信息收集试验提供期权。一个期权有一个价值、一个期权价格和一个执行价格。如果你不做决策,接收信息是一个期权。如果你做决策,获得信息是一个期权。等待的期权通常增加价值。如果期权价格是0,执行价格是0,此时期权价值,就像洞察力价值一样,一定是非负的。日常生活中有许多种产生期权的原因。

习题

标注星号(﹡)的习题更具有挑战性。

1. 考虑一种你目前面临的决策情境。
- 你当前的方案是什么?
- 你的不确定性是什么?
- 你构建什么期权可以在将来根据不确定结果的披露,而产生更多备选方案?

- 哪种不确定性最可能被披露？
- 通过你的期权，未来会创造出什么备选方案？
- 画出决策树，计算期权价值。

*2. 本问题集中在以不同价格购买多信源信息的期权。两个推销员找到 Kim：一个销售 Acme 雨天探测器，另一个销售 β 雨天探测器。相互协商之后，他们给 Kim 提供以下机会。

- Kim 可以用 10 美元随时买 Acme 雨天探测器。
- Kim 可以用 13 美元随时买 β 雨天探测器。
- Kim 可以用 16 美元同时买这两个探测器。

Kim 相信 Acme 雨天探测器是对称的，精确度是 0.8。换言之，

$$\{“S” | S,\&\} = \{“R” | R,\&\} = 0.8$$

这里 "S" 是测试结果指示为晴天，S 是天气实际是晴天的结果（雨天同理）。

Kim 也相信 β 雨天探测器是对称的，精确度是 0.9。在给定天气和背景信息的情形下，两个探测器是不相关的。

a. 确定 Kim 面临的不同购买策略。
b. 为 Kim 的探测器购买决策绘制决策图。
c. 用推理形式重新绘制决策图（以探测器指示为条件的天气状况）。
d. 为 Kim 确定最优的探测器购买策略。请绘制决策树且在树上标明最优决策。

*3. 一天，一个风险中性的决策者持有一个股票期权。如果股票价格 P 大于 50，期权为他带来的收益为 $P-50$ 美元，否则他获得 0。当前股票价格是 45 美元，每天上涨 20% 或下跌 20% 的概率分别是 0.6 和 0.4。当天该期权的价值是多少？重复这一问题，如果这个决策者在该股票有一个 3 天的期权，他可以：

- 只在第 3 天行权。
- 在 3 天中的任一天执行期权。

*4. 自己重复下面的分析。

a. 图 19-10。
b. 图 19-13。
c. 表 19-1。
d. 表 19-2。

第 20 章

多指示值的探测器

本章核心概念

阅读本章之后，读者将能够解释下列概念：

- 估值多指示值的探测器
- 估值指示值≤某个值的探测器
- 估值一个连续型 β 探测器
- 离散化一个连续型 β 探测器

20.1 引言

前文中，我们已经讨论了可获得多信源信息的情形。现在，我们将考虑一个探测器有多个指示值的情形。例如，一个温度传感器可能会指示"热"或"冷"，它也可以根据其分辨率产生一个大范围的可能温度指示。一个拥有大范围指示值的传感器比只拥有简单的"热"和"冷"指示的传感器更有价值吗？你更偏好一个可指示多种电量情况的汽车电量指示器还是一个只指示"好"或"坏"的汽车电量指示器？如果你正在考虑一笔股票投资，你觉得了解股价是否会"上升"或"下降"还是了解实际的未来股价更有价值？

在本章，我们将提出多个概念。首先，我们将阐明如何计算具有多指示值探测器的价值。我们之前讨论过的双指示值探测器的基本原则仍然适用。然而，对于多指示值的情况，利用表格来组织计算将很有帮助。为了提高本章的学习效果，我们建议你自己利用表格形式进行分析。我们也将展示如何对一个提供连续区间指示值的探测器进行分析。其次，我们将会介绍 β 分布，该分布在多种决策中都非常有用，因为其具有多种形态。最后，我们将阐明多状态属性如何被离散化为较少状态数量的属性。我们将在第 35 章详述这一问题。

20.2 100 个指示值的探测器

同样，我们将回顾第 9 章中介绍过的聚会问题。该问题中，Kim 决定去哪里举办聚会并且考虑三种备选方案。她不确定天气是"晴天"还是"雨天"。她考虑购买探测器信息。

在第 18 章中，我们讨论过 Acme 和 β 雨天探测器的购买决策。假设当 Kim 正考虑为她的聚会使用 Acme 雨天探测器时，另一个推销员找到她，为她提供了一个指示值范围从 1 到 100 的雨天探测器。他说 100 个指示值的探测器比 Acme 雨天探测器拥有更高的分辨率。它提供了一个整数 T，范围从 1（晴天，无雨）到 100（雨天，无太阳）。他告诉 Kim 如果是晴天，该探测器将会以相同的概率 $\left(\frac{1}{63} = 0.0159\right)$ 从 1 到 63 中产生一个数字；如果是雨天的话，会以相同的概率 $\left(\frac{1}{63} = 0.0159\right)$ 从 38 到 100 中产生一个数字。给定天气状况时，**探测器指示值**的概率分布 T，为

$$\{T \mid S, \&\} = \begin{cases} \frac{1}{63}, & T = 1, 2, \cdots, 63 \\ 0, & T = 64, 65, \cdots, 100 \end{cases} \quad \{T \mid R, \&\} = \begin{cases} 0, & T = 1, 2, \cdots, 37 \\ \frac{1}{63}, & T = 38, 39, \cdots, 100 \end{cases}$$

图 20-1 和图 20-2 在分别已知晴天和雨天的情况下，显示了探测器指示的概率分布。

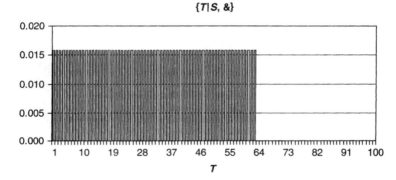

图 20-1　已知晴天时，可能的探测器指示/概率

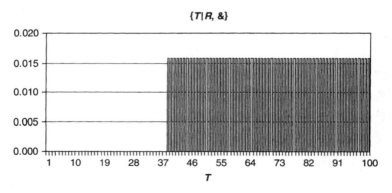

图 20-2　已知雨天时可能的探测器指示/概率

注意，探测器的指示值与天气相关，因为对于天气属性的每一状态均有不同的概率分布。这种情形的关联图如图 20-3 所示，其与简单探测器所用的关联图完全相同。

该关联图的树状图如图 20-4 所示，显示出天气

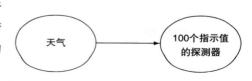

图 20-3　100 个指示值探测器的关联图

的先验分布情况以及在给定天气状况时指示值的可能性。

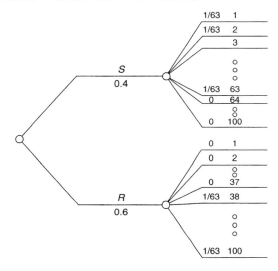

图 20-4　100 个指示值探测器的评估形式概率树

为了发现使用该探测器的启示和价值，我们需要通过反转该树以构建其推理形式。表 20-1 给出了**树反转**的分析。

表 20-1　100 个指示值探测器的推理形式表示

(a) 指示值, T	(b) $\{T\|S,\&\}$	(c) $\{T\|R,\&\}$	(d) $\{S\|T,\&\}$	(e) $\{R\|T,\&\}$	(f) $\{T\|\&\}$	(g) $\{S\|T,\&\}$	(h) $\{R\|T,\&\}$	(i) 决策	(j) 聚会确定等价物	(k) 聚会效用值
1	0.015 9	0	0.006	0	0.006	1	0	O	100	1
2	0.015 9	0	0.006	0	0.006	1	0	O	100	1
3	0.015 9	0	0.006	0	0.006	1	0	O	100	1
4	0.015 9	0	0.006	0	0.006	1	0	O	100	1
……	……	……	……	……	……	……	……	……	……	……
34	0.015 9	0	0.006	0	0.006	1	0	O	100	1
35	0.015 9	0	0.006	0	0.006	1	0	O	100	1
36	0.015 9	0	0.006	0	0.006	1	0	O	100	1
37	0.015 9	0	0.006	0	0.006	1	0	O	100	1
38	0.015 9	0.015 9	0.006	0.010	0.016	0.4	0.6	I	45.83	0.627
……	……	……	……	……	……	……	……	……	……	……
61	0.015 9	0.015 9	0.006	0.010	0.016	0.4	0.6	I	45.83	0.627
62	0.015 9	0.015 9	0.006	0.010	0.016	0.4	0.6	I	45.83	0.627
63	0.015 9	0.015 9	0.006	0.010	0.016	0.4	0.6	I	45.83	0.627
64	0	0.015 9	0	0.010	0.010	0	1	I	50	0.667
65	0	0.015 9	0	0.010	0.010	0	1	I	50	0.667
……	……	……	……	……	……	……	……	……	……	……
98	0	0.015 9	0	0.01	0.01	0	1	I	50	0.67
99	0	0.015 9	0	0.01	0.01	0	1	I	50	0.67
100	0	0.015 9	0	0.01	0.01	0	1	I	50	0.67

列（a）给出了探测器可能产生的指示值。列（b）和（c）分别给出了当天气是晴天和雨天时出现某一指示值的条件概率，所以我们有 $\{T|S,\&\}$ 和 $\{T|R,\&\}$。注意，这些数字要么是 $\frac{1}{63}=0.0159$，要么是 0，正如之前在图 20-1 和图 20-2 中所见的一样。此外，因为条件概率 $\{T|S,\&\}$ 和 $\{T|R,\&\}$ 不同，所以探测器指示值与天气相关。列（d）给出了指示值 T 且天气为晴天时的联合概率 $\{S,T|\&\}$，其由列（b）中的数字乘以晴天的概率 $\{S|\&\}=0.4$ 获得，即：

$$\{S,T|\&\} = \{T|S,\&\}\{S|\&\}$$

列（e）给出指示值为 T 时且天气为雨天的联合概率 $\{R,T|\&\}$，它通过将列（c）中的数字乘以 $\{R|\&\}=0.6$ 获得，即：

$$\{R,T|\&\} = \{T|R,\&\}\{R|\&\}$$

列（f）给出指示值为 T 的预后验概率 $\{T|\&\}$，它通过将列（d）和（e）相加得到。

$$\{T|\&\} = \{S,T|\&\} + \{R,T|\&\}$$

列（g）给出了接收到一个指示值 T 时晴天的后验概率，因此我们有 $\{S|T,\&\}$。它是通过将列（d）中的相应值除以列（f）中的相应值获得。

$$\{S|T,\&\} = \frac{\{S,T|\&\}}{\{T|\&\}}$$

列（h）给出了已知一个指示值 T 时雨天的后验概率，因此我们有 $\{R|T,\&\}$。它通过将列（e）中的相应值除以列（f）中的相应值获得。因此有，

$$\{R|T,\&\} = \frac{\{R,T|\&\}}{\{T|\&\}}$$

我们以表格形式完成的分析与之前进行的反转树图相对应。表格形式便于处理大量的指示值。图 20-5 和图 20-6 绘制出了在已知指示值 T 时，晴天和雨天的后验概率。

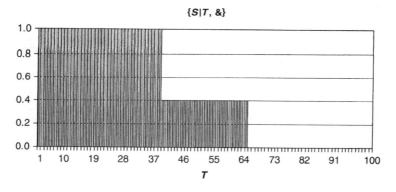

图 20-5　后验概率 $\{S|T,\&\}$

列（g）和图 20-5 显示出在接收探测器指示值 T 后，晴天的概率只有三种可能值：1、0.4 和 0。列（h）和图 20-6 显示出在接收探测器指示值后，雨天的概率只有三种可能值：0、0.6 和 1。

列（i）显示出 Kim 在接收到一个指示值 T 后的最优决策。回顾敏感性分析的章节后可知，如果 $\{S|T,\&\}\geqslant 0.87$，她应该举办室外聚会；如果 $0.47\leqslant\{S|T,\&\}<0.87$，她应该

在门廊举办聚会；如果 $\{S|T, \&\} < 0.47$，她应该举办室内聚会。因此，我们容易理解，Kim 看过探测器的结果后将绝不会举办门廊聚会，因为 $\{S|T, \&\}$ 不会落在 0.47 至 0.87 这一区间。

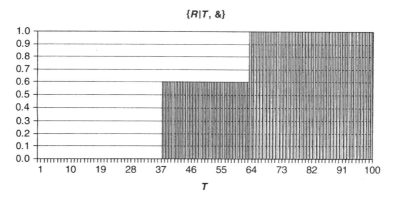

图 20-6　后验概率 $\{R|T, \&\}$

列（j）和（k）显示出在接收到指示值后确定等价物和聚会效用值的期望值。注意，当晴天的后验概率为 1 时，室外聚会方案的效用值为 1（室外—晴天前景的效用值）。当后验概率为 0.4 时，Kim 选择室内方案，该方案的效用值为 0.63（与没有探测器的室内交易的效用值相同）。当后验概率为 0 时，Kim 选择室内方案，该方案的效用值为 0.67（室内—雨天前景的效用值）。

通过将探测器指示值的预后验概率 $\{T|\&\}$ 与给定该指示值时列（k）中的聚会效用值的期望值相乘，并将所有 T 的可能值相加，我们得到：

$$\text{有免费探测器的聚会交易效用值的期望值} = 0.72886$$
$$\text{有免费探测器的聚会交易价值} = 57.07(\text{美元})$$

因为 Kim 是一个 Δ 人，在不使用探测器的情况下聚会的价值为 45.87 美元，所以 100 个指示值的探测器对 Kim 的价值为，

$$\text{探测器的价值} = 57.07 - 45.87 = 11.20(\text{美元})$$

注意，该分析所利用的原则与简单探测器的分析类似。主要的差别源于 100 个指示值所产生的复杂性。使用与表 20-1 相似的表格便于处理这类问题。

20.2.1　为指示值≤T 估值

假设现有商人给 Kim 提供了一个新方案：以如下规定形式接收到一个指示值的概率。

> "探测器指示值 T 小于或等于某一个给定的值 T_0。"

例如，他将会告诉她探测器指示值是否小于或等于 50。该指示值的价值是多少？

表 20-2 阐明了这个计算过程。列（a）（b）（c）和（d）中的数值之前已经在表 20-1 中计算出。为了回答这个新问题，我们首先计算由销售员给出指示值时天气的后验概率。例如，为了计算该指示值下晴天的后验概率，我们有：

$$\{S\mid T\leqslant T_0,\&\} = \frac{\{T\leqslant T_0\mid S,\&\}\{S\mid\&\}}{\{T\leqslant T_0\mid\&\}} = \frac{\{T\leqslant T_0,S\mid\&\}}{\{T\leqslant T_0\mid\&\}}$$

术语 $\{T\leqslant\mid S,\&\}$ 为已知晴天时探测器指示值的累积概率分布。这很容易从表 20-1 中获得,因为这是列中单元格之和,直至达到给定值 T_0。在表 20-2 中,列(e)代表了已知晴天时这种累积分布。我们有:

$\{T\leqslant 1\mid S,\&\} = \{T=1\mid S,\&\} = 0.016$

$\{T\leqslant 2\mid S,\&\} = \{T\leqslant 1\mid S,\&\} + \{T=2\mid S,\&\} = 0.016 + 0.016 = 0.032$……etc.

表 20-2 中列(f)显示了联合分布 $\{S, T\leqslant T_0\mid\&\}$,其由列(e)中的单元格乘以 $\{S\mid\&\} = 0.4$ 所得。列(g)是一个指示值的累积概率分布 $\{T\leqslant T_0\mid\&\}$,这是由列(d)中的单元格 $\{T\mid\&\}$ 加和所得。

列(h)是已知探测器的指示 $T\leqslant T_0$ 时,晴天的后验概率分布。

表 20-2 探测器指示值高于

(a)	(b)	(c)	(d)	(e)	(f)	(g)	(h)	(i)
x	$\{T=x\mid S,\&\}$	$\{T=x\mid R,\&\}$	$\{T\mid\&\}$	$\{T\leqslant x\mid S,\&\}$	$\{T\leqslant x, S\mid\&\}$	$\{T\leqslant x,\&\}$	$\{S\mid T\leqslant x,\&\}$	$\{R\mid T\leqslant x,\&\}$
1	0.016	0.000	0.006	0.016	0.006	0.006	1.000	0.000
2	0.016	0.000	0.006	0.032	0.013	0.013	1.000	0.000
3	0.016	0.000	0.006	0.048	0.019	0.019	1.000	0.000
……	……	……	……	……	……	……	……	……
36	0.016	0.000	0.006	0.571	0.229	0.229	1.000	0.000
37	0.016	0.000	0.006	0.587	0.235	0.235	1.000	0.000
38	0.016	0.016	0.016	0.603	0.241	0.251	0.962	0.038
39	0.016	0.016	0.016	0.619	0.248	0.267	0.929	0.071
……	……	……	……	……	……	……	……	……
40	0.016	0.016	0.016	0.635	0.254	0.283	0.899	0.101
……	……	……	……	……	……	……	……	……
49	0.016	0.016	0.016	0.778	0.311	0.425	0.731	0.269
50	0.016	0.016	0.016	0.794	0.317	0.441	0.719	0.281
51	0.016	0.016	0.016	0.810	0.324	0.457	0.708	0.292
……	……	……	……	……	……	……	……	……
63	0.016	0.016	0.016	1.000	0.400	0.648	0.618	0.382
64	0.000	0.016	0.010	1.000	0.400	0.657	0.609	0.391
……	……	……	……	……	……	……	……	……
82	0.000	0.016	0.010	1.000	0.400	0.829	0.483	0.517
83	0.000	0.016	0.010	1.000	0.400	0.838	0.477	0.523
84	0.000	0.016	0.010	1.000	0.400	0.848	0.472	0.528
85	0.000	0.016	0.010	1.000	0.400	0.857	0.467	0.533
……	……	……	……	……	……	……	……	……
99	0.000	0.016	0.010	1.000	0.400	0.990	0.404	0.596
100	0.000	0.016	0.010	1.000	0.400	1.000	0.400	0.600

$$\{S\mid T\leqslant T_0,\&\} = \frac{\{T\leqslant T_0\mid S,\&\}\{S\mid \&\}}{\{T\leqslant T_0\mid \&\}}$$

该结果由 0.4 乘以列（e），然后再除以列（g）所得。

列（i）给出了指示值 $\{R\mid T\leqslant T_0,\&\} = 1 - \{S\mid T\leqslant T_0,\&\}$。

列（j）给出了在已知指示值 $T\leqslant T_0$ 且已知后验概率为 $\{S\mid T\leqslant T_0,\&\}$ 时的最优聚会选址决策。

列（k）给出了在已知指示值时最优决策的效用值。

列（l）至列（r）显示以如下方式给出指示值的分析：

"探测器指示值 T 大于或等于某一给定值 T_0。"

为了计算后验概率，我们有：

$$\{S\mid T>T_0,\&\} = \frac{\{T>T_0\mid S,\&\}\{S\mid \&\}}{\{T>T_0\mid \&\}}$$

率分布 $\{T\leqslant T_0\mid \&\}$，这是由列（d）中的单元格 $\{T\mid \&\}$ 加和所得。

或低于特定值的分析

(k)	(l)	(m)	(n)	(o)	(p)	(q)	(r)
效用值	$\{T>x\mid S,\&\}$	$\{T>x, S\mid \&\}$	$\{T>x\mid \&\}$	$\{S\mid T>x,\&\}$	$\{R\mid T<x,\&\}$	场地：效用值	u-value
1.000	0.984	0.394	0.994	0.396	0.604	I	0.628
1.000	0.968	0.387	0.987	0.392	0.608	I	0.628
1.000	0.952	0.381	0.981	0.388	0.612	I	0.629
……	……	……	……	……	……	……	……
1.000	0.429	0.171	0.771	0.222	0.778	I	0.645
1.000	0.413	0.165	0.765	0.216	0.784	I	0.646
0.962	0.397	0.159	0.749	0.212	0.788	I	0.646
0.929	0.381	0.152	0.733	0.208	0.792	I	0.646
……	……	……	……	……	……	……	……
0.899	0.365	0.146	0.717	0.204	0.796	I	0.647
……	……	……	……	……	……	……	……
0.782	0.222	0.089	0.575	0.155	0.845	I	0.652
0.774	0.206	0.083	0.559	0.148	0.852	I	0.652
0.767	0.190	0.076	0.543	0.140	0.860	I	0.653
……	……	……	……	……	……	……	……
0.710	0.000	0.000	0.352	0.000	1.000	I	0.667
0.705	0.000	0.000	0.343	0.000	1.000	I	0.667
……	……	……	……	……	……	……	……
0.626	0.000	0.000	0.171	0.000	1.000	I	0.667
0.622	0.000	0.000	0.162	0.000	1.000	I	0.667
0.619	0.000	0.000	0.152	0.000	1.000	I	0.667
0.621	0.000	0.000	0.143	0.000	1.000	I	0.667
……	……	……	……	……	……	……	……
0.627	0.000	0.000	0.010	0.000	1.000	I	0.667
0.627	0.000	0.000	0.000	0.000	1.000	I	0.667

注意，指示值满足 $\{T>T_0 \mid S, \&\} = 1 - \{T \leq T_0 \mid S, \&\}$。列（l）为通过 1 减去列（e）单元格所得。列（m）为通过列（l）的单元格乘以 0.4 所得，这是因为 $\{T>T_0, S \mid \&\} = \{T>T_0 \mid S, \&\}\{S \mid \&\} = 0.4\{T>T_0 \mid S, \&\}$。列（n）为 1 减去列（g）的单元格所得。列（o）为已知指示值 $T>T_0$ 时，晴天的后验分布 $\{S \mid T>T_0, \&\}$。列（p）为 1 减去列（o）的单元格所得。列（p）和列（r）分别给出了在给定指示值时，举办聚会的最优选址决策及最优决策的效用值。

现在让我们计算指示值 $T>50$ 或者 $T \leq 50$ 时，该探测器的价值。从表 20-2 可知，接收上述示值的概率分别是 $\{T \leq 50 \mid \&\} = 0.441$ 和 $\{T>50 \mid \&\} = 1 - \{T \leq 50 \mid \&\} = 0.559$。

对于指示值 $T \leq 50$，晴天的后验概率是 $\{S \mid T \leq 50, \&\} = 0.719$，最优聚会决策是门廊，效用值为 0.774。对于指示值 $T>50$，晴天的后验概率是 $\{S \mid T>50, \&\} = 0.148$，最优的决策是室内，效用值等于 0.652。

该免费检测器指示值效用值的期望值为：

$$0.441 \times 0.774 + 0.559 \times 0.652 = 0.706$$

使用该免费探测器指示时，Kim 对该交易的确定等价物为 54.39 美元。因此，对于 Kim 而言，探测器指示值的价值为 54.39 − 45.83 = 8.56（美元）。

这个值与之前讨论的两指示值的 Acme 雨天探测器的值 8.82 美元接近。事实上，我们可以将 Acme 雨天探测器作为一个多指示值的探测器，但我们仅仅考虑高于或者低于某一数字的指示：本例中为 50。

20.2.2　连续均匀探测器

随着检测器指示值数量的增加，切换到检测器的连续指示模式更方便（即使指示值可以用很高的分辨率进行离散化）。这种模式中，我们假设这个探测器可以从一个连续范围提供任意数字。我们用**连续函数**表示探测器精确度的似然函数。

例如，假设天气是晴天时，探测器以等可能的概率指示 0 到 63 之间的数字；如果是雨天，探测器会以等可能的概率指示 37 到 100 之间的数字。如果探测器指示值是连续的，探测器指示值的似然分布可被表示为：

$$\{T \mid S, \&\} = \begin{cases} \dfrac{1}{63}, & 0 \leq T \leq 63 \\ 0, & T > 63 \end{cases} \qquad \{T \mid R, \&\} = \begin{cases} 0, & 0 \leq T \leq 37 \\ \dfrac{1}{63}, & T > 37 \end{cases}$$

图 20-7 和图 20-8 显示了这些曲线。在连续的情况下，我们将这些分布称作**概率密度函数**。正如在离散的情况下，概率分布的加和一定为 1，在连续的情况下，概率"密度"的积分一定为 1。

例如，曲线之下的区域面积一定等于 1。读者可以自行验证这一结论。

因为对于两种不同的天气状态而言，探测器指示值的概率密度不同，因而其关联图与图 20-3 中离散的情形是一致的。

这个探测器指示值的价值是多少？要找到这一答案，我们必须再次反转决策树以得到后验分布——只不过这次是以连续的形式。同样，我们首先找出探测器指示值和天气的联合分布：

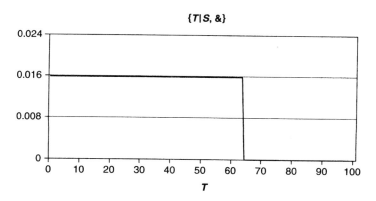

图 20-7　已知晴天时探测器指示值的概率密度函数

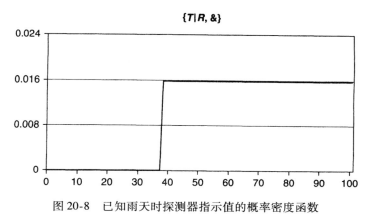

图 20-8　已知雨天时探测器指示值的概率密度函数

$\{T, S | \&\}$ 只是 0.4 乘以曲线 $\{T | S, \&\}$ 的乘积，$\{T, R | \&\}$ 是 0.6 乘以曲线 $\{T | R, \&\}$ 的乘积。这些曲线如图 20-9 所示。因此，

$$\{S, T | \&\} = \begin{cases} \dfrac{4}{630}, & 0 \leqslant T \leqslant 63 \\ 0, & T > 63 \end{cases} \qquad \{R, T | \&\} = \begin{cases} 0, & 0 \leqslant T \leqslant 37 \\ \dfrac{6}{630}, & T > 37 \end{cases}$$

接收一个指示值的预后验概率 $\{T | \&\}$ 是曲线 $\{S, T | \&\} + \{R, T | \&\}$ 的和，我们以图形的方式表示为图 20-9 中两条曲线的简单加和。

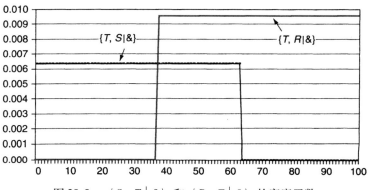

图 20-9　$\{S, T | \&\}$ 和 $\{R, T | \&\}$ 的密度函数

我们也可以将这个分布的解析形式表示为：

$$\{T\mid\&\} = \{S,T\mid\&\} + \{R,T\mid\&\} = \begin{cases} \dfrac{4}{630}, & 0 \le T \le 37 \\ \dfrac{1}{63}, & 37 < T \le 63 \\ \dfrac{6}{630}, & 63 < T \le 100 \end{cases}$$

已知探测器指示值，晴天和雨天的后验概率是：

$$\{S\mid T,\&\} = \frac{\{S,T\mid\&\}}{\{T\mid\&\}} \quad \{R\mid T,\&\} = \frac{\{R,T\mid\&\}}{\{T\mid\&\}}$$

我们已经计算出了 $\{S, T\mid\&\}$，$\{R, T\mid\&\}$ 和 $\{T\mid\&\}$，通过图 20-9 的曲线除以图 20-10 的曲线得到这些后验概率，如图 20-11 和图 20-12 所示。

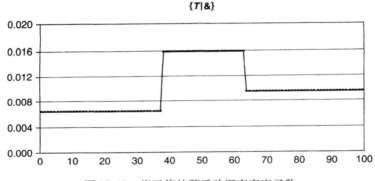

图 20-10　指示值的预后验概率密度函数

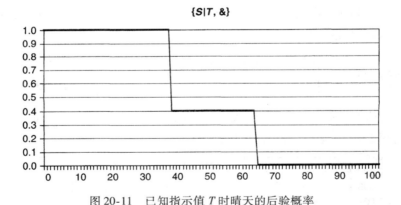

图 20-11　已知指示值 T 时晴天的后验概率

图 20-10 中 0 到 37 之间曲线以下的区域面积为 0.234 92，这是指示值将会落在此范围的概率。对于落在这个范围内的指示值，Kim 对晴天的后验概率将会是 1，她因此会决定举办室外聚会，而且该聚会的确定等价物为 100 美元。

探测器产生的指示值位于 37 至 63 区间的概率为 0.412 7，这种情况下她对晴天的后验概率是 0.4，等于她的先验概率。探测器未提供任何重要信息，此时她会决定举办室内聚会，确定等价物为 45.83 美元。

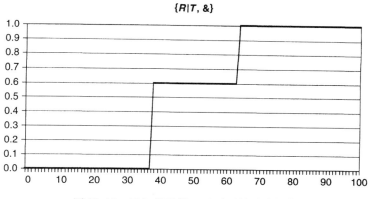

图 20-12　已知指示值 T 时雨天的后验概率

最后，探测器指示值落在 63 至 100 区间的概率为 0.352 4，这种情况下她对晴天的后验概率是 0。此时，她会决定在室内举办聚会，确定等价物为 50 美元。

因此，Kim 使用免费连续型探测器时的交易可用图 20-13 中的概率树表示。

这笔交易的确定等价物为 57.06 美元。对她而言，探测器价值为 11.20 美元，其与 100 度指示值的探测器价值相同。

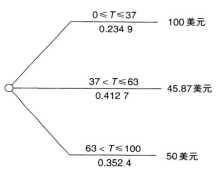

图 20-13　连续型探测器的等价树图表示

20.2.3　离散非均匀探测器

天气探测器的指示值未必一定是均匀的。假设探测器销售员现在为 Kim 提供了另一种精确度同样为 100 的探测器，但是在晴天和雨天时，它指示值的概率分别如图 20-14 和图 20-15 所示。注意，探测器指示值同样与天气相关（从我们以前的讨论来看是必要条件），但是在指示值范围内不再有相等的概率。

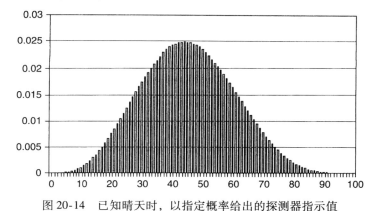

图 20-14　已知晴天时，以指定概率给出的探测器指示值

多指示值和非均匀概率探测器的分析，在本质上，与均匀探测器的方法类似。表 20-3 中的列（b）和（c）表明了给定天气状况时，该探测器指示值的确切概率值。

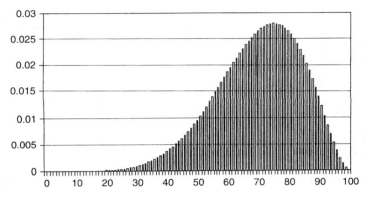

图 20-15 已知雨天时，以指定概率给出的探测器指示值

表 20-3 100 刻度非均匀探测器分析

(a) 指标值, T	(b) $\{T\|S,\&\}$	(c) $\{T\|R,\&\}$	(d) $\{S\|T,\&\}$	(e) $\{R\|T,\&\}$	(f) $\{T\|\&\}$	(g) $\{S\|T,\&\}$	(h) $\{R\|T,\&\}$	(i) 决策	(j) 聚会的确定等价物	(k) 聚会的效用值
1	0.000	0.000	0.000	0.000	0.000	1.000	0.000	O	100.000	1.000
2	0.000	0.000	0.000	0.000	0.000	1.000	0.000	O	100.000	1.000
3	0.000	0.000	0.000	0.000	0.000	1.000	0.000	O	100.000	1.000
4	0.000	0.000	0.000	0.000	0.000	1.000	0.000	O	100.000	1.000
5	0.000	0.000	0.000	0.000	0.000	1.000	0.000	O	100.000	1.000
6	0.000	0.000	0.000	0.000	0.000	0.999	0.001	O	100.000	0.999
7	0.000	0.000	0.000	0.000	0.000	0.999	0.001	O	100.000	0.999
8	0.001	0.000	0.000	0.000	0.000	0.999	0.001	O	100.000	0.999
9	0.001	0.000	0.000	0.000	0.000	0.998	0.002	O	100.000	0.998
10	0.001	0.000	0.000	0.000	0.000	0.998	0.002	O	100.000	0.998
11	0.001	0.000	0.001	0.000	0.001	0.997	0.003	O	100.000	0.997
12	0.002	0.000	0.001	0.000	0.001	0.996	0.004	O	100.000	0.996
13	0.002	0.000	0.001	0.000	0.001	0.995	0.005	O	100.000	0.995
14	0.003	0.000	0.001	0.000	0.001	0.994	0.006	O	100.000	0.994
15	0.004	0.000	0.001	0.000	0.001	0.992	0.008	O	100.000	0.992
16	0.004	0.000	0.002	0.000	0.002	0.991	0.009	O	100.000	0.991
17	0.005	0.000	0.002	0.000	0.002	0.989	0.011	O	100.000	0.989
18	0.006	0.000	0.002	0.000	0.002	0.987	0.013	O	100.000	0.987
19	0.007	0.000	0.003	0.000	0.003	0.984	0.016	O	100.000	0.984
20	0.008	0.000	0.003	0.000	0.003	0.982	0.018	O	100.000	0.982
21	0.008	0.000	0.003	0.000	0.003	0.979	0.021	O	100.000	0.979
22	0.009	0.000	0.004	0.000	0.004	0.975	0.025	O	100.000	0.975
23	0.010	0.000	0.004	0.000	0.004	0.971	0.029	O	100.000	0.971
24	0.011	0.000	0.005	0.000	0.005	0.967	0.033	O	100.000	0.967
25	0.012	0.000	0.005	0.000	0.005	0.963	0.037	O	100.000	0.963
26	0.014	0.000	0.005	0.000	0.006	0.957	0.043	O	100.000	0.957

（续）

(a)	(b)	(c)	(d)	(e)	(f)	(g)	(h)	(i)	(j)	(k)
指标值, T	$\{T\mid S,\&\}$	$\{T\mid R,\&\}$	$\{S\mid T,\&\}$	$\{R\mid T,\&\}$	$\{T\mid\&\}$	$\{S\mid T,\&\}$	$\{R\mid T,\&\}$	决策	聚会的确定等价物	聚会的效用值
27	0.015	0.000	0.006	0.000	0.006	0.952	0.048	O	100.000	0.952
28	0.016	0.001	0.006	0.000	0.007	0.946	0.054	O	100.000	0.946
29	0.017	0.001	0.007	0.000	0.007	0.939	0.061	O	100.000	0.939
30	0.017	0.001	0.007	0.001	0.008	0.932	0.068	O	100.000	0.932
31	0.018	0.001	0.007	0.001	0.008	0.924	0.076	O	100.000	0.924
32	0.019	0.001	0.008	0.001	0.008	0.915	0.085	O	46.000	0.915
33	0.020	0.001	0.008	0.001	0.009	0.905	0.095	O	46.000	0.905
34	0.021	0.002	0.008	0.001	0.009	0.895	0.105	O	46.000	0.895
35	0.022	0.002	0.009	0.001	0.010	0.884	0.116	O	46.000	0.884
36	0.022	0.002	0.009	0.001	0.010	0.873	0.127	O	46.000	0.873
37	0.023	0.002	0.009	0.001	0.011	0.860	0.140	P	46.000	0.862
38	0.023	0.003	0.009	0.002	0.011	0.847	0.153	P	46.000	0.854
39	0.024	0.003	0.010	0.002	0.011	0.832	0.168	P	46.000	0.845
40	0.024	0.004	0.010	0.002	0.012	0.817	0.183	P	46.000	0.835
41	0.024	0.004	0.010	0.002	0.012	0.801	0.199	P	46.000	0.825
42	0.025	0.005	0.010	0.003	0.013	0.784	0.216	P	46.000	0.815
43	0.025	0.005	0.010	0.003	0.013	0.766	0.234	P	46.000	0.803
44	0.025	0.006	0.010	0.003	0.013	0.747	0.253	P	46.000	0.792
45	0.025	0.006	0.010	0.004	0.014	0.728	0.272	P	46.000	0.779
46	0.025	0.007	0.010	0.004	0.014	0.707	0.293	P	46.000	0.767
47	0.024	0.007	0.010	0.004	0.014	0.686	0.314	P	46.000	0.753
48	0.024	0.008	0.010	0.005	0.015	0.664	0.336	P	46.000	0.739
49	0.024	0.009	0.010	0.005	0.015	0.641	0.359	P	46.000	0.725
50	0.023	0.010	0.009	0.006	0.015	0.618	0.382	P	46.000	0.710
51	0.023	0.010	0.009	0.006	0.015	0.594	0.406	P	46.000	0.696
52	0.022	0.011	0.009	0.007	0.016	0.570	0.430	P	46.000	0.680
53	0.022	0.012	0.009	0.007	0.016	0.545	0.455	P	46.000	0.665
54	0.021	0.013	0.008	0.008	0.016	0.520	0.480	P	46.000	0.649
55	0.020	0.014	0.008	0.008	0.016	0.495	0.505	P	46.000	0.633
56	0.020	0.015	0.008	0.009	0.017	0.470	0.530	I	46.000	0.621
57	0.019	0.016	0.008	0.009	0.017	0.444	0.556	I	46.000	0.623
58	0.018	0.017	0.007	0.010	0.017	0.419	0.581	I	46.000	0.625
59	0.017	0.018	0.007	0.011	0.017	0.395	0.605	I	46.000	0.628
60	0.016	0.019	0.007	0.011	0.018	0.370	0.630	I	46.000	0.630
61	0.015	0.019	0.006	0.012	0.018	0.346	0.654	I	46.000	0.633
62	0.015	0.020	0.006	0.012	0.018	0.323	0.677	I	46.000	0.635
63	0.014	0.021	0.005	0.013	0.018	0.300	0.700	I	46.000	0.637
64	0.013	0.022	0.005	0.013	0.018	0.278	0.722	I	46.000	0.639
65	0.012	0.023	0.005	0.014	0.019	0.257	0.743	I	46.000	0.642
66	0.011	0.024	0.004	0.014	0.019	0.236	0.764	I	46.000	0.644
67	0.010	0.025	0.004	0.015	0.019	0.217	0.783	I	46.000	0.646

(续)

(a)	(b)	(c)	(d)	(e)	(f)	(g)	(h)	(i)	(j)	(k)
指标值, T	$\{T\|S,\&\}$	$\{T\|R,\&\}$	$\{S,T\|\&\}$	$\{R,T\|\&\}$	$\{T\|\&\}$	$\{S\|T,\&\}$	$\{R\|T,\&\}$	决策	聚会的确定等价物	聚会的效用值
68	0.009	0.025	0.004	0.015	0.019	0.198	0.802	I	46.000	0.647
69	0.009	0.026	0.003	0.016	0.019	0.181	0.819	I	46.000	0.649
70	0.008	0.026	0.003	0.016	0.019	0.164	0.836	I	49.546	0.651
71	0.007	0.027	0.003	0.016	0.019	0.148	0.852	I	49.546	0.652
72	0.006	0.027	0.003	0.016	0.019	0.134	0.866	I	49.546	0.654
73	0.006	0.028	0.002	0.017	0.019	0.120	0.880	I	49.546	0.655
74	0.005	0.028	0.002	0.017	0.019	0.107	0.893	I	49.546	0.656
75	0.004	0.028	0.002	0.017	0.019	0.095	0.905	I	49.546	0.658
76	0.004	0.028	0.002	0.017	0.018	0.084	0.916	I	49.546	0.659
77	0.003	0.028	0.001	0.017	0.018	0.074	0.926	I	49.546	0.660
78	0.003	0.027	0.001	0.016	0.018	0.065	0.935	I	49.546	0.661
79	0.002	0.027	0.001	0.016	0.017	0.057	0.943	I	49.546	0.661
80	0.002	0.027	0.001	0.016	0.017	0.049	0.951	I	49.546	0.662
81	0.002	0.026	0.001	0.015	0.016	0.043	0.957	I	49.546	0.663
82	0.001	0.025	0.001	0.015	0.016	0.036	0.964	I	49.611	0.663
83	0.001	0.024	0.000	0.014	0.015	0.031	0.969	I	49.670	0.664
84	0.001	0.023	0.000	0.014	0.014	0.026	0.974	I	49.722	0.664
85	0.001	0.022	0.000	0.013	0.013	0.022	0.978	I	49.768	0.665
86	0.001	0.020	0.000	0.012	0.012	0.018	0.982	I	49.808	0.665
87	0.000	0.019	0.000	0.011	0.011	0.015	0.985	I	49.844	0.666
88	0.000	0.017	0.000	0.010	0.011	0.012	0.988	I	49.874	0.666
89	0.000	0.016	0.000	0.009	0.009	0.009	0.991	I	49.900	0.666
90	0.000	0.014	0.000	0.008	0.008	0.007	0.993	I	49.923	0.666
91	0.000	0.012	0.000	0.007	0.007	0.005	0.995	I	49.941	0.666
92	0.000	0.010	0.000	0.006	0.006	0.004	0.996	I	49.957	0.667
93	0.000	0.009	0.000	0.005	0.005	0.003	0.997	I	49.969	0.667
94	0.000	0.007	0.000	0.004	0.004	0.002	0.998	I	49.979	0.667
95	0.000	0.005	0.000	0.003	0.003	0.001	0.999	I	49.986	0.667
96	0.000	0.004	0.000	0.002	0.002	0.001	0.999	I	49.992	0.667
97	0.000	0.002	0.000	0.001	0.001	0.000	1.000	I	49.996	0.667
98	0.000	0.001	0.000	0.001	0.001	0.000	1.000	I	49.998	0.667
99	0.000	0.001	0.000	0.000	0.000	0.000	1.000	I	49.999	0.667
100	0.000	0.000	0.000	0.000	0.000	0.000	1.000	I	50.000	0.667

为了确定该探测器的价值大小,我们再一次计算了给定指示值后天气的后验概率。列(d)给出了指示值和晴天的联合概率,其由列(b)的单元格乘以0.4得到,其中$\{S,T|\&\}=\{S|\&\}\{T|S,\&\}=0.4\{T|S,\&\}$。

列(e)表明指示值和雨天的联合概率,其由0.6乘以列(c)单元格所得,其中$\{R,T|\&\}=\{R|\&\}\{T|R,\&\}=0.4\{T|R,\&\}$。

列（f）表明一个指示值的预后验概率，其由列（d）和列（e）同行的数据加总所得，$\{T|\&\} = \{R, T|\&\} + \{S, T|\&\}$。列（g）和列（h）分别给出了晴天和雨天的后验概率，其由关系 $\{S|T, \&\} = \dfrac{\{S, T|\&\}}{\{T|\&\}}$，$\{R|T, \&\} = \dfrac{\{R, T|\&\}}{\{T|\&\}}$ 获得。图 20-16 绘制出给定任一指示值时的这些后验概率。注意到 $\{S|T, \&\} + \{R|T, \&\} = 1$。

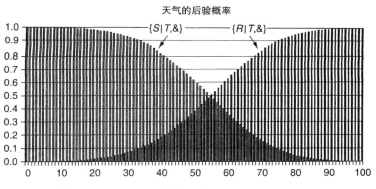

图 20-16　已知探测器指示值时，天气的后验概率

对于已知的指示值 T，Kim 必须决定在哪里举办聚会。同样，我们可以使用敏感性分析章节的结果来确定给定天气的后验概率时的最优聚会决策。列（i）显示出给定探测器指示值时最优选址决策。注意，与离散的均匀探测器情形中 Kim 只选择室外或者室内方案不同，在这里 Kim 的选择包括所有三个聚会场地，其取决于指示值。列（j）和（k）分别给出了已知指示值时聚会场地决策的确定等价物和效用值。

将列（f）和（k）对应的单元格相乘然后求和，我们得到使用免费探测器时举办聚会效用值的期望值 = 0.712 7。

因此，使用免费探测器聚会的确定等价物为 55.15 美元。

由于无探测器时的价值为 45.83 美元，并且由于 Kim 是一个 Δ 人，这个探测器的价值是 9.33 美元（注意：这个探测器的价值高于之前讨论过的离散均匀的探测器价值）。

20.2.4　为离散非均匀探测器≤T的指示值估值

销售员同时还提供给 Kim 接收该探测器以如下形式（即 T 小于或等于某一确定的数字）给出指示值的概率。Kim 应该为这个指示值支付多少钱呢？再一次，我们考虑这一情境中可能的指示值。该探测器能够指示出 $T \leq T_0$ 或者 $T > T_0$。

使用类似于均匀探测器的分析方法。我们首先计算一个指示值的后验概率 $\{S|T \leq T_0, \&\} = \dfrac{\{T \leq T_0|S, \&\}\{S|\&\}}{\{T \leq T_0|\&\}}$ 和 $\{R|T \leq T_0, \&\} = 1 - \{S|T \leq T_0, \&\}$。术语 $\{T \leq T_0|S, \&\}$ 是已知晴天时，探测器指示值的累积概率。表 20-4 中的列（e）给出这一结果，该结果由列（b）中不大于探测器指示值的对应单元格的值加和所得。列（f）给出了一个指示值的联合概率 $\{T \leq T_0, S|\&\} = \{T \leq T_0|S, \&\}\{S|\&\}$，它通过 0.4 乘以列（e）中的单元格所得。列（g）给出了一个指示值的累积预后验概率 $\{T \leq T_0|\&\}$，由列（d）中 $\{T|\&\}$ 的单元格加和所得。

表 20-4　指示值 T 小于等于某一数字的分析

(a) 指示值, T	(b) {T|S, &}	(c) {T|R, &}	(d) {T|&}	(e) {T≤x|S, &}	(f) {T≤x, S|&}	(g) {T≤x|&}	(h) {S|T≤x, &}	(i) {R|T≤x, &}	(j) 场地	(k) 效用值
1	0.000	0.000	0.000	0.000	0.000	0.000	1.000	0.000	O	1.000
2	0.000	0.000	0.000	0.000	0.000	0.000	1.000	0.000	O	1.000
3	0.000	0.000	0.000	0.000	0.000	0.000	1.000	0.000	O	1.000
……	……	……	……	……	……	……	……	……	……	……
37	0.023	0.002	0.011	0.320	0.128	0.138	0.929	0.071	O	0.929
38	0.023	0.003	0.011	0.343	0.137	0.149	0.923	0.077	O	0.923
39	0.024	0.003	0.011	0.367	0.147	0.160	0.917	0.083	O	0.917
40	0.024	0.004	0.012	0.391	0.156	0.172	0.910	0.090	O	0.910
……	……	……	……	……	……	……	……	……	……	……
57	0.019	0.016	0.017	0.782	0.313	0.423	0.740	0.260	P	0.787
58	0.018	0.017	0.017	0.800	0.017	0.440	0.039	0.961	P	0.779
59	0.017	0.018	0.017	0.817	0.017	0.457	0.038	0.962	P	0.771
……	……	……	……	……	……	……	……	……	……	……
99	0.000	0.016	0.010	1.000	0.400	0.990	0.404	0.596	I	0.627
100	0.000	0.016	0.010	1.000	0.400	1.000	0.400	0.600	I	0.627

(l) {T>x|S, &}	(m) {T>x, S|&}	(n) {T>x|&}	(o) {S|T>x, &}	(p) {R|T>x, &}	(q) 场地	(r) 效用值
1.000	0.400	1.000	0.400	0.600	I	0.627
1.000	0.400	1.000	0.400	0.600	I	0.627
1.000	0.400	1.000	0.400	0.600	I	0.627
……	……	……	……	……	……	……
0.680	0.272	0.862	0.316	0.684	I	0.636
0.657	0.263	0.851	0.309	0.691	I	0.636
0.633	0.253	0.840	0.302	0.698	I	0.637
0.609	0.244	0.828	0.294	0.706	I	0.638
……	……	……	……	……	……	……
0.218	0.087	0.577	0.151	0.849	I	0.652
0.200	0.080	0.560	0.143	0.857	I	0.653
0.183	0.073	0.543	0.135	0.865	I	0.654
……	……	……	……	……	……	……
0.000	0.000	0.010	0.000	1.000	I	0.667
0.000	0.000	0.000	0.000	1.000	I	0.667

列（h）给出了后验分布 $\{S|T\leqslant T_0, \&\}$，由列（f）中的单元格除以列（g）中的单元格所得。列（i）给出已知指示值时雨天的后验概率，其中 $\{R|T\leqslant T_0, \&\} = 1 - \{S|T\leqslant T_0, \&\}$。列（j）展示了给定指示值后最优的聚会选址决策，列（k）展示了最优选址决策的效用值。

为了计算一个指示值的后验概率 $\{S|T>T_0, \&\}$，我们使用公式 $\{S|T>T_0, \&\} = \dfrac{\{T>T_0|S, \&\}\{S|\&\}}{\{T>T_0|\&\}}$，列（l）给出了一个指示值的概率 $\{T>T_0|S, \&\}$，它是 $\{T|S, \&\}$ 的超限分布，由 $\{T>T_0|S, \&\} = 1 - \{T\leqslant T_0|S, \&\}$ 所得，即用 1 减去在列（e）中的单元格。列（m）给出了一个联合指示值的概率 $\{T>T_0, S|\&\}$，其由 0.4 乘以列（l）中的单元格所得。列（n）给出了概率 $\{T>T_0|\&\} = 1 - \{T\leqslant T_0|\&\}$，其由 1 减去列（g）中的单元格所得。列（o）和（p）计算了已知一个指示值 $T>T_0$ 时天气的后验概率，列（j）和（k）计算了最优聚会选址和决策的效用值。

注意，指示值小于或者等于任一特定值的报告能够导致选择三个场地中的任意一个。然而，指示值大于等于某一特定值的报告，通常会导致一个多效用值的室内聚会。

从表 20-4 中的结果看，我们可以对任何小于等于某一特定值的指示值 T 进行估值。例如，考虑指示值 $T\leqslant 58$ 的情形，我们有 $\{T\leqslant 58|\&\} = 0.44$，$\{S|T\leqslant 58, \&\} = 0.727$。因此，Kim 将会在门廊举办聚会，该聚会的效用值等于 0.779。Kim 也可能会得到一个指示值 $T>58$，概率 $\{T>58|\&\} = 0.56$，因此 $\{S|T>58, \&\} = 0.143$。在这种情况下，Kim 将会在室内举办聚会，效用值为 0.653。

通过计算效用值的期望值，我们得到指示值 $T\leqslant 58$ 时最优聚会场地决策的效用值，即 $0.44 \times 0.779 + 0.56 \times 0.653 = 0.7083$。

使用免费探测器指示的聚会交易的确定等价物为 54.66 美元。

因此，这个免费指示值的价值 $= 54.66 - 45.87 = 8.79$（美元），它与最初 Acme 雨天探测器的值相近。这并不奇怪，因为低于或高于 58 的指示值与 Acme 雨天探测器有相同的敏感度和一致性。

20.3 连续型 β 探测器

对于之前的探测器，我们也可以考虑它们的连续形式，β **概率密度函数**是一种有用的函数形式。在 $[0, 1]$ 区间上的 β 概率密度函数的公式为：

$$f(x, r, k) = cx^{r-1}(1-x)^{k-1}$$

其中 r 和 k 是参数，c 是一个标准化常数（以保证曲线以下区域部分积分为 1）。基于其参数的选择，β 密度有多种可能的形状。例如，图 20-17 给出了 β 概率密度函数的一些例子。

β 密度也可以定义在数值范围 $[a, b]$ 上，

$$f(x, r, k, a, b) = c(x-a)^{r-1}(b-x)^{k-1}$$

现在，假设我们有一个连续型探测器，已知晴天时该探测器指示值的概率密度函数为 $\{T|S, \&\} = \beta(4.4, 5.6, 0, 100)$，已知雨天时指示值服从 $\{T|R, \&\} = \beta(7, 3, 0, 100)$。这种密度函数由图 20-18 中上部分的两条曲线表示。为了确定该探测器的价值，我们首先计算：

$$\{T, S|\&\} = \{S|\&\} \cdot \{T|S, \&\} = 0.4 \cdot \{T|S, \&\}$$
$$\{T, R|\&\} = \{R|\&\} \cdot \{T|R, \&\} = 0.6 \cdot \{T|R, \&\}$$

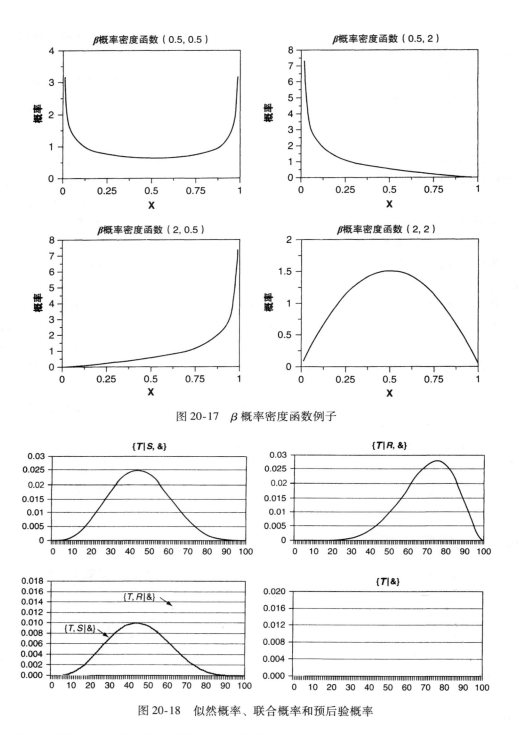

图 20-17 β 概率密度函数例子

图 20-18 似然概率、联合概率和预后验概率

那么，探测器指示值的预后验概率密度函数为 $\{T\mid \&\} = \{T\mid S, \&\} + \{T, R\mid \&\}$。

已知探测器指示值时，晴天和雨天的后验分布如图 20-19 所示，它们分别由下式所得到：

$$\{S\mid T, \&\} = \frac{\{T, S\mid \&\}}{\{T\mid \&\}} \quad \{R\mid T, \&\} = \frac{\{T, R\mid \&\}}{\{T\mid \&\}}$$

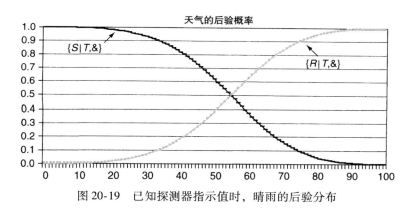

图 20-19 已知探测器指示值时,晴雨的后验分布

注意后验分布可以取到从 0 到 1 的整个范围内的所有值。Kim 将会根据检测器指示值决定室外、门廊或者室内(比较:均匀探测器的指示值产生的后验分布如图 20-11 和图 20-12 所示,值为 0、0.4、0.6、1。这些值决定了她要么选择室内,要么选择室外)。β 函数的通用性允许连续性范围的后验概率分布。

对于每一个指示值,Kim 应该选择具有最高效用值的方案。而对每一个值 $\{S|T,\&\}$ 和 $\{R|T,\&\}$,我们计算每种聚会举办场地效用值的期望值。

$$u(O,S|T,\&) = \{S|T,\&\}u(O,S) + \{R|T,\&\}u(O,R)$$
$$= \{S|T,\&\}.1 + \{R|T,\&\}.0 = \{S|T,\&\}$$
$$u(P,S|T,\&) = \{S|T,\&\}u(P,S) + \{R|T,\&\}u(P,R)$$
$$= \{S|T,\&\}.(0.95) + \{R|T,\&\}.(0.32)$$
$$u(I,S|T,\&) = \{S|T,\&\}u(I,S) + \{R|T,\&\}u(I,R)$$
$$= \{S|T,\&\}.(0.57) + \{R|T,\&\}.(0.67)$$

事实上,这些等式就是 Kim 的效用曲线对晴天概率的敏感性,其首次出现在图 12-2 中。在已知图 20-19 中每个指示值的情况下,当包含晴天的后验概率时,我们可以构建出图 20-20 中的三条曲线,表示出每个备选方案的效用值如何随着探测器指示值的变化而变化。

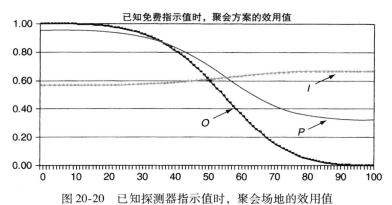

图 20-20 已知探测器指示值时,聚会场地的效用值

对于任意探测器指示值而言,聚会决策最大的效用值就是图 20-20 中曲线的包络线,如图 20-21 所示。

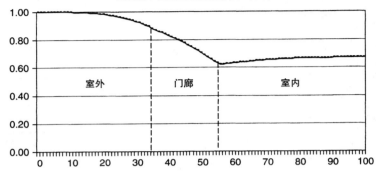

图 20-21 最优聚会效用值 vs. 探测器指示值

和离散情形一样，任何探测器指示值的效用值都是探测器指示值的概率 $\{T|\&\}$ 和已知该指示值时最大效用值乘积的加和。换言之，将图 20-18 中的预后验分布 $\{T|\&\}$ 乘以图 20-21 中最大的效用值得到图 20-22，然后就可以得到该乘积曲线下的区域面积。

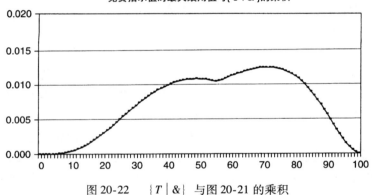

图 20-22　$\{T|\&\}$ 与图 20-21 的乘积

该曲线下的区域面积即为使用免费探测器指示值的交易效用值的期望值，大约是 0.714，对应于 Kim 的确定等价物，大约为 55.31 美元，探测器的价值为 9.44 美元。

连续 β 检测器指示值的离散化

另一种（近似的）计算探测器价值的方法就是将其指示值离散化为多个区间间隔。例如，我们可能使用相等的区间。先知能预测出指示值会落在哪个区间之内，且概率可用连续分布计算出来。例如，表 20-5 列出了四个区间，以及晴天和雨天时一个指示值落在每个区间的概率。

表 20-5 中单元格的概率通过连续分布计算得到：

表 20-5　离散探测器的分析

区间	{区间中的 $T|S, \&$}	{区间中的 $T|R, \&$}
0 ~ 25	0.097	0.001
>25 ~ 50	0.538	0.091
>50 ~ 75	0.342	0.514
>75 ~ 100	0.023	0.394

$\{0 \leq T \leq 25 | S, \&\}$
$= \{T \leq 25 | S, \&\} - \{T \leq 0 | S, \&\}$
$= \text{Beta}(25, 4.4, 5.6, 0, 100)$
$\quad - \text{Beta}(0, 4.4, 5.6, 0, 100)$
$= 0.097 - 0 = 0.097$

同理：

$\{25 \leq T \leq 50 | S, \&\}$
$= \{T \leq 50 | S, \&\} - \{T \leq 25 | S, \&\}$
$= \text{Beta}(50, 4.4, 5.6, 0, 100)$
$\quad - \text{Beta}(25, 4.4, 5.6, 0, 100)$
$= 0.6348 - 0.097 = 0.538$

表中剩余的单元格可以用同样的方式从累积分布中得到。图 20-23 给出了这种离散探测器分析的概率树。

现在通过一种简单的树型分析方法，探测器价值的计算是非常明确的，如表 20-6 所示。表中，使用免费检测器聚会交易效用值的期望值为 0.707。

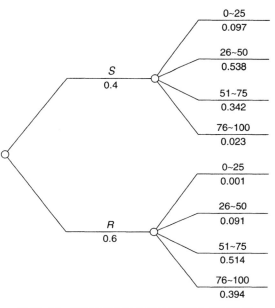

图 20-23 离散探测器分析的评估形式概率树

表 20-6 使用简单树分析计算探测器价值

区间	{区间中的 T | S, &}	{区间中的 T | R, &}
0 ~ 25	0.097	0.001
26 ~ 50	0.538	0.091
51 ~ 75	0.342	0.514
76 ~ 100	0.023	0.394

{T, S |&}	{T, R |&}	{T |&}	{S | T, &}	{R | T, &}	场地	方案的效用值
0.039	0.001	0.040	0.978	0.022	0	0.039
0.215	0.054	0.270	0.798	0.202	P	0.222
0.137	0.308	0.445	0.307	0.693	I	0.283
0.009	0.236	0.246	0.037	0.963	I	0.163
		1.000			免费探测器的期望效用值	0.707

对应的免费探测器的聚会价值为 54.50 美元。

因为 Kim 是一个 Δ 人，她的探测器价值等于使用免费检测器时聚会的价值减去不使用检测器时聚会的价值。

$$\text{探测器的价值} = 54.50 - 45.87 = 8.63 \text{（美元）}$$

这个价值可以同使用连续探测器分析中的 9.44 美元相对比。因此，离散探测器指示值提供了更低的准确度，但与此同时，它也有着我们可见的优势——简单。

20.4 总结

本章阐述了当探测器具有多指示值时将产生复杂性。对于信息价值的计算，其基本步骤和分析方法都类似于信念修正，但是我们现在需要增加处理多指示值的复杂性。

我们已经以表格形式展示了如何对具有多个离散指示值的探测器进行分析。同时我们也展示了计算连续探测器价值的几种方法。第一种方法是使用直接积分并计算曲线之下的区域面积。第二种方法是将探测器指示值离散成多个状态（比如 100 个指示值）。第三种方法是将探测器离散成更小的状态数量以获得简单性，但同时损失一部分精确度。决策的关键在于为手头的问题选择一个合适的框架。在随后的章节中，我们将讨论通过仿真来处理连续型探测器问题的方法。

本章中，对我们所做内容的一个重要观察就是，对于多指示值的探测器，无论是离散还是连续，除了第 13 章中我们对二指示值的 Acme 探测器分析所用的理解基本信息收集时所需的概念之外，我们不需任何其他概念。另一个重要的概念就是将多指示状态的探测器离散化为更少指示状态的事实。最后，我们引进了 β 分布，它对多种决策情形下的不确定性建模很有帮助。

习题

1. 假定 $100°$ 均匀探测器的精确度由下式给出：

$$\{T \mid S, \&\} = \begin{cases} \dfrac{1}{80}, & 1 \leq T \leq 80 \\ 0, & \text{其他} \end{cases}$$

$$\{T \mid R, \&\} = \begin{cases} \dfrac{1}{80}, & 21 \leq T \leq 100 \\ 0, & \text{其他} \end{cases}$$

这意味着比本章讨论过的例子有更多的重叠。

a. 你认为对 Kim 来说它将会有更高还是更低的探测器价值？

b. 用与本章相似的分析方法计算 Kim 的探测器价值。

2. 假设 $100°$ 均匀测器的精确度为：

$$\{T \mid S, \&\} = \dfrac{1}{100}, \quad 1 \leq T \leq 100$$

$$\{T \mid R, \&\} = \dfrac{1}{100}, \quad 1 \leq T \leq 100$$

这意味着探测器指示值将会以相同的概率 100% 重叠。

a. 你认为它和本章中讨论过的探测器相比，具有更高还是更低的探测器价值？

b. 无需任何进一步的计算，该检测器的价值是多少？

3. 假设 $100°$ 均匀探测器的精确度为：

$$\{T \mid S, \&\} = \begin{cases} \dfrac{1}{50}, & 1 \leq T \leq 50 \\ 0, & \text{其他} \end{cases}$$

$$\{T \mid R, \&\} = \begin{cases} \dfrac{1}{50}, & 51 \leq T \leq 100 \\ 0, & \text{其他} \end{cases}$$

这意味着探测器指示值没有重叠。在无需任何进一步计算的情况下，对 Kim 而言，这个探测器的价值是多少？

4. 自行分析本章中列示的如下表格。

a. 表 20-1。　　b. 表 20-2。

c. 表 20-3。　　d. 表 20-4。

第 21 章

有影响力的决策

本章核心概念

阅读本章之后,读者将能够解释下列概念:
- 决策图中影响箭头的作用
- 有影响力决策中的洞察力价值
- 有影响力决策中的探测器价值
- 规范决策图
- 有影响力决策中的经济性评估

21.1 引言

在许多决策分析的实例中,备选方案的选择将影响实际的关注属性。基于不同方案的选择,决策者将为属性赋值不同的概率。在第 14 章中,我们指出决策图中用一根从决策节点到机会节点的箭头来表示这种影响。正如我们之前讨论的那样,我们称之为影响箭头。

影响是很常见的。比如一个研发部门的执行官可能相信在研发(R&D)上的支出将会改变技术成功的机会。在决策图中,我们从代表研发经费的决策节点绘制一根指向代表技术成功机会节点的箭头来表示这一信念。再举一个例子,一个市场营销经理将使用影响箭头来展示在营销活动中投入更多的资金将增加成功的可能性。在市场营销和研发部门中,分配充裕的预算可以影响营销和研发成功的机会。正如我们所见,我们必须认真对待决策图中影响力的使用,尤其是在考虑到信息价值的时候。

21.2 Shirley 的问题

为了阐述影响的使用,我们再一次回顾第 9 章中的聚会问题。在本章中,我们介绍另一位聚会规划者 Shirley。除了 Shirley 认为自己身处自然时天气变好的可能性更大之外,她和 Kim 在各方面都很类似,包括风险偏好。比如,她相信如果她举办室外聚会而非室内聚会,晴天的可能性更大。她相信如果自己对大自然敞开怀抱,大自然就会配合。这与大多数人的信念相反，大多数人认为洗车将更有可能遇上雨天。Shirley 的决策图如图 21-1 所示。

除了 Shirley 决策图中"场地"节点有一根箭头指向"天气"节点之外，这一决策图和 Kim 的决策图一模一样。

21.2.1 有影响力的最优方案

对应于 Shirley 决策图的决策树如图 21-2 所示。除了天气的概率赋值不同之外，其与 Kim 的决策树基本相同。当她举办室外聚会时，Shirley 为晴天的概率赋值 0.5；门廊聚会时，晴天的概率赋值 0.4；室内聚会时，晴天的概率赋值 0.3。用通常的方法倒推决策树，我们发现室外、门廊和室内方案分别具有 0.5、0.57 和 0.64 的效用值，各自的确定等价物为 33.90 美元、40.60 美元和 46.85 美元。与 Kim 一样，Shirley 会选择在室内举办聚会，但是这个方案的确定等价物为 46.85 美元，比 Kim 的 45.83 美元稍高一些。

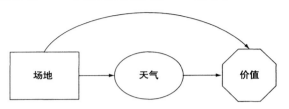

图 21-1　Shirley 关于聚会问题的决策图

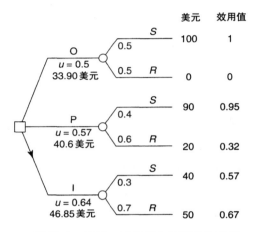

图 21-2　Shirley 关于聚会问题的决策树

注意，除了所需的特定数值计算外，影响力的存在和依据任一方案时相应的晴天概率的不同并不能影响我们以任何方式选择最优方案。影响力的存在（不论是 Shirley 的聚会问题还是研发的资金决策），都不能成为确定最优行动进程的障碍。

21.2.2 有影响力的洞察力价值

然而，当我们在考虑计算洞察力价值（VOC）时，影响力的存在并非全部是良性的。举例来说，如果我们尝试去找出天气的 VOC，通常的做法是在图 21-1 即 Shirley 的决策图中从"天气"节点到"场地"节点之间增加一根信息箭头，而得到图 21-3。这意味着我们在进行聚会场地决策之前已知天气的情况。

当我们发现从"天气"到"场地"、从"场地"到"天气"形成一个环时，问题就出现了。回顾一下决策图中不能出现循环的知识。显然，我们不能将此图以决策树形式表示，因此，我们也就不能进行 VOC 的计算。

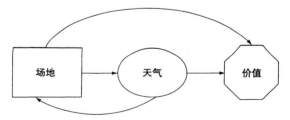

图 21-3　有影响力的洞察力问题

进一步阐述这一观点，假使我们想用先前论证的标准方法来计算 Shirley 的信息价值，但使用的是 Kim 的决策树（如图 10-8 所示）。即时就会出现的问题为，"我们应该为她关于先知所告知晴雨信念的概率赋值多少？"基于她的方案选择，我们有三种不同的概率。

该难题的一个哲学原因在于 Shirley 向先知所要的信息部分基于自身的行动。在此情形下，先知被要求预测 Shirley 将要采取的行动，如果先知能够预测，Shirley 在进行决策时将失去自由意志。在允许影响因素存在时，我们不能清楚地区分决策（在我们控制下）和不确定性（不在我们控制下）。当我们打算计算 VOC 时，我们将为这一不精确性付出代价。

21.2.3 以规范形式表示决策图

我们可以通过绘制无影响力的决策图来避免计算 VOC 的困难。这样，构建我们所不能掌控的 VOC 计算将不再可能。我们称不包含影响力的决策图为**规范形式**的决策图。

用规范形式表示决策图需要分析者角色做出一些额外工作；对决策者角色而言，由 VOC 问题可能引起更多的评估。Shirley 决策图的规范形式如图 21-4 所示。

图 21-4　Shirley 问题的一般规范形式

在该图中，不确定性不再简单地只是天气，而是以 Shirley 对聚会场地的选择为条件的天气情况。换言之，天气│场地这一属性是在每个可能场地（室外│门廊│室内）情况下天气（晴天│雨天）的概率评估。

21.2.4 先知的问卷

具体来说，我们想象一下为先知准备一份问卷，允许其记录在 Shirley 每个可能的行动下的天气的状况。问卷形式如图 21-5 所示。问卷分为三行，每一行表示 Shirley 可能选择的一个方案：室外（O），门廊（P），室内（I）；问卷的两列分别表示可能的天气：晴天（S）和雨天（R）。Shirley 要求先知做的是：如果她在每一行中做出标记表示对应该行所做的决策，先知将展示天气的情况。

如图 21-5 所示，先知可能报告的结果如下：如果 Shirley 举办室外聚会，那么天气就是晴朗的；但如果她举办的聚会在室内或者门廊，天气将为雨天。注意，先知能够提供的回应有 8 种可能。一般来说，如果存在 n 种不同的备选方案而不确定性具有 m 个不同的属性状态，那么先知将会有 m^n 种可能的回应。

先知问卷中 Shirley 的概率评估　我们可以认为图 21-4 中在给定场地情况下的天气节点是由图 21-6 中的三个机会节点所组成的。

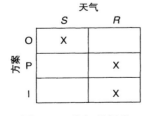

图 21-5　先知的问卷

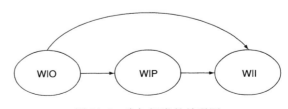

图 21-6　先知问卷的关联图

它们分别对应室外聚会的天气（W│O）、门廊聚会的天气（W│P）和室内聚会的天气

（W|I）。这些属性都是二元属性，非晴即雨。图 21-6 展示了一棵特定的评估顺序，相关排序可依据 Shirley 的便利而进行。箭头允许这样一种可能性的出现，即 Shirley 可以依据先知如何填写问卷的第一行而得到他填写其他行的一些蛛丝马迹。

参见图 21-7，假设 Shirley 已经为我们提供了一棵表示对其关联图评估的概率树。正如图的顶端所示，决策树有三层，对应于三个方案：室外 (O)、门廊 (P) 和室内 (I)。

树的第一层表示 Shirley 的信念：如果她在室外举办聚会，晴天 (S) 和雨天 (R) 的概率分别是 0.5。这与图 21-2 中的概率树相对应，即已知室外方案时晴天的概率为 0.5。

第二层表示在已知先知给出室外聚会指示时，Shirley 对门廊聚会的信念。Shirley 认为如果先知预测室外聚会时天气为晴天，那么门廊方案对应晴天的概率为 60%。她还认为如果先知预测室外聚会时天气是雨天，那么门廊方案对应晴天的概率

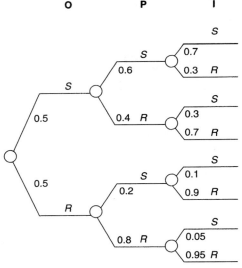

图 21-7 Shirley 的概率树

为 20%。请注意已知室外晴天聚会情况下，Kim 对门廊聚会时天气为晴天的概率为 1，已知室外雨天聚会的情况下，门廊聚会时天气为晴天的概率为 0。

树的第三层表示，如果一个室外或者门廊的聚会举办时为晴天，那么在室内举办聚会时晴天 S 的可能性为 70%。然而，如果室外和门廊的聚会举办时均为雨天 R，那么室内聚会举办时晴天 S 的概率为 0.05。最后，如果报告中室外聚会时为晴天 S 而门廊聚会时为雨天 R，可以得到室内聚会时为晴天 S 的概率 0.3；室外雨天聚会和门廊晴天聚会的情况将使 Shirley 对晴天的概率赋值为 0.1。

我们不难发现，该树的概率赋值与图 21-2 中的概率树一致。比如，已知室外聚会时晴天的边缘概率仍为 0.5，而已知门廊聚会时晴天的边缘概率可以通过反转图 21-7 中的概率树，从已知门廊时晴天的属性开始计算，得到 $0.5 \times 0.6 + 0.5 \times 0.2 = 0.4$，这和图 21-2 表示的相同。由此看出，这些条件评估也应该与图 21-2 的树相一致。

我们可以看到，如果 Shirley 想要得到 VOC，她就必须要做大量的工作来提供必要的额外评估。而如果 Shirley 放弃计算 VOC，她就必须满足由最初公式给出的允许场地和天气之间存在影响力的决策指导。在大多数情况下，VOC 的额外收益被额外评估的成本所抵消。然而，在某些情况下，这部分评估工作可能并没有看起来那么繁重。

21.2.5 规范形式下 Shirley 的洞察力价值计算

图 21-8 给出了在规范形式下 Shirley 洞察力价值的决策图（注意：由于是规范形式，因此图中没有循环）。

我们已经说过，一旦她做出了场地决策，她将拥有完整可用的先知问卷。先知以任意一种可能方式填写问卷的概率就是图 21-7 中概率树上 8 个端点的概率。我们通过图 21-9 中的决

策树来计算 Shirley 的 VOC。

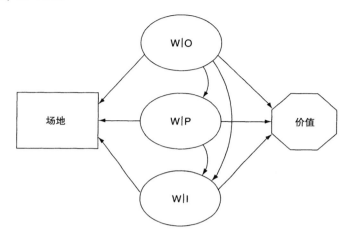

图 21-8 Shirley 规范形式的决策图

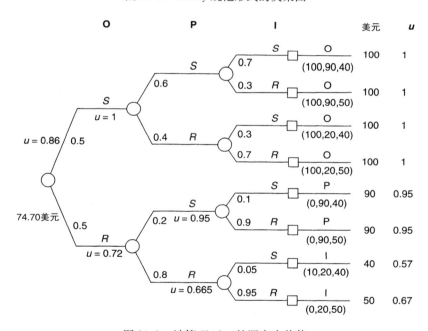

图 21-9 计算 Shirley 的洞察力价值

图 21-9 中树的第一个三层与图 21-7 中的概率评估相同,并且一一对应先知问卷中的 8 种可能性。依据每种报告,Shirley 必须对聚会场地进行决策。

比如,如果先知报告(如图的顶端所示)说对于任一聚会场地,天气都将会是晴天,我们知道依据每个方案,即室外(O)、门廊(P)和室内(I),她会得到 100 美元、90 美元和 40 美元的收益。这三种可能的价值显示在决策节点下方的圆括号内,而决策节点对应于先知报告的末端端点。明显地,在室外举办聚会的话,结果最优并获得最大值 100 美元。这一美元价值在临近列记录,作为效用值的额度,记为 1。

继续向下至第二个末端端点,我们观察到报告中室外聚会和门廊聚会将会在晴天举办而室内聚会将在雨天举办。这产生了三个方案的收益，分别为 100 美元、90 美元和 50 美元。因此她还是会选择室外聚会，收益为 100 美元，效用值为 1。剩下的两个报告仍是选择室外方案，且收益与效用值相同。因此，我们发现如果先知报告说室外聚会时将会出现晴天，那么，一如我们所料，她就会选择室外聚会，收益为 100 美元，效用值为 1。

图 21-9 中接下来的一个末端端点对应的是雨天的室外聚会，其余的场地皆为晴天，且三个方案的收益分别是 0、90 美元和 40 美元。因此她会选择在门廊举办聚会，收益为 90 美元，效用值为 0.95。位于其下方的末端端点只是在室内聚会出现雨天这一种情况略有不同，因此她仍然选择门廊聚会，并且获得相同的收益和效用值。

如果先知报告说室外与门廊聚会将会经历下雨，但是室内聚会将会在晴天举办，那么她面临的收益分别为 0、20 美元和 40 美元，因此她会选择室内聚会，收益为 40 美元，效用值为 0.57。最后，一份报告说无论她选择在哪里举办聚会都会是雨天，相应的收益 0、20 美元和 50 美元，因此她会选择室内聚会，收益为 50 美元，效用值为 0.67。

当我们对树的 8 个末端端点的效用值取其期望值时，我们在图的起点得到效用值 0.86，即 Shirley 的确定等价物为 74.7 美元。因此，如 Kim 一样，Shirley 满足 Δ 性质，且她在无洞察力时的确定等价物为 47.85 美元，这意味着其洞察力价值约为 27.81 美元。这个洞察力价值要比 Kim 的 20 美元高出很多。请注意，如果 Shirley 不是一个 Δ 人，我们就必须使用常规方法：从所有收益中减去一个价格，并通过迭代的方法来找到对她购买洞察力而言无差别的价格。

21.2.6 经济性评估

基于这个特殊问题的结构，Shirley 无须在图 21-7 中赋值完整的概率树就能够计算出 VOC。比如，如果先知回答说若在室外举办聚会，天气将会是晴天，那么我们就无须关注问卷中对应于门廊和室内的另外两行的答案。在这种情况下，我们发现，Shirley 总会选择室外聚会，收益为 100 美元，效用值为 1。

此外，如果他在第一行填写的是举办室外聚会将出现雨天，那么她必须要求他填写对应门廊聚会的第二行。如果第二行的填写结果是门廊聚会将在晴天举办，那么就无须再填第三行，或者为表格的第三行进行概率赋值。此时她将选择举办门廊聚会，收益为 90 美元，效用值为 0.95。

只有问卷中前两行填写的结果都是雨天时，先知才有必要填写第三行，然后她要对先知填写的各种方式进行概率赋值，比如晴天是 0.05，雨天是 0.95。因此，在这个问题中，图 21-7 中需要概率赋值而尚未赋值的仅有给定室外雨天聚会时的门廊聚会晴天概率，给定室外雨天聚会和门廊雨天聚会时室内聚会晴天的概率。通过对这两个数进行赋值，Shirley 可以得出天气的 VOC。

我们可以将免费洞察力的结果进行总结，如图 21-10 所示。Shirley 有 0.5 的概率在晴天举办室外聚会，0.1 的概率在晴天举办门廊聚会，0.02 的概率在晴天举办室内聚会，和 0.38 的概率在雨天举办室内聚会。该交易对 Shirley 而言，价值为

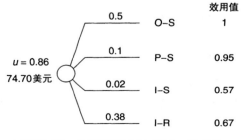

图 21-10　免费洞察力时 Shirley 的交易

74.70 美元。由于 Shirley 是一个 Δ 人，其 VOC 可以通过有免费洞察力时的交易价值减去无洞察力时的交易价值得到。

注意：一旦图形变成规范形式，每一属性 W|O，W|P，W|I 都可以被作为分离的不确定性。

21.2.7 被影响属性的部分洞察力

从我们的讨论中，我们清楚地知道洞察力有时可以不需要填写完整的问卷就能计算出来。比如，Shirley 可能会只在举办室外聚会时才购买有关天气的洞察力，即先知问卷中第一行提供的信息。这意味着在图 21-8 中，将有一根箭头从已知室外聚会时的"天气"节点指向"场地"节点，而不是从其他两个机会节点指向"场地"。我们可以对问卷中任意一行或某几行的洞察力进行估计。在给定决策者已经知道问卷的其他部分如何填写的情况下，我们也可以考虑填写问卷任一部分的价值。尽管我们很少需要在如此复杂的情况下调查洞察力，但是我们的原则和流程足够胜任此项任务。

顺便地，你可能想要验证洞察力问卷第一行中已知室外聚会时 Shirley 关于天气的 VOC，接近于 23.47 美元。这个值是全部完成问卷所得价值 27.81 美元的 83.4%。

另一个我们可能想要替 Shirley 考虑的问题是：她对于天气的不完全信息的价值。Shirley 对一个精确度为 80% 的 Acme 雨天探测器估值多少？我们将在如下章节解决这一问题。

21.2.8 有影响力属性的不完全信息

考虑 Shirley 对天气探测器指示的不完全信息价值。在图 21-8 和图 21-9 中，我们发现三种属性 W|O，W|P 和 W|I 在给定 Shirley 信息状态时是相互关联的。比如，如果先知告诉她 W|O 的结果，这一信息将会修正她对 W|P 与 W|I 的信念。

现在我们为 Shirley 考虑 Acme 雨天探测器。与估值洞察力的案例类似，已知 Shirley 的场地选择时，探测器指示也能够给出一些提示。探测器将会为 W|O、W|P 和 W|I 给出三个指示。探测器指示必须与规范属性"天气|场地"（W|L）相关，否则该指示将没有价值。

接下来，我们需要考虑在已知规范属性"W|O""W|P"和"W|I"时，W|O、W|P 和 W|I 的指示是否相关。这个问题的答案必须来自于 Shirley，基于她对探测器及其操作的信念。比如，她可能用于表示这一情境的一种关联图，如图 21-11 所示。

在图 21-11 中，给定 W|O、W|P 和 W|I 时，属性"W|O""W|P"和"W|I"是不相关的。比如，如果 Shirley 从一个探测器中接收到关于

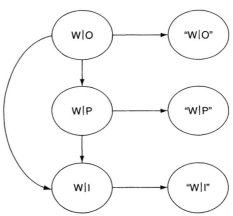

图 21-11 Shirley 探测器指示的可能关联图

W|O 的指示，除非她已经获知天气的相关信息，否则她不会修正她对探测器给出关于 W|P 指示概率的信念。这与 Shirley 的信念相对应：尽管她对于聚会场地的选择很可能会影响天气，但是并不会影响探测器的预测。比如，在图 21-11 中，如果探测器是对称的并且有 0.8

的精确度，已知 W|O = 晴天，W|P = 晴天，W|I = 雨天时，Shirley 从探测器收到三个晴天指示的条件概率为 $0.8 \times 0.8 \times 0.2 = 0.128$。这是基于两个探测器 W|O 和 W|P 给出正确指示而探测器 W|I 给出错误指示所得的条件概率。

然而，我们注意基于其信念，Shirley 还可能有其他的关联图。例如，基于 W|O 的天气信息可能会修正她对探测器指示的信念。此外，探测器指示的精确度甚至可以不对称。

图 21-12a 给出了即便 Shirley 已经知道 W|O 与 W|P 的情况下，她仍认为探测器指示"W|O"将会修正她对指示"W|P"的信息的案例示意。图 21-12b 给出了更常规的决策图，图中任意节点的信息都将修正她对其他节点的信念。对每一关联图，我们仍需要以评估形式对整棵概率树进行评估。箭头越多，需要评估的条件概率数量就越多。

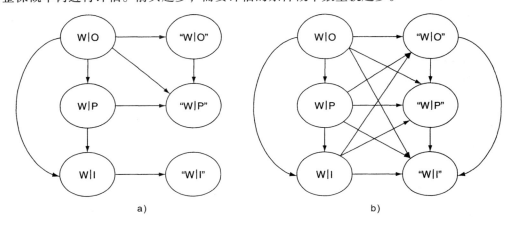

图 21-12　表示探测器指示更多关联图的例子

通过简化记号，我们可以阐明当影响因素存在时对信息收集的评估。参见图 21-13，我们将使用 W 来表示基于聚会场地 W|O、W|P 和 W|I 条件下的天气状态。相应地，"W"表示在给定聚会场地"W|O""W|P"和"W|I"条件下可能的探测器指示。我们现在可以将图 21-11 和图 21-12 中的关联图以一种更简便的方式表示在图 21-13 中。

请注意，原则上，我们在此所面对的问题与第 5 章中首次遇到的"喝啤酒者"—"大学毕业生"的初始问题的形式相同，但是这一问题有更多的细节需要处理。

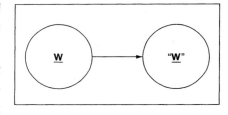

图 21-13　简化的关联图

在以下的讨论中，我们将考虑图 21-11 中的情境，并假设探测器指示有对称性且精确度为 0.8，它们都是 Acme 雨天探测器。这些不完全探测器的价值现在等于三种属性"W|O""W|P"和"W|I"的联合洞察力，即"W"的价值。

为了简化记号，我们将使用三个字母指代三种可能的探测器指示或天气状况。比如"SO"—"SP"—"SI"指代天气条件"晴天室外"—"晴天门廊"—"晴天室内"，8 种可能性 W 的其中之一。而对探测器报告"W"的 8 种可能性而言，"SO"—"SP"—"RI"指代"晴天室外"—"晴天门廊"—"雨天室内"的探测器指示。

Shirley 已经为图 21-7 中的天气条件赋值她的先验概率 {W|&}。为了完成图 21-13 中关

联图的评估形式，我们必须计算似然函数{"W" |W, &}。表 21-1 给出评估形式下不同天气条件下可能的探测器指示的条件概率，或者说似然度。比如，第一个单元格中的数字 0.512 表示当所有的场地都是晴天时，三个探测器指示都准确地指示"S"的概率 0.8×0.8×0.8。第一个单元格右侧单元格中的 0.128 表示已知天气均为晴天时探测器指示为"SO"—"SP"—"RI"的概率，SSS。其概率为 0.8×0.8×0.8 = 0.128，对室外和门廊的指示正确，表示为"SO"—"SP"，而对室内聚会指示错误"RI"。

表 21-1　{"W" |W, &}：用图 21-11 中的关联图所得不完全探测器指示的似然值

	室外—门廊—室内			
	"SO"—"SP"—"SI"	"SO"—"SP"—"RI"	"SO"—"RP"—"SI"	"SO"—"RP"—"RI"
SSS	0.512	0.128	0.128	0.032
SSR	0.128	0.512	0.032	0.128
SRS	0.128	0.032	0.512	0.128
SRR	0.032	0.128	0.128	0.512
RSS	0.128	0.032	0.032	0.008
RSR	0.032	0.128	0.008	0.032
RRS	0.032	0.008	0.128	0.032
RRR	0.008	0.032	0.032	0.128

	探测器指示	场地			
	"RO"—"SP"—"SI"	"RO"—"SP"—"RI"	"RO"—"RP"—"SI"	"RO"—"RP"—"RI"	
SSS	0.128	0.032	0.032	0.008	1
SSR	0.032	0.128	0.008	0.032	1
SRS	0.032	0.008	0.128	0.032	1
SRR	0.008	0.032	0.032	0.128	1
RSS	0.512	0.128	0.128	0.032	1
RSR	0.128	0.512	0.032	0.128	1
RRS	0.128	0.032	0.512	0.128	1
RRR	0.032	0.128	0.128	0.512	1

为了确定表示图 21-11 中关联图的联合分布 {W, "W"|&}，我们现在要将表 21-1 中的似然值乘以 Shirley 对 8 种可能的天气条件的每一个先验概率。该评估已经在图 21-7 中给出。为了方便，我们在图 21-14 中对其进行重复。比如，我们知道 Shirley 对 O|S, P|S, I|S 的信念为 0.5×0.6×0.7 = 0.21。

如果我们将表 21-1 中探测器的似然值乘以 8 种天气条件每一个的边缘先验概率，就能为每一场地得到天气条件和探测器指示的联合分布，如表 21-2 所示。比如，第一单元格（等于 0.107 52）是由 SSS 的先验概率（等于 0.21）和表 21-1 中"SO"—"SP"—"SI"的探测器指示的似然值（等于 0.512）相乘所得。该单元

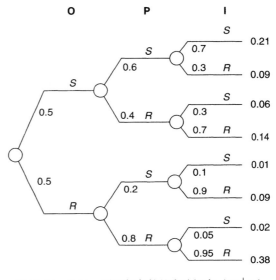

图 21-14　Shirley 对天气条件的先验概率 {W|&}

格右侧的单元格（0.026 8）表示天气为 SSS 和探测器指示"SO"—"SP"—"RI"的联合概率，其由先验概率 0.21 与表 21-1 中探测器指示的似然值（0.128）相乘所得。注意，矩阵中单元格的加和为 1。

表 21-2 {"W", W|&}：天气和探测器指示的联合分布

	"SO"—"SP"—"SI"	"SO"—"SP"—"RI"	"SO"—"RP"—"SI"	"SO"—"RP"—"RI"	"RO"—"SP"—"SI"	"RO"—"SP"—"RI"	"RO"—"RP"—"SI"	"RO"—"RP"—"RI"	
SSS	0.108	0.027	0.027	0.007	0.027	0.007	0.007	0.002	0.21
SSR	0.012	0.046	0.003	0.012	0.003	0.012	0.001	0.003	0.09
SRS	0.008	0.002	0.031	0.008	0.002	0.000	0.008	0.002	0.06
SRR	0.004	0.018	0.018	0.072	0.001	0.004	0.004	0.018	0.14
RSS	0.001	0.000	0.000	0.000	0.005	0.001	0.001	0.000	0.01
RSR	0.003	0.012	0.001	0.003	0.012	0.046	0.003	0.012	0.09
RRS	0.001	0.000	0.003	0.001	0.003	0.001	0.010	0.003	0.02
RRR	0.003	0.012	0.012	0.049	0.012	0.049	0.049	0.195	0.38
{"W"&}	0.139	0.117	0.094	0.150	0.064	0.120	0.083	0.233	1

为了利用探测器指示，我们需要反转树图，将图变为推理形式。反转将产生探测器指示的预后验分布，然后得到已知探测器指示和场地时天气的后验条件概率。

为了计算每个探测器指示在推理形式下的预后验概率 {"W"|&}，我们首先对每个探测器指示的联合概率求和。通过对表 21-2 中每一列的联合分布加和，可得预后验概率分布，见表的最后一行。比如，探测器指示"SO"—"SP"—"SI"的预后验概率为 0.139。后验概率之和为 1，见表的最右列。

下一步是为每一探测器指示求得天气的后验概率分布 {W|"W"&}：通过反转树。为了计算后验概率，我们将表 21-2 中每一单元格的联合分布除以其探测器指示的预后验概率，结果如表 21-3 所示。比如，表中第一个单元格是 $\frac{0.107\,52}{0.139\,04} = 0.773\,3$，其由表 21-2 中第一个单元格（0.108）除以"SO"—"SP"—"SI"的预后验概率（0.139）而来。表 21-3 中其右侧的单元格（0.229 8）则是由表 21-2 中对应的单元格（0.027）除以"SO"—"SP"—"RI"的预后验概率值（0.117）所得。

表 21-3 {W|"W"&}：已知探测器指示的后验概率

	"SO"—"SP"—"SI"	"SO"—"SP"—"RI"	"SO"—"RP"—"SI"	"SO"—"RP"—"RI"
SSS	0.773 3	0.229 8	0.285 5	0.044 8
SSR	0.082 9	0.394 0	0.030 6	0.076 9
SRS	0.055 2	0.016 4	0.326 3	0.051 3
SRR	0.032 2	0.153 2	0.190 3	0.478 4
RSS	0.009 2	0.002 7	0.003 4	0.000 5
RSR	0.020 7	0.098 5	0.007 6	0.019 2
RRS	0.004 6	0.001 4	0.027 2	0.004 3
RRR	0.021 9	0.104 0	0.129 1	0.324 6
	1	1	1	1

（续）

	"RO"—"SP"—"SI"	"RO"—"SP"—"RI"	"RO"—"RP"—"SI"	"RO"—"RP"—"RI"
SSS	0.419 0	0.056 1	0.081 3	0.007 2
SSR	0.044 9	0.096 1	0.008 7	0.012 3
SRS	0.029 9	0.004 0	0.092 9	0.008 2
SRR	0.017 5	0.037 4	0.054 2	0.076 8
RSS	0.079 8	0.010 7	0.015 5	0.001 4
RSR	0.179 6	0.384 5	0.034 8	0.049 4
RRS	0.039 9	0.005 3	0.123 9	0.011 0
RRR	0.189 5	0.405 9	0.588 6	0.833 7
	1	1	1	1

表 21-3 中的矩阵每一列代表每种可能的探测器指示所计算的在已知场地时天气的后验概率。如表中所见，每一列的加和为 1。

对每个探测器指示来说，Shirley 已经基于探测器指示修正了天气的分布，而她也需要据此对在何处举办聚会进行决策。比如，如果探测器指示为 "SO"—"SP"—"SI"，Shirley 的决策树则如图 21-15 所示。

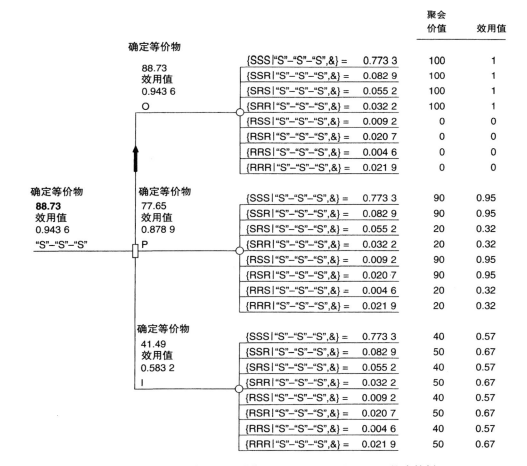

图 21-15　Shirley 关于探测器指示 "SO"—"SP"—"SI" 的决策树

基于这棵决策树，Shirley 在知道探测器指示为 "SO"—"SP"—"SI" 时将选择在室外举办聚会。在此情况下，她聚会交易的确定等价物为 88.73 美元。

图 21-16 给出了已知 8 种可能的探测器指示时各场地决策方案的确定等价物。

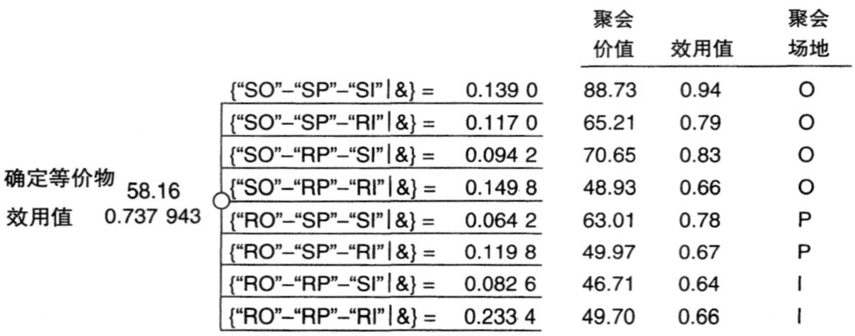

	聚会价值	效用值	聚会场地
{"SO"–"SP"–"SI"｜&} = 0.139 0	88.73	0.94	O
{"SO"–"SP"–"RI"｜&} = 0.117 0	65.21	0.79	O
{"SO"–"RP"–"SI"｜&} = 0.094 2	70.65	0.83	O
{"SO"–"RP"–"RI"｜&} = 0.149 8	48.93	0.66	O
{"RO"–"SP"–"SI"｜&} = 0.064 2	63.01	0.78	P
{"RO"–"SP"–"RI"｜&} = 0.119 8	49.97	0.67	P
{"RO"–"RP"–"SI"｜&} = 0.082 6	46.71	0.64	I
{"RO"–"RP"–"RI"｜&} = 0.233 4	49.70	0.66	I

确定等价物 58.16
效用值 0.737 943

图 21-16　Shirley 有免费探测器时聚会交易的估值

如果我们取出表 21-4 中各列的最大值单元格作为表中最后一行，我们可以得到在已知探测器指示时的最优场地。通过观察前 4 列，我们知道如果探测器指示说当天为晴天，则 Shirley 将举办室外聚会，接下来的两列意味着门廊聚会，最后两列为室内聚会。

如果 Shirley 可以收到所有可能聚会场地的免费探测器报告，她将面临如下交易。

表 21-4　已知探测器指示时 Shirley 的确定等价物

	"SO"—"SP"—"SI"	"SO"—"SP"—"RI"	"SO"—"RP"—"SI"	"S0"—"RP"—"RI"
CE – O	88.73	65.21	70.65	48.36
CE – P	77.65	63.16	36.38	26.63
CE – I	41.49	47.36	43.42	48.93
Max	88.73	65.21	70.65	48.93
	"RO"—"SP"—"SI"	"RO"—"SP"—"RI"	"RO"—"RP"—"SI"	"RO"—"RP"—"RI"
CE – O	34.88	11.32	14.13	5.89
CE – P	63.01	49.97	26.58	23.22
CE – I	44.15	49.19	46.71	49.70
Max	63.01	49.97	46.71	49.70

有免费探测器时，Shirley 对聚会交易的确定等价物为 58.16 美元。回顾其没有探测器时交易的确定等价物为 46.85 美元。因为 Shirley 遵循 Δ 原则，这两个价值之差即为探测器价值：58.16 – 46.85 = 11.31（美元）。

我们注意到如果 Shirley 不是一个 Δ 人，我们将采用通用的方法：将收益减去价格，并进行迭代以找到使 Shirley 在购买洞察力时感觉无差别的价格。

我们可以在许多其他方面拓展这一分析。比如，假设 Shirley 有一个探测器只能告诉她一个场地的天气情况（比如室外）。这个情境代表探测器指示 "W｜O" 的洞察力。在这里我们留给读者作为练习：计算探测器只给出一个聚会场地的指示时，Shirley 对该探测器的效用值。

21.3　总结

当我们对属性的概率赋值取决于所选方案时，一个决策就会影响属性。在决策图中，是用一根从决策节点指向不确定性节点的箭头来表示的。

为有影响力决策计算最优决策方案所依据的步骤与无影响力决策相同。

计算有影响力决策的洞察力价值需要：

- 将决策图转换成规范形式，各属性以所选方案为条件。
- 赋值先验概率以表示规范形式中各属性的相关性。
- 基于所接收的信息修正属性。
- 基于修正的分布计算信息的 PIBP。

习题

标注星号（*）的习题更具有挑战性。

1. 已知三个场地，先知选择不向 Shirley 提供完全的洞察力。然而，先知可出售问卷中的一行，但是他不会给出所有三个场地的信息。比如，当她买了门廊的报告，他可能会说，"如果你在门廊举办聚会，天气将会是晴天。" Shirley 可以购买三份报告（室外，门廊，室内）的任意一个。

    a. 用规范形式绘制决策图以表示 Shirley 从先知报告中购买一行的决策。

    b. 绘制决策树以表示 Shirley 从先知报告中购买一行的决策，并使用该树来计算先知所给信息的 PIBP。

    *c. 先知报告的哪一行具有最高的价值（室外，门廊还是室内）？

*2. 对于 Kim 来说，图 21-7 会是怎样？

*3. 试着自己重新计算以下各值。

    a. Shirley 的洞察力价值。

    b. 表 21-1 ~ 表 21-4 中，Shirley 对不完全探测器的估值。

第 22 章

对数型效用曲线

本章核心概念

阅读本章之后，读者将能够解释下列概念：

- 对数效用曲线的性质
  - 函数形式
  - 确定等价物计算
  - 风险规避函数
- 大额货币前景交易
  - 指数型效用曲线的含义
  - 对数型效用曲线的含义
- 圣彼得堡悖论

22.1 引言

在第 11 章中，我们讨论了两种类型的效用曲线。

（1）指数型效用曲线，我们用如下形式表示：

$$u(x) = a + be^{-\gamma x}$$

或

$$u(x) = a + br^{-x}$$

（2）线性效用曲线，它是指数型效用曲线的一种特殊情形，表示为：

$$u(x) = a + bx$$

方便起见，我们将以上两种形式均指代为**指数型效用曲线**，而称拥有这类曲线的人为 Δ 人。回顾指数型效用曲线所允许其参数的简单评估及利用 Δ 性质的计算优势。

（1）在评估不确定性交易时，我们无须考虑决策者的初始财富，因为交易的价值不依赖于初始财富。

（2）不确定性的信息价值由不确定性免费信息的交易价值减去无信息时的交易价值所得。

（3）风险规避由单一参数表征：要么是风险容忍度，或其倒数，即风险规避系数；要么是风险发生比。

（4）一笔你并不拥有的不确定性交易的个人无差别购买价格（PIBP）等于如果你拥有该

不确定性交易的个人无差别出售价格（PISP）。值得注意的是，PIBP 和 PISP 相等并不依赖于指数型效用曲线的所有权周期这一概念。即使两者在不同财富水平上计算，PIBP 和 PISP 也是相等的。因此，我们可以通过计算较容易计算的 PISP 来简化 PIBP 的计算。

根据 Δ 性质，我们可以知道若我们对一笔交易的所有结果都加上一个相同的数量 z，那么这笔交易的确定等价物也将增加相同的数量 z。当然，我们也可以设想 Δ 性质不适用的情境：确定等价物以大于或小于 z 的数量增加。

一如我们所见，尽管拥有 Δ 性质的效用曲线有一些优点，但是许多其他效用曲线也有吸引人的特征，尤其在考虑大额货币的价值时，可能更能够代表对风险的态度。我们现在要介绍几种其他的效用曲线并表征其性质。我们从介绍对数型效用曲线开始。接着，我们将检测指数型效用曲线和对数型效用曲线之间的相关优点。最后，在本章结尾我们将探讨对数型效用曲线出现的历史动因。

22.2　对数型效用曲线

当要替代指数型效用曲线时，我们可能会想到对数型效用曲线，其取决于个人总财富并且也有一些含意。当一个组织中所有人的工资都增长相同比例，这看起来很有公平的意味，尽管有些人将会比其他人获得更多的钱。这产生了效用曲线的概念，其性质为财富小比例的改变导致效用值的同等改变，而不管财富水平如何。

例如，考虑具有这种性质的效用曲线：如果我们以相同的比例增加其所有的结果，或者等价地，将其所有的结果乘以一个相同的常数，该交易的效用值将等量增加。该效用曲线形式如下：

$$u(y) = \ln(y)$$

这里，y 表示个人总财富值，其必须是一个正值，ln 是一个自然对数函数。即使一个乞丐也有正的总财富值，至少你需要付点钱打发他。

为了探究为何这一效用曲线满足这里提及的乘法性质，我们回顾对数性质如下：

$$\ln(zy) = \ln(z) + \ln(y)$$

如果我们用一个量 z 乘以所有结果（对应于增加率或减少率），交易效用值的结果将增加 $\ln(z)$，而不论实际的交易和初始财富值如何。

当一个初始财富值为 α 的人考虑一笔收益为 x 的交易，对数效用曲线的形式如下：

$$u(x) = \ln(x + \alpha)$$

图 22-1 给出了总财富 $(x+a)$ 的对数型效用曲线。

注：当总财富接近 0 时，对数型效用曲线变为负无穷，导致该前景是不可接受的。

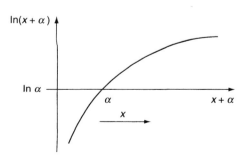

图 22-1　总财富的对数型效用曲线

22.2.1　使用对数型效用曲线的不确定性交易的确定等价物

假设有对数型效用曲线的决策者面临如图 22-2 所示的不确定的货币交易，其确定等价物是多少？

每个前景 x_i 都有一个基于总财富值定义的效用值 $u(x_i) = \ln(x_i + \alpha)$。我们现在计算该交易效用值的期望值。通过定义可知，效用值的期望值必定等于确定等价物为 $\tilde{x} + \alpha$ 的财富的效用值。

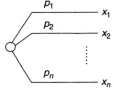

图 22-2　不确定的交易

因此，

$$\text{效用值的期望值} = u(\tilde{x} + \alpha) = \sum_{i=1}^{n} p_i \ln(x_i + \alpha)$$

利用对数的性质，上式可化为：

$$\text{效用值的期望值} = \sum_{i=1}^{n} \ln(x_i + \alpha)^{p_i}$$

因此，

$$\ln(\tilde{x} + \alpha) = \sum_{i=1}^{n} \ln(x_i + \alpha)^{p_i} = \ln\left(\prod_{i=1}^{n}(x_i + \alpha)^{p_i}\right)$$

其中符号 $\prod_{i=1}^{n} x_i$ 表示变量 $x_1, x_2, \cdots, x_n$ 的乘积，这里我们再次利用到对数的性质：$\ln(x) + \ln(y) = \ln(xy)$。

将等式两端进行指数 e 的乘方变换，且有 $e^{\ln(x)} = x$，则上式可转化为：

$$\tilde{x} + \alpha = \prod_{i=1}^{n}(x_i + \alpha)^{p_i}$$

一笔交易的几何平均值给出了总收益 $y_1, y_2, \cdots, y_n$，其概率分别为 $p_1, p_2, \cdots, p_n$，则可定义等式：

$$\text{几何平均值} = \prod_{i=1}^{n} y_i^{p_i}$$

因此，我们可以为对数型决策者写出如下公式：

$$\text{确定等价物} + \text{初始财富} = \tilde{x} + \alpha = \prod_{i=1}^{n}(x_i + \alpha)^{p_i} = \text{前景总财富的几何均值}$$

移项可得：

$$\tilde{x} = \prod_i (x_i + \alpha)^{p_i} - \alpha$$

或者说对于一位对数型决策者，确定等价物为：

$$\text{确定等价物} = \text{前景总财富的几何平均值} - \text{初始财富}$$

对于一位对数型决策者而言，如果两笔交易的几何平均值是相等的，那么其价值也是相等的。此外，一位风险中性的决策者则依据其算术平均值（期望值）来评估交易是否等价。由于几何平均值总是小于或等于算术平均值，一位对数型曲线决策者的不确定性交易的确定等价物必定小于交易的算术平均值。我们将立刻知道该决策者是风险规避的。

我们将通过如下的例子展示对数效用曲线的应用和计算。

▶例 22-1 对数型决策者购买保险

假设一个人拥有价值 10 000 美元的财产，其损失该财产的概率为 0.05。此人可以购买一份费用为 800 美元的保险。请问他的初始财富 α 为多少时他认为是否购买该保险无差别？

解：有无购买保险的前景如图 22-3 所示。

图 22-3　购买保险（左侧）和不够买保险（右侧）的选择

图 22-3 的左侧给出了购买保险后的交易。右侧给出了不购买保险的交易。

为了找到无差别点，我们令图 22-3 两边的确定等价物相等：

$$\alpha + 9\,200 = (\alpha + 10\,000)^{0.95} \alpha^{0.05}$$
$$\alpha = 5\,043\,(美元)$$

▶例 22-2 对数型决策者出售保险

现在我们考虑保险出售者的问题，假设他使用对数型效用曲线决策。请问保险出售者的初始财富是多少时，他认为卖不卖价格为 800 美元的保险无差别？

解：令保险出售者的初始财富值为 β，图 22-4 给出了卖与不卖保险的前景。

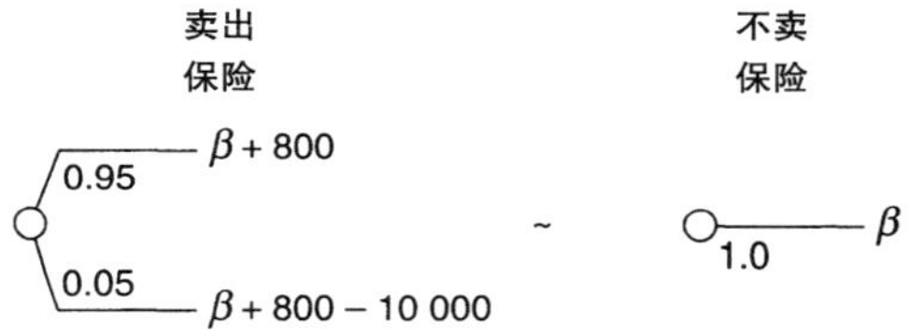

图 22-4　出售保险

令两边的确定等价物相等：

$$(\beta + 800)^{0.95}(\beta + 800 - 10\,000)^{0.05} = \beta$$

解得初始财富值为：

$$\beta = 14\,243\,(美元)$$

（对比 α 和 β 的等式可知，β 等于 $\alpha + 9\,200$。）

注意：如果保险的买卖双方都是 Δ 人，我们就不能解答这些问题了，因为双方的价格均不依赖于财富的初始值。

▶例 22-3 运输货物

一个人在国内拥有价值 4 000 美元的货物（即他的初始财富），在国外拥有价值 8 000 美元的货物。可以用船只把国外的货物部分或者全部运回国内，但有 0.1 的概率损坏。请问如果他只用一只船把货物运回国，他的国外资产价值多少？

解：仅用一只船，该交易描述如图 22-5 所示。

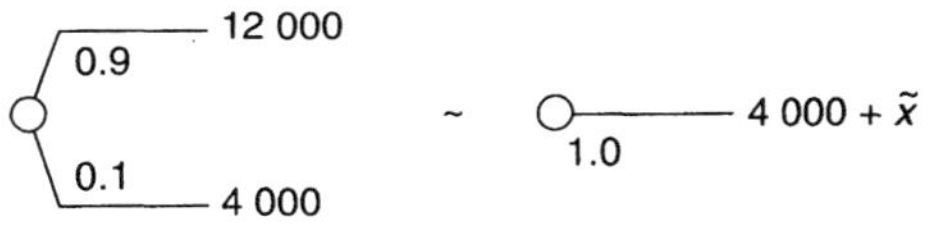

该交易的确定等价物计算如下：

$$12\,000^{0.9} \, 4\,000^{0.1} = 4\,000 + \tilde{x}$$

可得：

图 22-5　仅用一只船的交易

$$\tilde{x} = 6\,751$$

此外，如果他用两只船（每只船运一半货物），新的交易如图 22-6 所示。

计算确定等价物，我们有：
$$12\,000^{0.81} \times 8\,000^{0.18} \times 4\,000^{0.01} = 4\,000 + \tilde{x}$$

可知：
$$\tilde{x} = 7\,033$$

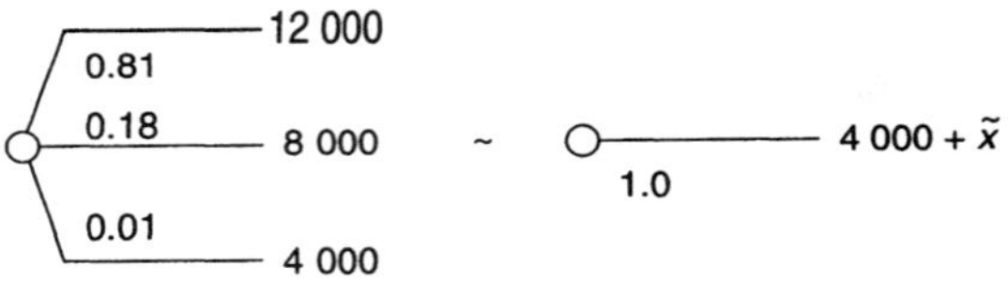

随着他运货使用船只数量的增加，其确定等价物也随之增加。然而，确定等价物绝对不会超过货物的期望值，$0.9 \times 8\,000 + 0.1 \times 0 = 7\,200$（美元）。

图 22-6 用两只船的交易

22.2.2 对数型效用曲线的来源

这一章节关于对数型效用曲线的所有结果，包括保险和船运的例子，都是 Daniel Bernoulli 于 1738 年所发表的研究。

"Specimen Theoriae Novae de Mensura Sortis"

Commentarii Academiae Scientiamm Imperialis Petropolitanae, Tomus V

[*Papers of the Imperial Academy of Sciences in Petersburg*, Vol. V], 1738: 175 – 192.

文章标题当时被翻译为"一种风险度量新理论的概述"。尽管很多人还不熟悉效用曲线的概念和用法，但是这一观点已有 250 多年的历史了。本章中，我们将在后文阐述 Bernoulli 研究的动机。

22.3 △ 人大额货币前景的交易

为了理解除了指数型之外的其他效用曲线依然有吸引力的原因，让我们来看一下 △ 人如何处理相较于风险容忍度过大的货币前景。在第 9 章的聚会问题中，Kim 的指数型效用曲线为：

$$u(x) = \frac{4}{3}\left[1 - \left(\frac{1}{2}\right)^{\frac{x}{50}}\right] = \frac{1 - e^{-\frac{x}{\rho}}}{1 - e^{-\frac{100}{\rho}}}$$

其中风险容忍度 $\rho = \frac{1}{\gamma} = \frac{100}{\ln 4} = 72.13$（美元）。

假设 Kim 处理如图 22-7 所示的交易，即她有 0.5 的概率收到货币金额 X，有 0.5 的概率收到货币金额 0。

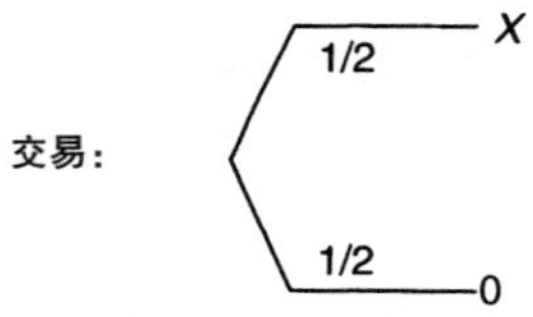

为了计算该交易中 Kim 的确定等价物，我们计算 X 和 0 的效用值，即为 $u(X)$ 和 $u(0)$。然后计算各效用值的期望值，得到交易的效用值，如下式所示：

$$u(\tilde{x}) = \frac{1}{2}u(X) + \frac{1}{2}u(0)$$

图 22-7 Kim 50-50 概率的 X 和 0

最后，我们通过将交易的效用值投影到效用曲线上得到交易的确定等价物：

$$\tilde{x} = u^{-1}\left[\frac{1}{2}u(X) + \frac{1}{2}u(0)\right]$$

该交易的期望值（其也为风险中性决策者的确定等价物）等于收益的期望值，则有：

$$期望值 = \frac{1}{2}X + \frac{1}{2} \times 0 = \frac{X}{2}$$

表 22-1 给出了基于不同 X 值时，Kim 的确定等价物和该交易的期望值。

由于 Kim 是风险规避者，所以对任何 X 而言，她对交易的估值都低于交易的期望值。从表 22-1 中，我们可知当 $X = 100$ 美元时，交易的期望值为 50 美元，Kim 的确定等价物为 33.9 美元。两者之差为 16.10 美元，差值即为风险溢价。

当 X 的值增加时会怎样呢？当 $X = 100$ 美元时，交易的期望值为 250 美元，Kim 的确定等价物为 49.93 美元。X 从 100 美元增加到 500 美元，而 Kim 的确定等价物仅增加了 16.03 美元。当 $X = 1\,000$ 美元时，交易的效用值是 500 美元，Kim 的确定等价物为 50 美元（确定等价物相较于 X 等于 500 美元时仅增加了 7 美分，而期望值增加了 250 美元）。

我们可以进一步扩展这一计算，值得注意的是，当 $X = 1\,000\,000$ 美元

表 22-1 图 22-7 中交易的期望值和确定等价物

X	交易的期望值	交易的确定等价物
0	0	0
50	25	20.75
100	50	33.90
150	75	41.50
200	100	45.62
250	125	47.78
300	150	48.88
350	175	49.44
400	200	49.72
450	225	49.86
500	250	49.93
550	275	49.96
600	300	49.98
650	325	49.99
700	350	49.99
750	375	49.99
800	400	50.00
850	425	50.00
900	450	50.00
950	475	50.00
1 000	500	50.00

时，交易的期望值是 500 000 美元，但 Kim 的确定等价物仍然仅为 50 美元。此外，无论我们令 X 的值多大，交易的确定等价物永远不会超过 50 美元（如图 22-8 所示）。

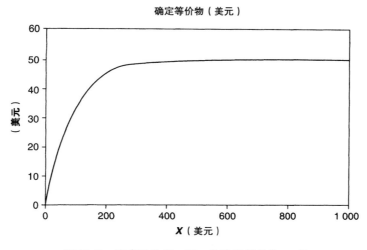

图 22-8 敏感性分析：Kim 的确定等价物 vs. X

以 50—50 的概率获得 500 美元和 0 时，Kim 的估值为 49.3 美元，而对于 50—50 概率获得 1 000 000 美元和 0 时，她的确定等价物仅增加 7 美分，这一结果合理吗？为了验证这一现象数学的正确性，我们在图 22-9 中绘制出了 X 值从 0 到 1 000 美元的 Kim 的效用曲线图。

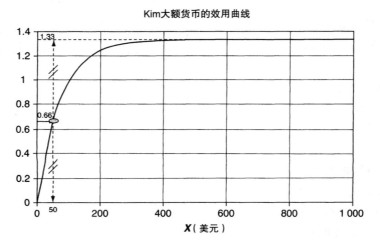

图 22-9 定义域 [0, 1 000] 中 Kim 的效用曲线

我们注意到当 X 趋向于无穷时，效用曲线有最大值 $\frac{4}{3} = 1.333$。然而，在风险容忍度的四倍值之后（228 美元），效用曲线的值就达到其最大值的 98%。因此，当任意 X 值大于货币金额 300 美元之后，其效用值都非常接近 $\frac{4}{3}$。从效用曲线上，我们还可以看出，0 的效用值等于 0。因此，对于任意大于 300 美元的 X 而言，这个二元交易效用值的期望值非常接近：

$$\frac{1}{2} \times 0 + \frac{1}{2} \times \frac{4}{3} = \frac{2}{3}$$

对应于该效用值的二元交易的确定等价物近似为：

$$u^{-1}\left(\frac{2}{3}\right) = 50(\text{美元})$$

这种现象的主要原因在于当 X 值较大时，Kim 的指数型效用曲线几乎变为常数。因此，对于任何大于 300 美元的 X 值，该交易效用值的期望值（即为其确定等价物）接近 0.666，如图 22-9 所示。

随着我们所讨论的交易越来越引人注意，Δ 人的 PIBP（或者相当于他们的 PISP）的极限很容易被求得。如果我们将效用曲线简化为：

$$u(x) = -e^{-\frac{x}{\rho}}$$

则当 X 任意大时，$u(X) \approx 0$，而且

$$u(\tilde{x}) = -e^{-\tilde{x}/\rho} = \frac{1}{2}u(0) + \frac{1}{2}u(X) \approx \frac{1}{2}u(0) = -\frac{1}{2}$$

在不考虑 X 大小的情况下，求解 $\tilde{x}$ 可得：该交易的确定等价物不会大于

$$\rho\ln2 = 0.693\rho$$

同理，我们发现，对于一笔概率为 p 的交易，Δ 人的 PISP（或 PIBP）的极限要么在无穷

大的 X 处，要么在 0 处取得。我们有：
$$u(\widetilde{x}) = -e^{-\frac{\widetilde{x}}{\rho}} = pu(X) + (1-p)u(0) = p(0) + (1-p)(-1) = -(1-p)$$

> 我们发现在给定 p 的情况下，对于较大 X 值，交易确定等价物的极限将是：
> $$\widetilde{X} = \rho\ln\left(\frac{1}{1-p}\right) = -\rho\ln(1-p)$$

当 X 无穷大时，确定等价物与风险容忍度的比值是 $\frac{\widetilde{X}}{\rho} = -\ln(1-p)$。表 22-2 展示了确定等价物作为 ρ 的乘子是如何随着 p 的变化而变化的。

尽管交易的期望值无穷大，但是当 p 为 0.01 或者更小时，交易的确定等价物仅为：
$$\widetilde{x} \approx \rho p$$

表 22-2　较大 X 值时，确定等价物与风险容忍度的比值

ρ	$\dfrac{\widetilde{X}}{\rho} = -\ln(1-p)$
0.5	0.693 147
0.1	0.105 361
0.01	0.010 05
0.001	0.001 001
0.000 1	0.000 1

基于对如上大额正的货币前景的确定等价物的行为的观察，你想成为一个不计收益的 Δ 人吗？若想，你在处理大额货币交易时会表现出类似的行为。

注意：这不是基于接受行动性思维五规则所构建的问题，因为其并未要求你成为一个 Δ 人。但是，我们知道，Δ 人假设可以在一定范围内简化许多数学计算。

22.4　对数型效用曲线的性质

按照 Bernoulli 所假设的那样，我们可以认为对数型效用曲线是基于全部财富所定义的效用曲线。要注意的是，当总财富接近零时，对数型效用曲线为负的无穷大，这种前景是极度不可取的。与指数型效用曲线不同，对数型效用曲线随着财富的增加而连续增加。基于对数型效用曲线的性质，即曲线上任意两点间的连线永远在曲线之下，它代表的是一种风险规避的态度。正如 Bernoulli 所表示的那样，同一交易下，一个对数型决策者的确定等价物总是小于风险中性决策者的确定等价物。同时也应注意，与指数型效用曲线不同，对数型效用曲线不能代表风险偏好的行为。

正如我们讨论的，对数型效用曲线有如下形式：
$$u(x) = \log(x + \alpha)$$

其中，x 是交易的结果，α 是初始财富。可以预测到，一位对数型效用曲线的决策者在评估不确定性交易时，需要确定初始财富值。此外，这样的人不会满足 Δ 性质。相应地，信息价值的计算更加复杂。一笔不确定性交易中 PIBP 和 PISP 可能会存在一个差值——这个差值可能是合乎要求的。

22.4.1　对数型效用曲线的风险规避函数

回顾一下，一位指数型效用曲线决策者的风险规避系数是一个常数 γ。这意味着风险规

避并不随着决策者的初始财富的改变而改变。如果我们对一笔交易的所有结果都加上一个固定的货币金额，确定等价物也将以相等的固定金额增加。

此外，们已经知道，对于一位对数型决策者而言，不确定性交易的评估和风险规避都随着初始财富的改变而改变。因此，风险规避系数并不仅仅只是一个常数，同时也是一个财富的函数。对数型效用曲线风险规避函数的表达式为：

$$\gamma(x) = \frac{1}{x+\alpha}$$

一位对数型决策者的风险容忍度函数为：

$$\rho(x) = \frac{1}{\gamma(x)} = x + \alpha$$

随着货币前景的增加，风险容忍度相应递增而风险规避系数相应递减。在后续章节中我们将会看到这一现象的含义。在第 24 章中，我们将回顾风险规避函数并演示其在提供确定等价物的近似表达式中的作用。

22.4.2 初始财富对对数型效用曲线的不确定性交易估值的影响

正如前文所讨论的，确定等价物的计算取决于对数型效用曲线决策者的初始财富水平。为了说明这一观点，我们来讨论图 22-10 中所示的交易，该交易中决策者有 50—50 的机会收到 1 000 美元和 0.1 美元（1 美分）。

图 22-10　收益为 1 000 美元和 0.1 美元的不确定性交易

假设初始财富值为 100 美元。

该交易效用值的期望值为：

$$0.5\ln(1\,000+\alpha) + 0.5\ln(0.1+\alpha) = 0.5\ln(1\,000+100) + 0.5\ln(0.1+100)$$
$$= 0.5 \times 7 + 0.5 \times 4.61 = 5.8$$

它一定等于确定等价物的效用值，则有：

$$u(\tilde{x}) = \ln(\tilde{x}+100) = 5.8$$

则确定等价物为：

$$\tilde{x} = u^{-1}(5.8) = e^{5.8} - 100 = 231.82(美元)$$

该交易的期望值为：

$$期望值 = 0.5 \times 1\,000 + 0.5 \times 0.1 = 500.05(美元)$$

因为该决策者对交易的评估低于该交易的期望值，因此他是风险规避者。

我们现在来探讨初始财富对该交易确定等价物的影响。图 22-11 绘制出了确定等价物对初始财富 α 的敏感性分析。一如所见，确定等价物随着初始财富的增加而增加。这意味着决策者变得"更富有"时将对交易估值更高。

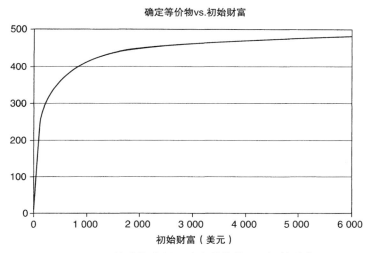

图 22-11　敏感性分析：确定等价物 vs. 初始财富

请注意，随着初始财富的增加，确定等价物变得越来越接近交易的期望值。这意味着随着他初始财富值的增加，决策者将越来越接近风险中性。我们称这种现象为随着财富增加而减少风险规避。这也表明了如果我们将所面对交易的所有结果加上任何固定金额，确定等价物的增加量将大于这一固定金额。随着我们初始财富值的增加，我们对交易的估值也会增加。

22.4.3　使用对数型效用曲线交易的买卖价格

如 Bernoulli 所计算的，图 22-2 中的确定等价物或不确定性交易的 PIBP 由下式给出：

$$\text{确定等价物} = \text{前景的几何平均值} - \text{初始财富}$$

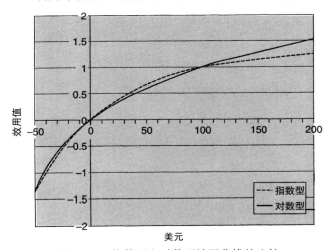

图 22-12　指数型和对数型效用曲线的比较

为了计算图 22-2 中以概率 p_i 接收 x_i 的不确定性交易的 PIBP，即 b，我们令效用值相等，

$$\sum_{i=1}^{n} p_i \ln(x_i + \alpha - b) = u(\alpha) = \ln(\alpha)$$

再次利用对数的性质，将等式左边写为：

$$\sum_{i=1}^{n}[\ln(x_i+\alpha-b)]^{p_i}=\ln\left[\prod_{i=1}^{n}(x_i+\alpha-b)^{p_i}\right]$$

令该式与等式右边相等，得：

$$\ln\left[\prod_{i=1}^{n}(x_i+\alpha-b)^{p_i}\right]=\ln(\alpha)$$

因此，PIBP，即 b 必定满足下式：

$$\prod_{i=1}^{n}(x_i+\alpha-b)^{p_i}=\alpha$$

请注意，求解此式来确定 PIBP 比直接利用表达式确定 PISP 更困难。解这个等式需要利用迭代或数值方法来发现 b。大多数情况下，PIBP 的确比 PISP 更难计算，在两个价格相等时 PISP 的求解更能体现指数型效用曲线的优势。对于一个 Δ 人而言，我们可以轻易计算出 PISP（因为这样更简单），但对于其他效用曲线来说，这两个值是不同的。

22.4.4 对数型效用曲线下 Kim 的决策

我们现在讨论当 Kim 的初始财富值等于风险容忍度时的对数型效用曲线，比如：

$$\alpha=\rho=72.13(\text{美元})$$

我们可以用下式表示效用曲线：

$$u(x)=\frac{\ln\left(1+\frac{x}{\rho}\right)}{\ln\left(1+\frac{100}{\rho}\right)}$$

这种形式确保了 Kim 的对数型效用曲线像她的指数型效用曲线一样，在 0 处为 0，在 100 美元处为 1。图 22-12 绘制出了 Kim 的指数型效用曲线和对数型效用曲线。我们注意到，在 0 到 100 美元区域内它们很接近，而对于大额的货币前景，对数型效用曲线继续增长，而指数型效用曲线趋向于数值 $\frac{4}{3}$。

22.4.5 对数型的 Kim 面临大额货币前景

我们现在计算 Kim 对该交易的确定等价物，利用她的对数型效用曲线，交易中她有 50—50 的机会收到 X 美元或 0。对于任意的 X 值，她对该交易的确定等价物或 PISP（如果她拥有该交易）为：

$$\tilde{x}=(X+72.13)^{0.5}(0+72.13)^{0.5}-72.13$$

作为对比，我们同时计算了 Kim 的 PIBP，即 b，由如下等式确定同一交易：

$$(100+72.13-b)^{0.5}(0+72.13-b)^{0.5}=72.13(\text{美元})$$

注解

计算交易的 PISP 比计算 PIBP 更容易，因为 PISP，也就是 $\tilde{X}$，是可以直接计算的，而无须通过计算出PIBP，即 b 才能得到。

当 Kim 的对数型效用曲线中 $\alpha = 72.13$，且有 50—50 的机会收到 0 或 100 美元，她的 $PISP = \tilde{X} = 39.3$，且其 $PIBP = b = 34.36$。回顾一下，指数型效用曲线下 Kim 的风险容忍度为 72.13，且 $PIBP = PISP = 33.9$。

表 22-3 给出了对数型效用曲线下 Kim 的 PIBP 和 PISP 的对比。从表 22-3 中我们可以看出，确定等价物大致随着 X 的增加而增加，而 PIBP 却以很慢的速度增长，并在 72.13 处达到饱和，此值也是她的初始财富。这种现象的发生是因为确定等价物是基于你所拥有某物而给出的一个售价。随着 X 的增长，拥有该交易将使你更富有。增加的财富形成更大的风险容忍度，PISP 也会更大。

此外，PIBP 是你尚未拥有交易的买入价格。随着 X 的增加，你并不会变得更加富有。因此，风险容忍度并不随着 X 的增加而增加，你将以更低的风险容忍度对该交易估值。因此，无论 X 多么有吸引力，Kim 都不会为任何交易支付超过她财富值（72.13 美元）的价格。因此，

表 22-3　图 22-7 中不确定性交易的 PIBP 和 PISP

X	PISP（对数型）	PIBP（对数型）
1	0.50	0.50
2	0.99	0.99
4	1.97	1.97
8	3.89	3.89
16	7.60	7.56
32	14.54	14.25
64	26.96	25.22
128	48.02	39.70
256	81.71	53.21
512	133.13	62.16
1 024	209.05	67.07
2 048	318.93	69.59
4 096	476.18	70.86
8 192	699.94	71.49
16 384	1 017.36	71.81
32 768	1 466.95	71.97
65 536	2 103.26	72.05
131 072	3 003.49	72.09
262 144	4 276.85	72.11
524 288	6 077.84	72.12
1 048 576	8 624.94	72.13

指数型效用曲线导致不确定性交易价值有相等的 PIBP 和 PISP，而对数型效用曲线中它们却有不同的值。你不曾拥有的交易的 PIBP（给定初始财富值）不等于相同初始财富值下你已经拥有该交易的 PISP。

我们已经知道，如图 22-7 中的交易，像 Kim 一样有指数型效用曲线的人的 PISP（和 PIBP）将趋向于一个定值。这种情况下，无论 X 多大，都有 $\rho \ln 2 = 0.693\rho = 50$（美元）。转换到拥有 $\alpha = \rho = \dfrac{1}{\gamma} = \dfrac{100}{\ln 4} = 72.13$（美元）财富的对数型效用曲线中，她的 PISP 随着 X 的增加无限制地增加。然而，对于对数型效用曲线，随着 X 的增加，她的 PIBP 将接近一个极限。该极限是 Kim 的财富，即 $\rho = \dfrac{1}{\gamma} = \dfrac{100}{\ln 4} = 72.13$（美元），因为无论这笔交易多么有吸引力，她永远不会支付超过她财富的价格。如表 22-3 中那样，随着 X 无限增大，PIBP 越来越接近这个值。

我们观察到，对数型决策者绝不会允许财富值低于 0（不管这有多么不可能）。相反，Δ 人可以容忍无限制的负收益。

回顾第 2 章中，我们已经向大家介绍托管的概念，以确保人们面对不确定性交易时应该了解到：他们不能因为相信一笔交易只有正的收益，而可以避免任何相关负的影响而接受这笔交易。交易中不可以有"给我奖金，但如果我输了，请为我兜底"的态度。托管原则适用于各种类型的效用曲线。类似于对数型的效用曲线，能够保证即使在极端负收益的情况下，托管原则仍然适用。

22.5 两笔互不相关交易的确定等价物

对于指数型和对数型决策者而言,在这里我们要强调互不相关的交易估值的一些重要注意事项。回顾 22.4 节中,当 Kim 有指数型效用曲线且风险容忍度为 72.13 美元时,对以 50—50 的概率收到 0 或 100 美元这笔交易的确定等价物为 33.90 美元。而当我们用初始财富为 $\alpha = 72.13$ 美元的对数型效用曲线时,她的 PIBP 为 34.36 美元,确定等价物为 39.30 美元。现在,考虑两笔交易的 PIBP 和 PISP,每笔交易均有 50—50 的概率收到 0 和 100 美元。如图 22-13 中的概率树所示,这两笔交易互不相关。

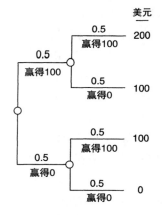

图 22-13 两笔互不相关的交易

两笔互不相关交易之和的确定等价物(或 PIBP)与它们确定等价物之和(或 PIBPs)是否相等?在下一节中,我们将回答这一问题。

22.5.1 Δ 人 PIBP 和 PISP 的计算

对一个 Δ 人而言,PIBP 和 PISP 是相等的,所以计算交易的 PIBP 或 PISP 中的一个即可。对于以 50—50 概率收到 0 和 100 的单笔交易,确定等价物满足下式:

$$e^{-\gamma \tilde{x}} = 0.5 e^{-\gamma 100} + 0.5 e^{-\gamma (0)}$$

整理得:

$$\text{单笔交易的 PIBP} = \text{单笔交易的 PISP} = \tilde{x} = \frac{-1}{\gamma} \ln(0.5 e^{-\gamma 100} + 0.5)$$

相似地,对于图 22-13 中两笔互不相关的交易,我们有:

$$e^{-\gamma \tilde{x}} = 0.25 e^{-\gamma 200} + 0.5 e^{-\gamma 100} + 0.25 e^{-\gamma (0)}$$

整理得:

$$\tilde{X} = \frac{-1}{\gamma} \ln[0.25 e^{-\gamma 200} + 0.5 e^{-\gamma 100} + 0.25 e^{-\gamma (0)}]$$

$$\begin{aligned}
\text{两笔互不相关交易的 PIBP} &= \text{两笔互不相关交易的 PISP} \\
&= \frac{-1}{\gamma} \ln(0.25 e^{-\gamma 200} + 0.5 e^{-\gamma 100} + 0.25) \\
&= \frac{-1}{\gamma} \ln(0.5 e^{-\gamma 100} + 0.5)(0.5 e^{-\gamma 100} + 0.5) \\
&= \frac{-1}{\gamma} \ln(0.5 e^{-\gamma 100} + 0.5) + \frac{-1}{\gamma} \ln(0.5 e^{-\gamma 100} + 0.5)
\end{aligned}$$

该值即为单笔交易的 PISP 或 PIBP 的加和。

22.5.2 对数型决策者 PIBP 和 PISP 的计算

对于一笔有 50—50 概率收到 0 和 100 交易的 PISP 的计算，利用对数型效用曲线可以得到如下等式：

$$PISP = \tilde{x} = (100 + \alpha)^{0.5}(0 + \alpha)^{0.5} - \alpha$$

图 22-13 中两笔交易的 PISP 可以用下式计算得到：

$$PISP = \tilde{x} = (200 + \alpha)^{0.25}(100 + \alpha)^{0.5}\alpha^{0.25} - \alpha$$

此外，用对数型效用曲线表示的单笔交易的 PIBP 满足：

$$(100 + \alpha - b)^{0.5}(0 + \alpha - b)^{0.5} = \alpha$$

两笔交易的 PIBP 满足：

$$(200 + \alpha - b)^{0.25}(100 + \alpha - b)^{0.5}(\alpha - b)^{0.25} = \alpha$$

将 $\alpha = \dfrac{1}{\gamma} = 72.13$ 美元直接代入公式中计算，我们可以得到交易的 PIBP 和 PISP 的值，如表 22-4 所示。

表 22-4　两笔互不相关交易的 PIBP 和 PISP

	1 笔交易的 PISP	2 笔交易的 PISP	1 笔交易的 PIBP	2 笔交易的 PIBP
指数型效用曲线	33.9	67.8	33.9	67.8
对数型效用曲线	39.3	83.16	34.37	61.61

> 从表 22-4 中，我们发现两笔互不相关交易的指数型效用曲线下的确定等价物（PISP）等于 67.81，即单笔交易 PISP 之和。类似地，两笔互不相关交易的 PIBP，即 67.81，也等于其 PIBP 之和。
>
> 然而，对于对数型效用曲线而言，两笔交易的 PISP 是 83.16，比单笔交易 PISP 的两倍还多。此外，两笔互不相关交易的 PIBP 比两笔交易的 PIBP 之和要少。也就是说，对于对数型效用曲线而言，两笔互不相关交易的 PIBP 和 PISP 都不等于单笔交易对应值之和。

下面我们将给出一个关于两笔互不相关交易得到负的结果的例子。

▶**例 22-4　有负的结果的互不相关交易**

考虑如图 22-14 所示的交易。

使用类似的分析，我们定义 $\rho = \alpha = 72.13$ 来计算单笔交易中指数型和对数型 Kim 的 PIBP 和 PISP。我们也同时计算这两笔互不相关的交易的 PIBP 和 PISP，如表 22-5 所示。

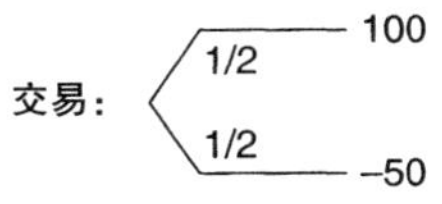

图 22-14　有负结果的交易

表 22-5　两笔互不相关交易的 PIBP 和 PISP

	1 笔交易的 PISP	2 笔交易的 PISP	1 笔交易的 PIBP	2 笔交易的 PIBP
指数型效用曲线	-8.5	-17	-8.5	-17
对数型效用曲线	-10.41	2 笔交易的 PIBP	-6.92	-31.63

再次，我们发现指数型效用曲线中两笔互不相关交易的 PISP 和 PIBP 等于单笔交易 PISP 和 PIBP 之和。在这里我们要注意单笔交易中 Kim 的 PISP 为负数，即 –8.5，她要支付这么多来处理掉该笔交易。单笔交易中她的 PIBP 也是一样的，她要支付 8.5 以避免拥有这笔交易。对于两笔这种交易而言，这些值需要翻倍。

对于对数型效用曲线而言，她的单笔交易的 PISP 是 –10.41，她要支付这么多来处理掉该笔交易。她的单笔交易的 PIBP 是 –6.92，她必须至少被支付 6.92 才愿意拥有这笔交易。

两笔互不相关交易的案例首先显示出她不会拥有这些交易，因为其财富将会变为负值，所以毫无疑问她将会卖出它们。同样地，她也不可能去购买它们：支付所有财富 72.13 美元来购买，也是能支付的最大金额。如果两笔交易都对她不利的话，将会导致其财富值为负。正如上文讨论，有着对数型效用曲线的人不会进行任何可能导致其总财富值为负的交易。然而，像 Kim 一样，如果被支付的话，她可能会进行该交易，且如果她被支付超过 31.63 美元，她将进行该交易。如果她被支付了这一金额，即使她在两笔交易中都有损失，其最低的总财富值为 72.13 + 31.63 – 100 = 3.73，她的资产也是一个正数。

22.5.3 对数型效用曲线的评估困难

前文使用指数型和对数型效用曲线提供了一些不确定性交易评估的深刻见解，也演示了它们一些有利的性质。下面我们强调一下在使用对数型效用曲线时出现的难点。

（1）在实际中很难评估初始财富的价值。

（2）使用对数型效用曲线，如果不考虑我们拥有的所有其他交易，我们甚至不能评估某一与我们拥有的交易互不相关的不确定性交易价值。因此，尽管对数型效用曲线解决了大额货币前景 PISP 的饱和问题，但计算不确定性交易的确定等价物时就出现了额外的困难。

（3）回顾一下，对数型决策者并不遵从 Δ 性质，信息价值的计算也会变得复杂，因为我们不能从有信息的交易价值中减去没有信息时交易的价值。

22.6　圣彼得堡悖论

现在，我们将介绍 Bernoulli 于 1738 年引入对数型效用曲线的动机。其动机基于如下概念：对财富的偏好取决于财富变化的百分比而非财富本身。他最初的论文包含了使用几何平均值计算确定等价物和 22.2 节中买卖保险算例的讨论。他的目的在于解决圣彼得堡悖论，该悖论是一个基于如下游戏的难题。

> 假设一个投掷硬币的游戏，直到正面朝上游戏才结束。总的投掷次数 n（也是第一次出现正面的次数）决定了所获报酬的数额——2^n 美元。我们认为硬币按照如此方式投掷时，出现正面和反面朝上的概率是相等的，且连续投掷硬币的结果之间互不相关。

例如，如果第一次投掷硬币的结果是正面朝上，则游戏结束且参与者所获报酬为 $2^1 = 2$（美元）。如果不是正面朝上，则再投掷一次。如果第二次投掷的结果为正面朝上，则报酬为 $2^2 = 4$（美元）且游戏结束。否则，继续投掷。

得到 2^n 美元报酬（第 n 次投掷硬币时正面朝上）的概率为 $\frac{1}{2^n}$。游戏获得的报酬有无数种结果，因此圣彼得堡游戏的期望值为：

$$期望值 = \sum_{i=1}^{\infty} \frac{1}{2^i}(2^i) = \infty$$

然而很少有人愿意支付超过几美元来玩这个游戏：这就是悖论。Bernoulli 为了解释其中的原因而提出了对数型效用曲线。

正如我们在 22.3.3 节中发现的一样，一个有着对数型效用曲线的人，其初始财富值为 α，则一笔以概率 p_i 获得收益 x_i 的交易的 PIBP 可由下式计算获得：

$$\ln\left[\prod_{i=1}^{n}(x_i + \alpha - b)^{p_i}\right] = \ln(\alpha)$$

或者等价地，

$$\sum_{i=1}^{n} p^i \ln(x_i + \alpha - b) = \ln(\alpha)$$

在圣彼得堡游戏中，$x_i = 2^i$ 且 $p_i = \left(\frac{1}{2^i}\right)$，则：

$$\sum_{i=1}^{n} \frac{1}{2^i} \ln(2^i + \alpha - PIBP) = \ln(\alpha)$$

这一计算将会得到一个基于初始财富的 PIBP 的有限值，如图 22-15 所示。

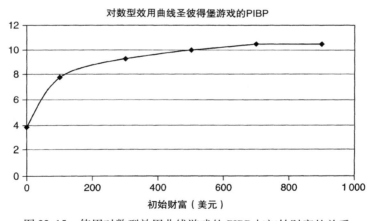

图 22-15　使用对数型效用曲线游戏的 PIBP 与初始财富的关系

表 22-6 给出了在不同的最大次数 n 估值和不同的初始财富下，一位对数型决策者对圣彼得堡游戏的 PIBP。我们可以看到，一位初始财富为 100 万美元的决策者对 $n=50$ 的游戏估值为 20.87 美元。

表 22-6　对数型决策者 PISP vs. n 和初始财富的双敏感性分析

n	初始财富					
	100	1 000	10 000	100 000	1 000 000	10 000 000
5	5.74	5.97	6.00	6.00	6.00	6.00
10	7.66	10.00	10.86	10.99	11.00	11.00
15	7.79	10.86	13.87	15.58	15.95	16.00

(续)

n	初始财富					
	100	1 000	10 000	100 000	1 000 000	10 000 000
20	7.79	10.95	14.23	17.43	19.94	20.85
25	7.79	10.95	14.24	17.55	20.83	23.83
30	7.79	10.95	14.24	17.55	20.87	24.18
35	7.79	10.95	14.24	17.55	20.87	24.20
40	7.79	10.95	14.24	17.55	20.87	24.20
45	7.79	10.95	14.24	17.55	20.87	24.20
50	7.79	10.95	14.24	17.55	20.87	24.20

相比较而言，表 22-7 给出了在不同的最大次数 n 估值和不同的风险容忍度下，一位指数型决策者对该交易的 PIBP。PIBP 的值非常小，即使收益可以达到 10^{15} 量级。

表 22-7　指数型决策者的 PIBP

n	ρ					
	100	1 000	10 000	100 000	1 000 000	10 000 000
5	5.73	5.97	6.00	6.00	6.00	6.00
10	7.00	9.84	10.86	10.99	11.00	11.00
15	7.00	10.13	13.40	15.55	15.95	16.00
20	7.00	10.13	13.41	16.72	19.77	20.85
25	7.00	10.13	13.41	16.72	20.04	23.35
30	7.00	10.13	13.41	16.72	20.04	23.36
35	7.00	10.13	13.41	16.72	20.04	23.36
40	7.00	10.13	13.41	16.72	20.04	23.36
45	7.00	10.13	13.41	16.72	20.04	23.36
50	7.00	10.13	13.41	16.72	20.04	23.36

一些人提出当报酬增长的速度超过由对数函数引起的下降速度时，Bernoulli 的解决办法将不再有效。

例如，如果在第 n 次投掷时正面朝上，所获得报酬从 2^n 变成 2^{2^n}。在连续的硬币投掷中，硬币首次出现正面朝上的报酬不再是 2，4，8，16 美元……而是 4，16，256，655 36 美元。可断定，因为所得的奖励大了很多，人们将愿意为改进后的游戏支付更多，但是会增加多少呢？回顾之前所述，对数型风险态度要求一个人绝对不参与一笔结果可能令其财富为负值的交易。假如一个有 10 美元的人为此交易支付 10 美元。如果买家运气不好，他在第一次投掷中就正面朝上，则所得财富是 4 美元，并非是负数。在此后任何一次投掷中第一次出现正面朝上时都会获得比初始财富更高的财富状态。因此，一个对数型的人，不论财富值多少，都会全部押注来玩这一增强型的游戏。所以，观察者们在此观点上是正确的，即一个对数型的人可以为增强型的交易放弃一切。然而，正如我们所见，这只是一个理论结果，对一个对数型的人来说并没有任何实践指导。

一个拥有对数型效用曲线的人真的愿意为这一增强型机会而付出几乎所有的一切吗？不会。这一结论是不正确的——不是因为任何数学计算方面的错误，而是因为这个游戏中不合理的前景建模。

究其原因，考虑最初的圣彼得堡游戏，其中的收益以 2^n 的速度增长。如果你在当今世界中实际参与这一游戏，你大概能赢多少钱？你可以和一个最大支付能力为1 000美元、100万美元甚至是几十亿美元的对手玩这个游戏。那么让我们进一步设想。假设你能够用整个地球的所有财富来玩这个游戏。为评估这一价值，全世界的GDP大约为75万亿美元。如果我们将其与乘子15相乘以作为财富的累积值，地球上的财富大约为1 000万亿美元，即10^{15}美元。因为10^{15}约等于2^{50}，对于一个风险中性的人而言，上述加和趋于无穷的交易的期望值，事实上只会无限趋于50。一个以全世界资产支付该游戏的风险中性者对该交易的期望值为50美元。对于任一风险规避型的人而言，确定等价物将会更少。这里不存在无限的PIBP。

让我们回到用整个世界的财富支付增强型收益的游戏。表22-8给出了游戏中对数型的人在财富区间从10美元到1 000亿美元的PIBP。当财富减少时，支付该游戏的财富比重将上升，直到财富为10美元时，支付的财富为10美元。

表22-8 改进游戏的PIBP与财富的关系

财富（美元）	10	100	1 000	10 000	100 000	1 000 000	10 000 000	100 000 000	1 000 000 000	10 000 000 000	100 000 000 000
PIBP（美元）	10.0	9.96E+01	8.70E+02	7.82E+03	6.99E+04	6.25E+05	5.58E+06	4.85E+07	4.01E+08	3.21E+09	2.58E+10
财富百分比（%）	100	99.55	86.95	78.20	69.93	62.49	55.83	48.47	40.16	32.10	25.84

正确地表达出一个玩圣彼得堡悖论游戏的人所面临的情境或者增强型游戏，显示出任何尝试使PIBP无限大的行为都是注定失败的。更普遍地说，这种无限的概念在数学中是很有用的，但是在我们的生活经历或面临的决策中是不切实际的。在任何一个实际的问题中，一个无限的结果都是一个不切实际模型的产物。

22.7 总结

指数型效用曲线在货币金额约为风险容忍度的三倍时达到饱和。当用来估值前景明显高于风险容忍度的交易时，我们观察到确定等价物估值的饱和效用。这不是行动性思维五规则所导致的问题，而是在整个货币区间内选择使用指数型效用曲线而产生的结果。因此，在整个货币前景区域内，我们不希望遵循Δ性质。

对于一位对数型决策者而言，以下陈述是适用的：

- 一笔交易的PIBP和PISP取决于初始财富。
- 洞察力价值未必等于拥有免费洞察力时交易的价值减去没有洞察力时交易的价值。
- 你不曾拥有的一笔交易的PIBP未必与在相同初始财富时你拥有同一交易的PISP相等。
- 如果我们将一笔交易的所有结果都乘以一个固定数额，该交易的效用价值以等额增加——不管是什么交易，也不管初始财富是多少。

风险规避函数对于一个Δ人来说是个常量，但是对于一个对数型的人来说是递减的函数。

通常来说，计算一笔不确定性交易的PISP比计算PIBP要简单。

当一笔交易的货币结果区间跨度很大时，对于一个 Δ 人来说，其 PISP 与 PIBP 相等且接近于一个极限值。随着交易的吸引力增加，一个对数型的人的 PISP 连续增加，但是 PIBP 绝对不会超过此人的财富值。

为了评估一个对数型的人的效用曲线，要求了解该人所拥有的所有互不相关及相关未解决的交易。

在评估模型中假设有无限资源时要慎重，因为它可能会导致一个不现实的结果。

附录 22-1　对数函数及其性质

Log 函数有如下性质：

$$\log(1) = 0, \log(0) = -\infty, \log(\infty) = \infty$$
$$\log_a(a) = 1$$
$$\log(xy) = \log(x) + \log(y)$$
$$\log(x^y) = y\log(x)$$
$$a^{\log_a(x)} = x$$

对数型效用曲线的形式为：

$$u(x) = \log(x + \alpha)$$

其中 α 是初始财富。我们可以用任意基数做对数运算，因为通过简单的乘积运算就可以实现从一个基数到另一个基数的转换。从基数 a 到 b 的转换，我们可以通过计算

$$\log_a(x + \alpha) = \frac{\log_b(x + \alpha)}{\log_b(\alpha)}$$

得出。

对于特殊基数 e = 2.719 281 8（自然对数），我们用定义 $\ln(x + a)$ 来表示效用曲线。

附录 22-2　风险规避函数

对于任意给定效用曲线的风险规避函数等于该效用曲线的二阶导与一阶导比值的负值，即：

$$\gamma(x) = -\frac{u''(x)}{u'(x)}$$

风险规避函数的符号在一定范围内可以判断一个人是风险规避型还是风险偏好型。如果风险规避函数的符号为正，那么决策者就是风险规避的。反之，如果符号为负，则为风险偏好者。正如我们在第 24 章里所演示的一样，在近似估算一笔交易的确定等价物时，风险规避函数起到了十分重要的作用。

风险容忍函数是风险规避函数的倒数，其由如下表达式给出：

$$\rho(x) = \frac{1}{\gamma(x)} = -\frac{u'(x)}{u''(x)}$$

指数型效用曲线的风险规避函数

考虑一条指数型效用曲线，$u(x) = -e^{-\gamma x}$，则有 $u'(x) = \gamma e^{-\gamma x}$，$u''(x) = -\gamma^2 e^{-\gamma x}$。因此，

$$\gamma(x) = -\frac{u''(x)}{u'(x)} = \frac{-\gamma^2 e^{-\gamma x}}{\gamma e^{-\gamma x}} = \gamma = 常量$$

$$\rho(x) = \frac{1}{\gamma(x)} = \frac{1}{\gamma} = \rho = 常量$$

指数型效用曲线的风险规避函数和风险容忍函数都是常量。

对数型效用曲线的风险规避函数

考虑一条对数型效用曲线，$u(x) = \ln(x + \alpha)$。对一条对数型效用曲线而言，

$$u'(x) = \frac{1}{x + \alpha} 且 u''(x) = -\frac{-1}{(x + \alpha)^2}$$

可以推导出：

$$\gamma(x) = \frac{1}{x + \alpha}$$

$$\rho(x) = \frac{1}{\gamma(x)} = x + \alpha$$

随着变量 x 的增长，风险容忍函数随之线性递增，而风险规避函数则线性递减。

附录22-3 一位学生对《经济学人》一篇文章的质疑

通过一学期关于行动性思维五规则的学习之后，一位参与者汇报了发表在《经济学人》上的一篇文章。这篇《经济学人》上的文章和我们之前讨论过的行动性思维五规则直接相关，且指出期望效用理论（专业术语称为效用值的期望值）是一个错误的理论。读完这篇文章以后，这位学生想知道在决策过程中使用这些规则是否合适。请读者在读完这篇文章之后给出自己的观点。

"Averse to Reality," *The Economist* 9, Aug. 2001.
Based on the Article: Thaler, Richard and Rabin, Matthew. "Anomalies: Risk Aversion." *Journal of Economic Perspectives*, Volume 15, Number 1, Pages 219-232, Year 2001.

经济学基于人们如何处理风险的基础理论，该理论明显是错误的。

大量的经济理论都在研究人民如何应对风险——经济生活中最不可避免的问题之一。大部分经济学家在其纯理论或者实证研究中需要考虑风险时其模型都是基于期望—效用理论的。问题在于，这个理论的含义如此荒谬以至于其根本不可能是真实的。

大部分人在日常生活中通常是"风险规避"的，即他们拒绝对自己更有利的赌博。假设你正在参与一个50—50概率的赌博，如果你赢了，你将获得11美元，如果你输了，你将支付10美元。已知胜率以及成本—收益，接受该赌约的期望报酬为50美分（50%概率的11美元减去50%概率的10美元）；因为这是一个正数，这个赌博看起来是有吸引力的。许多人的确拒绝了这类赌约的事实并不妨碍期望—效用理论。其有如下解释：边际递减效用。随着你财富值的增加，每增加的一美元价值都比之前的一美元价值要低。因为额外财富的效用不断减少，对赌博收益端（50%概率的11美元）的主观价值要低于赌博成本端（50%概率的10美元）是很符合逻辑的。一切看起来都很顺利：理论和实际相吻合。

不幸的是，如果你认为如此，可事实并非这样，正如加利福尼亚大学伯克利分校的 Matthew Rabbin 和芝加哥大学的 Richard Thaler 在最近的一篇文章中所指出的那样。考虑上文中所描述的赌约，想象一下一些平凡的风险规避者不会进行这笔交易。现在自问如下问题：假设期望—效用理论是正确的，关于一个对其他方面一无所知的人，你需要提供多少报酬才能说服他冒着损失 100 美元的风险来参与这个 50—50 概率的赌约呢？

已知他拒绝了 11 美元的收益，你可能会猜想其值必须要超过 110 美元。220 美元足够了吗？这一赌约的期望收益将是 60 美元（50% 的机会获得 220 美元，50% 的机会失去 100 美元）。这看起来很好了，然而我们想象的风险规避者仍然会拒绝该赌约。那么 2 000 美元呢？他同样会拒绝。好吧，20 000 美元怎么样？不，仍然太冒险了。那好吧，200 万美元。等等，怎么回事，20 亿美元。答案仍然是否定的。基于你对该风险规避者所掌握的有限信息，及期望—效用理论，你将不得不得出如下结论：不论收益多大，这个人都会拒绝任何成本为 100 美元的 50—50 概率的赌约。

这种程度的风险规避看起来不可思议，然而依据这一理论，却是理性的。接下来会发生什么？为了理解这一理论的论述内容，正如 Rabbin 和 Thaler 先生所解释的那样，你需要使用一些算术知识。假设这个人的初始财富为 W。

拒绝起初的支付 10 美元而收益 11 美元的赌约意味着他对位于 W 和 $(W+11)$ 之间每一美元的平均估值至多为他对位于 W 和 $(W-11)$ 之间每一美元的平均估值的 $\frac{10}{11}$。这意味着他对于第 $(W+11)$ 美元的估值至多为他对应第 $(W-11)$ 美元估值的 $\frac{10}{11}$。然后，实际上我们研究对象的财富边际效用随着其财富的增加而减少，随着财富的减少而增加，变化率大致为随着财富值每改变 21 美元而改变 10%。这一惊人的强大乘子如此扩大了他赋予损失 100 美元的价值而缩减他赋予任何收益的价值，以至于没有任何收益足够大到令该赌约看起来比较有吸引力。

正如 Rabbin 和 Thaler 先生所强调的那样，这一谬论并非反映特定假设的技巧，却与标准理论联系在一起。"期望—效用理论认为风险态度唯一来自于终生财富波动相关的边际效用的改变。因此，这一理论认为人们在涉及货币收益和损失时不会变得规避风险，只要这些货币损益没有改变终生财富以足够显著地影响到源自于终生财富的边际效用。"换言之，这一理论暗示着人们在涉及较小赌注的赌博中应保持风险中性——但他们并非如此。

琐碎问题

问题在于如何弄清楚一个事实：人们将拒绝较小赌注的赌博，但通常习惯于接受中等赌注的赌博，只要该赌博所提供的条件合理。作者基于两种观点提出来一条解决思路（两者都在本领域内早期场合有所提及）：损失规避和心理账户。

损失规避的观点认为人们对于损失所感到的痛苦要比等额收益所带来的喜悦更为剧烈：这些感受基于财富的变化和变化的方向，而无关乎改变数量。这就直观解释了为何人们甚至会拒绝有正的期望收益的小赌博。心理账户则起到了补充的作用。这一观点认为人们总是孤立地评估财务风险，而不是将其与总体财富及其他风险放在一起考虑。小型相对有利的赌博可能在总体财富方面看起来无法抗拒，因为在此背景下任何损失都是微不足道的；孤立地判断，尤其是在损失规避的情况下，此类赌博则更容易被拒绝掉。

> 作者认为这种孤立决策是很有说服力的，并解释了经济生活中许多其他的复杂特征，从"股价溢价之谜"到其他相互矛盾的事实，比如（a）彩票的流行及（b）人们愿意支付一些很古怪的费用为能够轻松应对的损失进行保险（比如，选择延长产品的保修期）。那些反驳期望—效用方法的证据看起来有着压倒性的优势，也幸亏 Thaler 先生以及其他人早期的工作，这种方案的广泛形式也是相当清晰的。也许，最大的谜题在于老的理论尚未被遗弃。

为了回答该学生的问题，我们更加细致地推敲了这篇文章中的争论，尤其是困扰他的那句陈述：如果一个人拒绝了 50—50 概率获得 11 美元的收益或者 10 美元的损失的赌约，那么，

"你将不得不得出如下结论：不论收益多大，这个人都会拒绝任何成本为 100 美元的 50—50 概率的赌约。"

假设一个拥有指数型效用曲线的人面临一笔有 0.5/0.5 的概率得到 11 美元和 -10 美元的交易（如图 22-16 所示）。

假设他拒绝了这笔交易，那么他的风险规避是什么样的呢？图 22-17 绘制出一个 Δ 人一笔交易确定等价物对风险规避系数 γ 的敏感性分析。正如我们之前讨论的那样，对于一个 Δ 人而言，这个确定等价物等于 PIBP。

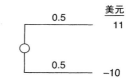

图 22-16 《经济学人》文章中所讨论的交易

如果这个人是风险偏好的，他对该交易的估值将高于交易的期望值，因此，他会接受这笔交易。如果他是风险规避者，他对该交易的估值将低于交易的期望值。通过直接的计算，这个人的风险规避系数为 0.009（风险容忍度为 110.08 美元）时将会对这笔交易估值为 0。一个拥有较高风险规避系数（风险容忍度较低）的人将发现这笔交易的确定等价物为负值。

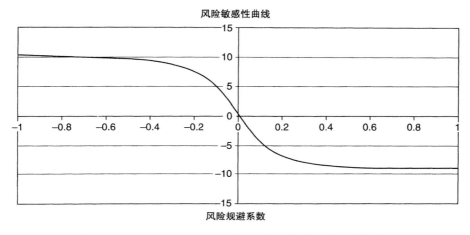

图 22-17 一个 Δ 人的确定等价物与风险规避系数之间的关系

现在考虑以 $\gamma = 0.01$ 和 $\rho = 100$ 来刻画其风险态度的 Δ 人拒绝这笔交易的情形。假设这个人面临着文章中描述的第二笔交易，即有 0.5/0.5 的概率获得 -100 美元和 +X。我们使

用 Δ 性质进行研究，如图 22-18 所示。为了探究该人是否认为给定 X 的这笔交易具有吸引力，我们对两个奖金都增加 100 美元以观察他对转化后交易的确定等价物是否高于 100 美元。

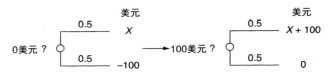

图 22-18 使用"Δ 性质"解决改进的交易

确实，我们发现不论 X 的值为多少，右侧的交易确定等价物都绝不会超过 69.32 美元。为什么会这样呢？我们此前在表 22-1 和图 22-8 中已经讨论过这一现象。对于较大的 X 值，指数型效用曲线是饱和的，因此交易的确定等价物也是饱和的。

然而，正如我们此前所讨论的，这不是一个关于行动性思维五规则的问题。相反，这是当货币价值的区间跨度远远超出风险容忍度时，指数型效用曲线的一个特征。

基于前文的例子，假设这位决策者有对数型效用曲线 $u(x) = \ln(x+a)$，并拒绝了以 0.5/0.5 的概率获得 -10 美元和 11 美元的这笔交易（如图 22-16 所示）。这意味着他对这笔交易的 PIBP 是负的。我们可以绘制出 PIBP 和该笔交易确定等价物对初始财富 α 的敏感性分析。

图 22-19 给出了交易的 PIBP 和初始财富的关系。通过直接的计算得出，初始财富必须少于 109.99 美元时，他才会拒绝这笔交易，因为这样他在拥有这笔交易时将会有一个负的 PIBP 和一个负的确定等价物。如果他的初始财富大于 109.99 美元，该对数型决策者将会对这笔交易有一个正的估值。

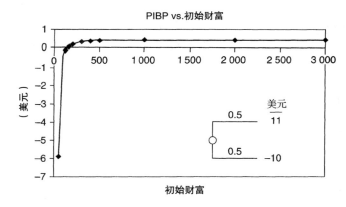

图 22-19 一位对数型决策者的 PIBP 与初始财富的关系

我们来举一个《经济学人》文章中争议部分的反例。考虑一位拥有对数型效用曲线的决策者，其初始财富为 105 美元，如图 22-20 所示。正如我们讨论的那样，这个人将会拒绝有 0.5/0.5 概率获得 -10 美元和 11 美元的交易。然而，假设该决策者面临第二笔有 0.5/0.5 的概率获得 -100 美元和 X 的交易。不管 X 的值为多少，该决策者都不会接受第二笔交易，这是否正确？答案是否定的（如图 22-21 所示）。

图 22-21 绘制了一位拥有初始财富 105 美元的对数型决策者在有 0.5/0.5 概率获得 -100 美

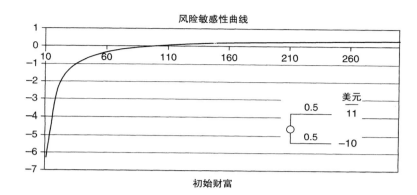

图 22-20　确定等价物与初始财富的关系

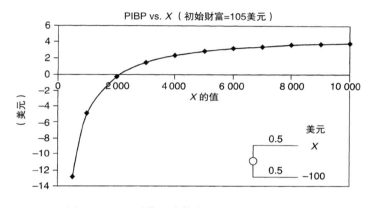

图 22-21　对数型决策者的 PIBP 和 X 的关系

元和 X 的交易中的 PIBP 对 X 的敏感性分析。事实上，当 $X \leqslant 2\,100$ 美元时，PIBP 为负，但是当 X 大于这个值时，PIBP 为正。因此，当 X 的值大于 2 100 美元时，该决策者就会欣然接受这笔交易。

图 22-22 给出一位对数决策者对这笔交易确定等价物的敏感性分析（如果他拥有这笔交易）。我们从图 22-22 可知，当 X 的值大于 2 100 美元时，这位拥有初始财富 105 美元的对数型决策者的确定等价物将是正的。

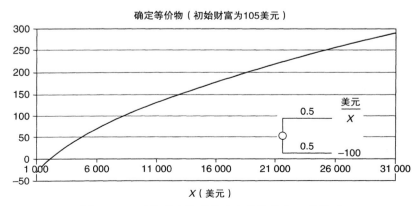

图 22-22　对数型决策者的确定等价物和 X 的关系

作者在《经济学人》那篇文章中的观点只适用于面临大额货币交易的指数型决策者，其并不适用于所有的效用曲线，因此，他们对行动性思维五规则的批判是没有依据的。相反，这是对指数型效用曲线应用的一种观察。

习题

标注剑号（†）的习题需要计算。

1. 如下关于一位对数型效用曲线决策者的表述有几项为真？
   I. 关注属性的洞察力价值等于有该属性免费洞察力时交易的价值减去无洞察力时交易的价值。
   II. 决策者遵循 Δ 性质。
   III. 一位对数型决策者比指数型决策者表现得更加风险规避。

   a. 0。 b. 1。
   c. 2。 d. 3。

2. 一个给定初始财富 w 的不确定性交易中，如果你是一位对数型决策者，如下观点哪些必定为真？
   I. 该交易的 PIBP（如果你不曾拥有该交易）等于你拥有该交易时的 PISP 且有着（额外的）财富 w。
   II. 如果你以个人的 PIBP 购买这笔交易，你对该交易的 PISP 等于你购买时的 PIBP。
   III. 两笔交易的 PIBP 等于单笔交易的 PIBP 之和。

   a. 0。 b. 1。
   c. 2。 d. 3。

†3. 一位对数型效用曲线的决策者拥有一笔交易：等概率获得 100 美元或 0。他对该笔交易的确定等价物为 30 美元。
   a. 他的初始财富值 w 是多少？
   b. 若一位指数型效用曲线的决策者有一笔确定等价物相等的交易，那么他风险容忍度的值为多少？
   c. 绘制出该交易确定等价物对初始财富的敏感性分析图，初始财富的范围是从 $w = 5$ 美元到 $w = 10\,000$ 美元。
   d. 若初始财富为 1 000 美元、2 000 美元、4 000 美元、10 000 美元，该交易的确定等价物为多少？
   e. 确定等价物随着初始财富的增加是递增还是递减？将之与指数型决策者相比较。

†4. 一位对数型效用曲线决策者有兴趣购买一笔交易：等概率获得 100 美元或 0。他对该交易的 PIBP 是 30 美元。
   a. 他的初始财富值 w 是多少？
   b. 若一位指数型效用曲线的决策者有一笔确定等价物相等的交易，那么他风险容忍度的值为多少？
   c. 绘制出该交易的买价对初始财富的敏感性分析图，初始财富的范围是从 $w = 5$ 美元到 $w = 10\,000$ 美元。
   d. 若初始财富为 1 000 美元、2 000 美元、4 000 美元、10 000 美元，该交易的买价为多少？
   e. 买价随着初始财富的增加是递增还是递减？将之与指数型决策者相比较。

†5. 一位拥有初始财富 20 美元的对数型效用曲线的决策者面临两笔互不相关的交易。
   I. 交易 1：等概率获得 −10 美元和 50 美元。
   II. 交易 2：等概率获得 −5 美元和 100 美元。

   a. 交易 1 中他的 PIBP 为多少？
   b. 交易 2 中他的 PIBP 为多少？
   c. 两笔交易中他的 PIBP 为多少？

d. 如果他以他的 PIBP 购买交易 1，那么他对交易 2 的 PIBP 是多少？

e. 如果他以他的 PIBP 购买交易 1，那么他对交易 1 的 PISP 是多少？

†**6.** 一位对数型效用曲线的决策者拥有一笔等概率获得 100 美元和 1 000 美元的交易。简单起见，我们假设初始财富值为 0。

a. 这笔交易中他的确定等价物是多少？基于环境的不可预测性，该决策者现在只能获得这笔交易的 70%（即决策者将获得 70 美元或 700 美元）。

b. 这笔改进后的交易的确定等价物是多少？它与最初交易的确定等价物比较如何？

†**7.** 若该决策者并不拥有习题 6 中的交易，但是其财富为 1 000 美元，他对每笔交易的 PIBP 是多少？他对两笔交易的 PIBP 是多少？

†**8.** 如果 Kim 有着对数型效用曲线且初始财富为 72 美元，计算 Kim 的洞察力价值。

第 23 章

线性风险容忍度效用曲线

本章核心概念

阅读本章之后,读者将能够解释下列概念:
- 线性风险容忍度
- 构建展示线性风险容忍度的效用曲线

23.1 引言

我们在前文中讨论了三种类型的效用曲线:线性和指数型效用曲线,两者都满足 Δ 性质且都有风险规避常数;及对数型效用曲线,其风险规避函数随着财富递增而递减。

在本章,我们将介绍**线性容忍度效用曲线**,其为上述效用曲线的概括。

23.2 线性风险容忍度

考虑效用曲线带有如下性质:在前景估值时,用于评估任何货币前景的风险容忍度都是线性的。风险容忍度函数为:

$$\rho(x) = \rho + \eta x \tag{23-1}$$

其中 ρ 和 η 为常数,且当风险容忍度随着财富的增加而递增时,η 为正数。这种线性风险态度也被称为**双曲绝对风险规避**(HARA),因为风险规避函数是双曲线形的,其表达式如下:

$$\gamma(x) = \frac{1}{\rho + \eta x} = \frac{1}{\rho(x)}$$

当 η 是正数时,该函数随着财富的增加而递减。由于当 $\eta > 0$ 时式(23-1)中的风险容忍度随着财富的增加而增加,因而风险规避函数在这样的 η 正值时随着财富的增加而递减。

$$u(x) = (\rho + \eta x)^{1-\frac{1}{\eta}}, \quad \eta \neq 0 \text{ 或 } 1, x > -\frac{\rho}{\eta}$$

如果我们希望在每个前景价值里都有一个如同式（23-1）中的线性风险容忍度，效用曲线必须要具有什么样的函数表达形式呢？在附录 23-1 中，我们给出效用曲线要具备如下形式：

> **注解**
> 只有当 $x > -\dfrac{\rho}{\eta}$ 时，该效用曲线才有意义。任何收益少于这一数值的交易都不被这个人所接受。无论何时使用这一曲线族的曲线时，记住这一约束都非常重要。

23.2.1 特殊案例

线性风险容忍度这一观点概括了此前讨论过的效用曲线。说明如下。
- $\eta = 0$：这意味着 $\rho(x) = \rho$，即风险容忍度为常量的指数型效用曲线的情形。
- $\eta = 1$：这意味着 $\rho(x) = \rho + x$，正如我们讨论的那样，这是对数型效用曲线的情况，其中 ρ 为初始财富。

为了进一步阐述这种效用曲线的普遍性，我们还考虑了 $\eta = \dfrac{1}{2}$ 的情况。这种情况即为倒数型效用曲线 $u(x) \propto -\left(\rho + \dfrac{1}{2}x\right)^{-1}$。

23.2.2 参数的评估

由于线性风险容忍度效用曲线有两个参数，ρ 和 η，所以我们需要在两笔不确定性交易中得到两个无差别评估。接着，我们才能通过求解相应的等式来获得参数的值。

要说明的是，如果一位有着线性风险容忍度效用曲线的决策者对是否拥有图 23-1 中所示的交易感到无差别，该无差别的情况意味着：

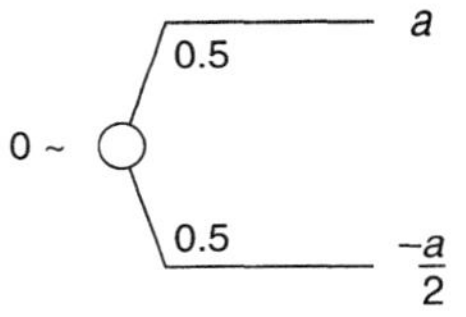

$$u(0) = 0.5u(a) + 0.5u\left(-\dfrac{a}{2}\right)$$

（通过直接替换）可得：

图 23-1 无差别评估

$$\rho^{1-\frac{1}{\eta}} = 0.5\,(\rho + \eta a)^{1-\frac{1}{\eta}} + 0.5\left(\rho - \dfrac{\eta a}{2}\right)^{1-\frac{1}{\eta}}$$

注：回顾指数型效用曲线，这个 a 值近似等于风险容忍度 ρ。

$$u(b) = 0.5u(2b) + 0.5u\left(\dfrac{b}{2}\right)$$

接下来，我们求得令决策者对图 23-2 中所示的交易感觉无差别的 b 值。这意味着：

通过直接替代，我们得到：

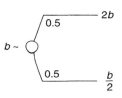

图 23-2 无差别评估

$$(\rho + b\eta)^{1-\frac{1}{\eta}} = 0.5[\rho + \eta(2b)]^{1-\frac{1}{\eta}} + 0.5\left[\rho + \eta\left(\frac{b}{2}\right)\right]^{1-\frac{1}{\eta}}$$

求解上述对应于两个无差别评估的等式，即可得到 ρ 和 η 的值。

我们也有一个直接进行近似评估线性风险容忍度效用曲线参数的方法（当然了，在这种情况下，我们仍需要两个评估）。

首先，我们给予决策者如图 23-1 所示的一笔交易，找出使其对接受该交易和 0 之间感到无差别的 a 值。

a 值使得风险容忍度在 $x = 0$ 时等于：

$$\rho(0) = \rho$$

我们得到第一个等式：

$$\rho \approx a \tag{23-2}$$

其次，我们确定令决策者对接受图 23-2 中的交易或 b 之间感觉无差别的 b 值。

这一 b 值等于在 $x = b$ 时的风险容忍度，且与线性风险容忍度在 b 时的估值表达式相匹配。则第二个等式为：

$$\rho(b) = b = \rho + \eta b \tag{23-3}$$

求解可得 η 的值为：

$$\eta \approx 1 - \frac{a}{b} \tag{23-4}$$

当 $\eta \approx 0$ 时，关于 ρ 和 η 的近似表达式表现良好，这是因为它近似为一个指数型效用曲线。

23.2.3 Kim 的线性风险容忍度效用曲线

现在我们将为 Kim 找出一条线性风险容忍度效用曲线。首先，我们要求她对图 23-1 中的交易进行无差别评估。她说如果 a 是 72 美元，她就会感觉无差别。这意味着，当她等概率获得这一金额或者损失这一金额的一半，即 36 美元时，她对这笔交易感觉无差别。注意到 72 美元非常接近于她的指数型效用曲线的风险容忍度，即 72.13 美元。因此，从她的第一个评估中我们可以得到 $\rho = 72$ 美元。

我们现在对图 23-2 进行第二个评估。在这里，当 $b = 144$ 美元时她感觉无差别。她发现等概率获得两倍的金额，即 288 美元，或一半的金额，即 72 美元时，她才对该笔交易有兴趣。因此她的参数 η 是：

$$\eta = 1 - \frac{a}{b} = 1 - \frac{72}{144} = 0.5$$

这意味着她的线性风险容忍度效用曲线是前文所讨论的倒数效用曲线：

$$u(x) \propto -\left(\rho + \frac{1}{2}x\right)^{-1}$$

该效用曲线在 $x > -\frac{\rho}{\eta} = -144$ 时才有意义。在这种效用曲线下，Kim 会进行任何不超过损失 144 美元可能性的交易。

如此前所做的那样，如果我们想使得 $u(0) = 0$ 和 $u(100) = 1$，那么我们首先写出：

$$u(x) = a\left(\rho + \frac{1}{2}x\right)^{-1} + b$$

并且利用替代求得 a 和 b 的值。我们有 $u(0) = 0 \Rightarrow 0 = \frac{a}{\rho} + b$，因此 $u(x) = a\left(\frac{1}{\rho + \frac{1}{2}x} - \frac{1}{\rho}\right)$。

然后使用 $u(100) = 1 \Rightarrow a\left[\dfrac{\frac{1}{2}100}{\rho\left(\rho + \frac{1}{2}100\right)}\right] = 1 \Rightarrow a = \dfrac{\rho(\rho + 50)}{50}$。那么，这种倒数型效用曲线的表达式变为：

$$u(x) = \left(\frac{\rho + 50}{50}\right)\left(\frac{\frac{1}{2}x}{\rho + \frac{1}{2}x}\right)$$

图 23-3 绘制了 Kim 在图 22-12 中的指数型和对数型效用曲线以及 $\eta = 0.5$ 时她的线性风险容忍度效用曲线。

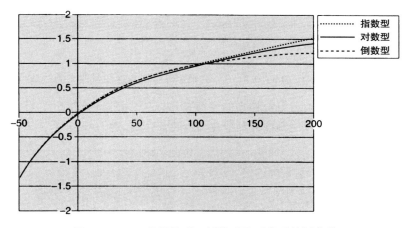

图 23-3　Kim 的指数型、倒数型及对数型效用曲线

除了在点 $x = 0$ 和 $x = 100$ 之外，倒数型曲线一直位于指数型曲线和对数型曲线之间。回顾上一章中 Kim 在有 50—50 的概率赢得 100 美元或 0（我们在这里记为 [0.5，100；0.5，0]）交易中的指数型和对数型的确定等价物分别为 3.90 美元和 39.30 美元。对于倒数型效用曲线而言，确定等价物为 37.11 美元。

当参数 η 从 0 增加到接近 1 时，LRT[○] 曲线平滑地从指数型改变为对数型，且该交易的确定等价物确实是相等的。图 23-4 给出了交易 [0.5，100；0.5，0] 的确定等价物是如何随着 η 从 0 到 1 的改变而变化的。

你可能情不自禁地想到，给定相同的 ρ 值时，任何倒数型曲线交易的确定等价物都会位于指数型和对数型曲线交易的确定等价物之间。回顾我们在第 22 章中为 Kim 评估的交易：[0.5，100；0.5，-50]，即决策者有 50—50 的概率赢得 100 或者输 50。我们发现指数型

○　线性风险容忍度。——译者注

Kim($\eta=0$) 的确定等价物为 -8.54，然而对数型 Kim($\eta=1$) 的确定等价物是 -10.51，其金额低于指数型。

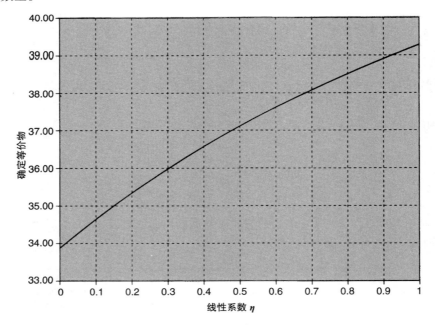

图 23-4　[0.5, 100; 0.5, 0] 的确定等价物与线性系数 η 的关系

当 η 从 0 到 1 改变时，确定等价物真的会持续递减吗？图 23-5 给出了当 $\rho=72$ 美元时，交易的确定等价物如何随着线性参数 η 的变化而变化。

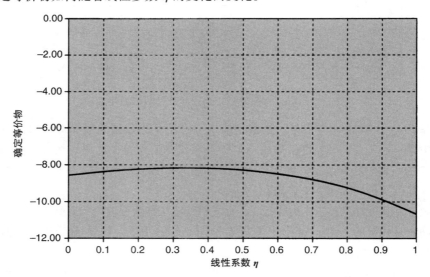

图 23-5　[0.5, 100; 0.5, 0] 的确定等价物与线性系数 η 的关系

我们看到确定等价物的值先是随着 η 的增加而递增，然后随着 η 的增加而递减。第一个影响在于风险容忍度的增加，第二个影响是靠近 0 财富值时关注程度的增加。η 大约为 0.33 时，图形出现一个峰值。$\eta=0.5$ 的倒数型效用曲线的确定等价物为 -8.28，且其并不位于指

数型和对数型效用曲线确定等价物之间。

现在，我们回到为互不相关交易找出确定等价物这一问题。我们知道只有当 $\eta = 0$ 时，线性风险容忍度效用曲线才会为指数型，也只有在这种情况下才会展示出 Δ 性质。

在倒数型 Kim 的案例中（$\eta = 0.5$），让我们从检验两笔互不相关交易的情形着手，每笔交易的形式均为 [0.5, 100; 0.5, 0]，通过拓展表 22-4 中的内容，得到最终交易结果 [0.25, 200; 0.5, 100; 0.25, 0]（如表 23-1 所示）。

表 23-1 两笔互不相关交易 [0.5, 100; 0.5, 0] 的 PIBP 和 PISP

	1 笔交易的 PISP	2 笔交易的 PISP	1 笔交易的 PIBP	2 笔交易的 PIBP
指数型效用曲线	33.9	67.8	33.9	67.8
倒数型效用曲线	37.11	77.63	34.34	66.51
对数型效用曲线	39.3	83.16	34.37	61.61

从结果我们可以看出，倒数型效用曲线的结果位于其他两条效用曲线的结果之间。

继续讨论两笔互不相关交易的情形。单笔交易的形式均为 [0.5, 100; 0.5, -50]，两笔交易的组合形式为 [0.25, 200; 0.5, 100; 0.25, -100]，其有损失的可能，我们拓展了表 22-5。

在表 23-2 中，我们发现倒数型的 Kim 对其拥有的单笔交易的估值为负（-8.28），但是并不像指数型和对数型 Kim 负得那么多。不像对数型 Kim，倒数型的她可以拥有这样的两笔交易，但是她对拥有两笔交易的确定等价物（-32.71）要比指数型 Kim 负得更多。如果购买这样的交易，倒数型 Kim 会要求略多一点的刺激（6.97）。不像对数型 Kim 那样要求支付金额超过 31.63 时才进行两笔交易，倒数型 Kim 在支付超过 19.8 的时候就会进行这两笔交易。

表 23-2 两笔互不相关交易 [0.5, 100; 0.5, -50] 的 PIBP 和 PISP

	1 笔交易的 PISP	2 笔交易的 PISP	1 笔交易的 PIBP	2 笔交易的 PIBP
指数型效用曲线	-8.5	-17	-8.5	-17
倒数型效用曲线	-8.28	-32.71	-6.97	-19.8
对数型效用曲线	-10.41	不能得到	-6.92	-31.63

现在，我们考虑 $\eta = 2$ 时 LRT 曲线的平方根，即：

$$u(x) = a(\rho + 2x)^{\frac{1}{2}} + b, x > -\frac{\rho}{2}$$

如果 Kim 使用它，她甚至不能拥有一笔 [0.5, 100; 0.5, -50] 的交易。这是因为 Kim 的财富为 72 美元，在 $\eta = 2$ 这种情形下她不会进行任何使她亏损一半财富即 36 美元的交易。图 23-6 给出了确定等价物随 η 的变化曲线。我们再一次观察到，当交易有负的前景时，该变化是非单调的。有着相同的 ρ 和线性系数 η 的值在 1.4 之上的人们不能拥有这笔交易。这是因为 $\rho = 72$ 美元并且 η 的值在 1.44 之上时，效用曲线是无意义的（结果为 -50 美元）。且因为当 $\eta = 1.4$ 时，$u(x) = (\rho + \eta x)^{1-\frac{1}{\eta}} = [72 + \eta(-50)]^{1-\frac{1}{\eta}}$ 的值为 0，并且 $u(x)$ 在 $\eta > 1.4$ 时是无意义的。只有当 $-50 > -\frac{\rho}{\eta}$ 或 $\eta < \frac{\rho}{50} = 1.44$ 时，该曲线才有意义。

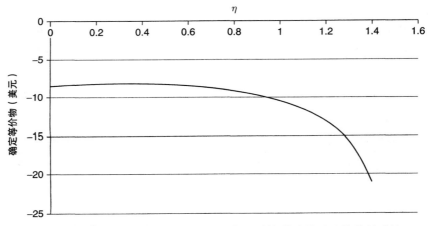

图 23-6　交易 [0.5，100；0.5，-50] 的确定等价物对 η 值的敏感性

图 23-7 绘制了无亏损交易 [0.5，100；0.5，0] 的确定等价物随着 η 的变化曲线。这里的曲线是单调的，属于情理之中。

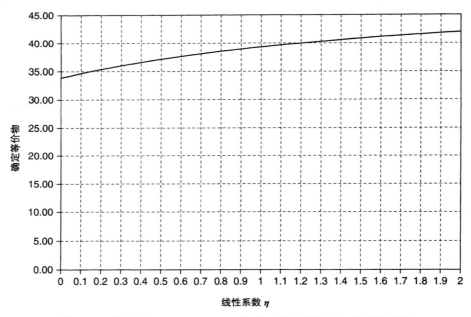

图 23-7　交易 [0.5，100；0.5，0] 的确定等价物对 η 值的敏感性

线性风险容忍度效用曲线为我们提供了一种易于访问和计算的方式，以增加对于指定风险偏好的选择。它们都是适度的，并且因为需要考虑评估已有的互不相关的交易，而减轻了指数型曲线在高收益下的极端行为和对数型曲线的评估难度。

23.2.4　线性风险容忍度的圣彼得堡问题

表 23-3 给出了 $\eta = \dfrac{1}{2}$ 时倒数型效用曲线在不同的最大值 n 和不同的 ρ 下，圣彼得堡游戏的 PIBP。PIBP 的值随着 ρ 的增加而递增，并且随着游戏次数 n 的增加而递增。

表 23-3　$\eta=\dfrac{1}{2}$ 时 LRT 效用曲线下圣彼得堡问题的 PIBP

n	ρ					
	100	1 000	10 000	100 000	1 000 000	10 000 000
5	5.74	5.97	6.00	6.00	6.00	6.00
10	7.35	9.88	10.86	10.99	11.00	11.00
15	7.37	10.51	13.66	15.56	15.95	16.00
20	7.37	10.51	13.80	17.09	19.86	20.85
25	7.37	10.51	13.80	17.11	20.43	23.63
30	7.37	10.51	13.80	17.11	20.43	23.75
35	7.37	10.51	13.80	17.11	20.43	23.75
40	7.37	10.51	13.80	17.11	20.43	23.75
45	7.37	10.51	13.80	17.11	20.43	23.75
50	7.37	10.51	13.80	17.11	20.43	23.75

需要注意的是，这些值位于对数型和指数型曲线的对应值之间，这点在前述章节里已经讨论过了。由于在圣彼得堡的报酬中并没有损失，所以一切也都在情理之中。

作为比较，表 23-4 给出了 $\eta=2$ 时圣彼得堡游戏效用曲线随着 n 和 ρ 变化的 PIBP。

注意： 在这两个表格里，PIBP 都是随着 η 的增加而递增的。

还需要注意的是，这些值都位于前文讨论过的对数型效用曲线的对应值之上。当交易不存在损失的可能时，这些平方根型效用曲线的人们将比对数型的人们更愿意支付财产中更高的比例来进行游戏。

表 23-4　$\eta=2$ 时 LRT 效用曲线下圣彼得堡问题的 PIBP

n	ρ					
	100	1 000	10 000	100 000	1 000 000	10 000 000
5	5.75	5.97	6.00	6.00	6.00	6.00
10	8.13	10.10	10.86	10.99	11.00	11.00
15	8.63	11.60	14.16	15.60	15.95	16.00
20	8.72	11.89	15.04	17.94	20.05	20.85
25	8.74	11.94	15.20	18.44	21.53	24.13
30	8.74	11.95	15.23	18.53	21.81	25.00
35	8.74	11.95	15.24	18.55	21.86	25.16
40	8.74	11.95	15.24	18.55	21.87	25.19
45	8.74	11.95	15.24	18.55	21.87	25.20
50	8.74	11.95	15.24	18.55	21.87	25.20

23.3　总结

线性风险容忍度效用曲线可以克服指数型效用曲线在大额报酬时的饱和效应。这在药品研发中有着特别实际的应用价值。每一个新的药物测试也许需要几千万到几亿美元的投资才能以极低的可能性创造出一种销售额在几百亿美元规模的畅销药物。

线性风险容忍度效用曲线族构建了宽泛偏好的模型，其中包括指数型效用曲线和对数型效用曲线。曲线有两个参数，ρ 和 η，风险容忍度的定义公式为 $\rho(x) = \rho + \eta x$。$\eta = 0$ 的情形是指 $\rho(x) = \rho$，并且代表风险容忍度为常数的指数型效用曲线。$\eta = 1$ 的情形是指 $\rho(x) = \rho + x$，并且代表风险容忍度为对数型效用曲线。

线性风险容忍度效用曲线显示，当 $\eta > 0$ 时，风险规避随着财富的增加而递减。

我们有一个近似的方法来评估这两个参数。

如果一笔交易存在损失，其确定等价物未必随着线性系数 η 的值而进行单调变化。

附录 23-1　线性风险容忍度效用曲线的推导

注意，风险容忍度可以用效用曲线的导数来表达，即：

$$\rho(x) = -\frac{u'(x)}{u''(x)} = \left\{-\frac{d}{dx}\ln[u'(x)]\right\}^{-1}$$

效用曲线的等式为：

$$-\frac{d}{dx}\ln[u'(x)] = \frac{1}{\rho + \eta x}$$

两边同时对 x 积分得：

$$-\ln[u'(x)] = \frac{1}{\eta}\ln(\rho + \eta x) + c, \eta \neq 0, x > -\frac{\rho}{\eta}$$

c 为积分的常数，将等式两边同时变为以 e 为底的指数形式，得到：

$$u'(x) = (\rho + \eta x)^{\frac{1}{-\eta}} k, \eta \neq 0, x > -\frac{\rho}{\eta}$$

k 为等于 e^c 的常数。两边同时再次对 x 进行积分，得到：

$$u(x) = k\frac{1}{\eta}\frac{\eta}{\eta - 1}(\rho + \eta x)^{1 - \frac{1}{\eta}} + d, \eta \neq 0 \text{ 或 } 1, x > -\frac{\rho}{\eta}$$

d 为积分常数。

我们现在可以写出满足线性风险容忍度的效用曲线表达式：

$$u(x) \propto (\rho + \eta x)^{1 - \frac{1}{\eta}}, \eta \neq 0 \text{ 或 } 1, x > -\frac{\rho}{\eta}$$

因此，

$$u(x) = a(\rho + \eta x)^{1 - \frac{1}{\eta}} + b, \eta \neq 0 \text{ 或 } 1, x > -\frac{\rho}{\eta}$$

其中 a，b 是常数。

附录 23-2　学生使用线性风险容忍度效用曲线的问题

让我们回到附录 22-3 中所讨论的《经济学人》的那篇文章。在那里我们得出：所讨论偏好中明显的谬误是假设效用曲线为指数型的结果。我们指出，如果一个人拥有对数型效用曲线，就不会存在这个问题了。此外，许多其他的效用曲线也能解决这一问题，包括在本章中所讨论的线性风险容忍度效用曲线。

我们将通过线性风险容忍度系数为 $\frac{1}{2}$ 来表征倒数型效用曲线。首先，我们向某人展示一笔有 50—50 的概率赢得 11 美元或失去 10 美元的交易，即 [0.5, 11; 0.5, -10]。该人将不会接受这笔交易。通过计算，我们发现在效用曲线的 ρ 参数为 109.99 或更少的情况下，交易有可能会发生。我们固定参数 ρ 等于 105（正如我们在前文中所做的一样），然后评估在文章中的另一个问题：X 多大时该人才能接受交易 [0.5, X; 0.5, -100]？我们发现当 X 大于 2 100 美元时，这笔交易有一个正的确定等价物。回想一下，对数型的决策者交易 [0.5, 11; 0.5, -10] 有着相同的最初选择，X 的值将必须大于 2 100 美元。

然而，如表 23-5 所示，分析具有更多的复杂性。对于线性系数而言，不仅仅在于为 $\eta = 0$ 而求出 X 的值是不可能的（在那种情况下其为指数型效用曲线），同时也无法为系数 0.1、0.2 和 0.3 求得 X 值。此外，系数大概自 0.45 到 0.8 之间，所求的 X 值递减，此后开始递增，直至达到系数为 0.5 和 1 处的相同值。

表23-5 给定 $\rho = 105$ 且拒绝 [0.5, 11; 0.5, -10] 后，接受 [0.5, X; 0.5, -100] 所需的收益 X 与相应的线性系数 η

线性系数	所需的 X	线性系数	所需的 X
0	*	0.5	2 100
0.1	*	0.6	1 306.09
0.2	*	0.7	1 132.32
0.3	*	0.8	1 125.91
0.4	*	0.9	1 285.03
0.45	5 937.38	1	2 100

注：* 代表无法求得 X。

图 23-8 以图像形式展现了这种现象。

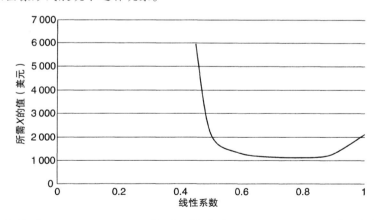

图 23-8 拒绝 [0.5, 11; 0.5, -10] 后，接受 [0.5, X; 0.5, -100] 所需的收益 X 与相应的线性系数 η

当系数下降到 0.45 以下时，X 的快速增加说明，在指数型 Kim 的案例中，存在一个最小的系数，当系数小于该值时，增加 X 不会导致该交易更有吸引力。对于线性系数为 0.4 及以下的人而言，X 为 10 000 美元时，该交易也不会有吸引力。即使 X 为 1 000 000 美元，这类人的确定等价物也是负值。

习题

标注星号（*）的习题更具有挑战性。

1. 方便起见，我们重复图 23-1 和图 23-2 中两个无差别评估。

对于一位线性风险容忍度效用曲线的决策者而言，我们有：

$$u(x) = (\rho + \eta x)^{1-\frac{1}{\eta}}$$

在以下情形下，计算 ρ 和 η 精确值及近似值。

I. $a = 100$，$b = 200$。

II. $a = 100$，$b = 500$。

III. $a = 100$，$b = 150$。

*2. 计算 $\rho = 72$ 和 $\eta = 0.5$ 时，线性风险容忍度决策者对交易 $[0.5, 0; 0.5, X]$ 的 PIBP 和 PISP。

X	PISP	PIBP
10		
100		
1 000		
10 000		
100 000		
1 000 000		

第24章

确定等价物的近似表达式

本章核心概念

阅读本章之后,读者将能够解释下列概念:
- 测度的矩
- 测度的中心矩
- 使用矩和中心矩近似表示确定等价物
- 风险溢价
- 测度的累积量

24.1 引言

一些时候,我们发现计算一笔交易的近似确定等价物比计算它的精确值要方便。这种方法不仅简化了计算,而且展现了风险规避函数和分布的其他性质在计算确定等价物中的作用。

在本章中,我们依据风险规避函数和一笔交易的所谓概率分布矩的性质,给出了一笔不确定性交易确定等价物的近似表达式。我们将会定义矩,并将展示矩的计算。随后,在第35章,我们将会展示如何运用分布的矩将一个连续的分布转换成只具有离散值的形式。

24.2 测度的矩

24.2.1 一阶矩

测度的**一阶矩**即其期望或算术平均数。一阶矩等于各测度值与其对应概率的所有乘积之和。为了展示一阶矩的计算,考虑图24-1中的概率树。

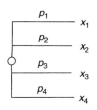

图24-1 测度的概率树

在该树中,我们可以计算:

$$一阶矩(期望值) = p_1 x_1 + p_2 x_2 + p_3 x_3 + p_4 x_4 = \sum_{i=1}^{4} p_i x_i$$

为了演示一阶矩的数值计算,考虑图24-2中的概率树及对应的概率分布。

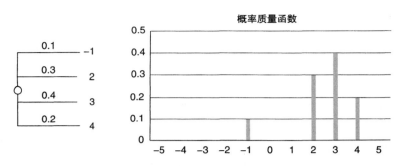

图 24-2　概率树及对应的概率分布

树中测度值的一阶矩为：

一阶矩（期望值）= $0.1 \times (-1) + 0.3 \times 2 + 0.4 \times 3 + 0.2 \times 4 = 2.5$

此后，我们用符号 $\langle x | \& \rangle$ 指代测度 x 的一阶矩（x 的期望值），符号 $\langle \ \rangle$ 特指这是一个矩计算。我们使用这一符号将矩计算与概率分布符号 $\{x | \&\}$ 区分开来。$\langle x | \& \rangle$ 中 $\&$ 的表达提醒我们该计算是基于我们的信息状态进行的。

竖线左边的数量 x 为测度，其一阶矩为我们所要计算的。由于一阶矩具有特殊的重要性且运用广泛，所以常常用一个简洁的特殊符号 $\bar{x}$ 表示。

我们首先从计算交易的期望值来着手确定等价物的近似值。一如所见，在不确定性交易中，一位风险中性的决策者的确定等价物等于测度值的期望值。我们同时也知道，对于风险规避型的决策者而言，一笔交易的确定等价物小于其期望值；而对于风险偏好型的决策者而言，则大于其期望值。因此，对于非风险中性的决策者，我们应当进一步调整期望值，使它能更加准确地表达确定等价物。

一阶矩有两种几何解释。

（1）第一种解释用的是**概率分布**，或**概率质量函数**。思考图 24-3 中各列，假设其重量等于其高度，都位于无重量的柱形条上。假设你需要放置一个中心点，这个中心点将平衡各个柱形条以使它不向任一端倾斜，你应该把这个中心点放在何处？一阶矩即为这个中心点的位置。如果我们将这个分布左移或右移任意数量，很明显，中心点的位置也会移动相同的数量。这表明，如果我们对所有的测度值增加一个固定值，那么新分布的一阶矩将等于初始一阶矩的值加上该固定值。

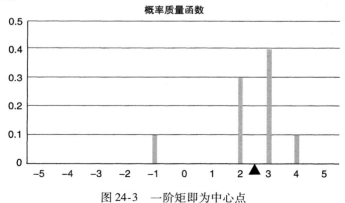

图 24-3　一阶矩即为中心点

（2）一阶矩的第二种几何解释用的是图 24-4 中交易的累积概率分布。假设你在累积分布的平面画一条垂直线，使位于垂直线左侧处于累积分布曲线之下和 0 轴以上的区域（区域 A_1）等于位于垂直线右侧处于累积分布曲线以上且 $y=1$ 以下的区域（区域 A_2）。一阶矩的值就等于使得左右两个区域相等的那条垂直线所在位置的值。你可能想确定这个方法所得到的值总是与中心点方法所得到的值相等。

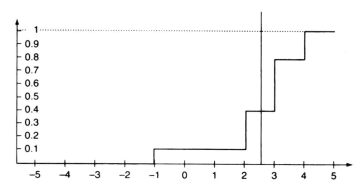

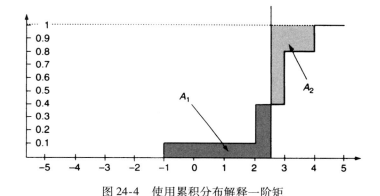

图 24-4 使用累积分布解释一阶矩

前面已经讨论过，当对测度的所有结果增加一个固定值时，一阶矩将会发生怎样的变化。但是如果我们对测度的所有值都乘一个固定值 m，一阶矩将又会发生怎样的变化呢？新的一阶矩的值将会是初始一阶矩值的 m 倍，因为：

$$\langle mx \mid \& \rangle = p_1 mx_1 + p_2 mx_2 + p_3 mx_3 + p_4 mx_4 = m\sum_{i=1}^{4} p_i x_i = m\langle x \mid \& \rangle = m\bar{x}$$

24.2.2 二阶矩（和高阶矩）

一个测度的二阶矩是测度的平方对应概率的所有乘积之和。为了保持一致，我们使用符号 $\langle x^2 \mid \& \rangle$ 表示二阶矩，对于图 24-1 中的概率树而言，我们有：

$$\langle x^2 \mid \& \rangle = p_1 x_1^2 + p_2 x_2^2 + p_3 x_3^2 + p_4 x_4^2 = \sum_{i=1}^{n} p_i x_i^2$$

对于图 24-2 中的概率树而言，其二阶矩为：

$$\langle x^2 \mid \& \rangle = 0.1 \times (-1)^2 + 0.3 \times 2^2 + 0.4 \times 3^2 + 0.2 \times 4^2 = 8.1$$

注意：如果没有不确定性，且中心点位于 0 处，那么二阶矩为 0，因为 $\langle x^2 \mid \& \rangle = 1 \times 0^2 = 0$。

类似地，我们可以计算测度的 k 阶矩，其表达式为：

$$\langle x^k \mid \& \rangle = p_1 x_1^k + p_2 x_2^k + p_3 x_3^k + p_4 x_4^k = \sum_{i=1}^{n} p_i x_i^k$$

对于图 24-2 中的概率树而言，其三阶矩为：

$$\langle x^3 \mid \& \rangle = 0.1 \times (-1)^3 + 0.3 \times 2^3 + 0.4 \times 3^3 + 0.2 \times 4^3 = 25.9$$

如果一个分布是对称的，且其一阶矩（即中心点）在原点，那么其三阶矩一定为 0。原因为对于每个以概率 p_i 发生的 x_i 值，都将有以概率 p_i 发生的 $-x_i$ 值。所以有：

$$\langle x^3 \mid \& \rangle = p_1(-x_1)^3 + p_1(x_1)^3 + p_2(-x_2)^3 + p_2(x_2)^3 + \cdots + p_n(-x_n)^3 + p_n(x_n)^3 = 0$$

如果我们对测度的所有值都乘以任一数字 m，二阶矩将会发生怎样的变化呢？新的二阶矩的值将会是初始二阶矩值的 m^2 倍，因为：

$$\text{新交易的二阶矩} = p_1(mx_1)^2 + p_2(mx_2)^2 + p_3(mx_3)^2 + p_4(mx_4)^2 = m^2 \sum_{i=1}^{4} p_i x_i^2$$

类似地，如果我们对测度的所有值都乘以 m，新的 k 阶矩的值将会是初始 k 阶矩值的 m^k 倍，因为：

$$\text{新的 } k \text{ 阶矩} = \sum_{i=1}^{4} p_i (mx_i)^k = m^k \sum_{i=1}^{4} p_i x_i^k$$

24.3 测度的中心矩

我们通过如下方式计算测度的**中心矩**：首先将所有的测度值减去一阶矩，然后计算新测度值的矩。等价地，我们将概率分布左移一阶矩的值，然后计算这一新的概率分布的矩。当然，新分布的中心点位于 0 点，因为一阶矩也移动了相同的数量，所以一个分布的一阶中心矩必定为 0。

为了以数值演示中心矩的计算，回顾图 24-2。如果我们将概率树的每个前景减去一阶矩的值即 2.5，我们就得到了新的概率树，如图 24-5 所示，其表示了一笔交易的报酬分别为 -3.5、-0.5、0.5 和 1.5，它们与第一笔交易有相同的概率。图 24-2 中概率树的中心矩即为图 24-5 中概率树的矩。

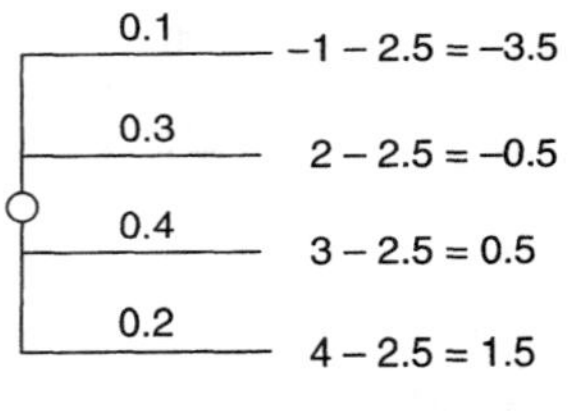

图 24-5 从图 24-2 的各前景中减去均值

假设，我们将图 24-2 中的概率分布右移 2.5（一阶矩的值）。我们构建出一个新的概率分布，当前，这个概率分布的中心点并不在 0 点。图 24-2 中的概率分布所确定的中心矩和图 24-6 中左侧所示都为图 24-6 中右侧所示的概率分布的矩。

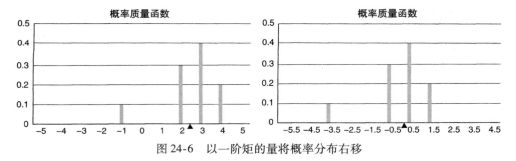

图 24-6 以一阶矩的量将概率分布右移

我们能够轻易验证出一阶中心矩，即概率树的期望值为 0。移动后所得概率树的一阶矩为：

$$0.1 \times (-3.5) + 0.3 \times (-0.5) + 0.4 \times 0.5 + 0.2 \times 1.5 = 0 (同预期的一样)$$

图 24-2 中概率树的二阶中心矩为：

$$0.1 \times (-3.5)^2 + 0.3 \times (-0.5)^2 + 0.4 \times 0.5^2 + 0.2 \times 1.5^2 = 1.85$$

注意：二阶中心矩和其他偶数中心矩都不能为负。

三阶中心矩为：

$$0.1 \times (-3.5)^3 + 0.3 \times (-0.5)^3 + 0.4 \times (0.5)^3 + 0.2 \times (1.5)^3 = -3.6$$

对二阶中心矩有一个很有趣的解释。正如我们之前所讨论的，如果没有不确定性，那么概率分布必将集中于中心点或平均值。由于除了 0 之外没有对任何测度值赋值正的概率，且当没有不确定性时，二阶中心距为 0，因此，我们将二阶中心距称为**交易的方差**。我们同样用一个特殊符号 x^v 表示它。与图 24-3 中的中心点类比一致，对应于扭矩的方差需要基于穿过中心点的垂直线进行图形旋转：方差越大，扭矩越大。

除了一个概率分布为另外一个概率分布通过向左或向右移动所得之外，两者在其他各方面均相同，两者必然有着相同的中心矩。其位置对中心矩没有任何影响。

同样很容易验证二阶中心矩等于二阶矩减去一阶矩的平方。

如果没有不确定性，那么三阶中心矩必定为 0。此外，如果一个分布关于均值对称，那么它的三阶中心矩——实际上所有的奇数中心矩——必定为 0。

然而，如果一个分布不是对称的，例如，呈偏态的，或者在一个方向的延伸大于另外一个方向，其三阶中心矩就不会为 0。例如，在图 24-6 中的概率树，分布为左偏。因此，三阶中心矩为负。如果它为右偏，那么它的三阶中心矩将会为正。

如果我们对概率树的所有端点都乘一个固定值 m，新的 k 阶中心矩的值将会是初始 k 阶中心矩值的 m^k 倍，因为：

$$k\text{ 阶中心矩} = \sum_{i=1}^{4} p_i (mx_i - m\langle x \mid \& \rangle)^k = m^k \sum_{i=1}^{4} p_i (x_i - \langle x \mid \& \rangle)^k$$

例如，一笔等比例变化交易的方差是原交易方差的 m^2 倍，即：

$$(mx)^v = m^2 x^v$$

24.4 使用一阶、二阶中心矩近似计算确定等价物

现在，我们提供一种用一阶矩和二阶中心矩对确定等价物 $\tilde{x}$ 进行近似计算的方法，表达式如下：

$$\tilde{x} \approx \bar{x} - \gamma(\bar{x}) \frac{x^v}{2}$$

其中，$\gamma(\bar{x})$ 是在一阶矩所评估得到的风险规避函数。

确定等价物近似等于交易的一阶矩减去二阶中心矩（方差）的一半与在一阶矩所评估的风险规避函数之积。确定等价物和一阶矩之差即为所谓的**风险溢价**。由于二阶中心矩不能为

负，这一表达式意味着当风险规避函数为正时，确定等价物小于或等于一阶矩。当风险规避函数为负（风险偏好）时，确定等价物大于一阶矩。

当风险规避函数 $\gamma(x)$ 为一个常量 γ 时（因为决策者遵循 Δ 性质），有：

$$\widetilde{x} \approx \overline{x} - \gamma \frac{x^v}{2} = \overline{x} - \frac{x^v}{2\rho}$$

也可以写成以下形式：

$$\text{确定等价物} \approx \text{一阶矩} - \frac{1}{2} \times \frac{\text{二阶中心矩}}{\text{风险容忍度}}$$

我们已经阐述了如何通过直接评估确定风险容忍度。为了找出确定等价物的近似值，我们所需的就是计算该不确定性交易的一阶矩和二阶中心距。

确定等价物近似值的精确度

为了检验确定等价物近似值的精确度，我们举一个例子：一个 Δ 人面临一笔有 0.5 的概率获得 100 美元和 0.5 的概率获得 0 的交易。

该交易的一阶矩 $\overline{x}$ 为：

$$\sum_{i=1}^{2} p_i(x_i) = 0.5 \times 100 + 0.5 \times 0 = 50$$

该交易的二阶矩 $\overline{x^2}$ 为：

$$\sum_{i=1}^{2} p_i(x_i)^2 = 0.5 \times 100^2 + 0.5 \times 0^2 = 5\,000$$

二阶中心矩为二阶矩减去一阶矩的平方，即 $5\,000 - 2\,500 = 2\,500$。

该交易确定等价物的近似值为：

$$\widetilde{x} \approx 50 - \gamma \frac{2\,500}{2}$$

为了计算风险规避系数为 γ，效用曲线为 $U(x) = -e^{-\gamma x}$ 的 Δ 人交易的确定等价物的精确值，我们计算了效用值的期望值为：

$$U(\widetilde{x}) = 0.5 \times (-e^{-\gamma 100}) + 0.5(-e^{-\gamma 0}) = -0.5(1 + e^{-\gamma 100}) = -e^{-\gamma \widetilde{x}}$$

这样可以得到确定等价物的精确值为：

$$\widetilde{x} = -\frac{1}{\gamma} \ln[0.5(1 + e^{-\gamma 100})]$$

图 24-7 给出了基于不同风险规避系数 γ 值时，确定等价物的精确值和近似值相比较的风险敏感性曲线。横轴同时给出了风险容忍度 ρ 和 γ 的倒数。图中的虚线为确定等价物的近似值。

我们注意到，当风险规避系数为 0.02 或风险容忍度为 50 时，该交易的确定等价物为 28.31，而确定等价物的近似值为 25。当风险规避系数小于等于 0.01 时，确定等价物的近似值会十分接近于真实值，且当分布的范围（即最大值与最小值之差）小于风险容忍度时尤为准确。然而，基于效用曲线的形状，其也可能适用于其他情形。

我们可以使用对数型效用曲线 $u(x) = \ln(x + \alpha)$ 重复上述分析。正如我们在第 22 章讨论过的那样，对数型效用曲线的风险规避函数为：$\gamma(x) = \frac{1}{x + \alpha}$，所以 $\gamma(\overline{x}) = \frac{1}{\overline{x} + \alpha}$。因此，确

定等价物的近似值为：

$$\widetilde{x} \approx 50 - \frac{1}{50+\alpha}\frac{2\,500}{2}$$

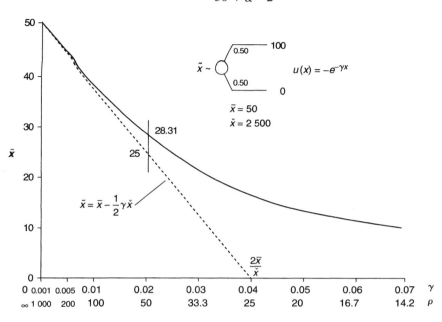

图 24-7　确定等价物与风险规避的敏感性分析

图 24-8 绘制了对于不同财富值 α，确定等价物近似值和精确值之间的关系。该图表明随着财富值 α 的增加，近似值越来越准确。

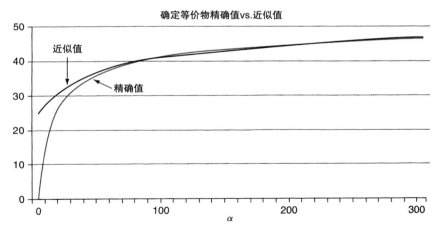

图 24-8　确定等价物精确值与近似值的比较

在这个例子中我们注意到，确定等价物的近似值高于精确值。当初始财富 $\alpha=50$ 时，确定等价物的近似值为 37.5，而精确值为 36.6。随着初始财富 α 增加，两者之间的差值会越来越小。

24.5 运用高阶矩近似表达确定等价物

我们也可以通过将三阶中心矩考虑在内从而实现对确定等价物进行更精确的近似表达，表达式为：

$$\widetilde{x} \approx \bar{x} - \gamma(\bar{x})\frac{x^v}{2} - \eta(\bar{x})\frac{\langle(x-\bar{x})^3 \mid \& \rangle}{6}$$

其中，$\eta(x) = -\dfrac{U'''(x)}{U'(x)}$ 为效用函数的三阶导函数与一阶导函数的负比率，$\langle(x-\bar{x})^3 \mid \& \rangle$ 为交易的三阶中心矩。

对于一条指数型效用曲线而言，$u(x) = -e^{-\gamma x}$，$u'(x) = \gamma e^{-\gamma x}$，$u''(x) = -\gamma^2 e^{-\gamma x}$ 和 $u'''(x) = \gamma^3 e^{-\gamma x}$。

因此，$\gamma(x) = \gamma$，$\eta(x) = -\gamma^2$，且：

$$\widetilde{x} \approx 一阶矩 - \gamma\frac{二阶中心矩}{2} + \gamma^2\frac{三阶中心矩}{6}$$

一阶中心矩等于：

$0.25 \times 5.875 + 0.25 \times 0.875 + 0.125 \times (-1.125) + 0.375 \times (-4.125) = 0$（与预期一致）

二阶中心距等于：

$0.25 \times 5.875^2 + 0.25 \times 0.875^2 + 0.125 \times (-1.125)^2 + 0.375 \times (-4.125)^2$
$= 0.25 \times 34.52 + 0.25 \times 0.77 + 0.125 \times 1.27 + 0.375 \times 17.02 = 15.359$

我们也可以用之前计算得出的一阶矩和二阶矩来计算二阶中心矩：

$\langle x \mid \& \rangle^v = \langle x^2 \mid \& \rangle - \langle x \mid \& \rangle^2 = 32.375 - 4.125^2 = 15.359$（与预期一致）

三阶中心矩等于：

$0.25 \times 5.875^3 + 0.25 \times 0.875^3 + 0.125 \times -1.125^3 + 0.375 \times (-4.125)^3$
$= 0.25 \times 202.77 + 0.25 \times 0.6699 + 0.125 \times (-1.42) + 0.375 \times (-70.1895) = 24.363$

▶ **例 24-1 确定等价物计算**

考虑图 24-9 中的概率树。我们现在为一位指数型决策者分别计算出确定等价物的精确值和近似值，其中近似表达通过使用前三阶矩得出。

期望值（一阶矩）等于：

$\langle x \mid \& \rangle = 0.25 \times 10 + 0.25 \times 5 + 0.125 \times 3 + 0.375 \times 0 = 4.125$

为了计算中心矩，我们首先减去期望值（4.125 美元）以得到如图 24-10 所示的新概率树，即计算概率树每个前景值都减去期望值之后的矩。

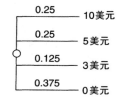

图 24-9 带有测度的概率树算例

图 24-10 中心矩的计算

确定等价物的近似表达为：

$$\bar{x} \approx 一阶矩 - \gamma \frac{二阶中心矩}{2} + \gamma^2 \frac{三阶中心矩}{6} = 4.125 - \gamma \frac{15.359}{2} + \gamma^2 \frac{24.363}{6}$$

我们从这个近似的表达形式中发现当风险规避为正（风险规避型决策者）时，方差的增加会导致确定等价物的减小。此外，交易的正偏（向右偏）会导致确定等价物的增加。图 24-11 绘制了一位指数型决策者利用近似式和精确式所得确定等价物和风险规避系数的关系。

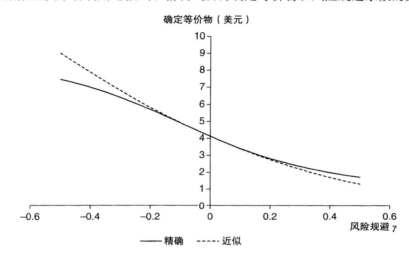

图 24-11　确定等价物作为风险规避系数函数时近似表达和精确值之间的比较

24.6　累积量

高阶矩同样可以提供更优的近似值。对于一条指数型效用曲线，确定等价物的精确表达为：

$$\widetilde{x} = \sum_{i=1}^{\infty} (-\gamma)^{i-1} \frac{i\, 阶累积量}{i!}$$

一个分布的**累积量**与分布的矩以及中心矩有关。例如，前四阶累积量为：

一阶累积量 = 一阶矩

二阶累积量 = 二阶中心距

三阶累积量 = 三阶中心距

四阶累积量 = 四阶中心距 $-3 \times$ 二阶中心距^2

24.7　总结

计算一笔交易的矩：一笔交易的 k 阶矩用 $\langle x^k \mid \& \rangle$ 表示，其表达式为：

$$\langle x^k \mid \& \rangle = p_1 x_1^k + p_2 x_2^k + p_3 x_3^k + p_4 x_4^k = \sum_{i=1}^{n} p_i x_i^k$$

一阶矩常常用一个特殊符号 $\bar{x}$ 表示。一个分布的一阶矩有两种几何解释：

- 在概率分布（质量函数）中，一阶矩是中心点。
- 在累积概率分布中，一阶矩是需要选出一个点，使得穿过该点的垂线左侧的累积分布曲线以下的区域面积等于位于垂线右侧的累积分布曲线以上的区域面积。

矩的比例表达式：如果我们得到交易的一部分（或倍数）m，新的矩为，

$$\text{比例交易的 } k \text{ 阶矩} = \langle (mx)^k | \& \rangle = \sum_{i=1}^{n} p_i (mx_i)^k = m^k \sum_{i=1}^{n} p_i (x_i)^k = m^k \langle x^k | \& \rangle$$

例如，比例交易的一阶矩是最初非比例交易一阶矩的 m 倍。

计算一笔交易的中心矩：

$$k \text{ 阶中心矩} = \sum_{i=1}^{n} p_i (x_i - \langle x | \& \rangle)^k = \sum_{i=1}^{n} p_i (x_i - \langle x | \& \rangle)^k$$

方差是二阶中心矩。二阶中心矩是对分布围绕中心点的范围的测度，用特殊符号 x^v 表示。

偏度是三阶中心矩。它是对非对称性的测度。

中心矩的比例表达式：如果我们得到交易的一部分（或倍数）m，新的中心矩为，

$$k \text{ 阶中心矩} = \sum_{i=1}^{n} p_i (mx_i - m\langle x | \& \rangle)^k = m^k \sum_{i=1}^{n} p_i (x_i - \langle x | \& \rangle)^k$$

运用三阶中心矩所得一笔交易的确定等价物近似表达为：

$$\tilde{x} \approx \bar{x} - \gamma(\bar{x}) \frac{x^v}{2} - \eta(\bar{x}) \frac{<(x-\bar{x})^3 | \& >}{6}$$

习题

标注星号（*）的习题更具有挑战性。

1. 计算以下交易的矩、中心矩和累积量的前四阶。
    Ⅰ. 0.5 的概率获得 100 美元，0.5 的概率获得 0，即 [0.5, 100; 0.5, 0]。
    Ⅱ. [0.1, 0; 0.2, 100; 0.6, 500; 0.1, 1 000] 的交易。

*2. 为一位指数型决策者在交易 [0.5, 100; 0.5, 0] 中用一阶矩、二阶中心矩、三阶中心矩计算确定等价物的近似值，绘制出近似值与风险规避系数的关系图。

*3. 为一位对数型决策者在交易 [0.5, 100; 0.5, 0] 中用一阶矩、二阶中心矩、三阶中心矩计算确定等价物的近似值，绘制出近似值与初始财富的关系图。

4. 绘制出交易 [0.1, 0; 0.2, 100; 0.6, 500; 0.1, 1 000] 的累积概率分布和概率分布图。以图形的方式确定一阶矩。

第 25 章

确定性占优和概率性占优

本章核心概念

阅读本章之后，读者将能够解释下列概念：
- 确定性占优
- 一阶概率性占优
- 二阶概率性占优

25.1 引言

占优条件是累积概率分布的可能属性。当其存在时，它们能够显著地简化计算最优决策的分析过程。例如，如果唯一的目的在于找出最优方案，它们就能够避免为遵循行动性思维五规则的决策者指定风险偏好。

25.2 确定性占优

在你面临两笔不确定性交易 A 和 B 的选择时，你的标准是选择效用值的期望值更高的那笔交易（或者是偏好概率期望值更高）。这通常需要给出备选方案的概率分布、各方案前景的偏好概率，接着为每一方案计算偏好概率的期望值。然而，假设这两笔交易以如下方式构建：相比另一笔交易，你总能从一笔交易中获得更好的结果。不管你的偏好概率或者你对结果本身概率的信念如何，你都将采取明晰的行动。这将显著促进决策的分析，因为我们将无须评估偏好概率甚至是结果的概率。如果你能够保证交易 B 比交易 A 有一个更好的结果，我们就认为交易 B 对交易 A **确定性占优**。

为了阐述这一点，我们回顾前面章节提到的 Hamlet 困境的决策树[⊖]，方便起见，我们将其重复于图 25-1 中。假设 Hamlet 偏好于当下活着（生存），其由前景 A 表征，并占优于前景 B 或

⊖ 详见 9.4 节。——译者注

C。在这种情况下，他选择"生存"将保证比选择"毁灭"所得的结果更好。若 Hamlet 的偏好确实为 A > B 且 A > C，那么概率 p 将无关紧要。这是"生存"方案确定性占优的例子。

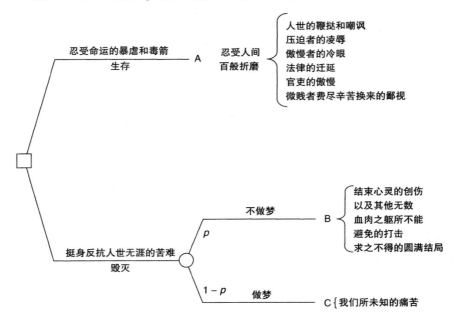

图 25-1　Hamlet 的决策树

此外，若 Hamlet 偏好于"毁灭"方案，由前景 B 或 C 表征，占优于前景 A，他选择"毁灭"总会更好——这是"毁灭"方案确定性占优的一个例子。

我们知道，即使当这些交易的结果是不确定的时候，且当交易的前景并不涉及货币时，一笔交易也可能确定性占优于另一笔交易。

我们将展示几个确定性占优交易的例子，这些交易的前景完全由货币前景测度。

▶例 25-1　确定性的交易

假设你要在如下两笔交易中进行选择。

交易 A：得到 5 美元。

交易 B：得到 10 美元。

你不会面临不确定性：两笔交易都是确定性的。相比于交易 A 而言，你选择交易 B 将得到一个更好的结果。交易 B 确定性占优于交易 A。你在选择时不需要进行任何效用值的评估。任何偏好钱多甚于钱少的人，都会偏好交易 B 甚于交易 A。

▶例 25-2　不确定性交易的确定性占优

假设你面临着在如图 25-2 中两笔交易的选择。你将选择哪笔交易？

本例中，交易 B 最坏的可能结果为 15 美元，优于交易 A 最好的可能结果 10 美元。尽管交易是

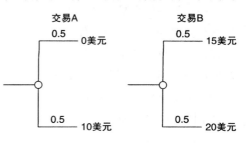

图 25-2　两笔确定性占优的交易

不确定的，你仍可以从交易 B 中获得比交易 A 更高的价值。交易 B 确定性占优于交易 A。同样，我们不需要得出任何效用值来确定这些交易中的最优选择，并且我们甚至无需交易的概率。无论结果的概率如何，任何决策者（即便是风险偏好者）在遵循行动性思维五规则，且偏好钱多甚于钱少时，都将偏好交易 B 甚于交易 A。

然而，观察图 25-2 中两笔交易的概率分布以识别确定性占优仍然是很有用的。例 25-2 中两笔交易的概率分布和累积概率分布，如图 25-3 所示。

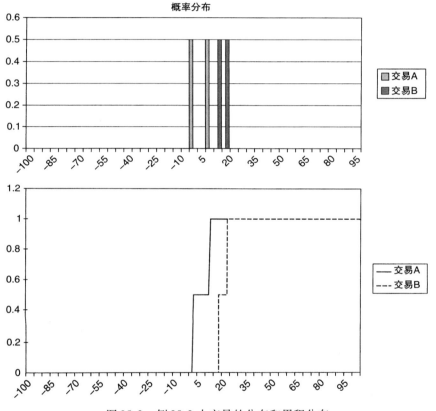

图 25-3　例 25-2 中交易的分布和累积分布

我们发现交易 A 的概率分布位于交易 B 的左侧，且交易 A 的累积概率分布已经达到最大值 1 时，交易 B 的累积概率分布仍然是 0。例如，交易 B 中获得大于 12 美元收益的机会为 1，而交易 A 中获得小于 12 美元的机会为 1。你肯定会在交易 B 中获得一个比在交易 A 中更好的结果（更高的货币价值）。

作为一个简单的检验以阐述对于所有的 Δ 人都偏好交易 B 甚于交易 A，例 25-2 中两笔交易的风险敏感性曲线如图 25-4 所示。交易 A 的确定等价物在 0（极度风险规避）到 10 美元（极度风险偏好）之间变动，而交易 B 的确定等价物在 15 美元（极度风险规避）至 20 美元（极度风险偏好）之间变动。因此，对任何风险规避系数而言，交易 B 都有一个更高的确定等价物。

然而，如同我们所讨论的那样，这一结果并非取决于我们所用的实际效用曲线。只有在偏好更多价值甚于更少价值的假设下，任意效用曲线的交易 B 的确定等价物才能高于交易 A

的确定等价物。

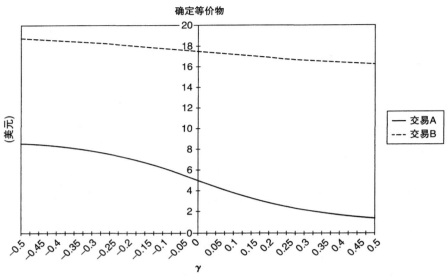

图 25-4　例 25-2 中交易的风险敏感性曲线

再次回顾例 25-2，我们现在确定洞察力价值（VOC）。首先，注意到先知的报告将总是为交易 B 指定一个比交易 A 更高的结果值。因此，我们绝不会改变基于此报告的选择。当存在确定性占优时，先知的报告就会变成非不重要的。因此，VOC 为 0。

识别确定性占优

确定性占优存在的主要标准是，你是否能够保证交易 B 比交易 A 有一个更好的结果。你能够用多种不同的方式来验证这种类型的占优。首先，你能够检验两笔交易的累积概率分布。如果你发现在另一笔交易 B 的累积概率分布得到一个正值之前，交易 A 的累积概率分布已经达到了它的最大值 1，如图 25-5 所示，那么交易 B 确定性占优于交易 A。这是因为你在交易 A 中能够获得的最高价值比在交易 B 中所能得到的最低价值还要小。

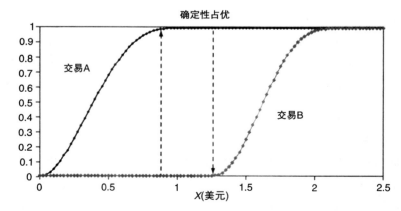

图 25-5　有确定性占优的两笔交易。在交易 B 的累积概率为正之前，交易 A 的累积概率已达到 1

确定性占优也能够有其他的形式，这些形式不是通过比较累积概率分布来确定的。我们演示如下。

▶ **例 25-3　由相同不确定性产生的不确定性交易的确定性占优**

假设你面临如下两笔交易。

交易 A：投掷一枚硬币，若结果为正面朝上则获得 10 美元，若反面朝上，则获得 0。

交易 B：投掷同一枚硬币，若正面朝上则获得 15 美元，若反面朝上，则获得 5 美元。

由于结果是由相同的不确定性产生的，正面朝上时，交易 A 获得收益 10 美元而交易 B 获得收益 15 美元，反之则交易 A 获得收益 0 而交易 B 获得收益 5 美元。所以我们可以保证交易 B 比交易 A 有一个更好的结果，并且交易 B 确定性占优于交易 A。然而，本例中的累积概率分布与例 25-4 的示意图即图 25-7 中的累积概率分布是一样的，其没有如图 25-5 所示的那种类型的分离，因为该图并没有包括两笔交易结果之间的相关性信息。

> 我们将确定性占优交易的性质总结如下：
> （1）我们总会从一笔交易中得到一个比其他交易更好的结果。
> （2）洞察力价值为 0。
> （3）我们无须通过评估效用曲线来选择更好的决策方案。

一如我们所知，确定性占优的存在简化了分析。在实践中，确定性占优条件可能会很少发生。但是，其他类型的占优也能够处理分析任务。

25.3　一阶概率性占优

有时你可能会在两笔交易之间进行选择，其中你不能够保证一笔交易比另一笔有更好的结果。但如果你遵循行动性思维五规则，你将仍然能够偏好一笔交易甚于其他交易。意识到这种情形也能够显著地简化分析。本节介绍的一阶**概率性占优**的概念能够帮助你完成这一任务。

▶ **例 25-4　互不相关且有等可能结果的不确定性交易**

考虑如下两笔交易。

交易 A：投掷一枚硬币，若结果为正面朝上，则获得 10 美元，若反面朝上则获得 0。

交易 B：投掷另一枚不同的硬币，若结果为正面朝上，则获得 15 美元，若反面朝上则获得 5 美元。

该交易如图 25-6 所示。不同于例 25-3，本例中不同的硬币投掷决定不同的结果，且我们认为每一笔交易的结果与其他交易的结果是互不相关的。你将偏好于哪一笔交易？

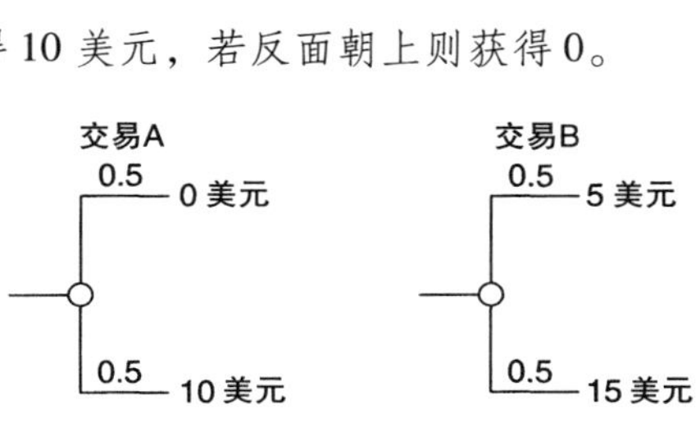

图 25-6　有着一阶概率性占优的两笔互不相关的交易

首先，我们注意到与之前的例子相比，本例的这两笔交易中，我们并不能保证交易 B 比交易 A 有一个更好的结果。例如，存在从交易 B 中赢得 5 美元而从交易 A 中赢得 10 美元的可能性。因而，这两笔交易不存在确定性占优。

然而，进一步仔细检验这些交易时，大多数人回答说偏好交易 B 甚于交易 A。他们发现

对于任何货币金额 v 而言，他们都有一定的概率从交易 B 中赢得金额等于或者大于交易 A 的价值，这一价值至少为 v。这使得交易 B 更加具有吸引力——即使我们并无法保证交易 B 有一个更高的货币价值。这令我们回忆起决策及其结果之间存在差别这一首要属性。

我们说交易 B 对于交易 A 是一阶概率性占优的，如果交易 B 中超过任一值的概率至少与交易 A 中的一样高，且至少有一个值高于交易 A。依据选择规则，任何偏好钱多甚于钱少的决策者，都会偏好交易 B 甚于交易 A。因此，当一阶概率性占优存在时，我们不需要通过评估风险偏好来判定更好的决策方案。

例 25-4 中两笔交易的概率分布和累积概率分布如图 25-7 所示。注意到图 25-7 中的两个累积分布与例 25-3 中的是一样的，因为它们都不包含两笔交易结果之间相关性的信息。此外还需注意的是，两条曲线并没有相交，即使它们在一些点处相等。这是一个用累积概率分布对一阶概率性占优进行的测试。我们说交易 B 对于交易 A 是一阶概率性占优的，如果交易 B 的累积概率分布曲线在一些地方低于交易 A 的累积概率分布曲线，且从未超过交易 A 的曲线。

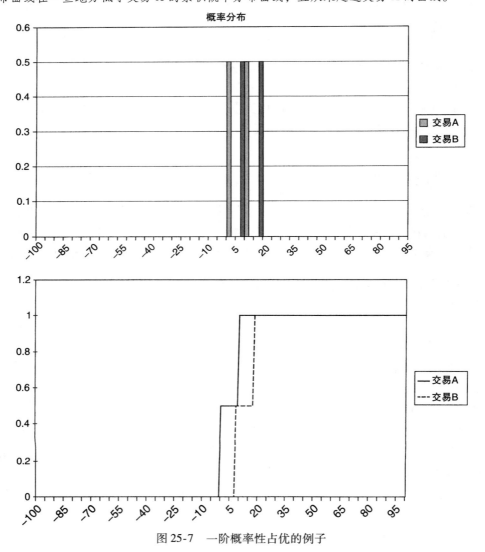

图 25-7　一阶概率性占优的例子

> 交易 B 对于交易 A 是一阶概率性占优的，当
> $$\{X_B \leq x \mid \&\} \leq \{X_A \leq x \mid \&\}$$
> 对于所有的 x 值都成立，且至少有一个 x 值满足上述不等式。等价地，累积概率分布之间的差 $d(x)$，将是非负的，即：
> $$d(x) = \{X_A \leq x \mid \&\} - \{X_B \leq x \mid \&\} \geq 0$$
> 对于所有的 x 值都成立，且至少有一个 x 值满足上述不等式。

注意：如果交易 B 确定性占优于交易 A，那么其将展示出一阶概率性占优于交易 A。

这可由例 25-3 进行证明，其中确定性占优存在，且累积分布图与例 25-4 是一样的，而例 25-4 中一阶概率性占优存在。

对于 Δ 人（意为指数型决策者）和对数型决策者，我们测试了图 25-8 中两笔交易的风险

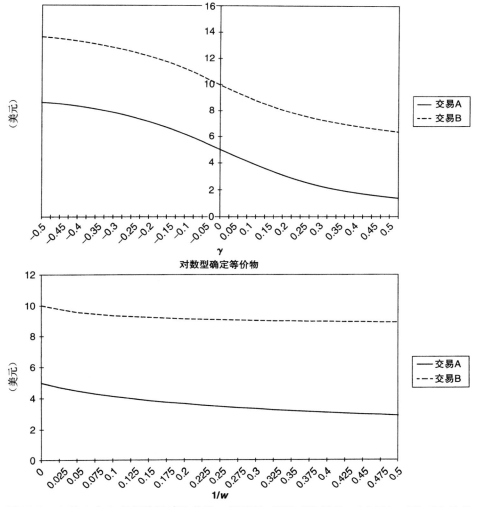

图 25-8 交易 A 和 B 的风险敏感性曲线：（顶图）指数型决策者，（底图）对数型决策者

敏感属性。我们发现对于一个 Δ 人而言，交易 B 对任何风险规避系数都有更高的确定等价物——即便该人是风险偏好的。对于一位必须为风险规避的对数型决策者而言，这对任意的初始财富 w 同样适用。通常，如果交易 B 在一阶导上概率性占优于交易 A，那么在任何效用曲线下，交易 B 都比交易 A 有一个更高的确定等价物。因此，如果一阶概率性占优条件存在，我们就不需要通过评估效用曲线来判定更好的决策方案。

注意： 我们并没有保证交易 B 比交易 A 有一个更好的结果。

为了更深入地理解这一点，假设你和一个没有学过决策分析的朋友面临在交易 A 和交易 B 之间的选择。你说，"我们在上课的时候学过这个，所以我知道我必须选择概率性占优的交易 B。" 你那位不学习的朋友选择交易 A。当硬币被投掷之后，你赢得 5 美元，而你的朋友赢得 10 美元。他会说："无知便是福。"

现在，我们将考虑例 25-4 中的 VOC。既然我们无法保证交易 B 比交易 A 有一个更好的结果，如果先知说我们将会从交易 A 中得到一个比交易 B 更好的结果，我们可能会改变我们的选择。因此，当一阶概率性占优存在时，VOC 未必为 0。

对于一个风险中性的人而言，我们能够很简单地阐释这一点。没有更多的信息时，最好的选择是交易 B，其确定等价物为 10 美元。你可以证实交易 A 或交易 B 两者中任何一个结果的 VOC 均为 0：该选择仍是交易 B。然而，如果先知提供了两笔交易的结果，那么仅在交易 A 将收益 10 美元而交易 B 将收益 5 美元这种情况下，才会改选交易 A。这份产生了 5 美元增加值的报告的概率为 0.25，VOC 为 1.25 美元。

一阶占优意味着均值占优

如果交易 B 一阶占优于交易 A，那么它同样会比交易 A 有一个更高的平均值和一个更高的几何平均值。这直接意味着一位风险中性的决策者将偏好交易 B 甚于交易 A，并且（从对数型效用曲线的讨论中可以看出）对于任何对数型决策者而言，也一定偏好交易 B 甚于交易 A。当然，正如我们所讨论的那样，一阶占优的结果同样适用于任何其他的效用曲线。

这里，我们总结了交易 B 一阶概率性占优于交易 A 的性质。

(1) 交易 A 的累积概率分布绝不会超过交易 B 的累积概率分布，并且在某处必须低于交易 B 的累积概率分布。[⊖]

(2) 对于任何效用曲线，即便是对风险偏好者而言，交易 B 的确定等价物也比交易 A 的确定等价物更高。

(3) 我们可能不会从交易 B 中得到一个更好的结果。

(4) 交易 B 的均值高于交易 A 的均值。

(5) 交易 B 的几何平均值高于交易 A 的几何平均值。

(6) 我们不需要通过效用值来判定更好的决策方案。

⊖ 本条表述疑似错误，实为交易 B 的累积概率分布绝不会超过交易 A 的累积概率分布。——译者注

(7) 如果在交易中选择，洞察力价值未必为 0 且取决于风险偏好。

(8) 当一阶占优决定了有更高确定等价物的交易时，它既不能决定实际的确定等价物价值，也不能决定你的无差别购买价格（如果你尚未拥有它们）。

25.4 二阶概率性占优

如果一阶概率性占优条件不存在且二阶占优存在，我们也许仍然能够简化问题的分析。我们已经知道一阶占优意味着均值占优。假设我们有两笔均值相等的交易，但其方差不等，如下例所示。

▶ **例 25-5　有相同均值不同方差的两笔交易**

考虑图 25-9 中两笔相互无关的交易，并且考虑你偏好哪笔交易。两笔交易的概率分布与累积概率分布如图 25-10 所示。注意到两笔交易有相同的均值 7.50

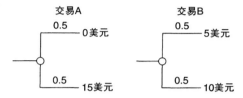

图 25-9　相同均值不同方差的两笔交易

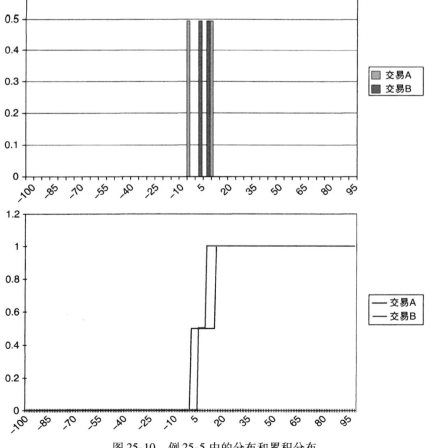

图 25-10　例 25-5 中的分布和累积分布

美元。相比于交易B($\{X_B \geq 12 | \&\} = 0$)，你在交易 A($\{X_A \geq 12 | \&\} = 0.5$) 中有一个更高的机会获得至少 12 美元，但是相比于交易 A($\{X_A \geq 10 | \&\} = 0.5$)，你在交易 B($\{X_B \geq 10 | \&\} = 1$) 中有一个更高的机会获得至少 10 美元。因此，判定哪个方案更好并不像先前那些例子一样清晰。

因为两笔交易的累积概率分布是相交的，所以不存在一阶占优。两条累积概率分布曲线之差 $d(x)$，由正到负的改变如图 25-11 所示。对于 x 的一些值，

$$d(x) = \{X_A \leq x | \&\} - \{X_B \leq x | \&\} \geq 0$$

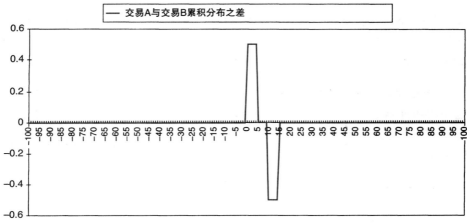

图 25-11　差 $d(x) = \{X_A \leq x | \&\} - \{X_B \leq x | \&\}$ 改变符号

并且对于其他的值，

$$d(x) = \{X_A \leq x | \&\} - \{X_B \leq x | \&\} \leq 0$$

现在我们对图 25-10 中曲线以下的区域，从左到右进行求和（积分）。我们能够通过绘制曲线的方程，以表格的形式进行求和：

$$I(x) = \sum_{-\infty}^{x} d(x) \times 增量$$

这个增量决定了离散的水平。表 25-1 给出了对于两笔交易 x 的离散值，$I(x)$ 的计算是如何进行的。这里，我们将 x 的值以增量值 5 进行离散化。列 i 和 ii 分别表示各笔交易在达到一个给定值时的概率。列 iii 和 iv 分别表示累积概率值，该值通过对列 i 和 ii 中的概率分别进行求和所得。列 v 表示列 iii 和 iv 之差，即 $d(x)$。列 iv 代表列 v 所示曲线下方的累积区域，用如下公式表示：

$$I(x_{\min}) = d(x_{\min})$$
$$I(x + 5) = I(x) + d(x) \times 5$$

表 25-1　计算累积之差 $I(x)$

X	(i) 交易 A 的概率	(ii) 交易 B 的概率	(iii) 交易 A 的累积概率	(iv) 交易 B 的累积概率	(v) 累积概率之差 $d(X)$	(vi) 差的累积 $I(X)$
−25	0	0	0	0	0	0
−20	0	0	0	0	0	0
−15	0	0	0	0	0	0
−10	0	0	0	0	0	0
−5	0	0	0	0	0	0
0	0.5	0	0.5	0	0.5	2.5

（续）

X	(i) 交易A的概率	(ii) 交易B的概率	(iii) 交易A的累积概率	(iv) 交易B的累积概率	(v) 累积概率之差 d(X)	(vi) 差的累积 I(X)
5	0	0.5	0.5	0.5	0	2.5
10	0	0.5	0.5	1	−0.5	0
15	0.5	0	1	1	0	0
20	0	0	1	1	0	0
25	0	0	1	1	0	0

例如，对于每一个增量 5，$I(x)$ 对应于 $x=5$ 时的值，可由 $x=0$ 时 $I(x)$ 的值加上 $x=5$ 时累积之差［定义为 $d(x)=0.5$］的 5 倍所得。我们乘以 5，是因为表中数据是按照单位增量 5 进行离散化的，并且我们对曲线下方的区域感兴趣。

$I(x)$ 曲线与 x 的关系如图 25-12 所示。

注意：在本例中，$I(x)$ 并未改变符号且为非负的。

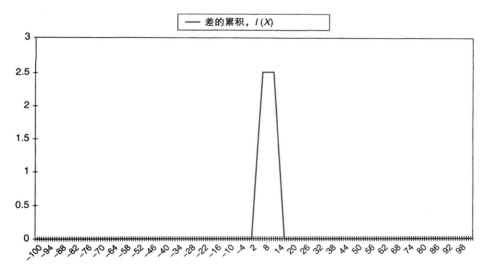

图 25-12　差的累积 $I(x)$ 是非负的

通常，我们说如果曲线 $I(x)$ 绝对非负，且至少在一个 x 值处为正，则交易 B 二阶概率性占优于交易 A。

$$I(x) \geqslant 0$$

二阶概率性占优的含义

> 如果交易 B 二阶概率性占优于交易 A，则不管其效用曲线的其他任何性质，任何一位风险规避型决策者都将偏好交易 B 甚于交易 A。因此，我们仅仅需要证明，决策者在确定更好决策方案时是风险规避的。

对于一位风险规避型决策者而言，二阶概率性占优决定的交易有一个更高的确定等价物。

然而它没有决定确定等价物的值、未曾拥有交易的无差别购买价格，或者决策者能够接受以更好的交易交换最不偏好交易所需的额外无差别补偿金额。确定这些值需要额外的计算。

对于一个 Δ 人而言，两笔交易的风险敏感性曲线如图 25-13 所示。注意交易 B 对于风险规避系数的正值（风险规避型）有一个更高的确定等价物，而交易 A 对于风险规避系数的负值（风险偏好型）有一个更高的确定等价物。图中同时也给出了一位对数型决策者（总是风险规避的人）的风险敏感性曲线。这里，对于所有的财富水平，我们发现交易 B 都占优于交易 A。

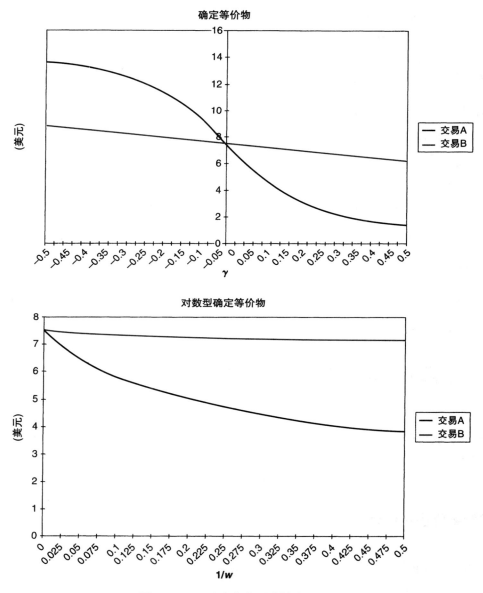

图 25-13　二阶占优的风险敏感性曲线

注意，如果交易 B 一阶概率性占优于交易 A，累积分布之差，$d(x) = \{X_A \leq x \mid \&\} - \{X_B \leq x \mid \&\} \geq 0$ 对于所有 x 的值都不会改变符号，且对于一些 x 值为正。因此，$I(x) \geq 0$ 对于

所有的 x 的值都成立，且对于一些 x 值，$I(x)>0$。因此，交易 B 同样二阶概率性占优于交易 A。一阶概率性占优意味着二阶概率性占优。

25.5 聚会问题中的方案占优

图 25-14 回顾了第 9 章中聚会问题的备选方案，以及它们相应的收益及累积概率分布。

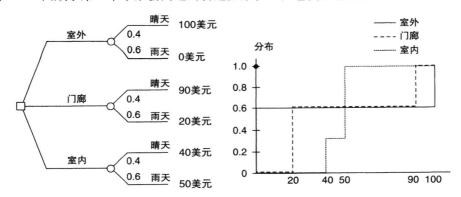

图 25-14　聚会问题备选方案和累积分布

从图中，我们可以立即发现对于某些指定值和晴天的概率，任何备选方案之间都不存在确定性占优和一阶概率性占优条件。因此，选择将取决于所选的效用曲线。

图 25-15 通过计算门廊—室内两条曲线之间的面积检验门廊方案和室内方案之间的二阶概率性占优关系。从图 25-15 中，我们得知这一区域首先为 +14，接着增加一个额外的 -16，这使得它改变了符号。因此，在这两个备选方案之间不存在二阶概率性占优。

图 25-16 通过计算室外—室内两条曲线之间的面积检验室外方案和室内方案之间的二阶概率性占优关系。从图中，我们发现一块 +26 的面积后面紧跟着一块 -20 的面积，所以这一差值将不会改变符号。因此，室内方案二阶概率性占优于室外方案，且任何风险规避的人将偏好室内甚于室外。一旦我们知道 Kim 是风险规避的，基于她目前的信息和价值，Kim 将不会选择室外方案。最后，图 25-17 检验了室外方案和门廊方案之间的二

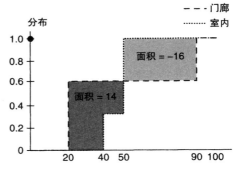

图 25-15　门廊方案和室内方案之间不存在二阶概率性占优

阶概率性占优关系。按照同样的方式，我们发现门廊方案二阶概率性占优于室外方案，因为面积之和没有改变符号。

不管 Kim 决定使用的实际效用曲线是什么，只要她是风险规避的，目前对晴天有 0.4 的概率，并且对于聚会场地有同样的价值，那么她将绝不会选择室外方案。在其他两个方案可被选择的情况下，Kim 甚至可能从一个 Δ 人转变为一个对数型的人而不改变对室外方案的拒绝态度。

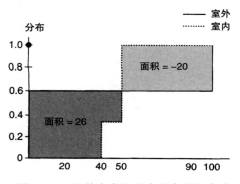

图 25-16 室外方案和室内方案之间存在二阶概率性占优

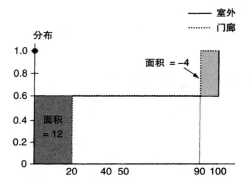

图 25-17 室外方案和门廊方案之间存在二阶概率性占优

如果 Kim 仍然是一个 Δ 人，那么回顾一下聚会问题中备选方案的风险敏感性曲线，显示出对于风险规避系数的任何一个正值，室外方案总会是三个方案中最不受欢迎的方案（二阶占优的一种表现形式），如图 25-18 所示。当她的风险规避系数达到 0.003 54 时，她偏好室内方案甚于门廊方案的这一状况将发生改变，其对应的风险容忍度为 282 美元，而不是她当前的 72.13 美元。

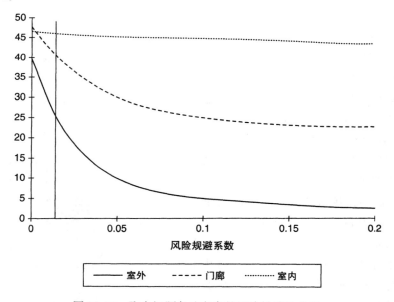

图 25-18 聚会问题备选方案的风险敏感性曲线

25.6 总结

如果你保证交易 B 比交易 A 有一个更好的结果，那么交易 B 就确定性占优于交易 A。两笔交易之间选择其一的洞察力价值（VOC）为 0。确定性占优并不需要交易用货币形式表示。确定性占优也不需要评估任何偏好概率或结果的概率。

一阶概率性占优不能保证有一个更好的结果，但它能够为任何遵循行动性思维五规则的决策者获得更高的确定等价物。其成立的条件为两笔交易的累积分布不相交，或者是至少存在一个 x 的值使得 $d(x) = \{X_A \leq x \mid \& \} - \{X_B \leq x \mid \& \} \geq 0$ 严格不相等。

二阶概率性占优不能保证有一个更好的结果，但它能够为任何遵循行动性思维五规则的风险规避型决策者获得更高的确定等价物。其成立的条件是两个累积分布之间的累积之差没有改变符号。一阶占优是二阶占优成立的充分条件。

占优参数为某些类型的效用函数决定了最优交易（有最高的确定等价物），但是它们不能决定确定等价物的值或是使得决策者接受不喜欢的交易而感觉无差别的额外的补偿收益。

习题

标注星号（＊）的习题更具有挑战性。

1. 考虑如下两笔交易。
   Ⅰ. 投掷一枚你认为 1 到 6 之间的数字等概率出现的骰子。如果结果为 1 点，你将得到 100 美元，否则你将得到 0。
   Ⅱ. 投掷一枚正面和反面等概率出现的硬币。如果落地时正面朝上，你将得到 100 美元，否则你将得到 0。
   a. 绘制每一笔交易的概率分布和累积概率分布。
   b. 测试确定性、一阶和二阶占优。
   c. 你能保证一笔交易比另一笔交易有更好的结果吗？

2. 使用例 25-2、例 25-3 和例 25-4。
   a. 绘制每一笔交易的概率分布。
   b. 绘制每一笔交易的累积概率分布。
   c. 绘制每一笔交易的风险曲线，假定其为一条指数型效用曲线（确定等价物 vs. 风险规避系数）。
   d. 测试确定性、一阶和二阶占优。

3. 考虑聚会问题，当晴天的概率 = 0.5 时，绘制室外—室内—门廊备选方案的分布和累积概率分布。测试确定性、一阶和二阶占优。

＊4. 考虑图中所示的决策树。绘制每一种备选方案的概率分布和累积概率分布。检验确定性、一阶或者二阶占优的存在性。

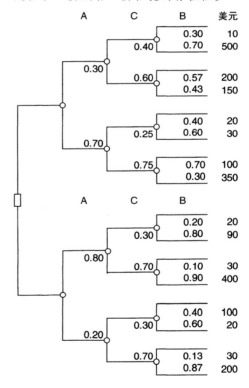

第 26 章

多特性决策（1）：带有偏好和价值函数的前景排序

本章核心概念

阅读本章之后，读者将能够解释下列概念：

- 直接和间接价值特性
- 偏好函数
- 价值函数

26.1 引言

在前面的许多章节中，我们讨论了以单一测度比如货币进行表征带有前景的决策。我们基于这一测度发展出一条效用曲线，并使用前景效用值的期望值来确定最优的决策方案。用货币作为测度也能够为一笔不确定性交易计算出 PIBP 和 PISP 及关注属性的洞察力价值（VOC）。

有时，在表征前景时可能需要包含额外的特性。**特性**仅仅是能够有助于其表征前景的另一种属性。例如，当考虑购买一辆新的汽车时，我们可能需要了解诸如颜色、后备厢空间、油耗率以及加速性能等方面的特性。所有这些特性都能够改变我们对所购买车辆的偏好。回顾第 9 章中介绍的聚会问题，我们考虑了两种特性："场地"与"天气"。这两种特性都影响了 Kim 的偏好排序和她的估值。

在某些情境中，一种特性可以用数值测度来表达。例如，诸如后备厢空间这一特性可用立方英尺来表示。我们也可以通过命名立方英尺的范围，诸如大（large）、中（medium）和小（small）来表征后备厢空间。其他的特性，如汽车的制动类型，可以按手动和自动进行分类。

正如我们所见，额外特性的出现（或者是与之相关的额外测度），既不需要一套新的行动性思维规则，也无需不同的标准来选择最优的决策方案。但我们仍然需要去表征当前由多种特性所刻画的前景，且我们也需要依据概率规则为这些前景进行概率赋值。我们同时还需要根据排序规则为这些前景进行排序，当存在不确定性时，我们必须依据等价规则为这些前景进行偏好概率赋值。

在第 6 章中，我们从一个例子中看到其前景由两种测度特性进行表征：奖金和洗车次数。我们使用一个关于洗车次数与奖金的联合概率来表征我们对这两种特性发生的信念（参见图 6-37）。同样的方法适用于任意其他带有多个测度的决策问题。在本章中，我们将在第 6 章的基础上，检查当概率被赋值之后，如何为具有多种测度的前景进行排序和测度赋值。稍后，在第 28 章中，我们将讨论为多特性前景进行偏好概率赋值和效用值赋值的问题。

26.2　第 1 步：直接价值与间接价值

在我们开始讨论前景排序问题之前，我们首先要在直接价值与间接价值之间做出重要的区分。为此，我们使用如下例子。

一个非洲度假酒店的老板极度关注旅游业，因为他的收益与游客息息相关，但他对非洲野生动物的现状漠不关心。然而，该酒店老板知道野生动物能够吸引大量的游客，因此，他可能会支持保护野生动物的政策。我们可以说酒店老板认为旅游业能带来**直接价值**而野生动物能产生**间接价值**。

图 26-1 给出了一幅关联图中属性的赋值及决策树末端对应的价值测度、直接与间接价值的区别，并用概率树给出了不同情形下的价值取值。从"旅游业"节点指向"价值"节点的箭头表示旅游业的直接价值，从"野生动物"节点指向"旅游业"节点的箭头表示野生动物与旅游业之间可能存在的相关性，这也是野生动物产生间接价值的来源。

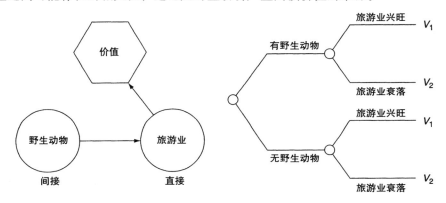

图 26-1　酒店老板的直接和间接价值

图 26-1 右侧的概率树表明，决策者在两个前景"有野生动物"——"旅游业兴旺"与"无野生动物"——"旅游业兴旺"之间是感觉无差别的，所以他将两者都估值为 V_1。同样，他在"有野生动物"——"旅游业衰落"与"无野生动物"——"旅游业衰落"之间也是感觉无差别的，所以他将两者都估值为 V_2。因此，"野生动物"在对前景的估值中并不起作用。它是一个间接价值特性。因此，该决策者在任意两个带有等值的直接价值特性的前景之间感觉无差别，即便这两个前景的间接价值特性具有不同值。由第二个特性所表征的前景，即本例中的"野生动物"，并不会影响前景的偏好排序。

野生动物与旅游业之间的关系反映了酒店老板的认知。如果酒店老板获得额外的信息指明，实际上野生动物与旅游业不相关，那么他可能不再认为野生动物具有间接价值。此外，如果酒店老板发现野生动物实际上会抑制旅游业的发展，那么关联箭头将会重现，但是间接价值将会为负。直接价值源于偏好，间接价值源于信息。

与此相反，考虑一位环保人士，他只关注野生动物的生存环境而不关心旅游业的发展。图 26-2 给出了关联图中各属性的赋值。环保人士认为"野生动物"而非"旅游业"产生直接价值。

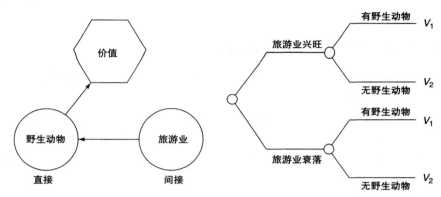

图 26-2　环保人士的直接和间接价值

然而，如果该环保人士认为旅游业能为保护动物栖息环境提供资金并且能保护动物免受偷猎者的侵害，那么环保人士将会认为旅游业能产生间接价值。同样，如果有新的信息显示旅游业与野生动物之间没有关系，那么环保主义者将不再认为旅游业具有间接价值。与前文类似，如果信息显示旅游业会破坏野生动物的生存环境，那么旅游业产生的间接价值为负。同样，图 26-2 中的树图表明具有相同水平直接价值特性的前景是等值的，而不管其间接价值特性的水平如何。

如果有人将"野生动物"和"旅游业"之间放置一个直接价值，将产生如图 26-3 所示的价值连接。"价值"节点将显示总价值如何取决于"野生动物"节点和"旅游业"节点之间的组合。"旅游业"与"野生动物"之间的关系是一个重要的关联。在树状图中，我们发现"野生动物"和"旅游业"都对前景的价值有一定影响。如果他认为"旅游业"和"野生动物"这两种特性之间不存在相关性，酒店老板仍然会关注这两种特性并认为它们将产生直接价值。

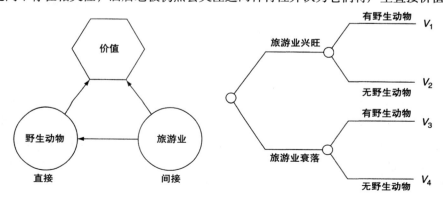

图 26-3　旅游业和野生动物两者的直接价值

直接价值和间接价值的概念能够明显简化决策问题的公式和求解。然而在一个决策问题中，决策者会关注到很多特征，我们通常只能识别少数直接价值，并将其他的特征视为间接价值。为了对前景进行排序，我们只需要考虑其直接价值的特性。两个间接价值不同但直接价值相同的前景将同等偏好。

26.2.1 聚会问题中的直接价值与间接价值

为了进一步阐述这种直接价值和间接价值属性，回顾聚会问题中图 14-4 的决策图（简便起见，重画于图 26-4 中）。回想 Kim 对聚会的各个前景的价值既取决于聚会的场地又取决于聚会时的天气。无论是场地还是天气都不能单独地决定她的前景价值。然而，在给出上述两种特性之后，我们就能得知 Kim 对面临任何一个前景的估值为多少。从图 26-4 中我们可以看出"天气"节点和"场地"节点均为 Kim 聚会决策的直接价值。因此，这两个节点都连接至"价值"节点。

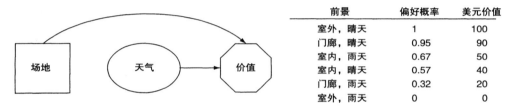

前景	偏好概率	美元价值
室外，晴天	1	100
门廊，晴天	0.95	90
室内，雨天	0.67	50
室内，晴天	0.57	40
门廊，雨天	0.32	20
室外，雨天	0	0

图 26-4 聚会问题中的价值测度

现在，考虑图 26-5 中 Kim 购买探测器的决策图。图中有三个节点的箭头指向"价值"节点：

（1）探测器购买决策（因为如果她使用了探测器，就必须要支付货币）。
（2）聚会场地决策。
（3）天气。

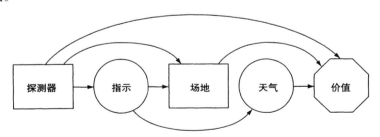

图 26-5 探测器决策中的直接和间接价值

因此，在这幅图中有三个直接价值测度。

然而，通过观测，我们发现探测器的指示并没有连接"价值"节点，因为事实上探测器的指示不影响 Kim 对聚会的偏好。探测器的指示与另一属性即天气相关，基于天气 Kim 将设置一个直接价值。如果先知告诉 Kim 天气将会是晴天或是雨天，那么她在考虑聚会前景的时候将不再关注实际的探测器指示。因此，探测器指示不是一个直接价值。

26.2.2　一辆汽车的直接价值与间接价值

考虑一个人购买一辆汽车。我们检验两个汽车特性：购买成本和燃油里程。对于大多数人而言，购买成本将产生直接价值，而燃油里程将产生间接价值。这些人可能不会注意到某一特定购买成本是否取决于其他因素，比如较高的燃油里程和较低的维护费用，抑或是与之相反。

假设购买汽车的人是一位环保人士，他认为拥有一辆高效率燃油的汽车才符合其公众形象。即使该环保人士很少用车或者自有的汽车只消耗极少的燃油，拥有一辆高效汽车的"夸耀权"也会使得燃油里程成为直接价值。

当分析任何决策时，我们必须区分直接价值测度和间接价值测度。为了帮助读者更清晰地思考直接价值和间接价值之间的差别，假设先知透露给你一个直接价值特性的精确水平。不论你怎么做你都不能改变它，你还会关注其他对你有用的价值测度吗？如果你回答是，那么其他的是直接价值。如果回答不是，其他的是间接价值。

26.2.3　一个企业的直接价值与间接价值

我们曾经与一个业务涉及办公室扩建和太空探索等各个领域的大型石油企业的管理层对话。我们从询问他们最重视的特性开始，他们总共提出 20 或 30 多条。接下来，我们以非洲环保人士为例讨论了直接价值和间接价值。在该公司认同只能采取符合法律和道德的行动后，我们检验了他们所建议属性的直接（而非间接）价值。

可能正如你所料，一个直接价值就是企业的利润。我们要求他们想象一下企业每年的利润直到无穷远的未来。接下来，我们讨论哪些其他的属性是他们将愿意改变的，即使其有损于利润。

我们讨论的一个属性为市场份额。特别地，我们提出了这样一些问题，"如果市场份额对利润并无影响，你们为何还要更大的市场份额？如果先知告诉你们在产品整个周期中企业销售的利润水平，你还会关注市场份额吗？"答案是否定的。因此，市场份额被识别为一个间接价值。

我们考虑的另一属性是社会声誉。负责不动产管理的主管说当企业运营不再需要某一块土地的时候，通常会把这块土地捐赠给政府。当我们问及为什么要这样做时，他回答说这样做有利于放宽社区的允许和监管，从而改善双方关系。当我们问及如果他们知道这种捐赠对于企业利润没有影响，为何还会进行这种捐赠时，很明显我们是在讨论一个间接价值：一种达到目的的手段而非目的本身。

当我们在房间里四处参观的时候，我们发现，几乎所有最初提到的价值话题都是间接价值的来源。这些来源包括良好的员工待遇、为危险工种支付更高的工资，及许多其他因素。你可以发现这些结论是如何得到的。比如，关于良好的员工待遇这一问题，管理者坚信这样做能够吸引优质人才长期为企业服务并最终能够帮助公司创造更多的利润。

除了利润之外，唯一能够获得直接价值的企业运营的测度是与企业无关但因为企业行为导致死亡或受伤的人数。这一价值为除了受害者可能收到的任何保险或法律判决之外的补充部分。为了避免这些事故，管理层甚至愿意牺牲一部分利润。

尽管这一特殊的价值判断集合可能并不适用于所有的企业，但每个企业和每一个决策者都可以通过使用直接价值和间接价值的概念从信息中分离出偏好，并从中受益。

> **思考**
>
> 如果你正在管理一家制造型企业，下列价值你认为哪些是直接价值，哪些是间接价值？请解释。说明你是如何测试它是直接价值或者间接价值的。
>
> | | |
> |---|---|
> | 市场份额 | 员工激励 |
> | 利润 | 加工成本 |
> | 产品技术上的实现 | 制造需求的工时 |
> | 需求 | 直接原料成本 |
> | 产品质量 | 市场推广速度 |
> | 产品易用性 | 易回收性 |
> | 环境对产品的影响 | 美观度 |

26.3 第 2 步：多种"直接价值"特性表征的偏好排序

当一个决策由多种特性表征时，我们首先要识别出直接价值和间接价值特性。然后，我们将直接价值特性放于圆括号中表示一个前景。聚会问题中的前景可以通过多种直接价值特性进行表示，比如"室内""晴天"表示为 (I, S)，"室外""雨天"可以表示为 (O, R) 等。

当这些特性可以被测度表示时，我们把测度值放在圆括号中。例如，(x_1, y_1) 表示一个前景具有两个测度值 x_1 和 y_1。

正如我们所见，在聚会问题中，如果前景的数量比较小，即便当多种特性存在时，对前景的排序也是简单明了的任务。然而，如果前景的数量比较大，排序可能会变得更加复杂。为了促进这一任务，为每一个直接价值特性赋予一个测度，然后定义一个偏好函数是非常有帮助的。

26.3.1 偏好函数

偏好函数为任何前景赋予一个数值。偏好函数所赋的数值越大，该前景就越被偏好。回顾一下，带有相同直接价值特性数量但不同间接价值特性水平的两个前景，有着相同的偏好排序。因此，偏好函数应该为这两个同等偏好的前景赋予相等的值。

问题的定性特征为我们提供了所需偏好函数类型的一些启发。数学模型的艺术性被用于适当地表示所具有的定量特征，而无须使用过于难以解决的公式。当特性可被测度进行表征时，偏好函数会得到简化。

为了展示，我们给出了几个使用偏好函数和直接价值测度的前景排序的例子。

▶**例 26-1　偏好一个测度的较大值甚于较小值：偏好函数的多种形式**

考虑某一带有两种测度的决策：①剩余的健康生活的时长，②以美元测度的财富。当定义"健康生活"和"财富"通过清晰度测试之后，这两个测度就能使用数值进行表示。

我们都知道在本例中每个测度都是较大值要优于较小值，亦即一个健康的人偏好拥有更长的寿命，且几乎所有人都偏好钱多甚于钱少。很多偏好函数都能满足这一性质，其中之一的表达式如下：

$$P(x, y) = xy^\eta$$

其中 x 表示剩余的健康生活时长，y 表示以百万美元测度的财富，η 是一个常数。注意，当任意测度值为 0 时，偏好函数值为 0，在本例中不考虑其他测度的水平如何。在一些情况下，这一特点可能是可取的，但是有的时候我们可能希望改进这一特点以实现当特性取某一特殊值时，偏好值为 0。例如，如果 x_0 表示生存所需的最小财富值（购买食物和庇护所），我们可以改进这一函数为：

$$P(x, y) = (x - x_0)y^\eta, x \geq x_0, y \geq 0$$

这时当剩余的寿命为 0 或者财富小于生存所需的最小财富值时，偏好值为 0。

我们称所有使得偏好函数具有相同数值的前景集 (x, y) 为等优线。图 26-6 就是这种等优线 $P(x, y) = xy^\eta$，其中 $\eta = 1$。

在图 26-6 中，前景 A 和 E 处于同一等优线，因此它们的偏好值相等。同样结果适用于前景 D 和 F。然而，前景 A 和 B 不处于同一等优线。A 和 B 拥有相同水平的健康状态，但是 B 拥有更高的财富水平。因为我们总是偏好钱多甚于钱少，所以 B 优于 A。类似地，前景 C 和 A 拥有相同水平的财富水平，但是 C 拥有更好的健康状态。由于我们偏好于较好的健康状态甚于较差的健康状态，所以 C 优于 A。我们还能知道 D 优于 A、B 或 C，因为其拥有更高的财富值和更好的健康状态。

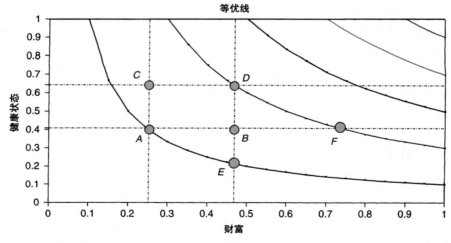

图 26-6　已知 $\eta = 1$ 的偏好函数时的等优线

然而，当我们比较 B 和 C 时，问题出现了。前景 B 拥有更高的财富值，而 C 拥有更好的健康状态。这里，我们需要在更好的健康水平和更多的财富值之间找出一个权衡。权衡函数隐含地包括了偏好，因为它提供了完整的前景排序。B 和 C 的偏好值越高，该前景就越受到偏好。在这个例子中，该权衡由 η 值决定。

为了说明这些测度之间权衡的深层含义，假设我们从前景 (x_1, y_1) 开始，并将 x_1 减少一个极小值 Δx，得到 $(x_1 - \Delta x, y_1)$。自然地，我们相较于新的前景，会更偏好于之前的那个前景。但同时假设我们为 y_1 增加一个极小值 Δy，得到 $(x_1 - \Delta x, y_1 + \Delta y)$，那么，增量 Δy 为多少时才能够补偿减量 Δx，使得我们对 (x_1, y_1) 和 $(x_1 - \Delta x, y_1 + \Delta y)$ 之间感觉无差别？在附录 26-1 中，我们给出了增量之间的关系为：$\Delta y = -\Delta x \dfrac{y}{x\eta}$。

换言之，如果我们将测度 x 减少 Δx，且 x 的值较小而 y 的值较大，使得我们感觉无差别的测度 y 的增量 Δy 要更大。这有很直观的意义。在拥有较多的 x 时，我们可能愿意将 x 换成 y，但是在拥有较少的 x 时，我们可能并不情愿将 x 换成 y。

举个例子，考虑两个测度表示在连续的两个年度中食物的消耗水平。我们可能愿意用第一年的一些消耗量来交换第二年消耗的增量，不过第一年的消耗量为 0 的情况除外。即使第二年的消耗量无穷大都于事无补，因为第一年的 0 消耗量不会保证我们还能活着享用第二年无限增长的消耗量。我们考虑的偏好函数必须要能反映这样的定性特征。

整理表达式后同样给出对参数 η 的一种解释，即：

$$\eta = -\dfrac{\left(\dfrac{\Delta x}{x}\right)}{\left(\dfrac{\Delta y}{y}\right)}$$

参数 η 是测度 x 减少部分所占比例与测度 y 增加部分所占比例的比值，该比值使得我们在两个前景中感觉无差别。比如，假设决策者宣称财富减少 2% 且健康状态提高 1% 会使得他与当前的健康和财富状态感觉无差别，那么他的 $\eta = 2$。

参数 η 确定了我们愿意以一种测度去替代另一种测度并拥有同等偏好前景的权衡。现在，我们回到图 26-6 中的前景偏好问题。考虑如下前景：$A = (0.26, 0.4)$，$B = (0.46, 0.4)$，$C = (0.26, 0.63)$，$D = (0.46, 0.63)$，$E = (0.46, 0.23)$ 及 $F = (0.75, 0.4)$，如表 26-1 所示。使用前文所述的偏好函数且 $\eta = 1$ 时，我们有如下的偏好排序：$F \sim D > B > C > A \sim E$。我们发现 B 优于 C，这一问题在图中是没有解决的。如图所示，我们确认了决策者在 A 与 E 之间，F 与 D 之间是无差别的。在每一种情况下，一种特性的增加是以另一种特性的减少作为代价的。

如果决策者设置 $\eta = 2$，表 26-1 所列的偏好排序为 $D > F > C > B > A > E$，其中 E 与 A 不再处于同一等优线上，F 与 D 也同样如此。然而，不管是 $\eta = 1$ 还是 $\eta = 2$，都有 $F > A$，$F > B$，$F > E$，$D > B$，$D > C$，$D > A$，$D > E$，$C > A$ 及 $B > A$，$B > E$，与预期一致。

表 26-1　基于不同 η 值的不同前景排序

	X	Y	$\eta = 1$ V	$\eta = 2$ V
A	0.26	0.4	0.104	0.042
B	0.46	0.4	0.184	0.074
C	0.26	0.63	0.164	0.103
D	0.46	0.63	0.290	0.183
E	0.46	0.23	0.106	0.024
F	0.725	0.4	0.290	0.116

回顾一下，如果在决策中没有不确定性，最优方案就是能够产出最受偏好前景的方案，并且偏好函数能够充分实现这一排序目标。

▶ **例 26-2　偏好一个测度的较小值甚于较大值：花生酱与果酱混合三明治**

假设你正在几种花生酱与果酱混合三明治之间进行选择。在考虑了图 26-7 中的三明治一段时间之后，你认为直接价值测度有①两片面包的厚度，②花生酱的厚度，③果酱的厚度，④花生酱和果酱的厚度之比。

这里，我们对三明治的偏好未必随着花生酱、果酱和面包的厚度的增加而增加。比如，我们不喜欢没有面包的三明治（即面包厚度为 0），我们也同样不喜欢面包厚度为 4 英寸⊖的三明治（吃起来太困难）。因此，前例中的偏好函数在这种情形下将不再适用。

存在某些面包的厚度值能使得三明治最适宜享用，同样存在最佳的花生酱厚度和果酱的厚度。然而，最佳的花生酱厚度可能会随着果酱的厚度变化。例如，如果已经有了较多的果酱，我们可能偏好更多的花生酱。因此，第四个价值测度即为花生酱与果酱的厚度之比。

图 26-7　花生酱与果酱混合三明治

在已知四个测度值的情况下，我们可以用一个偏好函数描绘三明治的定性特征。偏好函数的其中一个例子如下：

$$P(b,j,p,f) = \frac{bjpf}{(b^*j^*p^*f^*)^2}(2b^*-b)(2j^*-j)(2p^*-p)(2f^*-f)$$

其中 b，j，p，f 分别为两片面包的厚度、果酱的厚度、花生酱的厚度以及花生酱和果酱的厚度之比，且 b^*，j^*，p^*，f^* 分别代表其各自的最优值：所有的测度均以英寸为单位。

假设一位决策者的偏好函数的各参数为 $b^*=1$，$j^*=0.1$，$p^*=0.05$，$f^*=0.5$。假设有两种三明治可供选择，如表 26-2 所示。注意，第二种三明治含有更多的面包、更多的果酱以及更多的花生酱，但是其受偏好程度却不如第一种三明治，因为决策者并不需要这些测度的任一值过大。

表 26-2　应用于两种三明治的偏好函数

	b	j	p	f	偏好
三明治 1	1	0.09	0.05	0.56	0.98
三明治 2	1.2	0.15	0.08	0.53	0.46

这一例子并不包括该决策者从三明治上所得的任何不确定性。我们可以使用偏好函数来确定所要的三明治，因为这是一个确定性方案之间的选择。

注意：这一偏好函数无需一个货币测度。

请问读者：如果你喜欢花生酱与果酱混合三明治，你会如何设置这一偏好函数中的参数？你能构建出另一个更能反映你偏好的偏好函数吗？

注意：为什么是花生酱与果酱混合三明治？

我们之所以选花生酱与果酱混合三明治为例，简单来说，是因为它涉及了一种复杂的偏

⊖　1 英寸 = 0.025 4 米。

好形式，否则难以解释。我们在构建偏好函数时并不要求任何特性的较大值优于较小值。我们同时使用能够清晰交流且先知能够回答的特性水平。咨询先知花生酱、果酱或面包的厚度是很容易的事情。我们并不使用诸如便捷性、口感或者饥饿程度等特性，因为先知理解这些问题较为困难。

26.3.2　带有货币价值测度的偏好函数：价值函数

原则上讲，我们并不需要货币测度来确定最优的决策方案。在聚会问题中，Kim 使用了两种关注特性，即场地和天气来表征前景。我们要求她为前景排序，之后给出她对前景的偏好概率。我们不使用货币测度就能确定她的最优决策方案。类似地，在花生酱与果酱混合三明治的例子中，我们使用偏好函数就能对任意的三明治组合进行排序。

在很多情形下，偏好函数中的某个测度就是**价值测度**，我们将之理解为已知其他特性水平时，如果我们拥有某一前景，我们愿意将之出售的卖价金额。换言之，这是我们对这些特性所刻画前景的 PISP。在这些案例中，当其他特性被设置为固定值时，我们可以为任何前景获得货币等价物。作为一个特例，偏好函数本身的边际就可以作为刻画我们对前景的 PISP 的一个货币价值测度。我们称这种偏好函数为**价值函数**。

如果某前景的所有权并不能明显影响我们的财富（考虑第 3 章中劳斯莱斯的例子），那么这一相同的价值函数将给出我们不曾拥有前景的个人无差别购买价格（PIBP）。

使用价值函数既能为所有的前景进行排序，又能方便地为每一前景赋予价值测度。此外，正如我们最初介绍价值测度的一个例子，拥有价值测度就允许我们计算一笔带有多测度的不确定性交易的确定等价物，也能计算带有这些前景的决策的洞察力价值。

考虑一个价值函数，其返回一个花生酱与果酱混合三明治的美元金额（即我们的 PISP 和 PIBP），表达式如下：

$$V(b,j,p,f) = V_{\max} \frac{bjpf}{(b^*j^*p^*f^*)^2}(2b^* - b)(2j^* - j)(2p^* - p)(2f^* - f)$$

其中 $V_{\max}$ 表示最优三明治的 PIBP 美元价值。

使用这一价值函数，我们就能确定任何基于不同面包、果酱和花生酱组合而成的三明治的 PISP 和 PIBP。若一位代理人知道这一价值函数，他甚至可以代表我们确定我们的偏好。

假设 $V_{\max} = 3$ 美元，$b^* = 1$，$j^* = 0.1$，$p^* = 0.05$，$f^* = 0.5$。现在我们就可以确定决策者对表 26-2 中所示之前提及的两种三明治的 PIBP，如表 26-3 所示。

表 26-3　应用于两种三明治 PIBP 的价值函数

	b	j	p	f	价值（美元）
三明治 1	1	0.09	0.05	0.56	2.93
三明治 2	1.2	0.15	0.08	0.53	1.38

我们不仅能为两种三明治排序，还能说明每种三明治的价值是多少，以及使我们放弃第一种三明治转而去买第二种三明治所需的补偿金额。本例中，补偿金额为 2.93 – 1.38 = 1.55（美元）。

有了价值函数同样能帮我们确定三明治的价值变化，这一敏感性分析可能会非常有用。

例如，在这个例子中我们能看出第一种三明治的果酱厚度从 0.09 上升到 0.1 会使得三明治的价值增加 7 美分，并使之成为最优三明治。

▶ **例 26-3** 价值作为特性测度的线性加权

你在午饭中一次吃掉两个花生酱与果酱混合三明治的 PIBP 和分为两次一次吃一个三明治产生的 PIBP 之和会相等吗？通常，这两个值不会相等，因为可能你在吃完第一个三明治之后就满足了。我们之前讨论过两个物品之和的 PIBP 未必等于其 PIBP 之和。

现在，考虑拥有不同测度集合的另一种情况，比如工资和假期。你同时得到工资和假期这两个前景的 PIBP 等于分别得到每一前景的 PIBP 之和吗？

考虑两个前景 (x_1, y_1) 和 (x_2, y_2)，以及一个能够计算每个前景 PIBP 的价值函数。如果各前景之和的 PIBP 与各前景的 PIBP 之和相等，则有：

$$V(x_1 + x_2, y_1 + y_2) = V(x_1, y_1) + V(x_2, y_2)$$

这一等式意味着价值函数一定具有如下形式：

$$V(x, y) = w_x x + w_y y$$

其为加性价值函数，其中 w_x，w_y 为赋予不同测度的权重，且 x，y 确定各前景每一测度的水平。

该加性价值函数同时意味着这两个测度水平之间的权衡常数。例如，假设 $x_1 < x_2$ 且 $y_1 > y_2$，从 (x_1, y_1) 开始。通过移动到 (x_2, y_2)，你得到了更多的 x 测度，但是更少的 y 测度。如果满足下式，你将对这两个前景感觉无差别：

$$w_x x_1 + w_y y_1 = w_x x_2 + w_y y_2$$
$$w_x (x_2 - x_1) = w_y (y_2 - y_1)$$

因此，

$$\frac{x \text{ 的减量}}{y \text{ 的增量}} = \frac{(x_2 - x_1)}{(y_1 - y_2)} = \frac{w_y}{w_x} = \text{常数}$$

这一价值函数存在着一些潜在的问题。你的权衡值在较小间距的情况下，可能确实为一个常数，但在整个定义域内可能就不会是一个常数。比如，如果你有足够剩余的假期时间，你可能愿意以一定天数的假期交换固定数额的加班工资，但如果你没有剩余的假期，你可能会要求高得多的加班工资［将这个例子与偏好函数 $P(x, y) = xy^n$ 相比较，后者中的权衡取决于你所拥有各测度值的大小以及权衡值随着测度值的减少而增加的量］。

再次考虑第一年的食物消耗和第二年的食物消耗这两个测度的例子。我们可以预见如果我们能够保证第二年能得到更高的消耗量，那么我们第一年的消耗量将会减少，但是我们应该在第一年减少多少消耗量？

假设我们第一年的消耗量为 0。存在某个第二年的消耗水平使得我们感到无差别吗？大概不会，如果我们偏好活着甚于死亡的话，尽管这一价值函数暗示了我们在第一年中任何减少的消耗量所得第二年的权衡值为一个常数。这个例子说明加性价值函数不能处理消耗的偏好问题。

可以构建出两种以上特性的加性价值函数，这意味着任何两种特性之间的权衡并不依赖于其他特性。

我们可以设想加性价值函数适用的情境，比如那些表示长期投资的带有货币价值的测度。

权衡参数仅代表我们的时间偏好。我们可能倾向于在一定年限内使用常数投资权衡值。我们会在下一章中详细讨论这一问题。

26.4 总结

如果一个决策问题包含多种特性或者重要的测度，我们第一步需要识别直接和间接价值测度。两个拥有相同直接价值但不相同间接价值的前景在排序规则中具有相同的偏好。

直接价值特性无须有一个数值测度，也能对前景进行排序。例如，在聚会问题中，我们有场地和天气两种特性，Kim 能够据此对前景进行排序。

我们只对直接价值测度构建偏好函数和价值函数。间接价值测度表示了对直接价值的概率性关联。例如，我们关注市场份额可能仅仅是因为市场份额越高，利润越高的可能性就越大。但是，如果先知告诉我们所能获得利润的金额，那么我们将不再关注市场份额。在这个例子中，市场份额是一个间接价值，企业利润是直接价值。我们为利润构建价值函数。

如果该问题是确定性的，一个偏好函数就足以为前景排序且决定最优方案。该偏好函数无需一个货币测度。

如果一个测度可以用货币进行表示，我们就能够构建一个价值函数来确定每一前景的货币价值。这使我们能确定在接受某一前景与另一前景之间使得我们感觉无差别的货币金额。

权重和比值（加性）价值函数很容易构建和使用。但是在使用之前，我们必须确认其能正确表征我们的偏好。权重和比值价值函数暗示任意两种特性子集之间的常数权衡值，而不需要考虑其他特性水平。

形式为 $V(x,y) = xy^\eta$ 的价值函数暗示这样的关系：一种特性增量的百分比需要以另外一种特性的减量百分比做补偿。即 $\eta = -\dfrac{\left(\dfrac{\Delta x}{x}\right)}{\left(\dfrac{\Delta y}{y}\right)}$ 为一个常数。

价值函数不一定随着每种特性的增加而递增。其中的一个例子就是花生酱与果酱混合三明治的价值函数。

附录 26-1　推导变量为 η 的偏好函数中 x 的增量和 y 的增量之间的关系

考虑

$$V(x,y) = xy^\eta$$

通过等优线，我们观察到在我们增加 x 且减少 y 时，偏好的增量必定为 0。这里，我们使用微积分并用 Δ 表示各测度水平的微小增量。因而，必定有：

$$\Delta V = 0 = y^\eta \Delta x + x\eta y^{\eta-1}\Delta y$$

整理得：

$$\Delta y = -\Delta x \dfrac{y}{x\eta}$$

习题

标注星号（*）的习题更具有挑战性。

1. 构建一个价值函数来确定你对花生酱与果酱混合三明治的 PIBP 和 PISP。提供任意所需的参数，比如花生酱厚度、果酱厚度和面包的最优厚度。

   a. 你最优的三明治对你来说价值多少？

   b. 如果你得到最优面包厚度的 90%，这一新的三明治对你来说价值多少？

*2. 构建一个能返回你对一辆汽车估值的价值函数。考虑直接价值特性与间接价值特性。你认为汽车制造商会有不同的价值函数吗？

*3. 利用例 26-1 中的偏好函数，绘制当 $\eta = 1$，2，3 时的等优线。改变 η 会对两个测度之间的权衡有何影响？

*4. 为一个加性价值函数计算比值 $\eta = -\dfrac{\left(\dfrac{\Delta x}{x}\right)}{\left(\dfrac{\Delta y}{y}\right)}$。

第 27 章

多特性决策（2）：投资现金流的价值函数——时间偏好

本章核心概念

阅读本章之后，读者将能够解释下列概念：

- 投资现金流
- 现金流现值当量
- 时间偏好
- 年金估值

27.1 引言

本章中，我们将讨论如何构建一个价值函数以评估你随时间推移而获得的确定性资源数额。这种资源可以是任何可替代的资源，但我们将其视为货币。这种模式表示一系列的现金流，且在本讨论中，我们假设这种现金流表示一种投资。在本章中，我们不考虑资源消耗（消费）的情况，尽管这是一个重要的研究主题，我们会在第 34 章涉及这一主题。本章主要解决如何为用于投资目的的确定性现金流模式进行估值。

27.1.1 现金流表达方式

假设你所收到或者支付的款项在时间编号 0，1，2……即时完成，两笔款项之间的时间周期是常量且为经常性的，但该周期不必以年为单位。我们以序列 x_0，x_1，x_2，$\cdots$，x_N 刻画现金流，其中 x_j 表示第 j 期的款项，N 为最后一期款项的时间。每笔款项可能是正的，也可能是负的；我们将获得的款项视为正的，支出的款项视为负的。我们可以用一个含有上述各定义的现金流向量 X 来简洁地描述这种现金流模式。我们也可以将这种现金流作为一种前景，其中各年的款项表示一种直接价值测度。比如，向量

$$X = (x_0, x_1, x_2, x_3) = (-2, 4, 8, -1)$$

表示在第 0 期支付 2 美元，在第 1、2 期分别获得 4 美元和 8 美元，在第 3 期支付 1 美元。图 27-1 用图形化的方式展示了这种前景。

需要注意，在这种模式中，任何一期里你所收到或支付的实际金额都没有不确定性。我们的目的是寻找你当下能够收到或者支付的单一款项，使得你在序列款项发生时感觉无差别。

基于这是一个确定性的现金流，我们不需要效用值来解决这一问题。

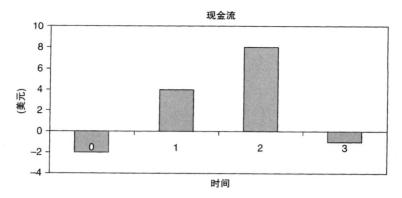

图 27-1　现金流的图形表示

27.1.2　现金流的现值当量，$pe(X)$

如果你在当下获得的款项和获得的现金流之间感觉无差别，那么我们将这一款项称为你现金流的**现值当量**，并用 $pe(X)$ 来表示。现值当量既可以为正值也可以是负值。我们以术语现值当量来表示这种类型的价值函数，是为了强调它涉及了一段时间内的现金流，相应地，当下与未来存在权衡。

> **注解**
> 现金流的初始款项 x_0 实际上是当下的收益，因而在计算中可以直接忽略掉，然后在计算现值之后直接加上即可。然而，简便起见，我们在现金流模式中需要包含这一款项。

27.2　评估投资现金流的规则

确定现金流模式现值当量的方法在于制定一些规则以规范流程。如果你选择遵守这些规则，则能够将现值当量的计算精简至十分简单的形式。

规则 1：比例规则　我们所要援引的第一条规则为**比例规则**。这一规则表明如果我们给现金流中每笔款项乘以常数 k，为了保持等价，现金流的现值当量向量必须乘以相同的常数 k。用方程来表示，即：

$$pe(kX) = kpe(X)$$

比例规则的解释较为简单。比如，如果我们将所有的现金流翻倍，那么我们需要将现值当量也翻倍。这条规则同样适用于 $k=0$ 的情况，其意味着没有获得任何款项时的现值当量为 0。谨记这一规则适用于没有不确定性的确定性现金流。对于不确定性现金流，这一规则未必为真。

规则 2：加法规则　第二条规则即为**加法规则**，我们在前文中也有所讨论。其表明如果现金流可以被分成两部分，现金流 A 和现金流 B，那么 A 的现值当量加上 B 的现值当量一定等于初始现金流的现值当量。准确来说，令：

$$X = X_A + X_B$$

其中每笔现金流 $x_j = x_{jA} + x_{jB}$。在 x_j 的分解中，对 x_{jA} 或 x_{jB} 的符号没有限制。因此我们会有：
$$pe(X) = pe(X_A) + pe(X_B)$$

作为加法规则的一种特殊情形，我们可以选择根据时间来分解现金流 X。比如，我们令：
$$X_A = (x_0, 0, 0, 0, \cdots)$$
$$X_B = (0, x_1, x_2, x_3, \cdots)$$

换言之，X_A 只包含第一期现金流，而 X_B 包含了剩余的现金流。因此，依照加法规则，我们有：
$$pe(X) = pe(x_0, 0, 0, 0, \cdots) + pe(0, x_1, x_2, x_3, \cdots)$$

我们可以重复上述过程，继续把 X_B 分解成 x_1 和其他成分，然后我们有：
$$pe(X) = pe(x_0, 0, 0, 0, \cdots) + pe(0, x_1, 0, 0, \cdots) + pe(0, 0, x_2, x_3, x_4, \cdots)$$

通过不断重复这一过程，我们可以将现值当量写成一系列只包含一个非零成分折现之和：
$$pe(X) = pe(x_0, 0, 0, 0, \cdots) + pe(0, x_1, 0, 0, \cdots) + pe(0, 0, x_2, 0, 0, \cdots)$$
$$+ pe(0, 0, 0, x_3, 0, \cdots) + \cdots$$

如果我们令：
$$p_j(x_j) = pe(0, 0, \cdots, 0, x_j, 0, 0, \cdots)$$

那么我们可以将任意一个现金流向量 X 的现值当量写为：
$$pe(X) = \sum_{j=1}^{N} p_j(x_j)$$

让我们进一步地分析 $p_j(x_j)$。它代表了一种现金流模式的现值当量，这种模式除了在时间点 j 为 x_j 之外，其余都为 0。根据比例规则，这种模式的现值当量必定为相同时间内单位款项的现值当量的 x_j 倍。换言之，
$$p_j(x_j) = x_j p_j(1)$$

因此，现金流模式 X 的现值当量必定如下：
$$pe(X) = \sum_{j=1}^{N} x_j p_j(1)$$

这意味着若要去评估一种现金流模式，我们只需要把每个时间点的现金流幅值乘以这个时间点上单位款项的现值当量，然后将现金流中所有时间点求和即可。

我们可以将此结果简化，令：
$$p_j(1) = \beta_j$$

量 β_j 为时间点 j 上单位款项的现值当量，这一数量我们称为时间点 j 的**折现因子**。则现金流模式 X 的现值当量表示如下：
$$pe(X) = \sum_{j=1}^{N} x_j \beta_j$$

这一现值当量的形式是比例规则和加法规则所能为我们提供的。事实上，如果有将款项的价值与特定的日历时间相结合的必要，这是一种合适的形式。

投资与消费现金流 我们应当弄清为什么这种现金流的现值当量适用于投资现金流而不适用于消费现金流。如果一位投资人愿意遵守比例规则和加法规则，那么他就会有一个加性价值函数。这意味着权衡并不依赖于一年中实际获得或支付的金额。然而，如果这是一个消费现金流，那么权衡取决于一年中实际消费的金额才是更加合理的。一位消费者很可能不愿意在某一

年中减少自己的消费去换取来年的任何消费增长，如果这低于该年他生存所需的消费水平。

到目前为止，比例规则和加法规则都没有明确指出任何关于一年中权衡金额的事情。投资者可以赋予每一日历年指定的权衡值。然而，如果特定的时间段没有任何特殊性，我们可以援引另一条规则。

规则3：日历时间不变性规则 日历时间不变性规则指出，我们的时间偏好只与接收或支付款项的延期有关，而与款项发生的实际日历时间无关。比如，从现在起一年后的一单位款项在现在的价值为 β_1，从现在起两年后的一单位款项在现在的价值为 β_2。如果我们说只有时差而非日历时间才是重要的，那么从现在起两年后一单位款项的价值在一年后为 $\beta_1 \times \beta_1$，相应地，现在的价值为 β_1^2，即 $\beta_2 = \beta_1^2$（如图27-2所示）。因为从现在起第3期的一单位款项价值在两期后为 β_2，且现在的价值为 $\beta_1 \times \beta_2$，我们有 $\beta_3 = \beta_1 \beta_2 = \beta_1^3$。继续这一过程，我们有 $\beta_j = \beta_1^j$。

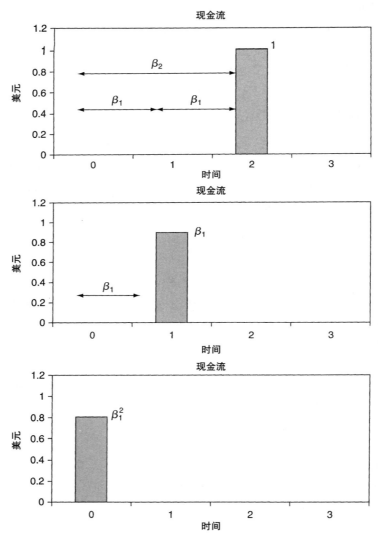

图27-2　估值带有日历时间不变性的现金流，$\beta_2 = \beta_1^2$

日历时间不变性意味着未来不同时间的单位款项的现值当量必定为从现在起一期的单位支付款项的幂。这种情况下,我们可以将 β_1 简化成 β,并以如下形式表示现值当量规则:

$$pe(X) = \sum_{j=1}^{N} x_j \beta^j$$

这种情形中,我们可以说现值当量是由带有折现因子 β 的现金流现值计算所得。若 i 为适合一年期的利率,从现在起一年后一单位款项的价值为:

$$p_1(1) = (1+i)p_0(1)$$

或者

$$p_0(1) = \frac{1}{(1+i)}p_1(1) = \beta p_1(1)$$

因而,

$$\beta = \frac{1}{(1+i)}$$

27.2.1 使用线性银行

当你通过借出资金或从银行贷款方式经营现金流以维持相同的利率 i_b,且其对应于一个折现因子 β_b 时,这些结果的一种特殊情形就会出现。如果你打算专用这种银行处理融资和投资利润再投资,你的任意现金流模式的现值当量应该等于该模式在银行折现因子 β_b 而非在你的折现因子 β 下的现值。

为了探究原因,我们发现如果你想在一年后收益一单位,那么银行现在会给你 β_b 单位。如果你准备一年后支付一单位,你可以选择现在支付给银行 β_b 单位。换言之,你通过银行进行融资的决策意味着你的时间偏好折现因子 β 变成了银行的折现因子 β_b。这并不意味着你应该通过这类银行为你的投资融资,而是意味着如果你这样做就需要用对应的银行折现因子取代你最初的时间偏好。

在哪里可以发现一个线性银行呢?如果你计划用你自己生息的储蓄账户的资金进行投资,并且将后续获利的任何资金存入同一账户,那么从实际目的来看,这就算构建了一个线性银行。

另一个例子,如果你决定通过信用卡来支付新开展事业的所有花销,然后用利润来还款,你等于使用一个相对较高利息的线性银行。这种情况下,你需要准时还清欠款,以免导致更高的利率以及额外的费用,因为那样就不是线性了。

估值一个为期 m 年的年金 根据我们的讨论,对于 m 年中每年收到 1 美元的现值当量,我们以 $pe[a(m)]$ 表示,表达式为:

$$pe[a(m)] = 1 + \beta + \beta^2 + \cdots + \beta^m$$
$$= \frac{1 - \beta^{m+1}}{1 - \beta}$$

其中 β 为未来基于一般利率 i 的一年期一单位款项的现值。因此,

$$\beta = \frac{1}{1+i}$$

对于一笔 m 年每年支付 X 美元的年金而言，其现值当量为：

$$Xpe[a(m)] = X\frac{1-\beta^{m+1}}{1-\beta}$$

在第 28 章，我们将计算每年支付 X 美元但不确定年限的年金现值。

27.2.2 确定未来价值

我们所讨论的现值当量规则统一可用于确定任何现金流模式的未来价值。比如，假设我们已经同意遵守比例规则和加法规则，且已经以数量 β_1，β_2，…的形式计算出一种现金流模式 X 的现值当量。

现在，我们要问在未来某一时刻 k 要收到多少款项才能有相同的现值当量。基于时刻 k 收到的一单位款项在当下的价值为 β_k，因此我们需要将现金流模式的现值当量除以 β_k 以得到 k 期的未来价值。当然，如果日历时间不变性规则同样适用，那么 β_k 就简化为 β^k。

27.2.3 时间偏好概念的说明

为了说明投资中时间偏好概念的用处，考虑三种 1 000 美元的投资方案 A、B、C，每一种投资都会在接下来的 10 个周期的每期末收到一定的现金。现金流如表 27-1 所示。

表 27-1　3 种 1 000 美元投资的 10 期现金流　　（单位：美元）

投资	周期										
	0	1	2	3	4	5	6	7	8	9	10
A	(1 000)	200	200	200	200	200	200	200	200	200	1 200
B	(1 000)	250	250	250	250	250	250	250	250	250	250
C	(1 000)	500	500	500	300	200	150	100	50	50	50

投资方案 A 如同将这 1 000 美元存入银行，每期利息为 20%（200 美元）。这种情况下，你的本金会在第 10 期结束时返还。投资方案 B 为你的 1 000 美元投资每期支付 25% 的利息（250 美元），共计 10 期，但是没有本金返还。投资方案 C 在前 3 期每期支付 500 美元，然后是 300 美元、200 美元、100 美元、150 美元、100 美元，最后 3 期每期支付 50 美元。

现在，如果你从银行中提取 1 000 美元进行投资，并将后期收益存款在同一银行，我们将详细检验这些投资。我们将考虑每期银行利率为 5%、10% 和 20%。所有的利息支付或收费都在每期期末进行。

5% 利率下的现值　表 27-2 展示了在银行利率为 5% 时这三种投资的结果。列 1 表示投资方案 A 的结果。进款（付款）列表示在时间节点 0 从银行提取 1 000 美元，随后获得 9 期 200 美元的收益以及在第 10 期获得 1 200 美元的收益，其中 1 000 美元为返还的本金而 200 美元为最后一期的利息。

列 2 给出了在每一期结束之时获得（支出）的利息。比如，在第 1 期，你可以获得 50 美元的利息收入（1 000 美元的 5%）。

下一列表示了在每期期末你的银行账户余额。因此，在第 1 期期末，你在银行账户有负额 850 美元，包含了起初取出的 1 000 美元以及投资所获得的第一笔收益 200 美元及欠银行的 50 美元利息，对应于第 2 期的那一行表示收益的 200 美元以及利息支付 42.5 美元（850 美元的 5%），从而银行净资产为 −692.5 美元。

我们可以看到随着时间的推进，银行资产负值越来越小，直到第 6 期资产变成正值 20.29 美元。在以后的各期，你将会收到来自银行正的资产所产生的利息加上投资获得的收益。最终，在第 10 期你将收到本金 1 000 美元、投资收益 200 美元及利息 32.7 美元，最终银行账户为 1 886.68 美元。如果你投资方案 A，并且以 5% 的利率从银行进行融资，那么经过 10 期以后你的银行账户将会比你开始的时候多出 1 886.68 美元。

表的最后一行显示：如果你不进行这一投资，若想在 10 期后得到 1 886.68 美元，你现在需要存入的金额。这一金额是投资方案 A 在 5% 的利率下所得的现值，即 1 158.26 美元，由 $\dfrac{1\,886.68}{1.05^{10}}$ 计算所得。因此，我们可以说，当你打算以 5% 的利率从银行融资进行投资 A 就等同于现在将 1 158.26 美元存入相同的银行。很明显，银行账户的未来价值越高，当下相同投资的现值也就越高。

表 27-2 的中间几列给出了投资方案 B 的计算结果。投资方案 B 的银行账户在第 5 期变为正值，然而，它在第 10 期只达到 1 515.58 美元。这一金额的现值为 930.43 美元。因此，投资方案 A 的未来价值和现值都比投资方案 B 高。

表 27-2 的最后几列给出了投资方案 C 的结果。这里，银行账户在第 3 期就变为正值，但是逐渐减少的入账款项导致在第 10 期期末的银行账户为 1 702.05 美元，现值为 1 044.91 美元。我们发现投资方案 C 比投资方案 B 拥有更高的未来价值和现值，但是比投资方案 A 少。因此，三种投资方案中，如果所有投资都以利率 5% 每期在银行融资，则投资方案 A 是最优的。

需要注意的是，我们用常识性的概念来比较这些投资，即在 10 期结束后哪一种投资将产生最大的银行账户。我们知道具有最高未来价值的投资同样有着最高的现值。由于投资可能会有不同的周期，因此以现值的方式对其进行比较是最简单的方法。

10% 利率下的现值　表 27-3 比较了在每期利率为 10% 的银行进行融资的三种投资方案的结果。我们看到有着最高现值（和未来价值）的是投资方案 C，它的现值为 772.31 美元。第二优的是投资方案 A，现值为 614.46 美元。最差的投资为方案 B，现值为 536.14 美元。

注意：与 5% 的银行利率相比，银行利率升高所投资的现值反而减少。

我们可以简单地说，投资方案 C 相当于当下将 772.31 美元存进了 10% 利率的银行。

20% 利率下的现值　表 27-4 给出了三种投资方案在银行利率 20% 的情形下融资的结果。投资方案 A 的计算尤为简单，因为在这种情况下，每一期的利息支付恰好等于投资收益。净资产在第 10 期期末都为 0，当然现值也为 0。因此，投资方案 A 相当于没有在每期利率为 20% 的银行里存任何钱。投资方案 B 的现值为 48.12 美元；投资方案 C，亦即最优的投资方案，现值为 385.83 美元。同时，应该注意到，在我们所讨论的三种不同利率的情况下，这是投资方案 B 首次优于投资方案 A。

表 27-2 银行利率为 5% 时的三种投资结果

(单位：美元)

周期	A 收入（支出）	A 利息收入（支出）	A 银行账户	B 收入（支出）	B 利息收入（支出）	B 银行账户	C 收入（支出）	C 利息收入（支出）	C 银行账户
0	(1 000)	0.00	(1 000)	(1 000.00)	0.00	(1 000)	(1 000)	0.00	(1 000)
1	200	(50.00)	(850)	250.00	(50.00)	(800)	500	(50.00)	(550)
2	200	(42.50)	(693)	250.00	(40.00)	(590)	500	(27.50)	(78)
3	200	(34.63)	(527)	250.00	(29.50)	(370)	500	(3.88)	419
4	200	(26.36)	(353)	250.00	(18.48)	(138)	300	20.93	740
5	200	(17.67)	(171)	250.00	(6.90)	105	200	36.98	977
6	200	(8.56)	20	250.00	5.26	360	150	48.83	1 175
7	200	1.01	221	250.00	18.02	628	100	58.77	1 334
8	200	11.07	432	250.00	31.42	910	50	66.71	1 451
9	200	21.62	654	250.00	45.49	1 205	50	72.54	1 573
10	1 200	32.70	1 887	250.00	60.27	1 516	50	78.67	1 702
现值			1 158.26			930.43			1 044.91

表 27-3 银行利率为 10% 时的三种投资结果

(单位：美元)

周期	A 收入（支出）	A 利息收入（支出）	A 银行账户	B 收入（支出）	B 利息收入（支出）	B 银行账户	C 收入（支出）	C 利息收入（支出）	C 银行账户
0	(1 000)	0.00	(1 000)	(1 000.00)	0.00	(1 000)	(1 000)	0.00	(1 000)
1	200	(100.00)	(900)	250.00	(100.00)	(850)	500	(100.00)	(600)
2	200	(90.00)	(790)	250.00	(85.00)	(685)	500	(60.00)	(160)
3	200	(79.00)	(669)	250.00	(68.50)	(504)	500	(16.00)	324
4	200	(66.90)	(536)	250.00	(50.35)	(304)	300	32.40	656
5	200	(53.59)	(389)	250.00	(30.39)	(84)	200	65.64	922
6	200	(38.95)	(228)	250.00	(8.42)	157	150	92.20	1 164
7	200	(22.84)	(51)	250.00	15.73	423	100	116.42	1 381
8	200	(5.13)	144	250.00	42.31	715	50	138.07	1 569
9	200	14.36	358	250.00	71.54	1 037	50	156.87	1 776
10	1 200	35.79	1 594	250.00	103.69	1 391	50	177.56	2 003
现值			614.46			536.14			772.31

第27章 多特性决策（2）：投资现金流的价值函数——时间偏好 | 447

表27-4 银行利率为20%时的三种投资结果

（单位：美元）

周期	A			B			C		
	收入（支出）	利息收入（支出）	银行账户	收入（支出）	利息收入（支出）	银行账户	收入（支出）	利息收入（支出）	银行账户
0	(1 000)	0.00	(1 000)	(1 000.00)	0.00	(1 000)	(1 000)	0.00	(1 000)
1	200	(200.00)	(1 000)	250.00	(200.00)	(950)	500	(200.00)	(700)
2	200	(200.00)	(1 000)	250.00	(190.00)	(890)	500	(140.00)	(340)
3	200	(200.00)	(1 000)	250.00	(178.00)	(818)	500	(68.00)	92
4	200	(200.00)	(1 000)	250.00	(163.60)	(732)	300	18.40	410
5	200	(200.00)	(1 000)	250.00	(146.32)	(628)	200	82.08	692
6	200	(200.00)	(1 000)	250.00	(125.58)	(504)	150	138.50	981
7	200	(200.00)	(1 000)	250.00	(100.70)	(354)	100	196.20	1 277
8	200	(200.00)	(1 000)	250.00	(70.84)	(175)	50	255.43	1 583
9	200	(200.00)	(1 000)	250.00	(35.01)	40	50	316.52	1 949
10	1 200	(200.00)	0	250.00	7.99	298	50	389.83	2 389
现值			0.00			48.12			385.83

正如我们证明过的，不管你的个人时间偏好利率如何，所有的这些结果均成立。如果一个人以每期利率 5% 到银行进行融资，那么投资方案 A 使得他将会在 10 期期末有一个最高的未来价值。不管他用什么样的个人时间偏好利率来折现未来价值，投资方案 A 总会有最高的现值。因此，投资以某一特定利率进行银行融资时，个人时间偏好利率将会完全地失去作用。银行利率将一直是我们折现最好的选择。

现值绘图　将三种投资方案的现值作为利率的函数绘成曲线，我们可以更深层次地理解上述结果，如图 27-3 所示。与我们详细的计算结果一致，在 5% 的利率下投资方案 A 的现值最高，而在 10% 和 20% 的利率下投资方案 C 的现值最高。这些现值曲线的交点也在图中表示出来。C 的现值在 2% 的利率时开始比 B 高，在 6.4% 的利率时开始比 A 高。最后，B 的现值在 14.5% 的利率时开始比 A 高。从图中我们可以看出投资方案 A 和 C 中总有一个优于 B：只要投资方案 A 和 C 都是可用的，那么不论利率多少，B 都不会被选中。

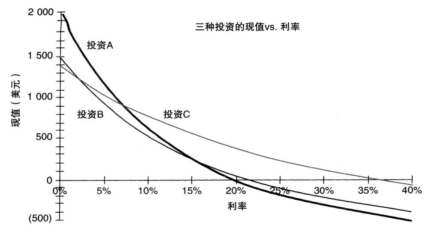

图 27-3　三种投资的现值作为利率的函数

现金流之和　图 27-3 中一个特别有趣的特征为现值曲线在现值坐标轴上的截距。这一截距仅仅为整个投资过程中无折现的现金流之和。对于投资方案 A 而言为 2 000 美元，对于投资方案 B 而言为 1 500 美元，对于投资方案 C 而言为 1 400 美元。现值作为利率的函数图与指数型风险偏好者的确定等价物作为风险规避系数的函数图类似。确定等价物曲线从 $\gamma = 0$ 开始，即交易的风险中性评估，亦即货币测度的期望值。随着风险规避系数的增加，确定等价物逐渐减少。

在现值曲线图中，我们可以将 0 利率的现值（现金流之和）视为无时间偏好者的各投资的现值当量。无时间偏好者并不折现其投资，风险中性者将确定等价物作为期望值进行计算。

27.3　不同于现值当量的方法

有时候人们选择其他的测度来比较这些投资，而这些测度不满足时间偏好的特定规则。

本节介绍三种其他方法：①内部收益率，②投资回收期，③效益成本比。我们将讨论使用这些方法可能出现的问题。

27.3.1 内部收益率

一笔投资的内部收益率就是使其现值为 0 的利率。这可以从图 27-3 的各现值曲线在利率坐标轴上的截距得到。

我们看到投资方案 A 的内部收益率为 21%，投资方案 B 的内部收益率为 22%，而投资方案 C 的内部收益率为 36.5%。很多银行都会为其项目计算内部收益率（IRR）并选择 IRR 最高的项目。这可能意味着我们依据内部收益率得到各投资的偏好排序为 C、B、A。然而，从表 27-2 中我们很清晰地看到在基于银行利率 5% 的情况下融资时，按照顺序 C、B、A 进行选择并不能获得最高的未来价值。

如果内部收益率不能给出正确的结果，为什么我们还要用它呢？是因为计算简便吗？答案是否定的。计算一笔投资的现值是非常简单的数学工作，然而计算内部收益率需要解一个可能会有很多根的方程。如果一个投资有 N 期，那么需要解一个 N 次多项式方程才能找到这一利率。下面的例子也证实了这个观点。

这个例子不仅揭露了数学计算的困难，同时还揭露了在某些情况下，可能具有极端实际重要性的额外问题。根据代数的基本定理，这样的方程将会有 N 个根。如果方程有超过一个实根（即使在中等复杂的现金流模式中也可能超过一个实根），哪一个实根应该被视为内部收益率呢？下例即为这一概念武断性的演示。

▶**例 27-1　多个内部收益率**

考虑表 27-5 中的现金流模式。你在第 0 期投资 1 000 美元，接下来 9 年里每年收益 300 美元，然后在第 10 年必须支付 1 800 美元。这样的现金流可以产生投资的税收优势，你可以要求 9 年的过度折旧而避免交税，然后当出售财产时为过度折旧进行交税。

表 27-5　有两个内部收益率的现金流

周期	0	1	2	3	4	5	6	7	8	9	10
收益	-1 000	300	300	300	300	300	300	300	300	300	-1 800

图 27-4 给出了投资的现值作为利率函数的曲线图。现值在利率为 3.2% 和 13.9% 时均为 0。因此，存在两个内部收益率。如果银行的利率在这两个值之间，该投资通过银行融资时将会产生正的现值。以利率 7.75% 进行融资达到最高的现值，即 40.41 美元。

有些人致力于完善用内部收益率的概念作为选择合适投资的规则。然而，基于金本位的正确投资永远由现值决定。既然现值计算在理论上是正确的，而且在实际中应用简便，为什么还有人不厌其烦地使用内部收益率呢？

为什么内部收益率看起来比它实际更有用呢？或许答案在此。在早期银行的大部分交易中，人们处理简单的利息累加与简单的等额支付抵押贷款。在这种情况下，如同我们所见，以利率 20% 融资的投资方案 A，内部收益率的计算正好是银行利率。假设现在世界变得更复杂，人们在投资中考虑更加复杂的现金流。他们知道仅仅通过观看利率就可以比较银行，而且他们也知道在一笔简单投资中，内部收益率可以复制出银行利率。那么，为什么不为可能的投资计算出各自的内部收益率并简单选择最高内部收益率的项目呢？逻辑是合理的，但不幸的是，这也是错误的。

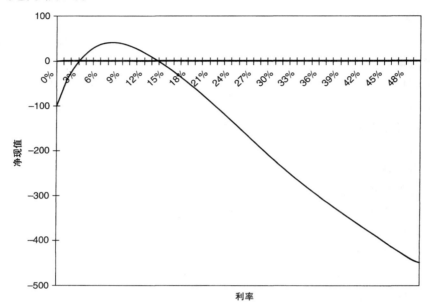

图 27-4　显示两个内部收益率的现值曲线

> 一位投资公司的副总裁透露他们是如何利用一家银行的，这里称为银行 B。两组银行家在一个宾馆开会设计一家公司的债券。
> 　　他们见面并设计一笔可能的交易，然后回到各自的房间去评估所提交的交易，然后再回到一起讨论，如此反复。这位副总裁很快意识到银行 B 正在最大化其 IRR，所以他们提出了一笔交易，交易中银行 B 在一笔小额的投资上获得巨大的 IRR。该副总裁实际上在一笔 IRR 很低的大额投资中获得了全部利润。你更想要 IRR 还是钱？没有人会将 IRR 放入口袋。

27.3.2　投资回收期

为了完善时间偏好历史方面的问题，我们可能要提及一个时间偏好的早期测度，其当下也不时使用：**回收期**。投资从负的现金流开始，然后产生正的收益，其间会有一个时期使得现金流的总和首次变为正数。这一时期通常被称为回收期。比如，观察表 27-1 中投资的现金流时，我们发现投资方案 A 在第 5 期的时候回收了它最开始支付的 1 000 美元，这意味着投资方案 A 的回收期是 5 期。投资方案 B 在第 4 期回收了其 1 000 美元的投资，回收期是 4 期。最后，投资方案 C 的回收期是 2 期。通常人们喜欢那些能够尽快"收回资金"的投资。在这种情况下，他们偏好投资方案 C，甚于投资方案 B，甚于投资方案 A，这与内部收益率测度所得出的排序是一样的。正如我们所见，这当然是合理的。但不幸的是，其未必正确。

27.3.3　效益成本比

另一个有些瑕疵的选择涉及了计算总的效益（正项现金流之和），并除以总成本（负项现金流之和），然后选择最高效益成本比的现金流。考虑这三种现金流，A 的效益成本比为 $\frac{3\,000}{1\,000}=3$，B 的比率为 2.5，C 的比率为 2.4。这一标准会更倾向于投资方案 A，但是正如我们所见，这种情况未必总是成立的。

通常，比例并不是方案之间选择的较好标准。试想一个现金流，你提前支付 1 美元，一周后获得 10 美元。其效益成本比为 10。现在，设想另一个现金流，你支付 100 美元，但是一周后获得 500 美元。其效益成本比为 5，但许多人都会偏好第二个现金流（较低效益成本比）甚于第一个。效益成本比并没有考虑你将获得款项的时间，也没有考虑你的个人时间偏好。

回顾第 1 章中我们讨论的关于 Arno Penzias 基于他们的效益成本比选择项目的故事。我们发现根据行动性思维五规则的规定，这未必是最优决策标准。

27.4　现金流：一种单一的测度

现值当量价值函数表明了我们可以将一个现金流的直接价值测度作为一种单一的测度：现值当量。因此，我们可以将多期、多直接价值的现金流的决策减少为有单一直接价值测度的决策。

我们在下一章将会看到，通过适当选择价值函数，这种想法可以推广至其他直接价值测度。

27.5　总结

加法规则保证了现金流的现值当量价值函数实际上是可加的（与任意两个不同年份现金流之间常数的权衡值）。这种现值当量的计算方法适用于投资（但不是消费）现金流。

在加法规则上加上比例规则保证了我们可以将每一期的折现因子作为权重使用。

在加法规则上加上日历时间不变性规则和比例规则使我们可以用单一参数——折现因子，来表示我们的时间偏好。我们也可以根据一期的折现来计算 n 期的折现。

内部收益率并不是一个选择现金流的较好标准。此外，它的结果未必唯一。

回收期不是一个评估现金流的较好标准。

效益成本比不是一个评估现金流的较好标准。它们没有将实际的货币价值考虑在内（如果我们将所有收益和成本各乘以 100，我们虽然能得到相同的效益成本比，但是现值当量完全不同）。

考虑到 n 年多种直接价值现金流的决策时，我们简单地将其转化为单一测度：现值当量。对于确定性的现金流而言，现值当量足够决定最优决策方案。现值当量越高，方案越好。

习题

标注星号（*）的习题更具有挑战性。

*1. 考虑两种现金流，一种具有较高的内部收益率（IRR）但较低的现值当量，另一种反之。你更偏好哪一种？

*2. 考虑两种现金流，一种具有较高的效益成本比但较低的现值当量，另一种反之。你更偏好哪一种？

3. 计算每年支付 1 000 美元的年金的现值当量，分别支付：
   Ⅰ. 5 年。
   Ⅱ. 10 年。
   Ⅲ. 15 年。
   假设 $\beta = 0.9$。

第28章

多特性决策（3）：价值相关的偏好概率

本章核心概念

阅读本章之后，读者将能够解释下列概念：

- 首先通过构建一个偏好函数或者价值函数来构建多特性效用函数，然后为一条价值测度相关的一维效用曲线赋值

28.1 引言

在第26章和第27章中，我们探讨了如何运用偏好函数和价值函数对多特性前景进行排序的问题。正如我们在行动性思维五规则中所讨论的那样，如果决策情形是确定性的（你将得到的前景并无不确定性），排序规则足以决定最优的决策方案。无论我们是否有多种特性，这一概念均适用。比如，如果我们可以在两种花生酱与果酱混合三明治之间做选择，则不管是偏好函数还是价值函数都足以确定我们所偏好的三明治以及对任何给定三明治的偏好排序。

如果价值函数被用来作为货币价值测度，那么我们也可以决定为购买一种花生酱与果酱混合三明治而非另一种的支付意愿。类似地，如果我们要在两种确定性的现金流之间做选择，我们在第27章所讨论的净现值函数足以确定最优的现金流，以及任何给定现金流的现值当量和为获得一种现金流而非另一种现金流的支付意愿。

当存在不确定性时，我们需要依据**等价规则**为排序前景给出偏好概率。如果我们已经为前景赋值了一个价值测度（如同价值函数所确定的那样），则决定多特性前景效用值所需的条件为一条美元计量的效用曲线。在本章中，我们将讨论如何为多特性表征的前景进行偏好概率赋值和效用值赋值。我们将发现当构建了一个价值函数后，多特性的等价规则如何被显著简化。

28.2 为两种特性前景给出偏好概率

正如我们在第 26 章所讨论的那样,多特性前景有更多的描述特征,但是等价规则的主要思想还是一样的。给定 3 个前景 A、B、C,并且存在严格的偏好关系 A > B > C,等价规则要求我们给出一个确定性收到 B 的偏好概率,或者收到一笔交易,交易中以给出的偏好概率获得 A 且以 1 减去该偏好概率的概率获得 C。

我们已经了解到多特性存在时使用等价规则的多个例子。回顾聚会问题,Kim 给出了两种特性所表征前景的偏好概率。比如,Kim 为前景(室内,晴天)给出了 0.57 的偏好概率:在确定获得这一前景和获得如下交易,即以概率 0.57 获得(室外,晴天)且以概率 0.43 获得(室外,雨天)这两者之间,她感觉无差别。在其基本形式中,聚会问题只有 6 个前景。因此很容易验证偏好列表中的一个更受偏好的前景是否具有更高的偏好概率。

当特性被定义在连续域上时,通过一个偏好函数或者一个价值函数可以简化前景的排序。在某些情况下,问题的定性性质也可能提供一些局部的排序。例如,假设我们的一个决策具有两种特性 X 和 Y,比如健康和财富。在这一决策中,我们可以假定这两种特性都是偏好量多甚于量少。正如我们在第 26 章所讨论的那样,这一单独的特征不足以为多特性前景提供一个完全的偏好排序。但是它的确提供了局部排序。令 (x, y) 为这一决策的一个前景,x,y 分别为 X 和 Y 的某些值。同时,令 x^* 为考虑中的最高财富水平,且 y^* 为健康状态的最大值。因此,(x^*, y^*) 为该决策中最受偏好的前景。若 x^0 为最低的财富水平且 y^0 为最低的健康状态,则 (x^0, y^0) 为该决策中最不受偏好的前景。

因为本例中,任何特性都是偏好量多甚于量少,任何带有 $x^0 < x < x^*$ 和 $y^0 < y < y^*$ 的前景 (x, y) 都必定满足偏好关系:

$$(x^0, y^0) < (x, y) < (x^*, y^*)$$

因此,依据等价规则,我们可以给出确定获得该前景 (x^0, y^0) 的一个偏好概率 p_{xy} 或者一笔二元交易:以概率 p_{xy} 获得最优前景 (x^*, y^*) 且以概率 $1 - p_{xy}$ 获得最差前景 (x^0, y^0)(如图 28-1 所示)。

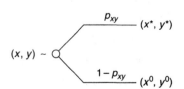

在这个决策中我们可以断言有任何较高 x 和 y 值的前景将有一个较高的偏好概率。这一发现可以帮助我们在出现多种特性时对偏好概率进行赋值。然而,在没有偏好函数或者价值函数的情况下,我们无法断言一个带有较高值 X 和一个较低值 Y 的前景一定比一个已知的前景具有更高的偏好概率。如果没有指定前景之间的排序关系,通常很难推断出决策前景的偏好概率,并验证其相对大小。

图 28-1 等价原则在多种特性中也是一样的:偏好 (x^*, y^*) 甚于 (x, y),偏好 (x, y) 甚于 (x^0, y^0)

首先通过使用一个价值函数推出特性之间的确定性权衡,随后对偏好概率进行赋值,这样推断多种特性的偏好概率将容易得多。比如,如果我们根据最优三明治和最差三明治对某种花生酱与果酱混合三明治进行偏好概率赋值的话,这就不是一种特性偏好量多甚于量少的问题，甚至也不是随着一种特性值的增加而导致更高偏好概率的问题。然而，如果已经构造出一个花生酱与果酱混合三明治的价值函数，则我们能够简单用价值测度来取代前景。给出多特性偏好概率问题将简化为给出一个一维价值测度的偏好概率。使用这种价值函数方法，我们同样可以验证是否一个更受偏好的前景有更高的偏好概率。我们将在下一节中详细讨论这种价值相关的偏好概率赋值方法。

28.3 以一个价值函数给出偏好概率

拥有价值测度可以简化偏好概率赋值。正如我们此前讨论的那样，价值测度未必为货币，但货币基于其可替代性和可分割性而不失为一种方便的测度。回顾图 28-1。如果我们通过一个价值函数 $V(x, y)$ 对每个前景进行美元价值赋值，我们可以定义最大的价值为 $V^* = V(x^*, y^*)$ 美元；最小的价值为 $V^0 = V(x^0, y^0)$ 美元，对应于前景 (x, y) 的价值为 $V_{xy} = V(x, y)$ 美元。由于本例中我们此前指定的偏好关系为 $(x^0, y^0) < (x, y) < (x^*, y^*)$，我们也一定有 $V^0 < V_{xy} < V^*$。(x, y) 的偏好概率现在可以通过图 28-2 中交易之间的差值构建而成的单一价值测度相关的偏好概率来表示。

当我们给出货币前景相关的偏好概率时，我们已经将分析简化为此前用于聚会问题的分析类型。比如，回顾一下，Kim 对（室内，晴天）的价值为 40 美元，（室外，晴天）的价值为 100 美元，（室外，雨天）的价值为 0。价值函数将前景转化为美元价值测度。因此，Kim 以一笔二元交易的形式给出了确定获得 40 美元的偏好概率，二元交易中以 0.57 的概率获得 100 美元且以 0.43 的概率获得 0。我们现在可以评估各前景美元价值相关的效用曲线，如同我们在聚会问题中所做的一样。

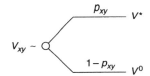

图 28-2 等价原则将一个价值函数应用于多种特性

28.4 给出价值函数相关的效用曲线

因为价值函数为每个前景赋值一个美元等价物，我们可以用其美元等价物表示任何多特性前景。在第 27 章中的花生酱与果酱混合三明治的例子中，价值函数为每个前景提供了一个美元价值测度，所以：

$$V(b, j, p, f) = V_{\max} \frac{bjpf}{(b^* j^* p^* f^*)^2}(2b^* - b)(2j^* - j)(2p^* - p)(2f^* - f)$$

其中每个特性取值可以从 0 到最优值的 2 倍。这里，最优前景为 $(p^* j^* b^* f^*)$，对应的美元价值为 $V_{\max}$。也有许多没那么受偏好的前景。比如，$(0, 0, 0, 0)$ 和 $(2p^*, 2j^*, 2b^*, 2f^*)$ 的美元价值为 0。

运用多特性前景相关的等价规则概率能够确定以最优和最差三明治表示的任何三明治的偏好概率。但是使用价值函数转换为美元等价物，然后评估货币相关的效用曲线，这一方法更为简单。如此一来，我们将该评估分解为两个部分：不同特性之间的确定性权衡关系和货币测度相关的风险规避。下面的例子阐述了这种观点。

▶例 28-1 花生酱与果酱混合三明治的效用值

我们已经为三明治评估了一个价值函数，如果我们现在评估该价值测度的效用曲线，我们可以将任意三明治的效用值表示为：

$$U(p,j,b,f) = U_V[V(p,j,b,f)]$$

其中 U_V 是美元相关的效用曲线。举个例子，如果美元相关的效用曲线为指数型，我们需要评估决策者对价值的风险容忍度，即：

$$U(p,j,b,f) = \frac{1-e^{-\gamma_V V(p,j,b,f)}}{1-e^{-\gamma_V V_{max}}} = \frac{1-e^{-\gamma_V V_{max}\frac{bjpf}{(b^* j^* p^* f^*)^2}(2b^*-b)(2j^*-j)(2p^*-p)(2f^*-f)}}{1-e^{-\gamma_V V_{max}}}$$

其中 γ_V 为美元计量的风险规避系数。即便我们不处理花生酱与果酱混合三明治问题，该风险规避系数与基于货币评估的结果也是一样的。因此，为多测度效用值赋值的整个问题就简化为一个老生常谈的问题：价值函数确定的情形下，单一特性相关的一维效用值评估问题。标准的效用曲线同样能够较好地适用多特性的前景问题。假设决策者给出 $V_{max} = 3$ 美元，$b^* = 1$，$j^* = 0.1$，$p^* = 0.05$，$f^* = 0.5$。在风险规避系数 $\gamma_V = 0.01$ 的情况下，我们对价值相关的一维指数型效用函数进行赋值。图 28-3a 绘制了基于不同的 b，p 值的效用值曲线。图 28-3b 绘制了常数值的等优线。在这种情况下，正如我们所见，任何特性都未必是偏好量多甚于量少。

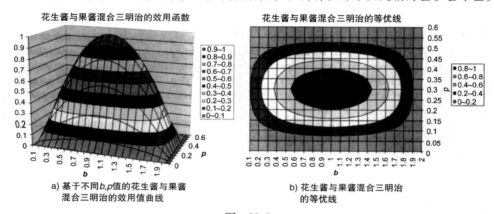

a) 基于不同 b,p 值的花生酱与果酱混合三明治的效用值曲线

b) 花生酱与果酱混合三明治的等优线

图 28-3

价值相关的效用曲线赋值方法并非只适用于指数型效用曲线。

你也可以得到一条价值相关的对数型效用曲线或者线性风险容忍度效用曲线。对于一位拥有相同的花生酱与果酱混合三明治价值函数的对数型决策者而言，效用函数将会为：

$$U(b,j,p,f) = \ln\left[V_{max}\frac{bjpf}{(b^* j^* p^* f^*)^2}(2b^*-b)(2j^*-j)(2p^*-p)(2f^*-f) + w\right]$$

28.5 价值的确定等价物

拥有一个多特性前景的价值测度可以计算每个（多特性）方案的确定等价物，及接受一笔多特性交易而非另外一笔的支付意愿。说明如下。如果每个多特性前景 i 的价值为 V_i，我们可以确定各方案效用值的期望值为：

$$效用值的期望值 = \sum_{i=1}^{n} p_i U(V_i)$$

其中 V_i 是使用价值函数为各前景的赋值。

为了确定任意方案的确定等价物，我们知道前景的效用值需要等于效用值的期望值，即：

$$U(\widetilde{V}) = \sum_{i=1}^{n} p_i U(V_i)$$

其中 $\widetilde{V}$ 为多特性不确定性交易值的确定等价物。

重新整理，得：

$$\widetilde{V} = U^{-1}\left[\sum_{i=1}^{n} p_i u(V_i)\right]$$

当多种特性存在时，许多（甚至无穷多）前景可能会有由价值函数确定的相同的 $\widetilde{V}$ 值。因此，这些值的确定等价物可能会定义具有相同偏好前景的等值线。这些等值线必须全部落在价值函数的等优线上。图 28-4 给出了一个价值确定等价物等优线的例子，该价值由一个偏好量多甚于量少的测度的价值函数所定义。

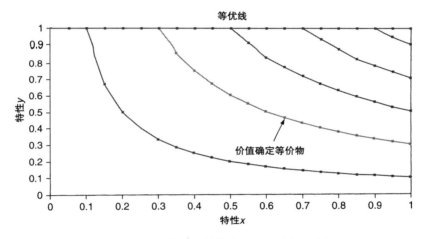

图 28-4　价值的确定等价物等优线：测度偏好量多甚于量少

之前应用于花生酱与果酱混合三明治这一简单例子的分析，也同样适用于涉及多种特性的更加复杂的决策。正如我们将在第 34 章中所看到的，我们用相同的方法分析更复杂的涉及生死的决策。我们使用花生酱与果酱混合三明治来演示该方法的普适性，以及效用值的普适性，效用值通过赋值价值函数相关效用曲线进行建模所得。本例中我们不假设一种特性偏好量多甚于量少，我们能够分别推断出风险规避和确定性权衡。

▶**例 28-2　花生酱与果酱混合三明治（带有不确定性）**

假设一位决策者有指数型效用曲线并且风险容忍度为 50 美元，他能够以 1.5 美元从两个不同的销售点购买花生酱与果酱混合三明治，需要在两者间进行选择。两家餐厅的三明治所使用的原料相同但是材料的分量不同。依据前期的经验，他绘制出他能够从各餐厅所得三明治的决策树，如图 28-5 所示。

在这个例子中，我们需要拥有价值相关的效用函数，因为在决策问题中存在不确定性。单纯的价值函数是不充分的。

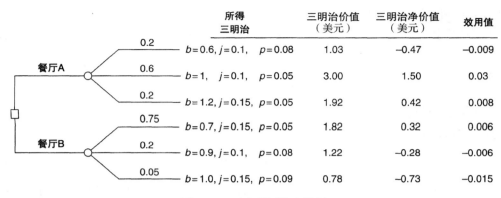

图 28-5　两家餐厅的决策树

令以美元计量的效用函数为：$u(x) = 1 - e^{-\frac{x}{50}}$。

去餐厅 A 的效用值的期望值为：

$$0.2u(-0.47) + 0.6u(1.5) + 0.2u(0.42) = 0.0175$$

去餐厅 A 并花 1.5 美元购买三明治的美元价值为确定等价物，即 0.88 美元。

去餐厅 B 的效用值的期望值为：

$$0.75u(0.32) + 0.2u(-0.28) + 0.05u(-0.73) = 0.0029$$

去餐厅 B 并花 1.5 美元购买三明治的美元价值为 0.15 美元。

最优决策是去餐厅 A。价值测度为 0.88 美元的前景组合构成了价值确定等价物的等值线（注：花生酱与果酱混合三明治的偏好概率）。

28.6　其他效用函数方法

一些构建多特性效用函数的方法要求决策者做特定的说明，即当另一种特性变化时他们对某种特性相关的不确定性交易的偏好不会随之改变。举个例子，在一个两种特性的药物决策中，比如健康情况和财富，他们就会需要说明对金钱相关的不确定性交易（或者投资）的偏好不会随着健康状态而改变。这些类型的说明被指代为"效用独立"条件，且被用来决定效用函数的函数形式。通常所做的假设还包括"相互效用独立"，其中对任何特性子集相关的不确定性交易都不会随着其他特性子集而改变。这种假设可产生各个体特性相关的单一效用曲线的加法或乘法组合。

我们对这类"效用独立"的推断有一些异议。我们发现这种假设在大多数实际的多特性问题中，其对于决策者偏好的建模能力极其有限。投资的偏好不随健康状态改变是非常不可能的。注意，这些独立条件甚至不适用于诸如花生酱和果酱三明治这类简单的问题。实行这些"效用独立"假设能够产生简单的函数方式，但是它们通常不会代表决策者的偏好。

如果我们使用价值函数方法，我们不需要考虑（或做出任何相关假设）我们对某种特性相关的不确定性交易的偏好如何不随着另一种特性的改变而改变。我们仅仅需要一个偏好（或价值函数），以表达确定性前景的权衡（而非不确定性交易的偏好）。我们也将效用值评估简化为单一维度价值相关的效用曲线评估。

为了说明价值函数方法的普遍性和简单性，试着考虑你的花生酱与果酱混合三明治的效用值，你宣称你对面包厚度相关的不确定性交易的偏好不会随着花生酱厚度的改变而改变，这其实难以得出如此推断。现在请比较这种推断方法和使用价值函数及一个价值相关的单变量效用曲线评估方法。一些人可能会建议我们重新定义三明治的特性使得三明治的价值随着各种特性严格递增，这样就满足效用独立条件。这些特性包括味道、便捷性和入口时的舒适度。这类特性的问题在于它们需要构建的尺度难以定义和推导。味道到底是什么意思？我们在花生酱与果酱混合三明治例子中所选的特性是明确的。先知可以告诉你所得三明治中每种特性的厚度。此外，我们如何真正说明（并推断这一事实）对各种特性的偏好不会随着我们对其他特性的改变而改变？

通过在多特性问题中做这些限制的效用独立假设，我们可以轻易得出：这类效用值并不能代表决策者真实的偏好。

为了帮助我们在推断问题时进行真实性检验，考虑以下序列通常是有用的：

（1）考虑我们最初的决策情形。
（2）考虑规划我们模型用的假设。
（3）求解模型得到一个解决方案，然后考虑我们从所用模型中得到的解决方案。
（4）最后验证我们模型的解决方案是否能真正解决我们最初的决策情形。

谨记模型的解和初始决策情形的答案之间的区别，这有助于阐明我们对多特性问题的推导。

28.7　给出价值函数中个体特性相关的效用曲线

即使偏好（或者价值）函数的输出不是一个货币测度，而决策中存在一种特性为货币，我们也可以评估该货币特性相关的效用曲线以构建效用值。比如，由消费的价值函数（以货币单位计量）和健康状态（以剩余生命计量）所刻画的等优线。图28-6绘制出了这一决策前景的等优线。横轴是消费水平，而纵轴为健康状态（标准化为从0到1）。

在图28-6中，E的效用值必定等于A的效用值，并同时等于B的效用值，因为它们全

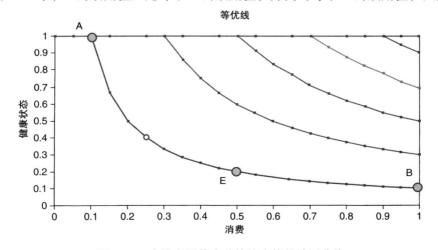

图28-6　多维度评估多种特性决策的效用曲线

都在同一等优线上。因此，如果我们只评估健康状态 = 1（横轴的顶端）时的消费效用曲线，我们可以沿着其等优线追踪任何点 E，以得到我们评估效用值的等效点 A。反之，我们也可以在特定的消费水平（比如 100 万美元）下评估健康状态的效用曲线，并追踪回到坐标轴上的任何点。现在，我们可以通过健康状况或者财富相关的效用函数来确定任意点的效用值。因此，一旦我们知道价值函数，一条单一的效用曲线足以确定所有可能结果的效用值。

此外，如果我们已经使用偏好函数评估我们对这些确定性前景的权衡，那么我们知道我们为效用值提供的等优线与我们的确定性偏好一致。如果我们为消费和健康状态评估个体效用曲线，然后做出任意的假设，如对某种特性相关的不确定性彩票的偏好不会随着我们改变其他特性而改变，我们将得到由个体评估加和或相乘组合而成的效用值。由这些组合所得的等优线无须与价值函数的等值线相匹配。如果我们从价值函数的规范着手，然后考虑我们的确定性权衡（想较于不确定性交易更简单），我们仅需一维的效用曲线评估。我们保证能够得到与我们确定性偏好一致的多特性效用值。

▶ **例 28-3 带有指数型和对数型效用曲线的线性价值函数**

假设一个价值函数的两种特性为加性的，即：

$$V(x,y) = ax + by$$

如果决策者有价值相关的①指数型效用曲线或者②对数型效用曲线，他对两个测度 x 和 y 的效用函数是什么？

1. 价值相关的指数型效用函数 如果价值相关的效用曲线为 $u(V) = -e^{-\gamma V}$，通过替代我们得出两种测度的效用函数为：

$$u[V(x,y)] = -e^{-\gamma(ax+by)}$$

依据指数函数的性质，我们也可以写为：

$$u(x,y) = -e^{-\gamma ax}e^{-\gamma by}$$

因此，这一函数可以写成两个函数 $e^{-\gamma ax}$ 和 $e^{-\gamma by}$ 之积。假设我们已经直接评估测度 x 和 y 相关的效用函数，此外，已经为各测度赋值了指数型效用曲线，其中 x 的风险规避系数为 γa，y 的风险规避系数为 γb。进一步假设我们给出了联合测度的效用值为单一测度效用值之积。我们所得结果与通过价值函数所得结果相同。

我们使用价值函数的方法仅仅依赖特性之间确定性权衡的评估，然后赋值一个价值相关的效用曲线，而无须假设效用函数的形式。

2. 价值相关的对数型效用函数 如果我们通过假设函数形式来构造效用值，比如个体特性相关效用曲线的乘积或加性函数，我们最后得到一个非常特殊的例子。展示如下：现在我们考虑为一个净现值的加性价值函数赋予一个对数型效用曲线将会发生什么。

$$u(V) = \log(V + \alpha) = \log(ax + by + \alpha)$$

假设效用值的乘积形式作为各特性相关的个体效用曲线将导致决策者偏好的错误表达，因为净现值测度相关的效用曲线不能以两个函数之积来表示。当然，决策者可能会有一个加性价值函数相关的对数型效用曲线，特别是在价值函数表示现金流的现值当量时。

▶例 28-4　带有指数型和对数型效用曲线的乘法价值函数

假设一个价值函数的两个测度为乘法的，即：

$$V(x,y) = axy$$

如果决策者有价值相关的①指数型效用函数，或者②对数型效用函数，他对两个测度 x 和 y 的效用函数是什么？

1. 指数型　通过替代，我们有：

$$u[V(x,y)] = -e^{-\gamma V(x,y)} = -e^{-\gamma axy}$$

注意在这种情况下，测度相关的效用函数不能由 x 和 y 的两个函数之积来表达。

2. 价值相关的对数型效用曲线　通过替代，如果 $u(V) = \log(V)$ 且初始财富等于 0，我们有：

$$u[V(x,y)] = \log(axy) = \log(a) + \log(x) + \log(y)$$

且我们现在有两个测度相关的一个加性函数。同样，个体测度的加性效用函数假设为一个特例，不具备普遍性。

▶例 28-5　风险规避和时间偏好

价值函数和价值相关效用曲线的应用使得我们可以决定我们的风险规避如何在今天收到的货币和未来收到的货币之间改变。说明如下。考虑有两个测度的决策情境：x = 今天收到的货币，y = 一年后收到的货币。这种情况的现值当量价值函数为加性函数：

$$V(x,y) = x + \beta y$$

其中 β 表示我们对今天收到的货币和一年后收到的货币之间的权衡。

假设一位决策者今天收到货币时有指数型效用曲线，其风险规避系数为 γ。我们有：

$$u(V) = -e^{-\gamma V}$$

他的多特性效用值为：

$$u(x,y) = -e^{-\gamma(x+\beta y)}$$

这是拥有不同的风险规避系数两个函数的乘积（两者均为指数型）。x（今天收到货币）的风险规避系数为 γ，y 的风险规避系数为 $\gamma\beta$。

我们现在确定了今天的风险规避系数和一年后风险规避系数的关系。一年后货币的风险规避系数是今天货币的风险规避系数乘以时间偏好的折现因子。等价地，一年后货币的风险容忍度以与我们的时间偏好利率相同的利率复合：

今天收到货币的风险规避系数 = 未来收到货币的风险规避系数 × 折现因子

如此一来，我们的效用值与净现值函数确定的确定性权衡是一致的。如果我们分别为每年评估效用曲线并相乘，我们可以得到任意风险偏好的效用值，且其与时间偏好折现因子并不一致。

28.8　估值不确定性现金流

28.8.1　联合风险和时间偏好

从价值函数和价值相关效用曲线角度考虑，可以帮助我们明晰很多问题。在这一节中，我们演示如何使用净现值价值函数和净现值相关效用曲线对不确定性交易进行估值。

假设你收到一笔交易,有 0.2 的概率在 15 年后获得 100 美元,0.8 的概率在 2 年后获得 −10 美元。图 28-7 演示了这一交易。

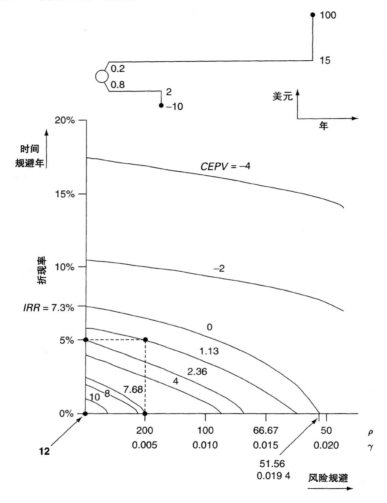

图 28-7　风险和时间联合偏好

> **注解**
>
> 如果我们将美元的金额扩大到亿元级别,那么这个例子就类似于制药公司在药物开发过程中所面临的决策问题。每种新型药物在多年后获得巨大回报的机会相对较小,且如果拟议的药物未能通过最初的安全性和有效性测试,则在未来几年内产生损失的概率非常大。

为了考虑该交易的确定等价物,我们首先决定各可能结果的现值当量。然后我们考虑美元现值相关的风险规避。为了确定现值当量,考虑折现因子 $\beta = \dfrac{1}{1+i}$,其中 i 为时间偏好折现率。

15 年后 100 美元的现值当量为 $100\beta^{15} = \dfrac{100}{(1+i)^{15}}$。

2 年后 -10 美元的现值当量为 $-10\beta^2 = \dfrac{-10}{(1+i)^2}$。

一位风险中性的决策者以其 NPV 的期望值估值该交易。因此，

$$\frac{0.2 \times 100}{(1+i)^{15}} + \frac{0.8 \times (-10)}{(1+i)^2}$$

比如，如果 $i = 0$，该风险中性决策者将估值这一交易为：

$$0.2 \times 100 - 0.8 \times 10 = 12(美元)$$

类似地，如果 $i = 5\%$，该风险中性决策者将估值这一交易为：

$$\frac{0.2 \times 100}{(1+0.05)^{15}} + \frac{0.8 \times (-10)}{(1+0.05)^2} = 2.36(美元)$$

最后，如果 $i = 7.3\%$，即该交易的内部收益率，该风险中性决策者将估值这一交易为 0。

现在假设一位风险规避系数为 γ 的指数型决策者面临如下交易。该交易的效用值为：

$$0.2 \times (1 - e^{-100\gamma\beta^{15}}) + 0.8 \times (1 - e^{10\gamma\beta^2})$$

该指数型决策者的**现值的确定等价物**（CEPV）将会是：

$$CEPV = \frac{-1}{\gamma}\ln(0.2 \times e^{-100\gamma\beta^{15}} + 0.8 \times e^{10\gamma\beta^2})$$

现在对于任意的 i 和 γ 的值而言，确定 CEPV 是很简单的。常数 CPEV 的等值线如图 28-7 所示。通过这种推理方式，等值线与我们的时间偏好折现因子和 NPV 的风险规避相一致。

注意到 CEPV 等于 0 的等值线在折扣率轴上的截距为内部收益率 7.3%，在风险规避轴上的截距为风险规避系数 0.019 4 的内部风险规避率，即风险容忍度为 51.56 美元。

28.8.2　估值你余生的年金

在第 27 章中，我们确定了 m 年每年支付 X 美元的年金价值。现在，我们将介绍如何估值不确定性现金流，比如你不确定的余生中每年支付常数金额的年金。

假设你收到一份年金，在你的余生中每年收到 X 美元。假设你为风险中性。你如何估值这份年金？基于人的生命 m 是不确定的，用 $pe[a(m)]$ 表示的现值当量也是不确定的。图 28-8 给出了 m 年中每年以美元支付的概率树的例子，其中 m 是不确定的。第一笔支付立刻施行。

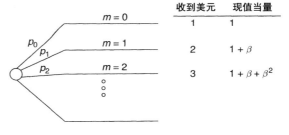

图 28-8　不确定年数的年金

为了估值这份年金，我们首先计算特定的 i 年（固定）每年支付 X 的现金流的现值当量。我们在此前章节中已经得知：

$$Xpe[a(i)] = X\frac{1 - \beta^{i+1}}{1 - \beta}$$

这一表达式表示支付恰好到 i 年的前景。现在，我们需要 $\{m|\&\}$，即我们可以收到付款的剩余年数的概率分布。这非常重要，因为需要得到不同前景效用值的期望值。分布 $\{m|\&\}$ 再一次取决于决策者的信念，但查阅人口统计资料有时会有所帮助。保险公司有这些数据的记录。例如，图 28-9 显示一位男性在 30 岁时余生的分布图。该图根据历史记录绘制。

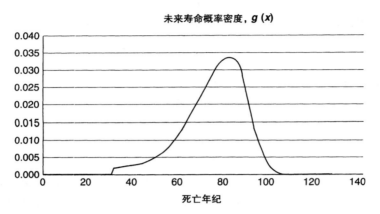

图 28-9　剩余寿命的分布

> 年金的期望值为其提供的现在可能的现值当量的期望值，所以：
> $$\langle Xpe[a]\,|\,\&\rangle = \sum_{m=0}^{n} p_m X \frac{1-\beta^{m+1}}{1-\beta} = X \frac{1-\langle\beta^{m+1}\,|\,\&\rangle}{1-\beta}$$
> 其中：
> $$\langle\beta^{m+1}\,|\,\&\rangle = \sum_{m=0}^{n} p_m \beta^{m+1} = \sum_{m=0}^{n} \{m\,|\,\&\}\beta^{m+1}$$
> 且 p_m 为第 m 年支付的概率，可从分布 $\{m|\&\}$ 中得到。

我们将在第 34 章中回顾这份年金。

对于计算而言，包含风险规避仅仅增加了一点复杂度，但是概念依然是相同的。如果决策者不是风险中性的，我们可以使用效用曲线来计算年金的效用值，表达式为：

$$\text{效用值} = \langle u(Xpe[a]+w)\,|\,\&\rangle = \sum_{m=0}^{n} \{m\,|\,\&\} u\left(X\frac{1-\beta^{m+1}}{1-\beta}+w\right)$$

其中 w 为初始财富。

令该式与确定等价物的效用值相等，有：

$$\sum_{m=0}^{n} \{m\,|\,\&\} u\left(X\frac{1-\beta^{m+1}}{1-\beta}+w\right) = u(\tilde{x}+w)$$

从中我们可以计算出确定等价物 $\tilde{x}$。

28.9　讨论

当前景由多种特性表征时，行动性思维五规则仍然适用。你仍然需要以前景的方式表征你所面临的备选方案，而且你仍然需要依据概率规则的要求对每一前景进行概率赋值。你也需要根据排序规则对前景进行排序。然后你需要根据等价规则为各前景给出一个偏好概率。你也需要遵循替换规则，然后根据选择规则做出选择。

当前景由多特性表征时，如同我们在第 26 章中所见，排序规则可以从构建一个确定性偏好（或价值）函数中受益。等价规则可以直接应用于多特性前景，但是正如我们所见，将等价规则应用于以价值测度表征的各前景上会更加简单。

在大多数的应用中，你可以构建一个带有货币产出的价值函数，或者至少有一个货币测度作为特性之一。货币尺度是有意义的，因为它具有可代替性和可分割性。构建尺度（比如味道、便利或者舒适等）对量化有挑战性且难以推断。当具有货币特性时，效用值或者偏好概率赋值问题就简化为货币相关的单一特性效用曲线赋值。

通常的情况是这样，即通过考虑问题的本质来进行确定性权衡。通常，问题的物理或工程方面决定权衡。比如，如果你知道能源与金钱之间的权衡，你可以决定金钱和其他任何有助于产生能源的因素之间的权衡。

如果你真的不能发现一种决策中不包括金钱的情形，那么决策特性之间的确定性权衡被用来决定偏好函数的等优线。当具有多特性时，一个等优线相关的偏好概率评估可用于构建效用曲线。

其他为多特性赋予效用值的方法宣称，当一种特性相关的一些不确定性不会随着另一种特性水平的变化而改变时，偏好不会改变。这些方法跳过分析的价值函数部分。我们发现这些模型具有相当的局限性。此外，通过使用各特性相关的单一特性效用曲线构建效用曲线而不考虑确定性权衡，然后将其以加性或者乘法形式组合起来，结果你可能得到任意形状的等优线。你还错过了发现可能有助于构建特性之间权衡的问题结构。

28.10　总结

当存在不确定性时，我们需要构建一个多特性效用函数。

一个多特性效用函数可以通过赋值一条效用曲线进行构建。这种方法可以使我们将效用曲线赋值简化为单一维度，并且使我们能够为多测度的交易进行赋值。

一旦价值函数确定了，且一维效用曲线以价值函数赋值，我们无须为每一个体特性赋予个体效用曲线，它们是确定的。

一个多特性效用函数未必为加性的或者乘法的。其也未必随着每个特性递增。它仅仅采用了由价值相关效用曲线定义的表面的形状。花生酱与果酱混合三明治是一个例子，其中这种递增行为并不适用。从不适当的目标函数着手可能会导致不适当的问题答案。

为了估值不确定的现金流，我们首先为各可能的前景确定现值当量，然后得到前景效用值的期望值。从中我们可以决定不确定性现金流的确定等价物。

习题

标注星号（*）的习题更具有挑战性。

*1. 计算不确定持续期的年金值：等可能地在 5 年、10 年或者 15 年中，每年支付 1 000 美元。假设折现因子 $\beta = 0.9$，且决策者为一位 Δ 人，其风险容忍度等于：
   a. $\rho = 5\,000$。
   b. $\rho = 10\,000$。

*2. 重复问题 1，决策者为对数型，其初始财富为：
   Ⅰ. $w = 5\,000$。
   Ⅱ. $w = 10\,000$。
   计算他在初始财富下拥有该年金时的 PIBP 和 PISP。

第 29 章

基于不同信念的赌约

本章核心概念

阅读本章之后，读者将能够解释下列概念：
- 如果局中双方拥有不同信念，如何构建一笔对其具有吸引力的交易
- 如何通过构建一笔对局中双方都有吸引力的交易来获利

29.1 引言

本章提出了一个与概率赋值相关的重要概念。这一概念可用于在局中双方基于不同信念时，对相同的观测属性赋予不同概率值。概率上的差异允许构建一笔两者间的交易，该交易对局中双方产生一个正的确定等价物。此外，交易的构建者甚至能够以此向局中双方收费。

29.2 基于不同概率的赌约

29.2.1 示例：雨天赌约

在以下情境中，一位教师正和他的学生就决策展开对话。

注："I"指代教师，"C"指代课堂上一个或多个学生，参与讨论的学生也可能以名字指代。

I：现在让我们构建一个 Palo Alto（帕罗奥多，美国加州的一个城市）在明天即 11 月 1 日是否下雨的简单属性，该属性有两个状态：要么下雨，要么不下雨。这一属性能否通过清晰度测试？

C：不能。我们仍需要定义您所谓的"下雨"和所谓"明天"的具体时间段。同时，我们还需要知道您所指 Palo Alto 的具体区域。

I：关于"明天"，我指的是从今日午夜到明日午夜之间的任意时段。关于区域，我指的

是 Palo Alto 的斯坦福大学校区。我们必须意识到，人们对于所谓"下雨"所必需的降水量存在不同的认知。当他们离开建筑物时，从路上的积水坑、潮湿的人行道等确凿的证据得出下雨的结论，但是实际上他们并没有看到下雨的过程，也许这些仅是草坪洒水所残余下来的积水。为了能够明确明天是否下过雨，我们将以下次课程班级投票的结果来决定。两天后，在我们的下一次课程中，我将会问大家："昨天是否下雨了？"然后我将统计肯定答复和否定答复的数量，表决的多数派将决定下雨事件的状态；如果双方票数相等，我们将以投掷硬币的形式来决定结果。我们期待每个人都能"尽心尽责"去投票。现在关于事件"R：明天 Palo Alto 会下雨"的定义大家都清楚了吧？

C：是的，这就意味着无论天气预报说什么都不重要，我们的投票才会影响最后的结果。

I：正确。现在我要你们每个人写下估计 R 的概率值，也就是下次课程大家将对"昨天下过雨"的投票。

C：（纷纷写下各自估计的概率。）

I：谁的概率大于 0.5？

John：我的概率是 0.7。

I：好的，有没有人比 0.7 大？

Bill：我的概率是 0.9。

I：好的，还有没有人的概率比 0.9 大？（等待片刻）没人了，好的，Bill 你有下雨的最大概率值。

I：有没有人的概率比 0.5 小？

Lisa：我的概率是 0.2。

Mary：我的概率是 0.08。

I：好的，还有没有人的概率比 0.08 小？（等待片刻）没人了，好的，Mary 你有下雨的最小概率值。

Bill 估计明天下雨的概率 $= \{R \mid \&_{Bill}\} = 0.9$

Mary 估计明天下雨的概率 $= \{R \mid \&_{Mary}\} = 0.08$

现在假设我们给定 Bill 图 29-1 左边的交易，给定 Mary 图 29-1 右侧的交易。

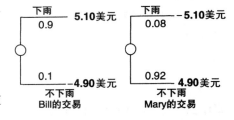

图 29-1　依据其信念提供给局中人 Bill 和 Mary 的交易

I：如果两位局中人在这一货币前景区间内是风险中性的（对如此少量的货币而言，他们也应该是风险中性的），他们对各自交易评估的期望收益值为：

Bill 对交易的估值 $= 0.9 \times 5.1 + 0.1 \times (-4.9) = 4.1$（美元）

Mary 对交易的估值 $= 0.08 \times (-5.1) + 0.92 \times 4.9 = 4.1$（美元）

现在，我们习惯上会询问双方是否真的想要在下次课程上提交各自的交易。如果他们确认，当然他们也可以拒绝（虽然这很罕见），我们实际上构建了一个资金池：Bill 将支付 4.90 美元，Mary 将支付 5.10 美元。如果两天后班级的投票结果为"下雨"，那 Bill 将赢得资金池；反之则赢家为 Mary。若任一方不愿参加该交易，则机会将顺延至给出概率第二高或第二低的人，以此类推。接下来大家可以讨论。

John：如果 Bill 和 Mary 都对下雨的概率赋予各自真实信念值，他们是不是将会有相同的期望收益值?

I：是的。如果向他们提供上述交易，他们将会很乐意接受，因为两笔交易的期望收益值都是正的确定等价物。事实上，我们甚至可以向参与赌约的人收取高达 4.10 美元的费用，但这种情况他们将不再关心各自是否赢得赌约。

John：当两个人对同一事件赋值不同概率时，我们是不是总可以构建出一个类似的交易？

I：可以。此外我们甚至能够构建有着正的确定等价物的交易。在我们的构建过程中，我们将确保每个参与者的期望值都相同。

首先，你们需要注意交易总支付的绝对值之和为 10 美元，5.10 + 4.90 = 10（美元）。这就是我们构建了一个 10 美元资金池的原因：5.10 美元由 Mary 支付，4.90 美元由 Bill 支付。如果结果是下雨，Bill 将赢得资金池；如果不下雨，Mary 将赢得资金池。资金池的大小由参与者双方认可确定。如果我们决定设立一个 100 美元的资金池，那么 Mary 将支付 51 美元，Bill 将支付 49 美元，双方都有一个确定等价物 41 美元。

29.2.2 设定交易

对此类交易设定推而广之，对任意两个参与者 A 和 B 而言，我们假设：

$$\{R\mid\&_A\} = p, \quad \{R\mid\&_B\} = q, \quad 且 \ p > q$$

现在，我们构建两笔交易：若下雨，则 B 向 A 支付 a 美元；反之，则 A 向 B 支付 b 美元（如图 29-2 所示）。总的资金池为：

$$m = a + b$$

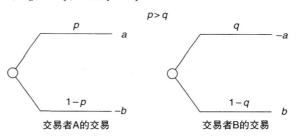

图 29-2　构建具有相同均值的交易

为了计算出 a 和 b 的值，我们需要关于两笔交易的期望收益值的等式，我们有：

交易者 A 的期望值 $= pa - (1-p)b$
交易者 B 的期望值 $= -qa + (1-q)b$

令两个期望值相等，有：

$$pa - (1-p)b = -qa + (1-q)b$$
$$\Rightarrow p(a+b) - b = b - q(a+b) \quad [两边同除以 (a+b)]$$
$$\Rightarrow p - \frac{b}{a+b} = \frac{b}{a+b} - q \Rightarrow \frac{b}{a+b} = \frac{1}{2}(p-q)$$

定义 $k = \dfrac{b}{a+b}$，代入上式则有：

$$k = \frac{1}{2}(p-q)$$

即为参与双方对下雨赋予概率值的均值，或者在本例中为 $\dfrac{(0.9 + 0.08)}{2} = 0.49$。资金池 m 为 a 与 b 之和，所以我们有：

$$a = (1-k)m \quad 且 \quad b = km$$

对于任意的 m 和任意两个下雨的概率，我们都能计算出平均的概率 k，以及 a、b 的值。此外，每一个参与者对交易的期望值为：

$$交易者A的期望值 = 交易者B的期望值 = pa - (1-p)b = p(1-k)m - (1-p)km$$
$$= (p-k)m = \left(\frac{p-q}{2}\right)m$$

> 因此，每个参与者的期望收益值都为两者赋值概率之差的一半再乘以资金池的大小。

在本例中，则为：

$$\left(\frac{p-q}{2}\right)m = \frac{0.9 - 0.08}{2} \times 10 = 4.1$$

概率之差越大，期望值也越大。若一方赋值的概率为1，另一方赋值的概率为0，此时期望值为资金池的一半，达到最大值。

29.2.3 进一步讨论

在这一部分，课堂将继续他们此前的讨论。

I：要是Bill给出一个不是他真正相信的概率，结果会怎么样？例如，假设Bill对下雨的真正信念概率为0.9，但是他说出的是0.6。然后，基于我们的分析，概率的均值将会是 $\frac{(0.6 + 0.08)}{2} = 0.34$。（边说边写在黑板上。）如果下雨的话，Bill将取得的收益为 $(1 - 0.34) \times 10 = 6.6$（美元），而不是4.9美元；不下雨的话，Mary将取得的收益为 $0.34 \times 10 = 3.4$（美元），而不是5.1美元。这样构建出的交易，对Mary而言期望值为 $0.08 \times (-6.6) + 0.92 \times 3.4 = 2.6$（美元），这与通过概率之差公式 $\left(\frac{p-q}{2}\right)m = \frac{0.6 - 0.08}{2} \times 10 = 2.6$（美元）来预测是一致的，且比Bill给出实际概率0.9时的期望收益值4.1美元要小。所以Mary的期望值比之前的少了1.50美元。那对Bill而言呢？因为Bill真正的对下雨的估计概率为0.9，他的交易为：以0.9的概率赢得6.6美元和以0.1的概率输掉3.4美元，期望值为5.6美元。通过设立一笔基于宣称0.6的概率而不是赋值0.9的概率的交易，Bill将他的期望值增加到5.6美元，增加了 $5.6 - 4.1 = 1.5$（美元）。Bill获得的增加收益正是Mary所减少的收益。

如果Bill和Mary协商去构建一笔交易，这可能会是一个问题。然而在课堂上，那些给出了自己概率的人都不知道如何使用这些概率。即如果Bill宣布了他给出下雨的概率为0.6，John可能会紧随他给出0.7的概率或有人给出更高的概率。

John：这是不是意味着交易构建者可以从不同概率中获利？

I：是的，假设我从10美元的资金池中拿走了1美元作为构建交易的费用，剩下的9美元留给参与者。他们概率的平均值仍然是0.49，双方的收益值分别由4.9美元变为 $0.49 \times 9 = 4.41$（美元），5.1美元变为 $0.51 \times 9 = 4.59$（美元）。思考图29-3所示的改进后的Bill和Mary的交易。

I：改进后的交易模型带来的正的期望值为双方的概率之差的二分之一与剩余的资金池之积，即 $0.41 \times 9 =$

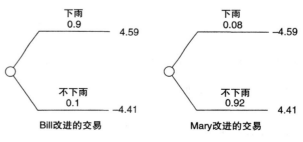

图29-3　Bill和Mary改进的交易

3.69（美元），而不是原来的 0.41×10 = 4.1（美元）。

John：若参与双方都是风险规避者，结果又会如何？我们能否仍设计出这样的交易？

I：可以的。如果我们希望如此，在进行演示之前我们应该首先收集全班同学的效用曲线。然后我们也能设计出相似的交易使得每个参与者的确定等价物一致。此外，像刚才关于资金池的讨论，支付金额的设置规模是没有限制的。我们可以通过考虑任何因素 m 来衡量支付函数的大小，使得交易更具有吸引力。

29.3 实际应用

如果你听到两位同事在争论任何可观测的事件，你可以运用我们在本章所学来化解争论。无论争论是关于谁将赢得比赛，还是合同是否能成功签约，抑或是任务是否能成功，你所要做的就是给出一个观测属性能够通过清晰度测试的定义，令双方进行概率赋值，约定资金池大小，并从各局中人处收取适当费用。你所做的就是帮助他们把钱投在他们所相信的概率事件上。

29.4 总结

当存在信念差别时，我们就能够构建一笔吸引各参与方的交易。同时，我们能够从构建这些交易中获利。

概率之差越大，对一笔确定资金池的交易而言，其期望值也就越大。

习题

1. Sean 和 Luce 被要求依据真实信念对即将到来的周四晚上是否下雨进行概率赋值。在通过雨天和晴天的清晰度测试后，他们各自的概率赋值如下：

   $\{R \mid \&_{\text{Sean}}\} = 0.11, \{R \mid \&_{\text{Luce}}\} = 0.65$

   给定的交易如下图所示。

   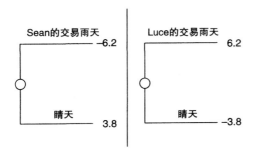

   在此少量资金前景的交易中，我们假定两人都是风险中性的。以下哪些表述为真？

   I. Sean 和 Luce 对交易的估值均为 2.70 美元。

   II. 即使 Sean 预测下雨的概率为 0.33（是他所声明概率的 3 倍），他也更偏好该交易甚于 0。

   III. 如果 Luce 给出一个比他的真实信念要低的概率，他将会在交易中有更高的确定等价物。

   IV. 对不确定性交易的估值不应该基于结果，而应该基于确定等价物。

2. 你的一个朋友发放了一对二元不确定性的奖券，每一张奖券都会由所产生的确定性结果支付一笔 10 美元的资金。例如，如果股市上涨则其中一张奖券将支付 10 美元，若股市下跌则另外一张奖券将支付

10 美元。换言之，该奖券总是支付给其持有人 10 美元的金额，因为我们知道肯定会有一种结果发生，持有人总是会得到 10 美元的收益（忽略股票市场维持不变的情况）。

奖券 A
若股市上涨则会支付给持有人 10 美元

奖券 B
若股市下跌则会支付给持有人 10 美元

Ⅰ. 决策者 1 为风险规避型（风险容忍度为 20 美元），并相信股市上涨的概率为 0.8。

Ⅱ. 决策者 2 为风险中性的，并相信股市上涨的概率为 0.7。

a. 决策者 1 对该对奖券的 PIBP 是多少？

b. 经过思考，决策者 1 说他是风险中性的。你被要求为这对奖券设计价格和销售计划。你会把每张奖券各自卖给哪个决策者？你能为你的朋友带来的最大收益是多少？

3. Bill 估计明天下雨的概率为 $\{R \mid \&_{Bill}\} = 0.9$。

Mary 估计明天下雨的概率为 $\{R \mid \&_{Mary}\} = 0.08$。

Mary 是风险中性的，Bill 的风险容忍度为 100 美元。构建一个使得 Bill 和 Mary 确定等价物相等的下雨赌局。

第 30 章

从试验中学习

本章核心概念

阅读本章之后,读者将能够解释下列概念:

- 为图钉的"正面"和"反面"出现的概率赋值
- 观察单次或多次投掷的结果后,修正"正面"和"反面"出现的概率
- 共轭先验分布
- 在观测到"正面"出现的条件下会使得在下一次投掷中"正面"出现的概率更大吗

30.1 引言

在此前的章节中,我们讨论了在接收新的信息时如何修正关注属性的概率分布。这一信息可以是完全的,以一个有保证的结果完全消除我们的不确定性;也可以是不完全的,在这种情况下,它仅仅修正我们对结果的预测概率。

本章关注一种特殊形式的不完全信息,特殊之处在于关注属性是连续的而该不完全信息是与该事件相关的一个离散试验的结果。我们将会使用在不完全探测器下修正信念的同样的推理方法,不过在这种情况下,我们还将会通过图表展示如何修正我们的信念。

这个规划的一个重要应用是如何对一个我们不熟悉的属性的状态进行概率修正。例如在第 2 章中,相比于大奖章交易而言,人们更不愿进行选择图钉交易,尽管他们的情况并不会因选择图钉合约而变得恶化。他们对于图钉的不熟悉导致他们做出这一决策,即使就如我们在第 6 章演示的那样,图钉交易可以通过简单的投币转换为奖章交易。

如果人们不确定图钉的落地方式,他们起初可能会忍不住试投几次。当人们实际试投时,我们发现投掷几次图钉并不会告诉我们图钉是如何落地的。但是如果我们投掷它而出现"针尖朝上"或者"针尖朝下",我们就可以用这条信息来修正图钉未来落地方式的概率。本章将展示如何实现这一过程。

30.2 为图钉"正面"和"反面"出现的概率赋值

开始之前，我们需要回顾我们所掌握的关于硬币投掷过程的知识。我们知道连续投掷硬币的事件是物理上相互独立的，即此前的试投中硬币的落地方式不会对硬币下一次的落地方式产生物理上的影响。这在我们投掷一些易磨损或者融化的物体，比如冰做成的骰子时就不成立了。如果投掷机制改变或者地面发生变化，比如有时投掷到了坚硬的地面而有时投掷在地毯上，那么物理相互独立性也不成立。如果连续的投掷是物理上相互独立的，我们认为硬币在每一次投掷时的表现对任何未来的投掷都没有影响。这就是说不论取得结果的顺序如何，任何顺序的投掷结果的概率都是一样的。

一如第 2 章中的那样，我们指定"针朝上"作为"反面"，而"针朝下"作为"正面"。在这个信念下，我们在刻画这一过程中唯一需要知道的数字就是在序列投掷中任一次出现"正面"的概率值 ϕ。

此时，我们已经利用了对这一过程所有的基础性先验知识。除了知道值域在 0 到 1 之间外，我们对 ϕ 知之甚少。回顾第 15 章中，我们用来赋值椅子重量的概率分布的过程试验，试验中给概率赋值的人并不知道椅子的重量，但是他的确有基于类似尺寸、结构、材料、动态移动等因素的信息。

如果我们想要给 ϕ 进行概率分布的赋值，我们必须考虑我们在第 2 章末尾讨论的关于投掷动态性的认知。一些学生认为最低能量的位置（反面）更容易出现。其他人则更倾向于图钉—硬币概念。他们说一开始设想图钉切断钉的部分变得很像一个圆盘，就像"正面"的概率为 0.5 的硬币那样。然后假设图钉会有一个类似钉的一根很长的针。在这种情况下，"正面"出现的概率接近 1。由于现实中针的长度无法达到这些极端值，他们相信图钉更容易以"正面"朝上落地。无论你如何推测，你都需要在 0 到 1 之间为 ϕ 进行赋值。

一如我们之前所说，如果我们知道 ϕ，我们可以赋值它作为"正面"（H）的概率。用如下符号表示：

$$\{H|\phi,\&\} = \phi$$

但基于我们对于 ϕ 的未知性，我们应该为下一次投掷出现"正面"的概率赋值多少，例如，$\{H|\&\}$ 是多少？

我们可以利用图 30-1 中的关联图来考虑这个概率。第一种属性为 ϕ，而第二种为"正面" H。

图 30-1 中顶部的图给出了评估形式。这里我们指定先验概率为 $\{\phi|\&\}$，且我们的似然率（已知 ϕ 之后的条件概率）为 $\{H|\phi,\&\}$。

为了计算 $\{H|\&\}$，即预后验概率，我们需要以推理形式调整该图。如同我们在决策树中处理的那样，我们将每个条件概率 $\{H|\phi,\&\}$ 与 ϕ 的概率相乘，然后把 ϕ 的所有可能值相加。如果 ϕ 以某些离散值出现，那么我们有加和形式：

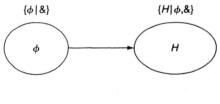

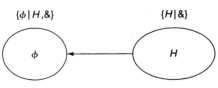

图 30-1　通过考虑 ϕ，为下一次投掷的概率赋值 $\{H|\&\}$

$$\{H\,|\,\&\} = \sum_\phi \{H\,|\,\phi,\&\}\{\phi\,|\,\&\}$$

如果 ϕ 为连续分布形式，我们有积分形式：

$$\{H\,|\,\&\} = \int_\phi \{H\,|\,\phi,\&\}\{\phi\,|\,\&\}$$

一如前文讨论，如果对于某人而言 ϕ 是已知的，他会将其赋值给"正面"出现的概率。因此：

$$\{H\,|\,\phi,\&\} = \phi$$

所以，

$$\{H\,|\,\&\} = \int_\phi \phi\{\phi\,|\,\&\} = \langle\phi\,|\,\&\rangle$$

为 ϕ 分布的均值。不知道 ϕ 的人必须将 ϕ 的分布的均值作为下一次投掷出现"正面"的概率值。这并不是一些类型的粗略估计，而是我们规划的逻辑要求。

类似地，我们可以计算下一次投掷出现"反面"的概率：

$$\{T\,|\,\&\} = \int_\phi \{T\,|\,\phi,\&\}\{\phi\,|\,\&\}$$

当然，

$$\{T\,|\,\&\} = 1 - \{H\,|\,\&\} = 1 - \langle\phi\,|\,\&\rangle$$

这些计算结果中有两个发现值得注意：

（1）我们赋值给下一次投掷出现"正面"的实际概率仅仅是一个数字：ϕ 分布的均值。这个概率是确定的。

（2）不论我们赋予 ϕ 什么样的分布函数，即 $\{\phi\,|\,\&\}$，我们仍将会选择图钉而非奖章交易。例如，如果均值为 0.2，我们会选择尖针然后赌"反面"，而如果均值为 0.8，我们将赌"正面"。如果均值为 0.5，而我们又认为奖章落地正反面概率一样，那我们就会感觉无差别。

30.3 在下两次投掷中都出现"正面"的概率

在不清楚 ϕ 的情况下，接下来两次投掷都出现"正面"的概率又如何呢？为了计算这一概率，我们赋值先验概率 $\{\phi\,|\,\&\}$ 和似然率 $[H,H\,|\,\phi,\&]$。然后通过将先验概率与似然率相乘并将 ϕ 的各值加和，得到预后验概率 $\{H,H\,|\,\&\}$。

我们有：

$$\{H,H\,|\,\&\} = \int_\phi \{H,H\,|\,\phi,\&\}\{\phi\,|\,\&\}$$

一如前文讨论的那样，若 ϕ 对某人而言是已知的，他会将其赋值给"正面"出现的概率。因此有：

$$\{H,H\,|\,\phi,\&\} = \phi^2$$

继而连续出现两个"正面"的概率就是：

$$\{H,H\,|\,\&\} = \int_\phi \phi^2\{\phi\,|\,\&\} = \langle\phi^2\,|\,\&\rangle$$

这就是 ϕ 分布的二阶矩。注意到一个分布的二阶矩不等于其一阶矩的平方。其差异是由 ϕ 的不确定性造成的。

30.4 任意数量的"正面"和"反面"出现的概率

类似地，我们可以计算出现 m 个"正面"的概率。我们为先验概率 $\{\phi|\&\}$ 和似然率 $\{H_1, H_2, \cdots, H_m | \phi, \&\}$ 赋值，其中 H_1 表示第一次投掷出现"正面"，H_2 表示第二次投掷出现"正面"，以此类推。我们有：

$$\{H_1, H_2, \cdots, H_m | \&\} = \int_\phi \{H_1, H_2, \cdots, H_m | \phi, \&\}\{\phi|\&\} = \int_\phi \phi^m \{\phi|\&\} = \langle \phi^m | \& \rangle$$

这是分布的 m 阶矩。

那么第一次投掷出现"正面"，第二次投掷出现"反面"的概率又如何呢？我们有：

$$\{H_1, T_2 | \&\} = \int_\phi \{H_1, T_2 | \phi, \&\}\{\phi|\&\}$$

如果对于某人而言 ϕ 是已知的，他就会赋值：

$$\{H_1, T_2 | \phi, \&\} = \phi(1-\phi)$$

第一次投掷出现"正面"，而第二次投掷出现"反面"的概率将会是：

$$\{H, T | \&\} = \int_\phi \phi(1-\phi)\{\phi|\&\} = \langle \phi(1-\phi) | \& \rangle = \langle \phi | \& \rangle - \langle \phi^2 | \& \rangle$$

此外，在两次投掷中，"正面""反面"各出现一次但不特别指定出现顺序，即要么第一次出现"正面"，H_1，第二次出现"反面"，T_2；要么第一次出现"反面"，T_1，第二次出现"正面"，H_2。则有，

$$\{H_1, T_2 | \&\} + \{T_1, H_2 | \&\} = 2\langle \phi(1-\phi) | \& \rangle = 2(\langle \phi | \& \rangle - \langle \phi^2 | \& \rangle)$$

类似地，在给定先验分布 $\{\phi|\&\}$ 的条件下，我们可以计算投掷图钉过程中出现任意数量或任意次序"正面"和"反面"的概率。

30.5 从观察中学习

我们现在来了解一下如何在给定先验分布 $\{\phi|\&\}$ 的情况下，计算投掷图钉过程中出现任意数量或任意次序"正面"和"反面"的概率。但是我们还没有讨论我们观察投掷图钉几次的结果之后这个概率将如何变化。这是一个试验，而其结果会改变 ϕ 的分布。

现在，我们来讨论观察投掷（试验）结果之后我们对于 ϕ 的认知如何变化。然后我们会说明如何在更新 ϕ 的分布之后修正"正面"出现的概率 $\{H|\&\}$。

30.5.1 观察一次"正面"或"反面"

假设某人除了 & 的信息之外，又观察到出现了一次"正面"。那么他了解到什么呢？为了回答这个问题，我们需要计算后验概率 $\{\phi|H, \&\}$。我们有：

$$\{\phi \mid H, \&\} = \frac{\{H \mid \phi, \&\}\{\phi \mid \&\}}{\{H \mid \&\}}$$

然而，我们知道 $\{H \mid \phi, \&\} = \phi$ 和 $\{H \mid \&\} = \langle \phi \mid \& \rangle$，所以表达式可以写为：

$$\{\phi \mid H, \&\} = \frac{\phi \{\phi \mid \&\}}{\langle \phi \mid \& \rangle}$$

观察到一个"正面"的影响是为了用 ϕ 去乘以 ϕ 的分布（密度函数），然后将其除以一个等于 $\langle \phi \mid \& \rangle$ 的标准化因子，即其均值。

类似地，如果一个"反面" T 被观察到，其对 ϕ 分布的影响通过下式给出：

$$\{\phi \mid T, \&\} = \frac{\{T \mid \phi, \&\}\{\phi \mid \&\}}{\{T \mid \&\}}$$

我们有 $\{T \mid \phi, \&\} = 1 - \{H \mid \phi, \&\} = 1 - \phi$ 和 $\{T \mid \&\} = 1 - \{H \mid \&\} = 1 - \langle \phi \mid \& \rangle$。所以上式又可以写成：

$$\{\phi \mid T, \&\} = \frac{(1-\phi)\{\phi \mid \&\}}{1 - \langle \phi \mid \& \rangle}$$

这个分布是乘以 $1-\phi$ 的，然后除以一个等于 1 减去其均值的标准化因子。这个标准化因子通常是对所有 ϕ 值的分子的积分。

30.5.2 图表化修正 ϕ 的分布

我们现在可以设计一台计算机来执行修正工作，通常会从 $\{\phi \mid \&\}$ 的先验密度函数开始。如果我们观察到出现"正面"，我们会用 ϕ 乘以这个密度函数，然后将其重新标准化到总面积为 1。观察到一个"反面"，则会用 $1-\phi$ 乘以密度函数，然后进行相同的重新标准化。

一旦我们获取了 ϕ 的新分布，我们就可以通过计算其均值从而计算下一次投掷出现"正面"的新概率。图 30-2 给出了在观察到"正面"时对 ϕ 密度函数的影响。

为了得到标准化的后验概率，我们简单地将概率密度除以 $\{\phi \mid \&\}$ 的均值，即 $\langle \phi \mid \& \rangle$。标准化后验分布的均值是在已经观察到出现一次"正面"的情况下出现一次"正面"的概率。

图 30-3 给出了在观察到出现一次"反面"时对 ϕ 密度函数的影响。为了得到标准化的后验概率，我们简单地将概率密度除以 1 减去 $\{\phi \mid \&\}$ 的均值，即 $1 - \langle \phi \mid \& \rangle$。标准化后验分布的均值是在已经观察到出现一次"反面"的情况下出现一次"正面"的概率。

无论先验分布 $\{\phi \mid \&\}$ 怎样，获得 $\{\phi \mid H, \&\}$ 或者 $\{\phi \mid T, \&\}$ 的图表化过程都可以使用。观察到 ϕ 的任意先验分布，将其乘以图 30-2 中用来表示所观测任意"正面"的似然函数和图 30-3 中用来表示所观测任意"反面"的似然函数的结果，将会是后验分布的持续收窄。如果有足够多数量的"正面"和"反面"被观察到，分布的均值将几乎全部集中于"正面"出现的次数除以投掷次数所得的比率，也就是在这项试验中观察到的"正面"出现的比率。

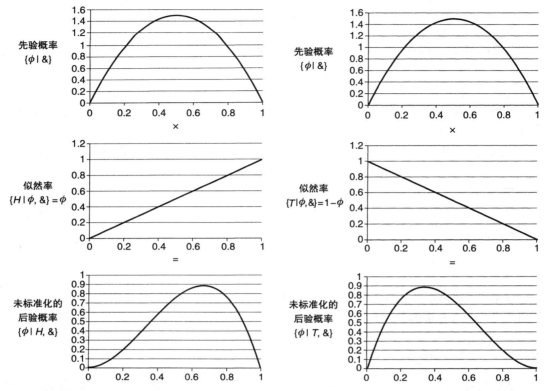

图 30-2 通过观察一次"正面"后,图形化修正 ϕ 的分布

图 30-3 通过观察一次"反面"后,图形化修正 ϕ 的分布(为得到标准化的后验概率 $\{\phi|T,\&\}$,将乘积除以 $1-\langle\phi|\&\rangle$)

30.5.3 观察 r 次"正面"和 k 次"反面"的影响

为了使这一行为更加清晰,假设在 n 次投掷中有 r 次观察到了"正面",其中 $n=r+k$。接下来,由于我们已经讨论过观察"正面"和"反面"的影响,关于 ϕ 的后验分布,即 $\{\phi|r,n,\&\}$ 为:

$$\{\phi|r,n,\&\} = a\phi^r(1-\phi)^{n-r}\{\phi|\&\}$$

其中 a 是使得后验概率成为一个密度函数所需的任意标准化常数。

ϕ 的后验分布也可以图表化地将先验概率 $\{\phi|\&\}$ 与曲线 $\phi^r(1-\phi)^{n-r}$ 相乘,然后将得到的结果曲线进行标准化处理来确定。

一旦我们得到了后验分布 $\{\phi|r,n,\&\}$,本次观察到出现"正面"的概率就是这一新分布的均值,即 $\langle\phi|r,n,\&\rangle$。

30.6 共轭分布

尽管上述结果构成了一个修正信息的完整过程,但在我们展示决策和试验的过程中,它们并不具备必要的分析便利性。若上文等式中的先验和后验密度函数是同一族的成员,我们的工作将会简单一些。若先验和后验密度函数对 ϕ 的依赖性以 $\phi^l(1-\phi)^m$ 的形式表示，其中 l 和 m 是常数，然后等式的两边都拥有那样的形式，那么这样确实会带来一些便利。

若我们选择先验概率密度函数形式为：

$$\{\phi \mid r', k', \&\} = c\phi^{r'-1}(1-\phi)^{k'-1}$$

其中 r' 和 k' 是常数，c 是标准化常数，在观察到 r 个"正面"和 k 个"反面"的情况下的后验概率密度函数将会以如下方式依赖于 ϕ：

$$\{\phi \mid r, r', k, k', \&\} = ac\phi^r(1-\phi)^k \phi^{r'-1}(1-\phi)^{k'-1} = ac\phi^{r+r'-1}(1-\phi)^{k+k'-1}$$
$$= ac\phi^{r''-1}(1-\phi)^{k''-1}$$

为了展示后验概率实际上和先验概率隶属于同一族，我们定义后验参数 $r''=r+r'$ 和 $k''=k+k'$。

实际上，一如我们在第 20 章所定义的，先验项是 β 密度函数：

$$\text{Beta}(\phi \mid r', k') = c\phi^{r'-1}(1-\phi)^{k'-1}, 0 \leq \phi \leq 1$$

其均值为：

$$\text{均值} = \frac{r'}{r' + k'}$$

方差为：

$$\text{方差} = \frac{\text{均值} \times (1 - \text{均值})}{r' + k' + 1}$$

所有这些的数学内涵是什么

> 如果你从一个带有参数 r'，k' 的 β 分布的先验概率 $\{\phi \mid \&\}$ 开始，而且你观察到了图钉的 r 次"正面"和 k 次"反面"，那么 ϕ 的后验概率分布将会是一个带有参数 r''，k'' 的 β 分布，其中 $r''=r+r'$，$k''=k+k'$，这样数学内涵将十分简单。

此外，如果你在观察数次投掷后为下一次投掷中出现"正面"的概率赋值，其将会是新的 β 分布的均值，也就是 $\frac{r''}{r''+k''}$。

当我们可以为试验进程发现类似于先验和后验概率所属的分布族时，对于这一试验过程，我们说这个家族是一个共轭族。我们已经为二元投掷过程发现了这样一个族，此外还展示了一个取得后验参数的非常简单的过程：简单加和描述先验参数试验结果的数字。

▶ **例 30-1　数值算例**

你对于图钉出现"正面"的 ϕ 分布的先验信念为一个 β 分布 $\text{Beta}(r, k)$。你在四次投掷中观察到了两次"正面"和两次"反面"。那么在以下条件下，对于下一次投掷中出现"正面"的先验和后验概率分别是多少？

(a) $r=1$，$k=2$。
(b) $r=20$，$k=21$。

解：

(a) 如前面所讨论的那样，"正面"出现的先验概率是 $\{H \mid \&\} = \langle \phi \mid \& \rangle$。如果 $r=1$，

$k = 2$，那么：

$$\{H \mid \& \} = \frac{1}{(1+2)} = \frac{1}{3}$$

亦即 Beta(1, 2) 分布的均值。

对 ϕ 的后验分布有：

$$\{\phi \mid H, H, T, T, \& \} = \text{Beta}(r+2, k+2) = \text{Beta}(3, 4)$$

因此，出现"正面"的后验概率是：

$$\{H \mid H, H, T, T, \& \} = \langle \{\phi \mid H, H, T, T, \& \} \mid \& \rangle = \frac{3}{(3+4)} = \frac{3}{7}$$

亦即 Beta(3, 4) 分布的均值。

（b）出现"正面"的先验概率是 $\{H \mid \&\} = \langle \phi \mid \& \rangle$。如果 $r = 20$, $k = 21$，那么：

$$\{H \mid \& \} = \frac{20}{41}$$

对 ϕ 的后验分布有：

$$\{\phi \mid H, H, T, T, \& \} = \text{Beta}(r+2, k+2) = \text{Beta}(22, 23)$$

因此，出现"正面"的后验概率是：

$$\{H \mid H, H, T, T, \& \} = \frac{22}{(22+23)} = \frac{22}{45}$$

30.7 观察到一次"正面"会使得下一次投掷中出现"正面"的概率更大吗

我们开发的框架结构可以被用来决定新信息对某事即将发生概率的影响。我们在给定信息时，发现 ϕ 的后验分布，然后再去计算其均值。另一种包含新信息的方式是只基于先验的 ϕ 分布。例如，已知 ϕ 的分布，考虑在我们已经知道第一次投掷中出现了一次"正面"之后，在第二次投掷中观察到"正面"的概率，而我们是知道 ϕ 的分布信息的，所以我们会倾向于概率 $\{H_2 \mid H_1, \phi, \&\}$。

我们知道在连续两次投掷中出现两次"正面"的概率是：

$$\{H_2, H_1 \mid \phi, \& \} = \langle \phi^2 \mid \& \rangle$$

然后我们知道在下一次投掷中出现一次"正面"的概率是：

$$\{H_1 \mid \phi, \& \} = \langle \phi \mid \& \rangle$$

因此，我们就简单地计算所求概率：

$$\{H_2 \mid H_1, \phi, \& \} = \frac{\{H_2, H_1 \mid \phi, \& \}}{\{H_1 \mid \phi, \& \}} = \frac{\langle \phi^2 \mid \& \rangle}{\langle \phi \mid \& \rangle}$$

此外，由于 ϕ 分布的方差 $^v\langle \phi \mid \& \rangle$ 正巧是二阶矩和一阶矩平方之差，我们有：

$$^v\langle \phi \mid \& \rangle = \langle \phi^2 \mid \& \rangle - \langle \phi \mid \& \rangle^2$$

我们也可以把概率写成：

$$\{H_2 \mid H_1, \phi, \& \} = \frac{\langle \phi \mid \& \rangle^2 + {}^v\langle \phi \mid \& \rangle}{\langle \phi \mid \& \rangle} = \langle \phi \mid \& \rangle + \frac{{}^v\langle \phi \mid \& \rangle}{\langle \phi \mid \& \rangle}$$

> 这一结果表明当第一次投掷观察到"正面"并且 ϕ 是未知的情况下，在第二次投掷中出现"正面"的概率等于 ϕ 分布的均值加上另一项，即 ϕ 分布的方差与其均值的比值。

由于方差非负，第一次投掷"正面"的出现使得第二次出现"正面"的概率提高了，提高的量为 ϕ 的方差与其密度函数均值的比值。只有在 ϕ 分布中没有方差（关于 ϕ 没有不确定性），这个事件的出现才不会提高它的概率。

孩子们经常会认为在这种情况下看到"正面"这个事件发生后，会使得下一次出现"正面"的概率更大。当他们在学校里学习概率之后，他们了解到投掷一个两种状态的物体是一个 Bernoulli 过程，并且在下一次观察到"胜利"或者"正面"的机会和之前的历史结果并没有关系。但是，作为本科生或者研究生阅读本书时，你现在会知道如果你对于这个过程的所有参数都不了解，观察到一次"胜利"的出现将会使之后"胜利"出现的概率提高。

30.8 另一个关于图钉的示例

让我们再回到关于图钉的示例。假设我们在投掷时有两枚图钉而不是一枚，然后考虑如下在教师（I）和班级里被选中的学生（C）之间的对话。

I：这些图钉落地的方式有几种？

C：这些图钉可以落成①针都朝上，②针都朝下，或者③一根针朝上，而另一根针朝下。

I：正确。让我们将针都朝上或者针都朝下的情况称为"相同"，而将一根针朝上而另一根针朝下的情况称为"不同"，就像图 30-4 表示的那样。这个明白吗？

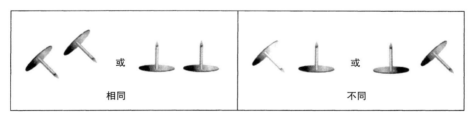

图 30-4　两枚图钉的不同赌约方案

C：是的，现在我们知道如何称呼那些观察到的情况了。

I：如果你得到了凭证，你会猜"相同"还是"不同"？

C：如果我们为每枚图钉以针朝上落地的概率赋值 p，为针朝下落地的概率赋值 $1-p$，而且假设一根针的落地对另一根针没有影响，那么对任意的 p，两枚图钉以相同方式落地的概率为：

$$\{相同 | \&\} = \{两针朝上 | p, \&\} + \{两针朝下 | p, \&\}$$
$$= p^2 + (1-p)^2$$

I：好的，基于你的答复，我知道你假设了一枚图钉的落地对另外一枚图钉的落地没有影响。这就是说如果你观察到第一枚图钉落地，你也不会知道第二枚图钉落地状态的任何信息。

C：是的。

I：假设我告诉你第一枚图钉落地是针朝上，那么会不会改变你对于第二枚图钉以针朝上落地概率的看法？

C：（思索中。）

I：好。这就是今天我们要讨论的问题。让我们首先绘制出基于你所说的对应不同 p 值的概率 $\{相同|p,\&\}$ 的曲线（参见图 30-5）。

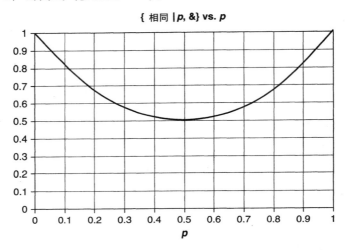

图 30-5　$\{相同|p,\&\}$ 与 p 之间的敏感性分析

I：注意到只有当 $p = 0.5$ 时，$\{相同|p,\&\}$ 才会是 0.5。因此，图钉落地为"相同"情况的概率将大于或者等于它们落地成"不同"情况的概率。根据选择规则，我们应该赌"相同"，因为它将会使我们有更高的概率得到 100 美元，除非 $p = 0.5$，那种情况下无差别。

I：现在，假设观察到第一枚图钉以某种方式落地会修正我对于第二枚图钉以相同方式落地的评估概率。

C：在这种情况下，这两枚图钉将会是相关的。

I：正确，那么我将会如何做来修正我的概率呢？

C：这个简单。我们可以将之前在试验中学习的讨论结合起来。假设我们对于 ϕ 不确定。$\{相同|\&\}$ 的概率是：

$$\{相同|\&\} = \{H_1,H_2|\&\} + \{T_1,T_2|\&\} = \langle\phi^2|\&\rangle + \langle(1-\phi)^2|\&\rangle$$
$$= 1 - 2\langle\phi|\&\rangle + 2\langle\phi^2|\&\rangle$$

I：那么 $\{不同|\&\}$ 是什么呢？

C：是这样。

$$\{不同|\&\} = \{H_1,T_2|\&\} + \{T_1,H_2|\&\} = 2\langle\phi(1-\phi)|\&\rangle$$
$$= 2\langle\phi|\&\rangle - 2\langle\phi^2|\&\rangle$$

I：正确。

30.8.1　对于 ϕ 的不确定性是好还是坏

在这个讨论中有另一个关注点。如同我们之前宽泛讨论的那样，当出现"正面"的概率为 p 时，"相同"的概率 $\{相同|p,\&\}$ 就等于：

$$p^2 + (1-p)^2$$

绘图曲线详见图 30-5。如绘图所示，除了 p 取 0.5 之外，它都会大于 0.5。这个表达式也可以写成：

$$1 - 2p(1-p)$$

现在让我们把注意力转移到利用 ϕ 分布的表达式：

$$\{相同 | \&\} = \{H_1, H_2 | \&\} + \{T_1, T_2 | \&\} = \langle \phi^2 | \& \rangle + \langle (1-\phi)^2 | \& \rangle$$
$$= 1 - 2\langle \phi | \& \rangle + 2\langle \phi^2 | \& \rangle$$

或者由于：

$$^v\langle \phi | \& \rangle = \langle \phi^2 | \& \rangle - \langle \phi | \& \rangle^2$$

得：

$$\{相同 | \&\} = 1 - 2\langle \phi | \& \rangle + 2(^v\langle \phi | \& \rangle + \langle \phi | \& \rangle^2)$$
$$= 1 - 2\langle \phi | \& \rangle(1 - \langle \phi | \& \rangle) + 2\,^v\langle \phi | \& \rangle$$

假设我们现在有一个均值为 0.5 但是也有一个正的方差 ϕ 的先验分布。即便我们在表达式中以 0.5 来取代均值，"相同"的概率仍然会因为方差为正而大于 0.5。事实上，对所有的均值为 0.5 的 ϕ 的分布，其方差越大，你赌"相同"获胜的概率就越大。一个极端的例子是你所投掷的硬币只会出现双"正面"和双"反面"，且出现的可能性相等。在一次投掷中你赌对"正面""反面"的机会是 0.5，但是你若赌两次投掷出现的状态相同，则总会获胜。

30.8.2 洞悉：建模和先知

既然我们已经讨论了利用 ϕ 的不确定性的概念来修正信息的问题，我们可以在一个更具有普适性的水平来处理它。在回顾本章所学之后，学生们有时会问先知是否可以预测 ϕ 的值。

你或许回忆起先知只能告诉我们利用清晰度测试定义的量值，亦即不能用于判断。ϕ 的概念只以表示这个过程的一个参数存在于我们的脑海之中：一个模型。先知对我们精神创造的模型一无所知。你自述有关未来的任何故事都不会影响先知的反应。想一想今天是你的幸运日，对先知是否会告诉你下一次图钉的投掷会出现"正面"没有影响。如果你仅仅知道，你对 ϕ 定义为一个赋值，作为下一次投掷图钉出现"正面"的概率不会存在于先知的世界，而仅仅存在于你的世界。先知只能够告诉你图钉是以"正面"朝上落地还是以"反面"朝上落地。

当你使用一个带有参数的模型来描述你的认知时，你的行为实际上是拓展了将一个满足清晰度测试的量进行概率赋值的概念，而该清晰度测试所针对的量只存在于你的表述之中。注意到如果你和另外一个人都赞同图钉模型，但是在参数 ϕ 的概率分布有分歧，你将不能依据 ϕ 而仅仅只能依靠先知"王国"内的投掷结果进行对赌。这个关于模型参数的概率拓展不是主要的步骤，因为所有你赋值的概率都在你脑海里而不在先知的职权内。只要你知道你现在正在思考什么，先知无法共享你的想法是无关紧要的。

先知在建模中毫无建树的这一发现可延伸至任何程度的复杂性。一位研究者或许会去思考几种相互矛盾的模型来表述一个过程，而且或许会给每一个模型都赋值以保障其正确性。当这个过程被观察之后，每一模型的概率就像在图钉投掷过程中的那样进行修正。但是，先知并不能告诉研究者哪一个（如果有）模型是正确的。

30.9 总结

如果我们对于 ϕ 不确定,我们可以将分布的均值赋值给在下一次投掷中出现"正面"的概率。这个概率仅仅是一个数字,它是确定的。

如果你对于 ϕ 不确定,你观察到一次"正面"会使得未来出现"正面"的概率提高。

在观察到一次"正面"之后,为了得到 ϕ 的后验分布 $\{\phi \mid H, \&\}$,我们用一条直线与先验密度相乘,再将乘积标准化之后得到后验分布。

如果先验分布为 $\text{Beta}(r', k')$,然后你观察到 r 次"正面"和 k 次"反面",那么 ϕ 的后验分布为 $\text{Beta}(r'+r, k'+k)$。

对一个未来出现"正面"的先验概率 $\{H_1 \mid \&\} = \langle \phi \mid \& \rangle$ 而言,当观察到一次"正面"之后变成 $\{H_2 \mid H_1, \&\} = \langle \phi \mid \& \rangle + {}^v\langle \phi \mid \& \rangle / \langle \phi \mid \& \rangle$。这意味着观察到一次"正面"之后,"正面"出现的概率会增加。

在双图钉游戏中去选择"相同"而不是"不同"是一个很棒的决定,即使你可能会输。

习题

1. 假设你关于一枚图钉"正面"落地的先验分布 ϕ 是:

    I. $\{\phi \mid \&\} = \text{Beta}(2, 2)$。
    II. $\{\phi \mid \&\} = \text{Beta}(8, 8)$。

    对每种情况,判断:

    a. 下一次投掷的概率 $\{H \mid \&\}$。
    b. 观察到 5 次"正面"和 2 次"反面"之后下一次出现"正面"的概率。你注意到了什么?

2. 对习题 1 中的先验分布,在观察过一次投掷之后判断后验分布的图形形状。

    提示:建立一个表格或许对你有所帮助。表格第一列是 ϕ 的离散度,第二列是相应的概率 $\{\phi \mid \&\}$,而第三列是 $1-\phi$。绘制结果曲线。注意到第四列的加和结果未必为 1,但是如果我们想要实际的分布而不是形状的话,可以将结果进行标准化处理。

ϕ	$\{\phi \mid \&\}$	$1-\phi$	乘积 $\{\phi \mid \&\}(1-\phi)$
0			
0.01			
0.02			
⋮			
1			
			Σ 求和

3. 如果你观察到 2 次"正面"和 1 次"反面",请重复习题 2。

第31章

拍卖与投标

本章核心概念

阅读本章之后，读者将能够解释下列概念：

- 最优报价
  - 暗标拍卖
  - 第二价格拍卖
  - 降价拍卖
- 升价公开拍卖
- 报价机会的价值
- 赢家的诅咒效应

31.1 引言

在第2章中，我们利用图钉例子展示了一个标的为凭证的投标演示。我们还讨论了关于凭证的个人无差别购买价格（PIBP）的概念。然而，我们没有讨论在给定你 PIBP 的情况下如何确定最优报价。

本章中，我们以课堂演示的方式来分析上述投标情形以及其他几个拍卖类型。我们发现许多不同类型的拍卖，都有需要我们考虑标的 PIBP 和竞争报价信念的相似要素。

尽管本章中我们的大部分讨论都是基于个人在拍卖中的投标决策，但应用的推理和方法同样适用于任何类型的商务竞标。事实上，唯一的必要改变是将 PIBP 替换为**企业无差别购买价格**（CIBP）。

一个术语：当拍卖投标者成功获得标的，他们常常称之为"中标"。当然，如果这个人为中标标的报价太高，那么实际上，他们亏损了。在这里，我们使用术语"买方"代表完成拍卖报价者和中标者。请记住，在拍卖过程中，我们的最终目标不应只是获取标的，而是获得收益。

31.2 另一个图钉示例

以下是一位教师和学生对话的情形。

注意，"I"指代教师，而"C"指代一个或多个在教室里的学生。教室里的参与者也可能用名字指代。

I：今天我们将利用一个不确定性设备来竞标一张凭证，如果你猜对了将获得100美元，如果猜错了将获得0。这个设备是一个内含两枚图钉的不透明塑料罐。

（教师展示了罐子。）我们会头朝下晃动罐子，将盖子着地并小心翼翼地拧开盖子，观察图钉落地的状态。

C：这和我们上一节课（第30章）使用的是同一凭证吗？

I：对，我们同样用了两枚图钉。

C：图钉状态会是①针都朝上，②针都朝下，③一根针朝上，而另一根针朝下。

I：对。再一次地，当我们有两根针同时朝上或朝下，我们称之为"相同"。当我们有一根针朝上，另一根针朝下，我们称之为"不同"（如图31-1所示）。这够清晰了吗？

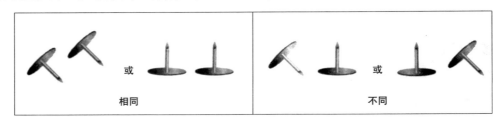

图31-1 两枚图钉的不同赌约方案

I：好，现在凭证的买家仍是报价最高者，猜"相同"或"不同"。如果他猜对了，他得到100美元，如果他没赌对，他得到0。清楚了吗？

C：是的。但是常规的规则比如没有合谋、没有联合、没有转卖已有凭证的能力，以及平局时通过投掷硬币来解决都适用吗？

I：可以。但是在这种情况下，我们将举行几种类型的拍卖。在我们分析这些不同的拍卖之前，让我先问一个问题——如果你真的获得了凭证，你会猜"相同"还是"不同"？

C：从我们先前的讨论，如果对任何图钉针朝上的概率赋值为 p，针朝下概率为 $1-p$，假定两枚图钉落地方式互不相关，那么两枚图钉以同样的方式落地的概率是（在黑板上书写方程）：

$$\{相同|\&\} = \{两针朝上|p,\&\} + \{两针朝下|p,\&\} = p^2 + (1-p)^2$$

对任何 p 成立。

I：正确。我再画一遍基于不同的 p 值的概率曲线（在黑板上画），加深你们的印象（如图31-2所示）。

I：注意（指向黑板），只有当 $p=0.5$ 时，$\{相同|\&\}=0.5$。因此图钉落地方式"相同"的概率总是大于或等于"不同"的概率。对于 $p=0.5$，则两者概率相同。

I：假设通过反思，你认为 p 有不同的可能值。你会如何选择？

C：在这种情况下，我们可以使用前一章的结果来决定 $\{相同|p,\&\}$ 的概率。我们仍然选择"相同"，并且可以像我们讨论的那样计算 $\{相同|p,\&\}$ 的概率。

I：正确。这里没有新的内容。现在，我们已经知道了如果我们需要凭证该如何报价，但是我们没有讨论报价多少。现在我们将给出四种类型的拍卖，并且为每一个拍卖确定报价多少。你将看到，在不同的拍卖中，我们不会知道其他买家的报价，所以你的报价不会受顺序的影响。然后，我们将使用投掷硬币（两次）来执行一个拍卖，所以我们也是等概率地处理它们中的任何一个。

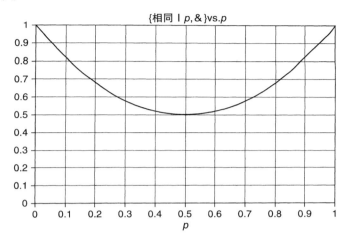

图 31-2 $\{相同 \mid p, \&\}$ 与 p 之间的敏感性分析

31.2.1 拍卖 1：密封报价拍卖

I：在这个拍卖中，你们每个人将为凭证提交一个密封报价。出价最高者将取得凭证并支付报价金额。这和我们在第 2 章讨论的图钉示例是相同类型的拍卖。最好的投标策略是什么？

C：因为对任何商品的 PIBP 是买方愿意为凭证支付的金额，因而其在获得商品时无差别。任何密封报价拍卖的参与者都应该以比他们 PIBP 低的金额报价，以便于从这种投标中获得可能的收益。

I：正确。如果商品价值具有不确定性，我们可以使用效用曲线来确定 PIBP，正如我们在第 10 章中所讨论的那样。例如，在两枚图钉的情况下，我们可以通过以 $\{相同 \mid p, \&\}$ 的概率支付 100 美元和以 $\{不同 \mid p, \&\}$ 的概率不支付来计算 PIBP。

C：增加投标金额将增加我们获得凭证的机会是有道理的。但是，报价更高将减少净值，因为我们将花更多的钱。

I：正确。在获得商品的机会和所得商品价值之间有一个权衡。我们还没有讨论在这种情况下的最优报价。

现在请在卡片上写下你们的名字和拍卖 1 的报价并上交。

31.2.2 拍卖 2：第二价格密封报价拍卖

I：接下来，我们来讨论另一种密封报价拍卖。在这个拍卖中，出价最高者获得凭证但支付相当于出价第二高的金额。

C：所以这个拍卖和第一个拍卖的区别在于，出价最高者实际上并没有支付他的竞标金额，而是支付报价第二高的金额？

I：没错。鉴于这种规则，最优报价策略是什么？

C：（思考中。）

I：正如我们所见，在这个拍卖中，最优报价策略很简单。你以自己的 PIBP 报价。其原因在于，假设你这样做，然后先知告诉你其他买家的最高报价，从而消除其他投标人未来行为的所有重大不确定性。我们将这个最高报价金额称为**最大竞争报价**（MCB），然后讨论先知报告的三种可能性。在每种情况下，在收到报告后你会改变你的报价 PIBP 吗？

先知的第一份可能的报告是，其他所有报价人的 MCB 都高于你的 PIBP：$MCB > PIBP$。在这种情况下，你不会获得凭证，净值为 0，没有办法通过改变你的报价 PIBP 而获益。如果你的报价高于 MCB，你将以 MCB 的价格获得凭证，因为你支付的是第二高价格，这个值高于你的 PIBP，所以净值是负的。

C：我们懂了。如果 MCB 大于 PIBP，出价高于我们的 PIBP 是没有意义的。

I：先知的第二份可能的报告是，其他所有报价人的 MCB 小于你的 PIBP：$MCB < PIBP$。在这种情况下，如果你的报价是你的 PIBP，你会取得标的并仅支付 MCB（小于你的 PIBP）。结果是，你以正的净值（$PIBP - MCB$）中标。位于 MCB 和 PIBP 之间的任何报价都将导致以 MCB 中标。这里同样没有理由改变以 PIBP 进行的报价。

C：好的，如果 MCB 小于 PIBP，以 PIBP 报价将中标并产生正收益。

I：先知的第三份可能的报告是，其他所有报价人的 MCB 等于你的 PIBP：$MCB = PIBP$。这里没有必要改变你的报价，因为你能得到最好的结果为 0。如果你出价更多，你将以 PIBP 的代价中标，因此净值是 0。如果你出价少了，你无法中标，你的净值仍然是 0。最后，如果你以同等金额报价，你将以 MCB 的价格即你的 PIBP 中标，净值仍然是 0。

C：在任何情况下，都没有比以 PIBP 出价更好的选择。

I：正确，即使你拥有最大竞争报价的完全信息，这依然是你的最优决策。因此，在这种拍卖中，你的最优做法就是以你的 PIBP 报价。

（教师在黑板上写出：最优报价 = PIBP）

I：同学们，注意这个最优报价（PIBP）给出了此类拍卖一个有趣的性质——即便你以某种方式获得所有的报价信息，你也不会改变你的报价，除非你的目标是让他人为该标的尽可能多地支付，那属于另外的体系。

现在请在卡片上写下你们的名字和拍卖 2 的报价并上交。

31.2.3 拍卖 3：降价密封报价拍卖

I：现在，我们将考虑第三类拍卖。在这个拍卖中，拍卖师以降序排列的方式宣布可能的报价。拍卖师可以看到所有的参与者，但参与者彼此不能看到对方。当一个参与者听到他的出价金额时就举手。在商业环境中，该笔拍卖就算结束了。然而，在教学环境中，所有的报价都可以继续进行。在这种"蒙住眼睛"的设计中，所有参与者都低头闭眼，然后当听到他们认可的报价时就静静地举手并默数三下：所有参与者都不知道他人的报价。拍卖师记下了每个人的名字和报价。当倒计时结束，拍卖结束，出价最高者以他的报价金额中标。

C：好的，所以您将会从 100 倒数至 0，我们闭眼，当我们听到我们的报价金额就举手吗？

I：是的。现在就像刚刚说的，让我们进行拍卖 3。

31.2.4　拍卖4：升价公开报价拍卖

I：现在，我们将讨论公开报价拍卖，这种拍卖是最流行的拍卖方式之一。在这种类型的拍卖中，人们喊出他们的报价，就像竞标古董时一样。拍卖人采纳更高的出价，直到没有人喊价为止。这个拍卖过程应该选择那个最后出价的人，即最高出价者，他将中标。

C：是的，我们已经看过很多这样的拍卖。

I：通常，我们观察到在参与者间有一些"男子气概"的竞争行为，他们最终报价甚至高于 PIBP 值。这些人必须要挫败他人的意图以获取额外的价值。对于那些只想要中标的参与者而言，最优策略是逐渐增加报价直到 PIBP。现在，我们将进行拍卖 4。在前三种拍卖中，你确实不知道其他参与者的报价吗？

C：是的，我们不知道。

然后举行了公开拍卖。

硬币被连续投掷了两次来决定执行哪个拍卖。

"正面""正面" ⇒ 拍卖 1

"正面""反面" ⇒ 拍卖 2

"反面""正面" ⇒ 拍卖 3

"反面""反面" ⇒ 拍卖 4

金钱易手。

31.2.5　四种拍卖的报价策略

I：我们花了一些时间为拍卖 2 即第二价格拍卖找到了最优报价策略。那就是以 PIBP 报价。那么拍卖 3 即降价密封报价拍卖的最优策略是什么？

C：仔细检查后，我们发现它和密封报价拍卖是一样的。唯一的区别是投标的形式。

I：对。拍卖 1 和 3 应该有相同的报价策略，我们还没有讨论。

现在，我们将总结每个拍卖的最优报价策略。

(1) **拍卖 1**：报价 = 低于 PIBP 的一个数。
(2) **拍卖 2**：报价 = PIBP。
(3) **拍卖 3**：报价和拍卖 1 相同。
(4) **拍卖 4**：报价逐渐增至你的 PIBP。

> **注解：**
> 如果我们要求一个代理去一个拍卖会为我们报价，针对拍卖 2 和 4，我们可以给出我们的 PIBP，这样他就能代表我们有效地参与拍卖。然而，对于拍卖 1 和 3，我们可以给他 PIBP 并告诉他报价要低于 PIBP，但具体低多少仍然是个问题。我们的下一节将讨论这一话题。

31.3　对一个 Δ 人而言的拍卖 1 和 3

因为拍卖 2 和 4 的报价策略仅仅需要 PIBP，我们可以如前期讨论的那样，通过为一笔不确定性交易计算 PIBP 来确定最优报价策略。在上一章中，我们特别讨论了如何为一个涉及两枚图钉的凭证计算 PIBP。该分析同样适用于拍卖 2 和 4。

现在我们将详细分析拍卖 1 和 3。我们所面临的决策是到底要报价多少。每个报价金额 b 代表一个决策方案。我们在这个报价是否能够获得凭证，以及我们是否猜对，都是不确定的。这种情况的通用决策树如图 31-3 所示。

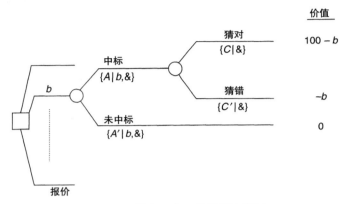

图 31-3　拍卖 1 和 3 的通用决策树

如果这个人是一个 Δ 人，我们可以再简化分析。如图 31-4 所示，我们可以依据以凭证的 PIPB 减去报价实现的"中标"来取代决策树的一部分，得到一个更简单的树。Δ 人考虑完成这笔交易的报价结果等同于他的 PIPB 减去报价的收益。我们可以利用这一结果来简化分析。回想一下，对于一个 Δ 人而言，我们可以通过计算一笔交易的确定等价物来计算 PIBP，因为在这种情况下，PIBP 和 PISP 是相等的。

在图 31-4 的决策树中，只有一个不确定性，即在一个给定的报价时，能够成功中标的概率。如果我们以给定的报价金额中标，那么我们会有一个 PIBP - 报价的净值。如果我们没有成功，那么我们的净值为 0，因为我们既不支付，也没获得任何东西。

注：在图 31-4 中获取凭证的概率是受报价金额影响的。随着报价金额的增加，中标的概率也将增加。

现在，我们继续推理中标的概率。只有报价高于其他所有竞争对手，我们才会成功中标。我们前文提到将最高报价称为最大竞争报价（MCB）。因此，以任何给定的报价成功中标的概率，等于 MCB 小于报价金额的概率，

$$\{中标 | b, \&\} = \{MCB < b | \&\}$$

因此，主要的不确定性在于 MCB 的概率分布 $\{MCB | \&\}$。我们可以用第 15 章中讨论的方法

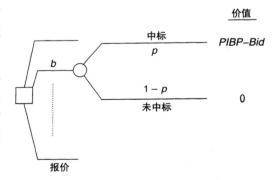

图 31-4　Δ 人对拍卖 1 和 3 的通用决策树

来计算我们的概率。另外，正如我们前面所讨论的那样，我们可以使用一个指定的概率分布函数来评估其参数。

我们在拍卖中中标的价值等同于 PIBP 的报价。现在要决定的是实际的报价金额。Δ 人所

面临这种报价情况的决策图，如图 31-5 所示。

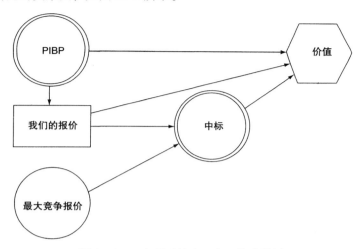

图 31-5　Δ 人面对拍卖 1 和 3 的决策图

在给定报价金额和 MCB 的情况下，"中标"节点决定了我们是否能够获得标的。

现在，对于一位风险中性的决策者（风险中性的 Δ 人）而言，我们来分析这个报价问题。最优报价金额是拥有最大货币价值前景期望值的那个。从图 31-4 的决策树中，我们可以看到每个报价方案的期望值为：

$$期望值 = p(PIBP - 报价)$$

其中 p 是从 MCB 的累积分布函数中直接得到的以这个报价金额成功竞拍的概率。

31.3.1　确定风险中性决策者的最优报价

假设一位风险中性决策者正面临拍卖 1 或 3。他确信报价正确的概率是 0.7，所以他的 PIBP 是 70 美元。决策者为 MCB 赋值了一个 Beta(10, 10) 的比例概率密度函数，如图 31-6 所示。横轴代表报价的区间，从 0 到 100 美元。

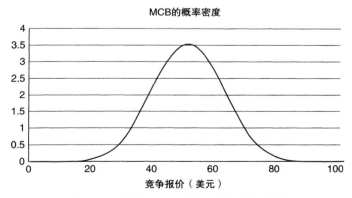

图 31-6　MCB 的 Beta(10, 10) 概率密度

因为中标的概率等于 MCB 分布的累积分布函数，我们现在画出 Beta(10, 10) 的累积分布函数，以及直线（$PIBP - 报价$）。

如图 31-7 所示，我们称这两条曲线是**报价对抗力**。因为如果增加报价金额，其中一个会增加（成功竞拍的概率增加），而另一个减少（特定报价金额下"中标"的价值）。由期望值方程，我们用这两条曲线的乘积（如图 31-8 所示）计算每个报价方案的期望值。乘积值在原点和报价等于 PIBP 时为 0。在报价等于 PIBP 之上的部分，乘积为负。在报价等于 PIBP 以下的部分，乘积为正。乘积曲线的最大值发生在最优期望值乘以最优报价金额处。

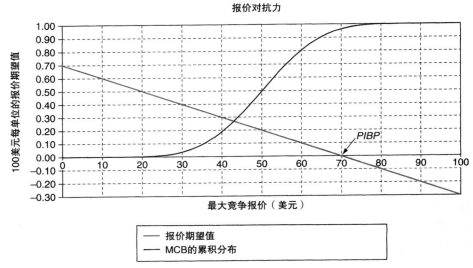

图 31-7　MCB 的累积分布和 PIBP – 报价（期望值 – 报价的纵轴刻度以 100 美元为单位）

注意，在图 31-8 中，最优报价是 52.50 美元，低于 PIBP 的 70 美元。最优报价和 PIBP 的差值取决于我们对 MCB 分布的信念和我们对标的的 PIBP。

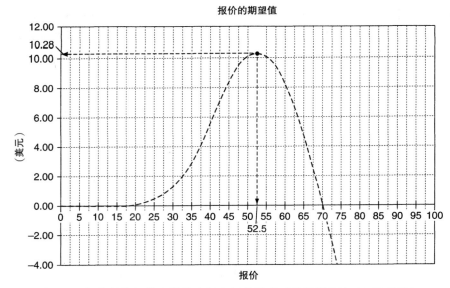

图 31-8　报价的期望值和报价金额之间的关系（最优报价为 52.50 美元）

最优出价金额的期望值由峰值的大小决定，图 31-8 中为 11.28 美元。由于这个峰值是正的，拍卖为买家提供了一个正的期望值，这反过来也意味着买家放弃报价机会所能接受的最小金额。

31.3.2 包含风险规避的拍卖 1 和 3

在前一节中，我们假设决策者是风险中性的。我们可以很容易地将分析结果延伸到所有的 Δ 人。在这种情况下，最优报价是效用曲线上拥有最高期望值的报价。换言之，它的最大值：

$$\text{报价效用值的期望值} = p \cdot u(\text{PIBP} - \text{报价})$$

一如之前所讨论的那样，如果决策者遵循 Δ 性质，那么凭证的 PIBP 等于某个确定等价物，这很容易计算。我们通过下面的例子说明这一点。

▶ **例 31-1 一个风险规避的 Δ 人的报价**

考虑拍卖 1 和 3。决策者提供了相同的信息：MCB 的分布为定义域在 0 到 100 的 Beta(10, 10) 分布，猜对的概率为 0.7。

一位风险容忍度为 100 美元的指数型决策者对凭证的 PIBP 为 58.40 美元，这是以 0.7 的概率提供 100 美元和以 0.3 的概率提供 0 的一笔交易的确定等价物。

图 31-9 显示了风险中性和指数型决策者（风险容忍度 = 100 美元）的报价对抗力，其由 MCB 的累积分布函数和 PIBP 与报价的差值表示。

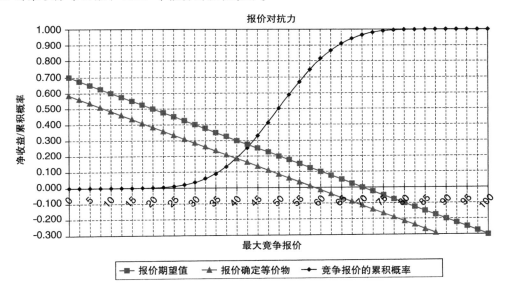

图 31-9 风险中性和风险规避型买家的报价与报价对抗力（PIBP – 报价）之间的关系，加上 MCB 的累积概率

下一步是为每个报价决策确定等价物。这相当于如下交易的确定等价物，以 {MCB ≤ 报价 | &} 的概率提供（58.4 – 报价金额）美元，其他为 0。

图 31-10 展示了对于风险中性和指数型决策者的每个报价的确定等价物。风险规避型投资者应该报价 47.50 美元，在此报价情形下的确定等价物为 4.36 美元。风险中性投资者，正如我们所见，应该报价约 52.50 美元，该交易的价值将是 10.28 美元。注意风险规避型决策者的最优报价金额要少于风险中性决策者。此外，风险规避型决策者的确定等价物也要少于

风险中性决策者，风险规避型决策者对报价机会的估值低于风险中性决策者。

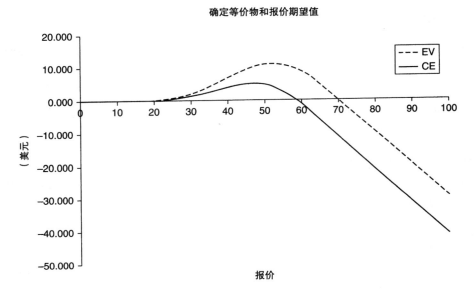

图 31-10　报价确定等价物与报价金额的关系

31.4　非 Δ 人分析

图 31-5 给出了两枚图钉的例子中报价金额的决策图。然而，我们应该注意到，该图仅适用于决策者是 Δ 人的情况。回想一下，某人对一个有吸引力交易的 PIBP 的确定只能通过持续增加交易的价格，直至该人无差别是否购买该物品为止，同时该价格未必一定等于确定等价物。因此，总的来说，我们不能用简单的 $PIBP - b$ 来取代在给定的报价下获得凭证。

假设一个非 Δ 人报价为 b。令 A 为"中标"交易，A' 为"未中标"交易。令 C 为在图钉投掷中猜对"相同"或"不同"，而 C' 为猜错。如图 31-3 所示即为决策树，为了方便起见我们再次给出，如图 31-11 所示。

假设一个买家不是 Δ 人，而是一个对数效用曲线型投资者，他的总财富为 100 美元。该买家为"相同"的概率赋值 0.7，因此其中一个猜测是正确的。通过猜测"相同"，他相信自己有 0.7 的概率获得 100 美元，以及 0.3 的概率获得 0。

给定 0.7 的概率获得 100 美元和 0.3 的概率获得 0 的情况下，这个对数型买家获得凭证的确定等价物为：

$$200^{0.7} \times 100^{0.3} - 100 = 62.45 (美元)$$

然而，这个买家的 PIBP 由下述等式确定：

$$\log 100 = 0.7 \log(200 - PIBP) + 0.3 \log(100 - PIBP)$$

这意味着他的 PIBP 为 56.75 美元。

对于一个具有对数型效用曲线的人，他的 PIBP 代表着这个人将会出价的最大金额，在这种情况下为 56.75 美元。

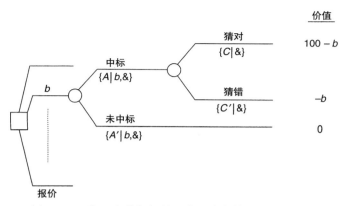

图 31-11 非 Δ 人分析报价机会的确定等价物和期望值

对非 Δ 人的报价分析更为复杂，因为我们不能如图 31-4 所示的那样用 PIBP 代替凭证交易。一次投标的报价机会 b，将由图 31-3 来描述，其确定性等价物交易有：

以概率 $\{A\,|\,b,\&\}\,\{C\,|\,\&\}$ 获得 $100-b$ 美元。

以概率 $\{A\,|\,b,\&\}\,\{C'\,|\,\&\}$ 获得 $-b$ 美元。

以概率 $\{A'\,|\,b,\&\}$ 获得 0。

在我们的例子中，如果对数型买家报价 40 美元，则中标的可能性 $\{A\,|\,b=40,\&\}$ 是 0.186，而猜对的概率 $\{C\,|\,\&\}$ 是 0.7，因而报价机会为以 0.186×0.7 的概率得到 60 美元，以 0.186×0.3 的概率得到 40 美元，以 0.814 的概率得到 0。对于一个拥有 100 美元财富的对数型买家而言，该交易的确定等价物是 3.33 美元。

为变化的报价而改变特定的指数型和对数型效用曲线的结果在图 31-12 展示。对数型效用曲线最优报价为 47.50 美元，这类似于指数型决策者。然而，确定等价物的值略低于 4.30 美元，并且与其他报价不同。

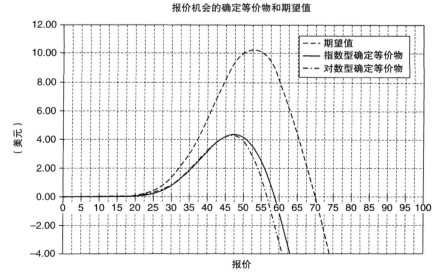

图 31-12 比较对数型和 Δ 型买家报价机会的确定等价物

那么，对于一个非 Δ 人，决策图应如何改变？图 31-13 显示了必要的改进。这里，潜在的不确定性是指，猜测"相同"或"不同"时，买家将会获得的实际金额。在这幅图中没有 PIBP 计算，因为非 Δ 人使用图 31-3 中的决策树。

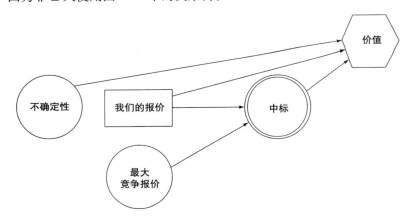

图 31-13　非 Δ 人的报价决策图

31.5　拍卖 2 的报价机会估值

到目前为止，我们主要关注报价金额。我们也解决了买家的估值（以 PISP 将报价的权利让渡给另一方），这种交易是可能存在的。基于拍卖 1 和 3 的示例中，我们发现这个估值对于风险中性买家而言为 10.28 美元，而对于 100 美元风险容忍度的 Δ 人而言，为 4.35 美元。当我们以同样的例子对对数型非 Δ 人检验结果时，发现报价机会的价值变为了 4.30 美元。

然而，假设我们正在处理第二价格型的拍卖 2。我们知道，这个拍卖的最佳策略是以标的的 PIBP 报价。对于风险中性者而言，报价为 70 美元；风险容忍度为 100 美元的 Δ 人，报价为 58.40 美元。但他们每个人的报价机会价值是多少？他们每个人的 PISP 是多少？为了回答上述问题，我们需要如图 31-14 所示的决策图。

该图显示了一种新的不确定性：在第二价格型拍卖中人们以 PIBP 报价的 MCB。我们知道在第一价格型拍卖中，没有人会出价高达他们的 PIBP，因为若是这样他们将一无所获。在某些交易中如果我们已经评估第一价格型拍卖中 MCB 的分布，这可能通常会在第二价格型拍卖中引导我们将报价的概率分布评估得更高。本图同样适用于 Δ 人。在第二价格型拍卖中，他们会以 PIBP 报价，如果这报价大于 MCB 则中标。如果他们成功，他们的净值将是 PIBP 减去其支付金额，最高的竞争报价正好位于其报价之下。

为了说明这一点，在第二价格型拍卖中我们指定最大竞争报价分布为 Beta(35, 15)，最大刻度为 100 美元，该分布的期望值为 $70\left(=\frac{35}{50}\times 100\right)$ 美元。第二价格型拍卖中 MCB 的分布是买家对出价最高竞争性买家 PIBP 的信念。图 31-15 比较了拍卖 1 和第二价格型拍卖的 MCB 分布。该分布的均值略高于第一价格型拍卖，因为买家相信在第二价格型拍卖中人们的报价将会更高。

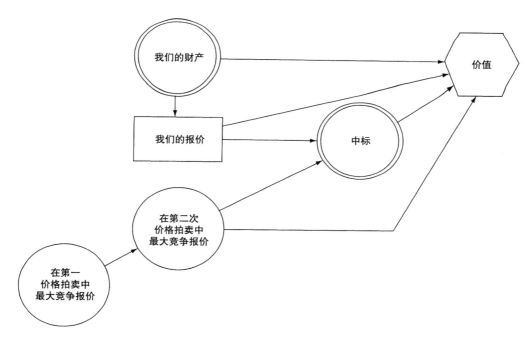

图 31-14 Δ 人在第二价格型拍卖中的决策图

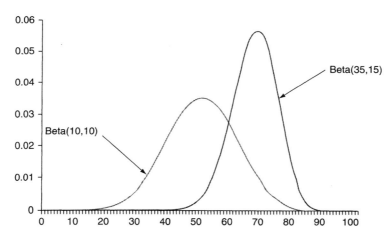

图 31-15 第一价格型拍卖 Beta(10, 10) 和第二价格型拍卖 Beta(35, 15) 在 0~100 区间上 MCB 分布的比较

你在拍卖中成功的概率仍然是 MCB 小于你报价的概率。你所支付的金额由在 MCB 小于你报价条件下的 MCB 的分布所刻画。

这种分析的不寻常之处在于,你不知道第二最高报价导致你不确定能否中标时,你将支付的金额。如果中标,你所必须支付的金额由第二价格型拍卖 MCB 的分布所确定。

现在我们分析 Δ 人的情况。对于 Δ 人而言,投标情况的价值始于对标的 PIBP(或等价地,PISP)的计算。正如前文所讨论的那样,这就是你报价的金额。

报价之后有两种可能性:要么中标,要么未中标。如果你没有中标,你将什么都得不到,记为 0。如果你中标,你的确定等价物为你的 PIBP 减去你的支付金额。在你中标时所支付的

金额是一个由分布 {MCB|"中标", 报价, &} 所决定的不确定量。图 31-16 给出了这一情况的决策树。

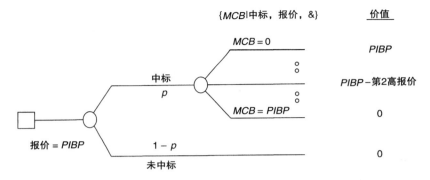

图 31-16　Δ 人的第二价格型拍卖价值的通用决策树

当你以 PIBP 报价时，{MCB|"中标", &} 可以通过以下公式从分布 {MCB|&} 中得到：

$$\{MCB|\text{"中标"}, 报价, \&\} = \frac{\{MCB|\&\}\{\text{"中标"}|MCB, 报价, \&\}}{\{\text{"中标"}|报价, \&\}}$$

为确定概率 {MCB|"中标", &}，我们要区分两种情况（并假设在 PIBP = MCB 条件下你也会"中标"）。

情况 1：$MCB > PIBP$。

在这种情况下，你绝对不会以你的 PIBP 中标，因而概率 {"中标"|MCB, 报价, &} = 0，因此，{MCB|"中标", 报价, &} = 0。

情况 2：$MCB \leq PIBP$。

如果 $MCB \leq PIBP$，那么你保证可以用 PIBP 中标。因此概率 {"中标"|MCB, 报价, &} = 1。

此外，{"中标"|&} = {MCB ≤ PIBP|&}，故有：

$$\{MCB|\text{"中标"}, 报价, \&\} = \frac{\{MCB|\&\}}{\{MCB \leq PIBP|\&\}}$$

这在图形上意味着想要计算出概率 {MCB|"中标", 报价, &}，你可以从分布 {MCB|&} 开始，在 PIBP 值处截取，并将截尾分布标准化。图 31-17 给出了一个例子：当你以 PIBP 为 70 美元的报价时，从分布 {MCB|&} 所计算出的概率 {MCB|"中标", 报价, &}。

对于一个 Δ 人而言，我们可以通过首先计算在中标时你所需支付金额的确定等价物 CEcost 来简化分析。反之，CEcost 是低于你报价的任一报价支付金额的确定等价物，即分布 {MCB|"中标", 报价, &} 的确定等价物，由图 31-18 中的决策树来说明。树中的概率由概率 {MCB = 0|&} 除以 {MCB ≤ PIBP|&} 的值所得。比如，如果 {MCB = 0|&} = p_0 且你以 PIBP 报价，那么 $\{MCB = 0|\text{"中标"}, \&\} = \frac{p_0}{\{MCB \leq PIBP|\&\}}$。

对于一个 Δ 人，分析简化为图 31-19 的决策树。

因此，报价机会的确定等价物为以概率 p = {"中标"|PIBP, &} 中标得到（PIBP – CEcost）美元和以概率 $1 – p$ 得到 0 的一笔交易的确定等价物。

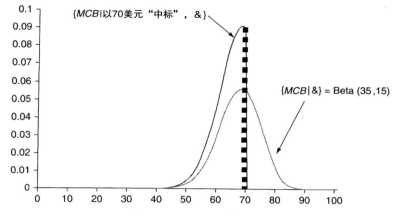

图 31-17　从 $\{MCB|\&\}$ 计算 $\{MCB|$ 以 70 美元 "中标"，$\&\}$

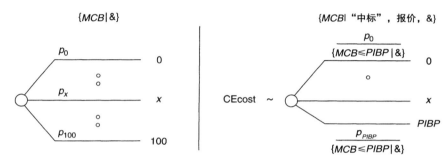

图 31-18　CEcost 为你"中标"时所支付金额的确定等价物

举个例子，我们从一个以 PIBP 为 70 美元报价的风险中性者开始考虑这个问题。假定基于这个报价中标的概率服从 Beta (35，15) 分布，即 $p=0.484$。

较低报价的 CEcost 就是他们的期望值，即 65.17 美元。这是图 31-17 中分布 $\{MCB$ | 以 70 美元 "中标"，$\&\}$ 的均值。因此，报价机会的确定等价物为以 0.484 的概率

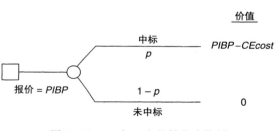

图 31-19　一个 Δ 人的简化决策树

获得（70 - 65.17）美元和以 0.516 的概率获得 0 的确定等价物，即 2.33 美元。这也是在第二价格型拍卖中，风险中性者报价机会的 PIBP。

我们现在考虑一个有 100 美元风险容忍度的 Δ 人及确定等价物为 58.42 美元的标的（以 0.7 的概率得到 100 美元，以 0.3 的概率得到 0）。基于我们的讨论，这个人以 PIBP 报价。已知 MCB 分布的条件下，以这个报价中标的概率为 0.04，较低报价的 CEcost 为 55.57 美元。因此，风险规避型决策者中标的概率为 0.04，比风险中性者中标的概率 0.484 低得多。报价机会的确定等价物为以 0.04 的概率获得 58.42 - 55.547 = 2.83（美元）和以 0.96 的概率获得 0，即 0.11 美元。在第二价格型拍卖中，风险规避型决策者的报价机会估值比风险中性决策者低。

我们把非 Δ 人的这种报价机会估值的计算留给读者作为练习。

31.6 赢家诅咒

当参与者在拍卖中对标的价值的认知层次不同，则在报价中有可能出现所谓的"赢家诅咒"现象。例如，假设拍卖标的为一个特定产权的油田租赁。一些买家基于其在相邻产业的运营可能对储油量有更深刻的认知。如果你是众多无知买家之一并中标，那么你将承担"赢家诅咒"——你"中标"的原因在于消息灵通的买家知道这块地储油量甚少。好消息是，你能够获得租赁权；坏消息是，你为它支付了太多成本。

31.6.1 决策图

我们现在将说明在为一个 Δ 人确定最优报价策略时如何将"赢家诅咒"现象考虑其中。参见图 31-20 中的决策图。其想法为：①基于我们不再能够确定标的的价值，因此用"潜在的不确定性"节点取代 PIBP 节点；②基于标的的价值信息能够修正我们对 MCB 分布的信念，因此增加了从"潜在的不确定性"节点到"最大竞争报价"节点的关联箭头。

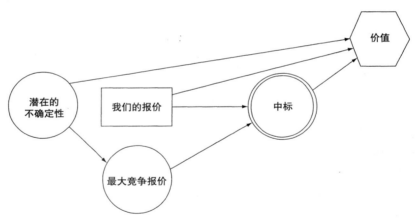

图 31-20 "赢家诅咒"的评估决策图

这里潜在的不确定性是指油田的储油量。买家可以为这一数量评估概率分布，但也知道，竞争对手的评估将有不同的分布。在高价值的拍卖中，投入的努力程度可以代表各方的知识水平。其本质是描述买家与其竞争者之间知识可获得性的关系。一如往常，该图可以转化为等价的图 31-21 中的推理决策图。

这幅图将使我们的买家在易受"赢家诅咒"现象影响的情况下做出合适的决策。我们的买家普遍认为，储油量越多，竞争性报价就越高。他可以用图 31-22 的关联图来模拟这种信念。如果他知道其他买家的报价高，这将修正他对储油量的信息，反之亦然。

31.6.2 潜在的不确定性和最大竞争报价之间的关联

潜在的不确定性 v，是油田实际储油量的估值。我们从对 v 的概率分布赋值着手。简单起见，我们令 v 只有五个可能值：0.5，0.6，0.7，0.8 和 0.9。比如，这些数字以千万桶为单位。买家为每个数字的概率赋值由表 31-1 给出。最有可能的值是 0.7，更高或者更低的 v 值随着远离 0.7，其概率逐渐减小。v 的均值为 0.7。

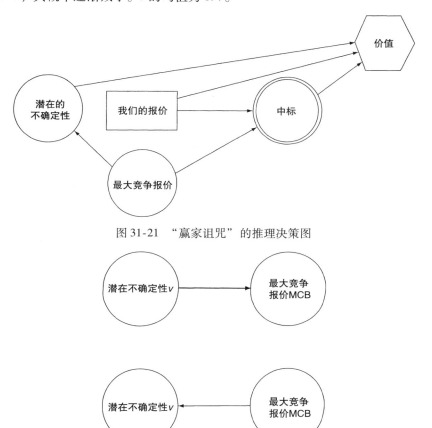

图 31-21 "赢家诅咒"的推理决策图

图 31-22 代表信息的关联图

表 31-1 v 的先验概率 $\{v \mid \&\}$

v	0.5	0.6	0.7	0.8	0.9
$\{v \mid \&\}$	0.025	0.25	0.45	0.25	0.025

接下来，考虑我们对 MCB 的信念。为明确 v 和 MCB 的关联，买家必须在给定 v 实际值的情况下对 MCB 的概率分布 $\{MCB \mid v, \&\}$ 赋值。这五个以 A，B，C，D，E 标记的分布以 Beta 分布进行建模，其参数和均值如表 31-2 所示。请注意，每个分布的均值随 v 值而递增。

表 31-2 在给定 v 条件下的 MCB 的概率 $\{MCB \mid v, \&\}$

标签	A	B	C	D	E
v	0.5	0.6	0.7	0.8	0.9
Beta r	15	20	25	30	35
Beta $n = r + k$	50	50	50	50	50
均值：r/n	0.3	0.4	0.5	0.6	0.7

这五个分布在 [0, 1] 的标准化曲线如图 31-23 所示。

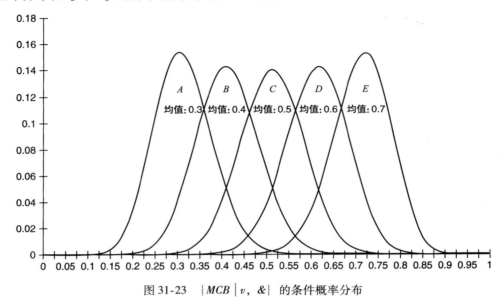

图 31-23　$\{MCB \mid v, \&\}$ 的条件概率分布

图 31-24 给出了一个在给定 v 分布时，条件分布的通用决策树。

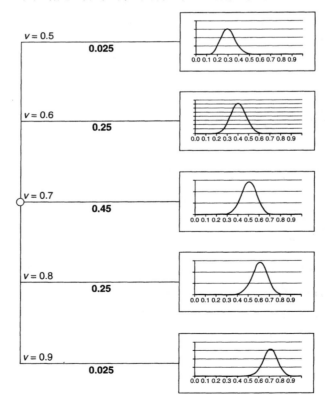

图 31-24　已知 v 值条件下 MCB 条件概率的决策树

从图 31-24 中，我们观察到高 v 值意味着较高 MCB 的趋势："赢家诅咒"的驱动因素。分布 $\{v\,|\,\&\}$ 和 $\{MCB\,|\,v,\,\&\}$ 构成了图 31-22 中关联图上半部分的说明。表 31-3 显示每个 v 值下 $\{MCB\,|\,v,\,\&\}$ 的条件概率分布。注意到 MCB 最可能的值即其众数随着 v 值的增加而增加。

表 31-3 已知 v 值条件下 MCB 的条件概率分布

$\{v\,|\,\&\}$	0.025	0.25	0.45	0.25	0.025
	0.5	0.6	0.7	0.8	0.9
MCB			$\{MCB\,|\,v,\,\&\}$		
0.000	0	0	0	0	0
0.025	6.6E-13	1.3E-19	3.1E-27	1E-35	4.05E-45
0.050	9.5E-09	6.6E-14	5.8E-20	6.8E-27	9.78E-35
0.075	1.8E-06	1.1E-10	7.9E-16	8.1E-22	9.92E-29
0.100	5.5E-05	1.6E-08	5.6E-13	2.7E-18	1.61E-24
0.125	0.000 62	6.2E-07	7.7E-11	1.3E-15	2.72E-21
0.150	0.003 61	1E-05	3.8E-09	1.8E-13	1.08E-18
0.175	0.013 23	9.7E-05	8.8E-08	1.1E-11	1.59E-16
0.200	0.034 23	0.000 58	1.2E-06	3.3E-10	1.11E-14
0.225	0.067 41	0.002 44	1.1E-05	6.3E-09	4.43E-13
0.250	0.106 12	0.007 73	6.8E-05	8E-08	1.12E-11
0.275	0.138 29	0.019 39	0.000 33	7.3E-07	1.97E-10
0.300	0.152 91	0.039 75	0.001 24	5.1E-06	2.53E-09
0.325	0.146 03	0.068 31	0.003 84	2.8E-05	2.5E-08
0.350	0.122 03	0.100 26	0.009 87	0.000 13	1.97E-07
0.375	0.090 03	0.127 44	0.021 58	0.000 48	1.27E-06
0.400	0.059 02	0.141 7	0.040 64	0.001 53	6.85E-06
0.425	0.034 52	0.138 87	0.066 68	0.004 19	3.14E-05
0.450	0.018 05	0.120 54	0.096 04	0.010 01	0.000 124
0.475	0.008 43	0.092 95	0.122 12	0.020 99	0.000 43
0.500	0.003 52	0.063 74	0.137 58	0.038 84	0.001 307
0.525	0.001 31	0.038 84	0.137 58	0.063 74	0.003 519
0.550	0.000 43	0.020 99	0.122 12	0.092 95	0.008 434
0.575	0.000 12	0.010 01	0.096 04	0.120 54	0.018 046
0.600	3.1E-05	0.004 19	0.066 68	0.138 87	0.034 52
0.625	6.8E-06	0.001 53	0.040 64	0.141 7	0.059 024
0.650	1.3E-06	0.000 48	0.021 58	0.127 44	0.090 032
0.675	2E-07	0.000 13	0.009 87	0.100 26	0.122 026
0.700	2.5E-08	2.8E-05	0.003 84	0.068 31	0.146 035
0.725	2.5E-09	5.1E-06	0.001 24	0.039 75	0.152 908
0.750	2E-10	7.3E-07	0.000 33	0.019 39	0.138 288
0.775	1.1E-11	8E-08	6.8E-05	0.007 73	0.106 116
0.800	4.4E-13	6.3E-09	1.1E-05	0.002 44	0.067 406
0.825	1.1E-14	3.3E-10	1.2E-06	0.000 58	0.034 235
0.850	0	1.1E-11	8.8E-08	9.7E-05	0.013 226
0.875	0	1.8E-13	3.8E-09	1E-05	0.003 609
0.900	0	0	7.7E-11	6.2E-07	0.000 62

(续)

{v | &}	0.025	0.25	0.45	0.25	0.025
	0.5	0.6	0.7	0.8	0.9
MCB			{MCB | v, &}		
0.925	0	0	5.6E-13	1.6E-08	5.51E-05
0.950	0	0	0	1.1E-10	1.78E-06
0.975	0	0	0	6.6E-14	9.45E-09
1.000	0	0	0	0	6.56E-13
总计	1	1	1	1	1

31.6.3 联合概率分布 {MCB, v | &}

一如既往，我们通过首先计算联合概率分布来反转图 31-22 中的箭头方向。表 31-4 代表了联合概率分布 {MCB, v | &}，其由表 31-3 中每单元格乘以对应的概率 {v | &} 得到。举个例子，表 31-4 中对应 $MCB = 0.5$ 和 $v = 0.5$ 的单元格（其联合概率为 8.8×10^{-5}），由在给定 $v = 0.5$ 时 $MCB = 0.5$ 的条件概率所对应的单元格（即条件概率为 0.003 52）乘以 $v = 0.5$ 的概率（即 0.025）。

表 31-4 联合概率分布 {MCB, v | &}

MCB	0.5	0.6	0.7	0.8	0.9	{MCB, v | &}
0.000	0	0	0	0	0	
0.025	1.64E-14	3.2E-20	1.41E-27	2.567 1E-36	1.01E-46	
0.050	2.36E-10	1.64E-14	2.6E-20	1.711 4E-27	2.45E-36	
0.075	4.45E-08	2.63E-11	3.56E-16	2.013 1E-22	2.48E-30	
0.100	1.38E-06	3.9E-09	2.52E-13	6.826 7E-19	4.04E-26	
0.125	1.55E-05	1.54E-07	3.49E-11	3.290 9E-16	6.79E-23	
0.150	9.02E-05	2.61E-06	1.7E-09	4.582 2E-14	2.7E-20	
0.175	0.000 331	2.43E-05	3.97E-08	2.687 7E-12	3.96E-18	
0.200	0.000 856	0.000 145	5.41E-07	8.317E-11	2.78E-16	
0.225	0.001 685	0.000 609	4.83E-06	1.569 9E-09	1.11E-14	
0.250	0.002 653	0.001 933	3.07E-05	1.995 6E-08	2.81E-13	
0.275	0.003 457	0.004 846	0.000 148	1.833E-07	4.92E-12	
0.300	0.003 823	0.009 936	0.000 559	1.281E-06	6.33E-11	
0.325	0.003 651	0.017 077	0.001 726	7.081 2E-06	6.26E-10	
0.350	0.003 051	0.025 066	0.004 441	3.189 5E-05	4.93E-09	
0.375	0.002 251	0.031 859	0.009 709	0.000 119 78	3.18E-08	
0.400	0.001 476	0.035 426	0.018 29	0.000 381 86	1.71E-07	
0.425	0.000 863	0.034 717	0.030 006	0.001 048	7.86E-07	
0.450	0.000 451	0.030 135	0.043 218	0.002 503 2	3.11E-06	
0.475	0.000 211	0.023 237	0.054 954	0.005 246 96	1.07E-05	
0.500	8.8E-05	0.015 934	0.061 913	0.009 710 71	3.27E-05	
0.525	3.27E-05	0.009 711	0.061 913	0.015 934 24	8.8E-05	
0.550	1.07E-05	0.005 247	0.054 954	0.023 236 94	0.000 211	
0.575	3.11E-06	0.002 503	0.043 218	0.030 135 32	0.000 451	
0.600	7.86E-07	0.001 048	0.030 006	0.034 717 48	0.000 863	
0.625	1.71E-07	0.000 382	0.018 29	0.035 425 97	0.001 476	

（续）

MCB	0.5	0.6	0.7	0.8	0.9	{MCB, v | &}
0.650	3.18E-08	0.000 12	0.009 709	0.031 859 04	0.002 251	
0.675	4.93E-09	3.19E-05	0.004 441	0.025 065 86	0.003 051	
0.700	6.26E-10	7.08E-06	0.001 726	0.017 077 41	0.003 651	
0.725	6.33E-11	1.28E-06	0.000 559	0.009 936 37	0.003 823	
0.750	4.92E-12	1.83E-07	0.000 148	0.004 846 48	0.003 457	
0.775	2.81E-13	2E-08	3.07E-05	0.001 932 77	0.002 653	
0.800	1.11E-14	1.57E-09	4.83E-06	0.000 609 23	0.001 685	
0.825	2.8E-16	8.32E-11	5.41E-07	0.000 144 85	0.000 856	
0.850	0	2.69E-12	3.97E-08	2.430 9E-05	0.000 331	
0.875	0	4.58E-14	1.7E-09	2.611 4E-06	9.02E-05	
0.900	0	0	3.49E-11	1.543 2E-07	1.55E-05	
0.925	0	0	2.52E-13	3.897 3E-09	1.38E-06	
0.950	0	0	0	2.627 2E-11	4.45E-08	
0.975	0	0	0	1.643 1E-14	2.36E-10	
1.000	0	0	0	0	1.64E-14	

31.6.4 最大竞争报价分布

{MCB | &} 的边缘分布是通过累加所有可能 v 值情况下的联合概率 {MCB, v | &} 所得到的，通过对表 31-4 中所有行进行水平方向求和得到表 31-5。

表 31-5 通过对表 31-4 中水平加和各行得到 {MCB | &}

MCB	{MCB | &}	MCB	{MCB | &}
0.000	0	0.525	0.087 679
0.025	1.64E-14	0.550	0.083 659
0.050	2.36E-10	0.575	0.076 311
0.075	4.45E-08	0.600	0.066 636
0.100	1.38E-06	0.625	0.055 573
0.125	1.56E-05	0.650	0.043 939
0.150	9.28E-05	0.675	0.032 59
0.175	0.000 355	0.700	0.022 461
0.200	0.001 001	0.725	0.014 32
0.225	0.002 299	0.750	0.008 451
0.250	0.004 616	0.775	0.004 616
0.275	0.008 451	0.800	0.002 299
0.300	0.014 32	0.825	0.001 001
0.325	0.022 461	0.850	0.000 355
0.350	0.032 59	0.875	9.28E-05
0.375	0.043 9 39	0.900	1.56E-05
0.400	0.055 573	0.925	1.38E-06
0.425	0.066 636	0.950	4.45E-08
0.450	0.076 311	0.975	2.36E-10
0.475	0.083 659	1.000	1.64E-14
0.500	0.087 679		

图 31-25 给出了 $\{MCB\mid \&\}$ 的曲线。

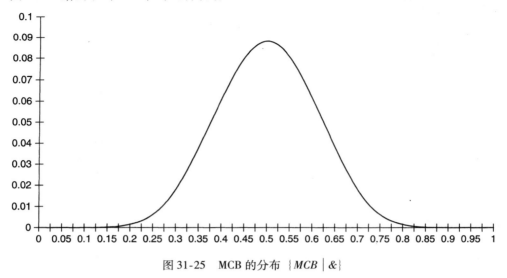

图 31-25 MCB 的分布 $\{MCB\mid \&\}$

图 31-26 比较了从表 31-4 中得到的 $\{MCB\mid \&\}$ 与一个 Beta(10, 10) 分布。Beta(10, 10) 分布为拍卖 1 中的 MCB 分布。这是一个除了"赢家诅咒"影响之外的等价问题。

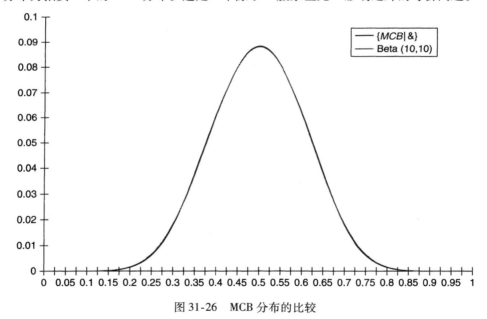

图 31-26 MCB 分布的比较

31.6.5 已知 MCB 条件下修正潜在不确定性的分布

继续对"赢家诅咒"的分析,从图 31-23 中下半部分的关联图,我们能够计算出条件概率 $\{v\mid MCB,\&\}$。因为:

$$\{v\mid \&\}\{MCB\mid v,\&\} = \{v,MCB\mid \&\} = \{MCB\mid \&\}\{v\mid MCB,\&\}$$

所以:

$$\{v \mid MCB, \&\} = \frac{\{MCB, v \mid \&\}}{\{MCB \mid \&\}}$$

条件概率 $\{v \mid MCB, \&\}$，$\{MCB, v \mid \&\}$ 是通过表 31-4 中每个单元格除以其在表 31-5 中对应的概率 $\{MCB \mid \&\}$ 得到的。条件概率如表 31-6 所示。每行代表了条件概率分布 $\{v \mid MCB, \&\}$。

表 31-6　各行表示条件概率分布 $\{v \mid MCB, \&\}$

MCB	0.5	0.6	0.7	0.8	0.9	
0.000			$\{v \mid MCB\}$			
0.025	0.999 998 05	1.950 2E-06	8.592 35E-14	1.565 31E-22	6.18E-33	1
0.050	0.999 930 519	6.948 05E-05	1.100 67E-10	7.242 21E-18	1.04E-26	1
0.075	0.999 410 031	0.000 589 961	7.994 06E-09	4.520 51E-15	5.57E-23	1
0.100	0.997 180 881	0.002 818 937	1.824 15E-07	4.937 75E-13	2.92E-20	1
0.125	0.990 132 74	0.009 865 031	2.229 07E-06	2.103 76E-11	4.34E-18	1
0.150	0.971 854 192	0.028 127 54	1.826 72E-05	4.935 58E-10	2.91E-16	1
0.175	0.931 411 963	0.068 476 132	0.000 111 897	7.570 82E-09	1.12E-14	1
0.200	0.854 789 263	0.144 670 655	0.000 539 999	8.306 55E-08	2.78E-13	1
0.225	0.732 923 343	0.264 976 339	0.002 099 635	6.828 01E-07	4.82E-12	1
0.250	0.574 669 266	0.418 673 879	0.006 652 532	4.322 93E-06	6.08E-11	1
0.275	0.409 065 316	0.573 448 235	0.017 464 759	2.168 88E-05	5.82E-10	1
0.300	0.266 953 473	0.693 892 778	0.039 064 286	8.945 86E-05	4.42E-09	1
0.325	0.162 540 762	0.760 304 83	0.076 839 115	0.000 315 265	2.79E-08	1
0.350	0.093 607 782	0.769 137 026	0.136 276 355	0.000 978 686	1.51E-07	1
0.375	0.051 225 757	0.7250 765 34	0.220 970 905	0.002 726 081	7.23E-07	1
0.400	0.026 552 43	0.637 465 134	0.329 108 067	0.006 871 288	3.08E-06	1
0.425	0.012 950 955	0.521 005 273	0.450 304 582	0.015 727 4	1.18E-05	1
0.450	0.005 911 885	0.394 903 911	0.566 340 626	0.032 802 814	4.08E-05	1
0.475	0.002 520 314	0.277 756 997	0.656 876 011	0.062 718 224	0.000 128	1
0.500	0.001 003 372	0.1817 342 44	0.706 136 579	0.110 753 201	0.000 373	1
0.525	0.000 372 603	0.110 753 193	0.706 136 601	0.181 734 23	0.001 003	1
0.550	0.000 128 454	0.062 718 224	0.656 876 011	0.277 756 997	0.002 52	1
0.575	4.076 42E-05	0.032 802 814	0.566 340 626	0.394 903 911	0.005 912	1
0.600	1.178 98E-05	0.015 727 4	0.450 304 582	0.521 005 273	0.012 951	1
0.625	3.080 94E-06	0.006 871 288	0.329 108 067	0.637 465 134	0.026 552	1
0.650	7.227 98E-07	0.002 726 081	0.220 970 905	0.725 076 534	0.051 226	1
0.675	1.512 03E-07	0.000 978 686	0.136 276 355	0.769 137 026	0.093 608	1
0.700	2.786 03E-08	0.000 315 265	0.076 839 115	0.760 304 83	0.162 541	1
0.725	4.418 87E-09	8.945 86E-05	0.039 064 286	0.693 892 778	0.266 953	1
0.750	5.819 74E-10	2.168 88E-05	0.017 464 759	0.573 448 235	0.409 065	1
0.775	6.081 83E-11	4.322 93E-06	0.006 652 532	0.418 673 879	0.574 669	1
0.800	4.817 86E-12	6.828 01E-07	0.002 099 635	0.264 976 339	0.732 923	1
0.825	2.799 79E-13	8.306 55E-08	0.000 539 999	0.144 670 655	0.854 789	1
0.850	0	7.570 81E-09	0.000 111 897	0.068 476 132	0.931 412	1

(续)

MCB	0.5	0.6	0.7	0.8	0.9	
0.000			{v | MCB}			
0.875	0	4.935 83E-10	1.826 72E-05	0.028 127 54	0.971 854	1
0.900	0	0	2.229 07E-06	0.009 865 031	0.990 133	1
0.925	0	0	1.824 14E-07	0.002 818 936	0.997 181	1
0.950	0	0	0	0.000 589 961	0.999 41	1
0.975	0	0	0	6.953 5E-05	0.999 93	1
1.000	0	0	0	0	1	1

举个例子，每行对应 $MCB = 0.5$ 的行显示出当 $MCB = 0.5$ 时，$\{v = 0.5 \mid MCB = 0.5, \&\} = 0.001\,003\,372$，等等。

31.6.6 已知以报价 b "中标" 的信息时修正潜在不确定性的分布

分布 $\{v \mid MCB, \&\}$ 显示了买家在得知 MCB 后，其对交易估价的信念是如何变化的。当然，在许多投标情况下，买家可能不会知道 MCB，只会知道他的报价能否中标。如果买家中标，那么他不知道 MCB，只知道 MCB 小于他的报价。接着，买家可以在不知道 MCB 但知道 MCB 小于其报价的情况下推导该交易估值的一个新的分布。因此，买家的逻辑思维顺序如下：已知报价下"中标"的概率是多少，在此报价下"中标"后能对交易估值有何了解，最后在"赢家诅咒"现象存在的情况下我的表现如何？

为观察其工作原理，我们首先从表 31-5 中的概率分布求得 $\{MCB \mid \&\}$ 的累积概率分布，并在图 31-27 中绘制出其曲线。

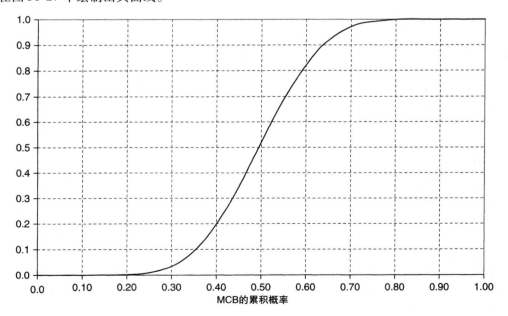

图 31-27 MCB 的累积概率

现在，我们确定报价为 0.5 的效果。从分布图中可以看出，"中标"的概率是 $\{MCB < 0.5 \mid \&\} = 0.544$。

如果在此报价中标，那么 MCB 必定小于 0.5。已知 MCB 小于 0.5，此时需要确定概率分布 $\{v \mid MCB < 0.5, \&\}$。具体如表 31-7 所示。

表 31-7 已知 *MCB*<0.5 时估值的概率分布

v	0.5	0.6	0.7	0.8	0.9	1
$\{v \mid MCB<0.5, \&\}$	0.049 905	0.461 898	0.45	0.038 102	9.5E-05	1

这一表格由下式计算可得：

$$\{v \mid MCB \leqslant c, \&\} = \frac{\sum_{MCB=0}^{c} \{v, MCB \mid \&\}}{\{MCB \leqslant c \mid \&\}} = \frac{\sum_{MCB=0}^{c} \{v, MCB \mid \&\}}{\sum_{MCB=0}^{c} \{MCB \mid \&\}}$$

例如，概率

$$\{v = 0.6 \mid MCB \leqslant 0.5, \&\} = \frac{\sum_{i=0}^{0.5} \{v = 0.6, MCB = i \mid \&\}}{\{MCB \leqslant 0.5 \mid \&\}}$$

分子是通过将联合概率表（表 31-4）中对应 $v=0.6$ 的列中从 $MCB=0$ 到 $MCB=0.5$ 的各单元格累加所得。分母为表 31-5 中从 $MCB=0$ 到 $MCB=0.5$ 的边缘概率之和。表 31-8 给出了所有 v 和 c 可能值的条件概率 $\{v \mid MCB \leqslant c, \&\}$。每行代表在已知 $MCB \leqslant c$（即以报价金额 c "中标"）时对交易价值 v 的条件分布。

表 31-8　$\{v \mid MCB \leqslant c, \&\}$

报价	0.5	0.6	0.7	0.8	0.9	加和
0.000						
0.025	0.999 998	1.95E-06	8.59E-14	1.57E-22	6.18E-33	1
0.050	0.999 931	6.95E-05	1.1E-10	7.24E-18	1.04E-26	1
0.075	0.999 413	0.000 587	7.95E-09	4.5E-15	5.54E-23	1
0.100	0.997 251	0.002 749	1.77E-07	4.78E-13	2.83E-20	1
0.125	0.990 728	0.009 27	2.06E-06	1.93E-11	3.98E-18	1
0.150	0.974 785	0.025 199	1.57E-05	4.2E-10	2.47E-16	1
0.175	0.941 665	0.058 245	8.92E-05	5.88E-09	8.59E-15	1
0.200	0.882 337	0.117 266	0.000 397	5.86E-08	1.93E-13	1
0.225	0.791 103	0.207 46	0.001 437	4.4E-07	3.02E-12	1
0.250	0.571 899	0.323 79	0.004 309	2.58E-06	3.49E-11	1
0.275	0.539 938	0.449 136	0.010 914	1.22E-05	3.1E-10	1
0.300	0.414 458	0.561 64	0.023 854	4.77E-05	2.2E-09	1
0.325	0.308 919	0.644 869	0.046 052	0.000 16	1.29E-08	1
0.350	0.227 52	0.691 849	0.080 161	0.000 469	6.52E-08	1
0.375	0.168	0.703 067	0.127 701	0.001 231	2.87E-07	1
0.400	0.125 673	0.683 437	0.187 97	0.002 919	1.12E-06	1
0.425	0.095 908	0.640 545	0.257 242	0.006 301	3.94E-06	1
0.450	0.075 012	0.583 511	0.329 01	0.012 454	1.25E-05	1
0.475	0.060 304	0.521 474	0.395 533	0.022 653	3.6E-05	1

(续)

报价	0.5	0.6	0.7	0.8	0.9	加和
0.500	0.049 905	0.461 898	0.45	0.038 102	9.5E-05	1
0.525	0.042 515	0.409 509	0.488 214	0.059 531	0.000 231	1
0.550	0.037 233	0.366 293	0.509 232	0.086 726	0.000 516	1
0.575	0.033 437	0.332 255	0.515 061	0.118 18	0.001 067	1
0.600	0.030 702	0.306 352	0.509 762	0.151 145	0.002 039	1
0.625	0.028 74	0.287 219	0.498 22	0.182 215	0.003 605	1
0.650	0.027 358	0.273 54	0.484 889	0.208 318	0.005 895	1
0.675	0.026 416	0.264 154	0.472 884	0.227 63	0.008 916	1
0.700	0.025 804	0.258 037	0.463 703	0.239 979	0.012 477	1
0.725	0.025 428	0.254 28	0.457 518	0.246 591	0.016 184	1
0.750	0.025 211	0.252 113	0.453 767	0.249 376	0.019 532	1
0.775	0.025 094	0.250 945	0.451 695	0.250 161	0.022 104	1
0.800	0.025 037	0.250 367	0.450 66	0.250 195	0.023 741	1
0.825	0.025 012	0.250 116	0.450 209	0.250 089	0.024 574	1
0.850	0.025 003	0.250 027	0.450 049	0.250 025	0.024 896	1
0.875	0.025	0.250 004	0.450 008	0.250 004	0.024 984	1
0.900	0.025	0.25	0.450 001	0.25	0.024 999	1
0.925	0.025	0.25	0.45	0.25	0.025	1
0.950	0.025	0.25	0.45	0.25	0.025	1
0.975	0.025	0.25	0.45	0.25	0.025	1
1.000	0.025	0.25	0.45	0.25	0.025	1

31.6.7 已知"中标"时潜在不确定性的价值

交易的 PIBP 可以被任何决策者利用我们先前给出的工具计算出来。对于一个 Δ 人而言，我们可以简单地计算确定等价物来代替 PIBP（PIBP 在数值上更复杂）。

已知在任意报价下"中标"时，PIBP 可以通过 v 的分布计算得出。例如，已知报价为 0.5"中标"时，标的的期望值等于 $0.5 \times 0.049\,905 + 0.6 \times 0.461\,898 + 0.7 \times 0.45 + 0.8 \times 0.038\,102 + 0.9 \times 9.5E - 0.5 = 0.647$，这对应于表 31-8 中 v 的期望值。类似地，对于一个风险容忍度为 1 的指数型决策者而言，其 PIBP 为 0.645。

当我们在图 31-28 中看到报价对抗力时，"赢家诅咒"影响的存在就比较清晰了。曲线"EV|中标，报价"和"CE|中标，报价"均由任意报价下 v 的分布所确定。

一如从前，增加报价提高了"中标"的概率，但它降低了"中标"的价值。然而，减少的价值不再是线性的，如图 31-7 所示。报价为 0.5 时，"中标"的概率是 0.544（由 {MCB|&} 所得）。支付 0.5 的报价后，标的的 EV 是 0.147。

图 31-29 给出了对于风险规避型和风险中性决策者而言，报价机会的价值如何由报价金额所确定。

我们发现，风险规避型买家的最佳报价是 0.45，其报价机会相应的确定等价物为 0.018。风险中性者报价 0.52，确定等价物为 0.077。

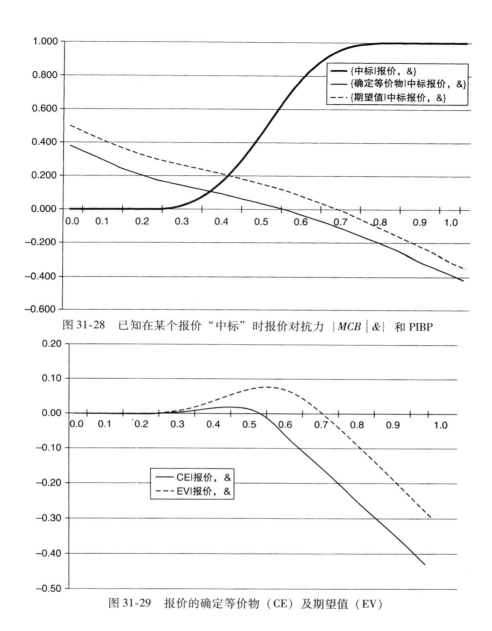

图31-28 已知在某个报价"中标"时报价对抗力 $\{MCB\mid \&\}$ 和 PIBP

图31-29 报价的确定等价物（CE）及期望值（EV）

31.7 总结

在任何拍卖中，你的报价金额都不能高于你的 PIBP。PIBP 在其中起着重要的作用。
- 对于第一价格型拍卖比如拍卖 1 和 3，你以 PIBP 报价毫无意义，因为你不能获利。你对标的的 PIBP 和你的报价金额之差，取决于你的风险规避程度和你对竞争报价的信念。
- 对于拍卖 2，即第二价格型拍卖，你应该以你的 PIBP 报价。
- 对于拍卖 4，你逐步提高你的报价直至你的 PIBP。

如果知道他人的报价能够修正你对标的的 PIBP，那么中标将会修正你的 PIBP，因为你知道 MCB 一定小于你的报价。

当其他买家的信息对标的价值有影响时，可能产生"赢家诅咒"效应。所得标的物非所值。好消息是你获得标的，坏消息是你报价过高。

习题

标注星号（*）的习题更具有挑战性。
阅读下面关于暗标拍卖的描述并回答相关习题 1~6。
Baragon 考虑参与一个关于 Gamera Action Card 的网上暗标拍卖会。下面两幅图表示 Baragon 对这次拍卖的信念。Baragon 在下图值域中是风险中性的。

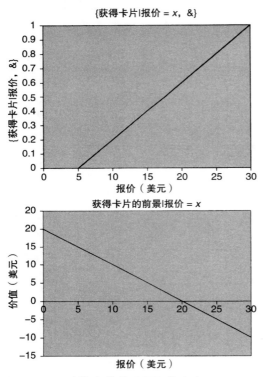

1. Baragon 对该卡片的 PIBP 是多少？

2. Baragon 考虑一个 25 美元的报价。从下面两幅图的角度评估这个报价。这是一个合理的报价吗？

3. Baragon 考虑一个 35 美元的报价。问题同习题 2。

4. Baragon 考虑一个 1 美元的报价。问题同习题 2。

5. 画出报价金额与每个报价的确定等价物关系图。在图中标出所有重要数值。

6. 评估 Baragon 的最优报价并解释原因。

*7. 第二价格型拍卖的价值：为初始资金为 100 美元的对数型决策者确定一个第二价格型拍卖的价值。使用 31.6 节中相同的参数和分布。比较该价值与一个风险容忍度等于 100 美元的 Δ 人对此估值的大小。

*8. 以一个固定的 PIBP 报价：一个 Δ 人为一张 100 美元的票据报价。他的 MCB 分布是 Beta(10, 10)，定义域为 0 到 100。画出最优报价与风险规避系数的关系图。最优报价随着风险规避系数递增还是递减？

*9. 重复习题 8，假设该标的为以 0.7 的概率获得 100 美元和以 0.3 的概率获得 0 的一张凭证。解释其中的区别。

*10. 建立一个包含"赢家诅咒"影响的第二价格型拍卖的模型。

*11. 请独自重复分析本章中所有表格和拍卖。

思考素材

如果一个竞争对手正在报价，他的中标将对你产生负的价值，你将如何改进你的分析？

第32章

评估、调整、共担不确定性交易

本章核心概念

阅读本章之后，读者将能够解释下列概念：
- 不确定性交易的最优尺度
- 最优投资份额
- 合作企业的最佳风险规避
- 协方差和两笔交易的相关性
- 投资组合中的最优份额
- 交易担保

32.1 引言

有时候，一个投资机会的资金需求如此之大，以至于一个投资者只能投资其中一部分。例如，一个大型房地产项目，如果有多个股东参与投资可能会更具有吸引力。在这种情况下，投资者需要自问，多大比例的投资才是最理想的。投资者同时需要自问哪些合作者的参与会使该项目对每个参与人更具有吸引力。本章讨论了对于已知投资项目，投资中的最优份额以及合作企业的最优风险规避问题。

32.2 风险调整与风险共担

通常，个人或者企业有机会投资一笔不确定的财务交易，比如在给定价格下购买一只净现值的期望值为正的股票。随着购买份额的增加，交易的期望值也会增加，但所得回报的不确定性也会增加。这是因为较大份额导致方差变大。

由于拥有更大的期望值，一位风险中性的投资者发现持有较多份额的带有正的期望值的股票更加理想。但是对于一位风险规避型投资者而言，他将需要考虑该交易的确定等价物及其方差增加的可能性。随着支付的增加，即使一位风险中性决策者也可能变成风险规避者。风险规避型投资者最关注的问题在于买进多少份额的股票才能得到最优交易，即最高的确定等价物。

决定购买股票份额或识别最优合伙比例的程序被认为是**调整**风险以适应投资者的过程。

相关的一个问题就是投资伙伴的风险调整问题。如果一笔投资项目过大，例如房地产投资项目，任何一个单独的企业都承担不起，那么，合作企业如何在投资之间分配以使任一方都对他们的投资满意？我们称之为合作伙伴之间的风险**共担**。

本章将讨论风险的调整和共担问题。通过回顾第 24 章中对不确定性交易确定等价物的近似表达式，我们阐明了主要的结论。如有必要，也可以用确定等价物的精确表达式来推导出相关结果。对于已知的投资及合作伙伴，近似表达式提供了一些对风险最优调整和共担的洞见。通过计算其货币收益，我们首先可以利用近似表达式来确定一笔交易的最佳部分或倍数。然后，我们可以在多人组成企业联合共享同一交易时，确定自己在该交易中的最优份额。最后，我们确定一系列不确定性交易组合的最佳配比。

32.3　调整一笔不确定性交易

正如我们在第 24 章中讨论的那样，确定等价物 $\widetilde{x}$，相当于平均值为 $\bar{x}$，二阶中心距（方差）为 x^v，风险容忍度为 ρ 的 Δ 人的现金交易，其可近似表述为：

$$\text{确定等价物} \approx \text{一阶矩} - \frac{1}{2}\frac{\text{方差}}{\text{风险容忍度}}$$

即：

$$\widetilde{x} \approx \bar{x} - \frac{x^v}{2\rho}$$

假设一个 Δ 人可以选择交易 m 的任意部分或倍数。例如，其预期的收益不是 x，而是 mx。

如果该 Δ 人选择拥有 mx，那么其平均收益将是 $m\bar{x}$，方差将是 $m^2 x^v$。原因正如我们在第 24 章中讨论的那样，对于每个预期为 mx_i 的交易都有期望值：

$$\sum_{i=1}^{n} p_i(mx_i) = m\sum_{i=1}^{n} p_i x_i = m\bar{x}$$

该改进交易的二阶矩为：

$$\sum_{i=1}^{n} p_i(mx_i)^2 = m^2 \sum_{i=1}^{n} p_i(x_i)^2$$

该交易的方差为：

$$m^2 \sum_{i=1}^{n} p_i(x_i)^2 - (m\bar{x})^2 = m^2 \left[\sum_{i=1}^{n} p_i(x_i)^2 - \bar{x}^2\right] = m^2 x^v$$

其收益的确定等价物 $\widetilde{x}(m)$ 的近似表达为：

$$\widetilde{x}(m) \approx m\bar{x} - \frac{m^2 x^v}{2\rho}$$

图 32-1 展示了一个关于 m 的函数的近似确定等价物。

注：当 m 为 0 的时候，确定等价物也为 0（因为参与者拥有 0% 的份额）。另外，当满足下式条件时也为 0：

$$\bar{x} - \left(\frac{1}{2}\right)\left(\frac{1}{\rho}\right)mx^v = 0$$

即：

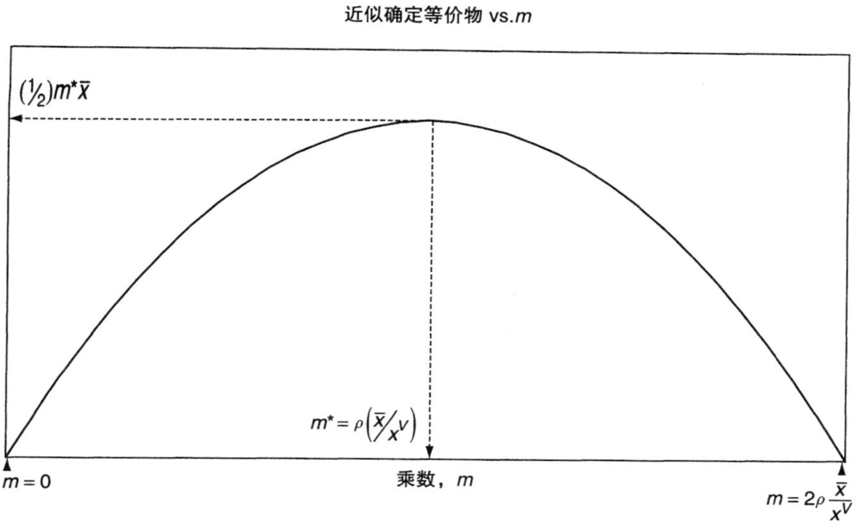

近似确定等价物 vs. m

图 32-1　近似确定等价物对乘数 m 的敏感性

$$m = 2\rho \frac{\bar{x}}{x^v}$$

通过检验抛物线，可以看出，当 $m = m^*$ 时得到最大值：

$$m^* = \rho \frac{\bar{x}}{x^v}$$

我们称该交易均值与方差的比值 $\frac{\bar{x}}{x^v}$ 为交易的担保 s_x，即：

$$s_x = \frac{\bar{x}}{x^v}$$

我们可以看到，在近似式中，交易的最优份额可以用担保的定义表达为：

$$m^* = \rho s_x$$

我们也可以看出，当 $m = 2m^* = 2\rho s_x$ 时，确定等价物等于 0。

通过计算得到最优份额 m^*，我们可以进一步得到最优交易的确定等价物 $\tilde{x}(m^*)$，其中：

$$\tilde{x}(m^*) = m^*\bar{x} - \frac{(m^*)^2 x^v}{2\rho} = \rho \frac{\bar{x}}{x^v}\bar{x} - \frac{\left(\rho \frac{\bar{x}}{x^v}\right)^2 x^v}{2\rho} = \frac{1}{2}\rho \frac{(\bar{x})^2}{x^v} = \frac{1}{2}\rho s_x \bar{x}$$

将 $s_x = \frac{\bar{x}}{x^v}$ 代入，可以得到最优份额的确定等价物：

$$\tilde{x}(m^*) \approx \frac{1}{2}m^*\bar{x}$$

结果：最优份额下该交易的确定等价物近似等于最优份额的一半乘以该交易价值的均值。

在持有交易的全部份额可能没有太多吸引力的情况下，调整不确定性交易的概念使得我们可以持有这些交易的部分（倍数）。我们通过下面的例子进行阐述。

▶例 32-1 风险调整

假设一个风险容忍度 $\rho = 2\,000$ 的 Δ 人面临一笔交易，该交易获得 $2\,000$ 美元的概率为 25%，获得 0 的概率为 50%，损失 $1\,000$ 美元的概率为 25%，如图 32-2 所示，我们记作 $\left[\dfrac{1}{4},\,2\,000;\,\dfrac{1}{2},\,0;\,\dfrac{1}{4},\,-1\,000\right]$。

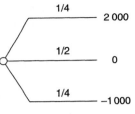

图 32-2 一笔调整的交易

通过直接计算，对这个 Δ 人而言，该交易的确定等价物为 -8.28 美元，因此，该交易不可取。然而，持有交易的一部分却极具吸引力，我们现在来确定持有份额。

该交易的平均值为：

$$\bar{x} = \dfrac{1}{4} \times 2\,000 + \dfrac{1}{2} \times 0 + \dfrac{1}{4} \times (-1\,000) = 250(\text{美元})$$

二阶矩 $\bar{x}^2$ 为：

$$\bar{x}^2 = \dfrac{1}{4} \times 2\,000^2 + \dfrac{1}{2} \times 0^2 + \dfrac{1}{4} \times (-1\,000)^2 = 1\,250\,000$$

交易的方差为：

$$x^v = \bar{x}^2 - (\bar{x})^2 = 1\,250\,000 - 250^2 = 1\,187\,500$$

担保 s_x 为：

$$s_x = \dfrac{\bar{x}}{x^v} = 2.105 \times 10^{-4}$$

该交易的近似最优份额：

$$m^* = \rho s_x = 0.412$$

即大约 41.2%。

该 Δ 人将会获得近似的确定等价物为：

$$\tilde{x}(m^*) \approx \left(\dfrac{1}{2}\right)m^* \bar{x} = 52.63(\text{美元})$$

这种份额下交易的确定等价物的精确值为 55.42 美元。

注意到在初始的交易中，一个决策者获得负的确定等价物，因而该交易不可取，获得 42% 份额的交易是可取的，决策者甚至愿意支付 50 美元来获得这个份额。因此，调整交易可以增加决策者所面临交易的价值。

32.4 不确定性交易的风险共担

假设存在一笔以支付函数 x 的概率分布来刻画的交易，均值 $\bar{x}$ 为正，但方差 x^v 过大以至于对你而言收益预期为一个负的确定等价物。这种情况下，我们知道通过调整交易，你可以增加确定等价物。但是当你调整该交易的时候，另一位决策者或者另一组决策者，是否愿意接受剩下的交易份额呢？

假设你能形成一个企业联盟来承担该交易，并且联盟中的任一参与者都能在自己的份额中得到一个正的确定等价物。如能实现这种可能，以这种方式参与那些你不想独自承担的交易是较好的选择。下面我们将展示如何做才能达到这种效果，并讨论这种企业联盟应具备什么样的特点。

假设有一个成员数为 n 的群体形成企业联盟愿意分配一笔交易，该群体中每个成员都是拥有正的风险容忍度 ρ_i，$i = 1, 2, \cdots, N$ 的 Δ 人。我们将阐述何时以及如何形成一个吸引每个参与者参加的企业联盟。

为了确定群体中每个成员的最优份额，我们首先要计算"群体"的风险容忍度 ρ_g，即每个成员风险容忍度的加和。

$$\rho_g = \sum_{i=1}^{N} \rho_i$$

其中 ρ_i 代表成员 i 的风险容忍度。

如果运用该群体风险容忍度使得该交易有正的确定等价值 $\widetilde{x}_g$，那么一个获利的企业联盟是可能存在的。此外，如果每个成员 i 接受该交易的份额 f_i 为 i 的风险容忍度 ρ_i 与群体风险容忍度 ρ_g 的比值，我们可以看到所有成员的确定等价物的总和也将是最大的。

$$f_i = \frac{\rho_i}{\rho_g}$$

最后，成员 i 在该共享规则下的确定等价物 $\widetilde{x}_i$ 即为群体确定等价物 $\widetilde{x}_g$ 的一部分（比例为 f_i）。

$$\widetilde{x}_i = f_i\, \widetilde{x}_g$$

▶ **例 32-2　风险共担**

重新考虑图 32-2 中所讨论过的风险调整的交易。四分之一的概率获得 2 000 美元，二分之一的概率获得 0，四分之一的概率获得 1 000 美元。现在该交易参与者为一个由三个 Δ 人组成的群体。其中三个 Δ 人的风险容忍度为：

$$\rho_1 = 200，\quad \rho_2 = 1\,000，\quad \rho_3 = 2\,000$$

如果每个参与者单独进行该交易，那么他们的确定等价物分别为：

$$\widetilde{x}_1 = -725.42，\quad \widetilde{x}_2 = -193.43，\quad \widetilde{x}_3 = -8.28$$

每个人都不会进行该交易。

现在假设他们形成一个企业联盟，群体的风险容忍度为：

$$\rho_g = \rho_1 + \rho_2 + \rho_3 = 3\,200$$

通过确定等价物的近似表达，群体的确定等价物为：

$$\widetilde{x}_g \approx 250 - \frac{1\,187\,500}{2 \times 3\,200} = 64.45$$

其为正。每个参与者将获得交易的份额是：

$$f_1 = \frac{\rho_1}{\rho_g} = \frac{200}{3\,200} = \frac{1}{16}$$

$$f_2 = \frac{\rho_2}{\rho_g} = \frac{1\,000}{3\,200} = \frac{5}{16}$$

$$f_3 = \frac{\rho_3}{\rho_g} = \frac{2\,000}{3\,200} = \frac{10}{16}$$

他们的确定等价物将为：

$$\widetilde{x}_1 = f_1\, \widetilde{x}_g = 4.96$$

$$\widetilde{x}_2 = f_2\, \widetilde{x}_g = 24.78$$

$$\widetilde{x}_3 = f_3\,\widetilde{x}_g = 49.56$$

每个成员的交易份额都调整到其风险承受偏好。并且，群体的总体收益最大化。

例如，假设成员 1 把他的份额给了成员 2，那么成员 2 的份额现在是 $\frac{6}{16}$ 即 $\frac{3}{8}$。现在成员 2 面对交易：

$$\left(\frac{1}{4}, 750;\, \frac{1}{2}, 0;\, \frac{1}{4}, -375\right)$$

像成员 2 这种风险容忍度为 1 000 的参与者其确定等价物为 18.33。通过这个转移后，成员 1 的收益更少了。因为他现在已经没有交易份额了，确定等价物为 0，而不再是有一定的交易份额且确定等价物为 4.96。然而，成员 2 的收益也减少了，他的确定等价物从 24.78 降低到 18.33。成员 3 依然有一个相同的确定等价物 49.56。三个成员总的价值也减到了 49.56 + 18.33 = 67.89，而不再是原来最佳份额产生的 79.29。

寻找最佳合作伙伴

是否存在一种方法使得例 32-2 中的企业联盟表现得更好？为了回答这一问题，我们回到风险调整问题。如果每个参与者能够指定自己的份额，那么他们将会选择多少呢？

回顾一下，容忍度为 ρ 的参与者愿意得到的额度为 $m^* = \rho s_x$，其中 $s_x = \frac{\overline{x}}{x^v}$。在例 32-2 中，我们计算得出 $s_x = \frac{\overline{x}}{x^v} = 2.105 \times 10^{-4}$。

如果群体的风险容忍度 ρ_g 使得 $m^* = 1$，那么对于整个企业联盟而言，进行全部的交易将是最好的选择。因此，

$$m^* = 1 = \rho_g s_x$$

即：

$$\rho_g = \frac{1}{s_x} = \frac{1}{2.105 \times 10^{-4}} = 4\,751$$

风险容忍度为 4 751 的群体将会进行全部的交易。这个群体里面有三个成员，总的风险容忍度为 3 200，则缺口为 1 551。假设他们找到了风险容忍度为 1 551 的第四个参与成员。这样的话，$\rho_g = 4\,751$，并且该群体在这个交易中的确定等价物为 118.45。各成员所获得的份额为：

$$f_1 = \frac{\rho_1}{\rho_g} = \frac{200}{4\,751} = 0.04$$

$$f_2 = \frac{\rho_2}{\rho_g} = \frac{1\,000}{4\,751} = 0.21$$

$$f_3 = \frac{\rho_3}{\rho_g} = \frac{2\,000}{4\,751} = 0.42$$

$$f_4 = \frac{\rho_4}{\rho_g} = \frac{1\,551}{4\,751} = 0.33$$

他们的确定等价物为：

$$x_1 = f_1 \widetilde{x}_g = 4.74$$
$$x_2 = f_2 \widetilde{x}_g = 24.87$$
$$x_3 = f_3 \widetilde{x}_g = 49.75$$
$$x_4 = f_4 \widetilde{x}_g = 39.08$$

与新的成员加入企业联盟之前相比，每个参与者的收益都增加了。然而请注意，如果新加入成员的风险容忍度超出 1 128，那么群体中初始成员的收益将会降低。在一种极端情况下，新加入的成员是风险中性的，他将接受全部的交易份额，获得的确定等价物为 250。那么，初始的成员将不会持有该交易份额，因此他们的确定等价物将为 0。

> 当组建企业联盟的时候，要小心选择你的成员。理想情况下，组合的风险容忍度之和应该是 $\rho_g = \dfrac{1}{s_x}$。

32.5 一个投资组合中的最优投资

现在我们讨论，当一个 Δ 人面临 n 笔不确定性交易时，如何确定最佳选择和最佳比例问题。例如，一个人可能会面临着 n 只股票或者 n 种不同的投资。不同的交易组合以及组合中每笔交易的比例能够使其确定等价物最大化，这是该投资者所关心的。我们将会运用各交易的均值和方差来表达确定等价物的近似值。因此，我们将会计算交易投资组合的均值和方差。

32.5.1 投资组合的均值

考虑 n 笔可能的交易 x_1，x_2，$\cdots$，x_n，对应的份额为 m_1，m_2，$\cdots$，m_n。对于任意已知的 m_1，m_2，$\cdots$，m_n，投资组合总的支付函数 $X(m)$ 等于每个支付函数的加和。因此，

$$X(m) = m_1 x_1 + m_2 x_2 + \cdots + m_n x_n$$

支付函数的均值等于 $\overline{X(m)}$，因此

$$\overline{X(m)} = m_1 \overline{x}_1 + m_2 \overline{x}_2 + \cdots + m_n \overline{x}_n$$

其中，$\overline{x}_1$，$\overline{x}_2$，$\cdots$，$\overline{x}_n$ 是交易 x_1，x_2，$\cdots$，x_n 的均值。

32.5.2 投资组合的方差

$X(m)$ 的**方差**应该考虑两种情况：这些交易是互不相关的（最简单的情况）及这些交易之间存在相关性。

1. 互不相关的交易

这种情况下，方差的表达式为：

$$X(m) \text{ 的方差} = X(m)^v = m_1^2 x_1^v + m_2^2 x_2^v + \cdots + m_n^2 x_n^v = \sum_{i=1}^{n} m_i^2 x_i^v$$

对于一个 Δ 人而言，如果各交易互不相关，那么该投资组合的确定等价物的近似值为：

$$\tilde{x}(m) \approx \overline{X}(m) - \frac{1}{2\rho}X(m)^v = m_1\bar{x}_1 + m_2\bar{x}_2 + \cdots + m_n\bar{x}_n - \frac{1}{2\rho}[m_1^2 x_1^v + m_2^2 x_2^v + \cdots + m_n^2 x_n^v]$$

$$= \left(m_1\bar{x}_1 - \frac{m_1^2 x_1^v}{2\rho}\right) + \left(m_2\bar{x}_2 - \frac{m_2^2 x_2^v}{2\rho}\right) + \cdots + \left(m_n\bar{x}_n - \frac{m_n^2 x_n^v}{2\rho}\right)$$

$$= m_1\tilde{x}_1 + m_2\tilde{x}_2 + \cdots + m_n\tilde{x}_n$$

其中 $\tilde{x}_1$, $\tilde{x}_n$, $\cdots$, $\tilde{x}_n$ 是各交易的确定等价物。

2. 交易之间不是互不相关的

这种情况下，方差取决于交易之间的相关性。附录32-1 中有更多关于不确定性交易的相关系数和协方差的知识。两笔交易 x 和 y 之间协方差通常定义为：

$$\text{Cov}(x,y) = \sum_{i=1}^n p_i(x_i - \bar{x})(y_i - \bar{y})$$

其中，p_i 是决策树末端的基本概率，x_i, y_i 代表相应交易 x，y 在每个末端节点的基本价值。

注解：

一笔交易与它自身的协方差是该交易的方差，即：

$$\text{Cov}(x_i, x_i) = \sum_{i=1}^n p_i(x_i - \bar{x})(x_i - \bar{x}) = \sum_{i=1}^n p_i(x_i - \bar{x})^2 = x_i^v$$

依据交易之间的协方差，多个不确定性交易的方差之和可以表述为：

$$X(m)\text{ 的方差 } = X(m)^v = \sum_{i=1}^n \sum_{j=1}^m m_i m_j \text{Cov}(x_i, x_j)$$

其中 $\text{Cov}(x_i, x_j)$ 是交易 x_i 和 x_j 之间的协方差。

从附录32-1 中我们可以得到，当两笔交易互不相关时，

$$\text{Cov}(x_i, x_j) = 0$$

因此，两笔互不相关交易方差的表达式 $\sum_{i=1}^n \sum_{j=1}^m m_i m_j \text{Cov}(x_i, x_j)$ 可以化简为 $\sum_{i=1}^n m_i^2 x_i^v$。

注解：

如果两笔交易 x_i 和 x_j 是互不相关的，那么它们的协方差是 0。然而，如果协方差为 0，并不意味着两笔交易是互不相关的。

32.5.3 计算一个投资组合的份额 m_1，m_2，$\cdots$，m_n 和确定等价物

用矢量和矩阵符号来标注我们的推导是很方便的。如果你不熟悉矩阵，附录32-3 提供了关于矩阵乘积和逆的简明教程。我们也将用几个数例阐述本节的最终结果。你将会注意到，矩阵形式的计算结果和单独交易的计算结果相类似。

交易和交易份额将分别用列向量 $\underline{X}$ 和 $\underline{m}$ 表示如下：

$$\underline{X} = \begin{bmatrix} x_1 \\ x_2 \\ \vdots \\ x_n \end{bmatrix}, \quad \underline{m} = \begin{bmatrix} m_1 \\ m_2 \\ \vdots \\ m_n \end{bmatrix}$$

正如前文讨论,均值为:

$$\overline{X}(m) = m_1\overline{x}_1 + m_2\overline{x}_2 + \cdots + m_n\overline{x}_n$$

这也等于两个向量的点积:

$$\overline{X}(m) = \underline{m}^T \underline{\overline{X}}$$

其中,$\underline{\overline{X}}$是元素为 $\overline{x}_1$, $\overline{x}_2$, $\cdots$, $\overline{x}_n$ 的列向量,而 $\underline{m}^T$ 为列向量 $\underline{m}$ 的转置。列向量的转置为一个行向量。因此:

$$\underline{m}^T = (m_1, m_2, \cdots, m_n)$$

方差也可以用矩阵符号来表示:

$$\text{var}[X(m)] = \underline{m}^T \underline{V} \underline{m}$$

其中,$\underline{V}$ 是协方差矩阵,其元素等于资产之间的协方差。因此,

$$\underline{V} = \begin{bmatrix} \text{Cov}(x_1, x_1) & \cdots & \text{Cov}(x_1, x_n) \\ \vdots & \ddots & \vdots \\ \text{Cov}(x_n, x_1) & \cdots & \text{Cov}(x_n, x_n) \end{bmatrix}$$

交易投资组合的确定等价物的近似值可以用矩阵符号表示为:

$$\widetilde{x}(m) \approx \overline{X}(m) - \frac{1}{2\rho}\text{Var}[X(m)] = \underline{m}^T \underline{\overline{X}} - \frac{1}{2\rho}\underline{m}^T \underline{V} \underline{m}$$

注意,这一表达式也适用于交易互不相关的情况,其协方差矩阵有特殊的结构:矩阵中非对角线上的元素都是 0,对角线上的元素对应着交易的方差。因此:

$$\underline{V} = \begin{bmatrix} \text{Var}(x_1) & \cdots & 0 \\ \vdots & \ddots & \vdots \\ 0 & \cdots & \text{Var}(x_n) \end{bmatrix}$$

为了找到最优份额,通过求导我们得到投资组合确定等价物的最大值:

$$\underline{m}^* = \rho \underline{V}^{-1} \underline{\overline{X}}$$

其中 $\underline{V}^{-1}$ 是协方差矩阵的逆矩阵(详见附录 32-3 中逆矩阵的相关内容)。

担保向量定义如下:

$$\text{担保向量} = \underline{V}^{-1} \underline{\overline{X}}$$

最优投资组合的确定等价物为:

$$\widetilde{x}(m^*) \approx \underline{m}^{*T} \underline{\overline{X}} - \frac{1}{2}\gamma \underline{m}^{*T} \underline{V} \underline{m}^* = \rho \underline{\overline{X}}^T \underline{V}^{-1} \underline{\overline{X}} - \frac{1}{2}\gamma \rho \underline{\overline{X}}^T \underline{V}^{-1} \underline{V} \rho \underline{V}^{-1} \underline{\overline{X}} = \frac{1}{2}\rho \underline{\overline{X}}^T \underline{V}^{-1} \underline{\overline{X}}$$

$$= \frac{1}{2}\underline{m}^{*T} \underline{\overline{X}}$$

注意这种表达式算法和单独交易算法具有相似性。

32.5.4 运用相关系数

依据两笔交易之间的相关系数而非协方差来表达两者之间的关系通常更有效。相关系数定义为：

$$r_{ij} = \frac{\mathrm{Cov}(x_i, x_j)}{\sigma_{x_i}\sigma_{x_j}}$$

其中，$\sigma_{x_i} = \sqrt{\mathrm{Var}(x_i)}$ = 交易 x_i 的标准差。

如果两笔交易 x_i 和 x_j 是不相关的，那么两者的相关系数为 0。然而，如果两者的相关系数等于 0，并不意味着两者之间是不相关的。

交易标准差的对角矩阵，可以表示为：

$$\underline{S} = \begin{bmatrix} \sigma_{x_1} & \cdots & 0 \\ \vdots & \ddots & \vdots \\ 0 & \cdots & \sigma_{x_n} \end{bmatrix}$$

相关系数矩阵 $\underline{R}$ 定义为：

$$\underline{R} = \underline{S}^{-1}\underline{V}\underline{S}^{-1}$$

或者，我们可以写为：

$$\underline{V} = \underline{S}\,\underline{R}\,\underline{S} \quad \text{与} \quad \underline{V}^{-1} = \underline{S}^{-1}\underline{R}^{-1}\underline{S}^{-1}$$

▶**例 32-3** 相关和不相关交易投资组合的最优份额

风险容忍度为 1 000 美元的指数型决策者面临三笔交易 x_A，x_B，x_C，它们的均值和标准差（方差的平方根）以矩阵形式表达为：

$$\underline{X} = \begin{bmatrix} \overline{x}_A \\ \overline{x}_B \\ \overline{x}_C \end{bmatrix} = \begin{bmatrix} 10 \\ 15 \\ 0 \end{bmatrix}, \quad \underline{S} = \begin{bmatrix} \sigma_A & 0 & 0 \\ 0 & \sigma_B & 0 \\ 0 & 0 & \sigma_C \end{bmatrix} = \begin{bmatrix} 15 & 0 & 0 \\ 0 & 20 & 0 \\ 0 & 0 & 1 \end{bmatrix}$$

这意味着 $\overline{x}_A = 10$，$\overline{x}_B = 15$，$\overline{x}_C = 0$，且标准差分别为 $\sigma_A = 15$，$\sigma_B = 20$，$\sigma_C = 0$。

下面决定决策者在各交易中的近似最优份额以及最优份额下近似的确定等价物。

a. 交易之间都是互不相关的。

b. 交易之间是相关的，有相同的标准差，相关系数矩阵如下：

$$\underline{R} = \begin{bmatrix} 1 & 0.8 & 0 \\ 0.8 & 1 & 0 \\ 0 & 0 & 1 \end{bmatrix}$$

c. 交易之间是相关的，有相同的标准差，相关系数矩阵如下：

$$\underline{R} = \begin{bmatrix} 1 & -0.8 & 0 \\ -0.8 & 1 & 0 \\ 0 & 0 & 1 \end{bmatrix}$$

解：

a. 当交易之间互不相关时，

$$\underline{R} = \begin{bmatrix} 1 & 0 & 0 \\ 0 & 1 & 0 \\ 0 & 0 & 1 \end{bmatrix}$$

$$\underline{V} = \underline{S}\,\underline{R}\,\underline{S} = \underline{S}\,\underline{S} = \begin{bmatrix} 225 & 0 & 0 \\ 0 & 400 & 0 \\ 0 & 0 & 1 \end{bmatrix}$$

$$\underline{V}^{-1} = \begin{bmatrix} \dfrac{1}{225} & 0 & 0 \\ 0 & \dfrac{1}{400} & 0 \\ 0 & 0 & 1 \end{bmatrix}$$

$$\underline{m}^{*} = \rho \underline{V}^{-1} \overline{X} = 1\,000 \cdot \begin{bmatrix} \dfrac{1}{255} & 0 & 0 \\ 0 & \dfrac{1}{400} & 0 \\ 0 & 0 & 1 \end{bmatrix} \cdot \begin{bmatrix} 10 \\ 15 \\ 0 \end{bmatrix} = \begin{bmatrix} 44.44 \\ 37.50 \\ 0 \end{bmatrix}$$

最优投资组合构成为交易 A 的 44.44%,交易 B 的 37.5% 和交易 C 的 0%。此最优投资组合的确定等价物为:

$$\widetilde{x}(m^{*}) \approx \frac{1}{2}\underline{m}^{*T}\overline{X} = 503.45(\text{美元})$$

b. 交易之间是相关的且相关系数矩阵为 $\underline{R} = \begin{bmatrix} 1 & 0.8 & 0 \\ 0.8 & 1 & 0 \\ 0 & 0 & 1 \end{bmatrix}$,因此,

$$\underline{V} = \underline{S}\,\underline{R}\,\underline{S} = \begin{bmatrix} 225 & 240 & 0 \\ 240 & 400 & 0 \\ 0 & 0 & 1 \end{bmatrix}$$

$$\underline{V}^{-1} = \begin{bmatrix} 0.012\,3 & -0.007\,4 & 0 \\ -0.007\,4 & 0.006\,9 & 0 \\ 0 & 0 & 1 \end{bmatrix}$$

$$\underline{m}^{*} = \rho \underline{V}^{-1} \overline{X} = 1\,000 \cdot \begin{bmatrix} 0.012\,3 & -0.007\,4 & 0 \\ -0.007\,4 & 0.006\,9 & 0 \\ 0 & 0 & 1 \end{bmatrix} \cdot \begin{bmatrix} 10 \\ 15 \\ 0 \end{bmatrix} = \begin{bmatrix} 12.3 \\ 30 \\ 0 \end{bmatrix}$$

$$\widetilde{x}(m^{*}) \approx \frac{1}{2}\underline{m}^{*T}\overline{X} = 287.40(\text{美元})$$

注:当交易之间正相关时,整体的方差在同样的均值下是增加的。因此,相较于交易之间互不相关的情况,此种交易缺少吸引力。

c. 交易之间是相关的,且相关系数矩阵为 $\underline{R} = \begin{bmatrix} 1 & -0.8 & 0 \\ -0.8 & 1 & 0 \\ 0 & 0 & 1 \end{bmatrix}$。因此,

$$\underline{V} = \underline{S}\,\underline{R}\,\underline{S} = \begin{bmatrix} 225 & -240 & 0 \\ -240 & 400 & 0 \\ 0 & 0 & 1 \end{bmatrix}$$

$$\underline{V}^{-1} = \begin{bmatrix} 0.0123 & 0.0074 & 0 \\ 0.0074 & 0.0069 & 0 \\ 0 & 0 & 1 \end{bmatrix}$$

$$\underline{m}^{*} = \rho \underline{V}^{-1} \underline{\overline{X}} = 1\,000 \cdot \begin{bmatrix} 0.0123 & 0.0074 & 0 \\ 0.0074 & 0.0069 & 0 \\ 0 & 0 & 1 \end{bmatrix} \cdot \begin{bmatrix} 10 \\ 15 \\ 0 \end{bmatrix} = \begin{bmatrix} 234.56 \\ 178.24 \\ 0 \end{bmatrix}$$

$$\widetilde{x}(m^{*}) \approx \frac{1}{2} \underline{m}^{*T} \underline{\overline{X}} = 2\,509.60 (\text{美元})$$

注：当交易之间负相关时，整体的方差在相同的均值下是减小的。因此，相较于交易之间互不相关的情况，此种交易更具吸引力。

▶例 32-4　做空一笔交易

风险容忍度为 1 000 美元的指数型决策者面临三笔交易 x_A，x_B，x_C，它们的均值和标准差（方差的平方根）以矩阵形式表达为：

$$\underline{\overline{X}} = \begin{bmatrix} \overline{x}_A \\ \overline{x}_B \\ \overline{x}_C \end{bmatrix} = \begin{bmatrix} 10 \\ 15 \\ 5 \end{bmatrix}, \quad \underline{S} = \begin{bmatrix} \sigma_A & 0 & 0 \\ 0 & \sigma_B & 0 \\ 0 & 0 & \sigma_C \end{bmatrix} = \begin{bmatrix} 15 & 0 & 0 \\ 0 & 20 & 0 \\ 0 & 0 & 25 \end{bmatrix}$$

交易之间的相关系数矩阵为 $\underline{R} = \begin{bmatrix} 1 & 0.8 & 0.4 \\ 0.8 & 1 & 0.3 \\ 0.4 & 0.3 & 1 \end{bmatrix}$。

找出在这些交易之中，该决策者应该选择的近似最优投资组合。

解：同上，我们计算协方差矩阵：

$$\underline{V} = \underline{S}\,\underline{R}\,\underline{S}$$

该矩阵的逆矩阵为：

$$\underline{V}^{-1} = \begin{bmatrix} 0.0133 & -0.0075 & -0.0014 \\ -0.0075 & 0.0069 & 0.0001 \\ -0.0014 & 0.00015 & 0.0019 \end{bmatrix}$$

$$\underline{m}^{*} = \rho \underline{V}^{-1} \underline{\overline{X}} = 1\,000 \cdot \begin{bmatrix} 0.0133 & 0.0075 & -0.0014 \\ 0.0075 & 0.0069 & 0.0001 \\ -0.0014 & 0.00015 & 0.0019 \end{bmatrix} \cdot \begin{bmatrix} 10 \\ 15 \\ 5 \end{bmatrix} = \begin{bmatrix} 14.27 \\ 29.91 \\ -2.60 \end{bmatrix}$$

$$\widetilde{x}(m^{*}) \approx \frac{1}{2} \underline{m}^{*T} \underline{\overline{X}} = 289.20 (\text{美元})$$

注：最优投资组合中交易 C 的持有比例为负。这被称为做空该交易，即需要出售该交易。做空一笔交易，你要把它卖给某人，并有责任把该交易的结果交付给他。

▶**例 32-5** 评估一笔与其他交易相关的不确定性交易

风险容忍度为 500 000 美元的指数型决策者面临两笔交易 x_A，x_B，它们的均值分别为 10 000 美元和 15 000 美元。两笔交易的方差分别为 4×10^{11}，6.25×10^{11}，两者之间的相关系数为 0.8。首先我们计算两个交易的最佳投资组合以及最佳投资组合的确定等价物。

注：两笔交易的确定等价物均为负。

$$\tilde{x}_A \approx 10\,000 - \frac{4 \times 10^{11}}{500\,000} = -390\,000 \text{（美元）}$$

$$\tilde{x}_B \approx 15\,000 - \frac{6.25 \times 10^{11}}{500\,000} = -610\,000 \text{（美元）}$$

两笔交易的协方差为：

$$\text{Cov}(x_A, x_B) = 0.8 \times \sqrt{4 \times 10^{11}} \times \sqrt{6.25 \times 10^{11}} = 4 \times 10^{11}$$

现在，我们写出均值向量和方差矩阵如下：

$$\bar{x} = \begin{bmatrix} 10\,000 \\ 15\,000 \end{bmatrix}, \quad V = \begin{bmatrix} 4 \times 10^{11} & 4 \times 10^{11} \\ 4 \times 10^{11} & 6.25 \times 10^{11} \end{bmatrix}$$

协方差矩阵求逆可得：

$$V^{-1} = 10^{-11} \begin{bmatrix} 0.6944 & -0.444 \\ -0.444 & -0.444 \end{bmatrix}$$

现在，我们计算出最优份额为：

$$m^* = \rho \underline{V}^{-1} \bar{x} = \begin{bmatrix} 0.0014 \\ 0.0111 \end{bmatrix}$$

换言之，决策者倾向于拥有交易 A 的约 $\frac{1}{1\,000}$ 的份额，交易 B 的约 $\frac{1}{100}$ 的份额。

该最优投资组合的确定等价物为：

$$\tilde{x}(m^*) \approx \frac{1}{2} m^{*T} \bar{x} = 0.5 \times \begin{bmatrix} 0.0014 & 0.0111 \end{bmatrix} \times \begin{bmatrix} 10\,000 \\ 15\,000 \end{bmatrix} = 90.28 \text{（美元）}$$

因此，对决策者而言，拥有这些交易的特定份额可以得到一个正的确定等价物的投资组合。

若该决策者已经拥有了最优份额 m^*，现在又面临一个均值为 10 000 美元，方差为 3.24×10^9 的交易 x_C，并与之前两笔交易相关，$r_{AC} = 0.4$，$r_{BC} = 0.3$，则决策者对 x_C 的个人无差别购买价格（PIBP）是多少？

该决策者是一位指数型决策者，他的 PIBP 等于其无差别销售价格（PISP）。因此，我们将要计算出他对 x_C 的确定等价物。首先，我们用新的协方差矩阵和均值向量来求出包含 x_C 的新投资组合的近似确定等价物。

我们有：

$$\text{Cov}(x_A, x_C) = 0.4 \times \sqrt{4 \times 10^{11}} \times \sqrt{3.24 \times 10^9} = 1.44 \times 10^{10}$$

$$\text{Cov}(x_B, x_C) = 0.3 \times \sqrt{6.25 \times 10^{11}} \times \sqrt{3.24 \times 10^9} = 1.35 \times 10^{10}$$

新协方差矩阵为：

$$V = \begin{bmatrix} 4 \times 10^{11} & 4 \times 10^{11} & 1.44 \times 10^{10} \\ 4 \times 10^{11} & 6.25 \times 10^{11} & 1.35 \times 10^{10} \\ 1.44 \times 10^{10} & 1.35 \times 10^{10} & 3.24 \times 10^{9} \end{bmatrix}$$

新均值向量为：

$$\bar{x} = \begin{bmatrix} 10\,000 \\ 15\,000 \\ 10\,000 \end{bmatrix}$$

由于决策者不会改变交易 A 或 B 的份额，并且他将拥有交易 C 100% 的份额，他的新份额向量 m 为：

$$m = \begin{bmatrix} 0.001\,4 \\ 0.011\,1 \\ 1.000\,0 \end{bmatrix}$$

这个新投资组合的近似确定等价物为：

$$\widetilde{x}(m^*) \approx m^T \bar{x} - \frac{1}{2\rho} m^T V m = 6\,510 (美元)$$

如果将之减去不包含 x_C 的投资组合值，可以得到 x_C 的确定等价物为：

$$\widetilde{x}_C = 6\,510 - 90.28 \approx 6\,419 (美元)$$

注意到单独交易 x_C 的近似确定等价物为：

$$\widetilde{x}_C \approx 10\,000 - \frac{3.24 \times 10^9}{2 \times 500\,000} = 6\,760 (美元)$$

其并不等于 6 419 美元。因此，在不考虑各交易之间相关性的情况下，即使是一个 Δ 人也不能评估所持有的与其他交易相关的某笔交易的个体价值。

32.6 总结

风险比例调整意味着获得这笔交易的比例份额。其好处在于，如果面临一笔正期望值的交易，你可以通过获得该交易的一部分或多份从而得到一个正的确定等价物。风险容忍度为 ρ 的决策者所愿意持有该交易近似的最优份额为 $m^* = \rho \left(\dfrac{\bar{x}}{x^V} \right)$，对应的近似确定等价物为 $\dfrac{1}{2} m^* \bar{x}$。

当你调整一笔交易的比例，你可能会在意谁愿意接受剩余的份额。如果是一群人共同进行这笔交易，我们通过如下方式为各个成员确定最佳份额：

- 定义群体风险容忍度为群体中各成员风险容忍度之和，$\rho_g = \sum_{i=1}^{N} \rho_i$。
- 该交易群体的近似确定等价物为 $\widetilde{x}_g = \bar{x} - \dfrac{x^v}{2\rho_g}$。
- 每一个体所得份额等于个体风险容忍度与群体风险容忍度之比，$f_i = \dfrac{\rho_i}{\rho_g}$。
- 每个个体所得份额的确定等价物为 $\widetilde{x}_i = f_i \widetilde{x}_g$。

- 最佳群体（企业联盟）是群体风险容忍度等于交易担保倒数的群体，所以 $\rho_g = \frac{x^v}{\bar{x}}$。

若两笔交易 x_i 和 x_j 是不相关的，其相关系数等于零。然而，如果相关系数为零，并不意味着这两笔交易是不相关的。

考虑你从 n 笔可能的交易 x_1，x_2，…，x_n 中选择份额 m_1，m_2，…，m_n 构成投资组合。对于任何给定的份额 m_1，m_2，…，m_n，这个投资组合总的支付函数等于由加性价值函数所得之和：

$$X(m) = m_1 x_1 + m_2 x_2 + \cdots + m_n x_n$$

支付函数均值等于 $\overline{X(m)}$，而

$$\overline{X(m)} = m_1 \bar{x}_1 + m_2 \bar{x}_2 + \cdots + m_n \bar{x}_n$$

其中，$\bar{x}_1$，$\bar{x}_2$，…，$\bar{x}_n$ 是交易 x_1，x_2，…，x_n 的均值，投资组合的方差为：

$$\mathrm{Var}[X(m)] = X(m)^v = \sum_{i=1}^{n}\sum_{j=1}^{m} m_i m_j \mathrm{Cov}(x_i, x_j)$$

其中，$\mathrm{Cov}(x_i, x_j)$ 是在交易 x_i 和 x_j 之间的协方差。

以矩阵符号表示，$\overline{X(m)} = \underline{m}^T \underline{\bar{X}}$，这里 $\underline{\bar{X}}$ 是一个列向量，其元素是 $\bar{x}_1$，$\bar{x}_2$，…，$\bar{x}_n$。而 $\underline{m}^T$ 是列向量 $\underline{m}$ 的转置。一个列向量转置后变为一个行向量，即：

$$\underline{m}^T = (m_1, m_2, \cdots, m_n)$$

方差同样可以用矩阵符号表示为：

$$\mathrm{Var}[X(m)] = \underline{m}^T \underline{V} \underline{m}$$

其中 $\underline{V}$ 是协方差矩阵，其元素等于各资产之间的协方差，即：

$$\underline{V} = \begin{bmatrix} \mathrm{Cov}(x_1, x_1) & \cdots & \mathrm{Cov}(x_1, x_n) \\ \vdots & \ddots & \vdots \\ \mathrm{Cov}(x_n, x_1) & \cdots & \mathrm{Cov}(x_n, x_n) \end{bmatrix}$$

最优份额由下式给出：

$$\underline{m}^* = \rho \underline{V}^{-1} \underline{\bar{X}}$$

附录 32-1 协方差和相关性

如果我们有一棵带有两个测度的概率树，我们可以为这两个测度计算出另外一个所谓的**"交叉矩"**的附加量。交叉矩等于决策树中各前景两个测度值乘积的一阶矩，即：

$$\langle xy \mid \& \rangle = \sum_{i=1}^{n} p_i x_i y_i$$

例如，回顾第 5 章及图 5-13 中的两个测度：美元奖金和洗车奖励，方便起见，我们在此重复这一例子。

其交叉矩为：

$$\begin{aligned}\langle 美元奖金, 洗车奖励 \mid \& \rangle =\ & 0.07(-100)(-1) + 0.14(0)(0) + 0.28(0)(0) \\ & + 0.21(100)(1) + 0.04(0)(0) + 0.06(0)(0) \\ & + 0.06(0)(0) + 0.04(0)(0) + 0.03(300)(1) \\ & + 0.04(200)(1) + 0.02(-200)(-1) \\ & + 0.01(-300)(-1) = 52\end{aligned}$$

A 和 B 之间的协方差（Cov）是交叉中心距。因此，

$$\text{Cov} = \sum_{i=1}^{n} p_i (x_i - \bar{x})(y_i - \bar{y})$$

协方差同时也是交叉矩与两个测度期望值乘积之差，即：

$$\text{Cov} = \sum_{i=1}^{n} p_i x_i y_i - \bar{x} \cdot \bar{y}$$

洗车奖励的例子中洗车奖励和美元奖金的均值可以通过首先确定其分布来获得，或者直接从图 32-3 中的概率树得到。

$$\langle 美元奖金 | \& \rangle = 0.07(-100) + 0.14(0) + 0.28(0) + 0.21(100)$$
$$+ 0.04(0) + 0.06(0) + 0.06(0) + 0.04(0) + 0.03(300)$$
$$+ 0.04(200) + 0.02(-200) + 0.01(-300) = 24$$

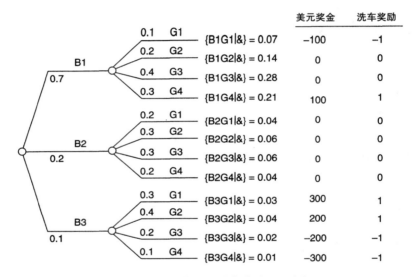

图 32-3 美元奖金和洗车奖励的概率树

$$\langle 洗车奖励 | \& \rangle = 0.07(-1) + 0.14(0) + 0.28(0) + 0.21(1)$$
$$+ 0.04(0) + 0.06(0) + 0.06(0) + 0.04(0)$$
$$+ 0.03(1) + 0.04(1) + 0.02(-1) + 0.01(-1) = 0.18$$

美元奖金和洗车奖励之间的协方差是：

$$\text{Cov}(美元奖金, 洗车奖励) = 52 - 24 \times 0.18 = 47.68$$

最后，两个测度之间的相关系数等于其协方差与二阶中心距开方乘积的比值，即：

$$相关系数 = \frac{\text{Cov}}{\sqrt{\langle x | \& \rangle^v} \sqrt{\langle y | \& \rangle^v}}$$

相关系数的值域为 [-1, 1]。如果两个测度 X 和 Y 是不相关的，则相关系数等于 0。这是因为交叉矩等于不相关测度矩的乘积。然而，如果相关系数等于 0，并不意味着这两个测度是不相关的。

让我们来计算美元奖金和洗车奖励之间的相关系数。因为我们已经计算出了协方差，我们只需要计算每个变量二阶中心矩的平方根。

二阶中心矩：

美元奖金 $= 0.07(-100-24)^2 + 0.14(0-24)^2 + 0.28(0-24)^2$
$\qquad + 0.21(100-24)^2 + 0.04(0-24)^2 + 0.06(0-24)^2 + 0.06(0-24)^2$
$\qquad + 0.04(0-24)^2 + 0.03(300-24)^2 + 0.04(200-24)^2 + 0.02(-200-24)^2$
$\qquad + 0.01(-300-24)^2 = 8\ 224$

二阶中心矩：

洗车奖励 $= 0.07(-1-0.18)^2 + 0.14(0-0.18)^2$
$\qquad + 0.28(0-0.18)^2 + 0.21(1-0.18)^2 + 0.04(0-0.18)^2 + 0.06(0-0.18)^2$
$\qquad + 0.06(0-0.18)^2 + 0.04(0-0.18)^2 + 0.03(1-0.18)^2 + 0.04(1-0.18)^2$
$\qquad + 0.02(-1-0.18)^2 + 0.01(-1-0.18)^2 = 0.347\ 6$

相关系数为：

$$\frac{47.68}{\sqrt{8\ 224}\ \sqrt{0.347\ 6}} = 0.892$$

协方差的其他性质

（1）当两笔交易互不相关时，$p_{ij} = p_i p_j$，且：

$$\text{Cov}(x_i, x_j) = \sum_{i=1}^{n} \sum_{j=1}^{n} p_{ij}(x - \bar{x}_i)(x - \bar{x}_j) = \sum_{i=1}^{n} p_i(x - \bar{x}_i) \sum_{j=1}^{n} p_j(x - \bar{x}_j)$$
$$= (\bar{x}_j - \bar{x}_j)(\bar{x}_i - \bar{x}_i) = 0$$

（2）当两笔交易相同时：

$$\text{Cov}(x_i, x_i) = \sum_{i=1}^{n} \sum_{j=1}^{n} p_{ji}(x - \bar{x}_i)(x - \bar{x}_j) = \text{Var}(x_i)$$

▶ **例 32-6**

考虑图 32-4 中的两笔交易。

假定其联合概率树如图 32-5 所示。

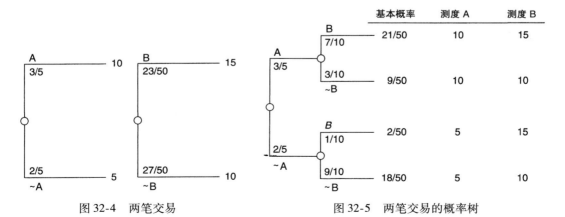

图 32-4　两笔交易　　　　　图 32-5　两笔交易的概率树

（1）计算每笔交易的期望值、标准差和方差。

（2）计算这两笔交易之间的交叉矩、协方差和相关系数。

解：

（1）通过图中上半部分的两棵树，两笔交易的期望值由下式给出：

$$\langle A \mid \& \rangle = \frac{3}{5} \times 10 + \frac{3}{5} \times 5 = 8$$

$$\langle B \mid \& \rangle = \frac{23}{50} \times 15 + \frac{27}{50} \times 10 = 12.3$$

方差为二阶中心矩：

$$\langle A \mid \& \rangle^v = \frac{3}{5}(10-8)^2 + \frac{2}{5}(5-8)^2 = 6$$

$$\langle B \mid \& \rangle^v = \frac{23}{50}(15-12.3)^2 + \frac{27}{50}(10-12.3)^2 = 6.21$$

A 的标准差为 $\sqrt{6} = 2.449$，B 的标准差为 $\sqrt{6.21} = 2.491$。

（2）使用图中底部的树，A 和 B 的交叉矩为：

$$\langle A, B \mid \& \rangle = \frac{21}{50} \times 10 \times 15 + \frac{9}{50} \times 10 \times 10 + \frac{2}{50} \times 5 \times 15 + \frac{18}{50} \times 5 \times 10 = 102$$

A 和 B 的协方差为：

$$\langle A, B \mid \& \rangle - \langle A \mid \& \rangle \langle B \mid \& \rangle = 102 - 8 \times 12.3 = 3.6$$

A 和 B 之间的相关系数为：

$$\frac{3.6}{2.449 \times 2.491} = 0.589$$

附录32-2　向量的数（点）乘

一个向量是各元素以紧凑（和有序）形式组成的集合。比如，一个列向量的形式为 $\begin{bmatrix} a \\ b \\ c \\ d \end{bmatrix}$，它代表四个元素且维度为 4×1（4 行，1 列）。一个行向量的形式为 (a, b, c, d)，这也代表了四个元素且维度为 1×4（1 行，4 列）。一个列向量的转置为有着相同元素的行向量，而一个行向量的转置为一个列向量。转置以符号 T 表示。例如，

$$\begin{bmatrix} a \\ b \\ c \\ d \end{bmatrix}^T = (a, b, c, d)$$

一个列向量和一个行向量的点乘结果为一个数字，为向量中对应元素的乘积之和。例如，

$$(a, b, c, d) \cdot \begin{bmatrix} e \\ f \\ g \\ h \end{bmatrix} = ae + bf + cg + dh$$

附录32-3 2×2 和 3×3 矩阵乘法和矩阵求逆

一个矩阵是数据的一种紧凑形式表现。它应用广泛，尤其适用于解决线性方程组。例如，我们有两个方程：

$$2x + 3y = 6$$
$$3x + 4y = 8$$

我们的目的在于确定 x, y 的值。我们将其以矩阵表达为：

$$\begin{bmatrix} 2 & 3 \\ 3 & 4 \end{bmatrix}\begin{bmatrix} x \\ y \end{bmatrix} = \begin{bmatrix} 6 \\ 8 \end{bmatrix}$$

这引导我们进行矩阵相乘。$\begin{bmatrix} 2 & 3 \\ 3 & 4 \end{bmatrix}$, $\begin{bmatrix} x \\ y \end{bmatrix}$，两个矩阵的乘积为：

$$\begin{bmatrix} 2 & 3 \\ 3 & 4 \end{bmatrix}\begin{bmatrix} x \\ y \end{bmatrix} = \begin{bmatrix} 2x + 3y \\ 3x + 4y \end{bmatrix}$$

两个 2×2 矩阵的乘积是另一个 2×2 矩阵，

$$\begin{bmatrix} a & b \\ c & d \end{bmatrix}\begin{bmatrix} e & f \\ g & h \end{bmatrix} = \begin{bmatrix} ae + bg & af + bh \\ ce + dg & cf + dh \end{bmatrix}$$

矩阵可用于求解方程，得到 x 和 y 的值。

如果：

$$\begin{bmatrix} 2 & 3 \\ 3 & 4 \end{bmatrix}\begin{bmatrix} x \\ y \end{bmatrix} = \begin{bmatrix} 6 \\ 8 \end{bmatrix}$$

那么：

$$\begin{bmatrix} x \\ y \end{bmatrix} = \begin{bmatrix} 2 & 3 \\ 3 & 4 \end{bmatrix}^{-1}\begin{bmatrix} 6 \\ 8 \end{bmatrix}$$

其中 $\begin{bmatrix} 2 & 3 \\ 3 & 4 \end{bmatrix}^{-1}$ 为 $\begin{bmatrix} 2 & 3 \\ 3 & 4 \end{bmatrix}$ 的逆矩阵。

一个 2×2 矩阵 $\begin{bmatrix} a & b \\ c & d \end{bmatrix}$ 的逆矩阵为：

$$\begin{bmatrix} a & b \\ c & d \end{bmatrix}^{-1} = \frac{1}{ad - bc}\begin{bmatrix} d & -b \\ -c & a \end{bmatrix}$$

因此，

$$\begin{bmatrix} 2 & 3 \\ 3 & 4 \end{bmatrix}^{-1} = \frac{1}{8-9}\begin{bmatrix} 4 & -3 \\ -3 & 2 \end{bmatrix} = -\begin{bmatrix} 4 & -3 \\ -3 & 2 \end{bmatrix} = \begin{bmatrix} -4 & 3 \\ 3 & -2 \end{bmatrix}$$

并且，

$$\begin{bmatrix} x \\ y \end{bmatrix} = \begin{bmatrix} 2 & 3 \\ 3 & 4 \end{bmatrix}^{-1}\begin{bmatrix} 6 \\ 8 \end{bmatrix} = \begin{bmatrix} -4 & 3 \\ 3 & -2 \end{bmatrix}\begin{bmatrix} 6 \\ 8 \end{bmatrix} = \begin{bmatrix} 0 \\ 2 \end{bmatrix}$$

所以方程的解由

$$2x + 3y = 6$$
$$3x + 4y = 8$$

得到 $x = 0$, $y = 2$。

矩阵也会有更高的维度。一个 3×3 矩阵有 9 个元素。它可以用来总结并解决包含三个变量的三个线性方程。例如，

$$2x + 3y + 4z = 20$$
$$5x - 2y + 2z = 5$$
$$x + y + 2z = 9$$

以矩阵表达如下：

$$\begin{bmatrix} 2 & 3 & 4 \\ 5 & -2 & 2 \\ 1 & 1 & 2 \end{bmatrix} \begin{bmatrix} x \\ y \\ z \end{bmatrix} = \begin{bmatrix} 20 \\ 5 \\ 9 \end{bmatrix}$$

为了算出 x, y, z，我们可以写出：

$$\begin{bmatrix} x \\ y \\ z \end{bmatrix} = \begin{bmatrix} 2 & 3 & 4 \\ 5 & -2 & 2 \\ 1 & 1 & 2 \end{bmatrix}^{-1} \begin{bmatrix} 20 \\ 5 \\ 9 \end{bmatrix}$$

其中，$\begin{bmatrix} 2 & 3 & 4 \\ 5 & -2 & 2 \\ 1 & 1 & 2 \end{bmatrix}^{-1}$ 是 $\begin{bmatrix} 2 & 3 & 4 \\ 5 & -2 & 2 \\ 1 & 1 & 2 \end{bmatrix}$ 的逆矩阵。

一个 3×3 矩阵的求逆比一个 2×2 矩阵稍微复杂一些。公式为：

$$\begin{bmatrix} a_{11} & a_{12} & a_{13} \\ a_{21} & a_{22} & a_{23} \\ a_{31} & a_{32} & a_{33} \end{bmatrix}^{-1} = \frac{1}{\text{Det}} \begin{bmatrix} (a_{33}a_{22} - a_{32}a_{23}) & -(a_{33}a_{12} - a_{32}a_{13}) & (a_{23}a_{12} - a_{22}a_{13}) \\ -(a_{33}a_{21} - a_{31}a_{23}) & (a_{33}a_{11} - a_{31}a_{13}) & -(a_{23}a_{11} - a_{21}a_{13}) \\ (a_{32}a_{21} - a_{31}a_{22}) & -(a_{32}a_{11} - a_{31}a_{12}) & (a_{22}a_{11} - a_{21}a_{12}) \end{bmatrix}$$

其中 $\text{Det} = a_{11}(a_{33}a_{22} - a_{32}a_{23}) - a_{21}(a_{33}a_{12} - a_{32}a_{13}) + a_{31}(a_{23}a_{12} - a_{22}a_{13})$

通过直接替换，我们有：

$$\begin{bmatrix} 2 & 3 & 4 \\ 5 & -2 & 2 \\ 1 & 1 & 2 \end{bmatrix}^{-1} = \begin{bmatrix} 0.75 & 0.25 & -1.75 \\ 1 & 0 & -2 \\ -0.875 & -0.125 & 2.375 \end{bmatrix}$$

因此，

$$\begin{bmatrix} x \\ y \\ z \end{bmatrix} = \begin{bmatrix} 2 & 3 & 4 \\ 5 & -2 & 2 \\ 1 & 1 & 2 \end{bmatrix}^{-1} \begin{bmatrix} 20 \\ 5 \\ 9 \end{bmatrix} = \begin{bmatrix} 0.75 & 0.25 & -1.75 \\ 1 & 0 & -2 \\ -0.875 & -0.125 & 2.375 \end{bmatrix} \begin{bmatrix} 20 \\ 5 \\ 9 \end{bmatrix}$$

$$= \begin{bmatrix} 0.75 \times 20 + 0.25 \times 5 - 1.75 \times 9 \\ 1 \times 20 + 0 \times 5 - 2 \times 9 \\ -0.875 \times 20 - 0.125 \times 5 + 2.375 \times 9 \end{bmatrix} = \begin{bmatrix} 0.5 \\ 2 \\ 3.25 \end{bmatrix}$$

所以，$x = 0.5, y = 2, z = 3.25$。

习题

标注星号（*）的习题更具有挑战性。

1. 风险比例调整：近似表达式。

考虑一位风险容忍度为 3 000 美元的指数型决策者，面临如下交易：

$[0.25,-5\,000;0.5,1\,000;0.25,5\,000]$

a. 利用确定等价物近似公式计算他在此交易中的确定等价物。他应该接受这笔交易吗？

b. 计算这笔交易的担保。

c. 使用确定等价物的近似表达式为该决策者计算最佳份额。

d. 若该决策者只占有这笔交易的最佳份额，计算其确定等价物。在这种情况下，他应该接受这笔交易吗？

*2. 使用确定等价物的精确表达式重复习题1。

3. 风险共担：近似表达式。

   三个风险容忍度分别为5 000美元、10 000美元、15 000美元的投资者面临如下交易：

   $[0.25,-20\,000;0.5,0;0.25,30\,000]$

   a. 群体的风险容忍度为多少？

   b. 使用近似表达式，计算群体的确定等价物。

   c. 每个成员获得的最优份额是多少？对应的确定等价物是多少？

   d. 该群体有增加一个投资者的机会，则群体对新投资者所偏好的风险容忍度为多少？

   e. 若所偏好的投资者加入了该群体，那么群体确定等价物和各成员的最优份额是多少？

*4. 使用确定等价物的精确表达式重复习题3。

5. 一个投资组合的确定等价物：近似表达式。

   一位风险容忍度为20 000美元的指数型投资者面临如下两笔交易：

   $[0.25,-20\,000;0.5,0;0.25,30\,000]$

   和$[0.25,-5\,000;0.5,0;0.25,5\,000]$

   a. 使用近似表达式，计算如下条件下他的确定等价物：

   Ⅰ. 互不相关。

   Ⅱ. 正相关且相关系数为0.8。

   Ⅲ. 负相关且相关系数为-0.6。

   b. 针对上述三种情形，计算出他在每笔交易中的最优份额。

   c. 在每种情形下，计算最优份额下的确定等价物。

第 33 章

进行风险决策

本章核心概念

阅读本章之后，读者将能够解释下列概念：

- 微死亡率价值
- 日常生活中的微死亡率
- 使用微死亡率进行决策

33.1 引言

在你生命中的某一时刻，你将面临进行**风险决策**的挑战。所谓风险决策，我们指决策中带有至少一种风险的方案至少有一个。所谓风险，我们指发生概率较小但一旦发生就会造成巨大损失的一个前景。损失可以为货币损失、生命损失或者其他严重的后果。

在英语中，"风险"一词本身就暗含不太可能发生但发生后将非常糟糕的意思。我们似乎没有相应的术语来表达产生较好结果的较小概率。我们不会将从一个遥远而陌生的亲戚那里得到一大笔钱称为风险，我们同样不会将从一栋高楼上跳下去称为死亡风险：其致死的概率如此之高，以至于使用"风险"一词变成一种不合时宜的滑稽。

进行风险决策时，我们通常会面对一些重要的问题。首先，我们通常需要考虑"无形因素"的价值（比如疼痛和苦难），尽管这些的确是最切实的结果。但此类结果似乎比诸如衬衫的无差别购买价格（PIBP）的估值更有挑战性。其次，我们必须处理小概率的测度和评估。最后，我们可能面临死亡的前景，尽管这可能令人感到不舒服。

33.2 疼痛困境

我们从考虑如何评估疼痛开始。假设你去看医生，在做完检查并查看检查报告后，医生的表情变得相当严肃。

你问："医生，有什么问题吗？"

医生说："嗯，我有一些好消息，也有一些坏消息。坏消息是，你得了一种致命的疾病，它将在下个月无痛苦地结束你的生命。"

如果你正处于自杀的边缘，这听起来是一个很好的消息。但对我们大多数人而言，这是一个坏消息。所以你会问医生，"那好消息是什么呢？"

医生说："好消息是，有一种治疗手段能够在 24 小时内治愈你。治疗费用由你的保险公司支付，且你在医院待了 24 小时之后就能完全摆脱这种疾病。此外，在住院期间，你的公司依然会支付你的日常薪水。"

你会说，"这听起来很棒！"

然而，医生接着说，"还有更糟糕的消息。我的病人反映这种治疗手段会产生令人难以忍受的疼痛。"

你会问："'令人难以忍受的疼痛'是什么意思？"

医生说："他们告诉我就像正在长出一颗智齿，即你嘴里最后的大臼齿之一，24 小时持续不断地拉扯。注意，我说的是持续不断。这并不像你拔牙之后，就可以从这种经历中恢复过来。"

你问："你就不能给我一点止疼的东西吗？"

医生回答："恐怕不可以，我认为疼痛的经历对你疾病的成功治疗十分关键。"

注意到你脸上沮丧的表情，医生说还有另外一种可能性。"我有一个朋友已经研发出了一种实验性药物，有可能在无疼痛的情况下治愈你的疾病。你还是需要待在医院里 24 小时，但你只需要看看电视就可以健康离开，并且没有任何副作用。"

你会说："这听起来很棒，我要吃这种药。"

医生说："关于这种药还有个问题。我之前说的药，正处于实验阶段，相应地，保险公司不会为其支付费用。我记不清这种药的价格，但如果你在一张纸上写下你所能接受的最高价格（你的 PIBP），我就给我的朋友打电话询问价格。如果药物价格少于你想要支付的价格，你就可以将支付款项交由第三方托管，而我会为你的无痛住院签字。如果药物价格超过了你愿意支付的价格，我会为你采用疼痛但保命的方案。"

> **思考**
>
> 请在一张纸条上为这种无痛治愈疾病的药物写下你的个人无差别购买价格 x。

当我们问两名同事这一问题时，一个回答说他愿意支付 5 000 美元，另一个回答说愿意支付 200 000 美元。他们难以置信地观望着彼此。愿意支付 200 000 美元的这位同事说："我厌恶疼痛。看牙医时，在他们给我打针之前我就要止痛片。我宁愿卖掉我的度假屋来避免此类经历。"另一位同事回答说："我曾经是一名海军陆战队的上校，并且我曾负伤三次。我不打算因为一点疼痛而花费大量钱财。"每个人听起来都比对方有说服力，而不质疑自己的答案或对方答案的适当性。

33.2.1　另一种方案

医生接着说："我对你还有另外一种方案。还有一种能够完全治愈你的药，也不会疼痛，并且这种药也不是实验性的——你的保险费用可以支付这种药。你仍然需要在医院中待 24 个小时，当然，你还是可以看电视。"

你会说："你之前为何没有告诉我？"

医生说："但是这种药物有潜在的严重副作用——可能会杀死你。24 小时之后，你可能会无痛苦地离世。"

你问道："我死亡的概率有多大？"

医生说："我不记得了，但是你可以在一张纸上写下你所能接受的死亡概率，以使得你在服用这种药物与忍受疼痛之间感觉无差别。然后，如同之前一样，我打电话找出该治疗过程中死亡人数的比例。如果你写下的概率大于这一比例，我将为你的住院预定药物；否则，我将在没有该药物的情况下为你进行住院登记，并祝你接受治疗顺利。"

> **思考**
>
> 请在一张纸条上写下使得你对忍受疼痛感觉无差别的死亡率 p。

33.2.2 等价选择

假定你并无自杀倾向，你要么选择疼痛治疗，要么选择两种药物之一。你的三个方案如图 33-1 所示。

第一种方案为忍受疼痛。第二种方案为你需要为无痛且没有副作用的一种药物支付一定金额 x。你已经确定该金额 x 将会使你对其与第一种方案之间感觉无差别。第三种方案为服用一种无痛治愈的免费药物，但有概率为 p 的致死率。你已经确定该 p 值将会使你在服用该药物与忍受疼痛之间感觉无差别。

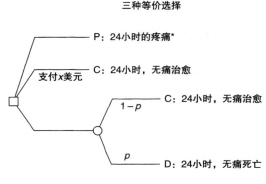

图 33-1　三种等价选择
*疼痛就像持续拉扯一颗智齿。

注： 这意味着你已经在避免疼痛的两种方式中构建了等价关系——支付 x 美元和接受一个增量的死亡率 p。

你可以用美元货币支付，也可以用死亡概率"货币"支付。两者之间的兑换率是多少？如果你简单地将 x 除以 p，将可能会发现一个难以解释的较大数字。

33.3　小概率

此时，我们开始讨论如何处理小概率。通常，人们难以讨论和解释"小"概率。当医生基于某种治疗程序需要病人提供"知情同意"而讨论副作用的可能性时，他们通常认为低于 $\frac{1}{100}$ 的概率为"小到无须担心"。然而，我们通常采取昂贵且烦琐的预防措施，比如系安全带和戴头盔,以应对每年小于百分之一的致死率。这种困境的一个原因在于我们没有一个适合讨论"小"概率的概率单位。

不适宜任何计量的单位即使不造成混淆的话,也会导致不便。如果普通相机镜头的焦距是以千米而非毫米计量的话,你只好在一家相机店里询问店员 0.000 050 千米焦距的镜头而非 50 毫米焦距的镜头。

然而我们大多数人通常需要花费一定时间来熟悉一种新的测度单位。比如,考虑英里每小时(或者公制中的千米每小时)。这一速度单位对于生活于 18 世纪之初的人而言毫无意义。相反,如果你问某人他的马能够跑多快,他可能会告诉你,他能在半个小时内到达相邻小镇,但我不认为讨论中会提及任何英里每小时的话题。直到我们有了相对恒定速度的车辆,比如火车,速度单位才得以广泛应用和理解。

回到我们对小概率的讨论,我们定义 $\frac{1}{1\,000\,000}$ 的概率为一单位,称为**微概率**(μp),为了对这种单位有直观感受,投掷正面朝上落地概率为 $\frac{1}{2}$ 的硬币,10 次投掷中出现 10 次正面朝上落地的概率大约为 1 000 微概率(实际为 976.6)。对该硬币的 20 次投掷中出现 20 次正面朝上落地的概率大约为 1 微概率(实际为 0.953 7)。如果你在玩一副貌似洗好的扑克,你获得皇家同花顺的概率(获得同一花色 A、K、Q、J、10)大约为 1.5 微概率(实际为 1.539)。

我们通过对小概率的讨论获得对死亡过程更深刻的理解。我们定义一个死亡的微概率,即死亡概率的百万分之一,为**微死亡率**(μmt)。

现在,我们回到前文疼痛讨论中构建的货币和死亡概率分别为 x 和 p 的兑换比问题。如果我们将这一比率除以 100 万,构成:

$$\frac{x}{1\,000\,000 p}$$

我们能够以美元/微死亡率这一单位决定该兑换比:我们的**微死亡率价值**。

> **思考**
>
> 使用你的 x 和 p 值,计算你的微死亡率价值。

33.4 使用微死亡率价值

你如何确定一项行动是否符合你的最优利益?你需要评估该行动所能提供的收益,所产生的支出,可能导致的伤亡风险。收益包括利润和乐趣,支出可以包括成本和避免不便的意愿。

举个例子,假定你考虑进行一次滑雪旅行。首先,要考虑收益,你需要考虑在晴朗和干燥的空气中,你能够花在下山弯道上的时间,为其赋值并相乘。你还可以将欣赏风景或者在旅馆中的舒适一晚作为收益。如果你陪同同事或者客户度假,并且这样有助于提升你的职位,你可能想要为这一特征赋值货币收益。

其次，考虑支出，从成本开始着手。交通、住宿、滑雪票和装备等均为成本项。接下来，存在所谓的"麻烦"成本——在电梯中等候的几分钟或者回家途中交通堵塞的几小时。

最后，我们来考虑受伤和死亡的风险。对于受伤而言，你必须考虑对相关疼痛的评估以及为避免潜在的几天或几周的活动限制而愿意支付的代价。我们通常不会将滑雪与死亡风险相关联，但它们确实存在，不管是在往返滑雪场地途中，还是在斜坡上时。我们现在将详细检验这些死亡风险。

对于普通的美国人而言，每天的机动车事故大概为 1.5 微死亡率。典型的驾车滑雪旅行很容易发生 1 微死亡率。但从山上滑下本身的死亡风险是多大？

图 33-2 给出了各滑雪度假村的微死亡率。

滑雪胜地	每日滑雪微死亡率
Breckinredge, Colo.	1.5 μmt
Keystone, Colo.	0.87 μmt ←
Mammoth Lakes, Calif.	3.9 μmt
Vali, Colo.	9.4 μmt ←
Winter Park, Colo.	2.9 μmt

图 33-2　各滑雪度假村的微死亡率

如果我们选择 3 微死亡率作为典型数字并假设旅行时长为两日，我们将从滑雪中得到 6 微死亡率，加上驾车的死亡率，总共得到 7 微死亡率。使用一个名义数字比如 10 美元/微死亡率，将得到整个旅程的死亡风险估值为 70 美元。基于这些成本，你需要将其从该旅程的收益中减去，以确认你是否能够从中"获利"。

跳伞案例

有一次，在听完这一材料之后，一个学生要知道他是否应该继续跳伞。我们根据我们所概述的程序，评估了收益、成本、"麻烦"成本，最后，评估死亡风险。结果显示，这一行动确实对他有利：他从跳伞中得到了"净利润"。

然而，当我们评估他是这项运动初学者因而将面临更高风险时，我们认为他不应该开始跳伞，因为初学者的事故率要高得多。由于他在新手时期幸存下来，这一行动实际对他而言是相当谨慎的了。

他提到他刚买了一个装置，能够在预设的高度自动为他打开降落伞，以防止他因为任何原因而无法自己打开降落伞。这种情况是可能发生的，比如，他可能会在跳出飞机后由于撞击而导致意识不清。我们问他是否对我们新的跳伞安全设备感兴趣（来自第9章中所介绍巫师的致意），这一设备的作用如同一个巨大的汽车安全气囊。不管基于任何原因，他以非常危险的速度接近地面时，这一设备都会帮他自动减速并缓缓落地。他动心了一段时间，但随后他决定不使用这一设备。他说像跳伞这样的活动，如果配置完善的安全设备，会把它降低至主题公园的水平，那里巨大的危险只是一种幻想。显然，享受这些活动的一个基本要素是要有这样的认知：某种程度上人们将生命置于一旁。

33.5 应用

所描述的评估和决策程序可以应用于几种不同的情境。生活中的常见风险如图33-3所示。

风险量表

发生比（基于美国的年死亡人数）

原因	发生比	微死亡率
所有原因，80岁	100中有8个	80 000
心脏病，65岁及以上	100中有2个	20 000
中风，65岁及以上	1 000中有4个	4 000
癌症，45~64岁	1 000中有25个	2 500
肺癌	10 000中有6个	600
非故意伤害	10 000中有3.4个	340
车祸	10 000中有1.6个	160
凶杀	10 000中有1个	100
白血病	100 000中有7.5个	75
意外中毒	100 000中有3.5个	35
火灾/溺亡	100 000中有1.5个	15
被同事杀害	100万中有9个	9
肺结核	100万中有5个	5
火车事故	100万中有2个	2
航空事故	1 000万中有9个	0.9
洪水	1 000万中有4个	0.4
雷击/昆虫叮咬	1 000万中有2个	0.2
被坠落飞机击中	1亿中有6个	0.06
飓风	1亿中有4个	0.04

风险递减

纳死亡率
60
40

图33-3 生活中的常见风险

这些统计数据需要基于个人行为而进行个别调整。例如，尽管图33-3显示每年航空事故的死亡风险为0.9微死亡率，但一个从来不乘飞机的人绝对不会面临这种风险。然而，他们仍然要应对每年0.06微死亡率的坠机风险，或者更恰当地说，60**纳死亡率**/年。一纳死亡率为十亿分之一的死亡概率。

33.5.1 驾驶

汽车驾驶员的风险问题已经被广泛研究。一份研究报告评估驾驶的死亡风险大约为12.5微死亡率/千英里。然而，如果司机为一位系着安全带的40岁左右的司机，且驾驶的汽车重量比乡村公路车辆的平均重量重700磅，那么死亡风险降至0.8微死亡率/千英里。如果司机为一名未系安全带的18岁男性，且血液中酒精含量超过1.0，车重较常规道路车辆的平均重量轻700磅，则死亡风险升至931微死亡率/千英里，即大约1微死亡率/英里。风险超过1 000的因素表明你有必要依据自己的行为调整统计数据。

33.5.2 医疗错误

每个人迟早都要面临或大或小的就医需求。除了疾病或受伤本身的风险之外，也存在医疗错误导致的死亡风险。在美国，每年因医疗错误而死于医院的案例大约为32 000起。以此数据除以人口数2.8亿可以得到这一原因导致的114微死亡率/年/人。当一个人入院之后，为计算医疗错误而产生的死亡风险，我们需要将死亡数除以大约3.56千万的每年入院人数，得到死亡风险为899微死亡率/入院。若某人的微死亡率价值为10美元，不管你如何抱怨，仅仅因为入院就产生9 000美元的死亡风险。

在整个医疗系统中，包括医院、医生办公室、门诊和其他任何地方，2.8亿人口中每年有98 000死亡病例源自于医疗错误，即350微死亡率/人。对于许多担心医疗费用的人而言，更大的成本源自于医疗错误导致的死亡风险。

> **思考：校正你的微死亡率价值**
>
> 上文中关于日常生活中微死亡率的案例为我们提供了校正微死亡率价值的较好机制。思考一下，为了消除日常生活中某一特定风险（较低的微死亡率），你愿意支付的现金额度。如果你观察到如下趋势：你愿意支付的美元价值高于你的微死亡率价值与这些小风险的概率之积，那么你的微死亡率价值可能太低，且你应该提升微死亡率价值。反之，如果你愿意为避免这些风险而支付的美元价值低于微死亡率价值乘以这些风险的概率，则你应该减少你的微死亡率价值。

33.6 面对更大死亡概率

我们能够确定生命的一个结果就是死亡；唯一的不确定性不是"是否"，而是"何时"，尽管在生命起初的几十年中，死亡的前景看起来较为遥远且较少被考虑到。我们可以参照图33-4来理解这一行为。

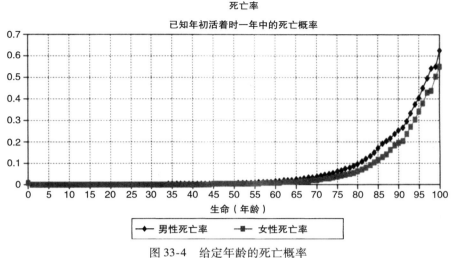

图 33-4　给定年龄的死亡概率

该图给出了一个人在年初活着时一年中的死亡概率。其被称为寿命曲线，且此图给出了美国男性和女性的寿命曲线。

注：男性寿命曲线位于女性寿命曲线之上，这与女性平均寿命较长一致。

在生命开始的几十年，年度死亡概率很低，但随后无情地上升。直至年龄到了 95 岁时，即便对于女性而言，每年死亡的概率也会大约为三分之一。我们现在将同样的寿命曲线在对数刻度中以微死亡率单位绘制出来，如图 33-5 所示。

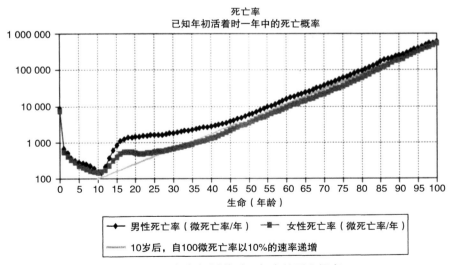

图 33-5　已知年初活着时一年中的死亡概率

我们观察到，出生第一年的死亡风险接近于 10 000 微死亡率，这一死亡概率直至人们步入 60 岁之后才能再次达到。然而，在第一年之后，死亡风险持续降低，直至大约 10 岁时达到最低，随后在青少年阶段开始增加，尤其对于男性而言。注意，以 10 岁 100 微死亡率为起点的直线，每年以 10% 的速率递增。这一直线接近平行于男性和女性在 40 岁之后的寿命曲线。因此，在这一生命阶段（不论你在任一年的死亡概率如何），你都会在下一年增长10%的概率。这是大自然赋予你的礼物，以确保你不会长生不死。

我们在寿命曲线中的所见代表了所有原因的死亡概率，既包含自然死亡，也包含意外身故。在生命的过程中，我们会做出许多影响生命的决策，不管是自然原因还是意外原因。良好的生活习惯可能会对自然原因的死亡影响深远，而我们从事的活动（从骑自行车到跳伞）可能深刻影响我们死于意外的概率。

> 定义一个**安全区域**是很有用的，该区域中死亡概率低于百分之一，或者以我们的单位计量，即小于10 000微死亡率。

在日常生活中，我们不太可能面临超出安全区域的死亡概率，除非我们被医生告知非常坏的消息或者参加战争。然而，每天、每周、每年，我们都会在安全区域内遭遇死亡风险。例如，在美国每年的事故死亡概率为340微死亡率，即几乎一微死亡率每天。汽车交通事故的死亡概率大约为160微死亡率每年，或一半微死亡率每天。我们如何才能就日常行为进行决策，以恰当地均衡死亡前景和其他的考虑？

在安全区域内（死亡风险小于10 000微死亡率），微死亡率价值是你愿意为避免额外微死亡率而支付的金额，或者你为治愈一个额外的微死亡率而必须支付的金额。如果所讨论的微死亡率的数字超出了安全区域，我们所计算的微死亡率将不再适用。我们将在后期重新讨论这一案例。

你的微死亡率价值应该随着收入递增而随着年龄递减。从某种意义上来讲，这是你未来生活愿望交易的一种测度。典型的价值可能范围为1美元到20美元。你的微死亡率价值应该如同一套衣服那样适合你。如果你使用较低的微死亡率价值进行决策，你将不会感觉到安全。如果你使用较高的微死亡率价值进行决策，你将发现自己在回避那些看起来完全可以接受的活动。

在下一章中我们将会看到，我们可以建模来帮助一个人确定其微死亡率价值。这些模型的典型结果如图33-6所示。

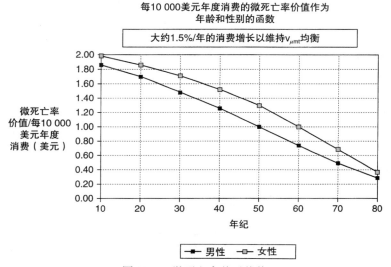

图33-6　微死亡率美元价值

该图给出了各年龄段的男性和女性每 10 000 美元消费的微死亡率价值（位于维持生活的最低消费水平之上）。比如，一个 50 岁的男性年度消费每 10 000 美元对应的微死亡率价值大约为 1 美元。如果他每年的消费为 50 000 美元，那么他的微死亡率价值就是 5 美元。然而，一个相同年龄和收入的女性年度消费每 10 000 美元对应的微死亡率价值大约为 1.30 美元，即微死亡率价值为 6.50 美元。

33.7 总结

微概率（μp）是概率 $\dfrac{1}{1\,000\,000}$ 的一个单位。

微死亡率是死亡的微概率。

微死亡率价值是你愿意支付的金额以使得你对暴露在微死亡率中或者免除暴露在微死亡率中感觉无差别。

习题

1. Rita 评估如下代表其避免死亡风险的支付意愿曲线。

   当给出如下交易时，Rita 对概率的赋值为 $p = 0.001$。

   那么 X 的值为多少时可以使得 Rita 对下图的决策树感觉无差别？

   a. 10 美元。
   b. 100 美元。
   c. 信息不足。
   d. 以上都不对。

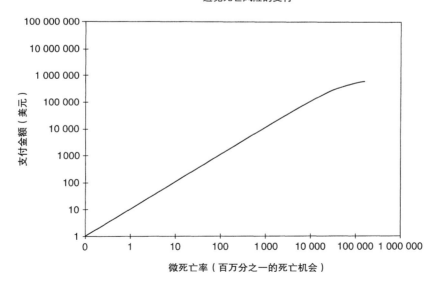

避免死亡风险的支付

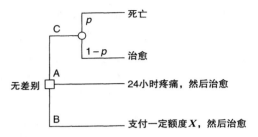

2. 如下情境适用于习题 2 和习题 3。Frieda 对如下方案 I、II 和 III 感觉无差别。

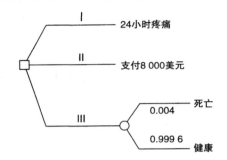

Frieda 的微死亡率价值是多少？

a. 10 美元。
b. 4 美元。
c. 20 美元。
d. 8 美元。

3. Frieda 已经被暴露于一种致命疾病。她感染上这种疾病的概率非常低，但是一旦她感染这种疾病，则必死无疑。Frieda 的医生告诉她有一种无痛、省事的治疗可以确保她免于感染这种疾病。然而，这种治疗是收费的。Frieda 觉得自己知道感染该疾病的概率，因此她告诉医生，她在支付 1 000 美元的治疗费用与冒险不进行治疗之间感觉无差别。现在，假设她的微死亡率价值为 5 美元。Frieda 为感染这种疾病的概率赋值多少（假设 Frieda 的微死亡率曲线处于线性区域）？

a. 0.000 2。
b. 0.000 1。
c. 0.005。
d. 0.002。

第 34 章

高死亡概率的决策

本章核心概念

阅读本章之后，读者将能够解释下列概念：
- 价值函数
  - 剩余寿命
  - 消费
- 确定微死亡率价值
  - 黑色药丸
  - 白色药丸
- 等价完美生活概率

34.1　引言

在上一章中，我们讨论了微死亡率和低死亡概率的决策。本章将说明如何考虑涉及较大死亡概率的决策。此类决策包括是否参与战争或者如何处理威胁生命的医学疾病等。

行动性思维五规则同样适用于高死亡概率的决策。在大多数情况下，这些决策所涉及的远不止于直接价值特性。为了掌握这些决策，我们首先通过构建必要的属性和相关的概率来表征它们。接下来，我们使用一个价值函数代表特性之间的序列偏好和权衡。然后，为效用曲线赋值以表示对于不确定性交易的偏好。接下来一节演示了如何为涉及高死亡概率决策构建价值函数和效用函数。

34.2　剩余寿命和消费的价值函数

在涉及生死问题的决策中，常常出现的两种特性为生命时长和消费。现在我们将演示如何为这些情境构建一个价值函数，如何去思考在这些特性之间的权衡问题。

回顾我们在第 28 章中关于多种特性的讨论，假设一个人现在有两种关注特性：基于每年生活的固定年度消费 c 和剩余寿命 l。固定年度消费是指你在余生的每一年所收到的固定金额，以使得你用其与你所能收到的所有薪水、佣金及其他可能的收入交换而感觉无差别。我们认为固定年度消费应该位于生存水平之上，若一个人的消费位于该金额之下，则其生不如死。

为了表示对固定年度消耗和寿命的偏好，我们需要考虑该决策所需的定性性质。我们已经见过如下形式的加性价值函数：

$$V(c,l) = ac + bl$$

其中 a 和 b 为常数，当刻画健康和财富时则会有一些非合意的定性特征。例如，其意味着消费与剩余寿命之间的权衡为常数，而不论财富水平和剩余寿命时长为多少，因为：

$$\frac{\Delta c}{\Delta l} = -\frac{b}{a}$$

假设这种权衡为非常数是合理的，且固定年度消费的增长可以使得我们对失去一定时长的剩余寿命感觉无差别，这实际上取决于剩余寿命的时长本身。

另一种可以避免这种问题的函数形式如下：

$$V(c,l) = c\left(\frac{l}{\bar{l}}\right)^{\eta}$$

其中 $\bar{l}$ 为剩余寿命分布的均值，η 为第 28 章中所讨论的权衡参数。这一价值函数意味着 c 和 l 的小部分变化比率为常数，即对于小的 Δc 和 Δl，我们有：

$$\frac{\frac{\Delta c}{c}}{\frac{\Delta l}{\bar{l}}} = -\eta$$

其中均值 $\bar{l}$ 可从死亡率表中获得，参见图 34-1 和图 34-2。

注：如果消费为 0，那么价值为 0，因为决策者仅仅挣扎于生存线上。此外，如果剩余寿命为 0，则价值也为 0。

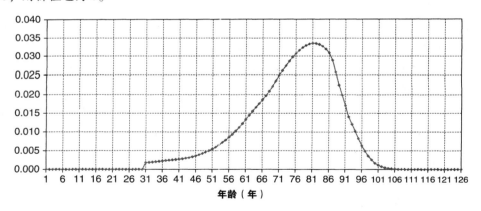

图 34-1　30 岁男性的死亡年龄概率分布

34.2.1　确定 $\bar{l}$ 的值

$\bar{l}$ 的值取决于特定的决策者。这里，我们以一个 30 岁的男性规则遵守者作为例子，其使用一个标准的死亡率表刻画剩余寿命时长的概率分布 $\{l\,|\,\&\}$。当然，他应当依据任何可能影响其寿命的健康或基因方面的问题改进这一分布。作为例子，我们使用图 34-1 中的寿命分布

l 和图 34-2 中的剩余寿命分布。图 34-2 中分布均值为 43.6 年。附录 34-1 给出了在年纪为 30 岁时，这种寿命分布的值。

为了完成价值函数，这个人还必须要评估出 c 和 η 的值。

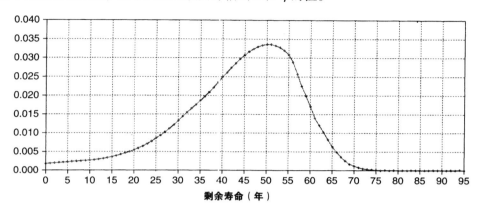

图 34-2　30 岁男性的剩余寿命分布

34.2.2　确定 c 的值

为了简化 c 值的估算，我们要求这个 30 岁的男人指定：

余生中位于生存线之上年度消费的固定美元金额以使得他对当前的经济前景感觉无差别。

为了简化这一评估，为其考虑不同的场景会有所帮助。例如，这个人可以考虑未来可能的工作和相关的潜在收入，或者他可以考虑创业的概率。接下来，他需要考虑每年所需获得的固定金额以保证感觉无差别。这个人还需要明确最低生存消费水平：刚好可以维持生存的值。这些包括住所和最低消费。考虑这些之后，他给出了 $c = 65\,000$ 美元。

34.2.3　确定 η 的值

为了评估 η，我们注意到一个人如果感觉无差别，寿命长度的一个很小的百分比改变需要 η 倍的固定年度消费同比例地反方向改变，即对于小的 Δc 和 Δl，我们有：

$$\eta = -\frac{\dfrac{\Delta c}{c}}{\dfrac{\Delta l}{l}}$$

因此，如果 η 等于 2，那么剩余寿命减少 1% 必须有固定年度消费增长 2% 来进行补偿。类似地，剩余寿命增长 1% 必须有 2% 的固定年度消费减少。30 岁的男性指定 η 等于 2。基于这些指定值，则价值函数 $V(c, l)$ 如图 34-3 所示。

注：这个人需要固定年度消费由每年 65 000 美元增加到 140 000 美元来补偿平均剩余寿命由 43.6 年减少到 30 年。

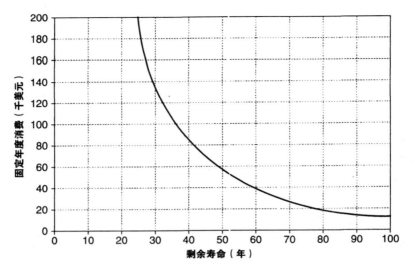

图 34-3　固定年度消费和剩余寿命的价值函数

34.3　为价值函数赋予效用曲线

我们已经确定了价值函数的参数。我们现在加入风险偏好维度。为了构建一个多特性的效用函数，我们对所讨论的价值函数赋予一个效用函数。如果这个 30 岁男性为一个 Δ 人，函数将为指数型，即：

$$u_V(V) = -e^{-\gamma V}$$

因此，通过赋值这一效用函数，我们有：

$$u(c,l) = u_V[V(c,l)] = -e^{-\gamma c \left(\frac{l}{\bar{l}}\right)^\eta}$$

这里 γ 是价值的风险规避系数。

确定 γ 值

为了评估 γ，我们只需要给此人如下交易，如图 34-4 所示。这一交易中，他要么维持固定年度消费，即 $\bar{l}$ 水平下的 c；要么得到一笔二元交易，交易中他在 $\bar{l}$ 的水平下有 p 的概率获得 c 的两倍，有 $1-p$ 的概率获得 c 的一半。或者以如下方式更容易使其理解这一交易：该交易就像是他毕生的所有收入要么翻倍，要么减半。

依据等价规则，决策者指定无差别概率 p，亦即**翻倍概率**，可以使得他对图 34-4 中的交易无差别。在这一交易中，这个人被要求考虑如下问题：

图 34-4　评估风险规避系数

（1）一笔确定的寿命交易，其中他正好活了 $\bar{l}$ 年并收到固定年度消费 c。

（2）一笔交易中他正好活了 $\bar{l}$ 年，但是余生中要么以 p 的概率获得 $2c$，要么以 $1-p$ 的概率获得 $\frac{c}{2}$。

通过这个人对这一交易的反应，我们可以确定风险规避系数为：

$$u(c,\bar{l}) = pu(2c,\bar{l}) + (1-p)u\left(\frac{c}{2},\bar{l}\right)$$

因此：

$$-e^{-\gamma c}\left(\frac{\bar{l}}{l}\right)^{\eta} = -pe^{-\gamma 2c}\left(\frac{\bar{l}}{l}\right)^{\eta} - (1-p)e^{-\gamma \frac{c}{2}}\left(\frac{\bar{l}}{l}\right)^{\eta}$$

这意味着：

$$-e^{-\gamma c} = -pe^{-\gamma 2c} - (1-p)e^{-\gamma \frac{c}{2}}$$

如果我们知道了 c 和 p 的值，我们就可以求解出 γ 的值。

▶**例 34-1　计算 γ 值**

为了帮助我们 30 岁的男性 Δ 人确定他的 γ，我们要求他回答如下问题。假设你的剩余寿命恰好为 $\bar{l}$ = 43.6 年，并且你有机会将现有的固定年度消费 c 与一笔交易交换：该交易中你的固定年度消费要么翻倍，要么减半。那么，什么样的翻倍或减半概率可以使得你对这一交换感觉无差别呢？

一位规则遵守者一定可以回答这一问题，基于等价规则，$2c$ 要优于 c，而 c 要优于 $\frac{c}{2}$。这是他的翻倍概率。

本例中该 30 岁男性给出翻倍概率为 0.8。基于他已经声明过 c = 65 000 美元，该偏好声明意味着风险规避系数 γ 为 4.84×10^{-5}，且风险容忍度 $\rho = \frac{1}{\gamma}$，为 20 641 美元。

人们通常赋予一个翻倍概率明显高于 0.5 的值。相对于翻倍而言，大多数人不太喜欢终生收入减少一半。然而，正如我们在第 22 章中所讨论的那样，一位对数型的决策者以其几何均值来估值交易。这种人对于财富的等概率翻倍或减半感觉无差别，因为该交易的几何均值为 $(2c)^{0.5}(0.5c)^{0.5} = c$。然而，在这个练习中，我们尚未遇到过任何对数型的人。

注：我们现在已经确定了本例中效用函数所需的所有参数。给定任何决策，医疗的或者个人的，我们仅仅通过计算并选出前景效用值期望值最高的那个方案即可。在使用这一寿命模型的时候，我们必须意识到所有的评估都取决于你的特定生活情境。例如，如果你得知你已经感染一种使得你预期寿命短了很多的疾病，那么你在进行任何决策之前，应该构建一个基于此疾病的全新参数的寿命模型。

一旦建立了效用曲线，我们就可以用其进行设计剩余寿命和消费特性的决策。为增加特别的趣味性，我们给出两个决策：黑色药丸和白色药丸，其将效用曲线评估与第 33 章中的微死亡率价值相关联。在开始这项工作之前，考虑我们例 34-1 中 30 岁的男性，他余生中支付一笔固定金额的年金的计算将很有帮助。这有助于计算决策者为避免某一概率的死亡而需要每年支付的货币金额。在第 28 章中，我们推导出了这一年金支付的表达式。例 34-2 展示了我们 30 岁男人的年金值。

▶**例 34-2　30 岁男人的年金值**

依据我们在第 28 章中对时间偏好和多特性问题的讨论，一家出售年金的公司通过使用利

率 i 来折现未来支付以确定年金的现值当量。假设该公司答应终生支付某个人每年 1 美元，从此刻开始。如果他未来活了 m 年，公司需要支付 $m+1$ 美元，我们指定这一每年 1 美元的现金流为 $a(m)$。

这个人对每年 1 美元的现值当量 $pe[a(m)]$ 为：
$$pe[a(m)] = 1 + \beta + \beta^2 + \cdots + \beta^m$$
$$= \frac{1-\beta^{m+1}}{1-\beta}, \quad m = 0,1,2\cdots$$

其中 m 为剩余寿命时长，β 为基于当前利率 i 的未来一年每单位支付的现值，即：
$$\beta = \frac{1}{1+i}$$

由于寿命时长 m 不确定，因此 $pe[a(m)]$ 也就不能确定。该公司年金现值当量的期望值为：
$$\langle pe[a] \mid \& \rangle = \sum_{m=0}^{n} p_m \frac{1-\beta^{m+1}}{1-\beta} = \frac{1-\langle \beta^{m+1} \mid \& \rangle}{1-\beta}$$

其中：
$$\langle \beta^{m+1} \mid \& \rangle = \sum_{m=0}^{n} p_m \beta^{m+1} = \sum_{m=0}^{n} \{m \mid \&\} \beta^{m+1}$$

一家风险中性的年金公司必须获得的金额等于每单位年金现值当量的期望值 $\langle pe[a] \mid \& \rangle$，才能够支付年金。如果公司对固定（通胀保护）美元金额的支付年金利率为 3%，则 β 为 $\frac{1}{1.03} = 0.9709$。对于图 34-2 中所示 30 岁男人的剩余寿命分布，我们假定其适用于这一年金公司，我们计算得到：

$$\langle pe[a] \mid \& \rangle = 24.04$$

附录 34-1 给出了该值的计算过程。

$\langle pe[a] \mid \& \rangle$ 项为该年金公司为了在这个男人的余生中每年支付其 1 美元而所需要获得的货币金额。等价地，如果公司将要收到任意金额的 x 为年金融资，其将支付给这个男人的年度金额为 ζx，其中：
$$\zeta = \frac{1}{\langle pe[a] \mid \& \rangle}$$

从附录 34-1 的结果可知，
$$\zeta = \frac{1}{\langle pe[a] \mid \& \rangle} = \frac{1}{24.04} = 4.16\%$$

如果这个男人给了年金公司 x，他会立刻收到 ζx，并且余生中未来每年都会收到这一数额。例如，如果他支付给年金公司 10 000 美元，他会立刻收到 416 美元并且余生中的每年都会收到这一金额。

34.4 确定微死亡率价值

在这一节中，我们将给出此前开发的效用函数如何能够帮助确定决策者的一些特征，比如微死亡率价值、任意支付水平条件下他愿意接受的最大死亡概率及避免死亡所能接受的最大支出金额。

34.4.1 黑色药丸命题

假设我们为一个 30 岁的男人提供一个机会，他在装有 10 000 枚难以区分的药丸的罐子中取出一枚特殊的药丸，如图 34-5 所示。

这一药丸是一枚黑色药丸，如果他选择这种药丸的话，将会即刻被无痛杀死。需要支付给他多少钱，他才愿意冒险抓取黑色药丸？他从罐子中取出药丸并吞下这一行为本身的无差别出售价格是多少？换言之，我们必须支付给他多少钱使得他接受 100 微死亡率或出售 100 微死亡率的安全？

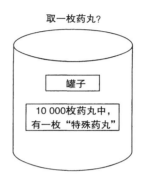

假设提供给他一笔金额为 x 的现金以换取概率为 p 的死亡。如果他拒绝服用药丸，他继续现在的生活和面临未来的生活交易。注意到他的未来生活交易充满了诸如财富、健康及寿命长度之类的不确定性，但生活本身就是如此。如果他接受这一交易，他将被支付 x，但有 p 的概率立即无痛死亡，且他不能将这笔钱遗赠给任何人，即便是他最喜爱的大学或慈善机构。如果他接受这笔交易并幸存下来，存在 $1-p$ 的概率，他将在面临的未来生活交易中增加所得的金额 x。

图 34-5　"黑色"药丸

他按最喜欢到最不喜欢这种偏好顺序对前景排序：未来的生活交易增加 x，接着是未来生活交易，且最后为 m（即刻无痛死亡）。作为一位使用等价规则的规则遵守者，对于任意的 x，他都能够指定一个 p 使得他对中间的前景与涉及最优和最差前景的一笔交易之间感觉无差别。反之，对于任意的 p，他将能够找出一个 x 使得他对中间的前景感觉无差别。

黑色药丸命题为服用药丸的人提供一笔钱。如果幸存，他将在余生中以等额的年度分期方式收到这笔款项。换言之，他将会以年金的形式收到他的新收入。我们前期已经确定了在支付水平为 x 时，该人所得到的年金金额。

决策者现在已经评估出：

- c，他余生中高于生存线的固定年度消费。这反映出他当前的财富。
- $\{l \mid \&\}$，他剩余寿命的概率分布，因此他的平均剩余寿命为 $\bar{l}$。
- η，显示他在消费和生命长度之间的权衡。

黑色药丸的决策树如图 34-6 所示。

- 他的翻倍概率和由风险规避系数 γ 刻画的固定年度消费的效用曲线。

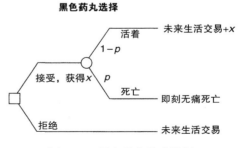

图 34-6　黑色药丸的决策树

- i，用于计算 β 的当前利率和年金因子 ζ，即允许当下任意的现金支付转换为他余生的年金收入。

我们现在通过对前景赋予效用值来修改黑色药丸的决策树，如图 34-7 所示。

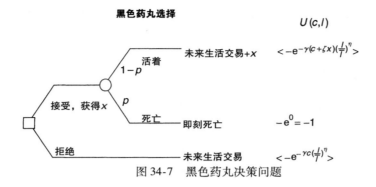

图 34-7 黑色药丸决策问题

注：前景"未来的生活交易 + x"和"未来的生命交易"均涉及不确定的寿命时长，因此我们取其效用值的期望值。

在无差别点，我们令图 34-7 中的各效用值的期望值相等，得到：

$$(1-p)\left\langle -e^{-\gamma(c+\zeta x)\left(\frac{l}{\bar{l}}\right)^{\eta}}\mid \&\right\rangle + p(-1) = \left\langle -e^{-\gamma c\left(\frac{l}{\bar{l}}\right)^{\eta}}\mid \&\right\rangle$$

整理，可得：

$$(1-p)\left\langle e^{-\gamma(c+\zeta x)\left(\frac{l}{\bar{l}}\right)^{\eta}}\mid \&\right\rangle + p = \left\langle e^{-\gamma c\left(\frac{l}{\bar{l}}\right)^{\eta}}\mid \&\right\rangle$$

再次整理，可得：

$$p = \frac{\left\langle e^{-\gamma c\left(\frac{l}{\bar{l}}\right)^{\eta}}\mid \&\right\rangle - \left\langle e^{-\gamma(c+\zeta x)\left(\frac{l}{\bar{l}}\right)^{\eta}}\mid \&\right\rangle}{\left\langle 1 - e^{-\gamma(c+\zeta x)\left(\frac{l}{\bar{l}}\right)^{\eta}}\mid \&\right\rangle}$$

这一方程有两个变量 x 和 p。对于一个给定的 x 值，我们可以确定相应的 p 值。举个例子，附录 34-2 给出了 $x = 10\,000$ 时 p 等于 0.001 的计算。图 34-8 给出了 30 岁男性在对数刻度

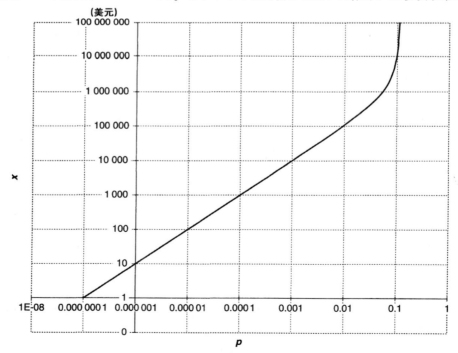

图 34-8 黑色药丸问题中 x 和 p 的关系

下 x 和 p 的曲线图。这表明了他因为额外死亡风险而需要被补偿的金额，换言之，出售他部分安全的价格。

注意到曲线在 p 值小于 0.1 时近似为线性，我们称之为**安全区域**。这一线性曲线的斜率实际上就是微死亡率的美元价值。如图 34-8 所评估的那样，这个 30 岁的男人大概有 10 美元的微死亡率价值。随着微死亡率的数字以因子 10 递增，所需的补偿同样如此，直至死亡概率超过 10 000 微死亡率，因此也就超出了安全区域。罐子中 100 微死亡率的黑色药丸命题恰好位于安全区域内，所需的补偿金额大约为 1 000 美元。因此，这个人的微死亡率价值大约为 10 美元，处于安全区域内。但它在安全区域之外增长十分迅速，直至死亡概率恰好位于 100 000 微死亡率之上，即十分之一的死亡率，此时所需的补偿金额变为无穷大。

这意味着，对于超出这一概率的任何死亡概率，无论多大的补偿金额都无法诱惑他如此冒险。我们指定 $p_{\max}$ 为对于任意金额所能接受的最大死亡概率。将 x 设为极大值，通过直接替代，可得：

$$p_{\max} = \langle \mathrm{e}^{-\gamma c(\frac{l}{i})^{\eta}} \mid \& \rangle$$

从附录 34-2 中的计算可得，我们 30 岁的男性有一个等于 0.115 的 $p_{\max}$。实际上，不管他们支付的金额多大，都没有多少人愿意玩俄罗斯轮盘游戏㊀。

34.4.2 白色药丸命题

黑色药丸命题对愿意承担额外死亡风险的人提供资金。假设这个人已经面临了这种风险并有一个破财免灾的机会。我们称之为白色药丸命题。你可以认为白色药丸是已经服下黑色药丸的解毒剂。如果你已经面临概率为 p 的死亡可能性，你愿意支付多大的金额 x 来避免它？相关的决策树如图 34-9 所示。

如果这个男人拒绝了白色药丸，他会有 p 的概率无痛死亡。有 $1-p$ 的概率，他会幸存并且面对未来的生活交易。如果他支付 x 以购买白色药丸，他会面对未来的生活交易且银行账户减少 x。未来的生活交易减少 x 现在成为处于较好的无须支付的未来生活交易和较差的即刻无痛死亡之间的中间前景。

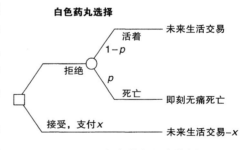

图 34-9　白色药丸的决策树

依据分析黑色药丸问题中使用年金调整生命消费的程序，我们假设他以每年减少年度消费 ζx 的方式来支付 x。

我们可以在图 34-10 中以相同的价值测度来修改决策树。

在无差别点令各效用值的期望值相等，有：

$$(1-p)\langle \mathrm{e}^{-\gamma c(\frac{l}{i})^{\eta}} \mid \& \rangle + p = \langle \mathrm{e}^{-\gamma(c-\zeta x)(\frac{l}{i})^{\eta}} \mid \& \rangle$$

整理，可得：

㊀　俄罗斯轮盘（Russian roulette）为一种游戏，在六发左轮手枪中放入一枚子弹，旋转弹筒，指向脑袋并扣动扳机。他的死亡概率为六分之一。

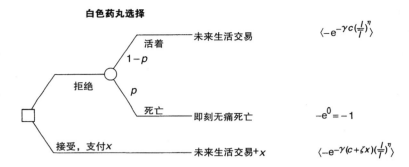

图 34-10　白色药丸决策问题

$$p = \frac{\langle e^{-\gamma(c-\zeta x)(\frac{L}{l})^\eta} \mid \& \rangle - \langle e^{-\gamma c(\frac{L}{l})^\eta} \mid \& \rangle}{\langle 1 - e^{-\gamma c(\frac{L}{l})^\eta} \mid \& \rangle}$$

附录 34-3 给出了在 $x = 10\,000$ 时相对应的概率 $p = 0.001$ 的计算过程。

图 34-11 绘制了 30 岁男性 x 和 p 的关系曲线，曲线与黑色药丸中所用的对数型刻度相同。

注： 白色药丸曲线在安全区域内实际上与黑色药丸相同。

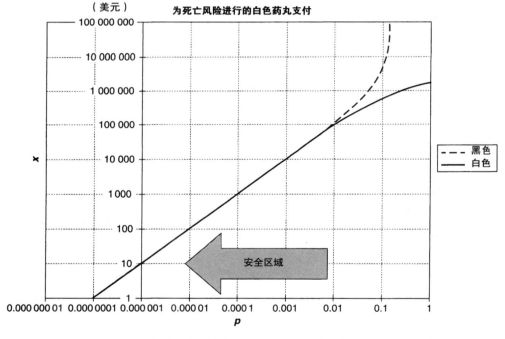

图 34-11　黑色药丸和白色药丸中 x 和 p 的关系

这一区域内，10 美元的微死亡率价值无论对购买还是出售安全性都是合适的。不过，随着死亡概率上升至安全区域之外，白色药丸曲线向下弯曲了，表明每一微死亡率的价值在递减。事实上，能够避免某一特定死亡的支付金额 x 是有限的——也就是说，他的总财富已经低于生存水平了。基于没有这样的金额能够诱惑某人面对特定的死亡，因此任何人为避免死亡而支付的金额都是有极限的。

为了找出这一极限值，注意图 34-10 中当 $p=1$ 时，u（即刻无痛死亡）一定等于 u（未来的生活交易减去 x）。后者的效应值只有当 $c=\zeta x$ 时才为 1。这意味着 x 必须为 $\frac{c}{\zeta}$，$65\,000/0.041\,6=1\,562\,500$（美元）。避免特定死亡所支付的最大金额 x 恰好为购买等价于这个人固定年度消费的一份年金所需的金额。换言之，这个人为避免特定死亡所能够支付的即为放弃一切。

图 34-11 展示了用经济术语谈论生命价值的荒谬性。有时，一个人会试图为生命价值赋予一个货币价值。某些人可能之后会问他们，"这是否意味着我给你这些钱之后，就可以杀掉你？"当然，他们的答案将是"不"。

然而，正如图 34-11 所示，在安全区域内基于你的微死亡率价值去买卖生命风险是十分具有意义的，而且使用图 34-11 中的曲线甚至对安全区域之上的死亡概率进行估值都是有意义的。

34.4.3 对立即解决货币交易的影响

这个模型对一个人用其评估涉及生命和财富的决策有重大意义。假设我们 30 岁的男性 Δ 人面临一笔交易，其中他等可能地赢得 100 000 美元或者输掉 50 000 美元。风险容忍度 20 641 使得该交易对他而言似乎没有太大吸引力。

然而，注意这一效用曲线是基于固定年度消费的，而非财富。如果他决定支付这一交易，如果他获胜，就以年金的形式购买这 100 000 美元；如果他输了，就以减少固定年度消费的形式支付这 50 000 美元。他可以将这笔交易转换为固定年度消费问题。有一半的概率，他的固定年度消费将增加 $100\,000\zeta$；也有一半的概率，他的固定年度消费将会减少 $50\,000\zeta$。而 ζ 等于 0.041 6，他有相同的概率使得年度消费增加 4 160 美元或者减少 2 080 美元。由于这些都在他目前的年度消费之内，因此他可以支付这笔交易。基于他是一个 Δ 人，他固定年度消费的确定等价物变化仅仅为风险容忍度为 20 641〔0.5，4 160；0.5，−2 080〕的确定等价物，即 805 美元，这是一个较有吸引力的增长量（期望值为 1 040 美元）。当然，这需要假设该年金公司对买卖年金无差别。此外，很可能需要他抵押一些财产以确保他能够在有生之年支付金额为 50 000 美元的年金，这一条件不在本模型讨论范围。然而，他对立即解决的交易的风险容忍度将不再是 20 641 美元，而是 $\frac{20\,641}{\zeta}$，即 496 178 美元。在考虑终生前景时，这个人可能远非自己所认为的那样风险规避。

34.5 等价完美生活概率（EPLP）

迄今为止我们所开发的模型允许我们为个体计算另外一个量，即**等价完美生活概率**（EPLP）。推理如下：你接受行动性思维五规则，面临三种前景 A、B 和 C，且你偏好 A 甚于 B，偏好 B 甚于 C。当你面临一笔可以得到 A 或者 C 的交易，你能够给出一个获得 A 而非 C 的偏好概率使得你对确定得到前景 B 感觉同等偏好，那么你就是一位规则遵守者。

继续讨论，令前景 A 代表第 9 章中巫师所提供的一个前景，即我们一直讨论的完美生活。

比如，你将健康活到 120 岁，享受着年入百万的生活。巫师能够保证，如果你接受前景 A，你将失去对如何接受它的所有记忆。你仅需要经历漫长的、健康的和富裕的生活。你的医生会惊叹于你以前所有的疾病都消失了，而且不再有新的疾病。每年数百万美元的突然到来不会令你感到惊讶，因为你知道你的宝贵贡献最终会得到赞赏。

前景 C，同样是由巫师安排的，即刻无痛的死亡。

前景 B，是你现在的生活，你的健康和财富特性都难以预料。

除非你处于自杀的边缘，你将偏好 A 甚于 B 甚于 C，因此存在某个接受 A（完美生活）或接受 C（即刻无痛死亡）的概率，能够使得你对前景 B 感觉无差别（没有这笔交易，继续过你现在的生活）。这就是你的**等价完美生活概率**（EPLP）。

一个 EPLP 为 0.93 的人说目前的生活使得其将之与以 0.93 的概率得到我们所定义的完美生活和 0.07 概率的即刻无痛死亡这样的交易进行交换而感觉无差别。我不会将这个人的判断解释为他当前的生活是 93% 完美的。

EPLP 可以成为问题"你过得怎样"的一种备选答案。比如，你不用只回答"挺好的"，而可以说"我的 EPLP 为 0.92"。不幸的是，你可能会被误解，也可能被那些不熟悉决策分析的人认为相当奇葩。

生活和未来越有前途，EPLP 就会越接近 1；生活和未来越差，EPLP 就会越接近 0。我们不会沉溺于这一数量的哲学含义。然而，值得一提的是生活中看似重要的事件对我们 EPLP 产生的影响少之又少。看到停车场里你的新车有污渍会改变你的 EPLP 吗？失业呢？一些财务危机或横财通常会影响由诸如癌症诊断之类的健康重大变化所导致的 EPLP。

我们为个体所刻画的模型允许我们计算 EPLP。注意到长寿且富裕的前景 A 将会使价值函数 $v(c, l)$ 非常大，且 $u(c, l) = -e^{-v(c,l)}$ 为 0。

在另一个极端，前景 C 即刻无痛死亡的 $v(c, l)$，开始等于 0。因此，$u(c, l) = -e^{-v(c,l)} = -1$。完美生活情境的效用值 $\langle u(c,l) \mid \& \rangle$ 必定等于：

$$\langle u(c,l) \mid \& \rangle = EPLP(0) + (1 - EPLP)(-1)$$

即：

$$EPLP = 1 - \langle e^{-\gamma c(\frac{l}{i})^{\eta}} \mid \& \rangle$$

这个模型中的等价完美生活概率恰好为当前生活情境的效用值。通过参考决策树，我们还知道在黑色药丸命题中当 $p = p_{max}$ 时，我们有：

$$(1 - p_{max})(0) + p_{max}(-1) = \langle u(c,l) \mid \& \rangle$$

因此，

$$EPLP = 1 - p_{max}$$

等价完美生活概率仅仅是 1 减去一个人所能接受的最大死亡概率，不管所补偿的金额是多少。因此，在我们例子中的 30 岁男性有 0.885 的 EPLP。

> **思考**
>
> 你的 EPLP 是多少？

34.6 总结

具有较大死亡概率的决策需要构建一条基于价值函数的效用曲线。仅仅研究微死亡率是不充分的。这些决策中所用的价值函数有两种特性：剩余寿命和消费。

一旦构建出效用值，我们就可以将这些效用值应用于任何涉及寿命和消费的决策中。

我们可以用本章中的黑色药丸和白色药丸的决策方法计算微死亡率价值。

附录34-1　30岁男性的死亡率表

我们计算

$$\langle pe[a] \mid \& \rangle = \sum_{m=0}^{n} p_m \frac{1-\beta^{m+1}}{1-\beta} = \frac{1-\langle \beta^{m+1} \mid \& \rangle}{1-\beta}$$

β 为 $\frac{1}{1.03} = 0.9709$，其中，

$$\langle \beta^{m+1} \mid \& \rangle = \sum_{m=0}^{n} p_m \beta^{m+1} = \sum_{m=0}^{n} \{m \mid \&\} \beta^{m+1}$$

表34-1的第一列表示该人的年龄。当年龄大于或者等于30的时候，可定义 $m = Age - 30$。已知其年龄为30岁时，在任一给定年份其死亡的概率 $\{m \mid \&\}$，如第二列所示。第三列计算出了在给定的年份中 β^{m+1} 的值。β^{m+1} 的期望值，即 $\langle \beta^{m+1} \mid \& \rangle$，由第二列中的各单元格乘以相应的第三列中的单元格，并将结果加和。结果表明 $\langle \beta^{m+1} \mid \& \rangle = 0.3$，且 $\langle l \mid \& \rangle = 73.6$。因为这个人当前是30岁，剩余寿命的期望值为43.6。代入公式得：

$$\langle pe[a] \mid \& \rangle = \frac{1-\langle \beta^{m+1} \mid \& \rangle}{1-\beta} = \frac{1-0.3}{1-0.9709} = 24.04$$

这意味着：

$$\zeta = \frac{1}{\langle pe[a] \mid \& \rangle} = \frac{1}{24.04} = 4.16\%$$

表34-1　30岁男性的死亡率表和年金值

年龄	{死亡率|30岁, &}	β^{m+1}	年龄	{死亡率|30岁, &}	β^{m+1}
0	0	0.00	11	0	0.00
1	0	0.00	12	0	0.00
2	0	0.00	13	0	0.00
3	0	0.00	14	0	0.00
4	0	0.00	15	0	0.00
5	0	0.00	16	0	0.00
6	0	0.00	17	0	0.00
7	0	0.00	18	0	0.00
8	0	0.00	19	0	0.00
9	0	0.00	20	0	0.00
10	0	0.00	21	0	0.00

（续）

年龄	{死亡率|30岁, &}	β^{m+1}	年龄	{死亡率|30岁, &}	β^{m+1}
22	0	0.00	62	0.016	0.39
23	0	0.00	63	0.017	0.38
24	0	0.00	64	0.018	0.37
25	0	0.00	65	0.019	0.36
26	0	0.00	66	0.02	0.35
27	0	0.00	67	0.021	0.34
28	0	0.00	68	0.022	0.33
29	0	0.00	69	0.024	0.32
30	0	0.00	70	0.025	0.31
31	0.002	0.97	71	0.026	0.30
32	0.002	0.94	72	0.027	0.29
33	0.002	0.92	73	0.029	0.28
34	0.002	0.89	74	0.03	0.27
35	0.002	0.86	75	0.031	0.26
36	0.003	0.84	76	0.032	0.26
37	0.003	0.81	77	0.032	0.25
38	0.003	0.79	78	0.033	0.24
39	0.003	0.77	79	0.033	0.24
40	0.003	0.74	80	0.034	0.23
41	0.003	0.72	81	0.034	0.22
42	0.003	0.70	82	0.033	0.22
43	0.003	0.68	83	0.033	0.21
44	0.003	0.66	84	0.032	0.20
45	0.004	0.64	85	0.031	0.20
46	0.004	0.62	86	0.029	0.19
47	0.004	0.61	87	0.026	0.19
48	0.005	0.59	88	0.022	0.18
49	0.005	0.57	89	0.02	0.18
50	0.005	0.55	90	0.017	0.17
51	0.006	0.54	91	0.014	0.17
52	0.007	0.52	92	0.012	0.16
53	0.007	0.51	93	0.01	0.16
54	0.008	0.49	94	0.008	0.15
55	0.009	0.48	95	0.006	0.15
56	0.009	0.46	96	0.005	0.14
57	0.01	0.45	97	0.004	0.14
58	0.011	0.44	98	0.002	0.13
59	0.012	0.42	99	0.001	0.13
60	0.013	0.41	100	0.001	0.13
61	0.014	0.40	101	0.001	0.12

（续）

年龄	{死亡率|30岁, &}	β^{m+1}	年龄	{死亡率|30岁, &}	β^{m+1}
102	0	0.12		1	
103	0	0.12	$\langle l \mid \& \rangle$	$\langle \beta^{m+1} \mid \& \rangle$	
104	0	0.11	73.6	0.30	
105	0	0.11			

附录 34-2 黑色药丸计算示例，$x = 10\,000$

现在我们计算黑色药丸问题中 30 岁男性为了 10 000 美元的补偿金额而服药的概率。我们有：

$$p = \frac{\langle e^{-\gamma c \left(\frac{l}{\bar{l}}\right)^{\eta}} \mid \& \rangle - \langle e^{-\gamma (c+\zeta x)\left(\frac{l}{\bar{l}}\right)^{\eta}} \mid \& \rangle}{\langle 1 - e^{-\gamma(c+\zeta x)\left(\frac{l}{\bar{l}}\right)^{\eta}} \mid \& \rangle}$$

我们假设参数如下：

$$\zeta = 0.041\,6, \quad \bar{l} = 43.6, \quad \eta = 2, \quad \gamma = 4.84 \times 10^{-5}$$

在表 34-2 中，第一列显示了剩余寿命 l。第二列显示的是已知这个人现在为 30 岁，在指定年龄的死亡概率。第三列和第四列为在给定年份 l，对 $e^{-\gamma c\left(\frac{l}{\bar{l}}\right)^{\eta}}$ 和 $e^{-\gamma(c+\zeta x)\left(\frac{l}{\bar{l}}\right)^{\eta}}$ 的计算。

要计算这些变量的期望值，我们用第二列中的每一个概率乘以第三列和第四列中相应的值，最后把所有可能的值加和。表 34-2 给出了：

$$\langle e^{-\gamma c\left(\frac{l}{\bar{l}}\right)^{\eta}} \mid \& \rangle = 0.115\,2, \quad \langle e^{-\gamma(c+\zeta x)\left(\frac{l}{\bar{l}}\right)^{\eta}} \mid \& \rangle = 0.114\,3$$

代入可得：

$$p = \frac{0.115\,2 - 0.114\,3}{1 - 0.114\,3} = 0.001$$

表 34-2 30 岁男性的黑色药丸计算

起始年龄	死亡概率 {l|30岁, &}	$e^{-\gamma c\left(\frac{l}{\bar{l}}\right)^{\eta}}$	$e^{-\gamma(c+\zeta x)\left(\frac{l}{\bar{l}}\right)^{\eta}}$	起始年龄	死亡概率 {l|30岁, &}	$e^{-\gamma c\left(\frac{l}{\bar{l}}\right)^{\eta}}$	$e^{-\gamma(c+\zeta x)\left(\frac{l}{\bar{l}}\right)^{\eta}}$
30	0	0.000 0	0.000 0	44	0.003	0.722 8	0.721 3
31	0.002	0.998 3	0.998 3	45	0.004	0.688 9	0.687 2
32	0.002	0.993 4	0.993 4	46	0.004	0.654 4	0.652 6
33	0.002	0.985 2	0.985 1	47	0.004	0.619 6	0.617 7
34	0.002	0.973 8	0.973 7	48	0.005	0.584 7	0.582 7
35	0.002	0.959 4	0.959 2	49	0.005	0.549 9	0.547 8
36	0.003	0.942 1	0.941 7	50	0.005	0.515 5	0.513 3
37	0.003	0.922 0	0.921 6	51	0.006	0.481 6	0.479 4
38	0.003	0.899 4	0.898 8	52	0.007	0.448 5	0.446 2
39	0.003	0.874 4	0.873 7	53	0.007	0.416 3	0.414 0
40	0.003	0.847 3	0.846 4	54	0.008	0.385 1	0.382 8
41	0.003	0.818 4	0.817 3	55	0.009	0.355 1	0.352 8
42	0.003	0.787 8	0.786 6	56	0.009	0.326 3	0.324 0
43	0.003	0.755 8	0.754 5	57	0.01	0.298 9	0.296 6

(续)

起始年龄	死亡概率 $\{l \mid 30\,岁, \&\}$	$e^{-\gamma c(\frac{l}{\bar{l}})^\eta}$	$e^{-\gamma(c+\zeta x)(\frac{l}{\bar{l}})^\eta}$	起始年龄	死亡概率 $\{l \mid 30\,岁, \&\}$	$e^{-\gamma c(\frac{l}{\bar{l}})^\eta}$	$e^{-\gamma(c+\zeta x)(\frac{l}{\bar{l}})^\eta}$
58	0.011	0.272 9	0.270 6	84	0.032	0.008 0	0.007 7
59	0.012	0.248 3	0.246 1	85	0.031	0.006 7	0.006 5
60	0.013	0.225 2	0.223 0	86	0.029	0.005 5	0.005 4
61	0.014	0.203 5	0.201 5	87	0.026	0.004 6	0.004 4
62	0.016	0.183 4	0.181 4	88	0.022	0.003 8	0.003 7
63	0.017	0.164 6	0.162 7	89	0.02	0.003 1	0.003 0
64	0.018	0.147 3	0.145 5	90	0.017	0.002 6	0.002 5
65	0.019	0.131 4	0.127 9	91	0.014	0.002 1	0.002 0
66	0.02	0.116 8	0.115 2	92	0.012	0.001 7	0.001 6
67	0.021	0.103 5	0.102 0	93	0.01	0.001 4	0.001 3
68	0.022	0.091 4	0.090 0	94	0.008	0.001 1	0.001 1
69	0.024	0.080 5	0.079 2	95	0.006	0.000 9	0.000 9
70	0.025	0.070 6	0.069 4	96	0.005	0.000 7	0.000 7
71	0.026	0.061 7	0.060 7	97	0.004	0.000 6	0.000 6
72	0.027	0.053 8	0.052 8	98	0.002	0.000 5	0.000 4
73	0.029	0.046 7	0.045 8	99	0.001	0.000 4	0.000 4
74	0.03	0.040 5	0.039 7	100	0.001	0.000 3	0.000 3
75	0.031	0.034 9	0.034 2	101	0.001	0.000 2	0.000 2
76	0.032	0.030 0	0.029 4	102	0	0.000 2	0.000 2
77	0.032	0.025 7	0.025 2	103	0	0.000 1	0.000 1
78	0.033	0.022 0	0.021 5	104	0	0.000 1	0.000 1
79	0.033	0.018 7	0.018 3	105	0	0.000 1	0.000 1
80	0.034	0.015 9	0.015 5	1	$\langle e^{-\gamma c(\frac{l}{\bar{l}})^\eta} \rangle$	$\langle e^{-\gamma(c+\zeta x)(\frac{l}{\bar{l}})^\eta} \rangle$
81	0.034	0.013 5	0.013 1			0.115 2	0.114 3
82	0.033	0.011 3	0.011 0				
83	0.033	0.009 5	0.009 3				

附录34-3 白色药丸计算示例，$x = 10\,000$

现在我们计算白色药丸问题中30岁男性支付10 000美元的概率。我们有：

$$p = \frac{\langle e^{-\gamma(c-\zeta x)(\frac{l}{\bar{l}})^\eta} \mid \& \rangle - \langle e^{-\gamma c(\frac{l}{\bar{l}})^\eta} \mid \& \rangle}{\langle 1 - e^{-\gamma c(\frac{l}{\bar{l}})^\eta} \mid \& \rangle}$$

同样，我们有参数：

$$\zeta = 0.041\,6, \quad \bar{l} = 43.6, \quad \eta = 2 \text{ 和 } \gamma = 4.84 \times 10^{-5}$$

在表34-3中，第一列显示了剩余寿命 l。第二列显示的是已知这个人现在为30岁，在指定年龄的死亡概率。第三列和第四列为在给定年份 l，对 $e^{-\gamma c(\frac{l}{\bar{l}})^\eta}$ 和 $e^{-\gamma(c-\zeta x)(\frac{l}{\bar{l}})^\eta}$ 的计算。

要计算这些变量的期望值，我们用第二列中的每一个概率乘以第三列和第四列中相应的值，最后把所有可能的值加和。表 34-3 给出了：

$$\langle e^{-\gamma c(\frac{l}{i})^{\eta}} | \& \rangle = 0.1152, \quad \langle e^{-\gamma(c-\xi x)(\frac{l}{i})^{\eta}} | \& \rangle = 0.1161$$

代入可得：

$$p = \frac{0.1161 - 0.1152}{1 - 0.1152} = 0.001$$

表 34-3　30 岁男性的白色药丸计算

起始年龄	死亡概率 $\{l \mid 30\text{岁}, \&\}$	$e^{-\gamma c(\frac{l}{i})^{\eta}}$	$e^{-\gamma(c-\xi x)(\frac{l}{i})^{\eta}}$	起始年龄	死亡概率 $\{l \mid 30\text{岁}, \&\}$	$e^{-\gamma c(\frac{l}{i})^{\eta}}$	$e^{-\gamma(c-\xi x)(\frac{l}{i})^{\eta}}$
30	0	0.0000	0.0000	64	0.018	0.1473	0.1492
31	0.002	0.9983	0.9984	65	0.019	0.1314	0.1331
32	0.002	0.9934	0.9934	66	0.02	0.1168	0.1185
33	0.002	0.9852	0.9853	67	0.021	0.1035	0.1050
34	0.002	0.9738	0.9740	68	0.022	0.0914	0.0928
35	0.002	0.9594	0.9597	69	0.024	0.0805	0.0818
36	0.003	0.9421	0.9425	70	0.025	0.0706	0.0718
37	0.003	0.9220	0.9225	71	0.026	0.0617	0.0629
38	0.003	0.8994	0.9000	72	0.027	0.0538	0.0548
39	0.003	0.8744	0.8752	73	0.029	0.0467	0.0477
40	0.003	0.8473	0.8482	74	0.03	0.0405	0.0413
41	0.003	0.8184	0.8194	75	0.031	0.0349	0.0357
42	0.003	0.7878	0.7890	76	0.032	0.0300	0.0307
43	0.003	0.7558	0.7572	77	0.032	0.0257	0.0264
44	0.003	0.7228	0.7243	78	0.033	0.0220	0.0225
45	0.004	0.6889	0.6905	79	0.033	0.0187	0.0192
46	0.004	0.6544	0.6561	80	0.034	0.0159	0.0163
47	0.004	0.6196	0.6215	81	0.034	0.0135	0.0138
48	0.005	0.5847	0.5867	82	0.033	0.0113	0.0117
49	0.005	0.5499	0.5520	83	0.033	0.0095	0.0098
50	0.005	0.5155	0.5177	84	0.032	0.0080	0.0082
51	0.006	0.4816	0.4839	85	0.031	0.0067	0.0069
52	0.007	0.4485	0.4508	86	0.029	0.0055	0.0057
53	0.007	0.4163	0.4187	87	0.026	0.0046	0.0048
54	0.008	0.3851	0.3875	88	0.022	0.0038	0.0039
55	0.009	0.3551	0.3575	89	0.02	0.0031	0.0032
56	0.009	0.3263	0.3287	90	0.017	0.0026	0.0027
57	0.01	0.2989	0.3012	91	0.014	0.0021	0.0022
58	0.011	0.2729	0.2752	92	0.012	0.0017	0.0018
59	0.012	0.2483	0.2505	93	0.01	0.0014	0.0015
60	0.013	0.2252	0.2273	94	0.008	0.0011	0.0012
61	0.014	0.2035	0.2056	95	0.006	0.0009	0.0010
62	0.016	0.1834	0.1854	96	0.005	0.0007	0.0008
63	0.017	0.1646	0.1666	97	0.004	0.0006	0.0006

(续)

起始年龄	死亡概率 $\{l \mid 30\text{ 岁}, \&\}$	$e^{-\gamma c(\frac{l}{\tilde{l}})^{\eta}}$	$e^{-\gamma(c-\zeta x)(\frac{l}{\tilde{l}})^{\eta}}$	起始年龄	死亡概率 $\{l \mid 30\text{ 岁}, \&\}$	$e^{-\gamma c(\frac{l}{\tilde{l}})^{\eta}}$	$e^{-\gamma(c-\zeta x)(\frac{l}{\tilde{l}})^{\eta}}$
98	0.002	0.000 5	0.000 5	104	0	0.000 1	0.000 1
99	0.001	0.000 4	0.000 4	105	0	0.000 1	0.000 1
100	0.001	0.000 3	0.000 3		1	$\langle e^{-\gamma c(\frac{l}{\tilde{l}})^{\eta}} \mid \& \rangle$	$\langle e^{-\gamma(c-\zeta x)(\frac{l}{\tilde{l}})^{\eta}} \mid \& \rangle$
101	0.001	0.000 2	0.000 2				
102	0	0.000 2	0.000 2			0.115 2	0.116 1
103	0	0.000 1	0.000 2				

习题

标注星号（*）的习题更具有挑战性。

*1. 请独自使用本章中 30 岁男性的例子重复分析黑色药丸和白色药丸问题，固定年度消费 $c = 65\,000$ 美元，$\eta = 2$，且翻倍概率 $= 0.8$。使用表 34-1 中剩余寿命的概率分布。

   a. 在黑色药丸和白色药丸案例中绘制出美元和死亡概率的关系曲线。

   b. 从安全区域的斜率处计算微死亡率价值。

*2. 在如下的场景中重复习题 1。决定每一情况下微死亡率价值。

   a. $c = 105\,000$ 美元，$\eta = 2$，且翻倍概率 $= 0.8$。

   b. $c = 65\,000$ 美元，$\eta = 4$，且翻倍概率 $= 0.8$。

   c. $c = 65\,000$ 美元，$\eta = 2$，且翻倍概率 $= 0.95$。

   d. c、η 和翻倍概率对微死亡率价值的影响为多大？

第 35 章

连续概率分布的离散化

本章核心概念

阅读本章之后,读者将能够解释下列概念:

- 连续分布的离散化
- 等面积法
- 矩匹配法
- 关于离散化的预防措施

35.1 引言

当一个决策可以用一个或多个连续测度刻画时,通常很方便将这些测度离散化为带有有限个状态的属性。这种**离散化**简化了分析,并能够使用传统的决策树分析方法进行最优方案和信息价值的计算。本章中,我们讨论了如何进行这种离散化过程,并检验选择以各种方式执行它的结果。

图 35-1 给出了一个连续测度(成本)的概率分布及使用带有三个状态的一种属性进行离散化的例子。

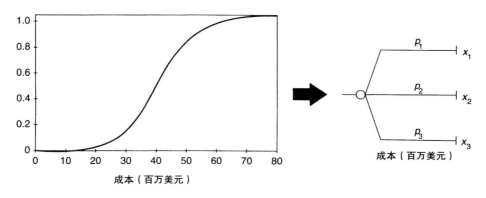

图 35-1 将概率分布离散化为带有三个状态的概率树

在对一个连续分布进行离散化时,需要考虑许多事项。首先,我们需要创建一棵离散化的概率树。在图 35-1 的案例中，我们如何指定树右侧的三个状态？我们需要测度值 x_1，x_2 和 x_3，及对应的概率 p_1，p_2 和 p_3。

基于

$$p_1 + p_2 + p_3 = 1$$

我们在此树中只有五个未知项。通常，如果我们打算将一个概率分布离散化成 n 个状态，我们需要 $(2n-1)$ 个数来完成这一离散化——n 个测度值和 $(n-1)$ 个概率（因为各概率之和为 1）。

其次，想清楚我们在离散化的树中想要的状态数目。在图 35-1 中选择三个状态仅仅是一种示意。随着状态数量的增加，近似度会逼近，但整棵离散化树的规模同样会增加，因而计算复杂程度也同样增加。随着我们继续进行，我们必须确定所希望保存的该问题的最重要的特征。

由于我们将会在任一决策节点将效用值的期望值最大化，在我们沿着树返回时保存这些效用值的期望值将极为重要。一种常见和简单的离散化方法涉及选择一个过程，能够保证我们在树上返回时保存测度的期望值。这意味着，对于任一测度的近似期望值，即**离散化的属性**，将等于连续测度的期望值。若决策者是风险中性的，这将是一个优异的离散化过程。

然而，虽然简单，但我们会发现这一方法可能低估了交易的方差，并且可能导致精确确定等价物与风险规避型决策者从离散化树中所得的确定等价物之间的偏差。

另一种离散化的方法涉及确定离散属性的值以保存连续测度的矩。我们将在本章中讨论这两种方法。

35.2 等面积法

等面积法是一种保存测度期望值的离散化方法。一如其名，此方法通过在累积概率分布上形成"等面积"分析以确定离散值。回顾我们在第 24 章中的讨论，其聚焦于使用累积概率的等面积方法计算期望值。相同类型的分析在这里同样适用，除了我们需要对好几个区域进行等面积分析。等面积法应用步骤如下。

（1）**选择离散树的状态数量及其对应的概率**。首先，我们确定离散树中我们所需的状态数量及各状态相关的概率。图 35-2 给出了一个在累积概率曲线上的属性（成本）选择三个状态的例子。我们希望这些状态在成本中为递增的，且概率为 0.25、0.50 和 0.25。我们通过添加三条水平线 $y = 0.25$，$y = 0.75$ 和 $y = 1$，从而在累积概率曲线上形成三个区域，对应离散树中的概率为 $p_1 = 0.25$，$p_2 = 0.5$ 和 $p_3 = 0.25$。这三条线把图形分成三个累积概率区域：0 至 0.25 的区间 = 0.25；0.25 至

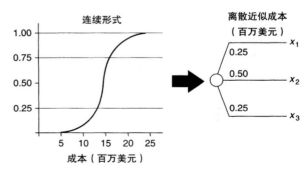

图 35-2　由带有概率值 0.25、0.5 和 0.25 的三个状态属性代表的连续分布

0.75 的区间 =0.5 和 0.75 至 1 的区间 =0.25。

注：这些累积概率之差决定了所选概率分别为 0.25、0.5 和 0.25，见图 35-2 所示的离散树的三个状态。

这一过程可执行于任意数量的状态和任何所选的概率。例如，如果我们选择四个状态 x_1、x_2、x_3 和 x_4，相应的概率为 0.2、0.4、0.3 和 0.1，且 $x_1 < x_2 < x_3 < x_4$，接着我们将在累积概率 0.2、0.6 和 0.9 处画出三条水平线。此外，如果我们已经选择四个状态 x_1、x_2、x_3 和 x_4，相应的概率为 0.1、0.3、0.4 和 0.2，且 $x_1 < x_2 < x_3 < x_4$，那么我们将在累积概率 0.1、0.4 和 0.8 处画出三条水平线。对于 n 个状态，我们在累积概率曲线图的纵轴上为累积值画出 $n-1$ 条水平线。

（2）**选择测度值以对应所选区间**。接下来，我们需要确定在图 35-2 中决策树末端所要赋予的测度值。我们现在解释如何确定这些值。若想了解这些过程基础的详细信息，你可以参考附录 35-1。

为确定这些测度值，我们首先突出由水平线和累积概率曲线相交所得的矩形区域。例如，图 35-3 展现了位于累积概率 0.25 和 0.75 处的两条水平线与概率分布相交所得的三个阴影区域。

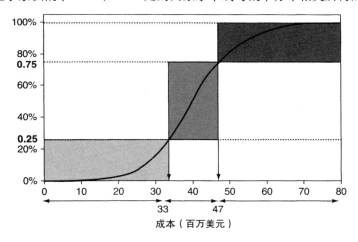

图 35-3 对应于概率和状态数目的区域选择

图 35-3 给出了三个区域：区域 1 由 $y=0$ 和 $y=0.25$ 所定义，对应于离散树中的变量 x_1，并且表示连续测度中从 0 到 33 的 x 值。区域 2 由 $y=0.25$ 和 $y=0.75$ 所定义，对应于离散树中的变量 x_2，表示从 33 到 47 的 x 值。区域 3 由 $y=0.75$ 和 $y=1$ 所定义，对应于离散树中的变量 x_3，表示大于 47 的 x 值。

对于图 35-3，我们为离散树中的每一状态选择了典型的测度值。每个测度值都选自于对应的区域。我们选择该值的原则如下：区域中该点左侧位于累积分布曲线以下的阴影面积等于区域中该点右侧累积分布曲线以上的阴影面积。例如，在图 35-4 中，我们所选的测度值即由曲线下方的面积 a_1 和曲线之上而 25% 线之下的面积 a_2 相等所确定。这一测度值 x_1，确定了对应于离散树中 0% 至 25% 累积概率的测度值。这就是我们称该方法为等面积法的原因，这一方法确定的成本值近似等于 $x_1 = 27$。

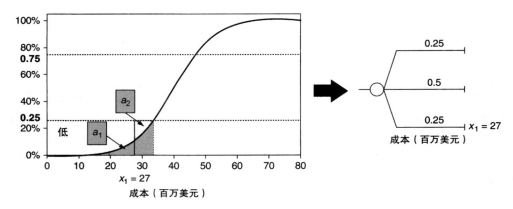

图 35-4 通过等面积所得第一区域的测度值

类似地,我们确定其他区域的每个测度值。图 35-5 和图 35-6 给出了使用等面积法所得离散树中对应概率为 0.5 和 0.25 的 x_2 的值和 x_3 的值。x_2 的值大约为 39,x_3 的值大约为 53。

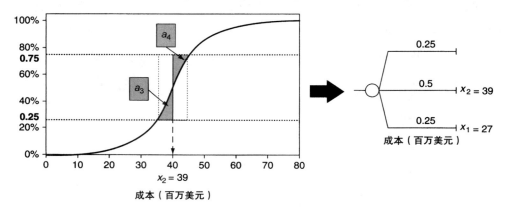

图 35-5 第二个状态对应 0.5 概率的测度值

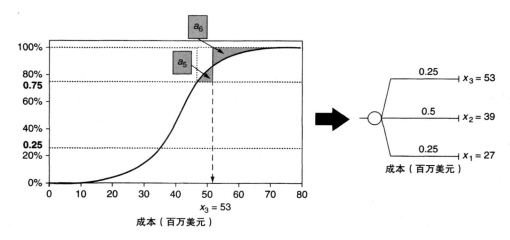

图 35-6 第三个状态对应 0.25 概率的测度值

我们现在有三个值，x_1，x_2 和 x_3（分别为 27、39 和 53），对应的概率为 0.25、0.5 和 0.25，表示对连续累积分布的离散化（如图 35-7 所示）。

离散树的期望值，即 $0.25 \times 53 + 0.5 \times 39 + 0.25 \times 27$，将等于连续分布的一阶矩，即 39.5。

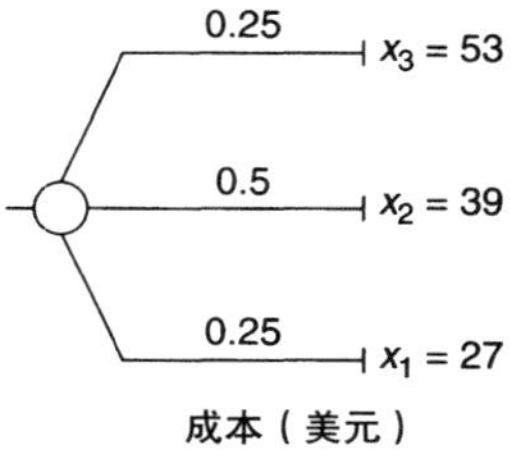

便捷等面积法

当累积分布接近于一个高斯分布时，存在一种便捷等面积法来确定对应于间距 0.25、0.5 和 0.25 的测度值 x_1，x_2 和 x_3。一个高斯分布的概率密度函数形式如下：

图 35-7 使用等面积法所得离散树

$$f(x \mid \mu, \sigma) = \frac{1}{\sigma \sqrt{2\pi}} e^{\frac{(x-\mu)^2}{2\sigma^2}}, \quad -\infty < x < \infty$$

其中 μ 和 σ 分别为平均值和标准差（方差的平方根）。这一概率密度是对称的，因此偏度为 0。

该近似离散化过程简化了对应于累积概率 0.1、0.5 和 0.9 的测度值选择。图 35-8 显示出这些值分别大约为 27、40 和 52，十分接近于通过等面积法所得的近似值。我们称之为 10—50—90 值。

注：此便捷方法很方便，你通常只需评估 10—50—90 值，它们在实践中很常用。它们在离散树中发生的概率分别为 0.25、0.5 和 0.25。

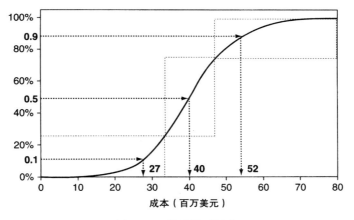

图 35-8 便捷等面积法

有些人倾向于称 10—50—90 点为低—基—高评估。我们认为这是一个命名错误，因为低和高可能会与测度（不是以 0.1 和 0.9 为分位点）的下限和上限相混淆。

35.3 谨慎离散化

现在，我们将离散化应用于实际问题，并展示一些可能出现的问题。回顾第 9 章中首次介绍的聚会问题和第 20 章中的连续 β 探测器问题。

图 35-9 绘制了探测器指示值的累积分布 $\{T \mid S, \&\}$ 和 $\{T \mid R, \&\}$。各属性的 10—50—

90 点也在图中突出显示。

图 35-10 中是连续 β 探测器的离散树，其由使用等面积法对指示值 $\{T|S, \&\}$ 和 $\{T|R, \&\}$ 进行离散化所得。

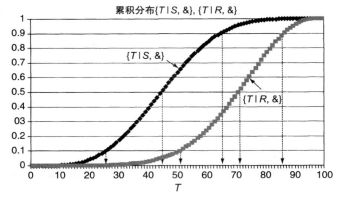

图 35-9　连续 β 探测器的累积分布　　　　图 35-10　连续探测器的离散树

图 35-10 中的树为评估形式。现在，假设我们打算反转树中属性的排序以确定已知探测器指示值时天气的后验分布。

注：我们不能反转图 35-10 中的树，因为状态已不再相同。

如果天气为晴天，离散树只有三个可能的指示值（即 $T = 25, 44, 65$），如果天气为雨天，也有三个指示值（$T = 51, 71, 87$）。

这并非这种情境的真实表达。事实上，甚至我们在第 2 章中首次见到的先知都无法回答这一离散树的哪个状态将会发生，因为其实际上是一种新的表达。先知将会透露实际发生的指示值，且其为 0 到 100 的任意整数。

离散化这棵树以允许树反转的正确方法是什么？先知可以回答测度是否位于某一区间之内。因此，正确做这件事的方法如同我们在第 20 章中图 20-23 所用的方法，简便起见，我们在图 35-11 重复该图。我们为各状态定义区间，而非定义代表各区间的特定离散值。基于各属性的状态均相同，我们现在可以在树中反转排序并确定探测值。

因此，如果我们想要计算一笔交易的确定等价物，等面积离散法能够较好适用于条件分布。然而，当我们的条件概率与一个关注属性相关时，它就不能很好地发挥作用。在后一种情况下，我们需要确保条件分布离散化为同样的区间，然后反转离散树。

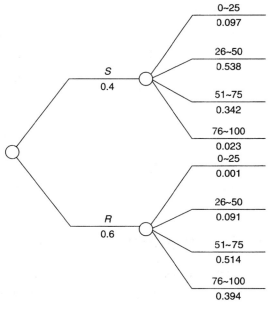

图 35-11　离散探测器分析的概率树

35.4 等面积 10—50—90 近似方法的精确性

便捷近似方法简单地将累积概率 0.1、0.5 和 0.9 所对应的测度赋值予一棵三个状态的离散树,其概率为 0.25、0.50 和 0.25。本节探讨当表示该测度方差时,这种近似方法的精确性。

▶**例 35-1 使用 10—50—90 离散近似法的高斯分布近似**

为了给出数值演示案例,考虑一个均值为 50 而标准差等于 10 的高斯分布。这一分布的方差为 100。

表 35-1 给出了数值应用。列(a)给出了 10—50—90 的概率;列(b)给出了均值为 50,标准差为 10(方差 = 100)的高斯分布的 10—50—90 分位点实际值;列(c)给出了如果我们使用近似方法,离散树中与 10—50—90 分位值相关的概率值;列(d)给出了分位值的平方。该近似法导致一个三状态的属性,其均值为 50(与连续分布相同),但方差为 82.12(小于连续分布的方差 100)。

表 35-1 使用便捷等面积法时,低估了一个均值为 50 且方差为 100 的高斯分布的方差

(a) 分位数	(b) 分位值	(c) 离散树中概率赋值	(d) 分位值平方
10%	37.18	0.25	1 382.69
50%	50.00	0.5	2 500.00
90%	62.82	0.25	3 945.79
离散树的期望值		50	
离散树的二阶矩		2 582.12	
离散树的方差		82.12	

如果这种近似法用于一笔交易的收益,确定等价物可能会因为方差变小而过于夸大。回顾第 24 章中对给定确定等价物的近似值显示出确定等价物将小于均值,差值为与方差成比例的一个值。用近似法会使得方差变为真实值的 82%,因此,这笔人为处理的交易对决策者更具吸引力。

我们也可以对使用近似方法的 0.25—0.5—0.25 概率值的各区间近似值的精确性进行检验。如表 35-2 所示,列(d)中这些区间对应于①负无穷到 43.26,对应的累积概率区间为 0 到 0.25;②43.26 到 56.74,对应的累积概率区间为 0.25 至 0.75;③567.4 到无穷大,对应的累积概率区间为 0.75 到 1。列(e)显示了在已知 x 位于一个均值为 50 且方差为 100 的高斯分布的各个区间时,其条件均值的实际值。区间的均值分别为 37.6、50 以及 62.32。请注意,这些条件均值非常接近直接从 10%、50% 和 90% 的累积概率值中读取的值。这些均值的差值如列(f)所示。

表 35-2 使用便捷等面积法时区间均值的精确性

(a) 分位数	(b) 分位值	(c) 树中概率赋值	(d) 对应区间	(e) 区间条件均值	(f) 差值
10%	37.18	0.25	负无穷→43.26	37.6	0.42
50%	50.00	0.5	43.26→56.74	50	0
90%	62.82	0.25	56.74→正无穷	62.32	-0.5

不同概率值的近似 10—50—90 方法

原则上,我们仍然可以在离散树中使用 10—50—90 分位数并得到更好的方差近似值,但我们需要将它们与不同的概率相关联,因为它们只是等面积法的一种近似方法。

表 35-3 给出了数值应用。列（a）给出了 10—50—90 的分位数,列（b）给出了均值为 50,标准差为 10（方差 =100）的高斯分布的 10—50—90 的分位值,列（c）给出了近似树中与之相关的概率集,列（d）给出了分位值的平方。该近似法导致一种三个状态的属性,其均值为 50（与连续分布相同）,但方差现在为 98.54,比起使用标准 10—50—90 方法所得的方差而言,这一方差的近似值要好得多。使用这种方法能够避免歪曲的方差,并因此可以避免高估交易的确定等价物,这些交易来自于与常规 10—50—90 相关的 0.25—0.50—0.25 概率。

表 35-3　通过使用不同概率改进方差近似法的精确性

(a) 分位数	(b) 分位值	(c) 离散树中概率赋值	(d) 分位值平方
10%	37.18	0.3	1 382.69
50%	50.00	0.4	2 500.00
90%	62.82	0.3	3 945.79
离散树的期望值		50	
离散树的二阶矩		2 598.54	
离散树的方差		98.54	

我们也可以为 0.3—0.4—0.3 概率值的各区间的修正近似值的精确性进行检验。这些区间对应值的范围分别为：负无穷到 44.76,44.76 到 55.24,55.24 到无穷大,见表 35-4 的列（d）。列（e）显示了已知 x 位于各区间内的条件均值。这些值分别为 38.7、50.05 和 61.24。请注意这些条件均值也接近于从 10%、50% 和 90% 累积概率值直接读取的值,两者之差如列（f）所示。此外,请注意,条件均值的差值更大了,特别是对于第一和第三区间而言,比我们赋值 0.25、0.5、0.25 概率时要大。

表 35-4　使用改进便捷法的区间均值精确度

(a) 分位数	(b) 分位值	(c) 树中概率赋值	(d) 对应区间	(e) 区间条件均值	(f) 差值
10%	37.18	0.3	负无穷→44.76	38.7	1.52
50%	50.00	0.4	44.76→55.24	50	0
90%	62.82	0.3	55.24→正无穷	61.24	-1.58

通过对其他分布进行类似的分析,我们可以确定我们是否愿意为各区域的值与方差评估之间提供更高的精确度。

35.5　离散和连续测度的矩

另一种离散化连续概率分布的方法保留了高阶矩及均值。这种方法通过求解一组方程得到离散树的概率和测度值。

作为演示，我们先回顾一下第 24 章中矩的定义并介绍一些新的概念。如图 35-12 所示，离散测度的 m 阶矩为：

$$\langle x^m \mid \& \rangle = \sum_{i=1}^{n} p_i x_i^m = p_1 x_1^m + p_2 x_2^m + \cdots + p_n x_n^m$$

其中求和符号 $\sum_{i=1}^{n}$ 仅仅意味着 n 项的加和。

这个矩也可使用积分对连续测度进行计算。连续分布的一阶矩可以使用如下积分求得：

$$\langle x \mid \& \rangle = \int x f(x) \, \mathrm{d}x$$

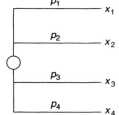

图 35-12　有测度的概率树

使用类似方法，我们可以将连续测度高阶矩定义为：

$$\langle x^m \mid \& \rangle = \int x^m f(x) \, \mathrm{d}x$$

我们还可以为连续测度定义中心矩：

$$\langle (x - \langle x \mid \& \rangle)^m \mid \& \rangle = \int (x - \langle x \mid \& \rangle)^m f(x) \, \mathrm{d}x$$

35.6　矩匹配法

矩匹配法令离散测度的矩与连续测度的矩相等。例如，假设我们想要将连续分布离散化为三个状态 p_1，p_2 和 p_3。

我们知道概率必须满足：

$$p_1 + p_2 + p_3 = 1$$

如果我们从 $\langle x \mid \& \rangle = \mu$ 知道连续分布的一阶矩，我们可以将之与离散树的期望值进行匹配：

$$p_1 x_1 + p_2 x_2 + p_3 x_3 = \mu$$

我们现在有两个方程 $p_1 + p_2 + p_3 = 1$ 和 $p_1 x_1 + p_2 x_2 + p_3 x_3 = \mu$，以及六个未知数 p_1，p_2，p_3，x_1，x_2 和 x_3。

有许多方法可以绘制离散树。其中一种方法是为一个未知的概率选择一个值（或多个值）或**测度值**，以求解确定未知数的值。反之，如果我们知道测度的高阶矩，我们可以将之匹配并确定剩余变量的值。

▶**例 35-2**　**高斯分布的矩匹配**

考虑一个高斯分布，其概率密度函数为：

$$f(x \mid \mu, \sigma) = \frac{1}{\sigma \sqrt{2\pi}} e^{\frac{(x-\mu)^2}{2\sigma^2}}, \quad -\infty < x < \infty$$

其中 μ 和 σ 分别是均值和标准差（方差的平方根）。

假设我们有一个高斯分布，其一阶矩等于 0，方差（二阶中心矩）等于 σ^2，偏度等于 0，因为它是一个对称的分布。

如果我们想要找出表示这种分布的两状态树（如图 35-13 所示），我们有 $(2n - 1) = 3$ 个未知数。因此，我们可以匹配前三阶矩为：

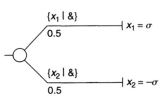

图 35-13　均值为 0 且方差为 σ^2 的高斯分布的两状态表示

$$\{x_1 \mid \&\} x_1 + \{x_2 \mid \&\} x_2 = 0$$
$$\{x_1 \mid \&\} x_1^2 + \{x_2 \mid \&\} x_2^2 = \sigma^2$$
$$\{x_1 \mid \&\} x_1^3 + \{x_2 \mid \&\} x_2^3 = 0$$

求解可得：

$$\{x_1 \mid \&\} = \{x_2 \mid \&\} = 0.5, \quad x_1 = \sigma, \quad 且 \ x_2 = -\sigma$$

注：这种近似值表明一个结果赋值大于 σ 的概率为 0。对于初始状态而言，其为 0.317。

35.7　总结

我们将连续测度离散化以提供便捷计算，并使用决策树来确定最优决策方案。

两种离散连续测度的方法为等面积法和矩匹配法。

等面积法将累积分布曲线分为几个区间，其概率对应于离散树上所选的概率。对于每一区域，我们所选测度值的依据为：该区域中位于该点左侧累积分布曲线以下的面积等于该区域中位于该点右侧累积分布曲线以上的面积。这一方法保存了每个区域的条件均值，并令离散树的期望值等于连续分布的均值。

当分布接近于一个高斯分布时，等面积法有一个近似表达。我们直接从累积分布曲线中读取 10—50—90 点并分别为其概率赋值为 0.25、0.5 和 0.25。此便捷方法会低估分布的方差。我们有时可以通过为区间赋值概率 0.3、0.4 和 0.3 以进行补偿。

矩匹配法将连续分布的矩与离散树相匹配。

附录 35-1　等面积法原理

等面积法离散化背后的理念是要在每个离散区间内保存条件均值，同时保存初始连续分布的均值。

让我们首先给出一个累积分布的均值满足等面积法的原因（正如我们在第 24 章讨论的那样）。有许多方法来说明这一点，我们将提供一个简单的例子来说明原因。

我们有一个概率密度为 $f(x)$ 的测度，累积概率函数为 $F(x)$。令 x_2 为累积概率曲线等于 1 处的值，且 x_3 为累积概率曲线等于 0 处的值。均值如下：

$$\langle x \mid \& \rangle = \int_{x_3}^{x_2} x f(x) \, dx$$

现在，考虑图 35-14 中定义的三个区域。区域 A_1 为垂线 $x = x_1$ 左侧及累积概率曲线以下的部分，区域 A_2 为垂线 $x = x_1$ 右侧及累积概率曲线以上的部分，区域 A_3 为垂线 $x = x_1$ 左侧及累积概率曲线以上的部分。

首先，我们展示区域 A_2 和 A_3 的面积加和如何与均值有关。使用分部积分法，位于累积概率曲线以上的 A_2 和 A_3 的面积为：

$$\int_{x_3}^{x_2} [1 - F(x)] \, dx = (x_2 - x_3) - \int_{x_3}^{x_2} F(x) \, dx = (x_2 - x_3) - \left\{ x F(x) \Big|_{x_3}^{x_2} - \int_{x_3}^{x_2} x f(x) \, dx \right\}$$

$$= -x_3 + \int_{x_3}^{x_2} x f(x) \, dx = -x_3 + \langle x \mid \& \rangle$$

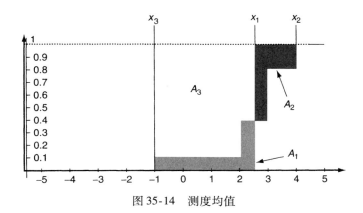

图 35-14 测度均值

如果 A_1 和 A_2 两者面积相等，则 A_2 和 A_3 的面积之和也一定等于 A_1 和 A_3 的面积之和。但 A_1 和 A_3 加总为一个宽度等于 $(x_1 - x_3)$ 且高度等于 1 的矩形，所以面积等于 $(x_1 - x_3)$。

令两个面积相等，得：

$$-x_3 + \langle x \mid \& \rangle = x_1 - x_3$$

这意味着 $\langle x \mid \& \rangle = x_1$。

因此，如果我们能够调整垂线 $x = x_1$ 使得 A_1 和 A_2 的面积相等，那么 x_1 实际上就是均值。

这种想法也同样适用于区间的条件均值，尽管数学计算有一点乏味。

已知测度在区间 $[a, b]$，$a < b$ 取值，则测度的条件均值由下式给出：

$$\langle x \mid x \in [a,b], \& \rangle = \frac{\int_a^b x f(x) \,\mathrm{d}x}{\int_a^b f(x) \,\mathrm{d}x} = \frac{\int_a^b x f(x) \,\mathrm{d}x}{F(b) - F(a)}$$

其中，$F(a)$ 和 $F(b)$ 分别为 $x = a$ 和 b 处的累积概率值。

注： 当 $a = -\infty$ 和 $b = \infty$ 时，公式简化为连续测度的均值。

$$\langle x \mid \& \rangle = \frac{\int_{-\infty}^{\infty} x f(x) \,\mathrm{d}x}{\int_{-\infty}^{\infty} f(x) \,\mathrm{d}x} = \int_{-\infty}^{\infty} x f(x) \,\mathrm{d}x$$

考虑在图 35-15 中定义的区域，其位于测度 x 的两个值 x_1 和 x_2 之间，两个测度值对应的累积概率分别为 p_1 和 p_2。

首先，让我们计算由①直线 $y = p_2$，②曲线 $y = F(x)$ 和③直线 $x = x_1$ 所定义的面积。这是由图 35-14 中区域 A_2 和 A_3 定义的区域。这一面积必须等于：

$$\int_{x_1}^{x_2} [p_2 - F(x)] \,\mathrm{d}x = p_2(x_2 - x_1) - \int_{x_1}^{x_2} F(x) \,\mathrm{d}x$$

采用分部积分法，展开上式的最后一部分为：

$$\int_{x_1}^{x_2} F(x) \,\mathrm{d}x = x_2 F(x_2) - x_1 F(x_1) - \int_{x_1}^{x_2} x f(x) \,\mathrm{d}x$$

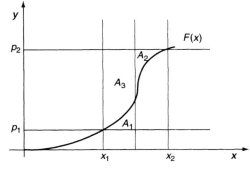

图 35-15 区间的条件均值

$$= x_2 p_2 - x_1 p_1 - (p_2 - p_1)\langle x \mid x \in [x_1, x_2], \& \rangle$$
$$= x_2 p_2 - x_1 p_2 + x_1 p_2 - x_1 p_1 - (p_2 - p_1)\langle x \mid x \in [x_1, x_2], \& \rangle$$
$$= (x_2 - x_1)p_2 + (x_1 - \langle x \mid x \in [x_1, x_2], \& \rangle)(p_2 - p_1)$$

代入，得：
$$\int_{x_1}^{x_2} [p_2 - F(x)] dx = (\langle x \mid x \in [x_1, x_2], \& \rangle - x_1)(p_2 - p_1)$$

请注意，该面积等于条件均值 $\langle x \mid x \in [x_1, x_2], \& \rangle$ 和 p_2，p_1 之间的矩形区域。这就相当于图 35-14 中 A_1 和 A_3 的面积。

此外，还可以注意到，A_3 为 x_1 到 x_2 的曲线 $F(x)$ 之上和最后积分所得矩形的公共面积。相应地，在区间的条件均值中，我们必然有面积 $A_1 = A_2$。在区间 $[x_1, x_2]$ 的条件均值中，条件均值左侧的位于累积曲线 $F(x)$ 之下、边界 $F(x_1)$ 之上的面积一定等于条件均值右侧位于累积曲线 $F(x)$ 之上、边界 $F(x_2)$ 之下的面积。

以图示法确定这一条件概率，我们简单选择（通过检验）使得图 35-14 中图形之下的面积 A_1 等于曲线之上的面积 A_2 的测度值。

习题

1. 对于如图所示的累积分布而言，使用等面积法将其离散化。对于四种情况的任意一种，计算离散分布的期望值。
   a. 三个状态，概率 0.25、0.5 和 0.25。
   b. 三个状态，概率 0.3、0.4 和 0.3。
   c. 四个状态，概率 0.25、0.25、0.25 和 0.25。
   d. 四个状态，概率 0.2、0.3、0.3 和 0.3。

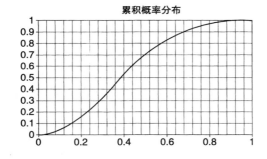

2. 使用矩匹配法确定如下分布的两状态近似值。
   I. Beta(10, 10)，定义域从 $a = 0$ 到 $b = 100$。
   II. Beta(2, 10)，定义域从 $a = 0$ 到 $b = 100$。
   III. Beta(5, 10)，定义域从 $a = 0$ 到 $b = 100$。

   提示：对于区间 $[a, b]$ 的 Beta(r, k) 分布，均值为：
   $$(b - a)\frac{r}{r + k} + a$$
   方差为：
   $$\frac{(b - a)^2}{(r + k)^2} \frac{rk}{r + k + 1}$$
   偏度为：
   $$(b - a)^3 \frac{2(k - r)\sqrt{r + k + 1}}{(r + k + 2)\sqrt{rk}}$$

第 36 章

通过仿真解决决策问题

本章核心概念

阅读本章之后，读者将能够解释下列概念：
- 通过仿真解决决策问题
- 仿真带有离散属性的决策
- 仿真带有连续属性的决策

36.1 引言

在之前的章节中，我们阐述了如何使用离散化进行简化决策问题的计算。在本章中，我们给出了另一种计算决策问题的方法，即**仿真**。当属性连续时，这种方法尤其有效，但其也适用于离散属性。本章中我们的目的不是提供仿真理论的完全介绍，而是阐述如何使用这一方法进行决策问题的计算。

36.2 使用仿真方法解决问题

仿真是指一次又一次地反复执行一个过程，并根据获得的结果得出结论。举例来说，并非如同我们在第 6 章中所讨论的那样对双骰子游戏进行获胜概率的概率分析，我们可以不断重复这一游戏，也许成百次（甚至几千次），并观察我们获胜的次数比例。

如果只投掷几次，这一比例可能不会代表我们的获胜概率，但是我们玩的次数越多，其结果越接近真实。实际上，这一获胜数字的比例将以与我们进行试验次数平方根成比例的速率接近成功概率。这就意味着，如果我们进行 10 000 次试验，所得结果的偏差仅为进行 100 次试验结果的 $\frac{1}{10}$ 那么大。100 次的试验给出大约 $\frac{1}{10}$ 的偏差。

尽管进行 10 000 次试验对人类而言是一个艰巨的任务，但对于任何现代计算机来说，都将是快速而简单的工作。计算也是提供其他诸如一个项目的**盈利性**等结果的理想方法。任何不确定属性和相应的概率都被生成，重复性试验被进行，且利润被及时记录。平均利润将以与其他任何事件发生概率相同的速率收敛于利润均值。10 000 次试验会将利润偏差减少为 100 次试验偏差的 $\frac{1}{10}$。简而言之，这就是仿真。

通过仿真解决决策问题通常涉及如下步骤：

（1）为各属性生成可能的结果，其概率与我们在决策树中所赋值相同。

（2）使用生成的结果解决问题以确定最优决策。这一阶段涉及结果的效用值，以及选择具有最高效用值的决策。

（3）对一系列不同的生成结果进行重复分析。

（4）基于重复分析计算一些测度。通常而言，计算生成效用值的均值。随着重复试验次数的增加，该均值越来越接近于效用值的期望值。

决策仿真并不需要计算机完成。比如，一个涉及投掷硬币收益的决策中，若正面朝上则你获得 100 美元，若反面朝上则你获得 0。如果你相信投掷硬币产生的结果与决策中的结果有相同的概率，则这一决策可以通过多次投掷硬币进行仿真。然后，通过计算每次投掷所得的效用值及生成效用值的均值，你可以确定该决策效用值的期望值。

已知其他的任何方案，我们同样能够仿真其收益的效用值并基于所得最高的效用值均值进行比较。通过多次重复这一过程，我们可以识别出最优决策方案，及在开始就以一个决策方案继续进行是否为一个好主意。

然而，通过现代计算机，我们可以轻松地得到生成的结果，这些结果与我们在决策树中对其赋值的概率相同。因此，我们能够仿真任何所面临的决策问题。

重复分析中结果的生成通常开始于在 0 和 1 之间均匀生成一个数字，因此生成数字的直方图是均匀的，且生成的连续数字（出于所有的实用目的）都是互不相关的。许多软件包里都有这种均匀随机数字生成器。所生成的均匀随机数字，或简称为**随机数**，被用于生成基于对应概率的关注结果。我们随后将更深入地讲解这些观点。

36.3 仿真带有一种离散属性的决策

我们从考虑如下决策问题着手。一位决策者具有的指数型效用曲线为：

$$U(x) = \frac{1 - e^{-\gamma x}}{1 - e^{-\gamma 100}}$$

其中 γ 为风险规避系数，且决策者面临如图 36-1 所示两笔交易的选择。

交易 A：如果投掷硬币的结果是正面朝上，则收益为 100 美元，而如果结果为反面朝上，则收益为 0。决策者认为 $\{正面朝上 | \&\} = \{反面朝上 | \&\} = 0.5$。

交易 B：如果投掷骰子的结果是"六点"，则收益为 100 美元，否则收益为 40 美元，决策者认为 $\{"六点" | \&\} = \frac{1}{6}$。

决策者应该选择哪笔交易呢？

当然，我们可以使用目前为止开发的工具，通过计算各交易的效用值来解决这一问题。

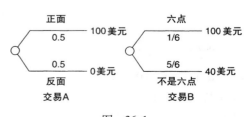

图 36-1

交易 A：效用值的期望值 $= 0.5 \times u(100) + 0.5 \times u(0) = 0.5 \times 1 + 0.5 \times 0 = 0.5$

交易 B：效用值的期望值 $= \frac{1}{6} u(100) + \frac{5}{6} u(40) = \frac{1}{6}(1) + \frac{5}{6}(0.52) = 0.601$

因此，交易 B 优于交易 A。此外，通过找到效用值为 0.5 的 x 值，我们得到了交易 A 的确定等价物，即 37.99 美元，而交易 B 的确定等价物为效用值为 0.601 的 x 值，即 47.81 美元。

注：两笔交易的期望值都为 50 美元，但基于决策者的风险规避，交易 B 更受偏好。

现在，我们通过仿真来解决这一问题。为了仿真交易 A，我们生成大量投掷硬币的结果（正面和反面），因此，这些结果与重复试验总次数的比例和我们在交易 A 中赋值给 {正面朝上|&} 及 {反面朝上|&} 的概率相同。比如，我们可以生成相同数量的正面和反面以解决问题，如果我们认为 {正面朝上|&} = {反面朝上|&} = 0.5。如果我们使用分析中的均匀随机数字生成器，我们能够模拟这一情境如下：

（1）使用均匀随机数字生成器来产生一个位于 0 和 1 之间的数字，称为 Rand。
（2）如果 Rand < 0.5，指定结果 = 正面，否则结果 = 反面。
（3）如果结果 = 正面，则收益为 100 美元，否则收益为 0。
（4）如果收益 = 100 美元，则效用值 = 1，否则效用值 = 0。
（5）返回第一步并继续。
（6）将所有的效用值加和并除以试验次数，记录生成的效用值均值。

随着试验次数的增加，效用值的均值也逐渐接近于交易效用值的期望值，这被称为**大数定律**。

表 36-1 给出了一个解决这一问题序列生成的例子。列（a）为试验次数；列（b）生成位于 0 到 1 之间的均匀随机数字；列（c）为投掷结果，通过比较数值与 0.5 的大小确定结果是正面还是反面；列（d）是每个结果相应的收益；列（e）为收益的效用值。

表 36-1 通过仿真解决问题

(a) 序号	(b) Rand	(c) 结果	(d) 收益	(e) 效用值
1	0.813 6	反面	0	0
2	0.153 2	正面	100	1
3	0.611 4	反面	0	0
4	0.006 8	正面	100	1
5	0.902 2	反面	0	0
⋮	⋮	⋮	⋮	⋮
45	0.143 6	正面	100	1
46	0.920 7	反面	0	0
47	0.013 8	正面	100	1
48	0.197 2	正面	100	1
49	0.411 1	正面	100	1
50	0.804 9	反面	0	0
		总和	2 500	25
		均值	50.00 美元	0.5
		CE		37.99 美元

在重复这一分析 50 次之后，我们计算出收益之和以及效用值之和（分别为 2 500 和 25）。接着我们将之除以试验次数 50，得到平均收益为 50 美元而效用值的均值为 0.5。然后使用已经生成的效用值的均值计算该交易的确定等价物，即：

$$效用值的均值 = \bar{u} = \frac{1}{50}\sum_{i=1}^{50} u_i = 0.5$$

$$确定等价物 = u^{-1}(\bar{u}) = u^{-1}(0.5) = 37.99$$

现在我们来仿真第二笔交易。再次地，我们需要生成代表我们赋值概率的可能性。

(1) 使用均匀随机数字生成器生成一个随机数 Rand。

(2) 如果 Rand $< \frac{1}{6}$，结果 = "六点"，否则结果 = "不是六点"。

(3) 如果结果 = "六点"，则收益为 100 美元，否则收益为 40 美元。

(4) 如果结果 = "六点"，则效用值 = 1，否则效用值 = 0.52。

(5) 返回第一步并继续。

(6) 将所有的效用值加和并除以试验次数，记录已生成的效用值的均值。

生成的序列和计算结果如表 36-2 所示。50 次试验后，效用值的加和除以试验次数的比率等于 0.598（将之与实际计算的效用值的期望值 0.601 相比较）。

表 36-2 仿真骰子交易

(a) 序号	(b) Rand	(c) 结果	(d) 收益	(e) 效用值
1	0.268 0	不是六点	40	0.521 546
2	0.749 7	不是六点	40	0.521 546
3	0.088 4	六点	100	1
4	0.374 3	不是六点	40	0.521 546
5	0.467 3	不是六点	40	0.521 546
⋮	⋮	⋮	⋮	⋮
45	0.467 6	不是六点	40	0.521 546
46	0.902 8	不是六点	40	0.521 546
47	0.617 9	不是六点	40	0.521 546
48	0.064 4	六点	100	1
49	0.353 3	不是六点	40	0.521 546
50	0.771 1	不是六点	40	0.521 546
		总和	2 480	29.904 93
		均值	49.60 美元	0.598 099
		CE		47.49 美元

比较各表格最后一行的最右侧单元格可知交易 B 要优于交易 A。这一结果与我们之前的计算相符合。

之前的例子阐述了如何利用仿真确定最优决策方案。其基本思想是仿真每次的效用值进而计算出生成的效用值均值。注意在 50 次试验之后，效用值的均值如何接近效用值的期望值。

36.4 带有多种离散属性的决策

同样的分析方法可应用到更加复杂的决策中，特别是涉及多属性的问题。为了阐明这一点，让我们回顾双骰子游戏，并通过仿真找出赢得游戏的概率。

第一步，仿真第一次投掷两枚骰子的结果。为实现这一目标，我们分开仿真每一枚骰子的结果。从 Rand() 开始，可以证明公式：

$$\text{Integer}(6 * \text{Rand}()) + 1$$

将等概率给出 1 到 6 之间的一个整数结果。"Integer" 运算的作用仅仅是将生成的均匀随机数字的小数部分移除了。

我们现在可以进行同样的分析以仿真第二枚骰子的结果。两枚骰子之和可以从 Rand() 中通过如下公式得出：

$$\text{Integer}(6 * \text{Rand}()) + \text{Integer}(6 * \text{Rand}()) + 2$$

下面是使用这种方法进行模拟的例子：

12，8，11，7，8，9，5，3，6，9，6，5，6，9，7，8，5，4，9，4，8，7，4，7，11，7，10，4，11，10，7，4，5，11，6，12，6，7，6，5，5，8，9，11，7，7，9，6，11，6，4，8，7，8，10，4，7，2，8，5，5，7，6，9，5，9，9，4，2，5，3，9，5，7，9，8，7，7，6，5，11，5，8，7，7，3，9，8，7，9，8，5，7，8，8，8，12，9。

注：数字 7 相较于其他数字出现得更频繁。

表 36-3 展示了在 5 000 次试验中出现的数字的总结，图 36-2 给出了生成数字的直方图。

已知仿真投掷两枚骰子的次数，我们可以决定游戏是否结束。

如果第一次投掷两枚骰子的点数之和为 2、3 或者 12，则游戏在第一轮以失败告终。如果点数之和为 7 或者 11，则游戏在第一轮以胜利结束。

表 36-3　5 000 次仿真生成某一数字次数的比例

生成数字	出现次数	次数比例
2	135	0.027
3	301	0.060
4	385	0.077
5	576	0.115
6	668	0.134
7	833	0.167
8	713	0.143
9	585	0.117
10	402	0.080
11	261	0.052
12	141	0.028
总和	5 000	

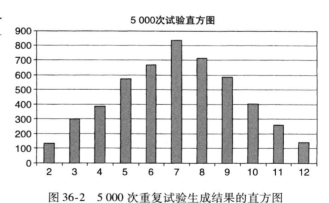

图 36-2　5 000 次重复试验生成结果的直方图

在表 36-3 中，游戏在第一轮以失败告终的次数有 135 + 301 + 141 = 577（次），或者占 5 000 次试验的比例为 0.115 4；而游戏在第一轮以胜利结束的次数是 833 + 261 = 1 094（次），占 5 000 次试验的比例为 0.218 8。如果游戏在第一轮之后没有结束，你就需要建立一个点。在表 36-3 中，这个点被建立了 5 000 − 577 − 1 094 = 3 329（次）。接下来在第一次出现 7 点时，该游戏以失败结束；如果重复了该点数，该游戏以胜利结束。你可以通过仿真若干轮并观察所产生的结果确定这一情况。

表 36-4 是一个双骰子游戏完整过程的仿真例子。第一轮得到了 10 点，所以建立一个点。游戏在投掷出一个 7 点后以失败告终。

表 36-4 仿真生成双骰子游戏的例子

点数和	游戏结束	游戏结果	点数和	游戏结束	游戏结果
10	否	继续	2	否	继续
9	否	继续	6	否	继续
9	否	继续	3	否	继续
6	否	继续	6	否	继续
8	否	继续	11	否	继续
8	否	继续	7	是	输

这仅仅是一种场景。当然，并非每次都出现这种情况。比如，我们可以再次重复这一仿真过程，其结果如表 36-5 所示。

表 36-5 另一个仿真生成双骰子游戏的例子

点数和	游戏结束	游戏结果	点数和	游戏结束	游戏结果
10	否	继续	9	否	继续
6	否	继续	7	是	输

表 36-6 给出了另外一个例子，其中游戏的第一轮生成 7 点而以胜利结束。

表 36-6 双骰子游戏仿真——第一轮得 7 点并获胜

点数和	游戏结束	游戏结果
7	是	赢

表 36-7 给出了另外一个例子，其中 4 点被建立，并在 7 点出现之前重复。

表 36-7 双骰子游戏仿真——在出现 7 点之前得到重复点数并获胜

点数和	游戏结束	游戏结果
4	否	继续
9	否	继续
4	是	赢

通过多次重复这一仿真过程，我们可以计算出输赢次数的比例。基于仿真，在 2 000 次仿真之后所得获胜的比例为 0.493 464 052。注意这一数字与我们在第 6 章中所计算的概率的接近程度。

> **思考**
>
> 重复进行 3 000 次试验，再次分析和计算获胜次数的比例。你也可以计算其他方面的数据。比如，通过计算在仿真过程中游戏持续的平均时间来计算玩这一游戏所需的时间均值。

36.5 对连续分布测度的仿真

在很多情况下，属性可能会涉及连续的测度，比如第 20 章中我们所讨论的连续探测器。

我们也可以通过仿真，用一个均匀数字生成器得到连续测度的结果，此处将演示这一过程。当分布连续且严格递增时，使用这种方法运行仿真过程效果显著。

（1）从均匀随机数字生成器得到一个位于 0 到 1 之间的数字，Rand。

（2）将这一数字投影至测度的累积分布曲线上，并在对应于该生成数字的累积分布上得到测度值。

举例来说，假如生成的值 Rand = 0.75，如图 36-3 所示。将该值投影至累积分布得到一个值 $x = 105$。

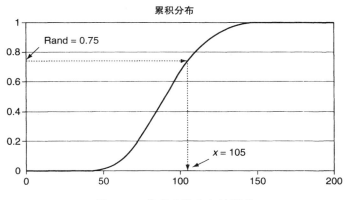

图 36-3　仿真连续分布的测度

为了得到效用值，我们仅对生成的测度计算效用值。

当我们大量重复进行这一过程后，效用值的期望值就等于生成效用值的均值。

现在，我们将阐述如何通过仿真确定带有连续测度决策问题的最优方案。

▶**例 36-1　通过仿真解决项目管理决策**

一家汽车制造公司的项目经理正面临两种设计方案，如图 36-4 所示。

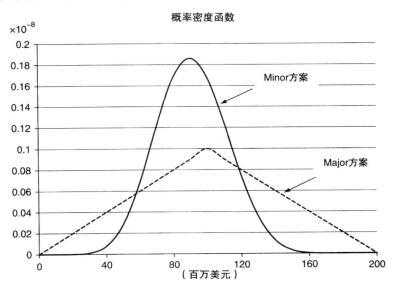

图 36-4　两种方案的累积概率分布

(1)"Major方案",设计一种重大升级的创新型汽车。

(2)"Minor方案",对原先车型进行微调升级。

在本例中,"Major方案"的概率密度函数为三角形,且在定义域[0,2亿美元]内对称。

"Minor方案"在区间[0,2亿美元]内的概率分布为规模Beta(10,12)。

图36-4和图36-5分别给出了各设计方案的概率密度函数和累积分布。

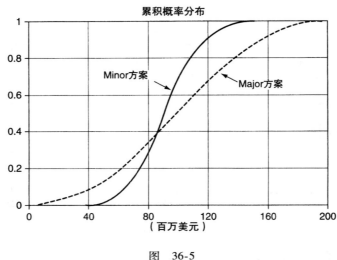

图 36-5

该公司有指数型效用曲线:

$$u(x) = \frac{1 - e^{-\gamma x}}{1 - e^{-\gamma 200}}, 0 \leq x \leq 200$$

风险规避系数 $\gamma = 0.03$(百万美元)$^{-1}$。通过仿真确定最优决策方案。

解:各方案的仿真步骤

(1)生成Rand。

(2)通过将Rand值投影至累积分布,计算结果值。

(3)计算生成结果的效用值。

(4)计算平均效用值。

仿真"Major方案" 三角形的概率密度函数可由图36-6进行演示。

通过计算概率密度曲线以下的面积,该三角形密度函数的累积概率分布为:

$$累积概率分布 = \begin{cases} \dfrac{(x-a)^2}{(b-a)(c-a)} & a \leq x \leq c \\ 1 - \dfrac{(b-x)^2}{(b-a)(b-c)} & c \leq x \leq b \end{cases}$$

注意,当$x = a$时累积概率为0,当$x = b$时累积概率为1。

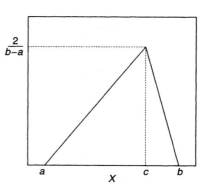

图36-6 三角形概率密度例子

本例中，$a=0$，$b=2$ 亿美元，且 $c=1$ 亿美元。

为了从该属性中仿真出一个结果，我们生成 Rand 并将其投影以得到 x 值。

使用该随机数来得到 x 的值。由于可行域是非负的，所以 x 的正数值被接受。因此，

$$x = \begin{cases} a + \sqrt{\text{Rand}(b-a)(c-a)}, & \text{Rand} \leq \dfrac{(c-a)}{(b-a)} \\ b - \sqrt{[1-\text{Rand}](b-a)(b-c)}, & \text{Rand} > \dfrac{(c-a)}{(b-a)} \end{cases}$$

表 36-8 给出了仿真结果。列（a）为每个仿真试验的序号，列（b）为生成的 Rand，列（c）为依据公式从 Rand 中生成的 x 值，列（d）为根据（c）列生成的 x 值计算所得的效用值。

2 000 次仿真产生的效用值之和 = 860。

效用值的平均值 = 0.43。

确定等价物 = 1 887 万美元。

仿真"Minor 方案" 同样地，我们从生成 Rand 开始，并投影至累积分布（本案例中，为比例 Beta 分布）。许多程序中都有一个内置的逆 Beta 分布。表 36-9 显示了仿真结果。

2 000 次仿真产生的效用值之和 = 935.3。

效用值的平均值 = 935.3/2 000 = 0.46。

确定等价物 = 2 054 万美元。

结论：Minor 方案更受偏好。

表 36-8 "Major 方案"的仿真结果

(a) 序号	(b) Rand	(c) 结果（百万美元）	(e) 效用值
1	0.266 3	72.98	0.887 8
2	0.109 7	46.84	0.754 1
3	0.525 9	78.87	0.905 9
4	0.858 2	78.87	0.905 9
5	0.884 4	78.87	0.905 9
⋮	⋮	⋮	⋮
1 996	0.374 3	86.52	0.925 2
1 997	0.266 1	72.95	0.887 6
1 998	0.372 2	86.28	0.924 7
1 999	0.087 2	41.76	0.713 6
2 000	0.415 9	91.20	0.935 0

表 36-9 "Minor 方案"的仿真结果

(a) 序号	(b) Rand	(c) 结果（百万美元）	(e) 效用值
1	0.248 8	76.28	0.898 3
2	0.013 6	47.12	0.756 1
3	0.858 6	113.71	0.966 9
4	0.227 4	74.85	0.893 8
5	0.973 3	131.39	0.980 5
⋮	⋮	⋮	⋮
1 996	0.078 4	61.49	0.841 5
1 997	0.010 4	45.37	0.743 0
1 998	0.905 1	118.72	0.971 5
1 999	0.512 5	91.30	0.935 2
2 000	0.599 0	96.02	0.943 8

36.6 不相关属性的仿真

当出现一种以上的属性时，仿真程序将需要为每一属性生成一个结果。现在我们需要考虑属性之间的相关性（决策图中连接不同属性的箭头），以产生表示其在决策树中的可能性。当不存在箭头时（各属性互不相关），这一程序仅仅是分别使用累积分布以分别生成各属性结果的问题。

通过仿真选择一家餐厅

为举例说明，我们回顾第 28 章中的花生酱与果酱混合三明治的例子。假设我们不确定将会在两家不同的餐厅得到怎样的三明治。一家餐厅可能以较多的面包和较少的其他原料而知名。两家餐厅对三明治的标价相同。

我们可以使用花生酱、果酱和面包厚度的概率分布来表示我们对每家餐厅三明治的信念。我们能够通过仿真解决这个问题，决定去哪家餐厅较好。

在本节中，我们假设三明治的各种特性的分布是相互独立的。为解决这一问题，我们首先生成能代表花生酱、果酱和面包的数值，然后计算每家餐厅三明治的效用值。

餐厅 1 假设分布服从比例 Beta 分布 Beta(r, k, 下限，上限)，该分布相关数值如下。

花生酱，p: 下限 = 0.03，上限 = 0.07，$r = 2$，$k = 2$。

面包，b: 下限 = 0.9，上限 = 1.1，$r = 2$，$k = 3$。

果酱，j: 下限 = 0.08，上限 = 0.15，$r = 4$，$k = 5$。

表 36-10 给出了仿真结果。列（a）为试验次数，列（b）（c）（d）为生成的三个 Rand 数字，列（e）（f）（g）给出了利用 Rand 数字生成的花生酱、面包和果酱厚度的值，列（h）为花生酱与果酱的比值，列（i）为根据生成数值计算所得的三明治价值，列（j）计算了三明治的效用值。

表 36-10 餐厅 1 的仿真结果

(a) 序号	(b) Rand 1	(c) Rand 2	(d) Rand 3	(e) p	(f) b	(g) j	(h) f	(i) V(p, b, j, f)	(j) 效用值
1	0.595 8	0.194 1	0.225 3	0.053	0.9	0.1	0.5	9.93	0.999 95
2	0.504 0	0.408 5	0.070 5	0.050	1.0	0.1	0.5	9.93	0.999 95
3	0.914 3	0.939 7	0.843 8	0.063	1.0	0.1	0.5	8.84	0.999 85
4	0.259 1	0.585 8	0.149 5	0.043	1.0	0.1	0.4	9.66	0.999 94
5	0.032 5	0.044 9	0.752 7	0.034	0.9	0.1	0.3	7.09	0.999 17
⋮	⋮	⋮	⋮	⋮	⋮	⋮	⋮	⋮	⋮
4 995	0.089 0	0.088 2	0.330 2	0.037	0.9	0.1	0.4	8.48	0.999 8
4 996	0.726 1	0.495 3	0.598 9	0.056	1.0	0.1	0.5	9.65	0.999 9
4 997	0.165 9	0.140 3	0.290 3	0.040	0.9	0.1	0.4	9.07	0.999 9
4 998	0.366 5	0.737 1	0.939 0	0.046	1.0	0.1	0.4	8.42	0.999 8
4 999	0.545 4	0.359 5	0.149 6	0.051	1.0	0.1	0.5	9.97	1.000 0
5 000	0.732 9	0.044 4	0.829 5	0.056	0.9	0.1	0.5	9.24	0.999 9
总和								45 186.79	4 999.096
均值								9.04 美元	1.000
CE									8.62 美元

效用值的均值为 0.999 8，确定等价物为 8.62 美元。

餐厅 2 餐厅 2 提供更多的面包、更少的花生酱和更少的果酱。假设分布服从比例 Beta 分布 Beta(r, k, 下限，上限)，该分布相关数值如下。

花生酱，p: 下限 = 0.02，上限 = 0.05，$r = 2$，$k = 2$。

面包，b: 下限 = 1.2，上限 = 1.5，$r = 2$，$k = 3$。

果酱，j：下限 $= 0.06$，上限 $= 0.1$，$r = 4$，$k = 5$。

表 36-11 给出了仿真结果。

表 36-11　餐厅 2 的仿真结果

(a)序号	(b)Rand 1	(c)Rand 2	(d)Rand 3	(e)p	(f)b	(g)j	(h)f	(i)$V(p, b, j, f)$	(j)效用值
1	0.193 3	0.202 5	0.924 9	0.028	1.3	0.1	0.3	6.55	0.999
2	0.710 2	0.951 3	0.483 4	0.039	1.4	0.1	0.5	7.41	0.999
3	0.810 0	0.612 1	0.159 5	0.042	1.3	0.1	0.6	7.68	1.000
4	0.600 3	0.158 0	0.490 6	0.037	1.3	0.1	0.5	8.26	1.000
5	0.156 0	0.393 1	0.306 2	0.027	1.3	0.1	0.4	6.33	0.998
⋮	⋮	⋮	⋮	⋮	⋮	⋮	⋮	⋮	⋮
4 995	0.276 5	0.184 9	0.446 1	0.030	1.3	0.1	0.4	7.14	0.999
4 996	0.006 9	0.536 6	0.824 5	0.021	1.3	0.1	0.3	4.48	0.989
4 997	0.218 4	0.514 0	0.505 2	0.029	1.3	0.1	0.4	6.60	0.999
4 998	0.596 4	0.876 8	0.236 7	0.037	1.4	0.1	0.5	7.28	0.999
4 999	0.241 1	0.589 2	0.338 0	0.030	1.3	0.1	0.4	6.64	0.999
5 000	0.035 0	0.019 3	0.379 9	0.023	1.2	0.1	0.3	5.48	0.996
总和								36 174.22	4 993.394
均值								7.23 美元	0.999
CE									6.63 美元

效用值的均值为 0.998，这家餐厅中三明治的确定等价物为 6.63 美元。因此，去餐厅 1 比较好。

这个例子也说明，当问题有多种特性时，仿真的方法同样适用。

> **思考**
>
> 使用 10 000 次试验重复花生酱与果酱混合三明治的分析。

36.7　仿真信息的价值

本节展示了如何使用仿真的方法来计算信息的价值。

36.7.1　聚会问题：△人

我们回顾第 9 章中的聚会问题，方便起见，我们将决策树重新绘制于图 36-7 中。

在无消息的情况下，为了确定聚会价值和场地，我们仿真了天气晴雨的属性，并计算每种方案的效用值。使用 Rand，我们可以说：

如果随机数 Rand < 0.4，

那么天气 = 晴天，否则，天气 = 雨天。

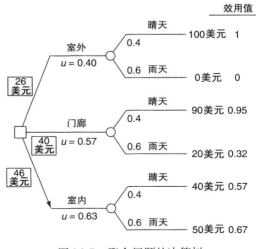

图 36-7　聚会问题的决策树

表 36-12 显示了信息缺失情况下的仿真结果。从表中可以清楚地知道最高的效用值出现在室内这一方案,最高的效用值为 0.63,确定等价物为 46 美元。

表 36-12 无信息时聚会价值的仿真结果

试验	Rand	天气	室外效用值	门廊效用值	室内效用值
1	0.346 745	晴天	1	0.95	0.57
2	0.998 081	雨天	0	0.32	0.67
3	0.664 6	雨天	0	0.32	0.67
4	0.028 792	晴天	1	0.95	0.57
5	0.584 572	雨天	0	0.32	0.67
6	0.762 655	雨天	0	0.32	0.67
7	0.137 02	晴天	1	0.95	0.57
8	0.274 785	晴天	1	0.95	0.57
9	0.647 57	雨天	0	0.32	0.67
10	0.463 797	雨天	0	0.32	0.67
⋮	⋮	⋮	⋮	⋮	⋮
990	0.590 122	雨天	0	0.32	0.67
991	0.683 79	雨天	0	0.32	0.67
992	0.723 116	雨天	0	0.32	0.67
993	0.970 438	雨天	0	0.32	0.67
994	0.849 832	雨天	0	0.32	0.67
995	0.378 497	晴天	1	0.95	0.57
996	0.827 888	雨天	0	0.32	0.67
997	0.524 129	雨天	0	0.32	0.67
998	0.325 957	晴天	1	0.95	0.57
999	0.066 519	晴天	1	0.95	0.57
1 000	0.548 125	雨天	0	0.32	0.67
		效用值均值	0.40	0.58	0.63

为了确定天气洞察力价值,我们再次使用随机数 Rand 来决定先知的报告。如果 Rand 生成晴天,那么将室外方案的效用值赋值为 1;如果 Rand 生成雨天,那么将室内方案的效用值赋值为 0.67。效用值的均值为有免费洞察力聚会的效用值。

表 36-13 给出了免费洞察力效用值为 0.8,对应于确定等价物 66.20 美元。因为我们知道 Kim 是一个 Δ 人,洞察力价值即为免费洞察力交易的价值减去没有洞察力的交易的价值,即 66.20 - 46 = 20.20(美元)。

表 36-13 有信息时聚会价值的仿真结果

试验	Rand	天气	最优决策效用值
1	0.975 916	雨天	0.67
2	0.586 798	雨天	0.67
3	0.849 26	雨天	0.67
4	0.565 929	雨天	0.67
5	0.085 167	晴天	1.00
6	0.730 241	雨天	0.67
7	0.292 204	晴天	1.00
8	0.194 73	晴天	1.00
9	0.823 823	雨天	0.67

（续）

试验	Rand	天气	最优决策效用值
10	0.583 113	雨天	0.67
⋮	⋮	⋮	⋮
995	0.549 097	雨天	0.67
996	0.843 327	雨天	0.67
997	0.923 586	雨天	0.67
998	0.781 193	雨天	0.67
999	0.127 713	晴天	1.00
1 000	0.772 459	雨天	0.67
		效用值均值	0.80

36.7.2 聚会问题：非 Δ 人

当一个人不遵守 Δ 性质时，我们也可以使用仿真方法计算洞察力价值。考虑一个例子，一位对数型决策者，初始财富为 72 美元，效用函数为：

$$u(x) = [\log(x+72) - \log(72)] / [\log(100+72) - \log(72)]$$

这一效用曲线聚会前景的效用值如表 36-14 所示。

表 36-14 效用曲线的聚会前景

美元	效用值	美元	效用值
100	1.00	20	0.28
0	0.00	40	0.51
90	0.93	50	0.61

表 36-15 给出了仿真结果。

表 36-15 非 Δ 人和无信息的聚会问题的仿真结果

试验	Rand	天气	室外效用值	门廊效用值	室内效用值
1	0.420 804	雨天	0	0.28	0.61
2	0.792 401	雨天	0	0.28	0.61
3	0.144 632	晴天	1	0.93	0.51
4	0.026 849	晴天	1	0.93	0.51
5	0.234 979	晴天	1	0.93	0.51
6	0.747 008	雨天	0	0.28	0.61
7	0.456 153	雨天	0	0.28	0.61
8	0.055 378	晴天	1	0.93	0.51
9	0.904 989	雨天	0	0.28	0.61
10	0.848 608	雨天	0	0.28	0.61
⋮	⋮	⋮	⋮	⋮	⋮
995	0.243 949	晴天	1	0.93	0.51
996	0.569 529	雨天	0	0.28	0.61
997	0.721 794	雨天	0	0.28	0.61
998	0.463 854	雨天	0	0.28	0.61
999	0.445 019	雨天	0	0.28	0.61
1 000	0.732 466	雨天	0	0.28	0.61
		效用值均值	0.38	0.53	0.57

最优决策仍然是室内聚会。现在，考虑洞察力。表 36-16 给出了 $b=10$ 美元时的分析。前景为 100 美元或 50 美元减去支付给先知的价值。因此，效用值 $= u(x-b)$。注意到 $u(100-10) = u(90) = 0.9312$ 及 $u(50-10) = u(40) = 0.5074$。

表 36-16 购买 10 美元信息时聚会问题的仿真结果

试验	Rand	天气	室外效用值	门廊效用值	室内效用值	有洞察力的前景	最优决策的效用值
1	0.625 341	雨天	0	0.28	0.61	50	0.507 4
2	0.711 182	雨天	0	0.28	0.61	50	0.507 4
3	0.298 646	晴天	1	0.93	0.51	100	0.931 2
4	0.439 89	雨天	0	0.28	0.61	50	0.507 4
5	0.528 157	雨天	0	0.28	0.61	50	0.507 4
⋮	⋮	⋮	⋮	⋮	⋮	⋮	⋮
995	0.568 68	雨天	0	0.28	0.61	50	0.507 4
996	0.413 261	雨天	0	0.28	0.61	50	0.507 4
997	0.029 054	晴天	1	0.93	0.51	100	0.931 2
998	0.791 803	雨天	0	0.28	0.61	50	0.507 4
999	0.030 346	晴天	1	0.93	0.51	100	0.931 2
1 000	0.686 303	雨天	0	0.28	0.61	50	0.507 4
效用值均值			0.39	0.53	0.57		0.672 2

因为效用值 0.672 2 高于无洞察力的效用值 0.57，所以洞察力价值（VOC）一定高于 $b=10$。通过迭代增加 b 值，直到得到无洞察力时相同的效用值。表 36-17 显示在 $b=20$ 美元时实现了这一目标。如果将仿真的结果存储，我们无须进一步仿真就能找到 b 值。

表 36-17 购买 20 美元信息时聚会问题的仿真结果

试验	Rand	天气	室外效用值	门廊效用值	室内效用值	有洞察力的前景	最优决策的效用值
1	0.420 804	雨天	0	0.28	0.61	50	0.400 0
2	0.792 401	雨天	0	0.28	0.61	50	0.400 0
3	0.144 632	晴天	1	0.93	0.51	100	0.858 1
4	0.026 849	晴天	1	0.93	0.51	100	0.858 1
5	0.234 979	晴天	1	0.93	0.51	100	0.858 1
⋮	⋮	⋮	⋮	⋮	⋮	⋮	⋮
995	0.845 35	雨天	0	0.28	0.61	50	0.400 0
996	0.593 971	雨天	0	0.28	0.61	50	0.400 0
997	0.151 086	晴天	1	0.93	0.51	100	0.858 1
998	0.640 708	雨天	0	0.28	0.61	50	0.400 0
999	0.868 903	雨天	0	0.28	0.61	50	0.400 0
1 000	0.383 085	晴天	1	0.93	0.51	100	0.858 1
效用值均值			0.39	0.53	0.57		0.578 2

36.8 多种相关属性的仿真

仿真在确定某些特定计算时是有用的，否则需要积分或离散数值分析。例如，回顾第 20 章中连续探测器的例子，该例给出了一个指示值 T，从 0 到 100 取值。天气为晴天时其指示值的条件概率分布为 $\{T \mid S, \&\} = \text{Beta}(4.4, 5.6, 0, 100)$，天气为雨天时指示值的条件概率分布为 $\{T \mid S, \&\} = \text{Beta}(7, 3, 0, 100)$。

在第 20 章中，我们观测的结果为：当 $0 \leqslant T \leqslant 36$ 时，最优决策为室外；当 $36 \leqslant T \leqslant 56$ 时，最优决策为门廊；当 $56 \leqslant T \leqslant 100$ 时，最优决策为室内。图 36-8 给出了已知指示值 T 时最优聚会场地的效用值。

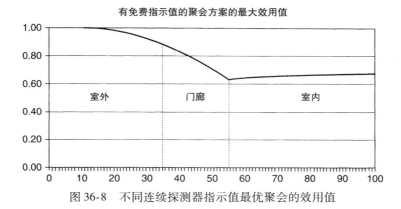

图 36-8　不同连续探测器指示值最优聚会的效用值

现在我们可以使用仿真来计算免费连续探测器时交易的效用值。为了完成计算，我们首先仿真探测器指示值。

生成 Rand_1

如果 Rand_1 < 0.4，天气 = 晴天，否则天气 = 雨天。

生成 Rand_2

如果 Rand_1 < 0.4，T = BetaInverse(Rand_2, 4.4, 5.6, 0, 100)，否则 T = BetaInverse(Rand_2, 7, 3, 0, 100)。其中 BetaInverse 为 Beta 累积分布函数的反函数。

依据 T 值，我们接着可以从图 36-8 中得到最优聚会的效用值。表 36-18 显示了仿真结果。生成的平均效用值为探测器的期望值。

表 36-18　免费连续探测器时最优聚会的效用值

试验	Rand_1	天气	Rand_2	探测器指示, T	地点	效用值
1	0.775 153	雨天	0.673 229	77.60	I	0.662 559
2	0.960 650	雨天	0.232 956	60.06	I	0.632 973
3	0.730 129	雨天	0.106 517	51.59	P	0.694 306
4	0.261 943	晴天	0.235 889	32.41	O	0.914 826
5	0.812 725	雨天	0.948 592	90.12	I	0.669 279
6	0.660 354	雨天	0.678 608	77.80	I	0.662 559
7	0.809 49	雨天	0.295 603	63.15	I	0.639 986
8	0.743 298	雨天	0.809 795	82.83	I	0.666 364
9	0.185 182	晴天	0.609 276	48.07	P	0.738 36
10	0.878 76	雨天	0.729 207	79.66	I	0.664 309
⋮	⋮	⋮	⋮	⋮	⋮	⋮
990	0.599 461	雨天	0.881 598	86.09	I	0.668 211
991	0.248 173	晴天	0.722 592	53.15	P	0.663 395
992	0.213 367	晴天	0.645 011	49.60	P	0.724 052
993	0.649 735	雨天	0.768 193	81.15	I	0.665 75
994	0.049 063	晴天	0.190 017	30.10	O	0.931 504
995	0.948 464	雨天	0.177 281	56.85	I	0.623 032
996	0.064 553	晴天	0.696 514	51.92	P	0.694 306

试验	Rand_1	天气	Rand_2	探测器指示，T	地点	效用值
997	0.594 887	雨天	0.305 93	63.62	I	0.639 986
998	0.131 704	晴天	0.978 367	74.51	I	0.659 287
999	0.131 894	晴天	0.577 821	46.75	P	0.765 633
1 000	0.717 819	雨天	0.944 99	89.85	I	0.669 072
			平均值 T	60.13	平均值 u	0.718

将平均效用值 0.718 与在第 20 章中使用离散化方法计算所得的免费探测器情况下效用值的期望值 0.714 进行比较。

36.9 总结

仿真能够帮助计算决策问题，尤其是带有连续分布的决策问题，而其中的积分可能较为难以评估。

从均匀分布开始，我们可以仿真得到很多有用的分布和决策情景下的结果。

习题

标注星号（*）的习题更具有挑战性。

*1. 重复我们在本章中给出的仿真表格并核实结果。

*2. 回顾第 6 章中"一锤定音"的例子。使用仿真的方法，确定竞猜者在换门和不换门的情况下赢得汽车次数的比率。验证最优策略是在电视节目主持人指明哪个门的后面有山羊之后去换门。

*3. 仿真分析两个具有一阶概率占优的连续属性。例如，两个指数型概率分布 $\{X \leq x\} = 1 - e^{-\alpha x}$ 和 $\{Y \leq y\} = 1 - e^{-\beta y}$，其中 $x, y \geq 0$，当 $\alpha \neq \beta$ 时表现出一阶占优。使用仿真，基于如下平均效用值计算各属性效用值的期望值：

  a. 初始财富值为 100 美元的对数效用曲线。
  b. 风险容忍度为 100 美元的指数效用曲线。
  c. 风险容忍度为 −100 美元的指数效用曲线。

验证在概率上一阶占优分布的效用值的期望值总是高于其他分布效用值的期望值。

*4. Chevalier de Mere 频繁地赌博来增加自己的财富。他设计了一笔交易，打赌他投掷 4 次骰子至少能得到一个"六点"，Chevalier de Mere 确实赚到了钱。使用仿真的方法，确定投掷 4 次骰子至少得到一个"六点"的概率。

*5. Chevalier de Mere 设计了另外一个游戏。在这个新游戏中，他打赌每次投掷 2 枚骰子，投掷 24 次至少能得到一个"十二点 (6—6)"，Chevalier de Mere 开始出现亏损。使用仿真的方法，确定在这个游戏中取胜的概率。

第 37 章

决策分析周期

本章核心概念

阅读本章之后,读者将能够解释下列概念:

- 决策分析周期的阶段
  - 规划
  - 评估(确定性和概率性)
  - 估值
  - 决策
- 价值模型
- 龙卷风图及其局限
- 开环和闭环的敏感性

37.1 引言

我们在现实中面临的决策可能涉及大量的属性、可能的框架和决策阶段。相较于更加简单的决策问题,这些更为复杂的决策问题通常需要更加复杂的计算和更加精细的启发式过程。为了以易于分析的方式处理这些决策问题,寻找影响决策的重要因素非常重要。这也就是**决策分析周期**的目的。

决策分析周期包括多个阶段,以聚焦于决策中真正重要的因素。在之前的章节中,我们已经讨论了决策分析周期中的许多要素。例如,正如我们在第 17 章中所深入讨论的那样,**框架**是一个提供焦点的重要因素。现在,我们将之前几个章节中涉及的主题联系起来,以得到决策分析本质的全局视图。我们还将展示一些能帮助分析的新工具,并提供一个需要解决的案例研究,该案例涉及迄今为止已经讨论过的多种工具。

37.2 决策分析周期

图 37-1 展示了决策分析周期的四个阶段。第一阶段是**规划**,确定决策的框架。第二阶段是**评估**,从确定性和概率性角度分析决策。评估的结果是洞察当前公式的决策含义,以及了解结果对问题投入的敏感性。**估值**阶段利用评估阶段所得的知识以选择是否有明确的行动,

或者推迟行动以完善分析。这种改进可能需要收集新的评估，或者寻求信息收集，因为考虑信息的成本和价值，其还是有利可图的。执行这一完善过程需要回归至规划阶段，如图 37-1 中箭头所示，当新的发现可用时，就可以迭代流程。当然，如果在进行决策之前没有时间进行迭代，则决策由当前的分析所决定。

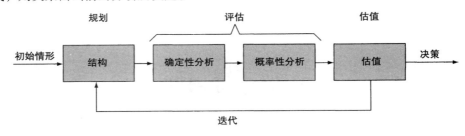

图 37-1　决策分析周期

接下来，我们将详细讨论决策分析周期中的每一阶段。

37.2.1　规划阶段

规划阶段回答了一个基本问题，"我们面临的决策是什么？"

正如我们在第 17 章中所讨论的那样，决策规划可能是整个分析过程中最重要的阶段。规划阶段开始于问题的不清晰表达，且以一个结构良好的决策问题结束。为了规划该问题，我们使用**决策等级**来识别合适的决策范围，并且识别出最重要的方案。这一步骤减少了计算的复杂程度，并帮助我们聚焦于当前需要进行的最重要的决策，而不是我们所采用的既定决策和后期即将进行的决策。

正如我们在第 17 章中所讨论的那样，在我们确定决策范围之前，缩放框架有助于确保我们既不会忽略任何重要的决策，也不会过于狭隘地关注无关紧要的决策。

在第 39 章中，我们将讨论另外一种工具，即策略表。策略表可以帮助我们识别重要的决策方案。在规划阶段考虑可能的序贯决策也是非常重要的，而不是仅仅考虑一次性决策规划（更多关于序贯决策和构建决策期权的内容，请回顾第 19 章）。

规划阶段明确了决策中的不确定性并为其构建了有用的属性。这一阶段同时也识别出我们所关注的价值问题。回顾我们在第 26 章中所讨论的属性的直接价值和间接价值。

最后，规划阶段提供了一个合适的框架和一幅能够捕捉我们所确定的重要决策、不确定性和价值的决策图。在这一阶段中，我们仅仅考虑决策图的属性层次，而不必考虑属性状态或任何相关数值。规划阶段的成功对于之后所有相关分析的成功都至关重要。为什么这个是有用的？因为事实上一切事物都是不确定的。如果你试图捕捉所有可能的不确定性，你将感到困惑并且筋疲力尽。有时候，人们试图通过画决策树来不断扩大已知的不确定性。但这样做往往得到的是决策丛而非决策树。最终，很可能因为决策分析过于复杂而导致失败。这显然是一个新手失误。正确的步骤应该是只确定那些与决策实质相关的不确定性。

37.2.2　评估阶段

建模是一种艺术。你经常能听到"所有的模型都错了，但是有一些还是有用的"。无论模型是简单还是复杂，模型都只是我们选择的用于表述问题的一种方式，最重要的是使用一个模型刻画出问题最关键的特征。

> **评估阶段**对决策方案及其对应值之间的关系进行建模。在某些情况下，该阶段可能对决策的动态行为进行建模，比如动态定价。将评估阶段划分成确定性分析和概率性分析两个部分是有用的。

确定性分析

在**确定性分析**阶段，当前景固定时，我们通过指定数值来推导问题的价值模型。我们也识别了对价值变化贡献最大的重要不确定性和可确定建模的不太重要的不确定性。

价值模型 价值模型（或价值函数）给出了某一问题所有前景的价值。正如我们在第 26 章中所讨论的那样，价值模型也通过沿着等优线移动来决策各直接价值特性之间的确定性权衡。

有时候，这一权衡依赖于系统的物理学原理。例如，在建造桥梁时，我们可能因为桥的某一边的空间限制而希望减少其中一根支柱的厚度，而增加另一根的宽度以弥补这一减少量。这一权衡可以通过使用基本静态和可能动态的分析以研究影响桥梁稳定性的作用力来实现。在这种情况下，如果不进行工程研究，而直接进行权衡评估并不是一个好主意。

在其他情况下，该权衡完全取决于决策者的偏好。我们已经在第 26 章中讨论了好几个关于这类价值函数的例子，例如花生酱与果酱混合三明治的价值函数、关于生死抉择的价值函数以及在第 27 章中提及的关于现金流的价值函数。

价值模型的最终目的是得到一个清晰的价值函数以获得直接的价值，确定它们之间的确定性权衡，并找到一种价值测度以成为决策图中各价值节点的基本测度。

为阐述一个价值模型，考虑图 37-2 中的决策图。该图中一家公司已指定利润为其价值测度。我们可以用比如"收益"和"成本"两个节点连接至利润，其中：

$$利润 = 收益 - 成本$$

收益又被进一步分为需求（销售数量）和单位价格。相似地，成本也可以分为销售成本、间接成本和原材料成本。

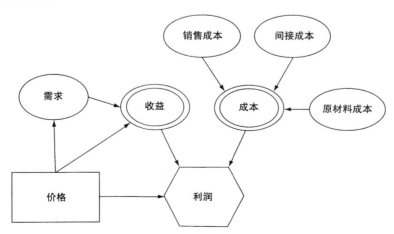

图 37-2 决策图，其中需求、销售成本、间接成本和原材料成本作为不确定性将出现于龙卷风图

则利润的价值函数如下：

$$利润 = 单位价格 \times 需求 - (销售成本 + 间接成本 + 原材料成本)$$

确定性阶段要求指定每一属性的范围。然后在这一范围内变动各个不确定性，以分析它对每种方案价值测度的影响。一个对于价值变化影响甚微的不确定性可以固定在某一标准值（例如中位数），以利于决策。那些对价值有重大影响的不确定性留至概率性阶段再进行处理。

在分析的确定性阶段的最后，我们已经构建了一个价值模型并确定了对价值模型影响最大的不确定性。不太重要的不确定性将在模型中固定。但我们还没对概率树中的概率进行评估。下一阶段分析了考虑完全联合概率的问题。

概率性分析　确定性分析表征了对各方案从下限到上限的变化影响最大的不确定性。就它们本身而言，其上下限并不是关注属性的不确定性的精确描述。使用一些分位概率启发方法，正如在第 15 章所讨论的那样，我们可以更好地刻画这些不确定性。有了这一更加精细的描述，我们可以使用所谓的"龙卷风图"更好地观察不确定性对价值的实际影响。龙卷风图是刻画在特定的分位数上每一个不确定性对价值贡献的图。

任何已经被龙卷风图确定的对价值变化贡献甚微的属性都被固定，且无须进一步引出。那些被确定对价值有重大贡献的不确定性需要使用与第 15 章中所讨论的同样的概率编码方法进行进一步的概率启发。注意，在这一启发阶段可能会遇到第 16 章中的偏差。这一分析应该依据我们所讨论的流程尽可能地最小化这些偏差。

在评估重要属性的概率分布时，我们也应该检查这些方案之间的概率占优情况，因为这样可以避免使用效用曲线进行风险偏好的评估。如果不存在概率占优，我们也需要在此时对风险偏好进行编码。这一分析过程遵循我们在第 11 章中所讨论的步骤：如果前景远大于风险容忍度，则需要警惕一位指数型决策者的饱和效用。也可以使用对数型或者线性风险容忍度效用曲线，并评估其参数，如同我们在第 22 章和第 23 章中所讨论的那样。当前景具有诸如健康和财富之类的多种特性时，正如在第 28 章中所讨论的那样，效用函数可以用价值模型本身进行评估。

在概率性阶段的最后，我们具有了确定最优决策方案所需的所有信息。我们聚焦于重要因素进行分析：由框架所确定的决策问题，以直接和间接所表征的价值，重要的不确定性。我们已经准备好计算各方案的确定等价物，并使用由五条规则所确定的选择标准来确定最优决策方案：我们选择效用值的期望值最高的方案。然而，我们将在下一节中发现，确定最优决策方案并非决策分析的重点。

龙卷风图　龙卷风图是不确定性对价值影响的直观图形表示。龙卷风图使我们能够通过检查和排序查看各方案中对价值变化影响最大的那些不确定性。例 37-1 演示了如何构建图 37-2 中决策图的龙卷风图。

▶ **例 37-1　Hollywood 有限公司**

Hollywood 有限公司正在考虑其一款名为 The Clairvoyant Goes on a Date 的洗发水的利润。在规划阶段，他们绘制出如图 37-2 中的决策图并确定对价值有直接影响的不确定性。Hollywood 有限公司希望从下式中得到最大化的利润：

利润＝单位价格×需求－(销售成本＋间接成本＋原材料成本)

公司需要确定这款洗发水的定价，并考虑 10 美元和 15 美元两种方案。第一个价格将导致更大的需求量但也产生较低的收益。Hollywood 在这一前景范围内为风险中性的。

为了构建龙卷风图，第一步需要为每一方案的各属性引入 10—50—90 分位点。我们可以使用在第 15 章中讨论的 20 个问题练习的方法完成这一目标。请注意，这些值也对应于我们在第 35 章所讨论的便捷等面积的近似值。

表 37-1 给出了价格方案＝10 美元的情况下决策不确定性的 10—50—90 分位值。

表 37-1　当价格＝10 美元时，10—50—90 的分位值

	10%	50%	90%
需求（百万美元）	12	16	22
销售成本（百万美元）	4	7	12
间接成本（百万美元）	80	90	100
原材料成本（百万美元）	20	30	60

现在我们评估这一值，在本案例中即为位于不同分位点的利润。在其他不确定性维持在其基值（50%）时，我们就可以得到某一不确定性围绕其 10—50—90 分位点的变化。如此一来，我们实际上是假设不确定性之间互不相关。否则，改变某一不确定性的水平则会改变我们对剩余不确定性的信念。

为了演示使用这种方法计算利润的过程，当需求位于其 10% 分位点即 1 200 万美元，且剩余不确定性位于其中值（销售成本＝700 万美元，间接成本＝9 000 万美元，原材料成本＝3 000 万美元），利润值为：

$$利润 = 10 \times 12 - 7 - 90 - 30 = -7(百万美元)$$

由此可知，如果需求位于其 10% 分位值，该企业在其他不确定性位于中值时，则要损失 700 万美元。

当需求位于其 50% 分位值即 1 600 万美元时，所得的利润值（销售成本＝700 万美元，间接成本＝9 000 万美元，原材料成本＝3 000 万美元）为：

$$利润 = 10 \times 16 - 7 - 90 - 30 = 33(百万美元)$$

最后，当需求在其 90% 分位值，即 2 200 万美元时，所得的利润值（销售成本＝700 万美元，间接成本＝9 000 万美元，原材料成本＝3 000 万美元）为：

$$利润 = 10 \times 22 - 7 - 90 - 30$$
$$= 93(百万美元)$$

现在，我们可以画出在其他不确定性位于其基值（中位数）时，利润在需求围绕其 10—50—90 分位值变化的变化图。参见图 37-3。

我们再以相同的方法计算利润并计算销售成本在其 10—50—90 分位值变化时利润的变化（如表 37-2 所示）。

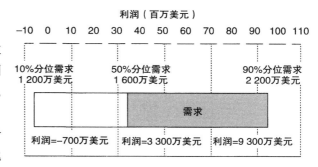

图 37-3　在需求 10—50—90 分位值时的利润图

表 37-2 通过改变各属性计算利润

	利润（百万美元）		
基于其 10—50—90 分位值的需求变化	(7)	33	93
基于其 10—50—90 分位值的销售成本变化	36	33	28
基于其 10—50—90 分位值的间接成本变化	43	33	23
基于其 10—50—90 分位值的原材料成本变化	43	33	3

现在，我们计算各不确定性在其 10—50—90 分位值变化时所得利润的范围。我们通过计算每一行中利润的最大值与最小值之差来得到变化范围。例如，当需求分别为 10% 和 90% 时，利润值为 –700 万美元和 9 300 万美元。我们将剩余不确定性保持位于其中值。通过改变需求所得利润范围为 93 –（–7）= 100（百万美元）。表 37-3 展示了计算所得各直接价值属性的范围。

我们发现需求对于利润的变化范围影响最大，然后是原材料价格，接着是间接成本，最后是销售成本。我们现在根据其范围的大小对不确定性重新排序，如表 37-4 所示。

表 37-3 通过 10—50—90 分位值改变不确定性求得利润范围

	利润（百万美元）			范围
需求	(7)	33	93	100
销售成本	36	33	28	8
间接成本	43	33	23	20
原材料成本	43	33	3	40

表 37-4 基于范围对属性排序

	利润（百万美元）		
需求	(7)	33	93
原材料成本	43	33	3
间接成本	43	33	23
销售成本	36	33	28

接下来，我们将为各不确定性绘制水平柱状图，如同我们在图 37-3 中所做的那样。如果我们根据不确定因素的范围对柱状图排序：最大范围的不确定性在上面，而最小范围的不确定性位于下面，将得到图 37-4。一个首次看到这幅图的客户说该图看上去很像龙卷风。自此以后，我们将其称为"龙卷风图"。

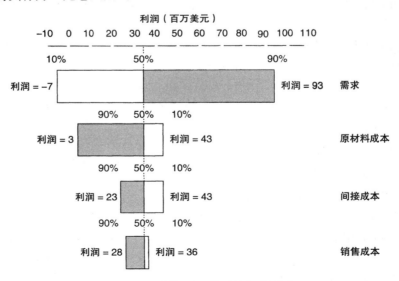

图 37-4 价格 = 10 美元的龙卷风图

从图 37-4 我们发现，需求和原材料成本对价值节点的影响最大。其他不确定性的影响明显较小。我们可以计算每一不确定性对利润影响的百分比。这有助于计算范围平方的百分比，因为方差与该值成正比。例如，如果不确定性服从高斯分布，那么在90%分位点和50%分位点的利润之差为1.29σ，其中σ为标准差。此外，方差即为确定等价物近似值中所用的方差（请回顾第24章）。

从表37-5可知，需求对最大利润变化的平方的影响占比82.89%，原材料占比13.26%，间接成本占比3.32%，销售成本占比0.53%。一阶近似值将销售成本和间接成本固定在其基值并只考虑需求和原材料成本作为不确定性。正如我们所讨论的那样，销售成本和间接成本仍然是不确定的，但是它们的不确定性将会被忽略，直至另行通知。因此，龙卷风图能通过排除一些非重要的不确定性以简化问题分析。

表37-5 计算范围平方的百分比

	利润（百万美元）			最大摆动（百万美元）	最大摆动平方	%
需求变化	(7)	33	93	100	10 000.00	82.89
销售成本变化	36	33	28	8	64.00	0.53
间接成本变化	43	33	23	20	400.00	3.32
原材料成本变化	43	33	3	40	1 600.00	13.26
					12 064.00	100

如果每个决策方案中有不同的不确定性或者有相同的不确定性但对应了不同的概率，我们就需要为每个决策方案绘制龙卷风图。例如，我们可以对另一个定价方案即15美元再次绘制龙卷风图。我们也可以从更高的维度对相关因素的影响进行分析：包括两个相关的不确定性或者决策变量，即不确定性的组合。在下一节中，我们将展示如何处理此类情形。

龙卷风图的局限性 我们已经讨论了龙卷风图可以确定对于价值变化有贡献的节点。我们可以通过改变任一节点值且保持剩余节点值固定以实现这一目的。正如我们在第26章中所讨论的那样，在维持剩余节点值固定时，如果某一间接价值节点被改变，那么这不会改变前景的确定性排序或通过价值函数所得的值。

在一些情况下，在龙卷风图中将不确定性之间的相关性体现出来也是非常重要的。例如，当成本位于其10%的分位值时，收益也可能位于其10%的分位值。在这种情形下，我们就可以同时改变这两个节点。

龙卷风图只要求10—50—90的估计值，且不要求任何相关信息。一个更全面的分析将会基于任何不确定性的任何变化水平修正决策图中的不确定性。然而，这就需要完全引出各方案中每一属性的联合分布，而不只是10—50—90的分位值。

我们将通过闭环和开环敏感性分析的观点在分析的概率性阶段讨论不确定性之间相关性的影响。我们也将展示其如何为某一给定属性的信息价值提供一些见解。

37.2.3 估值阶段

我们现在需要检验如果我们改变模型中的任何一个输入变量，该决策是否会发生改变。例如在第12章中，我们讨论了敏感性分析的观点，并举例说明了如果改变聚会问题中的晴天和雨天的概率，最优决策将会如何改变。如果最优决策在某一范围的概率值中都不改变，且该系列概率值包含了决策者认为的所有可能的赋值，那么就可以减少进行更精确的启发所需的时间和精力。我们可以对风险规避程度或者时间偏好程度进行敏感性分析以确定这些偏好的改变如何影响最优决策。我们也可以看到收集不确定性相关的新消息是如何改变决策及确定信息价值的。

这一观点有许多变型，可以通过减少一些不确定性从而帮助降低决策的复杂性。例如，假如我们已经确定了一个不确定性，并已经观察到无论属性状态如何，最优决策都不会改变。我们将这种属性称为**非重要属性**。简便起见，我们可以选择并固定这类属性。

当我们改变某一不确定性的结果时，随着这一变化的进行就会引起一些关于机理的问题。这一机理涉及改变如何进行，及其如何影响问题中的其他不确定性。例如，如果某一不确定性因素与其他属性相关，那么当我们改变这一不确定性结果时，其他特性如何修正？而且如果我们基于该不确定性结果的改变而对价值的改变产生兴趣，我们能替换已选的方案吗？正如我们所讨论的那样，龙卷风图并没用考虑到这种相关性影响。我们对影响的讨论阐释了这些问题。

估值阶段运用开环和闭环敏感性分析的观点。当关于某一不确定性结果的信息可知且当不确定性之间存在相关性时，这一观点提供了最优决策如何改变的见解。开环敏感性在保持所选决策方案固定时改变结果。其用于观测当我们改变结果时，所选方案的值如何改变。此外，闭环敏感性在允许决策者使用改变的相关知识选择不同的决策方案时，改变结果。其显示了在了解不确定性结果时，进行决策的影响。我们预期通过闭环敏感性分析所得的值至少与开环敏感性分析所得的值一样高。闭环敏感性与开环敏感性之差说明了接受信息的影响，并确定了该信息价值。

开环敏感性 让我们回顾第 9 章的聚会问题。假设 Kim 已经进行了分析，并决定在室内举办聚会。我们知道她对该交易的确定等价物为 45.83 美元。现在，如果 Kim 已经决定在室内举办聚会并且坚持这一决策，则听到天气为晴天时，她因为在晴天举办室内聚会而获得 40 美元。如果她得知天气将会为雨天，她将从室内聚会中获得 50 美元。如果她不能改变决策，则这一对应于天气状态变化的价值变化被称为开环敏感性。

闭环敏感性 对于闭环敏感性，Kim 在了解天气状况后能改变最优方案。如果她知道天气将会是晴天，她将从室内聚会改为室外聚会并获得 100 美元的价值；如果天气为雨天，她将继续举办室内聚会并获得 50 美元。

闭环敏感性和开环敏感性只有在晴天时才体现出差异。如果这一改变值为 0，就值得考虑将天气这一属性固定。图 37-5 绘制了所得价值与开环和闭环分析中不同天气状态的关系图。

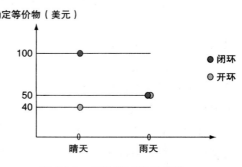

图 37-5　开环和闭环敏感性

> **注解：披露价值**
>
> 　　如果天气为一个非重要属性且不会影响决策方案，那么这两条曲线将会一致，且相应的基于天气的信息价值为 0。我们称两条曲线之间的差值（不能为负）为披露价值。

对于一位风险中性的决策者，将开环和闭环曲线之间的差值乘以每一结果的概率就能得到信息价值。这就是披露价值的期望值。

例如，Jane 是聚会问题中的一个风险中性者。她将在门廊举办派对。如果天气为晴天，她将获得 90 的价值，如果天气为雨则获得 20 的价值，且期望值为 48。如果她知道天气将会是晴天，她将改选室外场地，举办一场室外聚会且价值为 100，增长了 10。如果天气将是雨天，她将改选室内场地，且价值为 50，相较于门廊聚会价值 20 增长了 30。因此，她将有 0.4 的概率收益 10，有 0.6 的概率收益 30。她对该交易的期望值为 22，此即为洞察力价值（VOC），我们此前已经计算过了。

> **注解：**
> 即使对于一个 Δ 人来说，VOC 也不是披露价值的概率分布所代表的交易的确定等价物。其为闭环交易的确定等价物（66.10）和开环交易的确定等价物（45.83）的差值，即 20.27。

附录 37-1 详细解释了开环和闭环敏感性在投标决策背景中的应用。

包含有系列工具的决策分析周期的各阶段有助于该分析。图 37-6 给出了周期的拓展图，且某些工具在各阶段都有所帮助。

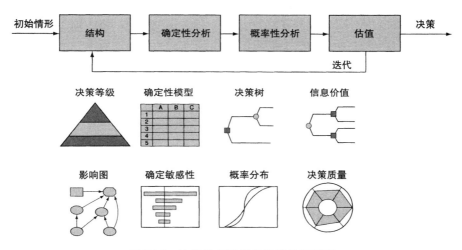

图 37-6　决策分析周期各阶段的拓展图

37.3　模型序列

分析师可依据不同的目的而执行各种不同深度的决策分析。我们把这一过程称为**模型序列**。这个过程与开发任何系统所采用的过程类似，从最初的设计、测试、调优到最后全面的部署。一个化学生产设施从一个试验工厂开始。飞机的生产从新飞机设计的数学模型开始，接着开始构建一个经过广泛测试的原型。如同我们接下来所要展示的那样，决策分析应该从各完善阶段系统性地进行。

37.3.1 试验阶段

模型序列的第一步骤即为试验阶段。在认可一个框架后，分析师继续开发和分析一个试验性的决策基础，该基础包含一个简化的决策模型、试探性的偏好结构和主要不确定性的粗略刻画。试验阶段的目的在于对决策的本质及与其相关的主要问题和不确定性的理解和建立有效沟通。尽管这可能会导致初步的决策推荐，并且在某些情况下，立即产生明晰的行动从而避免进一步分析，但是试验阶段通常的结果是指导对决策的全面表述。

37.3.2 全面分析

全面分析的目的是基于一个仔细构建的决策基础来建立行动的清晰性。全面分析需要一个平衡和真实的决策模型、被验证的偏好以及重要不确定性的合适表达。如果实施得当，全面分析会让决策者信服并致力于其结果。

全面分析的阶段　现在，我们将检验全面分析的三个阶段：原型阶段、整合阶段和防御阶段。

（1）原型阶段。全面分析基于不同的目的而分阶段进行。第一阶段为**原型阶段**，该阶段拥有依据试验阶段的指导所开发的决策基础所需的所有元素。测试原型揭示了全面分析中值得纠正的弱点和多余之处。原型的定义是一个原始的类型、形式或实例，以作为后续阶段基础的模型。

例如，飞机研发的第一个原型位于跑道上，看起来像最终的生产版本。然而，当它运行时，其内部与乘客所见的非常不同。飞行员测试每个方面的性能以查找可能需要改动和调整的地方。类似地，测试全面决策模型的原型会展示考虑额外方案、引入序贯决策、完善概率评估或调整权衡价值的必要性。其目标在于分析的各方面均达成一个一致的"统一水平"。这意味着如果你有更多的资源用于分析，你会发现在分析中的各元素同样受益于这些资源的使用。

（2）整合阶段。原型阶段结束于一个整合的决策模型。**整合阶段**为决策者提供了一个统一的、平衡的和经济的分析，这一分析能够清晰地表达出正确的决策。

一位博士生为一位做渡轮服务的业主进行他的第一份咨询工作，该业主希望得到船队增加一艘新船的决策帮助。在项目的最后，这位学生向客户提交了整合的全面分析的结果。客户感谢他，并称会遵循推荐的行动流程。这位一直习惯于学术研究的学生询问客户是否需要提交一份分析报告，因为学术研究最后的结果几乎都是一份项目的书面报告。这位客户回答道："为什么需要报告？我请求你帮助我完成这一决策，现在我已经完成了该决策。感谢你的帮助。"这就是整合的全面分析所要的结果。

（3）防御阶段。有时**防御阶段**，作为全面分析的一个额外阶段是必要的。当决策者（尽管具有某一推荐方案）面临向支持的、怀疑的和可能是敌对的利益相关者展示"这一分析为决策提供了适当的基础"这一任务时，这一阶段的需求就产生了。利益相关者可能是董事会的成员、必须执行这一决策的公司其他成员，或对执行这一决策必不可少的外部合作机构。对于影响公众的具有高度争议的决策，分析中的每一个元素都将被仔细检查，并且分析中的任何差异都可用于推迟或者阻止决策的实施。进行一次全面分析的防御所需的资源是整合的全面分析所需资源的许多倍。

37.3.3 Cyclone 酶的案例研究

> **案例研究**
>
> 考虑如下案例,然后使用图 37-7 所示的决策分析周期来完成一个合适的决策。作为你分析的一部分,你必须决定最适应于该案例研究的概念和工具,然后有效地利用它们为决策者提供明确的行动。
>
>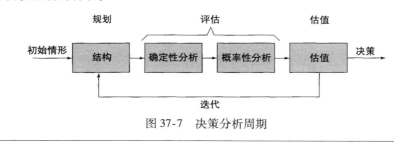
>
> 图 37-7 决策分析周期

背景 Daylight Alchemy 公司(DA 公司)是一家初创的生物技术公司,专门从事合成酶的开发和生产。DA 公司的前身为一家科研实验室且最近才开始生产。然而,他们在合成酶的市场营销方面经验甚少。

DA 公司的研发人员开发了一种新的合成酶,能够使得 Riesling(雷司令,一种干白葡萄酒的商标)葡萄非常易受葡萄孢菌感染。当即将成熟的 Riesling 葡萄被葡萄孢菌感染时,葡萄表皮会变得多孔,这样将会蒸发水分并保留糖分。这种情况对酿酒商非常有吸引力,因为由这种葡萄酿造和加工生产的葡萄酒具有非常复杂的特性。美国的酿酒商可以使用这种酶来提高 Riesling 葡萄酒的质量从而获得巨大利润,因为至今为止这种 Riesling 葡萄酒都是稀缺昂贵的。

这种新酶被称为 Cyclone。在实验室里完成最后工作的同时,管理层目前正在考虑如何最好地生产和销售 Cyclone。为了满足需求,他们正在考虑扩大当前的生产设施。

DA 公司已经决定推出 Cyclone 并且已经确定了目标市场。由于对监管方面的担忧,Cyclone 除了在美国推出之外,不会在其他任何国家推出。

这里需要进行几个决策,但并非在这一分析阶段进行。例如,DA 公司生产 Cyclone 需要新的 NX-10 过程吗?DA 公司应该等待并在研发组合中将 Cyclone 酶与其他的酶"堆积"在一起吗?

在第一次通过决策分析周期的过程中,管理层希望你假设 Cyclone 在新的 NX-10 过程中生产,而且 DA 公司不会"堆积" Cyclone 酶。

战略决策 DA 公司能够自行生产和销售 Cyclone 酶。然而,其当前的生产能力被限制在每年 250 万单位的酶,如果需求量较大的话,这不足以满足需求。如果需求量较低,当前考虑的 600 万单位的扩产是没有必要的。扩产将会导致每年的总产量达到 850 万单位。

DA 公司已经考虑和几个较大的化工企业进行战略结盟,并且已经确定了一个潜在的候选公司 EnzyTech。EnzyTech 有足够的产能去满足任何实际需求,而且给出了以下两项提议:

- **联合经营**——EnzyTech 公司将会扩建工厂并要求取得税前净利润(销售收入 − 生产成本)的 60% 份额作为回报。EnzyTech 公司将负责所有的销售工作,DA 公司只负责生产 Cyclone 酶。

- **特许合作**——DA 公司将这种酶授权给 EnzyTech 公司。EnzyTech 公司将会生产和销售这一新产品。DA 公司将会收到销售收入的 2% 作为特许使用费。

信息 DA 公司的管理层想要根据潜在的需求和产能考虑 Cyclone 的销售。例如，如果 Cyclone 的需求是 700 万单位而当前仅仅只有 250 万单位的产能，则销售量等于 250 万单位。DA 公司不确定 Cyclone 在第一年和接下来的几年里的需求量。

管理层认为对初始需求和销售增长率进行评价很合适。例如，如果最开始的销售量为 200 万单位且销售增长率为 5%，DA 公司将在第一年里销售 200 万单位，所以第二年的销售量为 $200 \times (1+0.05) = 210$ 万单位，第三年的销售量为 $200 \times (1+0.05)^2 = 2.1 \times (1+0.05) = 221$ 万单位。

初始需求取决于 Cyclone 的营销主体，但增长率并非如此。为了吸引管理者关于初始需求取决于 Cyclone 的营销主体这一信念，你已经构建如下属性：DA 公司营销 Cyclone 的"需求"，EnzyTech 公司营销 Cyclone 的"倍数"。例如，如果 EnzyTech 公司准备营销 Cyclone，则总的需求量等于 DA 公司营销 Cyclone 时的"需求"乘以 EnzyTech 公司营销 Cyclone 时的"倍数"。

Cyclone 即将于 2020 年年初投产。与此同时对现有的生产设备的扩产也会完成。如果是新建工厂，到完成的时候必须全额付款。新建工厂的建设成本是不确定的。

在你的分析中，管理层希望你考虑 Cyclone 未来 10 年的销售情况（最后的销售年度为 2029 年）。他们认为在此之后，一种新的和改进的酶将会被研发出来。

- 管理层并不希望考虑在 Cyclone 的生产周期结束之后再使用扩产设施。他们也不希望考虑扩产设施的任何残值。
- DA 公司不确定 Cyclone 的单位生产成本和市场价格（单位收益）。
- DA 公司面临 38% 的税率。为计算每年的税收，你将净收入（收益 − 成本 − 开销）乘以税率。为了确定每年的现金流和利润，你从净收入中减去税额。不要担心工厂扩建的贬值，只需减去其建成之年的成本。这将导致第一年的现金流为负值。
- 扣除税。在这种情况下，税收在你完成工厂的那一年为负值，所以实际上，DA 公司将在第一年得到税收抵免。DA 公司能够将这一税收抵免应用于后续几年的税收之中（不要贴现税收抵免）。只有当这一税收抵免被完全使用之后，DA 公司才需要重新开始纳税。
- DA 公司有一个 8% 的折扣率（时间偏好）。DA 公司遵守 Δ 性质，并且有一个 3 000 万美元的风险容忍度。
- 假设所有的现金流都发生在年初，请说明 2020 年现金的结果。

评估 在会见 DA 公司的高层管理人员期间，你评估了如下 10—50—90 分位点。结果如表 37-6 所示。

表 37-6 不确定性的 10—50—90 分位点

属性	单位	10%	50%	90%
最初需求				
DA 公司市场	百万单位/年	1.0	2.5	5.5
EnzyTech 乘数	乘子	1.3	1.6	1.8
需求增长率	%/年	−5	7	9
单位收益	美元/单位	9.75	10.75	11.50
生产成本	美元/单位	9.25	9.50	9.75
工厂建设成本	百万美元	13.0	14.5	17.0

累积分布　你可以从 DA 公司专家那里对上述任何属性评估其完全累积分布。为了模拟这一过程，我们将所有累积分布囊括至图 37-8 中。你应该将其作为如果你回到专家那里并评估完全分布所获得的累积分布。

注：当你回去重新评估一位专家时，完全分布中的 10—50—90 分位点可能和你初始的低—基—高分位点不匹配。

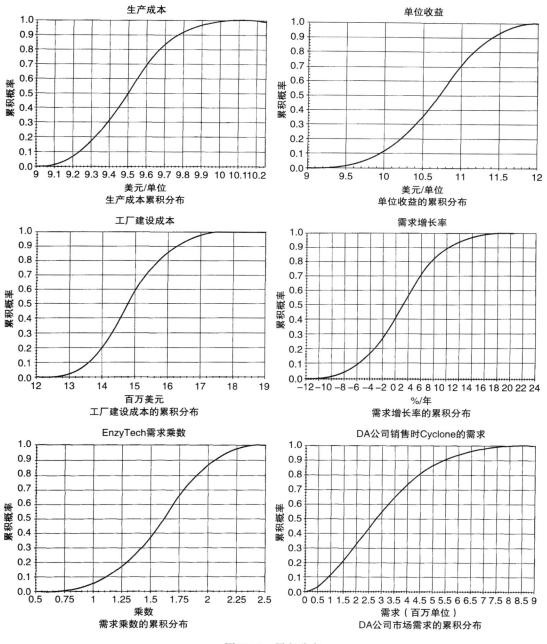

图 37-8　累积分布

提示 在得到累积分布之后，我们已经对表 37-7 中每一方案附上了从价值模型中选出的结果。这些值通过将所有属性设置为常规情况时的值获得。你的常规情况计算应与这些值相匹配。

注： 2020 年的特许使用费数值被建模为 EnzyTech 公司所获 98% 收益的支付额度，这等同于说 DA 公司得到 2%。

表 37-7 计算

		无合作/不可扩产									
年份		2020	2021	2022	2023	2024	2025	2026	2027	2028	2029
周期		0	1	2	3	4	5	6	7	8	9
销售											
需求 | DA 公司市场	百万单位			2.86							
需求 | EnzyTech 市场	百万单位			4.58							
产能	百万单位										
销售	百万单位										
收益	百万美元										
生产成本	百万美元										
工厂成本	百万美元										
合营支付	百万美元										
特许使用费	百万美元										
税前所得	百万美元			3.13							
税收	百万美元										
下年度可享受税收优惠	百万美元										
纳税	百万美元			1.19							
现金流	百万美元										
现值当量	2 020 百万美元										

		无合作/扩产									
年份		2020	2021	2022	2023	2024	2025	2026	2027	2028	2029
周期		0	1	2	3	4	5	6	7	8	9
销售											
需求 | DA 公司市场	百万单位										
需求 | EnzyTech 市场	百万单位										
产能	百万单位										
销售	百万单位			2.86							
收益	百万美元			30.77							
生产成本	百万美元										
工厂成本	百万美元										
合营支付	百万美元										
特许使用费	百万美元										
税前所得	百万美元										
税收	百万美元										
下年度可享受税收优惠	百万美元										
纳税	百万美元										
现金流	百万美元										
现值当量	2 020 百万美元										

（续）

合营

年份		2020	2021	2022	2023	2024	2025	2026	2027	2028	2029
周期		0	1	2	3	4	5	6	7	8	9
销售											
需求丨DA 公司市场	百万单位										
需求丨EnzyTech 市场	百万单位										
产能	百万单位										
销售	百万单位										
收益	百万美元										
生产成本	百万美元										
工厂成本	百万美元										
合营支付	百万美元			3.43							
特许使用费	百万美元										
税前所得	百万美元										
税收	百万美元										
下年度可享受税收优惠	百万美元										
纳税	百万美元										
现金流	百万美元			1.42							
现值当量	2 020 百万美元										

特许

年份		2020	2021	2022	2023	2024	2025	2026	2027	2028	2029
周期		0	1	2	3	4	5	6	7	8	9
销售											
需求丨DA 公司市场	百万单位										
需求丨EnzyTech 市场	百万单位										
产能	百万单位										
销售	百万单位										
收益	百万美元										
生产成本	百万美元										
工厂成本	百万美元										
合营支付	百万美元										
特许使用费	百万美元			45.02							
税前所得	百万美元										
税收	百万美元										
下年度可享受税收优惠	百万美元										
纳税	百万美元										
现金流	百万美元			1.42							
现值当量	200 百万美元										
净现值	百万美元	4.43									

37.4 总结

决策分析的本质是持续聚焦于决策的元素以确定明确的行动。

决策分析周期是一个迭代过程,用于完善分析以产生相应结果。

周期包含之前讨论过的程序,例如框架、不确定性的评估、敏感性分析、估值和风险态度、信息价值以及概率占优。

本章在决策分析周期增加了龙卷风图的使用和开环敏感性分析及闭环敏感性分析的概念。

有关决策分析阶段的讨论有助于指导不同决策环境所需的详细程度。

最后,决策分析周期的掌握允许分析师来判断何时停止分析和决策。

附录37-1 投标决策的开环和闭环敏感性

为了进一步阐述实际环境中开环和闭环敏感性的观点,我们现在回顾第31章,并将其应用于带有赢家诅咒的投标决策中。方便起见,将决策图重现于图37-9。

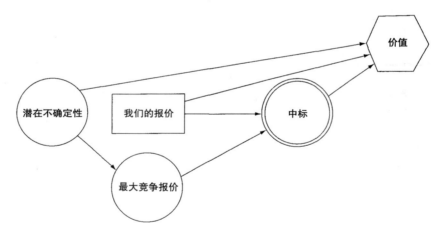

图37-9 带有潜在不确定性标的的决策图

这里有两种属性:最大竞争报价(MCB)和代表投标标的价值某些潜在不确定性的"v"。正如例子中所指定的那样,令 v 的范围为0.5到0.9。已知MCB可以修正我们对 v 的概率分布,如表37-8所示。

表37-8 行代表条件概率分布 $\{v \mid MCB, \&\}$

MCB	0.5	0.6	0.7	0.8	0.9	$\{v \mid MCB\}$
0.000						
0.025	0.999 998 05	1.950 2E-06	8.592 35E-14	1.565 31E-22	6.18E-33	
0.050	0.999 930 519	6.948 05E-05	1.100 67E-10	7.242 21E-18	1.04E-26	
0.075	0.999 410 031	0.000 589 961	7.994 06E-09	4.520 51E-15	5.57E-23	
0.100	0.997 180 881	0.002 818 937	1.824 15E-07	4.937 75E-13	2.92E-20	

（续）

MCB	0.5	0.6	0.7	0.8	0.9	$\{v \mid \text{MCB}\}$
0.125	0.990 132 74	0.009 865 031	2.229 07E-06	2.103 76E-11	4.34E-18	
0.150	0.971 854 192	0.028 127 54	1.826 72E-05	4.935 58E-10	2.91E-16	
0.175	0.931 411 963	0.068 476 132	0.000 111 897	7.570 82E-09	1.12E-14	
0.200	0.854 789 263	0.144 670 655	0.000 539 999	8.306 55E-08	2.78E-13	
0.225	0.732 923 343	0.264 976 339	0.002 099 635	6.828 01E-07	4.82E-12	
0.250	0.574 669 266	0.418 673 879	0.006 652 532	4.322 93E-06	6.08E-11	
0.275	0.409 065 316	0.573 448 235	0.017 464 759	2.168 88E-05	5.82E-10	
0.300	0.266 953 473	0.693 892 778	0.039 064 286	8.945 86E-05	4.42E-09	
0.325	0.162 540 762	0.760 304 83	0.076 839 115	0.000 315 265	2.79E-08	
0.350	0.093 607 782	0.769 137 026	0.136 276 355	0.000 978 686	1.51E-07	
0.375	0.051 225 757	0.725 076 534	0.220 970 905	0.002 726 081	7.23E-07	
0.400	0.026 552 43	0.637 465 134	0.329 108 067	0.006 871 288	3.08E-06	
0.425	0.012 950 955	0.521 005 273	0.450 304 582	0.015 727 4	1.18E-05	
0.450	0.005 911 885	0.394 903 911	0.566 340 626	0.032 802 814	4.08E-05	
0.475	0.002 520 314	0.277 756 997	0.656 876 011	0.062 718 224	0.000 128	
0.500	0.001 003 372	0.181 734 244	0.706 136 579	0.110 753 201	0.000 373	
0.525	0.000 372 603	0.110 753 193	0.706 136 601	0.181 734 23	0.001 003	
0.550	0.000 128 454	0.062 718 224	0.656 876 011	0.277 756 997	0.002 52	
0.575	4.076 42E-05	0.032 802 814	0.566 340 626	0.394 903 911	0.005 912	
0.600	1.178 98E-05	0.015 727 4	0.450 304 582	0.521 005 273	0.012 951	
0.625	3.080 94E-06	0.006 871 288	0.329 108 067	0.637 465 134	0.026 552	
0.650	7.227 98E-07	0.002 726 081	0.220 970 905	0.725 076 534	0.051 226	
0.675	1.512 03E-07	0.000 978 686	0.136 276 355	0.769 137 026	0.093 608	
0.700	2.786 03E-08	0.000 315 265	0.076 839 115	0.760 304 83	0.162 541	
0.725	4.418 87E-09	8.945 86E-05	0.039 064 286	0.693 892 778	0.266 953	
0.750	5.819 74E-10	2.168 88E-05	0.017 464 759	0.573 448 235	0.409 065	
0.775	6.081 83E-11	4.322 93E-06	0.006 652 532	0.418 673 879	0.574 669	
0.800	4.817 86E-12	6.828 01E-07	0.002 099 635	0.264 976 339	0.732 923	
0.825	2.799 79E-13	8.306 55E-08	0.000 539 999	0.144 670 655	0.854 789	
0.850	0	7.570 81E-09	0.000 111 897	0.068 476 132	0.931 412	
0.875	0	4.935 83E-10	1.826 72E-05	0.028 127 54	0.971 854	
0.900	0	0	2.229 07E-06	0.009 865 031	0.990 133	
0.925	0	0	1.824 14E-07	0.002 818 936	0.997 181	
0.950	0	0	0	0.000 589 961	0.999 41	
0.975	0	0	0	6.953 5E-05	0.999 93	
1.000	0	0	0	0	1	

现在假设你得知MCB很高，但是你不能改变你的报价（开环条件）。这将如何改变你决策情况的价值？相反，假设你知道MCB很高，且你可以改变你的报价（闭环条件）。你的价值现在将如何变化？我们将讨论这一问题并展示这两种情况之间对于MCB信息价值见解的差异之处。

对于任何MCB的投标交易期望值的计算都可以通过对v的期望运算和修正概率分布获得。表37-9给出了这些值。

表 37-9　给定 MCB 时投标标的的期望值

MCB	$\langle v \mid MCB, \&\rangle$	MCB	$\langle v \mid MCB, \&\rangle$	MCB	$\langle v \mid MCB, \&\rangle$
0.000	0.500 0	0.350	0.604 5	0.700	0.808 5
0.025	0.500 0	0.375	0.617 5	0.725	0.822 8
0.050	0.500 0	0.400	0.631 6	0.750	0.839 2
0.075	0.500 1	0.425	0.646 9	0.775	0.856 8
0.100	0.500 3	0.450	0.662 6	0.800	0.873 1
0.125	0.501 0	0.475	0.678 0	0.825	0.885 4
0.150	0.502 8	0.500	0.692 8	0.850	0.893 1
0.175	0.506 9	0.525	0.707 2	0.875	0.897 2
0.200	0.514 6	0.550	0.722 0	0.900	0.899 0
0.225	0.526 9	0.575	0.737 4	0.925	0.899 7
0.250	0.543 2	0.600	0.753 1	0.950	0.899 9
0.275	0.560 8	0.625	0.768 4	0.975	0.900 0
0.300	0.577 2	0.650	0.782 5	1.000	0.900 0
0.325	0.591 5	0.675	0.795 5		

投标问题中的开环敏感性

　　风险中性的决策者的最优报价在第 31 章中计算的结果为 0.525。现在，假设决策者已经确定以这一金额进行报价。得知 MCB 将如何改变报价机会的价值？

　　随着 MCB 变得更高（但低于 0.525 这一金额），其同时增加了投标标的的价值和报价机会的价值。如果 MCB 高于 0.525 的报价，报价机会的价值将变为 0，因为投标人已出局。图 37-10 给出了一位风险中性决策者的这种情况。

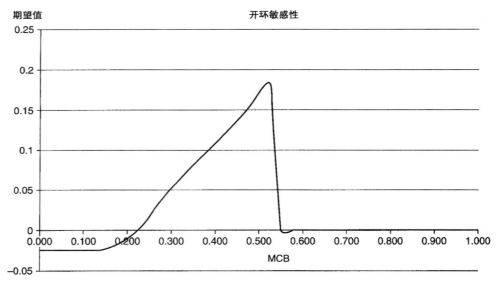

图 37-10　开环敏感性分析

　　注意当 MCB 为 0 时，该值为 −0.025。这是因为投标标的的价值为 0.5，风险中性的投标者已经为之报价 0.525。

投标问题的闭环敏感性

　　如果投标人可以改变其报价，在知道 MCB 之后，他将出价略高于 MCB（增量）。随着

MCB 变得更高，投标标的的价值也会增加，但他也必须出价更高以中标。图 37-11 给出了风险中性决策者的这种情况。

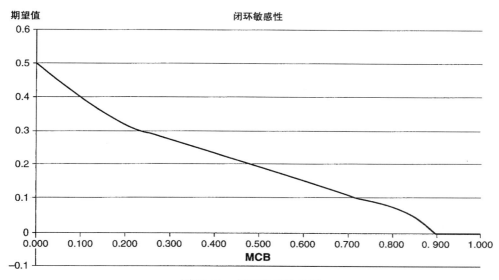

图 37-11　闭环敏感性分析

一如我们所见，最终的曲线随着 MCB 递减，因为标的价值的增长并没有超过报价金额的增长。这一趋势一直持续至 MCB 超过标的价值的那一点，在该点上报价并不是较好的决策，该报价机会的价值为 0。

作为对比，图 37-12 给出两条曲线在一起的情况。由于两条曲线并未叠加，我们知道，这一不确定性的 VOC 并不为 0。此外，既然在开环和闭环条件下值的变化都较大，我们知道

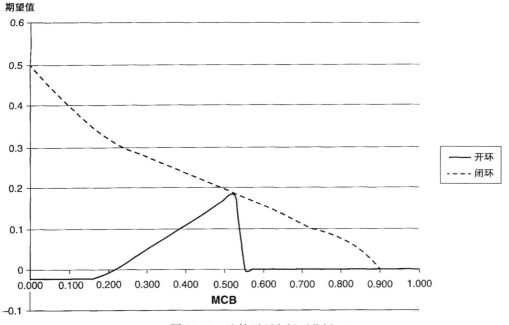

图 37-12　比较开环和闭环分析

属性 MCB 在我们这一决策的分析中具有十分重要的地位。

两条曲线之差（闭环和开环）见表 37-10，与最大竞争报价各状态的概率相乘，加和的结果即为一位风险中性决策者的信息价值，即 0.11。

表 37-10　计算开环和闭环敏感性分析之间的差值

MCB	开环	闭环	差值	{MCB｜&}	差值乘以 {MCB｜&}
0.000	−0.025	0.5	0.525	0	0
0.025	−0.024 999 805	0.475 000 195	0.5	1.64E-14	8.200 09E-15
0.050	−0.024 993 052	0.450 006 948	0.475	2.36E-10	1.122 44E-10
0.075	−0.024 941 002	0.425 058 998	0.45	4.45E-08	2.003 93E-08
0.100	−0.024 718 07	0.400 281 93	0.425	1.38E-06	5.875 88E-07
0.125	−0.024 013 051	0.375 986 949	0.4	1.56E-05	6.257 21E-06
0.150	−0.022 183 592	0.352 816 408	0.375	9.28E-05	3.481 52E-05
0.175	−0.018 130 005	0.331 869 995	0.35	0.000 355	0.000 124 252
0.200	−0.010 424 91	0.314 575 09	0.325	0.001 001	0.000 325 409
0.225	0.001 917 766	0.301 917 766	0.3	0.002 299	0.000 689 761
0.250	0.018 199 191	0.293 199 191	0.275	0.004 616	0.001 269 51
0.275	0.035 844 282	0.285 844 282	0.25	0.008 451	0.002 112 865
0.300	0.052 228 974	0.277 228 974	0.225	0.014 32	0.003 221 942
0.325	0.066 492 896	0.266 492 896	0.2	0.022 461	0.004 492 253
0.350	0.079 462 64	0.254 462 64	0.175	0.032 59	0.005 703 178
0.375	0.092 519 948	0.242 519 948	0.15	0.043 939	0.006 590 829
0.400	0.106 630 745	0.231 630 745	0.125	0.055 573	0.006 946 649
0.425	0.121 884 38	0.221 884 38	0.1	0.066 636	0.006 663 556
0.450	0.137 615 665	0.212 615 665	0.075	0.076 311	0.005 723 289
0.475	0.153 017 751	0.203 017 751	0.05	0.083 659	0.004 182 963
0.500	0.167 775 742	0.192 775 742	0.025	0.087 679	0.002 191 97
0.525	0.182 224 258	0.182 224 258	0	0.087 679	0
0.550	0	0.171 982 249	0.171 982 249	0.083 659	0.014 387 907
0.575	0	0.162 384 335	0.162 384 335	0.076 311	0.012 391 632
0.600	0	0.153 115 62	0.153 115 62	0.066 636	0.010 202 945
0.625	0	0.143 369 255	0.143 369 255	0.055 573	0.007 967 487
0.650	0	0.132 480 052	0.132 480 052	0.043 939	0.005 821 022
0.675	0	0.120 537 36	0.120 537 36	0.032 59	0.003 928 263
0.700	0	0.108 507 104	0.108 507 104	0.022 461	0.002 437 207
0.725	0	0.097 771 026	0.097 771 026	0.014 32	0.001 400 056
0.750	0	0.089 155 718	0.089 155 718	0.008 451	0.000 753 496
0.775	0	0.081 800 809	0.081 800 809	0.004 616	0.000 377 625
0.800	0	0.073 082 234	0.073 082 234	0.002 299	0.000 168 031
0.825	0	0.060 424 91	0.060 424 91	0.001 001	6.050 1E-05
0.850	0	0.043 130 005	0.043 130 005	0.000 355	1.531 14E-05
0.875	0	0.022 183 592	0.022 183 592	9.28E-05	2.059 54E-06
0.900	0	0	0	1.56E-05	0
0.925	0	0	0	1.38E-06	0
0.950	0	0	0	4.45E-08	0
0.975	0	0	0	2.36E-10	0
1.000	0	0	0	1.64E-14	0
					0.11

在本例中，潜在的不确定性的分布 v，基于已知 MCB 的结果而发生改变。

在开环和闭环分析中，我们可能想对 MCB 分布的 10—50—90 分位值的变化进行表征。这可以通过一个水平条形图来表示。MCB 分布的 10—50—90 分位点为 0.1、0.5 和 0.625，如表 37-11 所示。

表 37-11　最大竞争报价分布的 10—50—90 分位点

	MCB	开环	闭环
0.1	0.100	−0.025	0.400
0.5	0.500	0.168	0.193
0.9	0.625	0.000	0.143

图 37-13 和图 37-14 分别绘制了开环和闭环敏感性分析中，随着 MCB 改变的交易期望值的变化图。

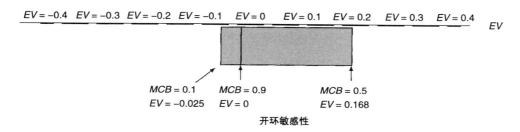

图 37-13　交易期望值的开环敏感性分析

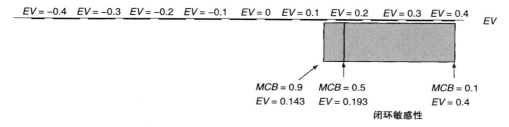

图 37-14　交易期望值的闭环敏感性分析

估值阶段的另一个任务是计算各属性的信息价值，并观察我们是否可以以低于此值的成本获得信息。如果可以，我们就应该执行。

第 38 章

组织决策中的相关主题

本章核心概念

阅读本章之后，读者将能够解释下列概念：
- 组织应追求最大化价值
- 预算和激励结构对组织内部决策的影响
- 设置多个独立需求的问题
- 企业风险容忍度的必要性
- 组织中的价值差距
- 组织中常见的动机偏差

38.1 引言

在前面的章节中，我们讨论的是单一决策者面临一个决策的情况。相反，在组织决策中往往涉及多位决策者。例如，假如一家大型公司正在推广一种新产品，市场营销部门会对以比竞争对手更快的速度将产品推向市场比较感兴趣。工程部门则希望产品在投放之前，确保其符合相应的质量标准。当部门决策者有不同的利益诉求时，就有可能在最优行动过程中产生争议。组织决策中的控制因素应该是为组织创造最大价值的决策。

将一个公司的决策看作是运作一个企业价值函数的单一决策者所做的决策是很有帮助的。在商业决策中，组织偏好更多价值甚于更少价值，这几乎总是如此。那么，剩下的就是确定组织适用的实际价值函数和风险容忍度。为实现这一目标，我们有必要回顾在第 26 章中所讨论的直接价值和间接价值之间的区别。

现在，假设一群个体的行为确实具有相同的价值函数。他们是否应该承担相同的风险容忍度？组织的激励结构对其决策质量将产生什么影响？以统一的价值函数和风险容忍度进行操作，会对组织的决策能力产生什么影响？其好处是什么？组织决策中还有额外的挑战吗？

在本章中，我们将讨论组织决策中的一些主题及拥有企业价值函数和企业风险容忍度的好处。同时，我们还将讨论激励结构和动机偏差对组织决策的影响。

38.2 追求最大化价值

考虑一家正在设计一款产品的制造公司。该产品可以是简单的，像第 26 章中所讨论的花生酱与果酱混合三明治，或者是一个更加复杂的产品，例如复印机、笔记本电脑或飞机。为了便于阐述，让我们从一家假想的花生酱与果酱混合三明治的生产商开始。同样类型的分析适用于任何指定价值函数的产品。

在第 26 章中，花生酱与果酱混合三明治的价值函数反映了购买三明治的单一决策者的偏好。在本案例中，其与一个生产决策相关。

假设在花生酱与果酱混合三明治的生产过程中涉及一些不同的部门，而且公司对利润的最大化感兴趣。一个部门生产面包，另外一个部门添加花生酱，第三个部门添加果酱。所有的部门隶属于同一家公司，它们的共同目标就是创造价值。花生酱、面包和果酱最佳厚度的设置为多少？这些可以通过考虑花生酱、面包和果酱作为决策的水平来获得，并考虑与各水平相关的利润（价值）。

公司在给定的原料搭配和价格的情况下，可能会对三明治的需求不确定。这一需求可能也与市场规模和竞争对手三明治中的原料和搭配有关。图 38-1 给出了该公司决策的一幅简单决策图。决策节点与三明治的原料及售价相关。竞争对手的表现与该公司三明治的价格与竞争对手的报价对比所产生的需求状态相关。成本将由原料和生产的单位数量确定。

公司需要评估这两个不确定性即市场规模和竞争对手的表现在不同值时，以及不同的价格和原料决策时，需求的概率分布。有时，市

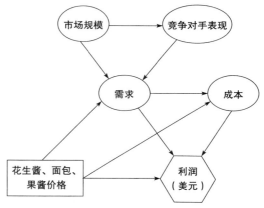

图 38-1　最大化公司利润的简单决策图

场调查和推广可用于基于这些不同条件下的需求评估。有时，个体偏好的价值函数，正如我们在第 26 章中所讨论的那样，可以帮助评估不同个体对不同成分和价格产品的需求。

通过将总利润效用值的期望值最大化，该公司可以确定 p^*、b^*、j^* 的水平和价格以最大化其利润的确定等价物。如果该公司在决策中为风险中性，其可以最大化利润的期望值。

尽管其比较简单，但上例包含了组织决策中的许多特征。按照如此方式运营，可以为公司带来诸多好处。假设，当前该公司生产的花生酱、面包和果酱的设置为 p_0、b_0 和 j_0。一位部门经理在某个早晨走进 CEO 的办公室，告诉他有一款新型设备可以生产任何需求水平的花生酱，且比目前的设备更加准确。该新机器还有一项额外的优势，即能够比目前的机器减少对于花生酱的浪费。

CEO 仔细考虑了这种机器对公司的价值并将之与机器的价格相对比。鉴于我们之前的分析，他的决策是直截了当的。CEO 将计算使用新机器时利润的确定等价物，并且如果他要满足 Δ 性质，他仅仅需要从当前机器生产所得的确定等价物中减去这一确定等价物。

这一企业决策方法也可以帮助解决冲突，并确定部门之间的优先顺序。例如，假设另一

位部门经理进来并提及只要购买另一款新机器，他就可以使面包的厚度水平达到所需的水平 b^*。该公司应该采购这款新机器吗？该公司应该采购这两款新机器吗？哪个部门应该获得优先权？同样，这些问题的答案都很直接，并可以通过计算各机器的价值且将这些价值与其成本相比较来确定。

之前的分析也可以应用到复杂很多的产品中。例如，考虑一家生产笔记本电脑的公司。设计决策可能会包括诸如电脑尺寸、屏幕大小和其他特征的多个因素。通过最大化每个设计利润效用值的期望值，公司可以确定这些设计决策的最优组合。对于追求利润最大化的公司而言，给定价格的产品需求为一个不确定性，且其在确定效用值的期望值中具有重要作用。

回顾第14章中两用型摩托车的设计，方便起见，其决策图重复于图38-2中。这一设计决策指定了所有指向"市场份额"节点的表现特性，给定最终影响利润的所有其他特性（比如成本）都是设计的结果。"市场规模"属性和"竞争报价/设计"属性将不在价值函数中，但作为不确定性，因为它们是间接价值节点。回顾一下，将设计决策分解为引擎大小、框架设计和提供电子启动等因素是为了图示方便：所有这些因素之间是相互影响的。

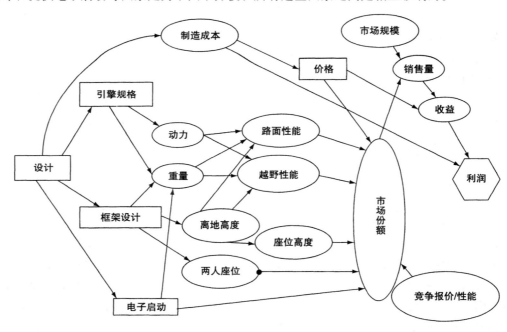

图38-2　摩托车设计的决策图

当求得某一设计中决策图的利润确定等价物时，敏感性分析将显示改变每一性能特性将如何影响利润的确定等价物。比如，给定其对重量、成本、性能和市场接受程度的影响，提供电子启动装置值多少钱？如果这一特征价值被市场高估，额外的成本可能是合理的。所有的工程师都必须权衡潜在的成本增长和卓越产品性能的用户价值。这就是几乎所有电缆都是铜制的原因，尽管银比铜的导电性能至少强10%，且银为已知金属中最佳的导电体。

假设该公司还对其产品的环保问题感兴趣。分析过程也是相同的。公司为每一前景赋值一个包含会计利润和环境影响的价值函数。不同于最大化给定设计的利润的效用值，该公司最大化价值函数效用值的期望值。这一价值函数可以包括直接价值特性，比如资金和碳足迹等。为了在组织内部保持一致，该公司应该拥有一个企业价值函数，该函数指定利润和环境影响之间的权衡。例如，该公司可能指定利润和其碳足迹一单位的增量之间的权衡。回顾第 26 章中指定价值函数的方法。该公司也应该指定其所运营的时间偏好（参见第 27 章）。

38.3 使用预算运营时的问题

我们已经阐述了使用一个企业价值函数的组织决策方法，该函数中各个体最大化利润的期望值。然而，通常情况下，一家公司都会为各部门的支出设置预算限制。预算有其本身固有的问题。尽管其易于理解和实施，但会导致价值损失。

例如，一家制药公司可能会由于没有额外的 100 万美元研发资金投入从而错失了治愈某种癌症的机会。如果组织可以通过额外的预算而获得可观的净值，则这种机会可能会因为"保持在预算之内"的需要而被放弃。经理们经常因没有超出某一预算而感到骄傲。

假设，在之前的例子中，生产花生酱的部门经理在某一预算下运营。如果新机器的成本高于他被指定的预算金额，他甚至都不会考虑这一机器的采购，即使这一花费可以为公司带来大得多的价值。

预算中存在的另一个问题是，假如你的预算最终有盈余，那在下一个时间周期保持或者增加预算额度的意愿将会产生不合理的支出。关于预算有一句众所周知的名言，"如果你不使用它，你就会失去它。"

就像任何约束一样，预算绝不会增加价值，它们只会对价值进行限制。它们排除了其他一些你可能会选择的可行方案。你应当在任意决策中投入资源，直至额外支出的净值为负。

38.4 激励结构问题

使用激励的问题在很多情况下都会发生。每一个组织都必须确定那些对成功有贡献的人的补偿基础。每当有许多人对企业的兴旺而共同承担责任时，总会有人认为他们对好的结果负有更大的责任，对不良后果负有更少的责任。在良好结果的情境中，可能会有一个共同观点即"如果没有我"，好的结果可能不会发生。如果所有的贡献都是成功所必需的，经理们应如何分配奖励？

补偿方案可以位于两个极端之间的任意范围。一种极端是所有各方均等且预先分配报酬。比如，在 Nantucket 捕鲸时代，航程利润依据最初确定的份额分配给股东、船长、管理人员和船员。除非遇到最不寻常的情况，否则参与者的特殊贡献或缺陷不会改变份额。

另一种极端情况是，酬劳完全由个人的表现所决定，比如销售人员的收入仅来自于销售佣金。

为了了解补偿方案的结果，考虑一个由一些个体成员组成的赛艇队争夺奖金的情况。团队经理可能会从团队成员平均分配净奖金开始。然而，一些队员可能会注意到自己在赛艇上投入的精力比其他队员要多得多，而他的行为是赢得比赛的重要因素。如果团队经理同意，可以在桨锁中安装一个系统来显示比赛期间各队员提供的总能量。然后奖金将根据这一测量值进行分配。既然每个人都知道其补偿的基础，每个人都会把注意力集中于能源输入上。然而，其他有助于成功的特征，比如赛艇方向、水的排出、其他队员的训练和鼓励等可能都被忽略了，也许这将导致下一场比赛的失败。

这是激励结构本质存在的缺陷。当一套激励结构被设定之后，员工可能会集中精力实现这一决策的结果，从而最大化他们实现激励结构的机会（并实现他们的奖励）。任何立即得到奖励的东西都会被强调，而其他对长期成功至关重要的因素，比如组织成员的未来发展，可能会被忽略。激励制度必须谨慎设计，以避免意外的后果。

考虑如下例子，一家汽车制造公司的项目经理必须在如下两个方案中选择：

- 生产一款新型创新车辆。
- 对去年的车辆设计进行改进（如图 38-3 所示）。

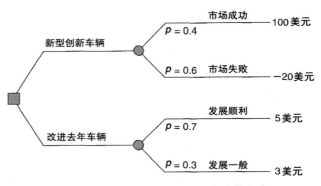

图 38-3　基于激励结构选择最优决策方案

生产一款新型创新车辆的期望值为：

$$0.4 \times 100 + 0.6 \times -(20) = 28(百万美元)$$

改进去年车辆设计的期望值为：

$$0.7 \times 5 + 0.3 \times 3 = 4.4(百万美元)$$

假如这家公司是风险中性的，那么最优决策就是生产一款新型创新车辆。然而，如果激励结构为项目经理的奖励源自于所产生的结果，则可能会促使他选择最有可能取得正收益的方案。如果激励仅仅是为了在低谷期创造利润，则项目经理可能会选择改进去年的设计，因为他将有 100% 的概率得到正利润。此外，创新车辆方案，有 60% 的概率得到负利润，因此，他将有 60% 的概率不能达到激励要求。

然而，如果激励超过 1 亿美元，项目经理将会选择新型创新车辆，因为比起改进已有的设计，这使他有更大的概率超过他的目标。因此，公司需要意识到，激励结构有可能阻碍做出好的决策，尤其当即时结果为主要焦点时。

38.5　一个常见问题：多个指标 vs. 权衡

在之前的章节中，我们发现以激励为基础的目标设定可能会导致并不符合公司最优利益的决策。对于设计一套系统的工程师来说，给定系统的性能指标和成本预算限制是常见的做法。

例如，一位生产复印机的工程师可能被要求设计一款新型复印机。公司将指定（除了其他特性之外）每分钟的复印件数量。如果成功的话，则会超过这一数量，而失败则会低于这一数量。另一项指标可能是数字扫描达到一定的分辨率。同样地，成功的话将会超过这一指定的分辨率，而失败将导致较低的分辨率。

这一过程通过将整个系统分为一组可被独立设计的子系统以简化整个系统的设计。对整个系统具有全局观的人能够发现通过对分辨率进行权衡以达到一定的复印速度从而实现整体系统性能改进的方法。问题在于不存在这种人的时候，如何实现这一结果？当为每个子系统设置多个阈值时，结果可能是为公司产生较少价值的产品。为了说明这一点，假设该公司的常数等值线如图 38-4 所示。该等值线对应于各设计特性较多优于较少的情况。该公司设置固定的目标以超过 m 单位的 X 特性和 n 单位的 Y 特性，如同图中阴影矩形区域所确定的那样。

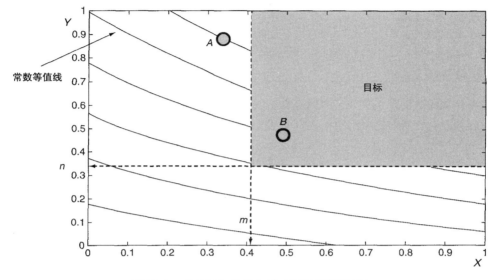

图 38-4　多目标和较差决策（矩形目标区域）

考虑图中的点 A 和点 B。点 A 能为公司带来更高的价值，但并不符合达到 X 特性 m 单位的阈值。此外，点 B 同时满足了两种特性的设计指标，但为公司创造较少价值。基于满足独立设计指标以奖赏工程师的激励结构可能会产生 B 点并减少对公司的价值。

如果该设计工程师看到常数等值线，面对竞争产品，他将发现每分钟各复印件数量对公司贡献的价值。提高这一数字所带来的高价值将会鼓励工程师去调查各种可能由于成本太高而被拒绝的备选方案。较低的增加值会将注意力转向其他性能特性。建立价值导向的设计可以用一句格言来描述，"不要告诉我你想要什么，只要告诉我我能提供什么价值。"

38.6　企业风险容忍度的必要性

大型公司通常会告诉其管理者要更具有"风险承担"性。尽管这类语言太常见了，但我们不禁要考虑，管理者到底应该用公司的钱做些什么。任何进行公司重要财务决策的人都应该对进行这些决策时所用的风险态度具有明确的导向。一旦决策的其他元素比如框架已经被恰当指定，且一旦权衡和时间偏好已经被建立，问题中剩余的部分就是组织的风险态度，其由效用曲线来指定。

当存在多个决策层次时，一个组织作为整体应该如何刻画其对待风险的态度？评估的方法类似于我们之前讨论的无差别类型问题，区别只在于现在高管们基于公司可能面临的交易做出回应。

例如，一个来自于战略决策组的团队分别对 A、B、C 三家公司的相同工业部门进行了风险容忍度评估。首先，该团队依据净销售额、净收入和资产的会计报表对三家公司进行分析。然后，评估了它们的风险容忍度（如表 38-1 所示）。

表 38-1 三家公司的净销售额、净收入、资产和评估的风险容忍度

	公司		
	A	B	C
净销售额（百万美元）	2 300	16 000	31 000
净收入（百万美元）	120	700	1 900
资产（百万美元）	1 000	6 500	12 000
风险容忍度（百万美元）	150	1 000	2 000

接着，该团队发现三家公司的风险容忍度与销售额的比率、风险容忍度与净收入的比率和风险容忍度对资产的比率都很接近（如表 38-2 所示），平均值为：

$$风险容忍度/销售额 = 0.064$$

$$风险容忍度/净收入 = 1.24$$

$$风险容忍度/资产 = 0.157$$

表 38-2 风险容忍度对销售、净收入和资产的比值

	公司			
	A	B	C	均值
风险容忍度/销售额	0.065 2	0.062 5	0.064 5	0.064
风险容忍度/净收入	1.25	1.43	1.05	1.24
风险容忍度/资产	0.15	0.154	0.167	0.157

很快，这一团队又对 D 公司进行相同的风险评估，D 公司的大部分业务所在的部门与 A、B、C 公司相同。D 公司正在决策是否对一家不同商业部门的初创公司进行投资。可用的分析时间有限，因为投资决策必须在某一特定日期之前完成。不幸的是，能够批准这项投资的公司总裁和董事长直到需要做出承诺的当天才能与该团队见面，在实际汇报决策分析之前，没有机会与他们讨论风险偏好。

因此，该团队决定参考从对 A、B、C 公司的研究中所了解的这一行业的内容为汇报做准备。对于 D 公司而言，它的净销售额为 33.07 亿美元，净收入为 1.52 亿美元，资产为 11.53 亿美元。利用从其他三家公司推导出来的风险容忍度比率，他们计算出了一个平均风险容忍度，其等于 1.94 亿美元，如表 38-3 所示。

表 38-3 通过比较各比率推断公司 D 的风险容忍度

		测度	
	比率 （风险容忍度/测度）	ABC 1979 （百万美元）	风险容忍度 （测度×比率） （百万美元）
净销售额	0.064	3 307	212
净收入	1.24	152	188
资产	0.157	1 153	181
		均值（百万美元）	194
		用于分析的 ABC 风险容忍度（百万美元）	190

在见面当天，该团队直接从高管层评估风险容忍度，并发现其为1.9亿美元，这与通过比较其他三家公司的比例所得的数值很接近。这一分析无须修改且公司高管层决定进行投资。

然而，在实践中，公司的高层管理者往往比其他低级别的经理或者工程师以更大的风险容忍度运营。公司的所有者希望公司的每一个员工在做决策时都使用企业风险偏好曲线，否则，将会在公司内产生价值损失。图38-5给出了战略决策组在多个组织进行风险容忍度评估的一个例子。组织中不同等级的个体被询问在决策中所用的风险容忍度，并通过等价规则评估进行测度。风险容忍度以公司内在价值亦即公司总体价值的部分进行表示。

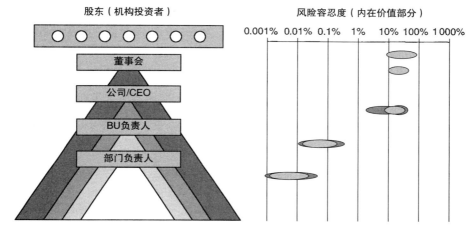

图 38-5　不同等级的风险容忍度评估

结果证实了位于较高等级的人比底层的人以更大的风险容忍度进行运营。这一系统存在不足。例如，其可能导致被组织底层的员工所拒绝的工程项目有可能会被组织高层管理者所青睐。结果即为组织价值的损失，我们称之为**价值差距**，即为图38-6中所示的阴影区域。这一区域表示了董事会成员所批准的整个组织等级的项目损失。

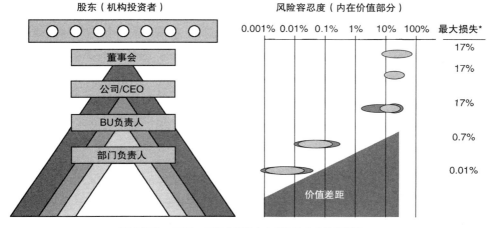

图 38-6　不同等级风险容忍度变化的价值差距

整个组织中具有不同的风险容忍度会鼓励不同部门之间的套利，其中某一部门可能对一个项目的估值高于另一个部门。通过为所有的决策设定一个统一的企业风险容忍度可以解决这一问题。

如果该公司正在和其他公司进行竞标，出于安全的原因，其可能不希望整个组织都知道这一点。因此，其可能给出公司的较低水平，仅仅为其所需企业效益曲线的一部分。这也意味着公司告诉其员工在进行小型决策时保持风险中性，进行中型决策时保持带有指定风险容忍度的指数型风险偏好，并为董事会等级决策保留真实的企业效用曲线。

一位曾经在多个组织高层供职的同事提到，在接受一份新的管理职位之后，他要做的第一件事就是换算公司的多少美元等价于他自己的一美元。这使他能够确定在审议任何财务决策时所要花费的大致时间。在进行企业决策时，你并不希望一位经理使用其个人风险偏好。如果一位经理拥有的风险容忍度为 R_M，且企业风险容忍度为 R_C，他可以使用我们在第 32 章中刻画的风险调整的观点。比率 $\dfrac{R_M}{R_C}$ 可以将公司面临的任何交易转换为经理的交易。如果经理愿意基于其个人风险容忍度 R_M 接受这一交易，则公司将接受带有风险容忍度 R_C 的更大交易。

38.7 组织中常见的动机偏差

在第 16 章中，我们讨论的认知偏差经常是无意识的。有一些偏差也可以是有意识的，要么来自于提供判断者的动机，要么来自于组织中不同的激励结构。例如，考虑一位 CEO 挂着一些销售人员的照片并附上一句话"这个人属于 400% 俱乐部"这一激励设置的含义。当被问及一个员工如何做才能成为 400% 俱乐部的成员时，这位 CEO 回答说这些销售人员的销售额超过了他们预测的 400%。考虑一下这一激励可能对销售经理所得预测的影响。

动机偏差在组织中经常出现，也可能在概率赋值或影响讨论中产生后果。你可以通过批判性检验他人的分析来学习许多决策分析的知识，并思考这些偏差是否影响了他们的思维过程。考虑作为演示的如下案例。

▶ **例 38-1　高管问题**

在 19 世纪 70 年代的石油禁运期，一家国际石油公司美国子公司的总裁在办公室花了一早晨的时间与销售部门和法律部门讨论在目前高油价期间如何向客户提供石油。在与客户所签订的合同中规定：在异常情况下，该公司可以保留承诺向客户供油量的 10%。这将允许公司以当前的较高价格而非较低的合同价出售所保留的石油。然而，法律部门警告说，客户可能会采取法律手段来应对公司这种行为，如果他们这么做，他们很可能获胜。讨论看起来陷入死循环。

此时，这位高管想起了他上过两日有关决策分析的课程，且他可以运用在这一问题上。他取出一张纸，画出了如图 38-7 所示的决策树（基于教学目的，他的手写原件已被重新绘制）。分析显示，公司如果采取"10% 的不提供"方案，将会得到 728 000 美元的获利（收益 248 000 美元而非亏损 480 000 美元）。他很欣慰能如此快速采取行动。

在会议结束时，他将图 38-7 传真给了决策分析课程的老师们并寻求他们对这一工作的评价。

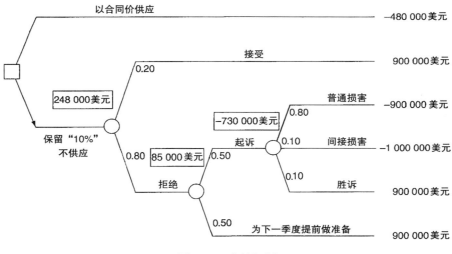

图 38-7 高管问题

> **思考**
>
> 基于你对决策分析的学习,假如你收到这份传真并打算回复这位高管,花一些时间记下你在建设性批评这一分析时所有的可能性评论。你觉得所传真的决策树有什么问题吗?

当之前的学生面临这一相同的练习时,他们提出了一些问题和评论,汇总如下。随后为我们的回复,以楷体字表示。

- 这一分析的实施基于公司为风险中性的。这一假设合理吗?

  因为与母公司的资产相比,这是一个小的资源决策问题,这是"微不足道"的决策,因此,风险中性的假设是合适的。

- 这一分析并没有考虑保留石油以后,对后期客户关系的影响。

  这一决策框架的适用性取决于市场是否以忠诚为一个因素,或者更像商品市场的一种交易。交易框架可能是合适的,但是这位高管应该意识到所使用的框架正是这一类型。

- 终点的数字代表的是什么意思?为什么供油有 480 000 美元的损失而不供油却有 900 000 美元的收益?零点在哪里?这些前景值测度了公司现金流的实际变化吗?

  好问题。

- 为什么公司的法律诉讼没有成本支出?

  该高管在传真中提及这一点。他认为律师作为企业的员工,不管是否在忙于诉讼都会被支付工资。然而,如果公司面临诉讼,将会产生许多其他公司成本,包括高管们提供证词所花的时间。

- 高概率输掉官司是合理的吗?

  这里,我们可能询问律师们的动机偏差。作为机构内部的律师,他们宁愿不面对诉讼,因为总存在他们无法成功为公司辩护的可能。他们可能会试图扩大失败的概率。在实践中,可以通过考虑组织中不同人员在提供答复时所采取的激励结构来强调

这一点。
- 假如客户有如此高的机会赢得诉讼并获得较高赔偿，为什么他们只有一半的可能性进行起诉？

  另一个好问题：这可能是一厢情愿的想法吗？
- 公司了解到客户将要起诉，为什么没有介绍解决这一诉讼的方案？为什么在这种情况下没有下游的决策？

  这可能是这一决策时序中最根本的结构性缺陷。未能意识到法律事务上的任何一点的解决选项都会对分析结果产生严重影响。

我们也可以检验高管的框架并观察他以一种纯经济的方式考虑他的决策对公司利润的影响。另一种框架可能会考虑他与客户公司的关系以及他对此的重视程度。

38.8 总结

采用企业价值函数和企业风险容忍度进行运营对组织决策有很多好处。

理解一家企业想要最大化的确切价值很重要。

预算与激励结构本身存在着一些问题，这些问题可能会影响组织内的决策质量。

认知偏差与动机偏差可能会影响组织内的决策质量。意识到这一点很重要。

习题

标注星号（*）的习题更具有挑战性。

1. 画出图 38-7 中高管问题的决策图。思考在这种情形下你可能会向决策者询问的其他问题或说明。
2. 对于图 38-3 中的决策树，使得经理对两种方案感觉无差别的风险容忍度是多少？
*3. 举例说明何种情况下激励结构可能会导致次优的结果。
*4. 本章中所描述的预算的主要问题是什么？
*5. 在一家公司中设立多种独立要求会存在什么问题？
*6. 解释组织中"价值差距"的概念。

第 39 章

协调大型群体的决策

本章核心概念

阅读本章之后,读者将能够解释下列概念:
- 群体思维
- 分析复杂性 vs. 组织复杂性
- 对话决策过程(DDP)
- 问题的提出
- 战略表

39.1 引言

在第 32 章中,我们讨论了由合伙企业做出的决策,阐明了群体是如何使用一个群体风险容忍度进行有效运营的,并确定他们可以基于每一个体成员风险容忍度共担不确定性交易。在第 38 章中,我们讨论了一些影响组织有效决策的潜在障碍,例如实行激励结构,并且我们阐明了在组织中使用单一风险容忍度进行运营的好处。

当一个群体(或一个团队)的决策者致力于做出决策的时候,群体内决策制定过程的协调变得非常必要。尽管群体成员都从事相同的工作,但有些成员可能会有冲突的信息和偏好,并且他们可能拥有不同的资源水平。在本章中,我们强调参与共同决策过程的群体所面临的一些共同挑战,并给出一些改进协调的建议。

39.2 导致群体决策不良的问题

一种可以导致群体中不良决策的常见现象被称为**群体思维**。一个著名群体思维的案例为"Abilene 之旅",这是一个基于真实经验的寓言,用来刻画个体之间达成一致意见的问题,更确切地说,是相信他们已经达成一致意见。寓言的具体内容如下。

> 位于得克萨斯州,距离 Abilene 约 53 英里的 Coleman 的一个小镇上,四个成年人顶着 40℃ 的高温坐在一个门廊内。他们尽可能地少做运动,喝着柠檬水,看着风扇懒懒地旋转,偶尔玩

> 一下多米诺骨牌。他们的角色是一对夫妻和妻子的父母。在某一时刻，妻子的父亲建议他们开车去 Abilene 的一家自助餐厅吃饭。女婿认为这是个疯狂的想法，但是并没有打破这个美梦的必要，所以他同意去，另外两个女士也同样如此。他们坐进没有空调的别克车，一路沙尘开到 Abilene。他们在自助餐厅吃了一顿普通的午餐，然后拖着疲惫的身躯，一脸不快地回到 Coleman。回到门廊，他们聊天后发现他们没有人真的想去 Abilene——他们之所以同意是因为他们觉得其他人都想去。当一个群体决定采取一项没人同意但也没人愿意质疑的行动时，我们说他们正在进行一场"Abilene 之旅"。

基于涉及人员的不同身份和观点，组织决策带来许多额外的挑战。比如，在讨论决策时，团队中的某些成员可能会用自己的权威对他人施加影响，或者将决策引向他们自己的偏好。如果高层管理人员已经表示支持某一项目，一些成员也许就不会愿意去表明自己的保留意见。此外，组织中的不同部门可能对同一决策持有差异巨大的偏好。比如，销售部门可能倾向于尽早推出新产品，然而工程部门可能更愿意推迟发布至产品经过彻底测试之后。一个组织的规模和结构本身可能会阻止决策被认可的机会。

我们在之前章节所讨论的许多导致个人不良决策的问题也可能存在于团队或者组织之中。比如，承认一个决策及其结果之间的差异可能会对一个组织决策的质量造成重大障碍。经常听到如下的话，比如"我们上次尝试过，但没有成功。所以这次，我们再尝试一下其他东西。"或者你可能听到相反的话，"上一次这种方法成功了，所以这是安全的筹码。我们保持不变就行。"此类观点倾向于基于之前的决策结果而做出决策，而不管当时的决策质量如何。

另一个群体有效决策的障碍是我们在第 2 章中所讨论的**沉没成本陷阱**。在组织中，当决策者仅仅因为一个项目耗费了资源而继续执行这一项目时，这种情况就会发生。在会议中，经常会听到"我们已经在这个项目上投入了这么多钱，没有回头路了"或者"我们已经为这一项目进行了巨大投资，所以我们需要等待这一项目取得更高的回报才行"。他们所要面临的是确定未来而不会影响过去的选择。沉默成本陷阱通常被描述为"赔了夫人又折兵"。在商业中，和在生活中一样，你必须鼓起勇气承认，有时候你投入极大热情的项目最终还是会失败。

组织决策问题缺乏结构化和框架化的有效过程也会阻碍决策质量。也许，一个群体进行决策最常见的方式就是围坐在一张桌上讨论决策情况，最后通过法令、投票或者协议形式而不使用任何形式的分析来得出结论。决策中**结构化过程**的缺失往往会导致选择错误的问题，甚至不能从正确的问题开始，但接着却没有意识到决策情境的变化，从而使问题变得过时。

此外，拥有一个结构化的决策过程要求决策者对他人的参与持开放态度。一些高管可能不愿他们的决策过程暴露于潜在的批评中。比如，试想一下，政治决策中缺乏明确性可能被视为一种优势。

在其他情况下，高管们可能会感觉他们已经赢得了"发号施令"的权利并做出这些决策。他们不愿与他人分享这一特权。通常情况下，过度自信偏差可能会阻碍一个高质量决策过程。高管们可能会觉得，成功的纪录保证了他们做出决策的永恒"魔力"。在一些案例中，可能还存在其他不可告人的动机阻碍了高质量的决策过程，比如个人的贪婪、自负或害怕失去控制之风的盛行。有些高管可能因为以前在组织中的业务地位而过度注重业务。设计一个决策过程的想法可能只是超出了他们的舒适区。

39.3 将决策问题分类

当考虑组织决策问题时，将它们分成两类是十分有用的：①决策所需的**分析复杂性**，②决策中涉及的相关**组织复杂性**。这种分类将会帮助你确定决策所需的正确工具。

当我们描述分析复杂性时，我们指解决这一问题所需的分析类型、所需的数学工具、涉及的变量数目以及决策问题的性质（静态 vs. 动态、不确定性 vs. 确定性）此类的事物。基于适当的技术分析类型，我们可以粗略地将问题分类为较低的分析复杂性和较高的分析复杂性。

当我们的分析对象从一家小公司（或者单一的决策者）到有多个决策者的一个大型组织时，组织复杂性也会从低升到高。在组织复杂性极高的大型环境中，**协调者**的作用尤其重要。协调者负责主持会议，确保每个人的观点被表达和考虑，并致力于群体达成一致意见。

然而，只有协调者是不够的。没有一个良好的决策过程，组织可能会同意错误的事情。为了便于讨论，我们现在使用如图 39-1 所示的一个 2×2 矩阵将决策问题分类至四个区域。

图 39-1 中矩阵刻画的决策区域如下。

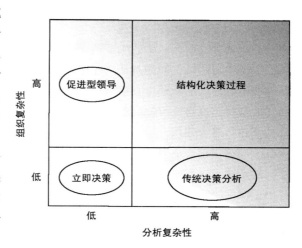

图 39-1　组织决策问题的分类矩阵

39.3.1　低分析复杂性—低组织复杂性

这种情况在组织中十分常见。例如，一位工程师可能正在决策为部门采购哪种复印机。如果这一选择需要部门中各成员进行分析，则是浪费时间的过程。相反，如果该工程师独立地对现有复印机进行一些研究，征求反馈意见，并代表群体进行决策而不是等待群体成员的一致意见，这将会更加有效。

在大型组织中，会有成千上万种类似的决策需要迅速被制定。识别这些决策并立即采取行动，而不浪费组织资源是很重要的。

39.3.2　低分析复杂性—高组织复杂性

这种类型的情况也经常在组织中出现。例如，一家公司正在进行务虚会，对可能的增长情境集思广益。他们可能会需要一个记录想法的过程，以及一个产生想法而没有恐惧或批评的环境。这通常被称为一个**促进活动**。促进型领导需要涉及合适的人，认可不同的观点，并协调讨论以确保所有团队成员有机会发表观点。

39.3.3 高分析复杂性—低组织复杂性

这种类型的决策同样也很普遍。例如，连锁企业的一家商店需要进行分析以确定其最优库存水平。只有协调者于事无补。在这种情况下，他们将需要一位掌握适当技能的分析师进行分析并获得重要见解。

39.3.4 高分析复杂性—高组织复杂性

这些类型的决策情况出现于分析复杂决策的大型组织中。例如，NASA 可能重新评估其航天飞机或供应商的整个供应链的设计。另一个例子是汽车制造公司重新评估当前市场上的汽车组合，或将预算分配给当前的研发项目。这一情况可能涉及多个部门，分析也会更加广泛。

为了处理这一区域中的决策情况，我们需要一个结构化的决策过程，以促进决策者和分析方案的项目团队之间的对话。在这种情况下，可能出现的失败模式之一就是忽略了项目团队和决策者之间的互动，直至项目结束。这一失败模式将会减少决策者的承诺。此外，项目团队的最终建议甚至可能会令决策团队感到意外，项目团队也可能会发现决策团队有充分的理由不执行这一建议。协调这一区域内决策的一种方法被称为**对话决策过程**（DDP），我们将在下面讨论这一话题。

对话决策过程（DDP） 在 19 世纪 70 年代，斯坦福研究中心的决策分析小组就已经设计出了对话决策过程。自此以后，这一程序已经被测试并应用于数百个横跨主要工业行业的项目，比如油气相关的制药公司、汽车制造和许多其他行业。DDP 背后的基本理念是令决策者成为决策过程的所有者，而非试图向其出售现成的决策咨询服务。其主要目的在于令决策者参与对话，并以其想法作为基础。

这个对话过程从启动会议开始，以确定将组成**决策委员会**的决策者以及参与决策并组成**项目团队**的决策分析师和该领域的主要专家。两个小组结合在一起将为决策情境提供框架。

决策委员会 正如我们所讨论的那样，当涉及多个决策者时，做出决策将变得非常困难。因此，决策委员会应根据某人的批准便足以通过某一决策方案的最低人数来选择成员。决策委员会成员的另一个关键人选因素在于他们胜任并承诺参与项目会议，并在出现问题的时候给予解答。否则，整个决策团队的会议可能因为日程安排的困难而推迟。

如果决策委员会的成员并没有接触过决策分析和对话决策过程，项目可以从教程和概述会议开始。在这个会议上，参与者有机会观看整个过程，就其范围、后勤和沟通过程达成一致。

项目团队 这一团队将在整个项目中与决策委员会一起工作。这一团队具有进行分析和协助所需的技能。成员们必须预留时间以备谨慎思考、收集信息，并准备一幅清晰蓝图以备执行审查。

DDP 的框架 一旦两组的成员确定之后，下一步就是要讨论项目的流程、分析的阶段、项目交付时间表和未来重要会议的安排。图 39-2 给出了一个典型过程的例子，显示了决策委员会和项目团队的互动。基于其形状，图 39-2 在现实中通常被称为"蛇形图"。

"蛇形图"显示了决策委员会与项目团队之间的信息流。决策委员会的第一个作用是通

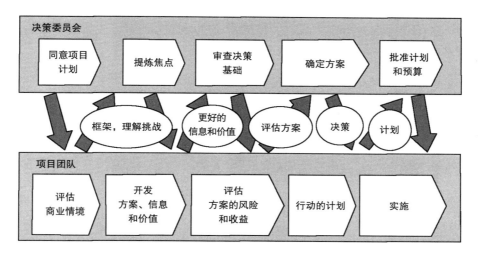

图 39-2　对话决策过程蛇形图

过对分析目的提供一个一般性的描述以同意对该决策进行分析。这将引导项目团队评估公司所面临的业务情况，并向决策团队提供一个框架以获得其批准。正如我们之前所说，框架将确定什么被视作可接受的、什么将在稍后决策，以及哪些利益相关者将被考虑。决策委员会将会根据需要调整这一框架，并授权项目团队开发**决策基础**：方案、信息和用于表征决策的偏好。决策委员会将会审查所产生的基础，并特别强调备选方案和偏好的说明。

然后项目团队就会执行分析，通过给出它们的确定现值当量以评估这些方案。因此，他们可能会在确定之前提出新的方案或要求额外的信息收集。这一步骤可能需要在群体之间进行额外的迭代。最后，决策委员会必须选择某一方案以供项目团队计划实施。一旦决策委员会同意了他们的计划并授权了资源承诺，实施工作就开始了。如果没有实施，就不是决策，而只是意向。

39.4　结构化组织内的决策问题

当应用于一个组织环境中时，在第 37 章中所提及的决策分析周期将会变得更加复杂。尤其是，构建和规划决策问题需要额外的精力。以下是一些有助于规划阶段的好的运营实践和工具。

39.4.1　建立一个愿景声明

在进行一个组织的决策分析之前，一个重要的步骤是拥有一个愿景声明：一个需要去做什么或者决策什么的明确观点。这一步骤对单一决策者来说同样重要，但令人惊讶的是，即使在几次会议之后，团队中的个人也可能会对这一决策持有不同的框架和前景。愿景声明的理念在于让团队成员就决策的确切本质达成一致意见。

就这一点而言，一页纸的愿景声明通常为一个理清思路的良好工具。至少它要回答如下三个问题：

> 我们要做什么？
> 为什么这么做？
> 如果我们成功了，我们如何知道？

这些问题在会议之前将会分发给团队中的各成员。虽然这些问题看起来比较直接和简单，但是组织中不同的人将会有不同的答案。明确这些问题的答案对制定决策的未来框架至关重要。

39.4.2 提出问题

"**提出问题**"这一步骤是一个捕捉决策团队和项目团队共同参与的头脑风暴会议中决策情况相关的所有方面的机会。

尽管有时候从提议的方案中形成的混合方案是最优的，但是回想一下，在分析结束时出现的最优方案通常是最初提出的方案之一。因此，在开始分析之前确保那些明显不同的方案被识别是非常重要的。

在这一会议中出现的典型问题有不确定性、担忧、决策者的偏好、政策、现实、威胁、机会以及组织的优势和缺点。在过滤和完善之前，这是获得可能与论证性表达决策相关的想法的时候。

在问题提出的会议中，一位协调者的存在有助于确保与会者能够提出问题而无惧受到批评，且没有与会者主导这一讨论。一位记录问题的抄写员可以加强这一过程，且有能力在这些问题被提出后将其提交至项目团队。该系统允许即时修正任何误解，并记录整个会议。如果没有抄写员，群体通常使用便利贴写下问题并将其张贴在每个人面前。

39.4.3 问题分类

在问题提出之后，下一步就是以便于在决策分析中使用的方式对它们进行分类。这就需要将这些问题分为四个子类：决策、不确定性、价值（以形成决策基础）和其他问题，例如，一些已知事实，如政府的规章或要求（参见图 39-3）。

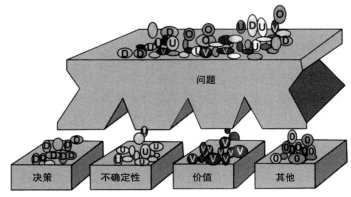

图 39-3　问题分类

决策包括必须要做的选择和可用于这些选择的方案。不确定性将包括参与者希望知道的任何属性，因为它们对结果产生有利的或有害的影响。最后，决策者的价值需要被确定。价值应该区分为直接价值特性和间接价值特性，可能包括货币前景或股东总回报、公司的声誉、员工的安全、动机，或者在组织中形成的社区意识。价值类别将包括时间和风险偏好的规格。

问题分类在制定决策框架时至关重要。一些团队自然地把大多数提出的问题分类为决策和价值，很少有不确定性。其他团队可能会将大部分提出的问题归类为无法控制的不确定性。协调者可以确保收集的问题得到适当的平衡。记住决策者是谁（CEO、公司或者部门）有助于问题的分类。

在问题被分类之后，下一个步骤就是将决策分为政策决策、战略决策以及战术决策（回顾第17章中的决策等级）。正如我们所讨论的那样，政策决策涉及组织已经批准的当前已经成为企业政策一部分的选择，而且应当作为已被接受的选择。

在绘制决策等级时，挑战现行的框架是一个很好的做法。例如，一项预算约束可能已被接受，但是正如我们所讨论的那样，它也可能会导致公司选择次优方案。如果这种约束存在，它必须是经过验证的。

举个例子，一家铁路公司可能会有一个政策决策：即使这种运输方式可能并非是最盈利的，也要保留铁路运输业务。诸如此类的政策决策应该受到挑战。战略决策则被确定为在这一分析中需要被检验和采用的决策，且应该将努力集中于此决策中。战略决策是需要被考虑进决策图中的决策。战术决策也是被确定为需要稍后进行检验和确定的决策。

图39-4 给出了一个在问题提出的会议中建立的决策等级示例，以帮助一家汽车制造公司决策推出一款新产品。正如我们在第17章所讨论的那样，决策等级有三个决策层：①被视为已接受的政策决策，②作为当前分析重点的战略决策，③稍后被做出的战术决策。

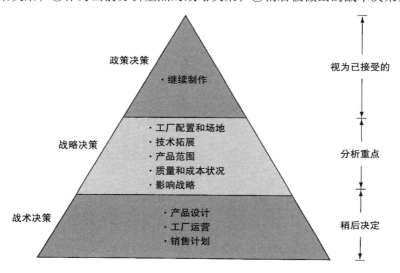

图39-4 问题提出决策等级

不确定性被用来创造决策图中所需的属性，价值被用于确定价值节点的元素（如图39-5所示）。

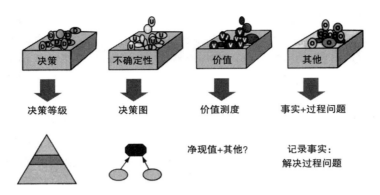

图 39-5　规划决策情形

39.4.4　构建一个战略表

在决策等级达到一致以及战略决策被确定以后，下一步即为构建一个**战略表**。这一步骤的目标在于确定将要被探索和分析的关键战略。战略表常常导致混合战略的产生，并为企业增加重要价值。

为了构建一个战略表，每一个在决策等级中的战略决策都被放在一个单独列的顶层单元格内。例如，在图 39-6 中，我们对汽车制造公司有一个相同的决策等级。战略决策是制造工厂的地址、将要使用的技术、将要生产的产品、质量定位以及营销技巧。在每一列中，我们罗列出适用于每一战略决策的可能方案。

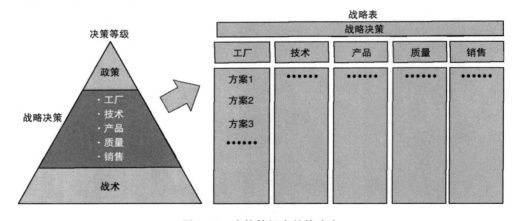

图 39-6　决策等级中的战略表

在各决策可能的方案被填写完毕之后，下一步就是选择用于分析的战略。每种战略都包含了各战略决策可能方案的不同组合。一个战略必须具有连贯性。其不仅仅只是从每一列中挑选一个元素的问题，那样将导致大量的备选战略。当然，每一个被调查的战略都必须是一种可以实际执行的行动过程，而且必须具有一致性。一些连贯性战略将被选择用于分析，每个战略通常都会有一个名称。

例如，图 39-7 给出了一个有四种战略的战略表的例子：激进现代化、适度现代化、巩固、淘汰。每种战略对正在被考虑的各战略决策都使用不同的方案。从"温和"到"狂野"，在一列中扫描可能的方案有助于提出创造性的战略。如此一来，我们经常想出混合战略以获得最好的几个其他战略。例如，一个混合战略可能包括工厂配置、技术扩展、产品范围和激进现代化的营销战略，再结合质量和成本优势的适度现代化。

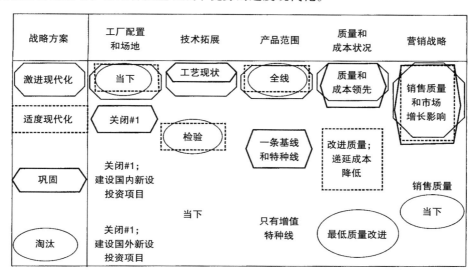

图 39-7　识别不同战略

这可能会导致一个具有更高确定等价物的新方案。混合策略在实际中经常出现。例如，一家公司可能正在决策是否对其外汇负债进行 100% 的对冲，还是保持一个公开、未对冲的头寸。一种混合战略可能包括对冲 50% 的外汇风险。

注：每一个战略都是作为群体战略被提出来的，而不是由群体中任何个人所倡导或者捍卫的。

39.4.5　评估不确定性

我们现在将要评估所创造的不确定性的概率分布。如此一来，我们需要处理和减轻偏差的影响，诸如我们之前在第 16 章中和第 38 章中所讨论的认知偏差和动机偏差。为每一个评估提供谱系（参见第 15 章），并且使用一个认证的概率编码器进行评估也是一种很好的做法。来自公司内部的专家或顾问可能会被要求在其专业领域内提供属性的概率评估。

给定了决策、不确定性和价值，我们现在拥有了关于该决策情形的完整决策图。图 39-8 给出了这一协调决策过程结束时刻交付成果的总结：

- 愿景声明。
- 问题清单。
- 决策等级。
- 战略表。
- 决策图。

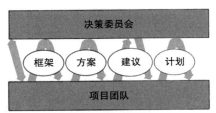
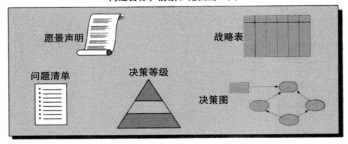

图 39-8　规划阶段之后交付成果的总结

39.5　案例：第五代巡洋舰[一]

1988 年，通用汽车决定设计一款全新的第五代巡洋舰。通用汽车咨询了战略决策组，其中一个项目团队被派来帮助制定决策。小组将决策问题结构化，并以一个提出问题会议开始。会议结束之后，选出了决策问题并创建了决策等级。决策等级如图 39-9 所示，包括政策决策、战略决策以及战术决策。

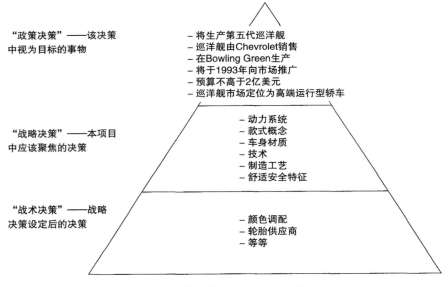

图 39-9　第五代巡洋舰的决策等级

[一]　一种轿车型号。——译者注

政策决策　企业已经确定即将生产第五代巡洋舰，它将由 Chevrolet 销售，且没有其他制造商和零售商，项目预算为 2 亿美元（参考我们关于预算的讨论），它将被定位为高级运动型汽车。

战略决策　公司的设计决策重点关注于动力系统、款式概念、车身材质、制造工艺以及一些舒适性和安全性特征。

问题提出的会议也为未来的讨论确定了一些战术决策。

战略表包含了三个战略决策，它们的方案如图 39-10 所示。方案中考虑了关于性能、款式概念、舒适/方便等，确定了三个主要战略并命名如下。

战略 1：新改良版第四代巡洋舰。
350 高性能，主要改进了款式，部分改进了舒适性和便捷性。
战略 2：闪亮优雅版巡洋舰。
350 高性能，在款式上独特但非变革式的改进，主要改进了舒适性和便捷性。
战略 3：高配版巡洋舰。
450 高性能，全新款式，车门降低至少 3 英寸。

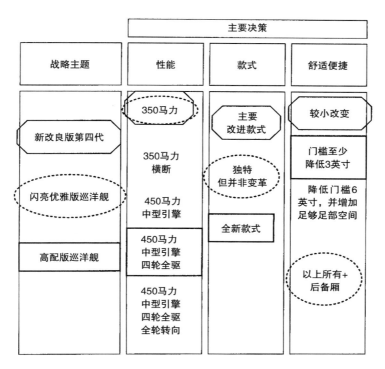

图 39-10　巡洋舰决策图

决策图中所涉及的主要不确定性如图 39-11 所示。

项目团队也开发了一个针对不同设计决策的价值模型。他们确定了大部分的价值来源于更大的空间和降低的门槛。他们决定降低门槛并且把变速器安装至汽车的后面。龙卷风图（隐藏了一些保密项目）如图 39-12 所示。

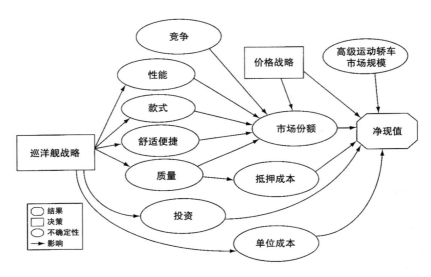

图 39-11　巡洋舰设计决策图

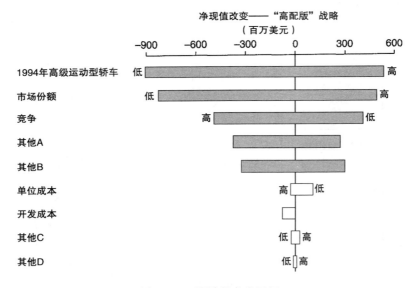

图 39-12　设计的龙卷风图

39.6　总结

我们在前述章节中所提出的许多决策工具都可以应用于群体环境中。当协调大型群体的决策时，尤其是在一个组织环境中，理解决策的本质及相关的分析复杂性和组织复杂性尤为重要。正如我们所讨论的那样，当分析复杂性较低时，好的协调足以带来清晰的分析。

此外，分析复杂性较高而组织复杂性较低时，则之前章节中所用的传统方法可更直接地应用。当分析复杂性和组织复杂性都较高时，就需要一个结构化的决策过程。我们在这一章所刻画的工具和过程是比较实用的：它们合并在一起，经过测试，并最终被成功地运用到一系列不同的实践和情形中。

第40章

决策与伦理

本章核心概念

阅读本章之后，读者将能够解释下列概念：

- 伦理在决策中的作用
- 行为的分类
  - 符合伦理的
  - 合法的
  - 谨慎的
- 基于行为的伦理 vs. 基于结果的伦理
- 积极禁令 vs. 消极禁令
- 说出全部真相
- 建立你的伦理规范

40.1 引言

通过这本书，我们展现了如何使用决策分析以清晰思考一个决策并选择最优的行动过程。然而，我们尚未考虑到伦理对我们决策的影响。此时提出的决策分析与伦理无关，即不承认伦理的差别或判断。正如一个人可以使用一把刀或者火来做道德或者不道德的事情，决策分析亦是如此。一个罪犯可以借助决策分析来选择偷窃或杀人的最佳方式，平衡达到目标的利益和相关风险的关系。如果在分析中考虑伦理因素，决策者必须介绍它们。本章中，我们提出了伦理术语和概念以支持在决策中考虑伦理因素。

伦理是你判断是非的个人标准：你正确行为的准则。本章的目的不在于展示伦理领域的完整历史和分析，恰恰相反，而是提供足够的背景以提高我们决策时的伦理敏感性。缺乏对伦理考虑的意识是造成决策质量低下和生活混乱的一种常见原因。

我们建议你将这一伦理讨论作为判断你自己而非他人行为的基础：专注于能产生敏感性和结果变化的自我检查。你将发现，本章并没有提出一套具体的道德规范，而是提供了理解和分析伦理情境的属性，以便你可以自行确定伦理将在你的决策中起什么作用。欲了解这一话题的更多细节，参见《现实世界的伦理：制定个人守则以指导工作生活中的决策》(*Ethics for the Real World: Creating a Personal Code to Guide Decisions in Work and Life*，Howard and Korver，2008）。

伦理案例　在一个经典的故事中，佛祖听闻一人已经杀害999人，便跋涉到了他所生活的村庄。当他俩见面时，这个杀人犯举起剑并对佛祖说："我不知道你来找我的原因，但现在我要杀了你。"

佛祖答道："在你杀我之前请为我做两件事。首先，砍下这棵树的树枝，向我展示你的强大力量。"这个杀人犯同意了，但是强调这些愿望并不能改变佛祖被杀的命运。随着剑的猛烈下劈，杀人犯从树上砍下了巨大的树枝。然后佛祖要求道："请使用你的强大力量，将树枝还原。"杀人犯从而受到启发并成为一名僧人。

杀人犯并没有醒悟，亦即他并没有意识到自己行为所带来的影响。佛祖没有告诉他杀人是错的。相反，他通过提高是非问题的敏感性以帮助杀人犯看清自己行为的后果。

如果你像佛祖一样开悟，就不再需要伦理：你只需选择正确的行动。在我们达到开悟之前，伦理可以成为我们的指南。

40.2　伦理在决策中的作用

个人决策中的伦理

伦理课上，开始的时候，我们会让学生描述他们个人和职业生涯中所经历的伦理挑战场景。几乎所有人都有过此类经历。例如，有个学生提到有次他在邮局看到一个男人抱了一堆邮票和信件。这个男人把邮票贴到每张信件上，然后把信寄出去。在这个男人离开邮局后，这个学生发现这个男人在原来的地方遗漏了一张邮票和一封信。他便把邮票贴在信上，然后把信寄出去了。后来，他再细细思索这个男人是否在最开始的时候就没有打算寄出这封信。也许这个男人决定不寄出这封辞职信。这就是一个伦理问题的极端例子。

另一个学生描述了他作为一家软件公司职员时为一场大型国际产品博览会做准备所遇到的问题。这家公司开发了一个能以竞争者两倍速度解决标准问题的程序，并设计了一台可以同时运行两种软件来解决相同问题的现场演示机器。目的在于让潜在的顾客直观感受到公司程序的优势。然而就在即将动身前往博览会的时候，一个与该程序完全无关的问题出现了，但这个问题导致现场演示无法实现。然而，他们已经在之前的会议中保存了相关文件，这些文件可以让机器在演示中看起来正在解决问题，但事实上机器只是在解读这些文件。公司经理要求这个学生不要泄密这台机器没有实时运行代码这一事实，而是照常运行演示。

还有一个学生所在的公司曾经承诺为一位客户开发一种产品。这个学生进行的早期测试都表明这种产品的性能并没有达到合同中各指标的要求。经理要求学生在即将到来的会议上不要向用户提及这些结果。当然，他们向他解释说这无关紧要，因为他们一定会确保最后一切正常。

其他所描述的伦理困境更加悲惨。一个来自南美某国家的学生说叛军曾从他家的农场上绑架了一位工人。他们要求一大笔赎金作为释放这名工人的条件。这个学生把他的工头送去与叛军协商并交给工头一半的赎金，他本以为这笔数目足以确保工人被释放。然而叛军杀死了这名工头。

与我们领域更接近的案例是一个学生在其老板的指导下进行一个投资战略的研究，老板明确指出这个学生在公司的未来取决于是否能得到老板提前规划好的结果。

在以上每个案例中，我们可能试图去判断应该怎么做，比如告诉最后一位学生，"拒绝，如果必要的话退出。"但是该决策是这位学生的责任。在课堂上提出这些经验的学生表现出他们对之前行为的不适。这门课程让他们思考下次将要如何做，要么处理类似的情况，要么避免处于这样的位置。

当你处于伦理困境的阵痛时，清晰地思考你的道德观通常是很困难的。伦理情境通常充满情感，且可能涉及一系列复杂的相互冲突的价值观。此外，伦理敏感的情况有时需要快速反应。例如，一名学生参加一个聚会，某人递给她一个瓶嘴（吸毒工具）：她要么吸，要么不吸。这种状况下并没有太多思考的时间。将伦理纳入你的决策中最好的方法是制定一套伦理规范来指导行为，从而为处理或者避免伦理困境做准备。

> **思考**
>
> 在我们继续之前，花一点时间思考一下你曾经遇到的或者正在面临的伦理困境。这个处境为什么困难？它有哪些重要的特性？

40.3 伦理属性

40.3.1 行为分类：谨慎的、合法的、符合伦理的

在我们伦理讨论的过程中，我们发现根据行为是谨慎的、合法的还是符合伦理的对其分类是有用的。

一种行为是**谨慎的**，如果该行为符合个人的自我利益，自我利益可以包括对他人的影响，而不考虑法律或道德因素。比如，对我们大多数人而言，孩子的福祉符合我们的自我利益。该行为可能是短期或长期谨慎的。不具有伦理或法律上敏感的谨慎行为的例子有：更新你汽车引擎里的机油、购买一个立体声音响，或者得到教育。伦理或法律上敏感的谨慎行为的例子有：依靠胎儿性别选择继续或终止妊娠，将别人丢失的钱包里的现金据为己有。如果你认为归还现金，即使是匿名的，也会鼓励他人在将来归还你丢失的现金，那么即便是还钱这一决策也可能被认为是谨慎的。"诚实是最好的政策"可以是一句纯粹谨慎的格言。

> 对于已被开悟的人来说，谨慎的行为和符合伦理的行为之间是没有区别的，这对每个人来说都是一种理想状态。

然而，在我们达到这种状态之前，我们都将面临各种伦理困境。考虑一位单亲母亲偷取食物喂养孩子的案例。我们称这一行为是谨慎的，但该案例提出了不能盗窃的伦理与照顾子女的谨慎考虑之间的冲突。至目前为止，本书中的决策分析主要都是谨慎导向的。

一种行为是合法的还是非法的，取决于其在你所处当地是合法要求还是被禁止的。法律本质上是强制性的：法律总是意味着对人及其财产使用武力或者威胁使用武力。如果你做了法律禁止的事情，比如人身攻击或者吸毒，法律会使你受到身体伤害或财产损失。如果你不

履行法定义务，比如申报纳税或兵役报到，它也会使你遭受身体伤害或财产损失。

> **注解：**
> 这些行为的每一项是谨慎的或者非谨慎的，取决于问题中的个人。为了继承财产谋杀富裕的亲属或者使用一种非法毒品，这两种行为都可能被行为人视作谨慎的。

不管一种行为是否合法，如果其是正确的，便是**符合伦理的**。拥有只做合法之事的伦理是可能的。你伦理规范的一部分应该关注你以武力强加给别人的伦理：你想要的法律体系。一种行为可以是符合伦理却不合法的。例如，对于合法行为和符合伦理行为的区分正是纽伦堡（Nuremberg）审判的基础。庇护 Anne Frank 的人们的行为在他们看来是合乎道德的，而在他们的社会看来，肯定是不合法的。在教堂里庇护来自中美洲非法移民的美国人处在相似但不那么危险的境况。

与之相反，有些行为可能是合法却不符合伦理的。例如，有意误导陌生人的行为可能是应该遭受谴责的，但其并不是犯罪行为。

你对于一种行为所能做出的总体判断是看其是否睿智（明智）。一种睿智的行为可能基于其非法性而成为不明智的，比如在美国禁酒令期间卖酒。在某些情况下，堕胎行为是谨慎的、不道德的、合法的但不明智的。其他情况下，相同的行为可能是谨慎的、符合道德的、不合法但明智的。为了帮助澄清伦理、合法和谨慎的观点之间的区别，参见图 40-1。

图中有七个区域用于定义该行为是否是谨慎的、合法的或是符合伦理的。

图 40-1　依据符合伦理的—合法的—谨慎的情况进行分类

> **思考**
> 考虑一种在生活中对你形成挑战的伦理敏感性决策。将你可能选择的行为按符合伦理的、合法的和谨慎的三种情况进行分类。

40.3.2　从决策树上淘汰方案

既然我们做出了符合伦理的—合法的—谨慎的区分，我们可以将三者融入制定决策的过程中。例如，假定其中一种方案是非法的，而你已经决定绝不会进行任何非法行为。这便意味着你只会考虑合法的行为，因此你可以从可用的方案集合中排除所有的非法行为。其他诸如在商务活动中发生的例子，可能会涉及接受或实施贿赂。另一个例子可能是接收对你决策来说是经济且重要的，同时也是非法的信息，比如交换内幕交易信息。如果你已经决定不进行任何违法行为，你将会淘汰所有此类方案。

其他情况并非如此黑白分明。例如，你可能会有兼并另外一家公司的方案，但你对其所有者如何运行其业务有伦理方面的考虑。尽管该兼并是合法且谨慎的，但如果其违背了你的伦理规范，你可能仍会将该方案从你的可能行为中淘汰。

40.3.3 伦理理论分类

根据两种主要的伦理理论，伦理困境可被分成：**基于行为的伦理**或称伦理形式主义，和**基于结果的伦理**或称功利主义。

基于行为的伦理 伦理形式主义是基于行为的。从这一观点出发，所采取的行为不管其结果如何，都负有道德责任。根据这个理论，谋杀未遂犯罪等同于谋杀罪。因受宿命干预而导致行凶意图挫败的事实并不能免除行凶者对这些意图的责任。

伦理形式主义由哲学家伊曼努尔·康德（Immanuel Kant）提出。康德认为，形式主义伦理学必须是普遍的。他主张遵循你希望每个人都遵循的道德准则。比如，只有当你想让每个人都遵守时，"总是说真话"才是合适的道德准则。这意味着希望人们告诉你他们相信什么，而这些不一定是你喜欢听到的。

为了说明这一点，我们询问班上有多少人希望为他们的汽车提供一项可选的新功能。这台特殊的仪器总会告诉你你喜欢听到的话。如果你正在接近一名交警，速度计总是会告诉你并没有超过车速限制。如果你正在向你朋友阐述你的汽车令人印象深刻的性能，它会展现出比实际更快的速度。燃油表将始终显示充足的汽油供你使用。没有警示灯会来烦扰你。没有人真的想要这种特殊的仪器，然而这些人经常辩称因为不想伤害朋友的感情才会向他们撒谎。

在伦理形式主义中，只要能被一致地普遍化，宽恕条件或者例外都是允许的。例如，一个伦理形式主义者可能认为在自卫中杀人是可以接受的。他们可能也相信当你遭受武力或武力威胁时，在任何情况下撒谎都是可以接受的。只要你能说你希望每个人都能按照这些例外情况行事，他们就符合可接受的免责条件测试。

伦理形式主义者可以使用决策分析做出伦理敏感性决策。一旦他们淘汰伦理上不可接受的方案，他们便只需要考虑带有谨慎、合法这两种特性的选择。

基于结果的伦理 功利主义是基于结果的另一种主要的伦理理论。责任与结果相关，而不是与行为相关。根据这一理论，即使行凶者无意杀人，而且事实上已经采取了预防措施以避免对任何人造成伤害，但由于犯罪而导致的死亡仍被认为是谋杀。重罪谋杀与这一观点一致。功利主义源自于杰里米·边沁（Jeremy Bentham）和约翰·穆勒（John Stuart Mill）等哲学家，他们认为世间快乐和幸福的演算应该作为行为的理由。基于结果的伦理经常以结果证明手段正当性的概念进行表征。如果你认为撒谎可以带来一个好结果，那么说谎就是有道理的。另一个功利主义的概念是"为最多的人实现最大的利益"。

功利主义者可以通过应用往常的规则使用决策分析进行伦理敏感性决策，并对前景使用伦理偏好。

决策分析澄清了伦理讨论，因为它提供了一个代表伦理选择并包括基于不确定性产生问题的正式结构。做出一个好的决策与得到一个好的结果之间的区别，是决策分析的核心，这在伦理讨论中同样有用。对于伦理形式主义者来说，在移除所有伦理不可接受方案之后应用此结构；对于功利主义者来说，方案不变即可应用这种结构。

40.3.4　伦理分类：积极禁令 vs. 消极禁令

另一种伦理规则的重要分类在于其是积极的还是消极的。消极的规则是禁令形式的，比如"我不会（做某事）"。遵守消极的规则不需要耗费太多精力。我们大多数人都会遵循我们不会杀人这一规则。我们前天、昨天都在遵守它，而且我们不需要刻意努力，今天也能遵守这一规则。

研究一些不同宗教的教义并将其分为积极的或消极的两类，是很有见地的。例如，在《十诫》中，我们发现一些消极禁令，诸如不可杀人、不可通奸、不可做伪证、不可偷盗或不可贪婪。

相反，积极的规则是诸如"我会（做某事）"的义务。如果你的道德准则说"我要济贫"，则你已经为自己找到一份全天候和全球性的工作，这将严重消耗你的精力和资源。当你的晚餐消费 40 美元时，你的行为是否与你的积极伦理保持一致？积极伦理的挑战在于知道在何处划清界限。

在你的伦理规范中包含积极的规则需要慎重。一种表达你情绪的温和方式可能会说："我对为穷人提供食物一事有积极态度。"这样，在给定有限的精力和资源的情况下，你就能确定哪些行为适合你。

在某些国家，某些状况下采取积极的行动是被法律所要求的。例如，如果你看到一个人溺水了，你可以扔给他一个救生工具，且你必须这么做。在这种情况下，这种行为既合法又具有伦理意义。

40.4　伤害、偷盗和说出真相

什么是主要的伦理敏感行为？绝大多数人的首选是杀死或者伤害无辜的人。接下来就是通过偷盗剥夺他人的财产。这两种行为在纳粹时代都很普遍，因此我们在课堂上研究在一个技术和文化都如此先进的国家，为何会出现这种罪恶之事。类似的罪恶如今也并不少见，我们必须对我们潜在的责任保持敏感。

一个涉及潜在伤害的伦理问题的例子为你是否会考虑制造或者销售一种你认为对他人造成伤害的产品。你可能有一种避免有害活动的消极伦理，但仍然希望通过法律制度避免将其强加于别人。例如，你个人可能不抽烟并认为抽烟有害健康，但你可能并不希望香烟的制造和销售行为不合法。

再如另外一个例子，你可能具有反对使用暴力的道德观，但是当自己或者他人正当防卫时除外。

这些伦理会影响你的生活，从你将从事的职业类型到你将为之贡献或认可的项目。一个组织能够包容其员工不同伦理的方法是制定一个政策，允许员工拒绝从事任何他们认为带有伦理冒犯性质的项目。我们认识一些编辑，他们拒绝发表涉及伦理上令人反感主题的报告。

这就引出一个问题：到底接近一个伦理上令人反感的活动到什么程度，才能使你自己为其承担伦理上的责任？在集中营时期，我们怀疑自己能否胜任警卫一职。但是作为运送受害者的火车司机呢？或者附近城镇每天早上为警卫带点心的面包师呢？

当你撒谎时，你称你知道所言不实，且意在误导他人。撒谎同样包括所谓的"**善意谎言**"（白色谎言），其被一些人认为是可被社会所接受的，甚至是可取的。

> 考虑一个"善意谎言"和大黄派的故事。一个刚订婚的学生初次去见他未来的岳父岳母。在一起进餐后，他未来的岳母端出她的招牌甜点：大黄派。她不知怎的有一个想法，他喜欢大黄派，但事实上，他厌恶大黄派。然而，为了留下良好的第一印象，他说了个"善意的谎言"。他说他喜欢大黄派并想尝一块。在设法吃完它之后，他把这件事抛之脑后。
>
> 几年了，每次他去拜访妻子娘家，岳母都会做大黄派。有时候，大黄不当季，她便努力去寻找食材做她女婿爱吃的大黄派。在最初的几次，这个学生都对自己默念这和他的第一顿饭相似，且留下好印象很重要，然后他勉强咽下至少一块馅饼。然而，这欺骗延续的时间越长，承认就越是尴尬。据我们所知，大黄派一直延续至今天。

这样欺骗的真正代价不是偶尔必须吃大黄派，而是它在这关系中造成的障碍。这种欺骗降低了他的食欲，也降低了他与岳父母深一层的交情。我们很容易想到，你和姻亲关系的沉默也可能对你的婚姻产生消极的影响。

从谨慎的角度来说，撒谎经常会比说实话的成本更高。

40.4.1 欺骗

欺骗是在不严格撒谎的情况下给人一种错误的印象。无须撒谎而进行欺骗很容易，只需不去纠正不准确的印象，或者更积极地创造一个错误的印象。

在某些游戏或职业中，比如演员，参与者期望虚假声明。一个伟大的演员能够令人信服地扮演着观众已知虚假的角色。在这些活动中没有讲真话的伦理问题，我们并不希望一名演员对着观众大声宣布："我不是真正的丹麦王子 Hamlet。"

除了不撒谎和不欺骗之外，你可能希望考虑说出真相的伦理。我们发现几乎立即消除大多数涉及表达的伦理困境的伦理为"说出全部真相"的积极伦理。说出全部真相的问题在于，这是一个艰苦的工作，因为我们必须先在自己的内心寻找真相，然后才能说出真相。

40.4.2 说出全部真相

在大黄派的案例中说出全部真相可能看起来像下文这样的情景：

"当您做大黄派时能想着我，这令我非常感激。这让我感到自己就像你们家庭的一分子，才值得您为我做这么特殊的食物。这也使我难以启齿，因为我想让我们的关系能有个好的开始，但我并不喜欢大黄派。我真的希望您知道我十分感激您对我的关心，我也期待能成为您家庭的一员。"

这个学生必须意识到他起初为何试图欺骗。换句话说，他想要给不久以后的姻亲留下好印象，但他认为这种新的关系不能容忍这一真相。面对这种恐惧，这个学生把与姻亲的关系提升到一个更高的水平，现在可以在信任和诚实的基础上建立一种牢固的关系。

总结一下，学生和同事们在工作生活中面对的主要伦理问题即是否说出真相。根据我的经验，最好的答案往往都是简单地说出真相。

40.4.3 商业中说出真相

让我们一起看看如何在各种商业情境中运用"说出真相"的伦理。

情境 1：一位雇员问道，"即便我打算开车过去，但我想向客户收取机票费用，可以吗？如果我乘飞机过去对客户来说也不会更便宜，而开车对我来说更方便。"

这个测试很简单，你会给客户打电话并问一下这是否合适吗？如果你在询问之前有任何犹豫，那么就不要这么做。通常我们很容易知道，如果被发现了，对方是否会感到受到欺骗，甚至如果有一丝怀疑被骗的感觉，则在考虑之中的行动就不应该被实施。

情境 2：一名顾问说，"我们正在提交一个项目阶段 A 的提案，我们知道如果要以专业标准完成该项目需要花费 300 000 美元，但客户并不希望该项目超过 200 000 美元。我们确信，如果我们以 200 000 美元的价格开始，他很快就会发现需要额外的工作并同意支付我们原来的价格。我们的提案中阶段 A 的价格为 200 000 美元，可不可以？"

这里我们再进行一个简单的测试。如果你是客户，你会希望顾问告诉你，他可以按照 200 000 美元的价格做这份工作，但要达到专业水平，则需要 300 000 美元吗？你会希望机械师告诉你修理你的汽车需要花费 200 美元而用他的最佳专业判断时需要花费 300 美元吗？答案显然是否定的。再一次说明，正确的做法便是说出全部真相。

这名顾问可能会得到这份工作，也可能得不到这份工作，这不是问题的所在。重要的是如果得到这份工作，其是基于该顾问在伦理上和专业上的自豪感而得到的。此外，如果没有得到这份工作，潜在的客户将留下一个道德的和高度专业的公司印象，他可以在以后的商业交易中信任这一公司。

情境 3：一名商业客户在你咨询公司的场所打电话给竞争对手，留下他是你雇员的印象。如果他们知道他是你（作为他们的竞争对手）的雇员，竞争对手会更乐于获得信息。这种做法明显违反了全部真相标准，其在一个讲究伦理的组织中没有一席之地。

在所有的这些案例中，诚实便是答案。

40.4.4 委婉语

说出事实的最后一个方面即是委婉语的使用，我们可以认为**委婉语**是一种欺骗性言论，旨在避免对所讨论的主题进行伦理评估。纳粹肆意地使用委婉语。处决即为"特殊待遇"，智障和疯子为"无用的食客"。即使在今天，我们还使用"附带伤害"来指代被误杀的无辜群众；"友善之火"并不是壁炉里燃烧的木柴，而是我们的武装部队杀死我们自己军队的委婉说法；政客们用"不再具有操作性"来描述已被发现的谎言；过去解雇员工的公司现在只是"瘦身"或"合理精简"。在个人生活中，"善意谎言"一词的流行告诉我们，小的欺骗是可以理解的（如果不是值得赞扬的话）。从本质上讲，委婉语是伦理的警示标志，忽略它们会钝化你的伦理敏感性。

40.5 伦理规范

伦理规范是你内在罗盘的表达。当你迷失或者困惑时，它会给你指引正确的方向。早期的伦理属性提供了一个分析各种伦理情境和构建自己伦理规范的框架。在伦理学课堂上，我们使用这些差异分析了许多不同的伦理情境。通过讨论和反思，学生们发现了适合自己的伦理。由此，他们制定了个人的伦理规范，当其发展的道路遇到伦理挑战时就可以依据这些规范。

40.5.1 个人伦理规范的基础

个人伦理规范来自何处呢？它的起源是什么？有人会说伦理只是遵循内心的一种是非感。但是人们对伦理规范的基本特征达成了显著的一致意见。比如，如果考察犹太教、基督教、佛教和伊斯兰教的伟大宗教教义，我们会发现，尽管在宗教仪式、礼拜形式或者饮食限制等方面有所不同，但所有的宗教都同意不伤害他人、不盗取他人财产和不撒谎。不伤害他人和不盗窃是大多数法律体系的基础。

从他人那里获取灵感和指导可能会有帮助。父母、英雄、同事和朋友都有助于形成你的伦理选择。然而，决策分析最终是一门哲学，它认识到你的信息和偏好，包括伦理标准的独特性。

40.5.2 伦理规范的组成部分

最有用的伦理规范涵盖了你最经常面临的伦理困境。对于大多数人来说，这意味着说实话。你可能需要考虑的其他组成部分包括生殖问题（堕胎、代孕和监护）、自杀、与你相关联的组织、动物的治疗以及与你职业相关的任何特殊的伦理。

40.5.3 伦理规范的测试

尽管创造一种值得称道的、高尚的伦理规范具有诱惑力，但你应该努力设计实用的规范，而非仅仅为了赞赏。当判定一个规范时，要确保你能肯定答复以下四个标准。

- 互惠性：不论你是倡导还是接受这种行为，每条规则都适用于你吗？
- 普遍性：你想让每条规则应用于所有人吗？
- 一致性：该规则系统是否具有逻辑一致性？
- 实现性：这些规则能为行为提供指导吗？

当你已经使用了你的伦理规范来分析一个伦理敏感的决策情境时，在行动之前，你可能想要对你的伦理规范进行一些内在的、个人的检查。

- 你会不会愿意和那些你所尊重其道德判断的人讨论你的行为？
- 清晨你照镜子时感觉不错吗？
- 你希望你的孩子把他们的信念建立在你行为对错的基础上吗？
- 你是否愿意让备受尊敬的新闻机构报道你的行为？

如果你有任何一个测试没有通过，则表明你的道德准则需要调整。

40.6 伦理情境

职业生涯中的伦理

职业生涯中伦理的核心问题在于我们作为专业人员是否使用一个不同于和我们朋友、亲属相处时使用的伦理规范。当我们从一种活动移到另外一种活动时，我们是否佩戴不同伦理标准的标签？我们每个人都有一套适用于任何情境的单一伦理规范吗？拥有一套单一的伦理规范可以简化生活，并防止当你基于不同标签而以不同方式对待他人时出现的困难。

商业 就像个人生活一样，在商业中最常见的道德问题涉及说出真相。

欺骗的受害者可能是一名顾客，可能是受教育水平较低或应对能力受限的人；受害者可能是一名雇员，某人说过他的职位是铁饭碗，而事实并不是；受害者可能是一个商业合作者，当他的知识被利用之后就被丢弃了；受害者可能是个投资人，他可能只是部分了解影响投资的因素；受害者可能是一名顾问的委托人，该顾问有意低估项目第一阶段的花费，认为委托人批准该组织开始项目之后会同意以更高的费率进行随后的阶段。

商业领导者也同样可能被欺骗。某些雇员谎报自己的资历、知识或者经验。一篇《华尔街日报》的文章就曾描述一名企业高管，他对自己的军事生涯、研究生学位和武术成就等方面说了谎。面对质疑，他说："在某种意义上，我对出于商业目的夸大和美化自我而感到内疚。"

即使学生们计划在暑假结束后就离职，他们也可能会表现出自己在寻找长期职位的样子。他们会说如果他们说出真相，就不会被雇用，从而将这种行为合理化了。

说出真相的挑战在于找出所有的事实，而不仅仅是说出实话。例如，对于一名找暑假工的学生来说，事实可能是，"我正在认真地考虑秋季返校，但尚未做出最后决定。如果你雇了我，我确实决定要回学校，这个暑假我都会是一名优秀的雇员。当我完成我的教育，你也会希望我回来。此外，我保证会培训我的接替者。"无论申请者是否得到这份工作，他或她都是一个正直的人。审慎地想象一个人通过虚假陈述得到了这份工作，然后不得不花整个暑假的时间撒更多的谎来维持这一假象。

广告 一个似乎可以检验全部真相原则的领域便是广告。我们都看过电视商业广告中的汽车广告，这些广告展示了人们在阳光下加州海岸空无一人的高速公路上巡游。我们开过车的人都知道，人们在车上花费最多时间的地方往往是拥挤的街道、高速公路和停车场。商业广告中展示的驾驶经历很难代表车主的实际经历。这是一种欺骗吗？只要公众知道广告以最好的方式呈现一种商品，而广告并不代表产品的实际使用，就不算欺骗。

汽车广告可能就是这样。商业广告的观众意识到广告所创造的真相扭曲。如果观众可以意识到这一点，就没有欺骗。如果他们意识不到这些，便违反了全部真相原则。

学术界 学术界也有伦理问题，这不仅仅局限于考试作弊。我们都听过学者剽窃或伪造实验结果的例子。这里有一个博士生与前教授打交道的故事。一天，这个学生告诉教授他得到一个新的结果，他想把这个结果纳入自己的博士论文中。教授说结果并不重要，且说服学生不要把结果放在论文里。这位学生同意了，完成了自己的工作并获得了学位。后来这位教授出版了一本书，书中包含学生得到的结果。这位学生，在此时也成为一位教授，决定在一本专业杂志上发表他的原创作品。但他的前教授是该期刊编委会成员，他拒绝了这篇文章，理由是大部分工作已经发表在他自己的书中了。注意这是学生角度的故事。然而，不管事实如何，一位学生相信他的教授可以这样做，这本身就是一个值得关注的问题。教授，如同医生、心理医生和宗教领袖一样，对其所负责的人有很大的权力。他们可以利用这权力从善或是作恶。

另一个故事是一个学生完成了博士课程，并成为一个商学院的助理教授。这位学生感到迫切需要在顶级期刊上发表研究论文以获得终身教职。他邀请他的前博士生导师（多家杂志编委会的成员）作为他所有论文的合作者，并认为这样将加快审稿进度且最大化接收机会。

在一次年度会议上，他获悉了（别人）尚未发表的科研成果，然后和他的前导师合著了一篇论文，但没有告诉导师他剽窃了别人的想法。他将这篇论文提交给了一家顶级期刊。这篇论文在几天内即被接收，甚至都没有经过审稿流程。如果他的前导师不是合作者，这根本不可能。当相同的研究结果由不同的作者发表在另一份杂志上时，伦理问题便出现了。这一结果对于这位学生、他的导师以及学术期刊，都是一个巨大的尴尬。

法律冲突　在一些情况下，法律制度似乎与全部真相原则相冲突。例如，如果一名雇员有严重的偷窃嫌疑，但是没有证据足以证明他有罪，那么对于公司来说，更谨慎的做法是以他的工作已被逐步取消为理由解雇他，而不是告诉他真正的理由。

在提供有关前雇员的参考资料时也会出现类似的情况。如果这位前雇员有严重的绩效问题，那么雇主在一份参考资料中披露这些问题并不会有什么益处，还可能蒙受损失。因此，法律制度再一次造成了要么说谎要么拒绝提供参考的压力。一种解决方法是建立一个法律制度，法律不惩罚那些说实话的人，而是让他们付钱在法庭上辩护，即使他们最终被发现是无辜的。

成为分析师的伦理　一种测试行为是否符合伦理的方式为，如果此行为涉及与你关系密切的人而不是陌生人，你是否还会做出此行为。例如，如果你的兄弟姐妹问你你所准备的研究结果是否真的如此，你应该能够说"当然"，而不是"不，因为存在人为的约束"。人生太短而不能生活在假象之下。即使这项测试不能决定你的行为，但如果通不过这个测试，你就应该重新考虑你正在做的事情。

在技术工作过程中也会出现道德敏感的情景。很多年前，代表一家大型航空公司的某人找到我们咨询组，他想对一种新型战斗机进行决策分析。他说明这是一个大合同，并挤眉弄眼意有所指，我们都知道最终结果会怎样，便拒绝参与。

几年后，我们小组进行了一项关于如何通过合成燃料生产以实现能源自给自足的政府研究。虽然考虑到从早期实验工作中可能学到的东西，但我们显然只能证明一个规模很小的项目是合理的。然而，在最后一次非公开会议上，政府项目主管试图说服我们最好报告一个大型项目，因为他在政治上致力于一个大型项目。高兴的是，我们再次抵制了这份压力并提出了我们所支持的报告。

40.7 总结

在审查这些伦理关切的诸多领域时，有一个结论是明确的：回避伦理难题比解决它要容易得多。通过以下三种做法，你可以避免很多伦理难题：首先，拒绝成为与你自身伦理规范、行为不符的组织的一分子；其次，避免参加伦理上令人反感的活动；最后，就像对待你最亲的人一样对待所有人。

在你不能避免伦理困境的情况下，谨慎的做法是制定一个明确的伦理规范。如果没有伦理规范，你最终会将自己分割成一片一片以与伦理相妥协。因此，对伦理的研究是激励人心的。它让你拥有一个更满意的、更完整的人生。它让你拥抱完整的自我，它让你知道你的行为与你认为正确的原则保持一致。

习题

标注星号（*）的习题更具有挑战性。

1. 从基于行为和基于结果的角度看，你将自己划为哪类？
2. 提及一些你有积极伦理义务的领域和消极伦理禁令的领域。
*3. 考虑一个你所面对的伦理困境，根据符合伦理的—合法的—谨慎的将其分类。
*4. 你认为在简历上"过度推销"自己是可以接受的吗？
*5. 你正为自己的商业找寻财政支持，你遇上了一位风险资本家。为了增加他投资的欲望，而对盈利能力做出过于乐观的预测是可以接受的吗？
*6. 你是公司的新人，你的上级要求你花时间为他个人而非公司做事。你会怎么应对？
*7. 你希望你的朋友为了你而撒谎吗？

决策分析核心概念导图

下图是帮助你理解我们在本书中所述概念的有用工具。其并非关联图，而是显示主要概念的示意图。从一个概念指向另一个概念的箭头帮助你识别在理解这一概念之前，你需要了解的知识。比如，从"概率"指向"期望值"和从"测度"指向"期望值"意味着在学习"期望值"这一概念之前，首先了解"概率"和"测度"的概念很重要。

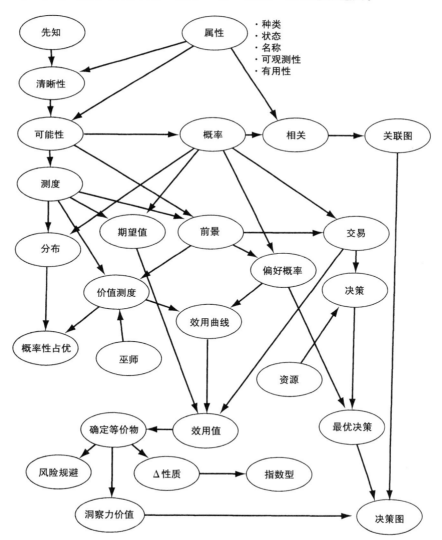